U0136058

臺灣史研究叢書 21

明清福建臺灣史第一卷：

明代前期福建史

徐曉望著

蘭臺出版社

作者簡介

　　徐曉望，上海人，中國經濟史博士。原福建社會科學院歷史研究所
所長、二級研究員、國務院特殊津貼專家、福建省優秀專家、福建省文
化名家。歷任中國漢民族研究分會副會長、中國宗教協會常務理事、廈
門大學宗教研究所兼職教授、福建師範大學社會歷史學院兼職教授、福
建歷史學會副會長、福建媽祖文化研究會副會長。出版專著 32 部，發
表論文 300 多篇，共計 1200 多萬字。主要著作有：《福建民間信仰源
流》、《福建文明史》、《閩國史》、《媽祖的子民──閩臺海洋文化
研究》、《閩南史研究》、五卷本《福建通史》、《大航海時代的臺灣
海峽與周邊世界》、《媽祖信仰史研究》、《21 世紀的文化使命》、《中
國福建海上絲綢之路發展史》、《閩北文化述論》、《澳門媽祖文化研
究》（合著）。曾獲福建社會科學優秀成果一等獎、二等獎、三等獎。

明清福建臺灣史序

鄭學檬

徐曉望研究員曾隨廈門大學傅衣凌教授攻讀碩士學位，係名門弟子。畢業後入福建社會科學院歷史研究所從事明清經濟史、福建地方史研究。「蕭條高寄，不與時務經懷」；專心治史，如松柏「經霜而茂」，在福建史、臺灣史研究方面碩果累累。多年之後，再入廈大歷史系，攻讀專門史（中國經濟史）方向博士學位，並於 2003 年完成博士論文，其論文主旨〈明末清初海峽兩岸的市場關係〉問題，我們曾進行過深入探討。

明清時期，中國東南沿海閩浙粵地區，是東西方國際貿易的聚焦點，中國的商品，吸引著歐洲殖民勢力，先後有葡萄牙、西班牙、荷蘭、英格蘭的等歐洲強國的商業貿易集團聞風而致，貿易、掠奪不一而足。從辯證角度看，禍福相依，歐洲葡、西、荷、英殖民勢力東來，也促使白銀、黃金、鴉片等舶來品傾銷華夏，從而改變了中國的歷史的發展方向。臺灣海峽在這一時代變革過程中因為其區域優勢和海峽西岸的發達的商品生產產業鏈，而一躍成為國際貿易的聚焦點、亞洲發展至關重要的區域。它是聯繫東北亞市場與東南亞市場的關鍵通道，為世人所矚目。國外學者，如美國加州學派之「大分流」說，即與此議題而發。

中國歷史學家一般以積極的態度看明清時代中國的變化，不過，論證

各有不同。徐曉望這本書，以當年博士論文為基礎寫成，以時代變革為背景，論述當時經濟關係諸問題。他認為，其一，明清時期東亞的發展與環球國際貿易市場初成有很大關係；其二，明清國際貿易市場初成不僅有西力東漸的影響，也有福建等中國商人開拓亞洲市場的成就；其三，早期世界市場的中心是在東亞的環中國海區域，西方殖民主義者主要通過介入中國與日本及東南亞的貿易來獲得自身發展的動力；其四，歐洲的成功在於壟斷環球貿易的主要利潤，當這一原始積累的資本形成對英國工業的貫注，便導致工業革命的產生。這些觀點反映了徐曉望對明清世界史的若干思考，雖非「璞玉渾金」，亦可稱百流一源，燦然成章，自有特點。我一向主張要從世界史的高度來看區域史研究，徐曉望的《明清福建臺灣史》能夠從這一角度展開研究，就使他對福建臺灣史的研究具備超越地方史的特性。

　　徐曉望在福建史學界以勤奮聞名。他的五卷本《明清福建臺灣史》約有 200 萬字，共有 7200 多個注解，平均每本書有 1400 多個注解，其中一些史料來自稀見的明清著作，這是作者多年努力的積累。這套書涉獵較廣，多處研究頗具新意。例如作者在第三卷《晚明臺灣海峽史》中，考察了晚明臺灣的移民史、海盜史及福建官府與臺灣原住民的關係，這些領域的相關研究較少，所以，徐曉望的嘗試值得關注。

　　總的來說，徐曉望關於明清福建臺灣史的系列研究史料豐富，論述自成系統，是一套值得一看的著作。

鄭學檬 2023.8.28

明清福建臺灣史序

陳支平

　　徐曉望研究員是一位十分勤奮執著的學者。數十年來，他在中國古代史、中國經濟史、中國社會史、中國海洋史、中國理學史，以及福建、臺灣地方區域史和古代文獻的搜集整理領域，均取得一系列重要的學術成果，尤其是在福建地方通史方面，成績卓越，堪稱在當今國內外學界中，無出其右者。近日，徐曉望君又將出版五卷本的《明清福建臺灣史》，著實令人欽佩。現在，徐曉望君希望我為五卷本的《明清福建臺灣史》寫個序言，為了表示所謂的「欽佩」並非虛言場面話，我慨然一口答應了下來。

　　要談到臺灣歷史，有兩點是無論如何迴避不了的，這就是其一，臺灣的歷史是始終與福建歷史分割不開的；其二，福建與臺灣的相互歷史，基本上是從明清時期開始發生的。大概正是出於這兩點迴避不了的因素，徐曉望君的新著，就著眼在福建與臺灣歷史演變發展進程中的這兩個關鍵節點上，命其名為《明清福建臺灣史》。

　　我們說臺灣的歷史是始終與福建歷史分割不開的，這無疑是全方位的。無論是臺灣民眾的先祖淵源關係、臺灣的行政政治嚴格、臺灣的社會經濟開發與經濟運作，還是臺灣的民風習尚、神明崇拜、文教讀書、民間娛樂、方物沿襲等等，基本上是從大陸福建直接傳承而來，或是與福建沿海各地

產生了緊密的聯繫。但是遺憾的是，近十餘年來，研究福建與臺灣兩岸關係史的學者們以及社會熱心人士們，大多把研究的注意力，放在兩岸家族和兩岸神明崇拜的這兩個具社會政治顯示度的方面之上。其中社會意義毋庸置疑，但是從學術的層面來思考，則未免有些偏頗，至少在一定程度上削弱了研究福建臺灣歷史的整體概貌，往往給人一種福建與臺灣的關係歷史，基本上是鬼神來往的歷史，因為即使是民間家族的歷史，所可以研究的依然是那些過世百餘年以上的鬼祖先了。

　　徐曉望君的這部五卷本的《明清福建臺灣史》的可貴之處，就在於他全面而詳實地反映了福建與臺灣兩岸關係歷史發展演變歷程，把明清時期福建與臺灣的歷史和盤呈現給廣大讀者。例如，在《明清福建臺灣史》第三卷《晚明臺灣海峽史》中，徐曉望君把研究的視野放在當時世界大變局的情境之中，從晚明中國海上力量和臺灣海峽稱霸、閩商與東南亞歐洲殖民者的貿易、晚明華商與南海港市的貿易、晚明福建與日本、琉球的關係等各個不同的角度談起，進而論述明代官民對臺灣的認識、福建官民與海洋巨寇林道乾、林鳳的關係，以及明代後期的臺灣危機和福建官府對於澎湖群島的管理、福建沿海民眾對於臺灣的移民開發等。徐曉望君的這一全方位的歷史敘述，讓我們對於福建及臺灣的歷史演變，有著開闊視野和深邃思考的認識與觀察。

　　徐曉望君是我的同門師弟，他也和我一樣，本科畢業於廈門大學歷史系，接著攻讀傅衣凌先生的中國經濟史專業的碩士學位。畢業之後，在福建省社會科學院工作，由於工作和科研成績突出，多年擔任福建省社會科學院歷史研究所所長的職務。現在，我們都已經進入或者即將進入古稀之年。徐曉望君命我寫序，看到他即將出版這麼好的高品質著作，作為師兄，當然是希望今後能夠繼續讀到他不斷出版的更多的學術著作。但是推己及人及師弟，我也希望他能多多保重身體，吃好喝好，君不見現在社會上流行一句名言：「身體是自己的」！

2023 年 8 日 26 日

於廈門大學國學研究院

目　錄

緒論：明清福建史的歷史地位

明清時代亞洲太平洋海域的動盪，使位於中國海疆前哨的福建省具有重要的戰略意義。從 1368 年到 1840 年，凡在環中國海域發生的事件，幾乎都與福建省或福建人有關。而福建省自身的歷史，也深深地捲入海洋。從海禁政策到倭寇入侵、鄭氏海商集團崛起及其反擊海外殖民者的入侵，福建史在中國史中的地位，不再是一部地方史，而是中國史變化焦點區域的歷史，也就是說，這裡發生的一切，都會影響整個中國的發展。

一、從明清中國與世界的關係談福建省的歷史地位

研究中國海洋史的學者都必須面對一個問題：明代最大的海洋行動是明代初年的鄭和下西洋，為什麼鄭和下西洋之後，中國再也沒有那麼大的海洋行動？我覺得可以從金融的角度來看這個問題。由於鄭和下西洋使中國損失了大量的白銀，導致明代前期中國經濟出現了貨幣通縮。為了應對這一情況，官府的相應對策是限制白銀的流出。

鄭和下西洋的大規模貿易及大批使者來到中國，對明朝來說，最大的問題是財政支出大幅度增加。明代官員說：「自永樂改元，遣使四出，招諭海番，貢獻畢至，奇貨重寶，前代所希，充溢庫市。」[1] 從皇家的利益來

1　嚴從簡，《殊域周咨錄》卷九，〈佛郎機傳〉，余思黎點校本，北京，中華書局 1993 年，第 324 頁。

說，鄭和遠航印度洋周邊國家，主要目的還是收購印度等地的各種寶石。柯枝國的財主：「專一收買下寶石、珍珠、香貨之類，候中國寶石船或別國番船客人來買。」[2]《西洋番國誌》論古里：「其哲地財主多收買各色寶石、珍珠，并做珊瑚珠等，遇各處番舡到，王遣頭目并計算人來，眼同發賣，亦收稅錢。」[3]可見，鄭和時代，許多南亞國家都是以做中國的珠寶生意為生，這會使中國消耗大量的金錢。鄭和下西洋的前十年，鄭和採購各國商品，總共花去了六百萬兩白銀！按照明初的物價，一兩白銀可以購得四石白米，六百萬兩銀子價值 2400 萬石白米，接近明朝一年的財政收入！明代前期的外貿雖然帶來市場的繁榮，但其開支也是巨大的。

那麼，在明朝與海外國家的大交換中，明朝是獲利還是虧損？明朝明顯獲利的有兩個階層：其一，皇室貴族；其二，買辦階層。鄭和航海歸來，帶來大量的鑽石、寶石、珊瑚、黃金，海外奢侈品，大都是供給皇室消費，例如湖北省鍾祥市鄭和時代的梁莊王墓出土大量的金銀珠寶，其中一塊金錠上刻：「永樂十七年四月日西洋等處買到八成色金壹錠五十兩重」。說明這塊金錠是鄭和從西洋購得。全墓出土的金銀玉珠飾器件達 5100 餘件，僅寶石就有 700 多顆。其中墓主人的一條金腰帶上鑲藍寶石、紅寶石、祖母綠等寶石達 84 顆，這些寶石顯然來自印度。王室如此，皇室的豪華更不可想像。此外，從事居間貿易的商人獲利也多。明朝在朝貢中獲得的海外奢侈品除自用之外，多數由商人承包銷售。正如嚴從簡所說：「貧民承令博買，或多致富。」[4]大量東南亞香料、珠寶流入市場，也活躍了商業經濟。如楊榮說福建：「歲時諸番賓貢，海舶珍奇之貨，率常往來於此。」[5]總之，鄭和時代的海上貿易給皇室和民眾都帶來了好處。問題在於：國家的財政支出大增，有些奢侈品無法長期保存。寶石之外，明代的婦女喜歡珍珠，東西洋的各類珍珠在中國極受歡迎。珍珠這類珍寶與寶石不同，寶石是不易磨損的財寶，它的價值可以長久保存。珍珠的穩定性卻不如寶石，大約

2　馬歡，《瀛涯勝覽·柯枝國》，王雲五主編，宋元明善本書十種，明刊本《紀錄彙編》第七冊，卷六二，第 27—28 頁。

3　鞏珍，《西洋番國誌·古里》，向達校注本，北京，中華書局 1961 年，第 30 頁。

4　嚴從簡，《殊域周咨錄》卷九，〈佛郎機傳〉，第 324 頁。

5　楊榮，《文敏集》卷十四，〈送福建按察僉事呂公考滿復任詩序〉，文淵閣四庫全書本，第 25 頁。

十年以上就褪色了，幾十年後便成為粉塵。因此，明朝每年大量的珍珠進口，消耗巨額財富於無形中。

外交人員的往來，也使明朝支出大增。永樂年間前來進貢的海外國家增加到幾十個，而每個使團都有數十人至上百人，他們抵達中國口岸之後，要跋涉數千里到南京或是北京晉見皇帝，明朝接待他們十幾天到幾年，然後恭恭敬敬地原路送回。迎往送來，使明朝廷官員頭痛不已。「海外諸番，使者歸其國，故事必擇廷臣知大體者送之閩廣，宴餞而遣之。」[6] 他們每到一處都被官員視為貴賓，官府贈給他們絲綢衣服，每天供給山珍海味。皇帝經常有新的賞賜，結果每個使團都使官府開支浩大。如前文所說，有時為了賞賜前來進貢的海外國家，國庫都被掏空！當時的海上交通不便，這些使團每次進貢都要在中國待上一二年，有些使團因一時沒有便船，會在中國住上好幾年。明朝文武官員加上軍隊達百萬人，常年支出之外還要以高規格供奉這些使團，很顯然，明朝財政無法長久支持如此巨大的額外開支。因此，到了明代中葉，朝廷的對外政策有很大變化，主政的官員對前來進貢的外國不是太歡迎，這是因為，明朝的財政已經無法承擔這筆開支，而北方遊牧民族南下的威脅又增大了。

鄭和時代的全球化未能延續下去，與中國的白銀外流有關。在當時的西洋貿易中，印度是中國最大的貿易對手。印度工業文化發達，各種商品很多。在特色生產方面，印度很早就引進了中國絲織業，元明之際，印度人生產的絲綢數量巨大。所以，暢銷全世界的中國絲綢在印度的銷量不是太好，印度人對中國瓷器的喜歡程度也不如西亞各國，中國商品在印度的市場始終是有限的。印度市場另一個特點是金銀比價較低，通常是一比五，而中國在宋元時期的金銀比價是一比十！遠高於印度。這樣，在中印貿易中，中國商人會感覺到輸出白銀而輸入黃金比較合算。中國對印度貿易，絲綢、磁器的輸出量都是額定的，帶來的東南亞香料利潤有限，於是，鄭和只能用白銀購取印度的各種寶石。中國方面的史料表明，鄭和出海貿易的前十年花費甚多。王士性的《廣志繹》記載：「國初，府庫充溢。三寶鄭太監下西洋，齎銀七百餘萬，費十載，尚剩百萬餘歸。」[7] 考察鄭和下西

6　王直，《抑庵文後集》卷二六，〈主事顧叔謙墓表〉，文淵閣四庫全書本，第 20 頁。
7　王士性，《廣志繹》卷一，〈方輿崖略〉，北京，中華書局 1981 年標點本，第 5 頁。

洋的過程，前十年鄭和下西洋四次，這就花費了明朝歷年積蓄的六百萬兩白銀！[8] 於是，中國的金銀比價也向印度靠攏，從一比十降至一比五左右！儘管鄭和從海外帶來的財富同樣驚人，但缺乏白銀的財政壓力一直困擾著明朝的戶部。從明代前期中國白銀流失速度來看，最好限制鄭和等人的海外採購的規模，想來這是鄭和遠航最終停止的原因之一吧。

明代前期，明朝因缺乏白銀引發一系列問題。例如，對白銀的渴望使皇室加大對銀礦產區的索取，卻引發了明英宗時期閩浙之間的葉宗留等礦工起義。葉宗留起義又促發了影響福建全省的鄧茂七起義，連帶廣東的黃蕭養起義，明朝遇到了南方三省大起義的危機。可見，明代前期，白銀外流已經達到一個極限。回想鄭和時代的貿易，如果中國人像葡萄牙人、西班牙人一樣能夠得到美洲白銀源源不斷地補充，那麼，白銀外流不是問題，然而，明代前期的中國，東南閩浙徽三省的白銀礦發掘殆盡，只有雲南的銀礦帶來一點希望，但也不能滿足國內市場的需要。所以，國家必須限制導致白銀、銅錢滾滾外流的海外貿易。

在大量白銀外流之後，明代前期的中國卻尷尬地進入了白銀時代，在中國流通領域的白銀，可用以購買一切商品，中國的白銀卻很少了！

白銀、銅錢的外流，進一步動搖了寶鈔的地位。明代的大明鈔在永樂之後大幅度貶值。宣德元年秋七月癸巳，「嚴鈔法之禁。時行在戶部奏：比者民間交易，惟用金銀，鈔滯不行，請嚴禁約。上命行在都察院揭榜禁之。凡以金銀交易及藏匿貨物高擡價值者，皆罰鈔。強奪強買者，治其罪。」[9] 但是，行政命令很難遏制民間的經濟行為。大明鈔繼續貶值，很快降到不堪使用的地步。明代中葉，按照《明會典·刑部十一》的規定，銅錢一千文可以換取八十貫大明鈔。名義價值只有實際價值的八十分之一。《明史·食貨六，會計》：成化年間「鈔法不行，一貫僅值錢二三文」。如果說紙幣的貶值是其命運的話，那麼，為什麼這一大貶值沒有發生在永樂時代？這是因為，在民眾的印象中，永樂皇帝通過鄭和下西洋時代的對外貿易，得到大量的金銀財寶，儘管明朝發行紙幣從來沒有金銀儲備金，

8　王士性，《廣志繹》卷一，〈方輿崖略〉，第 5 頁。

9　張輔監修，《明宣宗實錄》卷十九，宣德元年秋七月癸巳。臺北，中研院歷史語言所影印本。

但是，朝廷掌握大量金銀的消息，對大明鈔是無形的支撐。然而，永樂之後，眾人發現：這一切都是空的，明朝的對外貿易不是為國家掙錢，而是造成國家巨大的財政虧空，永樂年間從海外運入的財寶，只讓皇室和眾藩王富了起來，國家實際上是沒有錢的。民眾一旦想清楚這一點，大明鈔在市場便會大幅度貶值，最後退出市場，只存在理論上的價值。巨額白銀外流使中國無法承受，這也許是朝廷最終停止鄭和下西洋的原因之一吧。

對中國人來說，七下西洋的行動造成巨大的財政負擔。鄭和時代，中國與海上絲綢之路國家展開了國家經營的大規模貿易，這些貿易由宮廷的宦官主持，他們現實目的是購進印度洋的珍寶，滿足皇室的需求。朱棣率領眾多藩王一起奪得天下，朱棣獨得皇位，有必要滿足其他藩王的經濟要求。因此，永樂年間，朱棣給眾藩王的賞賜非常之多，十分出格。明代藩王墓中出土的黃金珍寶極多，與這一點有關。然而，賞賜過多，白銀、銅錢大量流出，換得印度洋的財寶進入皇家和各路藩王的口袋，帶來的問題是：這些珍寶都成為貴族們的家藏，永遠凍結於他們的手中，不再流出。這樣，市場上便缺少了流通的貨幣，導致白銀的價格不斷上升，從唐宋金銀價值比一比十，降到明代中葉的一比五，這不僅造成國家的財政困難，還會帶來交換難以進行的後遺症。明代後期的藩王成為叛亂武裝的攻擊對象，因為只有這樣，才能使他們手中的財寶散出，流通於天下。可見，一個國家不能養太多永遠不倒的貴族。

由於鄭和下西洋導致財政困難和白銀外流，許多精明的大臣覺得沒有必要再進行這類遠航，皇室的財寶已經夠多了。明代英宗上臺後，楊士奇、楊榮、楊溥等人掌權，下決心廢除了下西洋行動，這等於消減了皇室的開支，減輕國家負擔。三楊之所以能夠流芳百世，與此有關。從經濟來說，如果在鄭和時代美洲的白銀能夠進入中國市場，中國商人不會有缺乏白銀之虞，那麼，鄭和遠航可能還會進行下去，取得更多的航海成就。但是，歷史不能假設！

官府對海洋的參與，永遠是一個民族向遠洋發展的重要因素。元朝向海外進軍，以及明朝派出的鄭和艦隊，都有官府的意志才起作用。沒有官府，其實民間也存在著遠航。例如，宋代民間的船隻到印度洋發展已經成為一種趨勢。那麼，鄭和遠航之後，中國商人為什麼不到印度洋去了？其

中一個重要原因是官府對遠洋的禁止。明代官府的一個重要決策是將印度
洋航行留給官府，不讓民間船隻插足。官府停止遠航西洋之後，為什麼民
眾不去了呢？這一方面是官府的海禁越嚴重，另一方面的原因是：明朝的
海禁導致下海的船隻越來越少，敢於下海的船隻只要在東南亞一帶貿易，
便可獲得高額利潤，他們沒有必要去遙遠的印度洋。此外要注意的一個因
素是東南亞諸國航海力量的崛起。例如，馬來亞的麻六甲港，經鄭和開發
之後，成為東南亞著名的樞紐港，東南亞各國船隻匯集麻六甲港，就香料
貿易而言，已經不一定需要中國商人的仲介。不過，當地的商人中，有不
少漳州商人，他們在麻六甲有專門的居住區域，其他港口也是這樣。事實
上，在麻六甲海峽，至少還有舊港、亞齊等港口都有中國商人居住，他們
已經連成一條運輸線，可以將東亞及東南亞的商品運到印度港口城市，鄭
和時代的遠洋貿易，已經轉化為東南亞諸港的港際短線貿易，它同樣能夠
達到目的。因此，對中國商人而言，他們無需再到印度洋去冒險，只要將
貨物運到麻六甲，自有商人採購，為其轉運到印度去。由於這一原因，中
國的民間商人沒有必要再遠航到印度洋。

　　明朝官府停止遠航之後，疏於管理東南亞港市。原來，在鄭和時期，
明朝在麻六甲等地建立了軍需品的供應站。滿剌加，又譯麻六甲。自從明
朝皇帝扶植該國國王獨立，雙方就建立了密切關係。「中國下西洋舡以此
為外府，立擺柵牆垣，設四門更鼓樓，內又立重城，蓋造庫藏完備。大䑸
寶舡已往占城、爪哇等國，并先䑸暹羅等國回還舡隻，俱于此國海濱駐泊，
一應錢糧皆入庫內口貯。又分䑸次前往諸番買賣。」[10] 可見，當時的滿加
剌就是鄭和艦隊的補充基地。蘇門答臘等島嶼的政權，一直向中國進貢。
因此，有個別世界性的地圖，將明代的蘇門答臘各島嶼劃入中國的國土範
圍。但是，到了明代中期，明朝就覺得要管理這些海外領土，十分麻煩，
便將蘇門答臘的管理權交給了爪哇的統治者。在麻六甲方面，當地國王原
來一直向明朝廷進貢，每逢新王產生，也要請明朝大吏前去封賞。「成化
二十一年乙巳，憲廟遣給事中林榮、行人黃乾亨備封冊之禮。」結果林榮
及黃乾亨在半路遇險，死於海上。[11] 從此之後，明朝的使者就將麻六甲當作

10　鞏珍，《西洋番國誌》，向達校注本，北京，中華書局 1961 年，第 16 頁。

11　黃衷《海語》卷下，〈畏途〉，文淵閣四庫全書本，第 3 頁。

畏途，不肯再去。這樣，麻六甲與明朝官府的關係，遭到嚴重的破壞。明代中葉，葡萄牙人侵占麻六甲，麻六甲當局向明朝請援，卻得不到幫助，最終被葡萄牙人得手。麻六甲是南海通向印度洋的關鍵區域，許多人認為，若是明朝加強對麻六甲的統治，就可將葡萄牙人的東侵扼殺在麻六甲海峽以西。如此重要的港口，竟然被明朝輕率地放棄，最終成就了葡萄牙殖民擴張之名。其實，情況本來不會如此糟糕。

福建位於中國邊遠的海疆，長期以來，福建史對於中國史來說，並無重要的意義——這是說，無論是在政治上，還是經濟上，在福建這塊土地上所發生的一切，都不足以影響中原的發展大勢。而中原區域所發生的事件，必然影響到福建，福建史在中國史中的地位，是作為地方史存在，它所產生的變化只有地方性意義，沒有全國性意義。大致來說，在北宋以前，福建在中國歷史中的地位是不高的。進入宋代以後，福建的經濟文化有了大發展，在南宋成為中國最發達的區域之一，但在政治上，福建仍然缺乏全國性的影響。元朝代宋這樣重要的歷史事件，待其波及到福建境內已經是尾聲。

明清時代的福建史卻有了全國性的重要意義。其原因在於：進入明代以後，海洋對中國史的影響越來越大，它在本質上改變了中國史。過去的中國史，主要是中國世界的歷史；它與分隔並立的歐洲世界、中東世界、印度世界、美洲世界共同存在，相互之間影響不大。但自從大航海時代來臨後，中國在經濟上與世界各國結成了多方面的密切關係，中國人使用的白銀，來自美洲；中國人生產的茶葉與白糖，走上了歐洲人的餐桌；而中國人的瓷器和絲綢成為歐洲人的新寵。儘管明清朝廷都以地大物博傲視西方前來貿易的國家，實際上，中國人倘若沒有來自美洲的白銀，便只能以銅錢購買東西，大規模的、遠距離的、市場性質的財產轉移，幾乎沒有可能。而歐洲人離開了中國的白糖與茶葉，便食不甘味。所以，環球貿易已經悄悄地將世界聯成一體，只是大多數人沒有意識到這一點而已。也許有人會說，早在宋元時期，中國與西亞世界已經有了海上絲綢之路，但這一時代的海上絲綢之路，主要是奢侈品貿易。而且，西亞國家多是遊牧國家，人口稀少，缺少一個有消費能力的廣闊市場，它對世界市場的拉動，比不上明清時期歐美市場開闢所起的作用。因此，宋元中國與西亞國家的聯繫，

絕對比不上明清時代中國與西歐的聯繫。

然而，中國走向世界，或者說世界走向中國，絕不是一個平靜的過程。明朝一開國，便遇到了倭寇問題。當中國人逐步走向世界的時候，日本也在走向世界。日本擺脫島國的孤立，大陸是他們第一個期望所在。但早期日本有一個弱點——崇拜武力，他們認為強大的人才配擁有世界上的財富。他們在與大陸民族打交道時，總是忍不住使用武力。這就形成了倭寇問題。最早被倭寇所苦惱的是朝鮮半島的民眾，他們忍不住向元朝傾訴，於是有了元朝的東征。然而，元朝軍隊在颱風中的傾覆，使日本人對自己的武力值有了新的評價。他們的船隊除了襲擊朝鮮半島外，還將襲擊的對象從朝鮮擴大到中國沿海，形成規模可觀的倭寇運動。明代初年，北起遼東，南至福建，到處都有倭寇的隊伍在活動。明代中後期的嘉靖、隆慶年間，倭寇活動更使中國的東南沿海付出了極大代價。當然，日本進入東亞世界，也有它的貢獻，那就是它的白銀。日本在宋代是一個從中國輸入銅錢的國家，當時到中國貿易的日本船隻，所購中國銅錢，可以將數艘大船裝滿。迄至明代，中國與日本貿易的內容發生倒轉。日本向中國輸入金銀，中國向日本輸出商品。來自日本的金銀，裝滿了福建人的商船，它是驅動中國市場的一個重要因素。

如果說日本對中國的影響是亞洲世界的內部變化，那麼，世界市場的形成則是全球性的轟動事件。由於伊比利半島葡萄牙人和西班牙人的環球航行，約在明代中葉形成了環球航海體系，來自西方世界的葡萄牙、西班牙、荷蘭、英國，都在明清時期捲入了東亞的世界史。這些國家對中國的貢獻在於：將美洲的白銀運入中國，並將中國的商品運到世界，使中國經濟提升了一個等級。但這些國家的到來，也使中國面臨海上安全問題。葡萄牙租借了中國的一塊領土——澳門，使中國的領土主權受到侵犯，從此，每一個到東方貿易的西方國家，都將租借中國口岸當作頭一個目標，給中國帶來無盡的煩惱。雖然他們長期未能達成自己的目的，但東南亞國家成為犧牲品，從摩鹿加群島到巴達維亞，從馬尼拉到新加坡，一個又一個殖民地在東南亞建立，而占領者的目的，最早不過是打開與中國的貿易而已。

總的來說，明清時代，是一個西方世界渴望中國市場開放的時代。但是，中國對世界的感受卻是兩樣的。一方面他們感受捲入世界體系白銀

流入的好處，另一方面，也感受了多次來自海上的入侵。於是，海禁在明清兩代流行開來。海禁，其實質是明清朝廷對世界的拒絕。不過，兩個朝代海禁的嚴弛程度是不同的。明初的海禁，雖然不像人們想像的那樣嚴厲——片板不准下海，然而，明朝確實不想與世界的其他國家更多的打交道，因為進貢式的海上貿易，使明朝付出比收穫多，不如停止這類倒貼為主的海上貿易。然而，這一政策執行一段後，顯出了它的問題：福建、廣東等沿海省分，原來可以從海上貿易中獲取大量財富，受海禁的影響，這類收入大減。從經濟上來說，這是不利的。於是，他們悄悄地發展私人海上貿易。這就是以福建人和廣東潮州人為核心的閩粵海商集團。鄭芝龍和鄭成功是這一海商集團的最高點。在明清之際的海上動亂中，閩粵海商集團顯示了強大的力量。清朝從對閩粵海商集團的忽略到重視，使他們改變了海洋政策。除了清初為打擊鄭成功集團實行的海禁外，康熙二十二年清朝統一臺灣後，除了個別年分外，清朝實行的是相對開放的海洋政策，這就是允許閩粵人到海外貿易，並且開放了四個口岸，允許海外商船前來貿易。清中葉以後，清朝將英國、法國、美國等歐美商人的來華貿易集中於廣州口岸，只是為了管理方便，並非「閉關鎖國」。順便說一句，從「閉關鎖國」這個詞的性質來看，它應當是指 1634 年前後日本實行的政策。那時的日本為了禁絕天主教在日本的傳播，嚴禁信奉天主教的葡萄牙、西班牙人進入日本，即使是信奉新教的荷蘭人及中國商人，也只能住在長崎港的指定區域，原則上不能和日本平民打交道。這才是真正的「閉關鎖國」。至於明清兩個朝代，從未實行過「閉關鎖國」，明朝雖有海禁，只是限制本國民眾出海貿易，並不反對海外國家前來貿易。到了明代後期，明朝還特許福建商人從漳州月港出海貿易。這一政策本來還要推行到廣東，只因廣東官府要剿滅海盜而暫時擱置。清朝的福建、廣東兩省民眾相繼獲得到海外貿易的權力。外國人到中國開放口岸的貿易，也未被拒絕。在這一個政策的基礎上，中國人在經濟上是與世界連在一起。

　　在明清朝廷實行海禁政策時，將中國與世界聯繫在一起的是福建商人。福建人之所以能扮演如此重要的角色，是因為從東亞的海洋歷史來看，福建地區占有重要的地位。

　　東亞的海域位於太平洋的西部，經濟學界稱之為亞洲太平洋區域。從

貿易發展的歷史來看，它可以分為兩大貿易圈，即環北中國海經濟圈，環南海經濟圈。環北中國海經濟圈周邊國家是琉球、日本、朝鮮，以及中國的北部沿海；環南海經濟圈周邊國家是越南、馬來亞、新加坡、印尼、菲律賓，以及中國的南部。福建面臨臺灣海峽，在兩大貿易圈中都屬於邊緣區域。福建在歷史上，與日本的貿易相當興盛，是參與環北中國海經濟圈貿易的主要角色之一；同樣，在環南海經濟圈的歷史上，離開福建人就不可能寫成一部完整的環南海貿易圈的歷史。形象地說，西太平洋的兩大貿易圈隔臺灣海峽而自成體系，而臺灣海峽貿易圈則像帶動兩個大圈滾動的自行車之鏈，在歷史上，兩大貿易圈之間的聯繫，都要通過臺灣海峽。正因為環臺灣海峽貿易圈具有如此重要的地位，因此，在明清中國與東亞的海洋歷史上，它成了東方與西方爭奪的焦點，無論是葡萄牙人、西班牙人、荷蘭人還是日本人，都在臺灣海峽這一歷史舞臺上表演過，而福建人對於家門口的各種事態，更無法置身於外。不論他們願意不願意，他們都被捲入明清海洋的波濤中，從而扮演相當重要的角色。在明清歷史上，福建是被倭寇騷擾最厲害的區域，同時也是葡萄牙人、西班牙人力爭開放口岸的地區；至於荷蘭人，更抓住機會，在臺灣建立了他們的殖民地。從另一方面來說，明末清初以來，福建人是與葡萄牙人、西班牙人、荷蘭人、日本人貿易最多的中國人，大量的中國商品通過福建人之手運到海外，同等數值的白銀通過福建人之手從海外運到中國，從而使中國進入了白銀時代。因此，明清時代的福建史，不僅具有全國性的意義，並具有世界性的意義。

二、明清福建史研究的歷史線索

（一）海禁與明代前期福建的社會問題

　　明清福建的歷史是在太平洋波濤拍打下變化的歷史，但它是由明朝海禁政策拉開序幕的。

　　從明朝建立到明武宗正德十六年（1521 年），可以稱之為明代前期。這一個階段的特點是朝廷實行相對嚴厲的海禁政策。明朝的海禁有兩方面的內容，其一是禁止百姓與海外的私人貿易，其二是由官府壟斷海外貿易。明朝之所以實行這一政策，是因為倭寇對大陸的騷擾達到相當嚴重的地步。在從遼東到福建漫長的海岸線上，不時有倭寇入侵，他們焚燒擄掠，給中

國人民的生命財產造成極大的威脅。明政府認為倭寇之所以能入侵中國，是因為有些內奸在起作用，而內奸產生於沿海海上貿易發達的地區。於是，他們得出結論：要斷絕倭寇，首先要斷絕民間的海上貿易。明朝「寸板」不許下海的禁令，便是在這一背景下出現的。為了使這一政策得以貫徹，也為了防止倭寇的侵擾，明朝在洪武二十年（1387 年）動員福建民眾在沿海建起了近 20 座要塞，並在民間三丁抽一，組織了一支防海大軍，這一類似「海上長城」的建設，在防止倭寇侵擾方面起了重要的作用。從此，來犯的倭寇每每受到官軍的海上截擊，不能再在福建的沿海肆意縱橫，他們退卻時，還會遭到官軍的追擊。有一次，福建官軍追蹤倭寇一直到琉球附近的沿海，將其殲滅。明朝平定倭寇是成功的，但其代價也是極大的，民間的私人海上貿易成為非法的行為，這對福建這樣一個有貿易傳統的區域，打擊很大。宋元時代，福建的泉州是東方第一大港，發達的海上貿易，使其成為一座欣欣向榮的城市。海上貿易帶來的收入，也使福建的各行各業受惠良多。但明朝實行海禁以後，福建人不再有到海外貿易的權力，前來泉州市舶司貿易的海外船隻逐漸趨向廣州與寧波，福建對外貿易大大萎縮。在鄭和遠航的時代，福建人可以通過搭乘鄭和船隻到海外貿易。但是，令人遺憾的是：鄭和船隊的遠洋航行僅僅持續了二十多年，鄭和逝世後，與其並列為正使的王景弘，完成了第八次出海航行，明朝的大規模海上行動便從此落幕。總之，明代福建與海外的貿易聯繫大大萎縮了。

對外貿易的萎縮是全國性的普遍情況。明朝是在這一背景下開始了經濟調整。明朝的統治者認為，商業的萎縮可以換來農業的恢復。確實，明初城市經濟的蕭條，使許多人口回歸農業，於是，明朝的地方官帶領民眾重建在戰亂中毀壞的水利工程，推廣棉花種植，奠定了農業發展的基礎。但明代的農業也遇到了相當大的問題，由於城市的萎縮，農產品沒有廣闊的市場，農民除了有口飯吃外，生活水準極低。好在明朝收納的賦稅也是歷朝較低的。宋代鼎盛時，官府每年的收入達到 6000 萬貫銅錢，最多的年分達到 15000 萬貫；而明朝的賦稅僅有 2700 多萬石糧食，按照當時的物價，一兩銀子足可買二石至三石的米麥，設若一貫錢等於一兩銀子，明朝從民間收納的賦稅只有宋朝的六分之一。在這一背景下，明代前期福建的農民過著低水準的自給自足的生活。

　　可是，到了明代中期，社會問題漸漸產生了。由於朝廷所徵收的賦稅較少，朝廷的官員的薪水也少，一個縣級官員，一個月的薪水不過二兩銀子左右，僅能維持最低水準的生活。但人的物質欲望卻是很難克制的，於是，明朝大部分官員不滿足已有的種種收入，他們通過增加種種貢賦，中飽私囊。明代中葉修成的縣誌，往往要用幾十頁的篇幅來記載各種貢賦。這樣，民眾的負擔大大增加。有一些民眾不堪忍受，便逃到異鄉去謀生，而其原來所要承擔的賦稅，便分攤給其他的民眾。於是，逃亡民眾較多的地方，剩下的人口要承擔更為沉重的賦稅，而沉重的賦稅又迫使剩下的民眾走上逃亡之路。這樣的惡性循環形成後，許多縣分的人口迅速下降，明朝只好裁併里甲，甚至取消一些縣分。明代的興化府原有興化、莆田、仙遊三個縣，迄至明代中葉，興化縣只剩下 300 戶，只好將其裁革，剩餘的戶口併入莆田、仙遊兩縣。

　　大量的遊民背井離鄉，他們在異鄉的謀生十分艱難。在多數情況下，他們是給異鄉的地主當佃戶，而地主對付異鄉人往往更不講情面。因此，明代的租佃矛盾是十分尖銳的。而且，由於明朝的海禁，城市的商業資本沒有出路，便進入土地買賣與高利貸的行列。所以，明代中葉，福建有與縣令相抗衡的高利貸商人，也有僅僅上千的大地主。即使是城市的中小手工業者，他們手中的遊資沒有出路，也常到農村買地，形成城居地主。多方面的剝削層層加碼，激化了農民與地主的矛盾，也激化了城市與鄉村的矛盾。農民看著自己生產的糧食一擔一擔地挑入城市，而自己只能過著貧賤的生活，他們的不滿在積累，形成了極大的社會問題。鄧茂七起義便是在這一背景下爆發的。這一場空前的農民大起義，在幾個月內席捲福建大多數地方，各地的農民匯成一股股洪流，攻打縣城與城市，八閩大地有數十座城市被攻克，泉州、漳州、南平等名城受到圍攻。明朝軍隊費盡九牛二虎之力，才平定了這一次起義。

　　鄧茂七起義的發生說明：朝廷抑制海外貿易的做法，其代價是經濟的萎縮，而這種方式其實不能帶來天下太平，只是讓矛盾在內部積累，最終一次性爆發，整個社會基礎受到動搖。可見，傳統的統治方法已經走到了盡頭，必須重建外向型結構的福建經濟。

　　明初福建人口有 384 萬，而其時全國人口不過 4900 萬左右，福建省的

人口總量在十三省中，排在浙江、江西、山東、山西、湖廣之後，但位於陝西、廣西、廣東、四川、河南、雲南、北平諸省之前，約占全國人口的十三分之一。而在 2000 年，福建人口僅為 3100 萬，約占全國 13 億人口的四十二分之一。由此可知，明初福建省在國內的人口比重要比現在高得多。當時經過戰亂之後，除了東南諸省外，各省大都人口稀少，南部、中部與西部省分的人口都不多，以湖廣省為例，該省轄地相當於今天的湖南省與湖北省，但其人口總數 459 萬，僅比福建省多 75 萬。因此，當時的福建轄地雖小，但在國內還算人口大省，也是國內人口最密集的區域之一。

以上史料表明：研究明代前期福建的歷史，要注意官府政策的動向之外，還要注意這一政策貫徹的程度。明朝官府的海禁法令十分嚴明，但這一政策能否在基層社會貫徹則是另外一回事。官府政策有利於百姓時，百姓接受這一政策會歡欣鼓舞；若是這一政策不符合百姓的利益，他們便視若不見；或是表面上應付，暗地裡自行其事，最終迫使官府調整政策。此外要注意的是：閩粵邊境一帶的區域，山高皇帝遠，民眾不太把官府的禁令當一回事，他們的海船駛向東南亞，官府的水師若敢來干涉，他們便舉刀反抗，經常將缺乏糧餉的官軍打得落花流水。實際上，閩粵交界處的官軍不但不敢管民間的海船，反而趁機下海貿易，漳州玄鍾港一帶的水師官兵，是海上走私的主力軍。這是本地海洋文化造成的。總之，明朝的海禁之令在閩粵邊海區域出現了一個很大的缺口，福建漳州和廣東潮州民眾非但不遵守朝廷的海禁之令，反而借機發展，搶占中國對外貿易的先機。明清兩代的海洋資本一向以閩南人和潮州人為其巨擘，這是在明代前期奠定的。

由於對外貿易對福建經濟的潤色，明代前期的福建在國內屬於經濟發達區域，文化也相應發展。在科舉方面，即使明朝實行區域名額攤派制，由於朱熹理學的強大影響，朝廷給福建相對較多的名額。福建各府中，明代前期以興化府最為出名，每年都有數量不少的士人中舉。興化府之外，福州府、泉州府的進士數量都不少。比較意外的是：自鄧茂七起義發生後，建寧府經濟不振，進士數量也減少了。福建省沿海勝過山區的文化格局已經形成。

明代前期有不少學者參與了《永樂大典》及其他巨著的編纂，文學界形成的宗唐詩派有自己的特色。最出名的還是建陽刻書業，來自建陽書坊

的書籍占據國內主要市場，閩人在經典研究方面影響巨大，蔡清是最好的
代表。在八閩方志的編纂方面，明代前期有不少傑出的成果，其代表性作
品是篇幅較大的《八閩通誌》。

　　明代前期的福建民間信仰有較大的發展。從外省來到福建的衛所軍帶
來了關帝崇拜，產生於福州郊區的二徐真人崇拜在北京產生巨大的影響。
最有代表性的還是天妃崇拜，明朝的海事活動較多，推動了天妃信仰的發
展。天妃在海事領域成為官府認可的最高女神。總之，明代前期的福建是
一個經濟文化相對繁榮的東南省分。

（二）晚明福建經濟的發展

　　晚明福建經濟發展的背景是環球國際貿易市場的形成。對於晚明福建
經濟發展的原因，多數人歸之於國際貿易。早期西方學者持東方停滯論。
他們認為，東方國家的社會結構是停滯的，猶如死水一潭。西方人的入侵，
給東方帶來變化，而後東方社會才開始發展。這種觀點不論在中國還是日
本一度很流行。至今日本許多學者認為：是葡萄牙人到日本貿易，才給日
本開闢了一個新的世界，帶動日本經濟的發展。實際情況並非如此。這是
因為，明代中國經濟明顯領先世界，在與中國交往過程中，是葡萄牙、西
班牙、荷蘭這些國家獲得大發展，受惠於中國是他們發展的原因。再以日
本而論，明代初年的日本還很落後，在與明朝的進貢貿易中看到了發展的
方向。嘉靖年間，日本從中國引進名為「灰吹法」的煉銀技術，開採多座
銀礦，大量白銀湧入市場，吸引了中國商人前來貿易。葡萄牙跟隨中國商
人到日本貿易，並將日本白銀帶到澳門採購中國商品，從而在中國與日本
貿易中賺取大量金錢。由於明代晚期明朝和日本的緊張，中國商人很難到
日本貿易，於是，葡萄牙人在中日貿易中獨占鰲頭，因此，在日本人眼中，
葡萄牙人十分重要。然而，從這一貿易的性質看，是中國經濟與日本經濟
的互動推動了中國與日本經濟的發展。本質上是中國經濟拉動了日本的發
展，葡萄牙人的居間作用是其次的。換一個角度看，中日貿易非常重要，
也是葡萄牙人東方貿易利潤的主要來源。葡萄牙人是在介入中國與日本貿
易過程中獲得發展。這是嘉靖年間的情況。隆慶、萬曆時期，西班牙人也
介入中國與日本的貿易，他們並帶來美洲的白銀；西班牙人之後，又有荷

蘭人、英國人介入東方貿易，他們共同的貢獻是為中國商品開拓了歐洲市場。這樣看來，表面上是葡萄牙人、西班牙人、荷蘭人、英國人為中國開拓了國際市場，從而使明代晚期的中國獲得大發展，實際上，是中國領先於世界的生產力吸引了全世界的人民，從而在全球貿易市場初建的時代獲得了大發展。

環球國際貿易市場的初成只是福建經濟發展的條件，能在這個國際市場上占多少比例，則要看各民眾的努力。福建省山多地少，田地面積僅占土地總面積的十分之一左右，以故有「八山一水一分田」的說法。過多的人口密集於這塊土地上，使福建成為缺糧大省。福建的田地，在洪武二十六年（1393 年）為 14,625,969 畝，人均 3.8 畝；但到了清道光九年（1829 年），福建人口上升到 1500 萬左右，福建省的田地面積仍然是 1400 萬畝上下，人均土地面積已經不到一畝。大約從明代後期開始，福建沿海便嚴重缺糧，每年都要從廣東、浙江等省運入大量的糧食。有時運糧不及，而福建省又出現災害，便會出現人口大量死亡的慘景。由於這一原因，明末的福建社會動盪不安。在改善福建糧食供應方面，番薯的輸入是極為重要的。番薯是一種美洲植物，它的特點是耐旱，生長期短，尤其適應福建沿海沙地的種植。因此，番薯的引入，使福建沿海數十萬畝含沙土地都成為產糧地，養活了眾多的人口。不過，清代福建農民喜歡用良田種植菸草、甘蔗等經濟作物，所以，番薯的傳入，並未解決福建的糧食供應問題，仍然要從臺灣、廣東乃至越南等地輸入大量的糧食。由於交通條件不便，運糧不夠及時，往往引起社會動盪。

福建人口過剩的直接影響是使福建成為人口輸出大省。其實，早在宋元時期，福建便向廣東等地輸出人口，明代則主要向周邊諸省輸出，在廣東、江西、浙江等省都有大量的閩語人口。尤其是在廣東，講閩南語和客家話的人口至少占三分之一以上，這都是福建移民造成的。迄至明代末年，福建人口進一步跨海越洋，開始向臺灣與海外輸出人口，至今東南亞諸國的華僑社會，都與福建移民有關。這種人口輸出，對中華文化的海外傳播是十分重要的。

明清時期福建經濟發展的特點之一是小商品經濟的發展。從明代晚期開始，國際市場的開拓，使福建商品找到了銷路。福建生產的白糖、絲綢、

茶葉、瓷器，都是國際市場的暢銷貨，這些商品的輸出，為福建帶來了大量的白銀。福建商人擁有大量白銀之後，又通過採購鄰省出產的生絲、絲綢、棉布、瓷器、糧食等物貨，將白銀轉到外省。這種貿易方式一經建立，福建與國內市場的關係也更為密切。福建商人在貿易中發現許多福建土特產也可以在國內市場上找到銷路，如木材、紙張、筍乾、香菇、靛青、荔枝、龍眼、柑橘、菸草等等。過去，由於明朝的海禁以及山嶺的阻隔，福建商品不能大規模向國內輸出。晚明的海禁只針對外國人，福建商人的商船可以往來於中國沿海，將福建的商品運銷國內各地，從而促進了福建小商品生產的發展。

對明清福建經濟的研究，使我們更加看清福建經濟的獨特性質。由於地理條件的限制，福建不能像內陸其他省分一樣以糧食生產為主，但福建發展小商品生產卻有廣闊的天地，借助於明末清初福建與國內市場及國際市場廣泛的聯繫，福建各種商品暢銷各地。這樣，福建的小商品生產取得了長足的發展，並在全國占有獨特的地位。由於商品交換的發達，福建市場發育加快。沿海的福州、泉州、漳州成為著名的商業城市，而廈門從一個只有 3000 戶人家的軍事駐地，逐漸發展為一個著名的港口城市，鴉片戰爭之前的廈門已經擁有 7 萬多戶人家，約有近 40 萬人口。至於福州城，約有 50 萬～ 60 萬人口。沿海城市的發展，說明了明清以來福建城市化的進程。

城市化進程加快市鎮的發展。明代前期的弘治年間，福建只有 171 個墟市，明代後期福建各地的墟市數量則達到了 337 個，增加了 166 個墟市。其中，沿海的安海、月港，閩北的書坊，都是全國著名的市鎮。迄至清代，福建市鎮更有大量的發展，漳州的發展也許是最有代表性的。明代中葉的漳州共有六個縣，但只有 11 個市鎮，平均每縣 1.8 個市鎮；明末的漳州分為 10 縣，共有 72 個市鎮，增加了 61 個市鎮；清代乾隆年間，漳州的市鎮計有 214 個，比明代前期福建全省的市鎮數量還多。

總的來說，明清時代福建屬於國內較發達的省分，其根本原因是福建在中國對外貿易中占有獨特的地位，明末清初，福建的港口幾乎壟斷了中國商品的輸出，這說明福建的商品經濟發達程度遠遠超過內地省分。清代前期，中國商品輸出漸漸向廣州轉移，廈門港在國內的地位下降，不過，

廣州港輸出最大宗的商品卻是來自福建武夷山的武夷茶。鴉片戰爭前，武夷茶的輸出數量遠遠超過生絲、瓷器等傳統輸出商品，占據第一位。由於武夷茶貿易的成功，福建仍然是中國外貿大省，這是福建經濟繼續在國內占有重要地位的原因。福建在近代的落後，與商品出口量銳減有關。福建生產的白糖、絲綢、茶葉等商品，長期是國際市場的搶手貨。但自從 18 世紀英國工業革命之後，西方大量生產進口代用品，甜菜製糖術的發明，使歐洲人漸少從東方進口白糖；工業製瓷生產線的出現，使西方人不再從中國進口瓷器，而是向中國輸出瓷器；印度茶園在 19 世紀後期的成功，使武夷茶失去了傳統的英國市場；歐洲人對絲綢花樣的新要求，使他們不再向中國採購絲綢，而是採購生絲。這一切都使福建在世界對外貿易中的地位急速下降。迄至民國初年，福建的進口越來越大，而在出口方面所占分量越來越少，福建因此落後於先進省分，成為沿海諸省中最不發達的區域之一。但這一轉換主要發生於 19 世紀後半期，在明清時代，福建尚是國內較發達的區域。

（三）晚明的私人海上貿易與臺灣海峽風雲

福建是一個在宋元時期即有海上貿易傳統的區域，而且是一個經濟結構圍繞海外貿易運轉的區域。自宋元以來，福建的許多產業便是為海外貿易而存在的。倘若沒有海外貿易，福建經濟便難以運轉。這種情況用明朝流行的話來說，「海者，閩人之田也。」也就是說，沒有海外貿易，閩人便無法維持自己的生活方式。其實，地理因素的缺陷也是福建省不得不發展對外貿易的重要原因。福建之外的沿海省分大都有廣闊的內腹地區，民眾不能在沿海生活，可以轉移到內腹區域。以山東省來說，該省是中國古代海洋文化的發源區域之一，沿海貿易曾經相當發達。但自元朝和運河通航之後，山東省的經濟中心便轉移到運河沿線一帶，明朝的海禁剛好與這一趨勢相同，因此，在山東的海禁並未給當地民眾生活帶來大害，他們轉移到內陸區域，農業與商業經濟都有一定發展。再如浙江省，當地土壤肥沃，沿海的寧波、台州、溫州都是著名的糧產區，明朝實行海禁，他們便以種糧為生，雖然不能大發展，農民的小日子卻是十分紅火的。福建卻是一個多山的省分，農田的數量極少，農民僅靠種田無法維持生活，只有在市場上出售他們的農副業產品，才能維持正常生活。然而，福建本省的市

場十分狹小，而且，由於山嶺的阻隔，與外省的陸上交通十分不便，因此，福建不能像江蘇、浙江等地區，可以主要依靠國內市場為生。制約於福建的地理條件，福建經濟的運轉，實際上只有一個出路——向海外發展。換句話說，對外貿易是福建生命線。

由於上述原因，明朝的海禁政策可以禁止其他省分的海外貿易，卻無法禁止福建省民眾的海外貿易。其實，早在明代初期，福建人便在沿海悄悄地進行私人海上貿易。這一貿易的中心，是在漳州的月港（今海澄），當地商人私自製造大船到東南亞各地，進行傳統的絲綢之路商業貿易。不過，這一時期的貿易量較小，給官府及民間的刺激不是太大。迄至明代中葉，有兩個因素大大改變了傳統的貿易形勢。其一，葡萄牙人經過艱苦的遠航，終於繞過好望角，進入印度洋，從而與傳統的亞洲海上貿易路線相接。葡萄牙人從中國載運絲綢、瓷器、白糖等商品銷往歐洲，貿易利潤十分可觀。對中國來說，這標誌著中國商品對歐洲市場的開拓，從而使傳統的海上貿易躍上一個新的臺階。從此，東西方貿易不再是傳統的奢侈品貿易，而是以日用品貿易為主。由於當時歐洲生產的日用品在品質上和價格上都無法與中國相比，因此，他們只能運來白銀購買中國商品。這使大量白銀輸入中國。其次，日本經濟的崛起，也是一個重要因素。早在馬可•波羅的遊記中，日本被形容成一個黃金之國。確實，日本是世界上貴金屬產量最高的區域之一，約與明代中期相當，日本進入了一個「戰國」時期，各邦國之間的戰爭促使各國競相發展貿易與開礦，大量的黃金與白銀流入市場，其價格只有中國市場的幾分之一。嘉靖二十三年（1544年），一艘漳州人的商船遇到暴風飄入日本沿海，他們所帶的商品竟以幾倍的價格出售。這些漳州人回到家鄉後，一傳十，十傳百，月港的商人競相到日本貿易。據朝鮮方面的史料，此後數年內，僅僅因迷航誤入朝鮮的福建人便有上千人。

應當說，這是一個白銀讓人瘋狂的時代，漳州人發現，他們在家鄉只能賣幾個銅板的蘆柑，到日本可以換一塊銀子。從湖州採購而來的絲綢、從景德鎮運來的瓷器，以及他們自己生產的白糖，都是國際市場上的搶手貨，只要運得出去，都能賣數倍的價格。這個時候，朝廷的一切禁令對他們來說早已不存在，日本與葡萄牙人手中的白銀，讓他們熱血沸騰，他們

不僅到日本去貿易，而且還帶著日本人與葡萄牙人到自己的家鄉與浙江沿海貿易，在浙江寧波沿海的雙嶼港，葡萄牙人竟然在島上修建了天主教堂，開始傳播天主教。然而，樂極生悲，混亂的海外貿易帶來了許多民事糾紛。當時的海外貿易流行預訂制度，海外商人將自己所需的商品告訴仲介人，並預付購物的白銀。許多仲介人用他們的白銀，卻無法交出貨物，等到他們來討取，有些仲介人便說朝廷官軍前來清剿倭寇，讓他們趕快下海迴避。這種方式用上一兩次還能管用，多用幾次就不靈了。於是，他們組織武裝從雙嶼港深入浙江沿海地區討債，將債主的財產搶光。一來二去，他們漸漸發現，當時的浙江、福建沿海幾乎沒有警備，每次搶劫，都順利得手。於是，他們乾脆以搶劫為主業，這就形成了海盜問題。當時中日沿海有幾個著名的海盜團夥，其領袖都是中國商人，如汪直、徐海和福建籍的李光頭等人。這一時代的日本人以好鬥和忠於主人聞名於世，汪直之類的海商便在日本雇傭了許多浪人，用以衝鋒陷陣，所以，這一時代的海盜被稱之為「倭寇」。其實，嘉靖年間的倭寇以中國人為主，他們大都是福建、浙江、廣東沿海的遊民，真正的日本人只是少數。而葡萄牙人也趁機做一些不法的「生意」，所以，這一時代的倭寇問題是相當複雜的。

　　倭寇大規模侵擾閩浙沿海是在嘉靖三十一年（1552 年），其時許多日本沿海的浪人與武士，都受雇於汪直、徐海等人，到中國搶劫，造成極大的破壞。迄至嘉靖三十六年，倭寇在浙江沿海屢遭打擊，他們的活動逐漸向福建境內轉移。倭寇活動最盛時，福建被攻克的城市有 20 多座，福州與泉州等城市多次被圍，興化府、福寧州被攻克，人民財產受到極大損失。戚家軍入閩後，幾次殲滅戰狠狠打擊了倭寇，倭寇的活動才漸趨低潮。此後，閩浙沿海厲行海禁，倭寇要侵入沿海不再那麼容易，為患沿海多年的倭寇活動漸漸消失。

　　對倭寇的活動，沿海各地有不同的思考。浙江人認為倭寇主要是沿海民眾通倭造成的，從此在沿海厲行海禁，因此，浙江沿海的對外貿易衰退。福建境內，省城的士大夫也認為不該再與日本貿易，海禁要嚴。但在漳泉沿海，民眾卻有不同的考慮，他們認為當地民眾離開對外貿易便無法生活，要求朝廷同意他們出海貿易。明朝經過倭寇事件之後，也發現必須調整對海外貿易的政策，在福建巡撫塗澤民的要求下，朝廷允許海澄縣民眾出海

貿易。但明朝這一政策並不意味著全面開放。其一，全國沿海，只有海澄實行這一政策。其二，只允許當地商人到海外貿易，而不允許海外商人到本地貿易。明朝害怕外來商人對中國的物產產生出嫉妒之心，從而再一次引發倭寇事件，因而採取了「准出不准進」的政策。這一政策是明代前期海禁政策的延續，但又有所調整，是新形式的海禁。不過，它的實施，卻給福建商人造成巨大的商機。

其時中國的對外貿易主要集中在東南沿海的浙江、福建、廣東三省。在廣東，因為有了葡萄牙人占據的澳門，廣東商品可以通過澳門出境，廣東人對海外貿易沒有其他的要求；在浙江，當時在浙江沿海經營海外貿易的主要是福建商人，因此，浙江人情願不要海外貿易，還是保太平為好。這種形勢造成了福建人在對外貿易中獨盛的局面。由海澄發出的商船每年都有上百艘，前往東南亞各港，帶回無數白銀與香料。

明末東亞的國際形勢又有三大變化，其一是西班牙人東來，在馬尼拉建立殖民地。他們從美洲運來無數的白銀，並運走中國生產的絲綢、瓷器、白糖等商品。漳州開往馬尼拉的商船，無不裝滿白銀回國。其二是荷蘭人來到東方，他們占據巴達維亞（即雅加達），力圖打開對中國貿易。但他們不像西班牙人擁有美洲的白銀，也不像葡萄牙人擁有中國領土上的一塊殖民地，因此，他們對中國的貿易展開較慢，但對中國更具危險性。在日本方面，倭寇騷擾中國的活動雖然停止，但隨後發生的日本侵略朝鮮，使中日關係降到冰點，明朝對日本的制裁是實行更為嚴厲的海禁，以致福建商人幾十年未到日本貿易。迄至萬曆三十六年（1608 年）以後，才有一些福建商人偷偷地到日本做生意。日本人為了吸引福建商人，給予許多優惠的條件，此後去日本貿易的福建商人越來越多，明朝對日本的制裁流於形式。

晚明國際形勢的變化，從總體上來說對中國有利，但也給福建帶來了許多問題。在對西班牙關係方面，雖然從馬尼拉運來無數白銀，但西班牙人對到當地貿易的福建商人日益增多抱有憂慮。後來發現的史料證明：當時的西班牙人占據美洲之後，甚至有人主張入侵中國，像在秘魯和墨西哥那樣，推翻原有的政權，建立在亞洲的西班牙帝國。當時中國人對此是不瞭解的。西班牙人為了限制馬尼拉福建人的增長，多次屠殺當地的福建商

人。至於荷蘭殖民者，他們覺得巴達維亞不是一個良好的對中國貿易場所，來到當地的福建商人較少，況且運來的絲綢、瓷器不多，不能滿足他們的貿易要求。其時，荷蘭是一個海上強國，與西班牙及葡萄牙都有矛盾，因此，荷蘭人想奪取澳門，取代葡萄牙人對中國的貿易。在澳門失敗後，荷蘭人又將侵略的矛頭對準臺灣海峽，力圖控制福建商人的對外貿易。在這一背景下，荷蘭人入侵澎湖，侵占臺灣，騷擾福建沿海，力圖謀得直接貿易權。這一時代，日本也發生了巨大的變化。日本東南的大名，力圖向海洋發展。明神宗萬曆三十七年（1609 年），日本的薩摩藩在政治上控制了琉球國，其後，他們又進一步南下，覬覦臺灣。

面對這一形勢，福建官府的應對笨拙。當西班牙人屠殺福建商民資訊傳來，他們只是發出恐嚇信了事；得知日本對臺灣的野心之後，本來民間已經有在臺灣建置郡縣制度的提議，他們卻未能及時採納。後來荷蘭人展開入侵臺灣海峽的行動，他們又不能給予有力的回擊。當荷蘭人入侵澎湖的事件發生時，福建水師不斷增援澎湖島，在兵力已經占絕對優勢的背景下，他們對自己缺乏信心，竟然唆使荷蘭人去臺灣定居，以至留下了近 40 年的後患。荷蘭人占據臺灣之後，力圖壟斷中國的對外貿易，形成了對福建商船極大的威脅。荷蘭人不斷襲擊福建港口，要求開放對荷蘭的貿易，福建官府卻重新實行海禁，結果又引發了海盜活動。

明末海盜的領袖是鄭芝龍。這個讀過書的海盜，原是廈門商人李旦派到臺灣的翻譯。在荷蘭人的支持下，他參與了在馬尼拉海域劫持福建商船的活動。其後，他脫離荷蘭人，在福建沿海活動。由於官府的海禁導致沿海民眾沒有出路，大批破產漁民與農民加入海盜隊伍，鄭芝龍的部下很快發展成一支數萬人的武裝。但鄭芝龍畢竟是一個讀過書的人，他知道海盜是一個沒有前途的行業，因此，他帶領海盜投降明朝，成為福建水師的首領，並且屢經周折平定東南海域的海盜，成為南中國海的霸主。荷蘭人與鄭芝龍之間，有合作，有鬥爭，當荷蘭人對鄭芝龍控制對荷貿易不滿時，他們發動了對廈門港的襲擊，燒毀數十艘福建水師的船隻。而鄭芝龍也在金門的料羅灣之戰中，大敗荷蘭水師。此後，雙方達成協議：福建方面撤銷對臺灣的貿易禁令，荷蘭船隻也不再襲擊福建商船。鄭芝龍因此成為中國海商的代表人物，他向海商徵稅，並保護他們的海上利益，完成了福建

官府本應承擔的歷史使命。

　　總的來說，明末的臺灣海峽是東亞政治的焦點之一，商業、戰爭、外交相互纏繞的複雜形勢，使東亞的海洋政治進入了以武力捍衛自身權利的階段。在海洋上，沒有武力，便沒有貿易自由，這種從西方傳來的「強者邏輯」已經取代了以往的自由貿易。令人惋惜的是：福建的官府無力承擔這一使命，在經歷了多次災難之後，福建商人終於找到了自己的政治代表——鄭芝龍。鄭芝龍在晚明的崛起，凝聚了中國海商的力量，從此成為東亞海上一股不可小看的勢力。

（四）鄭成功與明清之際臺灣海峽的南明政權

　　從明朝到清朝的變革，是中國歷史上的重大歷史事件之一。清軍入關後，迅速征服了中國的大部分地區，但在東南海疆卻遇到了以海上勢力為核心的南明政權的頑強抵抗。這一抵抗延續了近 40 年才告結束。我們應當怎樣看待這一場鬥爭？

　　有人站在清朝的立場上，將此稱之為統一與反統一的戰爭；有人站在明朝的立場上，認為這是一場南方各族民眾抵制清朝掠奪的正義戰爭；還有人稱之為民族征服與反征服戰爭等等。倘若我們將中華民族看作是一個民族的大家庭，我們應當承認：清朝的統治者雖然來自關外，但他們也是中華民族的一個成員，完全有理由在中國的領土上建立一個統一政權。從這一個基點上說，清朝對南方用兵，確實是一場統一戰爭。不過，我們也應當看到事物的另一個方面，清朝統治者來自關外較落後的區域，他們在統一中國廣大的區域時，必須不斷地改造自己，吸取先進的中原文化，逐漸成為中國各階層利益的代表者，只有完成這一轉換，他們才能帶著中國走向繁榮富強。清朝統一中國的戰爭在東南受阻，主要是他們未能妥善地完成這一角色的轉換。當清軍攻下揚州、南京不戰而降時，江南儒生的代表——東林黨黨魁錢謙益等人紛紛投降清朝，南方明朝的正規軍大都落入清朝的控制之下，在這一時候，清朝本可順理成章地完成全國的統一，但志驕意滿的多爾袞等清朝統治者，竟在此時下令剃髮，深感受辱的江南士民再次掀起了抗清風暴。清朝統治者對江南政治上的代表人物錢謙益等人的處理也是不妥當的。他本是明朝政壇的核心人物，清朝卻將其棄之一邊，

從而使受他影響的一大批人站到了反清的立場上。清軍入閩，犯了同樣的錯誤，鄭芝龍本是誠心向清朝投降，並為其撤守仙霞關等重要關口，為清軍入閩掃清了道路。但入閩清軍統帥博洛貝子，卻食言而肥，不僅將鄭芝龍俘至北京，並且搶掠鄭芝龍的府第，從而將這一時代中國最先進的海商階層推到抗清的立場上。在這個時候，鄭成功抗清是有積極意義的。他的抗清，保存和發展了中國最先進的海商階層。

實際上，正是在鄭成功不斷的抗清鬥爭中，中國東南的海商才發展為一支擁有強大水上力量的雄師，從而聚集了收復臺灣的雄厚力量。在鄭芝龍時代，福建海商只有自保的能力，卻沒有發展的能力。只有到了鄭成功時代，福建海商才進入一個大發展時代，鄭成功幾乎將東南的海上力量全部統一到自己的旗幟下，組成了一支擁有上千艘大船的艦隊，從而使占據臺灣的荷蘭人相形見拙，終日惶恐不安，深怕鄭成功清算他們的罪行。而這一天終於到來，1662 年，鄭成功完成了收復臺灣的心願。

從明代末年開始，臺灣已經成為閩臺經濟圈的一個部分。還在荷蘭人占據臺灣之前，已經有大量的福建人去臺灣謀生，他們向原住民收購鹿肉，將鹿皮賣到日本。臺灣周圍海域更成為福建漁民的主要漁場之一，每年都有數百艘福建漁船到北港捕魚。所以，福建人是臺灣最早的開發者。換一個角度說，臺灣從其開發的第一天起，便與福建結下了密不可分的關係。荷蘭人侵占臺灣，主要著眼點也是發展對福建的貿易。他們不斷用武力騷擾福建沿海，其目的是打開對福建的貿易線路。荷蘭人占據臺灣後，發現要開發臺灣，必須依靠福建移民。勤勞的福建人在臺灣開墾荒地，種植水稻與甘蔗，水稻可供食用，甘蔗可以榨糖，而白糖是當時國際市場上最暢銷的商品。總的來說，在荷據臺灣時代，臺灣經濟實際上是福建的附屬經濟。

鄭成功收復臺灣之後，其子孫鄭經與鄭克塽在臺灣經營 20 餘年。其時的臺灣經濟，仍然是福建的附屬經濟。當時臺灣自身提供的鹿皮、白糖等商品，只能帶來部分利潤，遠遠不能滿足東亞市場對中國商品的要求。鄭經的商船必須從祖國大陸採購絲綢、瓷器等物質，才能取得對日本與東南亞貿易的商品。不過，要從祖國大陸得到商品，就必須與祖國大陸通商，這是鄭經每次在對清朝談判中堅持的基點，它是臺灣經濟對祖國大陸的依

附性造成的。由於雙方的談判不能達成正式協議，鄭經在臺灣頗感無法發展的苦惱。三藩之亂發生後，鄭經不顧一切參與東南的反清戰事。當他在大陸軍事形勢不利時，仍然不肯退出廈門、金門，反映了他不願意放棄與大陸通商的機會。果不其然，鄭經被打敗退往臺灣後，兵力一直不振，臺灣經濟一直處於蕭條中。因此，從經濟的原因來看，此時的臺灣一定要被清朝統一，因為，在當時的情況下，離開了大陸，臺灣是沒有辦法發展的。

　　清朝在與鄭成功、鄭經不斷地接觸中，開始重視這一東南巨大的政治、經濟勢力。由於滿族不懂水戰的天然局限，他們在與明鄭集團的海上戰爭中一直無法占據優勢。於是，他們便想用招安的方法分化與攏絡這一勢力。他們早期的成功在於招降施琅與黃梧，但招降鄭成功卻一再受挫。在鄭經時代，招降策略卻獲得了極大的成功。其原因在於：清朝不惜以高官厚祿來招安明鄭的部下。凡是主動來投的明鄭官員，都可以在降三級以後獲得使用。明鄭不過是一個地方性政權，所謂降三級，其實還是有利於明鄭降官的。正是這一策略的實施，加上軍事上的打擊，促使明鄭集團分化瓦解，最終無法抵抗清軍。

　　但從階級利益來說，招安政策是清朝對海上勢力的妥協，大量的明鄭官員加入清朝政權，對清朝海洋政策的制定起了很大作用。為了安撫這個集團，清朝的海洋政策較為小心。他們承認福建民眾的海洋利益，在統一臺灣後不久，便開放了福建沿海的對外貿易。值得注意的是：為了防止福建再出現鄭芝龍、鄭成功之類的人物，康熙皇帝訓斥了福建官員企圖壟斷對外貿易的企圖，他的政策是允許普通的福建商民都可以到海外經商。從此，福建海商不再成為了一個獨立於政府之外的政治力量。但是，到了康熙晚年，又開始禁止福建民眾移民海外，福建商民的海外發展又受到種種限制。在剃髮方面，清朝不再堅決保持腦後一撮「金錢鼠尾」的滿族傳統髮型，而是默認滿漢兵民將頭髮留長，梳成辮子，僅僅剃去前額的頭髮。清朝男性的大辮子，實際上是滿漢習俗統一的結果。

（五）清代福建的社會問題與統治危機

　　明清時代福建商品經濟的發展過程也出現了許多社會問題。應當說，清朝對福建的賦稅是相當少的，而且福建官府每年都要向朝廷上報歉收，

即使是豐年，也只說七成收穫。因此，清朝皇帝每年都為福建的歉收傷腦筋，不斷地調發內地糧食到福建賑災。除此之外，最為清朝頭痛的是福建沿海蔓延著宗族械鬥之風，大姓欺侮小姓，強房欺侮弱房，小姓聯合起來與大姓械鬥，你殺死我一人，我就要殺死你二人，冤冤相報，仇恨越結越深，械鬥的規模越來越大。為了在械鬥中獲勝，許多宗族都將參加會黨當作壯大自己勢力的一種方式。這造成民間的秘密結社之風。清代的會社組織最出名的是天地會，它產生於福建沿海，然後向廣東、臺灣等地蔓延，而且傳播到國內其他省分，給朝廷帶來無窮無盡的麻煩。在這種社會無序現象的背後，是經濟秩序的無序。商品經濟的發展，使民眾感受到生活方式的變化。過去的農民將土地擺在第一位，只要能生產出糧食，便不怕沒有飯吃。但在商品經濟社會，最為重要的是人際關係，沒有適當的人際關係，他們不僅無法賣出自己的商品，而且要在交換過程中受到無窮的剝削與敲詐，乃至無法立足。在西方社會，商品經濟時代的人際關係會由法律來確定，人們受到法律的保護。但在清代，沒有一部大家都接受的商法與民法，民間交往雖然有固定的習慣與習俗，但這些習慣的實現，卻要靠個人在社會中的地位，地位較高的人路路皆通，地位低的人註定要受欺侮。在這種背景下，每一個人都要通過種種關係來加強自己的地位，這就使古老的宗法關係、地緣關係、神緣關係、會黨關係都受到重視，人們分別結成不同的幫派，械鬥也就不可避免了。械鬥規模越來越大，也就使清朝的統治越來越困難，而經濟發展的成就，也在這種慢性的戰爭中逐步消亡殆盡。鴉片戰爭前的福建，實際上已經面臨巨大的統治危機。

海盜的活動也造成福建沿海的危機。當臺灣的明鄭政權失敗以後，有一些反清志士逃亡東南亞，同時也有不少福建人移居越南。這一時期的越南尚是一個以農業為主的國家，當地人不大經營商業和其他行業。於是，越南的商業、漁業等行業逐漸落入福建移民之手。清代中期，在越南的改朝換代之際，這些人參予越南的內戰，形成強大的海上集團。待戰爭結束後，他們轉向中國沿海掠奪，這就是著名的「艇盜」。艇盜失敗後，大部分船隊被福建沿海的海盜首領蔡牽所吞併。蔡牽活動於臺灣海峽，搶劫往來的商船，使福建省的商業遭受重大打擊。

鴉片的輸入，則帶來另一種危機。本來，福建對外貿易一向是輸出大

於輸入，它造成白銀滾滾流入福建。清代前期福建的武夷茶輸出獲得大利，每年數百萬到上千萬兩白銀的輸入，使閩北以武夷山為核心的武夷茶生產欣欣向榮，為福建帶來大量的利潤。但在鴉片戰爭前期，由於對外貿易的中心轉移到廣州，福建沿海出現了貿易危機。東南亞的歐洲殖民地嚴格限制福建商船，不許攜帶大量白銀出境，只准以物易物；而鴉片輸入造成福建等地白銀的流失，一進一出，導致福建市面上難以見到白銀流通，商品交換越來越困難。福州一帶，只好發行錢票，於是，錢莊在福建興起了。但是，這一時期的錢莊尚未能在農村普及，它還不是一種嚴格意義上的紙幣，因此，錢票的出現，不能解決當時的金融問題。在這一背景下，福建人林則徐等人積極提倡禁煙，這是東南經濟問題的反映。

　　總的來說，在清代前期，福建經濟雖然達到了一個高點，但社會與經濟問題的屢屢發生，往往抵消了經濟發展帶來進步。清代前期的福建社會，實際上是一個病態的社會，福建在這一狀態下進入一個競爭更為激烈的時代，難免屢屢遭受挫折。

三、學術界關於明清福建史的研究

　　自 20 世紀新史學興起以來，學界開始以新的方法研究福建史。20 世紀 30 年代，福建協和大學的學者創辦了《福建文化》雜誌，展開了福建地方史的研究。老一輩學者中，如薩士武等人都在這一刊物中發表過論文。傅衣凌先生在這個刊物發表論文多篇，〈清乾隆福建吃老官齋眾起事考〉（《福建文化》第 1 卷第 4 期，1942 年）抗戰勝利後完成的〈記清代福建長樂的鄉約〉，〈明末清初閩贛毗鄰地區的社區經濟與佃農風潮〉[12] 傅衣凌先生在閩北山區搜集了不少地契和族譜等民間文獻，在抗日戰爭的炮聲中完成了他的代表作：《福建佃農經濟考》（福建協和大學 1944 年），本書出版後，很快在日本學術界引起反映，對戰後日本中國學的重建產生很大影響。20 世紀 40 年代後期，薩士武、傅衣凌等人編纂了《福建對外貿易史研究》（福建省研究院社會科學研究所 1948 年），傅先生在其中發表了：《明代福建海商》、《清代前期廈門洋行》、《福州琉球通商史跡調查記》

12　福建省研究院社會科學研究所編行，《社會科學》第三、四期，1947 年 12 月。

等作品。20 世紀 50 年代，傅衣凌相繼出版了《明清時代商人及商業資本》（中華書局 1956 年），《明清農村社會經濟》（《中華書局 1959 年》）等論著，其中與福建史有關的有：《明清時代永安農村的社會經濟關係》、《明清之際的奴變和佃農解放運動》、《明清時代福建佃農風潮考證》，另外，閩清縣的契約也引起他的注意，《閩清民間佃約零拾》問世。其後，傅先生還發表過：〈十九世紀五十年代福建金融風潮史料〉（《中國經濟問題》1962 年 1、2—3 期），〈明代泉州安平商人史料輯補——讀李光縉《景璧集》何喬遠《鏡山全集》兩書札記〉（《泉州文史》第 5 期）；〈明萬曆二十年福州的搶米風潮〉（《南開學報》哲社版，1982 年第 5 期）、〈論明清時代福建土地買賣契約中的銀主〉（香港《抖擻》第 52 期，1983 年）、〈福建農村的耕畜租佃契約及其買賣文書〉（《中國社會經濟史研究》1983 年第 4 期）此文中的「耕畜租佃」主要是指「牛租」，該文發表時傅先生告訴我，他在解放前就收集幾條有關福建「牛租」的史料，以後陸續收集，略有所得，一直到最近才湊夠寫一篇文章的史料。傅先生的嚴謹讓我們讚歎。傅先生一向重視史料收集。晚年在《福建文博》連載《閩俗異聞錄》，又在《中國社會經濟史研究》連載《明清福建社會經濟史料雜抄》，都是相當珍貴的文獻。而其逝世後才發表的〈清末福州郊區人口的職業變化〉（葉顯恩主編《清代區域社會經濟史研究》，中華書局 1992 年）一文，也體現了對史料觀察的卓越眼光。以上論文史料近 20 篇，說明傅衣凌先生是新史學誕生以來福建史研究的開拓者。因傅衣凌先生的大力提倡，在文革後的全國各省，福建史的研究開展較早，成績較為突出。

20 世紀的 80 年代，朱維幹先生的《福建史稿》下冊出版值得注意。這是一部長達 50 萬字的巨著，敘述了明朝統一福建到清同治年間的福建歷史，其重點為政治史和經濟史。朱維幹先生對清代福建缺糧問題、外貿問題的關注，而其對太平天國的研究，頗有開拓意義。

鄭學檬先生時常涉足福建史研究。所發論文雖然不長，但每一篇都有新的東西。他的〈福建歷史上的交通與經濟發展問題〉（《廈門日報》1986 年 3 月 16 日）指出福建因地形原因，歷史上陸上交通艱難而海洋面向世界的特點，提出要總結歷史的成功與失敗經驗，以利未來的發展。他的〈16—19 世紀外國人眼中的福建〉（《閩南文化研究》海峽文藝出版社

2004 年），從一個新穎的角度探討了福建這一時代的宗教、物質文化生活和對外貿易。鄭學檬從 1983 年開始組織廈門大學歷史研究所諸位同志著手《福建經濟發展史綜合報告》的撰寫，1984 年完成最初的報告，最後在 1989 年出版了《福建經濟發展簡史》一書（廈門大學出版社 1989 年）。該書第一次完整地概述了福建經濟發展的歷史。在全書之序〈福建歷史上經濟發展的若干問題〉中，鄭先生總結了福建經濟高潮出現及停滯的原因，福建山海經濟的差異，足資今人參考。該書的參加者還有：楊國楨、張文綺、林仁川、林汀水、魏洪召、陳支平、楊際平、鄭振滿、戴一峰、陳衍德、徐曉望等人，後來都是福建歷史學界的骨幹。因為是第一部福建經濟史，當年參加該課題的作者都勤跑圖書館，一個字一個字地摘抄史料，本書篇幅雖然不長，但彌足珍貴。這些學者有關福建歷史研究的不少篇章，上過國家級刊物，《中國社會經濟史研究》是其主要陣地，80 年代以來發表過不少相關論文。

楊國楨著有〈試論清代閩北民間的土地買賣〉（《中國史研究》1981 年第 1 期）、〈華南農村的一田二主：閩西汀州與臺灣的比較〉（《李埏教授九十華誕紀念集》雲南大學出版社 2003 年），都是研究民間契約的名作。唐文基和鶴見尚弘、周玉英共同編纂了《明清福建經濟契約文書選輯》（福建人民出版社 1997 年），其中收集閩清等地古代契約數千份。

陳支平在社會史方面的的研究成果卓著，主要著作有：《近 500 年來福建的家族社會與文化》（上海三聯書店 1991 年）、《福建族譜》（福建人民出版社 1996 年）、《福建六大民系》（福建人民社 2000 年）、《五百年來福建的家族和社會》（臺北揚智文化公司 2004 年）。陳支平編纂的《福建民間文書》（廣西師範大學出版社 2007 年）彙集了廈門、泉州、閩北等地民間文書近 3 千件。顯示了作者在福建宗族研究方面的特殊貢獻。他主編的著作尚有：《福建宗教史》（福建教育出版社 1996 年）。鄭振滿著有《明清福建家族組織與社會變遷》（湖南教育出版社 1992 年），該書主要資料來自福建地方的族譜，是田野調查結合理論探索較成功的範例。他和丁荷生共同主編《福建宗教碑銘彙編 · 興化府分冊》（福建人民出版社 1995 年）、《福建宗教碑銘彙編 · 泉州府分冊》（福建人民出版社 2003 年），都是福建宗教史研究很好的參考資料。楊國楨與陳支平合作的著作有《明

清時代福建的土堡》（臺北國學文獻館 1993 年）；陳支平和鄭振滿合作的論文有：〈清代閩西四堡族商研究〉（《中國經濟史研究》，1988 年第 2 期）這都是有特色的社會史研究著作。

徐曉望早期投入社會史研究成果較多，而且主要集中於民間信仰方面。其主要著作是有：《福建民間信仰源流》（福建教育出版社 1993 年），該書較完整地敘述了福建二千年來民間信仰發展的基本線索，提出福建民間信仰主要來自南方的巫文化傳統；《媽祖信仰史研究》（福州，海風出版社 2007 年），是目前研究媽祖信仰發展史最詳細的著作。《閩澳媽祖廟調查》（澳門，中華媽祖基金會 2008 年），該書作者調查福建與澳門媽祖廟的論集；《福建民間信仰論集》（光明日報出版社 2011 年）彙集了作者在民間信仰研究方面的主要論文。作者提出福建民間信仰受佛教瑜伽教影響極深，對當今民間信仰中的佛儒因素也有詳細分析。徐曉望關於社會史的其他論文有：研究溺嬰習俗的〈福建古代溺嬰習俗嬗變考〉（福州，《社會公共安全研究》1988 年 1 期）；〈從溺嬰習俗看福建歷史上的人口自然構成問題〉（《福建論壇》經濟版，2003 年 3 期）。研究婦女問題的〈明清福建婦女的社會勞動和社會地位〉（張炳午主編《中國歷史社會發展探奧》，遼寧人民出版社 1994 年版）；研究同性戀習俗的〈從閩都別記看中國古代東南區域的同性戀現象〉（河南《尋根》雜誌 1999 年第三期，該文為當代中國最早發表的同性戀史研究作品）。研究宗族械鬥的：〈清代閩南的鄉族械鬥及其原因探微〉（《福建公安專科學校》1986 年 1 期），〈試論清代閩粵鄉族械鬥〉（《學術研究》1989 年 5 期）。以上成果匯入《中國東南古代社會考察》（光明日報出版社 2019 年）。

福建海洋史研究。

福建負山面海，海岸長達四千多公里，海洋史是福建最重要的內容之一。因福建是中國與海外聯繫較多的區域，福建的海洋史很早就受到關注。傅衣凌先生的〈福建的海商〉一文，開拓了明清史專家對海洋社會經濟史的研究。1987 年，林仁川的《明清之際私人海上貿易》（上海華東師範大學出版社 1987 年）一書出版。該書全面論述了大航海時代明清海上私人貿易，受到多方面的重視。其後，林仁川又有《福建海關暨貿易史》（鷺江出版社 1991 年）一書發表，展示了對海洋史的開拓。

　　楊國禎早年對林則徐《林則徐論考》（福建人民社 1989 年）、陳嘉庚《陳嘉庚傳》（福建人民社 1987 年）的研究，即涉及海洋史的內容。1996年楊國楨發表了〈關於中國海洋社會經濟史的思考〉，（《中國社會經濟史研究》）提出要以海洋為本位、站在海洋的角度來看社會經濟問題。以後相關研究陸續展開，成績顯著。

　　1988 年，徐曉望的〈論中國歷史上海洋文化與內陸文化的交征〉一文發表，文中提出中國歷史上也有發達的海洋文化，歷史上海洋文化與內陸文化之間的相互促進與糾葛是不可忽視的線索。1999 年，徐曉望的《媽祖的子民——閩臺海洋文化研究》一書在上海學林出版社出版，作者以海洋文化的視野觀察臺海兩岸的海洋史，開篇探討了中國海洋文化的結構、特點，認為中古時期的中國在世界海洋史上占有重要地位，並對閩臺海洋文化的地理環境、起源內因、航海文化、海外貿易、沿海貿易、海商集團、海路移民、海神崇拜、海外文化交流等多方面展開了論述。

　　廖大珂為韓振華的學生，著有《福建海外交通史》（福建人民出版社2002 年），該書敘述了福建從遠古時期到 1949 年的海上交通發展史；胡滄澤 2010 年著有《海洋中國與福建》。

　　福建區域史研究。

　　福建師範大學一向重視福建史的研究，在朱維幹先生的《福建史稿》問世後，各位學者屢有作品問世。唐文基主編的《福建史論探》，1992 年由福建人民出版，這是一部福建師範大學歷史系教師為主的論文集，探討了福建史領域的多個方面。其後唐文基領銜的《福建古代經濟史》（福建教育出版社 1995 年）出版；繼後有汪征魯主編的《福建史綱》（福建人民出版社 2003 年），林祥瑞、劉祖陛編纂的《福建簡史》（悉尼，國際華文出版社 2004 年）出版。謝必震的《福建史略》（海洋出版社 2011 年），這三部福建史篇幅雖然不大，但都有涉及福建明清史部分。

　　徐曉望長期在福建社會科學院歷史研究所工作，徐曉望等人的《福建通史》由福建人民出版社刊行於 2006 年。其中明清史部分 60 多萬字由徐曉望撰寫。在經濟史方面，徐曉望歷年著作有：《福建經濟史考證》（澳門出版社 2009 年），該書彙集了作者 20 來篇研究福建經濟史的相關論文。

2010 年，福建社會科學院歷史所團隊完成了《福州台江與東南海陸商業網絡研究》（福州，海峽書局 2011 年），這是第一部福州經濟的專門史，尤其著重福州海港與內陸、海洋的聯繫。參加本書研究的專家除了徐曉望之外，還有麻健敏、潘健、羅肇前、黃潔瓊、許瑩瑩、張燕清等新一代專業研究者。該團隊的主要作品還有《閩臺商業史新探》（經濟日報出版社 2015 年），徐曉望經濟史的個人專著還有《閩商研究》（北京，中國文史出版社 2014 年），這是一部研究閩商發展史的論文集，主要為明清時期的內容；徐曉望另有：《明清東南海洋經濟史研究》（北京，中國文史出版社 2014 年），提出了海洋經濟史的觀念；2014 年出版的《明清東南山區經濟的轉型──以閩浙贛邊為中心》（北京，中國文史出版社 2014 年）繼傅衣凌先生之後，再次研究了東南丘陵地帶的山區手工業與商品經濟諸問題。徐曉望近著有：《中國福建海上絲綢之路發展史》（北京，九州出版社 2017 年），概述福建海洋經濟史的起源和發展，其重點為明清時期福建的海洋經濟。

在福建文化史領域，歷年成果頗多，也很散。為了改變這一局面，福建人民社和福建教育社都組織了有關福建文化的系列叢書，從而促進了福建文化領域諸多方面的研究。由福建教育社組織的「福建思想文化叢書」每本都在 30 萬字以上，諸如徐曉望的《福建民間信仰源流》，劉樹勳主編的《閩學源流》，劉海明、莊明水主編的《福建教育史》，陳慶元的《福建文學史》，林仁川與黃福才的《福建對臺文化交融史》、林金水的《福建對外文化交流史》，以及徐曉望主編第一部全面論述福建文化史的《福建思想文化史綱》[13]。對福建文化史的研究都有開拓意義。進入新世紀後，福建炎黃文化研究會又組織了福建地域文化的專題研究，其中如徐曉望的《閩北文化述論》、郭志超的《畬族文化述論》（中國社會科學出版社 2009 年）等等，都在相關領域產生了影響。其他專門著作有廈門大學易石嘉撰著的《閩越文化》以民俗為主要視角，敘述了福建文化的主要內容和特徵。[14] 2016 年，徐曉望《福建文明史》上、中、下三冊在中國書籍社出版，本書較全面、較深入地探討了福建文明發展史。在歷史地理研究方面，

13　徐曉望主編，《福建思想文化史綱》，著者有徐曉望、黃保萬、曹敏華、陳遵沂等。
14　易石嘉，《閩越文化》，北京，華藝出版社 2011 年。

林汀水研究了海港史：〈九龍江下游的圍墾與影響〉（1984 年第 4 期）；
〈海澄之月港考〉（1995 年）、〈略談泉州港興衰的主要原因〉（《廈門
大學學報》1984 年第 1 期）；廖大珂著有《福建海外交通史》（福建人民
出版社 2002 年），該書敘述了福建從遠古時期到 1949 年的海上交通發展
史，胡滄澤 2010 年著有《海洋中國與福建》。泉州和漳州學者相當注重本
地海港史及對臺關係史的研究。莊為璣和王連茂編著《閩臺關係族譜資料
選編》[15]，莊為璣等人尚有《泉州譜牒華僑史料與研究》[16]。1983 年廈門和
漳州學者編輯出版了《月港研究論文集》[17]，泉州學者編成了《安海港史研
究》[18]。陳自強研究月港及漳州的海洋文化，發表多篇論文，著有《漳州古
代海外交通與海洋文化》[19]。可以說，相關研究成果日益增多，出現了繁榮
景象。

四、海洋史視野的臺灣史的研究

　　臺灣史作為中國海洋史的一個部分，很早就得到關注。中國社會科
學院臺灣史研究中心十分關注這方面的研究，先後有《當代中國臺灣史研
究》[20] 和《中國大陸臺灣史書目提要》[21] 兩書出版，籠括了大陸有關臺灣史
研究的大部分成果。

　　臺灣學者中，方豪先生最早開始了中西交通和臺灣史的研究，他的相
關著作發表於《方豪六十自述》[22] 一書中，而其弟子又將其有關臺灣史的論
文彙為《臺灣早期史綱》[23] 一書，成為中國學者研究臺灣史的奠基性作品。
曹永和先生是臺灣學者中研究荷蘭臺灣史料的又一大家，他的《早期臺灣
史研究》[24] 一書，彙集了他以荷蘭史料為根據研究臺灣史的主要論文，他對

15　莊為璣、王連茂，《閩臺關係族譜資料選編》，福建人民出版社 1984 年。
16　莊為璣等，《泉州譜牒華僑史料與研究》，北京，中國華僑出版社 1998 年。
17　福建省歷史學會廈門分會編輯，《月港研究論文集》，1983 年自刊本。
18　《安海港史》研究編輯組編，《安海港史研究》，福州，福建教育出版社 1989 年。
19　陳自強，《漳州古代海外交通與海洋文化》，福建人民出版社 2014 年。
20　張海鵬、李細珠編，《當代中國臺灣史研究》，中國社會科學院出版社 2015 年。
21　李細珠編，《中國大陸臺灣史書目提要》，中國社會科學院出版社 2015 年。
22　方豪，《六十至六十四自選待定稿》，臺北，作者自刊本 1974 年。
23　方豪，《臺灣早期史綱》，臺灣學生書局 1994 年。
24　曹永和，《臺灣早期歷史研究》，臺北，聯經出版事業公司 1979 年。

荷蘭、西班牙占據時期臺灣的研究，對荷據時期臺灣的開發史略，對臺灣近海的捕魚業，對明鄭時代臺灣的墾殖，都有相當深入的研究。他還有《臺灣早期史研究續集》問世。關於古代流求是指臺灣還是沖繩，臺灣學者之間爭議頗多。梁嘉彬先生極力主張古代流求即為今日的琉球群島，它從來不是臺灣！[25] 不過，臺灣有更多的學者認為元以前的流求即為臺灣。近年臺灣學術界風氣轉向，贊同梁嘉彬觀點的學者多了起來。陳文石很早就探討了明洪武、嘉靖年間的海禁政策[26]。他還探討了〈明嘉靖年間浙福沿海寇亂與私販貿易的關係〉（《史語所集刊》36 上，1965 年 12 月）；從 1984 年開始，位於臺北南港的中研院的中山人文社會科學研究所（含其前身三民主義研究所）開始推出《中國海洋發展史文集》，兩三年一次重要學術會議，然後集結成書。迄今已經有十幾部文集問世。該書代表了臺灣學界研究海洋史的頂尖成果，在某種程度上也代表了華人歷史學家研究海洋史的創新成就。臺灣學界的海洋史研究重點在於東南海疆史和臺灣史。收入這部連續性海洋史研究的主要作者有：李東華、曹永和、張彬村、梁其姿、陳慈玉、張增信、朱德蘭、王賡武、郝延平、王良行、廖風德、許雪姬、劉素芬、全漢昇、鄭永常、邱炫煜、劉序楓、陳國棟、陳鈺祥、翁佳音、湯熙勇、黃中青、蔡采秀、王世慶、李毓中、陳信雄、陳宗仁、鄭維中、方真真。其中許多論文產生較大影響。例如：曹永和專門探討了明太祖朱元璋的海洋政策如何從開放走向海禁。[27] 張彬村研究了十六世紀舟山群島一帶的走私貿易[28]，這就牽扯到葡萄牙人在華的沿海貿易，張增信對這個問題進行了討論。[29] 張增信的《明季東南海寇巢外的風氣 1567—1644》[30]，對明

25　梁嘉彬自 1954 年以來發表多篇論文，力主《隋書》的「流求」即為今日的琉球。其代表作有：〈隋書流求傳逐句考證〉，臺灣，《大陸雜誌》第四十五卷，第六期，1972 年，第 1—38 頁。梁嘉彬先生有關流求的論著很多，輯成《琉球及東南諸海島與中國》一書。

26　陳文石，〈明洪武、嘉靖年間的海禁政策〉，臺灣《文史叢刊》之二十（1966 年）。

27　曹永和，〈試論明太祖的海洋交通政策〉，中國海洋發展史論文集編輯委員會編，《中國海洋發展史論文集》第一輯，臺北，中研院 1984 年刊本。

28　張彬村，〈十六世紀舟山群島的走私貿易〉，中國海洋發展史論文集編輯委員會編，《中國海洋發展史論文集》第一輯，臺北，中研院 1984 年刊本。

29　張增信，〈十六世紀前期葡萄牙人在中國沿海的貿易據點〉，中國海洋發展史論文集編輯委員會編，《中國海洋發展史論文集》第二輯，臺北，中研院 1986 年刊本。

30　張增信，〈明季東南海寇巢外的風氣 1567—1644〉，臺北，中研院，張炎憲主編，《中國海洋發展史論文集》第 3 輯。

末在臺灣及東南沿海活動的海盜有較詳細的探討。劉序楓著力研究清代前期在日本長崎貿易的福建商人[31]，朱德蘭重點研究清朝開海令之後中國與日本在長崎的貿易。[32] 陳國棟展開了清代中葉廈門的海上貿易的研究。[33] 陳慈玉探討十九世紀中國、印度、英國之間的三角貿易[34]。

　　曹永和先生又有《中國海洋史論集》[35] 問世。他的〈環中國海域交流史上的臺灣和日本〉等文章，觀點令人深省。徐玉虎不論是研究鄭和還是鄭成功，都有許多扎實的成果。臺灣學者李東華的名著《泉州與我國中古的海上交通》由臺灣學生書局出版於 1986 年，該書重點是宋元時期的泉州，不過，對明代前期泉州經濟的論述也占一定分量。陳國棟的《東亞海域一千年》[36] 討論了中國與東南亞、日本的貿易，以及清朝的海關管理、茶葉貿易等多個問題。邱炫煜重點研究中國與東南亞關係史，對明代前後雙方關係的變化有深刻的認識。[37] 鄭永常的《來自海洋的挑戰——明代海貿政策演變研究》一書，研究了圍繞明朝的海貿政策，研究了從雙嶼港到鄭芝龍時代海洋力量的變化。[38]

　　除此之外，臺灣學者在臺灣史研究方面成果卓著，尹章義著有《臺灣開發史研究》，王世慶著有《清代臺灣社會經濟》，林滿紅的《茶、糖、樟腦業與臺灣之社會經濟變遷》，以上三部書都由聯經出版公司出版，是

31　劉序楓，〈清代前期的福建商人與長崎貿易〉，《九州大學東洋史論文集》，第16 期，1988 年。

32　朱德蘭，〈清開海令後的中日長崎貿易商與國內沿岸貿易（1684 － 1722）〉，錄自張憲炎主編，《中國海洋發展史論文集》第三輯。朱德蘭，〈清初遷界令時中國船海上貿易之研究〉，中國海洋發展史論文集編輯委員會編，《中國海洋發展史論文集》第二輯，臺北，中研院 1986 年刊本。

33　陳國棟，〈清代中葉廈門的海上貿易（1727 － 1833）〉，《中國海洋發展史論文集》第四輯，臺北，中研院 1991 年。

34　陳慈玉，〈以中印英三角貿易為基軸探討十九世紀中國的對外貿易〉，中國海洋發展史論文集編輯委員會編，《中國海洋發展史論文集》第一輯，臺北，中研院1984 年刊本。

35　曹永和，《中國海洋史論集》，臺北，聯經公司出版公司 2000 年。

36　陳國棟，《東亞海域一千年——歷史上的海洋中國與對外貿易》，山東畫報出版社2006 年。

37　邱炫煜，《明帝國與南海諸蕃國關係的演變》，臺北，蘭臺出版社 1995 年。

38　鄭永常，《來自海洋的挑戰——明代海貿政策演變研究》，臺北縣，稻鄉出版社2008 年刊本。

研究臺灣近代區域經濟史的代表作。此外，翁佳音對荷據臺灣的探討[39]，卓克華對臺灣郊商的研究[40]，鮑曉歐、李毓中對西班牙文涉臺史料的探索[41]，陳宗仁對明代臺灣港口與商業的研究[42]，林玉茹對清代臺灣經濟史的研究，都是出色的成績。有關臺灣史研究的詳細情況，將在以後幾卷的相關部分詳述。

　　以上關於明清福建臺灣史研究的學術史概述相當簡略，涉及具體的問題將在本書相關部分進一步探討。

39　翁佳音，《荷蘭時代——臺灣史的連續性問題》，臺灣，稻鄉出版社 2008 年。

40　卓克華，《清代臺灣行郊研究》，福建人民出版社 2006 年。

41　鮑曉鷗著、那瓜（NaKao Eki）譯，《西班牙人的臺灣體驗 1626 — 1642》，臺北南天書局有限公司 2008 年。李毓中編注，《臺灣與西班牙關係史料彙編 I》，臺北，臺灣文獻館 2008 年。

42　陳宗仁，《雞籠山與淡水洋——東亞與臺灣早期史研究》，臺北，聯經出版公司 2005 年。

第一章　明代前期福建的治亂

　　明代前期是儒學鼎盛的時代，在開國皇帝朱元璋定下的治國方針裡，儒學是不可動搖的指導思想。因此，理學家改造社會的偉大理想，自兩宋以來，第一次得以實現。但在實踐過程中，儒者遇到了來自皇權的牽制，不僅如此，國家財政上的需要往往迫使儒者採取一些應急的措施。這樣，朝廷在許多政策的制定上，不是貫徹儒家精神，而是沿襲法家的傳統。因此，儒者寬待農民的理想並不能完全實現。這種理想與現實的差異，深深地困擾了明代的理學家。迄至明代中期，福建出現了葉宗留、鄧茂七起義。

第一節　明初社會秩序的重建

　　在明朝建立全國政權後的 100 年內，明朝是世界上最大的國家，也是最富強的國家。儘管明朝的統治政策有許多不當之處，但比之同時期的亞歐國家，明朝所達到的水準仍是他們所不可企及的。明朝能夠獲得較多的成功，與統治者重用儒者是分不開的。

一、明初福建社會秩序的恢復

　　明洪武元年，朱元璋發兵入閩，很快消滅了元朝在福建的殘餘力量，元福建行省陳友定被俘，而後被殺。明軍在湯和的率領下從海道進入閩江，再進入福州。湯和為人仁厚。他的軍隊有「秋毫無犯，市不易肆」之譽。

福州被完整地保存下來。洪武二年，朱元璋派女婿王恭入閩。「臨行諭之曰：閩夙號富庶，元末困於弊政，朘削尤甚，民病未蘇。汝往綏之，毋恃親故。若不能守法，朕不汝縱。恭至，撫循凋敝，多方規畫。命指揮李惠為福州築城，并建樓櫓。先造一城於城北，跨越王山，今名樣樓。」[1] 可見，明軍入閩，有一個很好的起點。不過，明朝官員對省會的統治較為小心，在其他地區，就有些問題了。

明初福建的局勢。明初，陳友定軍隊雖然被明軍打敗，但他的部屬散居八閩，還有相當的勢力。他們趁明朝政策失誤之際，屢屢號召鄉民反抗，造成明初福建社會動盪不安。洪武元年（1368 年），友定故將金子隆、馮國保率眾攻陷將樂城，殺死知縣馮源、主簿蘇兼善等人，並乘勝攻打延平府城[2]。張理在閩南任職時，「漳浦接連溪洞，民善亂，舊於其地置汀漳屯田萬戶府。及入職，方詔徵屯田軍赴京。萬戶吳世榮遂叛。府君集民兵攻世榮戮之。具上奏中朝免其徵。海寇林仲明、鄭惟明、鄭君長恃能出入海濤，先後為背叛，漳州衛兵雖嘗剪除，而渠魁逸不可捕。府君悉用謀致之磔裂以徇。民畏威不復敢為亂。」[3] 又如「南靖縣民為亂，詿誤者數千人。」[4] 洪武三年（1370 年），惠安元朝故將陳同起兵，攻占永春、德化、安溪三縣，一時閩南大震[5]。這些起義在明朝強大武力的鎮壓下，很快就失敗了，但它卻說明明朝對福建的統治還不穩固。除此之外，在元末數十年的戰爭中，福建經濟遭受極大的破壞，人口流失，田園荒蕪，滿目淒涼。林弼敘及他的家鄉：「長泰在漳邑為小，其民則視他民為譁，元政既衰，令非其人，民不堪其虐，輒且挺而起。比寇平，則民以殘矣。既內附，鄧侯廉首來作縣，較其戶，則死而徙者十二三；視其民，則刀痕箭瘢，膚體弗完，不能業其業者又一二也。」[6] 人口下降造成農田荒廢，僅古田縣就有「荒田千頃」[7]。

---

1 郝玉麟等，雍正《福建通志》卷二九，〈名宦志·福州府〉，文淵閣四庫全書本，第 28 頁。
2 陳壽祺等，道光《福建通志》卷二六七，〈明外紀〉，臺灣華文書局 1968 年影印同治十年重刊本，第 1 頁。
3 宋濂，《文憲集》卷二十三，〈故承事郎漳州府漳浦縣知縣張府君（理）新墓碣銘並序〉，文淵閣四庫全書本，第 18 頁。
4 郝玉麟等，雍正《福建通志》卷二九，〈名宦志·福州府·鄭湜傳〉，第 29 頁。
5 《明太祖實錄》卷五三，洪武三年六月乙酉，臺北中研院史語所影印本，第 12 頁。
6 林弼，《林登州集》卷十二，〈贈長泰令鄧侯新政序〉，文淵閣四庫全書本，第 12 頁。
7 李賢等，《明一統志》卷七四，文淵閣四庫全書本，第 19 頁。

明初大詩人陳亮的〈悼犬行〉一詩說，當時因人口稀少，猛虎在村落中出沒，獵食犬牛等家畜，造成「十家九室無吠聲」的慘狀[8]。

上述狀況同樣存在於中國的許多地區。為了實現天下大治，雄才大略的明太祖朱元璋在以民為本的指導思想下，進行了從武化到文治政策的調整，以使民眾在大亂之後，能夠恢復生產，重建家園。

首先，明朝官員在安撫流民方面做了很多事，裴思明任浦城縣丞時，「邑初歸附，流移未復，思明躬詣旁邑，以招徠之。」[9]徐濟在興化知府任上，「視編氓如子。至於顛連無告者，尤加惠養。」[10]馬文升回顧：「我朝洪武初，招撫流民，俱有定法。彼時人民安業，無多逃亡。遇有災荒流移他所者，所司即委佐貳官員，帶領各里里甲，分投前往有收去處尋訪招撫，帶領回還。重加存恤，或給予雞豚，或量免稅糧，蘇息數年，方當差役」[11]。這樣，因戰亂離鄉的百姓逐漸回到家鄉，社會秩序逐漸穩定。

其次，恢復農業生產。朱元璋出身農民，對農民疾苦有深刻的體會，因而，他當政之後，對恢復農業生產十分重視。《永春縣志》記載：「國初重農桑之政，洪武二十七年，命工部移文，教天下百姓多栽桑棗」；「洪武初，令民不種桑麻木棉者罰之布帛」[12]。由於朱元璋的詔令，各地官員都將農業生產當作任內的主要事務。在福建，李春於洪武年間任興化知府，「修築陂堰及西湖等十斗門。凡可以利民者，無不為之。」[13]長樂縣的瀕海田受潮水侵蝕，莊稼難以生長，知縣率民修復海堤，「由是長樂田無斥鹵之患，而歲獲其利。」[14]芮麟任建寧知府：「寬厚能文，歲饑，勸富民出粟賑濟，全活甚眾。」[15]這樣，福建的農業生產逐步恢復，而社會也恢復了元氣。

8　陳亮，〈悼犬行〉，引自袁表等編，《閩中十子詩》卷七，〈陳亮〉，文淵閣四庫全書本，第4頁。

9　黃仲昭等，《八閩通誌》上冊，卷三七，〈秩官〉，福建人民出版社1990年，第795頁。

10　黃仲昭等，《八閩通誌》上冊，卷三九，〈秩官〉，第834頁。

11　馬文升，〈撫流移以正版籍疏〉，陳子龍等選輯，《明經世文編》卷六三，〈馬端肅公奏疏〉二），北京，中華書局1987年，第521頁。

12　朱安期等，萬曆《永春縣志》卷六，〈農政〉，明萬曆刊本膠捲，第1頁。

13　黃仲昭等，《八閩通誌》卷三九，〈秩官〉，第834頁。

14　夏原吉監修，《明太祖實錄》卷一七八，洪武十九年五月癸丑，第4頁。

15　李賢等，《明一統志》卷七六，第18頁。

　　再次，興辦學校。明代地方行政的又一重要特點是重視教化。學校是教化之源，在明代官員看來，要使朝廷對某一地區的統治真正鞏固，最重要的是辦學校，以儒學教導百姓。明初福建各地的官員對辦學是很積極的。例如：章文旭，洪武間任邵武通判，「時承兵燹之餘，學校、廨舍、橋梁創建修飾，皆其功也」[16]。學校恢復後，在戰亂中逃亡的儒生重又聚集在一起，他們讀書考科舉，爭取在新朝的宦途上一顯身手。這樣，他們不知不覺地為新朝所籠絡，成為新朝代的擁護者。而明朝的統治也通過他們落實到每一鄉村。明朝初建，國家缺乏人才。「洪武壬戌徵秀才八千餘人入試朝政」，來自漳州龍溪縣的劉宗道獲第一名。朱元璋對他們不是太放心。「仍命學士詹徽密察諸儒中特異者，復居德行第一。以布衣侍坐共論治道，拜都察院左都御史。條上二十事，言甚切直，上命所司採行。」[17]如上所述，劉宗道在八千秀才選拔中獲得第一名，因而得授都察院高官，如此破格選拔，在後世是難以見到的。此外，在明初頗有怨言的藍仁之弟藍智，也在洪武十一年獲得薦舉，以明經的資格出仕廣西探察司僉事。這種政策為明朝爭取了大量的儒生。[18]

　　然而，朝廷有些統治政策也引起爭議，最為明顯的是遷豪富政策的實行。明朝為了某種目的，多次強迫富戶移民。其一是以朱元璋的家鄉鳳陽為中都，從四方強制性移民到鳳陽。從崇安人藍仁的《藍山集》來看，他曾被迫移民兩淮；其二是移民北京，永樂帝定都北京後，遷東南富戶入京。嘉靖時蔡清說：晉江安平鎮有柯氏大族，「洪武、永樂間，柯氏以貲雄一縣，有司舉富戶實京師，至今其子孫世丁富戶役。」[19]這說明明初福建亦有富戶被遷至北京。為了解決富戶在北京的生活與賦稅問題，明朝廷又採取了相應的措施，「後因供輸浩繁，移徙日眾，乃於原籍每戶徵銀三兩助之。」[20]這類銀兩便叫「幫帖銀」。據史冊的記載：嘉靖十五年（1536 年），福建

16　黃仲昭，弘治《八閩通誌》上冊，卷三九，〈秩官〉，第 827 頁。

17　過庭訓，《明分省人物考》卷七五，〈福建漳州府〉，第 4 頁。周駿富輯，《明代傳記叢刊》第 137 冊。明文書局影印，第 2 頁。

18　過庭訓，《明分省人物考》卷七二，〈福建建寧府〉，第 5 頁。周駿富輯，《明代傳記叢刊》第 136 冊。明文書局影印本，第 643 頁。

19　蔡清，《虛齋集》卷三，〈安平柯氏族譜序〉，文淵閣四庫全書本，第 59 頁。

20　李龍潛，〈明初遷徙富戶考釋〉，見廈門大學《中國社會經濟史研究》1988 年第 3 期，第 61 頁。

解發幫帖銀 6000 兩至京[21]。由此可見，由福建遷往北京的富戶約有 2000 人。對這種遷富戶政策，有人是給予好評的，因為它不僅有利於統治者鞏固京城，而且會剷除地方的豪強，使農民得到土地。但從實際的實施結果來看，遷富戶往往是讓原有的富戶在異地變成貧困戶，而其原籍也因富戶的遷出失去大筆資金，生產不振。明初福建等東南城市的商品經濟比之宋元略有倒退，與這一點是有關的。公平地說，儒家的治國思想一直是不干涉主義，讓民眾自行其事。所以，遷豪富政策實際上來自法家思想的殘餘。其次，對至高無上的皇權來說，它願意看到民間一切平等，最好不要有可以挑戰自己一呼百諾的大戶。朱元璋登基以來，一直是有意識地削平大戶。南京沈萬三從巨富到破產，便是典型的例子。

總之，明初的政策並不能完全貫徹儒家「愛民為上」的傳統思想，法家的思想常常被採用。儘管法家的施政思想在明代已被看作是一種歷史負擔，但朝廷為了實際利益，往往不是採用儒者的理想，而是應用法家思想，這是這一時代儒者的悲哀。

明初沉重的徭役。明初福建的賦稅不多，但徭役負擔很重，其原因在於朱元璋求治心切，總想在他在位的時候，將一切事情都做好，子孫可以安享其福。例如，為了加強沿海抗擊倭寇的能力，明洪武五年（1372 年）八月甲申，朱元璋下詔：「浙江、福建瀕海九衛造海舟六百六十艘，以禦倭寇。」洪武八年四月丙申（初七），「命靖寧侯葉升巡行溫、台、福、興、漳、泉、潮州等衛，督造防倭海船。」[22]

明初造船是作為徭役的一種，分攤給沿海百姓的。造船需要大量的民力民物。《明會典》記載洪武年間造一艘一千料的船，計需用杉木 302 根，雜木 149 根，株木 20 根，榆木舵桿 2 根，栗木 2 根，櫓坯 38 枝，丁線 35742 個，雜作 161 個，桐油 3012 斤 8 兩，石灰 9037 斤 8 兩，艌麻 1253 斤 3 兩 2 錢。船上製作纜繩的雜物還有：絡麻 1294 斤，黃藤 885 斤，白麻 20 斤，棕毛 2283 斤 12 兩。[23] 可見，老百姓為造船付出代價之大。對於這

21 霍韜，〈劉養忠墓誌銘〉，轉引自李龍潛，〈明初遷徙富戶考釋〉，見廈門大學《中國社會經濟史研究》1988 年第 3 期。

22 夏原吉監修，《明太祖實錄》卷九九，洪武八年四月丙申。

23 李東陽等，弘治《明會典》卷一六〇，〈工部十四．船隻〉，第 2—3 頁。

一點，朱元璋是很清楚的，「上諭中書省臣曰：自兵興以來，百姓供給頗煩，今復有興作，乃重勞之。然所以為此者，為百姓去殘害，保父母妻子也。朕恐有司因此重科吾民，反致怨讟。爾中書其榜諭之，違者罪不赦。」[24] 儘管對官員做了約束，實際上，大規模徭役的本身，便是老百姓難以承擔的。南平縣志記載，洪武年間朱孟常任南平縣令時，「江西民採木南平，饑餓瀕死」，朱孟常「賑之以粟」。「時遣中官至縣督催木尚未備，苛急駭擾，常服力安撫。中官夜夢神告曰：『若第去，朱令在，何憂？』中官覺，悉以付常。常從容處置，事集，而民不擾。」[25] 以上事實表明，洪武年間福建的採木工程，甚至動用了來自江西的民工！它給福建軍民造成的壓力，不難想像。

　　除了造船外，其他重要的徭役還有多項。例如，在沿海建立衛所城。史載，洪武二十年（1387 年），朱元璋遣周德興入閩巡視海疆，在短短的一年內，周德興在沿海「三丁抽一」，建立起一支大規模的衛所大軍，並建築 20 座衛所城。這些衛所城的遺址尚保留多處。著名的崇武所城、東山島所城、定海所城，都是這一時代修築的。泉州永寧衛城，僅拆於 20 年前。從遺址來看，這些衛城都建設得十分牢固。連江的定海所城，牆高二丈餘，花崗岩砌成，臨海的城門有複道，建築相當考究。令人難以想像的是，周德興怎麼能在一年內建成 20 座如此規模的大城？其實，也不難理解，他一定是使用了「人海戰術」，以軍令命令福建沿海各府縣分片包乾，限期築成。老百姓為此付出的代價可想而知。

　　如果說造船與築城都是一時性的，長距離的賦稅運輸則是福建民眾長期的負擔。明代許多賦稅不在本郡繳納，而是指定運往外郡某地。這對農民來說是變相加賦。明代初期，大規模的軍事活動連續不斷，福建作為明朝的後方基地之一，在人員和物質方面，付出了很大的代價。明朝於建國的洪武元年（1368 年）統一了福建，當時，中原的廣大領土仍處在元朝殘餘勢力的統治之下，為了統一中國，明軍發動了規模宏大的北伐，百萬大軍浩浩蕩蕩北上，以摧枯拉朽之勢擊敗了元軍的主力。但是，退回漠北的

24　夏原吉監修，《明太祖實錄》卷七五，洪武五年秋七月甲申，第 4 — 5 頁。

25　蔡建賢等，民國《南平縣志》卷二三，〈朱孟常傳〉，南平市志編纂委 1985 年點
　　校本，第 1030 頁。

蒙古軍仍有相當的實力，並在很長的時期內保持著元朝的國號，這是明朝所無法容忍的。因此，在洪武帝至永樂帝的 57 年內，明朝多次出動幾十萬人的大軍北伐蒙古，深入漠北數千里，但一直未能解決這一問題。其間還發生了靖難之亂與遠征安南等事件。可以說，在這一段時期內，明朝的戰爭連綿不斷，百姓尚未能享受真正的和平。長期的軍事活動消耗了明朝大量的人力、物力，雖說福建不是戰爭的前線，但明初朝廷徵用大量人員與物質，給福建帶來了很大的壓力。

強制性抽丁。明朝的軍隊數量是歷朝所不及的，僅僅福建就有衛所軍隊 48000 多人。為了維持這一支軍隊，朱元璋想方設法在民間搜刮兵丁，例如，洪武元年（1368 年），明將章存道率處州鄉兵 15000 人入閩作戰。陳友定滅亡後，朱元璋欲調這支鄉軍北上。其時，章存道之父章溢為明朝大臣，他認為應讓這支鄉兵還鄉，而「昔嘗叛逆之民，宜籍為軍，使北上」。這時，處州鄉軍占據閩北浦城、崇安一帶，要徵調「叛逆之民」當兵，自然是閩北百姓倒楣了[26]。這類事件在明初經常發生，例如洪武五年（1372 年）十一月，「故元降將行樞密院同僉賴正孫，招集福州遺兵五千人送京師。」[27] 抽丁還曾引起福建民眾的叛亂，據史冊記載，洪武四年，原元朝福建參政阮德柔曾向朱元璋提出：「臣故部伍多壯士，今皆散處民間，若往收集，可備行伍。」於是，阮德柔回到他一度盤踞的建寧城，「既至，人多怨之。又性嚴急，人尤不堪，於是，浦城縣新軍百戶李子清、詹子順、張仲真等率眾殺德柔，因而為亂，建寧衛遣兵擊子清等，皆伏誅。」[28] 這是一場由抽丁引起的兵變，從當地人民反抗之激烈來看，抽丁對他們造成了極大的傷害。

明代軍隊的死亡率很高，由於明代前期戰事頻繁，明朝的衛所軍隊常被徵調至遠方作戰，而軍官不能愛惜士兵，常常造成士兵的非正常死亡。楊士奇在永樂年間說：「有以兩廣……福建……之人起解北方極邊補役者，彼此不服水土，南方之人死於寒凍……且其衛所去本鄉或萬里，或七八千里，路遠艱難，盤纏不得接濟。在途逃死者多，到衛者少。」[29] 一直到明代

26　《明史》卷一二八，〈章溢傳〉，北京，中華書局 1974 年本，第 3791 頁。

27　夏原吉監修，《明太祖實錄》卷七六，洪武五年冬十月己酉，第 5 頁。

28　夏原吉監修，《明太祖實錄》卷六六，洪武四年六月壬午朔，第 1 頁。

29　楊士奇，〈論句補南北邊軍疏〉，《明經世文編》卷一五，〈楊文貞公文集〉，第

中期馬文升還說，福建等地赴北疆戍兵，「累到累死，累解累逃」[30]。

元末明初，崇安詩人藍仁有許多詩詠及明初百姓被抽丁的慘狀，例如：「萬方一日綱紀新，四夷重譯來稱臣……兵選三丁儒一丁，裂荷焚芰別山谷，帶牛佩犢趨邊庭，萬人坑平百草綠，風雨年年寡妻哭，縱有生還老退身，疾疢傷殘形不足。」[31] 在藍仁看來，他的家鄉長期被元軍盤踞，這並不是百姓的錯，為什麼要把他們充軍遠方呢？他的〈有感組詩〉詠道：「玉石何勞辨，兵農不必分，異方投體魄，非罪及兒孫。部伍年年定，饑寒處處聞，荒田兼廢屋，愁眼對秋原。」可見，大量壯丁被抽當兵，造成農村農田普遍性拋荒；抽丁還造成農民惶恐不安的心理：「道路頻徵發，悲號孰忍聽，老翁憂絕嗣，童子畏成丁。」更為可嘆的是，抽丁造成許多家庭破裂，藍仁說：「嫁女先鄰近，誰言有遠征？長號辭母去，無力逐夫行。」詩中的女主人公被迫告別父母，跟隨丈夫遠戍邊疆，這是何等悲哀的事，「邊郡書稀到，衣襟淚不乾，南人西北老，天遠問應難。」[32] 藍仁自己也有兒子被抽丁，他的〈示兒〉詠道：「天怒寧論罪有無，荷戈萬里戍成都」；「衰容渾欲不勝衣，況復天涯有戍兒。」[33] 他的兒子最終死在半途，垂老的藍仁悲淚難禁，〈哭兒骨殖還故山〉：「愁心慘澹失清秋，歸骨淒涼傍故丘……黥作屠兵寧餓死，西風殘照淚交流。」[34] 可見，抽丁一事給閩北人民造成了極大的災難。因此，當時福建人遇到抽丁，全族震動。個別自願出征被當作壯舉。「王公者，其先本赤籍，公為商于建寧。族子以起解來告。公惻然曰：『汝貧，又無嗣，奈何令汝為軍族。』子曰：『輸次，當然。』公曰：『吾有子，當代汝行。』不詣家而去。」[35] 王氏後來被全族視為英雄。以後，明朝改變制度，以北方壯丁補充北方軍隊，南方壯丁補充南方軍隊，福建兵丁的死亡率才下降。

在這些北去的戍卒中，只有少數人成名。閩縣的林觀是其中的一個。

---

109 頁。

30　馬文升，〈存遠軍以實兵備疏〉，《明經世文編》卷六二，〈馬端肅公奏疏〉，第511 頁。

31　藍仁，《藍山集》卷一，〈放歌一首效蘇仲簡〉，文淵閣四庫全書本，第 10 頁。

32　藍仁，《藍山集》卷二，〈有感組詩〉，第 5 — 6 頁。

33　藍仁，《藍山集》卷四，〈示兒三首〉，第 20 — 21 頁。

34　藍仁，《藍山集》卷五，〈哭兒骨殖還故山〉，第 5 — 6 頁。

35　陸案，《覽勝紀談》卷三，〈王氏義〉，明刻本，第 11 頁。

《明英宗實錄》記載：正統四年二月，「錦衣衛都指揮僉事林觀卒。觀，福建閩縣人，本燕山右衛戍卒，以奉天靖難功，累陞陝西都指揮僉事。宣德初召還，授今職。至是卒，遣官賜祭。」[36] 林觀從戍卒陞至錦衣衛都指揮僉事，這是非常不容易的。

由於明代統治政策的失誤，明初福建的部分地區每每發生動亂。例如，洪武五年同安縣吳毛秋起兵；六年，福州府羅源縣山民、古田縣山賊及永福縣民作亂；洪武十年，泉州民任鈞顯作亂；洪武十一年九月，泉州永寧衛賊人作亂；洪武十二年，漳州府龍巖縣民江志賢作亂，聚眾數千人；洪武十四年十月，漳州府南靖縣民為亂；同月，古田縣民廖十等作亂；十二月，漳州府龍巖縣民作亂，自立官屬，侵掠龍溪縣；洪武十五年二月，漳州府龍巖縣郡盜作亂。可見，在洪武年間，福建民眾起義不斷，這主要是由於朝廷徭役過重，民眾不堪負擔，所以，屢屢發動起義[37]。

洪武年間，正是明朝甲兵最盛的時候，然而，福建地區卻爆發了多次農民起義，這與宋代初年福建一度穩定是不同的，也反映了明朝廷的失策。由此可見，明朝統治福建比之北宋統一福建之輕鬆，是遠遠不如的。宋朝統一福建以後，著重的是以德服人，但明朝統一福建後，著重點是利用福建的物質與人員，以支持長期戰爭，由於立足點不同，明初閩人對新朝代的反映也就不如宋朝了。

當然，由於明初甲兵強盛，主要是發生於福建南部的農民起義，總是迅速被明朝的軍隊撲滅，福建大部分地區是處在穩定之中的。這是由於明朝一方面有強大的軍隊，另一方面，明朝在政策上也比較注意協調人力與物力，而當時的官僚政權較為清廉則是最重要的。

二、廉潔政府的追求

朱元璋出身於民間，對民間疾苦有深刻的瞭解。對貪官汙吏恨之入骨。他建立明朝之後，對官員廉潔的要求十分嚴厲。

36　孫繼宗監修，《明英宗實錄》卷五一，正統四年二月甲子，台北，中研院歷史語言研究所 1962 年校印本。

37　轉引自李國祥、楊昶主編，《明實錄類纂》福建臺灣卷，武漢出版社 1993 年，第413 — 415 頁。又，陳壽祺道光《福建通志》卷二六七，〈明外紀〉。

1. 三權分立、一統於上──明代福建的行政序列

　　明朝統一福建之後，馬上建立了行政管理制度。其構思是恢復唐宋時期中國固有的官制。但是，由於明朝承元朝而來，許多方面不能不受到元朝制度的影響。以明代福建省制來說，它是元代福建省制的自然延續，在許多方面反映了元代制度的特點。例如，元代省級機構有三個系統：宣慰司管理民政，宣慰司都元帥府掌管軍事，另設肅政廉訪司掌管監察與刑獄。明代福建省級機構也有三個系統，承宣布政使司掌管民政，提刑按察使司掌管監察與刑獄，而都指揮使司掌管軍事。不過，元代福建的宣慰使經常兼都元帥府，反映了元代軍政不分的特點，而明代的制度則強調文武之別，布政使是文官，都指揮使是武官，文武之間，涇渭分明，一般是不容混淆的。其根本原因在於明朝的制度著眼於三個系統的官員相互牽制，不論文武都不得擅權，這是元代所未有的。

　　明朝的布政使司的最高長官是左右布政使，級別為從二品，下有左右參政二員，左右參議各一員，級別分別是從三品、從四品。

　　布政使是福建的行政主官，黃仲昭說：「國朝改設布政司以統八府一州五十三縣之治，品秩幾與六卿等。而凡所部百僚、列郡庶政，無一不在綱維，其柄任之重，位望之尊，即古方伯之職也。膺是任者，必有其端列郡之表率，副斯民之瞻仰。」[38]

　　福建等處提刑按察使司的主官為按察使，正三品，比布政使低一級。他的下屬有：按察副使二員，僉事四員，分別為正四品，正五品。按察使司的權責相當後世的司法、檢察機構，主要職責是審理案件，同時監督同省的官吏。

　　福建都指揮使司的主官是都指揮使，正二品，級別比同類官員高。但明朝重文輕武，武職官員品級雖高，卻受到同僚的歧視。都指揮使的屬官有都指揮同知二人，從二品，都指揮僉事四人，正三品。

　　以上三大機構中都設有經歷司、照磨所、司獄司等機構，但吏員數量不等，福建布政使司的吏員有八九十人，按察使司吏員只有一半，都指揮

38　黃仲昭，《未軒文集》卷三，〈福建等處承宣布政使司題名記〉，文淵閣四庫全書本，第 7 頁。

使司更少，不論文武機構，它的吏員都選用文人。

明代福建布政使司下轄八個府：福州府、建寧府、泉州府、興化府、延平府、漳州府、汀州府、邵武府，大致上是元代的路都改為府。明憲宗成化九年（1473年），又增設了福寧州，與以上八府並列。明代的府設知府、同知、通判、推官等官員。知府官衙中也有經歷司、照磨所、司獄司等幕僚性質的機構，並附設陰陽學正、醫學正科、儒學教授、訓導等官，分掌教育、醫療、天文、風水等各類事務。另設僧綱司、道紀司等掌管宗教的機構。這些機構也與宋元時期相類似。

明代的縣級官員有知縣、縣丞、主簿、典史、儒學教諭、訓導等人，比唐宋時期多了幾員，所以，明代官員有這種說法：「余表秩官而知十羊九牧之說之非誣也。政（和）一彈九之地耳，俗頗稱淳樸，賦無宿逋，訟甚簡，月不能數十，擇其近情者理之一日，而案牘可清，雖西南二里有可耕之民，而無可耕之地，寡積聚，或易於為非，得一循吏，便可臥治。主簿已久裁革，即縣丞亦贅尤矣。」[39]明代縣級正式官員很少，但每一個官員都是一個衙門，每個衙門要配備一批書吏和差役，所以，每個衙門實際上要養數十人至上百人，在那個時代，這就是民眾沉重的負擔了。所以，人們主張一些小縣可以減少一些衙門，以減輕民眾的負擔。但官員太少，管理上就比較粗放了。明代的百姓大都是自行管理鄉村中的事務，從某種程度上說，他們是很「自由」的。但從另一面說，民眾的基本權力很難得到保障，鄉村多落入有權勢的鄉紳手中。

明代的制度與元代的區別在於：元代的行省長官是地方最高官員，他有權統轄境內一切官吏，處理一切事務。而明朝將行省分為三個系統，各行其事，相互牽制，並強調按察使的監察作用。洪武十八年（1385年）福建發生過這樣一個事件：福建按察使陶垕仲「治贓吏數十人」，他發現同級的福建布政使薛大方貪暴自肆，便上疏彈劾，薛大方也上疏自辯，朱元璋不明內情，逮垕仲至京。「事既白，大方得罪，詔垕仲還官。閩人迎拜，為之語曰：『陶使再來天有眼，薛使不去地無皮』。」[40]按察使鬥倒布政使，這在元代是很少見的。由此可見明代監察系統確實起了作用。但是，隨著

<hr>

39　車鳴時，萬曆《政和縣志》卷二，〈秩官表〉，明萬曆刻本膠捲，第 13 — 14 頁。
40　夏原吉監修，《明太祖實錄》卷一七○，洪武十八年春正月丙戌，第 4 — 5 頁。

歲月的推移，官官相衛的風氣也在侵襲福建地方官場，因此，以後的按察使司官員是很少做「惡人」的，這一機構也逐漸失去了作用。所謂「三權分立」，其後變成了三家互相推諉，誰也不負責。為了糾正這一缺點，明朝又頒布了巡撫制度。

巡按與巡撫的設置。明代地方制度與元代相比，缺少一個有權統轄文武的官員，這樣，一旦遇到事變，文武不協調，往往誤事。於是，每逢發生重大事變，朝廷便命中央高官來到地方，統管一切，這類官員叫巡視、巡按、巡撫，逐漸變為常設官員，最後定名為巡撫[41]。福建最早設置的巡撫是正統年間的楊勉，其職責在於開採銀礦，權力有限。鄧茂七起義失敗後，曾有官員建議在福建設巡撫：「福建僻在一隅，邊臨大海，隔遠京師，人多梗化……乞敕在廷重臣一人往彼任巡撫，庶幾民心有所倚仗，盜賊不至滋蔓。」此呈被吏部尚書駁回：「廷臣巡撫，本非定制，邇者朝廷以福建年穀稍登，民頗寧息，已征回京……非有大事，不許輕遣廷臣。」[42] 因此，福建在很長時期內都沒有巡撫，迨至嘉靖年間，浙閩巡視朱紈說：「切照各省俱有撫臣……惟浙江、福建素無撫臣，止是巡按御史專制。」[43] 郭造卿說：「蓋閩之巡撫，自正統前侍郎楊勉始也。至成化末，王繼而後，或罷遣矣。嘉靖間，胡璉、朱紈、王忬兼閩浙巡視，事平而不常設，專設自阮鶚始，未幾而兼提督軍門矣。」[44] 阮鶚於嘉靖三十六年（1557年）任福建巡撫，這是第一位福建省的專職巡撫，以後陸續有人歷任。巡撫總管地方的行政、財政、監察、軍事等各種事務，他的身分是中央派遣官，代表皇帝出巡地方，他有權參劾地方官員，朝廷為了支持他的權威，所有參劾，大多批准。所以，巡撫的權力極大，一旦出京，全省震動，所有的官吏都顫慄不安，伏首聽命。由於巡撫出京後，總要奏免一些貪官以樹威信，所以，巡撫出巡地方，對整頓吏治有一定效果。此外，巡撫制度也使朝廷權威大大加強。

41　見劉秀生，〈明代的督撫〉，《中國社科院研究生院學報》1991年第2期。

42　孫繼宗監修，《明英宗實錄》卷二五五，景泰六年閏六月丁卯，第4—5頁。

43　朱紈，〈請明執掌以便遵行事〉，《明經世文編》卷二〇五，《朱中丞覽餘集》，第2155頁。

44　郭造卿，〈閩中經略議〉，顧炎武《天下郡國利病書》第26冊，四部叢刊三編，第25冊。史部，第10頁。

從明朝地方吏治的「三權分立」到巡撫的「一元化」領導，讓人覺得明朝的政體改革走了一條彎路，最後又回到了元朝由行省最高長官統管一切的老路上去。不過，元代的行省長官多為武將，他們沒有一點道德觀，在任上貪汙行賄，虐待百姓，而且毫無顧忌地攬權用權，不僅搞壞了地方吏治，也使其治下成為一個獨立王國，隱然與朝廷抗衡。而明朝的巡撫大多是文臣，他們出巡福建，也多為臨時性的，所以，他們的存在，不但不會影響朝廷的權威，還會加強朝廷在地方的影響。這是明代地方制度與元朝不同之處。

2. 明初吏治的整頓

明初吏治最大的成功是對腐敗的清除。在封建專制時代，吏治的腐敗幾乎是不可治癒的癌病，然而，歷史上沒有一個朝代像元朝那樣全無法紀。朱元璋建立明朝後，鑒於元末的官風，全力整頓吏治，使明代的吏治煥然一新。明太祖對貪官汙吏的懲治是非常嚴厲的，洪武九年（1376 年），福建省官員懲治貪汙的吏員，不慎將他們打死，按以往的例子，福建省官員是要受罰的。然而，朱元璋卻赦免他們無罪，「並給璽書勞之」。他通過這一事例批評那些忽視吏治的人，「或云胥吏小人，何預治亂，是大不然。吏詐則蠹政，政既墮矣，民何由安。朕所以命著為令者，正欲使上官馭吏，動必以禮，而嚴之以法，若吏卒背理違法，繩以死，無論[45]。」不惜以死刑對付貪官汙吏，這反映了朱元璋的為政風格。而且，朱元璋不只是以嚴刑對付下級吏員，即使是親信高官，倘若貪汙事件暴露，他也是嚴懲不貸。對敢於抵制非法行為的下級官員，朱元璋給予大力支持。建陽縣知縣郭伯泰、縣丞陸鎰，「為政建陽，不避權勢。上聞而賢之。故皆陞用」。他還專門派人帶著他的御書告訴這二個官員：「曩古人臣立忠君之志者，在內則和而不同，在外則不避權勢，所以上昭君德，下福黎民，載諸史冊，歷歷可考。朕居帝位十有八年，鮮見其人。頃者通政司言建陽知縣郭伯泰、縣丞陸鎰持法愛民，不避權勢，嗚呼，古人臣之道朕今見之，誠可嘉尚。特遣行人王本齎朕命往升爾伯泰為奉議大夫泉州府同知，鎰承直郎福州府

45　孫繼宗監修，《明太祖實錄》卷一〇八，洪武九年八月己卯，第 5 — 6 頁。

通判，勞以醴酒，爾其益堅乃志，始終惟一，為國安民。」[46] 兩名不畏權勢的縣級官員得到皇帝的親自嘉賞，這在古代是十分罕見的。

理學是明初官場較為清廉的另一個原因。明初的官員大多是理學的信徒，而理學家以清廉為人生價值實現的基本前提，當官不為民作主，被他們視為對理學信念的背叛。正如洪武末年的邵武知縣夏祥鳳所說：「廉為士之大節，居官者不能守廉，大節虧矣，雖有政事，何足尚哉！」[47] 一些人認為，理學家中多虛偽之徒，其實不能一概而論。尤其是在明代初期，理學第一次獲得了在全國範圍內實現其理想的機會，許多人真誠地認為：只要理學的治國觀念能夠在實踐中得到執行，便能天下大治。在這一理想尚未失落的時候，它能夠吸引廣大官員為其奮鬥。在明代福建的官場上，有許多官員過著十分清貧的生活，李子春任政和知縣，「廉慎勤敏，在任三年，妻自執爨，無異布衣，時人以為難。」[48] 孫麒任連城知縣，「自奉日蔬食而已。」[49] 而康勉任清流知縣，「沒于官，行李蕭然，不能歸櫬，士大夫皆樂為之助。蓋勉之清風有以激之與。」[50] 可見，清官在明代初年並不少見。他們雖然過著清貧的一生，但感到自己是在為理想而付出，因此，他們的人生是充實的。

明初社會風氣樸素，也是官場較清廉的重要原因。明初處於大亂之後，社會的物質生產受到極大的破壞，許多繁華的城市被焚毀，人民飽經戰亂，以能夠安定地生活為人生最大的理想，對消費沒有什麼奢求。因為官府視人民的家產多少而定徭役，所以少數有錢人家也不敢「露富」，貧富的消費水準相當接近。明代的官員俸金很少，一個七品官的月薪不過幾兩銀子而已，但由於整個社會的消費水準不高，他們以微薄的收入仍能過著與普通人一樣的生活，以故，對金錢的要求不是那麼迫切。這是明初許多官員能長期保持清廉官風的一個重要原因。明初的官場並非沒有貪汙，但貪汙者多為沒有文化的將領，一般地說，由科舉出身的官員不會像武將那樣無

46　孫繼宗監修，《明太祖實錄》卷一七六，洪武十八年十一月己酉，第 4—5 頁。
47　李賢等，《明一統志》卷七八，第 10 頁。
48　李賢等，《明一統志》卷七六，第 18 頁。
49　李賢等，《明一統志》卷七七，第 29 頁。
50　李賢等，《明一統志》卷七七，第 30 頁。

所顧忌。例如福寧府「仕者率以廉恥相尚，多空囊歸」[51]。

由於地方官中廉明的官員較多，而且採取了一些有利於社會發展的政策，所以，雖說明朝前期不斷有大規模的徭役等不利於社會發展的因素，但在官員們的百般安撫下，社會上的不滿情緒大大減少了。因此，明初福建社會有動盪，卻沒有發展為大規模的動亂。在經過元朝統治 90 年的動亂之後，明代前期的福建終於又進入一個安定的發展時期。

三、輕徭薄賦的最終實現

賦役是朝廷取之於民的財政收入以及對民力的使用。按照儒家的理想，取之於民的賦役，應當是越輕越好，所以，明初制定的賦役額，對閩人來說，不算太多。但是，隨著官僚機構的腐敗，明中葉福建民眾的賦役負擔已是很重的了。

明代的主要賦稅來自田畝。「皇朝洪武初，籍天下田地、山林、池塘、海蕩之名數，分官、民二等。官田起科，每畝五升三合五勺……民產畝科夏稅鈔四文，秋米五升，蓋一則而已。」[52]明初定各地的賦稅，除江南之外，務以寬大為主。洪武十三年（1380 年），「福建布政使司言：泉州府惠安、德化二縣歸附之初，因降臣主簿張子安以舊徵秋糧，妄增田畝，凡民戶有糧一石者，虛作田四十畝，驛夫戶有糧一石者，虛作田八十四畝，其間虛報之數五百三頃三十畝，為糧三千餘石。久為民病，願覈實除其虛數。詔從之。」[53]由此可知，明代初年曾廢除一些不合理的加徵稅額。經過一番整頓，福建田畝數與賦稅額，都漸漸接近歷史上的總額。不過，福建山多地少，可耕田歷來不多，洪武二十六年（1393 年）為 1462.6 萬畝，每年的稅收為夏稅麥 665 石、秋糧米 977,420 石[54]。夏秋糧合計占全國總數的 3.32%！而其時福建人口占全國的 6.5%，田地占全國總數的 1.7%，從人口看，福

51　林子燮，萬曆《福寧府志》卷一，〈風俗〉，引《隆慶志》，北京，書目文獻出版社《日本藏中國罕見方志叢刊》1990 年影印本，第 27 頁。

52　何喬遠，《閩書》卷三九，〈版籍志〉，福建人民出版社 1995 年點校本，第 960 — 961 頁。

53　孫繼宗監修，《明太祖實錄》卷一三三，洪武十三年八月丁亥，第 2 頁。

54　引自梁方仲，《中國歷代戶口、田地、田賦統計》，上海人民出版社 1980 年，第 332 頁。

建的田賦負擔較輕，但從田地數看，福建每畝地的負擔又比全國平均水準多一倍！從民間來說，政和縣有：「每糧一石，計田二十畝」的說法，就是說：大約 20 畝田承擔一石田賦。車鳴時指出：按閩北的習慣，地主可從 20 畝田裡得到 15 石的租米，即使是政和這樣的窮縣，地主也可收到八石米，所以，明代的賦稅不算重[55]，並未超過「地主」們的承擔能力。若以人口計算，明初福建每個納稅人口承擔的田賦不過每人兩斗多，這是同一時代世界上最少的賦稅。在這一時期，西歐諸國的賦稅都達到個人收入的數成。而明朝的稅收不過是百姓收入的 1/30 之一而已。憑心而論，如果沒有另外的附加稅，這一稅收額是不算重的。《順昌邑志》評價道：「順昌貢賦自唐宋以來，徵斂不一。迨至我朝稽定古制，上無無藝之徵，下無無名之供，斯民得以休息而樂業。他若慮民食之不足，則有倉儲之積，慮民力之不給，則有徭役之均，三代之後，未有若是之中正者也。」[56] 這一評價是中肯的。

　　按照明代財政的慣例，田賦的收入歸中樞朝廷所有，多數納入戶部。中國地大物博，雖說田賦極輕，但積少成多，明朝財政的總收入是十分可觀的。從《明實錄》的記載中可知，明朝的財政收入每年可達 2700 萬石上下。自漢朝以來，儒者一直主張輕稅於民，漢文帝時的「三十稅一」的田賦制度，成為歷代的仿效對象，明代的低稅則，也與儒者的這一理想有關。這是應當肯定的。在歷史上，重稅於民的秦朝、隋朝都成了短命的王朝，而輕稅於民的漢、唐、宋、明都有二三百年天下，這與其輕稅制有關係。史學界一直有明朝重稅江南之說。這一點是不能否認的。但是，如果只看到這一點，沒有看到明朝對全國大多數地方都實行輕稅制，則是片面的。福建與南直隸、浙江、江西毗鄰，這三省都承擔了朝廷的重稅。江浙一帶一個大縣的賦糧即達到百萬石左右，而福建全省的賦糧尚且只有百萬石，不管從哪一個角度，都不能說明代福建的賦稅過重。

　　金花銀與明代福建賦糧的改折。明朝初年，朝廷的稅糧主要是徵收實物，而官員薪俸的頒發，也以實物為主。迄至建都北京，離開主要產米區，而官吏的薪俸仍由南京開支。由南京運到北京，運途遙遠。明初軍令極嚴，

55　車鳴時，萬曆《政和縣志》卷八，〈荒政志〉，第 5 頁。

56　馬性魯，正德《順昌邑志》卷三，〈戶口志〉，順昌縣方志辦 1985 年重刊本，第 47 頁。

官吏薪俸尚可保證，而後文恬武嬉，法制散漫，其間押運者任意開支，官員的薪水往往無法保證，「十分之中僅得一二，誠為未便」。於是，正統元年（1436 年），戶部官員建議將福建等地的起運糧，「每米麥一石折銀二錢五分，煎銷成錠，委官齎送赴京，依原收價直放支。」[57] 這就是說，朝廷將實物賦稅改徵銀兩，以便給官吏頒發薪水，謂之「金花銀」。福建省距北京遙遠，除了地方官吏的開支外，其餘的賦稅，大都改徵銀兩，上納北京。當時賦稅改徵銀兩的比價相當有利於福建省。因為，朝廷所定賦稅額是一石糧折銀二錢五分，這也許是明初北京的糧價。據明中葉名臣葉盛的記載，「臣訪聞得如粳米一石，京師、通州直銀三錢三分以上。」[58] 粳米是上好的食用米，粳米的價格每石僅三錢三分銀，說明金花銀每石徵二錢五分，與實際物價相當。北京不是產銀之地，銀的來源困難，以故銀的購買力較高。但福建是產銀之地，銀的購買力遠遠不如北京，明代前期福建的糧價一般是每石五錢，而明代中期是一石價銀一兩，明代後期，一石價銀一兩五六錢。這就是說，賦稅改折對福建這些產銀省分來說，肯定是有利的，而且，時間越長越有利。所以，金花銀的徵納，實際上減輕了福建等省的負擔。

除了賦稅之外，明朝農民最大的負擔是徭役。我們說過，由於朱元璋求治心切，明初的徭役是極為繁重的。明成祖朱棣也是一個好大喜功的人，他在位期間，造海船七下西洋，五次北征蒙古沙漠，數次遠征安南，這些行動都耗費了大量的人力。直到明仁宗、明宣宗繼位，朝廷才開始調整政策，放棄大規模的軍事行動。明仁宗在臺上時，明朝尚有征安南戰事。「蔡光親，樂清人。洪熙元年知福清，以廉能稱。時內臣奉命採辦，屬邑供億無算，獨福清民無所擾。」[59] 明初的徭役主要是為軍事行動服務，明宣宗時，軍事行動停止，老百姓的徭役也減少了。於是，明朝輕徭薄賦的目的最終實現了，天下都進入了「太平盛世」。傳統的史學家評價明朝的歷史，有「仁宣之治」之說，將其與漢朝的文景之治、唐朝的貞觀之治相提並論。令人惋惜的是，這一時期十分短暫，明仁宗在位僅一年，而宣宗也不過十年，

57　孫繼宗監修，《明英宗實錄》卷二三，正統元年冬十月戊寅，臺北，中研院歷史語言所影印本，第 7 頁。

58　葉盛，〈緊要邊儲疏〉，《明經世文編》卷五九，〈葉文莊公奏疏一〉，第 470 頁。

59　郝玉麟等，雍正《福建通志》卷二九，〈名宦‧福州府〉，第 33 頁。

仁宣之治，總共不過 11 年。不過，仁宣之治的政治遺產，卻保留下來。此後明朝很少主動發起大規模軍事行動，福建基本上處於輕徭薄賦的狀態下。

總之，明朝對福建的賦稅並不算重，明初福建不夠穩定，主要是由於徭役過重的緣故。但在明宣宗以後，朝廷罷免了各項大規模動員民眾的活動，各地賦稅趨於正常，社會矛盾大大緩解了。如浦城縣，「井邑墟里之間，桑麻蔚然，烟火相望，絃歌機杼之聲，遠邇相聞，而其民咸得相安相樂於無事。」[60] 政和縣「地簡僻，賦役無重困，賢有司暝暝自樂。」[61] 再如宣德年間楊榮論福建，「環建、延、汀、邵數千里間，外戶不閉，道不拾遺，凡老稚疲癃，莫不熙熙然安於田里，以樂其生者。」[62] 可見，經過一番周折，明朝在儒者的影響之下，終於實現了天下大治。在明代前期仁宣之治時期，福建與其他省一樣，進入了繁榮時期。

第二節　明代前期福建的人口

元代末年，福建戰亂數十年，明代初年，朝廷又實行海禁政策，這對明代前期的福建經濟影響極大。明代前期的官營經濟發達，商品經濟一直到明代中葉才有較顯著的發展。

明朝洪武年間進行了全國性的人口統計，對於這一時期的人口數，歷史學界存在爭論，何炳棣先生認為這是較為詳細的戶口調查，得出的數字是比較可靠的。這一觀點也得到了國內部分史學家的支持；但也有人認為：明代允許百姓自報戶口，所以，許多大家族利用這一政策的空子，隱報人口。[63] 政府掌握的人口數遠低於實際人口數。雙方爭議焦點在於明初有否進行認真的人口調查？還是如陳支平指出的那樣：僅僅是令民自報人口數？以下就福建省的範圍談談明初的人口統計數字。

60　楊榮，《文敏集》卷十二，〈送浦城陳大尹考滿復任序〉，文淵閣四庫全書本，第 17 頁。
61　車鳴時，萬曆《政和縣志》卷一，〈風俗〉，第 25 頁。
62　楊榮，《文敏集》卷十三，〈送侯都指揮之福建序〉，第 30 頁。
63　陳支平，〈明代福建戶籍失控與民間私例〉，王春瑜主編，《明史論叢》，北京，中國社會科學出版社 1997 年，第 175 頁。

一、明洪武年間福建人口數的問題

關於明朝的人口管理，如《泉州府志》所說：「國初定閩中，即今民以戶口自實，至洪武十四年始頒黃冊式於天下。」[64] 這就是說，明初福建的人口管理管理相當鬆弛，只是讓民眾自報戶口，承擔賦役，一直到洪武十四年，才開始進行全面的人口登記，這就是黃冊制度在福建執行的起始。明朝實行黃冊制度的主要目的還是掌握徭役人口。而明代規定：「凡差役十年一事，男子年十六以上為成丁，丁當米一石事，其身貴者、老者、疲隆殘疾者，皆復之不事。」[65] 因此，為了保證政府的徭役不至落空，明朝每十年都要進行人口的點編，以確定服徭役的對象。《龍巖縣志》說：「洪武十四年詔天下，始造黃冊，其可考者則自二十四年也。」[66] 由於福建黃冊是十年一編，所以，明初福建留下的人口數，多是洪武十四年與洪武二十四年的普查數。在明代冊籍中保留了三個福建省的全省人口數，即：

明洪武十四年（1381 年），福建人口為 811369 戶，3840250 人；

洪武二十四年為 816830 戶，3293444 人；

洪武二十六年的人口為：815527 戶，3916806 人。[67]

那麼，這些數字是否反映了明洪武年間福建省實有的人口？我們且將其與宋代的人口作一比較。

據《文獻通考》的記載，南宋嘉定十六年（1223 年），福建人口為1599214 戶，3230578 口。這是我們所知南宋福建路人口的最後一個統計數字。此前四年，據劉克莊的記載，宋寧宗嘉定十二年，福建路人口總數為：1686615 戶，3489618 口。[68]

關於宋代人口的戶數與口數問題，學術界是有爭議的，但若擱置這一問題，僅從宋代與明洪武年間的人口數字來看福建南宋至明初福建人口數，就會發現官府掌握的福建總人口數相當穩定：

64　陽思謙等，萬曆《泉州府志》卷六，泉州市編纂委員會 1985 年影印明刊本，第 3 頁。
65　陽思謙等，萬曆《泉州府志》卷六，第 3 頁。
66　湯相，嘉靖《龍巖縣志》卷上，〈戶口〉，明刊本膠捲，第 44 頁。
67　梁方仲，《中國歷代戶口、田地、田賦統計》，上海人民出版社 1980 年，第 204 － 205 頁。
68　梁方仲，《中國歷代戶口、田地、田賦統計》，第 162 頁。

　　宋寧宗嘉定十二年（1219），福建路人口總數為：1686615 戶，3489618 口；

　　明洪武十四年（1381 年），福建人省總人口為 811369 戶，3840250 口；

　　將明初福建省的人口數與南宋的人口數相比，增長了 350632 口。試想，如果我們是中央政府戶部的官員，面對這一增長，無論如何也是滿意的，應當不會過分挑剔。但是，在表面平靜的數字後面，卻隱藏著巨大的起伏。

　　宋明福建各府州人口數比較。以下是所知洪武年間福建八府的人口數：

　　福州府洪武十四年人口數為：94514 戶，285265 人；[69]

　　建寧府洪武十四年人口數為：140089 戶，537024 人；[70]

　　邵武府洪武二十四年人口數為：56682 戶，236710 人；[71]

　　汀州府洪武二十四年人口數為：60033 戶，290977 人；[72]

　　興化府洪武二十四年有 64241 戶，口數無考。[73]

　　但是，有些地方洪武年間的人口數卻因種種原因已不可考證。例如：泉州府在洪武年間的人口數，據說毀於倭亂時。而延平府與漳州府洪武年間的人口數也未留下。因此，此處只能比較四個州的人口數。

　　下列宋代福建各州的人口數：

　　《三山志》記載，南宋中期，福州有 321284 戶，579177 人；[74]

　　《建寧府志》記載，南宋前期，建州有 197137 戶，439677 人；[75]

　　《邵武府志》記載，宋末邵武軍有 212953 戶，558846 人；[76]

69　喻政修、林烴、謝肇淛纂，萬曆《福州府志》卷二六，〈食貨志‧福州〉，海風出版社 2001 年，第 254 頁。

70　謝純等，嘉靖《建寧府志》卷十二，〈戶口〉，上海古籍書店 1963 年影印天一閣藏本，第 1—2 頁。

71　刑址等，嘉靖《邵武府志》卷五，〈版籍志〉，上海古籍書店 1963 年影印天一閣藏本，第 2 頁。

72　唐世涵等，崇禎《汀州府志》卷八，〈版籍志〉，明崇禎十年刊本膠捲，第 1 頁。

73　周瑛等，弘治《興化府志》卷十，〈戶口志〉，同治十年重刊本，第 2 頁。

74　梁克家等，淳熙《三山志》卷十，第 6 頁。

75　謝純等，嘉靖《建寧府志》卷十二，〈戶口〉，第 1—2 頁。

76　刑址等，嘉靖《邵武府志》卷五，〈版籍志〉，第 2 頁。

《臨汀志》記載，宋末汀州有 223433 戶，534890 口；[77]

《莆陽比事》記載，紹熙年間興化軍有 72363 戶，178784 口。[78]

若將已知明初洪武年間福建各府的人口數與宋代各州軍人口數比，就會發現，就已知的四個府來說，僅有建寧府明代的口數比宋代略有增長，況且，宋代建寧府的人口數來自南宋初期，其時建寧府剛經過范有為起義，人口下降很多。宋末建寧府人口無考，但是，從《建陽縣志》記載該縣宋末有 10 萬人來看，宋末建寧府人口不會太少，有可能超過明初的人口數。在其他三府裡，明初福州府、汀州府與邵武府的戶口比之南宋末年分別減少了三分之二和二分之一；以福州府為例：她在南宋有 308529 戶 595946 人，但在明洪武十四年卻只剩下 94514 戶，285265 人！元明之際，福州府並無重大戰役發生，人口下降這麼多是不可思議的。汀州與邵武二府雖然有大戰，但明初當地人口比宋代下降這麼多，也不正常的。

此外，筆者要做些說明的是，眾所周知，宋代的戶數與口數的比例不平衡，平均每戶僅有 2 人，因此，學者中對宋代的戶數與口數有二種看法，一種認為口數較接近事實，另一種認為戶數較接近事實。我贊成前一說，此處也是以口數作為比較基礎；還有一些學者認為宋代的戶口數，戶數是正確的，而口數偏少。宋代實際的人數，應以戶數乘以 5；如果接受這一理論，宋代汀州、福州、邵武軍的人口要比明初多出近三倍！這是不可能的，所以，我不用宋代的戶數作為統計基礎。

總的來說，將福建省明洪武年間的人口數與宋代相比，會發現十分矛盾的情況：從福建省總數看，明初洪武年間的人口數比南宋時期增長了，但就已知的汀州府、邵武府、福州府三個府的資料來看，當地的人口又下降了很厲害。看來，明初人口之所以比宋代有所增長，應是失去數字的幾個府——泉州府、漳州府、延平府的人口數有較大的增長，其中也許還包括興化府。以興化府來說，明初當地有 64000 多戶，比南宋的戶數稍減一些，但明初的戶數與口數比例，一般是 1：5，這可以得到全省人口數的驗證。所以，明初的 64241 戶，可能就是 32 萬多人，比宋代增加 14 萬人，增長

77　趙與沐等，開慶《臨汀志》，福建人民出版社 1990 年，第 22 頁。

78　李俊甫，《莆陽比事》卷一，江蘇古籍出版社，宛委別藏本，第 6 — 7 頁。

率達到 78% 以上。可見，應是閩南的幾個府的人口增長，彌補了福州、邵武、汀州三府的人口衰減，才有了明初福建人口數比宋代略為增長的數字。不過，瞭解了這一點，對福州等府人口統計的下降，感到更不可思議。尤其是福州府，歷來是福建人口較多的府州，並是一個擁有十二個縣的大府，其人口數排在山區的汀州府之後，是不可想像的。最合理的解釋是：明代福州、汀州、邵武三府都有大量隱瞞人口的現象，而丟失洪武年間人口數的泉州、漳州、延平、興化等府的人口統計較為扎實。總之，這一現象表明明代洪武年間福建的人口數存在著疑點，並非像人們想像得那樣無懈可擊。這使我們必須重新估計明代的人口統計的可靠性。

二、明代福建人口統計的方法

在中國社會，官方的統計資料一直存在著名實不符的問題。官府為保證財政收入，力圖控制更多的人口，在現存的明代黃冊之上，人們看到朱元璋以死刑的威脅被調查的人口，令人對明代人口調查確信不疑。但在中國官場上，對於一些極端的措施，歷來有層層打折扣的習慣，朱元璋的命令，在許多官員看來只是表面文章，他們可以這道聖旨為藉口，促動惰性十足的官僚體系運轉起來。但在實際實行過程中，因人口調查不實就去殺人，那就太蠢了。所以，雖然有朝廷明令在先，明代福建地方官在調查黃冊人口時，並不是太認真。如《福州府志》的作者論述道：「論曰：余嘗考歷代草創，井邑蕭條，蓋百姓新去湯火故爾。及治平日久，則未有不滋殖者也。」、「其數僅勝國之半，以海內新定，皇仁大霈，禁目疏闊，不加詳檢也。」[79]

可見，明代的福建地方官認為：作為地方官，不應該詳細核檢人口，過於嚴苛，就不能體現皇帝的仁政！這種觀點並非福州府獨有，又如《漳州府志》云：「論曰：海內幸承平，而戶口不益於舊，民或欺隱然。而徭役重矣。……力耕不足於賦稅，又增其負擔何以堪？」他們要求官員「按比圖籍者，第使乘除登耗之數，無大相遠焉，可矣。毋務增戶口，使貧民

---

[79] 喻政修、林烴、謝肇淛纂，萬曆《福州府志》卷二六，〈戶口〉，引林文恪舊志，第 256、254 頁。

以生為桎梏也哉！」[80]《永福縣志》的作者也說：「或者徒見民不加多，乃疑有司未稽其實。顧皇恩浩蕩，不察淵魚，隱匿之弊，時容有之。」[81]《閩書》的作者何喬遠更批評隋代嚴厲的戶口檢索法：「然余觀……隋裴蘊以戶口脫漏、詐註老小，奏令貌閱，一人不實，則官司解職。夫如是也，何必實數、何必不實數哉？」[82] 顯然，官府的許多官員都知道戶口的統計資料不準確，但都採取寬容的態度，因為，他們認為這才能體現皇帝的仁政！

福建地方官形成這種觀念有其歷史原因。福建歷史上以五代末期的賦稅最重，入宋以後，雖說減免了一些賦稅，但許多不合理的稅收仍然保存下來。例如閩南一帶的身丁錢，每個成年男子每年都要負擔七斗三升的糧食稅，號稱身丁錢。這一身丁錢是北方所沒有的。據史料記載，當時的許多閩人，整年傭作，僅能繳納身丁錢，貧困一生。為了減免這一身丁錢，地方官多次上奏，都遭到駁回，反復幾十年，才得到一定數量的減輕。這一教訓是深刻的。宋朝統一南方，一向以行仁政自居，宋代初年，也曾下令過免除南方的身丁錢，但是，當時的地方官未能及時抓住這一機會，在免除福州一帶的身丁錢的同時，也免除閩南的身丁錢。其後，朝廷的財政日益困難，再次申請減免身丁錢便遭到很大的阻力。乃至不合理的稅收一直延續到宋末。福建歷代重要的方志都記載這一史實，便是要地方官都記住這一教訓：皇帝對民眾都是仁慈的，而執政的官員往往出於種種目的使朝廷的仁政無法貫徹，地方官應在仁政的前提下，盡量實行對民眾有利的政策。這是明代福建官員不願嚴格調查人口的原因。

由於官府的縱容，明代吏員調查戶口總數極不認真。據文獻的記載，在戶口統計的過程中，有許多富戶向里甲長行賄，少報人口或不報人口。《長樂縣志》說：「里長每貪目前之利，殷實甲首，啖之以餌，即置不報。其貧單甲首，寧十年納銀至三兩之外，而不能于一時辦一兩之賄，里長即從而報之在冊。」[83] 據此可知，明代隱瞞人口的代價是一名一兩銀子，這個價錢對農民是可觀的，但對一般的富戶來說，還不至交不起，而且，繳納

80　袁業泗，萬曆《漳州府志》卷四，〈規制志〉，明萬曆四十一年刊本膠捲，第 27 頁。
81　謝肇淛等，萬曆《永福縣志》卷一，〈戶口〉，北京，方志出版社 2007 年，第 24 頁。
82　何喬遠，《閩書》卷三九，福建人民出版社 1994 年，第 959 頁。
83　夏允彝，崇禎《長樂縣志》卷十一，〈叢談〉，崇禎十四年刊本，第 3 頁。

之後，還可以免去各種人頭稅，所以，這是一項很有利的投資。此外，由於貧民不斷逃亡，而朝廷不斷加稅，也使官吏們感到：如實點算人口只是給自己添麻煩而已。如長樂縣，「其後貧單者或死或逃，且無親戚，則里長不得不代為勻賠，始之自利，究適以自累矣。」[84] 因此，明代福建官員大都主張對戶口調查不可太認真。如張燮所說：

> 晚近生齒日繁，官不勝載，有司者亦惟略約其大都銷增一二，以補雕耗之數。俾無缺額耳。銳意求多，在己博赫赫之名，而民間之貽累也，以世雖云實數，且與虛冒等，此仁人所為擱筆也。[85]

可見，在當時的官員看來，認真調查戶口的官員實際上與貪官汙吏一樣壞，正確的做法應是怎樣呢？林文恪記載：

> 舊制，凡十載一籍其民，大抵足舊數而止，此敝政也。夫一邑之戶，始衰而終盛，一族之人，始寡而終眾，奈之何必因其舊也哉？是故豪宗巨家，或百餘人，或數十人，縣官庸調，曾不得徵其寸帛、役其一夫。田夫野人，生子黃口以上，即籍於官，吏索丁銀，急於星火。此所以貧者益貧，而富者益富也。[86]

林文恪與張燮的觀點相反，他批評了隱瞞人口的做法，但是，從其記載中也可知道：在明代戶口調查中，有些地方官並沒有一家一戶去調查，而是在原有人口的基礎上，根據人口變動情況做些增減，有意維持原來人口數量。以這種態度去調查，所獲得的人口數當然遠遠低於實際人口！

那麼，明初福建人口數究竟有多少？可以肯定的是，它在明初福建省人口最高統計數即——洪武二十六年數字：815527 戶、3916806 人之上，保守地估計：福建隱瞞的人口數約在戶數與口數的四分之一，那麼，明初福建的人口約為 1000000 戶，5000000 人。這個數字僅供參考。

84　夏允彝，崇禎《長樂縣志》卷十一，〈叢談〉，第 3 頁。

85　張燮等，崇禎《海澄縣志》卷四，〈戶口〉，北京，書目文獻出版社《日本藏中國罕見方志叢刊》，1990 年影印本，第 352 頁。

86　喻政修、林熀、謝肇淛纂，萬曆《福州府志》卷二六，〈戶口〉，第 256 頁。

三、明代中葉福建納稅戶口的下降

　　如前所述，明初福建的人口數少於實際人口數，然而，到了明中葉以後，朝廷掌握的福建省人口數仍在下降。例如邵武府，洪武二十四年的人口為：56682 戶，235710 口，迄至正德七年，當地人口為：39904 戶，135376 人 [87]，戶數與口數分別下降了 16778 戶與 100334 人。又如興化府，在洪武年間有 64241 戶，但弘治五年只剩下 29010 戶。[88] 查各府中，人口比洪武年間有所增長的只有一個福州府，迄至正德七年（1512 年），經過 131 年的休養生息後，官方掌握的福州府人口數僅有少許增長，為：99140 戶，289646 人。[89]《福州府志》的作者說：「舊志載正德時戶口，視洪武間不能增十之二三，頃視正德，又無所增矣。」[90] 福州府的人口數在明代中葉還有增長，是因為明初福州府隱瞞人口的情況最為嚴重，所以，它有所增長只是將隱占的人口吐出一些而已。它為數很少的增長，根本無法彌補其他地區的重大損失。從福建省的總數來看，如果說洪武十四年福建人口為 384 萬人，弘治年間則只有 2106060 人，萬曆六年為 1738793 人，[91] 幾乎減少了 55% 的人口！這與明代其他省分人口的增長形成明顯的對照。

　　明代朝廷所掌握的全國戶口大致保持穩定，從洪武年間的 5832 萬口到弘治年間的 5115 萬口，再到隆慶年間的 6259 萬口乃至萬曆年間的 5631 萬口 [92]，上下浮動不超過 5%，人們估計：實際上這一時期全國的人口比明代初年有大幅度的增長，在這一背景下看福建戶口的大幅度下降，確實有許多不可解之處。

　　對於明代官方史冊上福建人口的大幅度下降，有人認為反映了歷史的事實，例如，陳景盛的《福建歷代人口論考》便說：「明代福建人口發展呈現上升──下降──再下降趨勢。」[93] 所以，有必要進行較為詳細的分析。實際上，這個問題是兩面性的。首先，確實有些縣的人口在減少。同時，從長

87　陳壽祺等，道光《福建通志》卷四八，〈戶口志〉，同治十年刊本，第 29 — 30 頁。
88　周瑛，弘治《興化府志》卷十，〈戶口志〉，第 2 頁。
89　陳壽祺等，道光《福建通志》卷四八，〈戶口志〉，第 5 頁。
90　喻政修、林煜、謝肇淛纂，萬曆《福州府志》卷二六，〈戶口〉，第 256 頁。
91　何喬遠，《閩書》卷三九，〈版籍志〉，第 959 頁。
92　梁方仲，《中國歷代戶口、田地、田賦統計》，第 200 頁。
93　陳景盛，《福建歷代人口論考》，福建人民出版社 1991 年，第 12 頁。

遠觀點看，多縣人口減少只是暫時的，或是因為人口外遷，福建總體人口並未減少。此處試圖分析明代前期福建一些地區人口減少的原因。

從官府冊籍上看，明代人口下降的直接原因是瘟疫、自然災害、戰爭等因素。

瘟疫。明代發生的多次瘟疫直接造成福建人口的損失。例如，成化二十二年與正德二年，寧德境內發生二次大疫，「民多死亡」。[94] 大疫造成許多地方人口數量下降，永樂年間，福建官員上報，「光澤、泰寧二縣民，五年、六年疫死四千四百八十餘戶。」[95] 正統八年有人說：「古田縣自去冬十一月至今夏四月，境內疫癘，民男婦死者一千四百四十餘口。」[96] 永樂十七年五月，「建安縣張准言：建寧、延平二府自永樂以來屢大疫，民死七十七萬四千六百餘口。」[97] 看到這些驚心動魄的數字，讓人感到瘟疫對明初福建下降是有相當關係的。這些數位很認真地記載到官府的典籍上，是明代官府所掌握人口數直接下降的原因之一。

虎災。當老虎已成為保護動物的今天，人們很難想像歷史上虎災對福建人口產生過多大影響！據載，永春縣，「國初戶口消耗，本縣二十五都，並為十四。」[98] 造成永春縣撤銷十一個建制都的原因在於虎災。縣志記載：「國朝洪武二十年以後，虎為災，群虎四出，有白晝噬人於牖下者，或夜闔門以盡，緣是死亡轉徙相續，戶口耗，田以荒，始並都分屯。」[99] 可見，明初虎災造成永春縣人口下降，類似的縣還有幾個。明代中葉，莆田山區也有虎災。「天順三年，莆田北山諸村落虎為害，傷人畜以數百計。白晝數十人同行，亦有被傷者。山中數月絕人跡。成化八年，虎復為害，傷人畜不減天順三年之數。」[100]

戰爭。明代的福建山區陸續發生一些戰爭，這些戰爭也影響了福

94　舒應元，萬曆《寧德縣志》卷一，〈災祥〉，明萬曆十九年刊本，第 35 — 36 頁。

95　張輔監修，《明太宗實錄》卷一三六，臺北，中研院歷史語言所影印本，第 1660 頁。

96　孫繼宗監修，《明英宗實錄》卷一〇六，臺北，中研院歷史語言所影印本，第 2150 頁。

97　陳壽祺等，道光《福建通志》卷五二，〈蠲賑志〉，第 12 頁。

98　朱安期等，萬曆《永春縣志》卷七，〈驛傳〉，明刊本膠捲，頁碼未明。

99　朱安期等，萬曆《永春縣志》卷六，〈農政〉，第 8 頁。

100　郝玉麟等，雍正《福建通志》卷六五，〈祥異志〉，第 24 頁。

建各地的人口。例如永福縣有這種說法：「正統十三年，鄧茂七煽亂沙縣，其黨西擊永福，所過無少長盡屠之，邑遂殘破。景泰二年，戶僅一千二百一十八，口僅三千三百七十三。」[101] 此外，《古田縣志》也記載：在鄧茂七起義之前的正統七年，當地人口有 7062 戶、20112 人，在鄧茂七起義之中，不少人死於戰亂。戰亂結束幾十年之後，迄至成化八年，古田的人口才只有 6845 戶、19313 人。[102]

有些地方幾種因素交織，人口下降十分顯著：例如福寧州：「州邑負山阻海，民業耕漁，戶口蕭然，不足與他方之巨鎮比。國家休養生息二百餘年，而竟不能追宋元之舊，其登耗之故，蓋可稽焉。聞之父老，一耗於甌越之爭界，再耗於嶼民之內徙，三耗於倭變之創殘。其大較也。」福寧州區域在宋代是 46324 戶，96496 口，元代是 21111 戶，明初洪武二十四年是 20277 戶，嘉靖十一年降至 6138 戶、18365 人，萬曆年間為 6529 戶 19235 人，[103] 當地父老常嘆「地博民稀」。[104]

不過，以上瘟疫戰爭等因素發生於所有的時代，並非明代所獨有的，它往往造成各地人口暫時的減少，而後又會進入增長模式，人口逐漸恢復。所以，要說它造成明代中葉福建戶口總體下降，總叫人覺得勉強。

那麼，當時的人是怎麼看待這一問題的呢？首先，大家都認為明中葉福建官府點算人口是不認真的。《順昌邑志》的作者說：「重民數所以重垂國本也。民之盛衰，國本以之。前史載戶口增則有慶，戶口減者則有罰，良有以也。後之牧民者，視其盛衰而恝然不加之意，類委之曰氣數，是何不思之甚耶？」[105] 對於福建納稅人口的損失，許多人都表示不以為然，「國初龍巖戶口一萬三千三百有奇，成化間開置漳平，版籍所分，十不及五，而戶口之存額，不追半，由是而來，又八十餘年矣。休養生聚，固宜其數之日滋也。戶之增者，不盈五百，而口之蝕已千有奇，其故何哉？豈貧乏

101　謝肇淛，萬曆《永福縣志》卷一，〈土田〉，第 23 — 24 頁。

102　劉日暘等，萬曆《古田縣志》卷四，〈食貨志〉，明萬曆刊本膠捲，第 45 頁。

103　林子燮，萬曆《福寧州志》卷四，〈食貨志‧戶口〉，北京，書目文獻出版社《日本藏中國罕見方志叢刊》，1990 年影印明萬曆二十一年刊本，第 1 — 2 頁。

104　林子燮，萬曆《福寧州志》卷一，〈風俗〉，第 26 頁。

105　馬性魯，正德《順昌邑志》卷三，〈戶口志〉，順昌縣方志委 1985 年 12 月點校本，第 47 頁。

之轉徙日多，抑巧滑之隱避日眾邪？」[106] 如前文所述，明代福建的戶口統計極不準確。事實上，有許多證據表明明中葉以後福建人口是增長的。

《長樂縣志》說：「民之生也，約三十年一倍，國朝承平三百年，戶口之滋，當且數十倍，乃載於籍者不耗減為幸，何歟？增口則增賦，懼累民也。」[107]

建陽縣：「建邑生齒漸蕃，版章亦孔，固矣。」[108]

沙縣：「以沙言之，負山阻溪，生齒既繁，開墾日益，惟加增可耳。」[109]

安溪縣：「今也承平日久，戶口繁多，種物不及其成，食物不及其長，欲如往時李森以千章木浮海入三山施浮屠，何可得也。而山幾童矣。」[110]

泉州府：「按戶口之數，至於今日盛矣，小民家兄弟多，則爭於衣食……多男子則多憂，子庶民者，可以取譬。」[111]

王慎中的〈晉江縣題名記〉提到晉江的繁榮：「常憂邑之繁鉅，而懼其不敏。問地於圖，而田之以頃計者五千；問民於版，而男女之以萬數者餘三十；問士於學於塾，而弟子之以業名藝占者至數千，可謂地大人眾。」[112]

龍溪縣，「我國家休養生息，版圖視宋額有贏無縮，近歲以來，吏有以版籍漁獵者，遂為病政。嗚呼，釐而正之，勞來安輯，使病民者無所施其智，豈不在於良牧乎？」[113]

永安縣，「大抵閩地……分治以來，承平日久，生齒漸繁，地不足以居，田不足於食，庶而未富，方懼其將來也」。[114]

106　湯相，嘉靖《龍巖縣志》卷上，〈戶口〉，第 45 頁。

107　夏允彝，崇禎《長樂縣志》卷四，〈食貨志・戶口〉，第 1—2 頁。

108　朱凌等，嘉靖《建陽縣志》卷四，〈戶口〉，上海古籍書店 1963 年影印天一閣藏本，第 12 頁。

109　葉聯芳，嘉靖《沙縣志》卷四，嘉靖二十四年刻本，第 6 頁。

110　沈鍾等，乾隆《安溪縣志》卷四，〈風土〉，引何喬遠述，廈門大學出版社 1988 年，第 110 頁。

111　陽思謙等，萬曆《泉州府志》卷六，第 4 頁。

112　王慎中，《遵巖集》，卷八，〈晉江縣題名記〉，文淵閣四庫全書本，第 21 頁。

113　劉天授，嘉靖《龍溪縣志》卷一，〈地理〉，上海古籍書店 1963 年影印天一閣藏本，第 3 頁。

114　蘇民望、蕭時中纂，萬曆《永安縣志》卷三，〈建置志〉，書目文獻出版社《日本藏中國罕見方志叢刊》1990 年影印本，第 2 頁。

「福清僻在海隅，戶口最繁，食土之毛，十才給二三，故其民半逐工商為生。」[115]

這些材料都表明，明代中葉福建人口實際上是在增長中，而官府冊籍上的人口之所以下降，完全是由於官吏未能認真點算人口的緣故。

實際人口在增長中，但官府所掌握的人口卻在減少，那麼，官府掌握的福建總人口減少，就只有一個原因，老百姓隱瞞人口。

四、明代閩人隱瞞人口的現實原因

明代福建的「人頭稅」與鹽賦。明朝統計各地的戶口數，主要著眼於賦稅的徵收及徭役的調發。人頭稅是中國的一種古老的賦稅形式，例如在漢代，每一個人都要繳納一定的口賦與丁稅。由於口稅徵及沒有生產能力的少年，所以，漢代一些人家為了減少負擔，將新生嬰兒溺死。在儒家看來，這種制度極為不人道，所以，歷代儒者都猛力批評口賦丁稅，而且，這一制度也影響了朝廷人口的增加，因此，唐宋以後，都不徵收人頭稅。這是儒家思想對中國社會的貢獻。然而，正像中國的許多制度在落實時總要打折扣一樣，所謂不徵人頭稅，在後世也只是部分實行而已。實際上存在著許多變相的人頭稅，以福建來說，宋元以來，一直存在著以人頭為徵收單位的「鹽賦」。明代立國之後，可能是由於財政方面的關係，鹽賦在福建仍然完整地保留著。《漳州府志》說：「本朝天下郡縣所在有鹽糧，又有鹽課……凡鹽皆食於官，若男子以丁計，婦人以口計，歲各納米入官，支與鹽。每丁口納米八升，支與食鹽三斤。後鹽不支，民納米如故。」[116] 如其所言，所謂鹽賦原來不過是官府與民間的一種貿易，官府運鹽賣給百姓，而百姓繳納糧食，得到食鹽。不管價格如何，這在原先總是一種平等的貿易，然而，後來朝廷「忘記」要給民眾食鹽，而鹽價卻照收不誤，於是「平等」的食鹽買賣就轉化為鹽賦了。古人收丁銀，對象多為成年男人，而福建的鹽賦收及婦女，這就難怪後人稱之為弊政了。早在明初就有人說：「福建戶口食鹽，每引收銀十兩，或錢一

115　葉向高，〈論本邑禁糶倉米書〉，《古今圖書集成》，〈食貨典‧荒政部〉，卷一○一，第 83238 頁。

116　袁業泗，萬曆《漳州府志》卷九，〈賦役志下‧鹽法考〉，第 2 頁。

萬二千。民艱於辦納。」[117] 由於鹽賦是根據人口數量徵納的，所以，明代福建人需要隱瞞人口，以求少納稅。

　　明代福建的徭役。明代徭役的差派是和戶種有關的，匠戶要為官府服役若干時間，鹽戶要承擔鹽場的一些職務。這類職務並不是榮譽性的，而是要承擔相關的支出。明代地方的開支，大多通過徭役分擔給民眾。而應役的百姓，必須負起專項開支，這是很沉重的負擔。《沙縣志》論及徭役問題：「百餘年來，蠲免未聞，而州縣之徵，則日趨於繁且重焉。自沙言之，糧出於田，差本乎丁，固矣。而又有軍與匠焉，魚課、鹽糧焉，六分丁料焉，綱銀、秋祭焉，驛傳、水夫、民快工食焉，府縣之流差焉，計其一歲之所出，為糧五千八百餘石，為銀一萬四千九百兩餘，而官吏之侵剋，科納之加添，額外之鏑補，無礙之科派不與焉。司以是責之府，府以是責之縣，縣以是責之里甲，雜然而並至，卒然而取應。里甲之中，夫長有奸良，丁戶有逃移，里地有近遠，糧長有虛浮，天時有旱潦，固不能一律以備也。」[118] 所以，明代中葉福建徭役之重是各部縣志、府志共同的苦經，《政和縣志》的作者車鳴時曾說：「古者稅民不過十一，役民不過三日，今不啻數倍矣。」[119] 又如漳平縣，「漳平糧里稀微……供王賦者與法同，而給雜役者較之地方，不知倍蓰。十百均平之法，縣司難一一以守，天下通弊也。」[120] 為了減輕差役的負擔以及給民眾帶來的麻煩，明朝將部分差役改為徵收銀兩，而這部分銀兩一部分按田畝分擔，一部分由人頭分擔。如泉州府志云：「男子年十六以上為成丁，丁當米一石事。其身貴者、老者、疲癃殘疾者，皆復之不事。正德十四年沈御史灼議酌民口賦始行八分法，每一丁歲徵銀八分，以充歲辦等料，惟差役仍舊，十年一事云。」[121] 攤入田畝者變為實際的田賦，攤入戶口者，實際上變為人頭稅——當時稱為差役銀。明中葉的差役銀越收越重，乃至老百姓無法承擔。所以，明代有錢的人家都想辦法少報戶口，或不報戶口，如《長樂縣志》的作者夏允彝說：「余生吳越間，所聞丁口銀不一，俱絕寡，長吏鮮有催科及此者。長邑丁銀至重，且十倍吳越，民

117　夏原吉監修，《明太祖實錄》卷五九，臺北，中研院歷史語言所影印本，第1161頁。
118　葉聯芳纂修，嘉靖《沙縣誌》卷四，〈賦役〉，嘉靖二十四年刻本，第14頁。
119　車鳴時，萬曆《政和縣誌》卷三，〈賦役〉，第3頁。
120　曾汝檀，嘉靖《漳平縣志》卷五，〈戶賦〉，漳平圖書館1985年重刊本，第1頁。
121　陽思謙等，萬曆《泉州府志》卷六，〈戶口〉，第3、4頁。

其巧者，賄里之長，多漏脫，拙者身輸全丁，又每為其父兄既沒、親故逃亡者代輸，苦不堪忍。」[122] 這種情況在民間造成嚴重的社會問題：如延平府，「富者家聯數十丁，籍之所入者惟數丁耳。貧者家實無一二丁，籍之所載，乃與富者等。茲固里胥之弊耳。已凡有賦若役，上之人唯按其籍之多寡以定，其差之輕重，里胥歲坐取其漏丁之錢，以私於己而已。而貧者之差乃算至毫髮，縷縷不遺。是故富者益富，貧者益貧。民若之何而不亡且盜也。」[123] 可見，徭役和實質上的人頭稅，是人們隱瞞人口的根本原因。

　　明代的清軍。明朝在福建沿海實行衛所制度，全省數十個衛所，共轄數萬軍隊。這些衛所的軍隊，多從沿海民眾中選拔，當時稱為「抽丁」。不過，明朝的士兵待遇很差，死亡率高，所以，衛所軍人紛紛逃跑，導致各衛所兵員下降。明政府的對策是從士兵的原籍抽丁補足，這就是清軍。清軍在各地引起很大的問題。尤其是明代中期，各族姓都很怕官府前來清軍抽丁。「竊以今閩人冤抑，未有慘於軍伍之一事。去歲兵部勘合，有逃軍十分為率，清出三分之例，是蓋剔廢警惰作新軍政之術，非直謂不問久近逃亡，概以三分齊之也。邇者郭繡衣按閩，欲立奇功以徼顯擢。故將十年里老，加以必死之刑，或婦翁丁盡，則報其女子，名曰女婿軍；或籍前軍，後則考其譜圖，名曰同姓軍；或買絕軍田產，則受爭田之人首告，名曰得業軍。朝煨夕煉，務足三分。用是小氓只顧目前性命，不計日後禍貽。有將己子頂作軍身，父名僉作長解者，有姪作軍身，叔為長解者，有兄弟二三名，迭為軍解者。俱捏作鬼名填批起解。計鬼軍一名，軍妻顧覓，盤纏靡費，遠衛用銀六七十兩，近不下三五十兩。俱是該管里老鬻田賣子，以求一時之生。就中有出門而縊死者，有中途而病故者。有到衛而隨逃者。批文未銷，而清勾已到郡邑矣。夫始欲苟延性命，則捏鬼為人，終而既登案籍。須要以人代鬼，歲往年續，循環不已。併里老之家，丁戶俱盡，而根株猶未息絕。此延、建、汀、漳諸府，長樂、閩清、沙、尤諸縣，皆將椎牛結甲以尋鄧茂七之故習。幸而郭以病去，其幾稍寢。」按，郭某人應是錦衣衛的，來自京城，他到閩中厲行清軍，原是一番好意，因為，當時

122　夏允彝，崇禎《長樂縣志》卷四，〈食貨志・戶口〉，第 1—2 頁。

123　鄭慶雲，嘉靖《延平府志》卷五，〈戶口〉，上海古籍書店 1963 年影印天一閣藏本，第 5 頁。

的衛所都缺兵員，遲早要出大問題的。但是，清軍給民眾造成巨大的問題，則是其人料所未及的。因此，他的政策未行其半，便因無法執行而受阻。他本人也只好稱病返京。然而，他的政策依舊在福建多地執行。「郭之慘遍施於他縣獨未及于仙遊。郭去而應同知於莆仙二縣悉行郭公他郡之法，而加慘焉。且以父子、叔姪、兄弟迭為軍解者，悉依鬼名造冊齎繳，每日照名偪打，起解道路，鄉村哭聲振響。」[124]以上可見清軍抽丁給民眾的壓力。總的來說，在當時的背景下，老百姓最佳策略是不讓官府知道自己的存在，如果被官府知道了，他就必須承擔各種稅收和忍受官吏的敲榨。於是，老百姓為了生存，都儘量不讓官府知道自己的詳情，這導致隱瞞人口成為普遍的現象。

五、明代的逃戶和各地人口的變化

　　由於明代的戶口要承擔各種賦稅，許多百姓選擇逃亡。明代的戶籍是固定的，官府不讓老百姓輕易更改戶籍，是為了害怕百姓遷徙之後，朝廷賦稅沒有著落。但這種制度實行一段時間尚可，時間久了，人口自然會發生移動，明朝僵化的戶籍制度只會讓自己失去人口，事實上也是如此。明代中葉，福建許多地區的人口下降，多數是因為逃戶較多。本地戶口因種種原因選擇逃跑——至少逃跑後他們可以不承擔賦稅。他們到外地租地種田，除了繳納田租外，可以不跟官府打交道——當時官府的下層人員就是這麼讓人噁心。

　　明代各縣的逃戶問題十分嚴重，洪熙元年九月丙午，「福建連江縣奏：永樂初戶口蕃多，歲輸鹽糧二千餘石，自後戶口什去三四，而糧額依舊，皆小民代輸。」[125]、「南安為都四十有八，而濱海四十一都，自宣德後逋亡過半。」[126]閩東一帶是流民的匯集之地，永福縣人說：「又考邑之田，其占於異縣之民者十有二三，則黃籍之戶口固不盡為邑人，而漳泉延汀之幸民流布山谷，生齒淩雜，實皆邑之戶口而不登邑之黃籍。在彼邑為亡命，在此邑為賓萌，由童而白首，由身而累世，曾不聞縣官之有庸調，此何以

124　鄭紀，《東園文集》卷十，〈與龐大參〉，文淵閣四庫全書本，第 10 — 11 頁。
125　張輔監修，《明宣宗實錄》卷九，洪熙元年九月丙午，臺北，中研院歷史語言所影印本，第 1 頁。
126　郝玉麟等，雍正《福建通志》卷三十，〈名宦‧泉州府〉，第 28 頁。

異于鹿豕哉？」[127] 又如閩北的建寧府，「承平既久，生齒宜繁，然稽之版籍，則遞減於前，而聚廬顧亦如舊。豈客戶多而土著者寡邪？為民牧者不可不留意也。」[128] 在這一背景下，逃走的百姓獲得了解脫，而留下的百姓則要承擔他們的賦稅，他們的賦稅額自然增加了，於是有更多的人逃亡。如政和縣：「洪武戶玖仟有奇，口三萬一千有奇，今戶損其四，口三存其貳耳。豈盡耗以盜賊荒札哉！無亦吏胥為政，奸人以賄徼幸，則代役皆貧民。至於冊籍中有年至百玖拾歲而未削者，有族姓繁夥而冊僅載壹貳者。有單門弱戶，而丁載無遺，闊如千鈞，雖無負者，幾人期盡而止，是則然矣。獨奈何重者反輕，而輕者反重也。」[129] 在這種情況下，老百姓只有選擇逃亡一路，所以，明代戶口逃亡越來越甚。以仙遊縣來說。當地人鄭紀為天順年間的進士，仕至南京戶部尚書。他曾對官場的朋友說：「生查國初編籍仙遊一縣六十四圖、六千四百餘戶。時抽充軍役計一千九百有奇，大約四分之中，一軍而三民也。永樂、宣德以來，賦役重，併虎瘴交災，人戶消磨，十去八九。至正統、景泰間，只有一十二里。天順間，又將外縣流民附籍，增為一十四里。今合軍民二籍，僅有一千四百戶。」[130] 可見，明代中葉仙遊的人口要比明初少了很多，不到明初的四分之一。要注意的是，里是明代的基層組織，相當於後日的村。迄至明代中葉仙遊老戶口只剩下十二個里，因外來人口增加，多編了兩個里。逃戶最多的是興化縣。正統年間，興化縣只剩下三百戶人家，於正統十三年撤銷縣制，轄地併入莆田、仙遊二縣。[131]

　　從明代前期的戶口記載來看，閩北山區、閩東山區和興化府人口減少是普遍現象，許多縣的人口數量都比宋代要少。然而，賦稅負擔較輕的閩南、閩西和福州府，人口卻在增長中。總體上福建人口只會增長而不是減少，但人口分布情況卻有了很大的變化。沿海人口比重增加，山區（除汀州外）人口比重減少。這是福建人口史上最重要的變化之一，從此，福建發展重心在人口密集的沿海，而山區因人口減少、銀礦採盡等因素，在經

127　謝肇淛等，萬曆《永福縣志》卷一，〈戶口〉，第 23 — 24 頁。

128　謝純等，嘉靖《建寧府志》卷十二，〈戶口〉，第 1 頁。

129　車鳴時，萬曆《政和縣志》卷三，〈戶口〉，第 1 頁。

130　鄭紀，《東園文集》卷十，〈與龐大參〉，文淵閣四庫全書本，第 11 頁。

131　周瑛，弘治《興化府志》卷十，〈戶口〉志，第 2 頁。

濟文化上的重要性從此不如沿海。福建人口又一個重要變化是：明中葉以後，沿海人口開始向山區遷徙，成為開發山區的棚民，這個問題留到明後期再說。此後，汀州府賦稅最輕，而人口增長很快，他們在本地無法謀生，便向江西、廣東及福建、浙江移民，在各地形成客家。

　　綜上所述，明代福建人口統計與其他省分相比，有其不同的特點。其原因在於：在各省人頭稅基本消滅的背景下，福建還存在變相的人頭稅——鹽賦和銀差，而且，鹽賦與銀差的負擔相當沉重。如夏允彝所說，這是江南見不到的情況。因此，明代的閩人從一開始便隱瞞人口，這是洪武年間福建一些府州人口偏低的原因。其後，福建的里甲長為了貪圖小利，允許百姓繳納一定的銀兩之後，不登記戶口，無力繳納銀兩的百姓，也因為賦稅過重而逃亡他鄉，造成官府掌握的人口直線下降，迄至明末，福建官府戶籍只剩 173 萬人丁。但從明代的史籍來看，實際上明代福建人口是在增長的。從另一方面來說，明代福建民眾的人口隱瞞，使朝廷的賦稅大大減輕，官民關係得已調整，這也鞏固了明朝對福建這一海疆區域的統治。明清鼎革之際，福建成為反清復明運動的基地，抗清鬥爭堅持最久，這是因為福建民眾一直懷念明朝的善治，所以肯為復興明朝而鬥爭吧。[132]

第三節　福建賦役和社會問題

　　明代的官僚體制力圖將人民的生活圈定在一定的範圍之內，但是，他們的這種界定並不能給民眾帶來幸福，明代前期商品經濟的退步，使福建民眾過著低水準的生活。但是，這種貧困的生活平衡，很快被來自各方的壓迫打破了，而被壓迫的民眾終於掀起了大規模的農民起義。葉宗留起義與鄧茂七起義，極大震撼了明朝的統治者。從中國農民的歷史看，葉鄧起義是中國農民戰爭史上受人矚目的事件之一。這是因為，葉宗留起義是礦工起義，而鄧茂七起義則是因為地租問題直接引起的農民起義，這在歷史上是相當罕見的。

132　徐曉望，〈關於明代福建人口統計的一些問題——從人口統計看明代福建官民關係的調整〉，南開大學，《中國社會歷史評論》2000 年，第 3 期。

一、明代中葉福建山區動亂的社會背景

明代社會的動亂與明初社會的平衡被打破有關。官僚機構的腐敗，商人地主的發展，官府日益加重的礦稅負擔，都使民眾無法保持最低水準的生活，從而被迫發動起義，爭取解放自己。

1. 明中葉福建吏治的腐敗

明代地方吏治在洪武、永樂年間尚可，但到了明代中葉之後，貴戚豪橫，宦官當政，朝臣結黨，吏治出現了腐敗的傾向。一些官吏千方百計對民眾巧取豪奪。洪熙年間，漳州衛千戶甘斌「豪橫多矣，強奪民田，詐傳詔旨，無所不至」[133]。而明代一些官吏的素質也令人懷疑。天順三年（1459年）福建建安縣老人賀煬言：「縣令之職民生休戚所繫，即今銓授多年老監生，有近60歲者，其意豈不以逮滿九載年幾七十，非惟高顯升擢所不敢覬，抑且吏部勒令致仕有所不免，曷若多索金銀為子女計，縱獲罪罷職，亦不失為富翁。此所以貪酷庸懦者眾，廉能仁惠者少」[134]。史冊記載，「時福建參政宋彰，交趾人，與中官多故舊，侵漁萬計，賄王振得為左布政使。抵任，將責償焉。小民苦為所迫」[135]。據記載，當時有不少福建民眾因害怕宋彰的剝削，因而投入鄧茂七的隊伍當中。這類人還有不少。僅從《明實錄》的記載來看，其中被點名的福建官場上的貪官汙吏有：宣德十年四月的福建按察司副使劉棻[136]；正統元年八月的福建道監察御史張忠、邢端[137]；正統元年十一月的福建右參議樊翰官[138]；正統二年五月的福建行都司都指揮僉事蔣貴[139]；正統二年七月的福建道監察御史王學敏[140]；正統三年八月的監察御史丁俊與福建參政顏澤[141]；正統三年十月的福建按察司

133　張輔監修，《明宣宗實錄》卷十，洪熙元年冬十月戊子，第 14 — 15 頁。

134　《明英宗實錄》卷三〇七，天順三年九月丙午，第 6 頁。

135　谷應泰，《明史紀事本末》卷三一，〈平浙閩盜〉，北京，中華書局 1977 年，第 462 頁。

136　《明英宗實錄》卷四，宣德十年夏四月癸亥，第 6 頁。

137　《明英宗實錄》卷二一，正統元年八月乙丑，第 1 頁。

138　《明英宗實錄》卷二四，正統元年十一月乙卯，第 7 頁。

139　《明英宗實錄》卷三十，正統二年五月戊申，第 6 頁。

140　《明英宗實錄》卷三二，正統二年七月癸巳，第 2 頁。

141　《明英宗實錄》卷四六，正統三年八月乙巳，第 7 頁。

副使姚震[142]；正統六年閏十一月的福建監察御史李旭[143]，正統七年十一月的福建都指揮同知孫安[144]，正統十年的福建左布政使方正[145]；正統十年七月的福建行都司署都指揮僉事蔣貴[146]；正統十二年六月的福建建陽縣主簿錢琬[147]。如此之多的高級官員被捲入貪汙案件，說明明英宗登基以來，福建官場貪汙腐化的風氣迅速蔓延，尤其是許多監察官員被捲入，讓人感到明代福建吏治的腐敗已經到了不可救藥的地步，連皇帝也說：「福建司府縣官平日酷虐下民，貪黷無厭。」[148] 其中有李旭之類的人物，「貪婪無厭，積至巨富，屢以厚賂獲高擢」，也有劉棻這類「與部民市，溢取價利」的按察副使，這類人物雲集福建官場，福建政壇的烏煙瘴氣，可想而知。

　　明代初期的行省制度有「三權分立，相互牽制」之意，這一制度曾經有效地約束了明代前期官吏的官風。但在明代中葉卻起不了作用，其根源在於明朝皇權高於一切帶來的惰性。近代西方的「三權分立」，建立於他們個人權利的不可侵犯之上，只要他們按照法律行事，他們便立足於不敗之地。不管遇到什麼情況，法律是他們堅強的後盾。但是，古代東方吏治中的「三權分立」，只是地方的一種制度，它的最高統治者仍是皇帝。鑒於皇帝的切身利益，他要求地方官廉政清明，相互監督。但是，他的思路，往往又受到朝廷官員的牽制，而朝廷的官員常常又是結黨分派，地方大吏在朝廷中都會有人支援。如果有人輕易地觸犯某個地方大吏，他不是冒犯一個人，而是冒犯一個集團，如果這個集團能夠左右皇帝的看法，冒犯者往往死無葬身之地。明代的官員實際上沒有完整的人身安全保障，在官場上，如果他們懂得做人，圓滑地處理與其他官員的關係，他們有希望步步高升；倘若他們做不到這一點，而是輕易地冒犯他人，往往會陷入泥沼而不得升遷。所以，儘管明代地方也有所謂的「三權分立」，實際上並不能完全發揮它的作用。

142　《明英宗實錄》卷四七，正統七年十一月癸亥，第5頁。
143　《明英宗實錄》卷八六，正統十年春正月壬午，第9頁。
144　《明英宗實錄》卷九八，正統十年七月甲午，第4—5頁。
145　《明英宗實錄》卷一二五，正統十二年六月丙戌，第9頁。
146　《明英宗實錄》卷一四六，正統十年七月甲午，第3頁。
147　《明英宗實錄》卷一五五，正統十二年六月，丙戌，第6頁。
148　《明英宗實錄》卷一七八，正統十四年五月辛丑，第8頁。

2. 明代中葉賦稅的加重

　　明代初年，朝廷的賦稅是相當低的，但到了明代中期，朝廷的賦稅已有相當的增加。福建人彭韶講過這一問題：「國家昇平百十餘年，生齒之繁，田野之闢，商旅之通，可謂盛矣。然而，官府倉庫少有儲蓄，人民衣食艱於自給，比之國初，無經營戰征之事，無創作營造之大（工？），富強反有不及，何哉？以害財之多也。國初設官有數，今則內外文武加數倍矣。國初宗戚有限，今則遠近親疏，日益眾矣。初僧道有額，今寺觀日增矣。初賓貢有節，今四夷絡繹矣。初土賦有常，今進獻多門矣。初上用儉樸，今百度侈麗矣。初賦役尚簡，今差使實繁矣。」[149] 從彭韶的描述中，可知明代中葉，雖然天下太平，但統治階層的膨脹與消費的增長，開支大增，這一筆支出被千方百計轉嫁到民眾身上。由於田賦是有定額的，於是，朝廷新的開支轉化為貢賦轉嫁到各地民眾身上。蔡清曾說過福建各地的貢賦：「福建僻在海隅，去京師近萬里，民間所貢方物，如白糖、樟腦、荔枝、龍眼之類，是其本土所有，近京去處所無者，有司科民當地買辦貢上天府，自是不易之制也。亦有如牛皮、雜皮、生鐵、肥豬、鵝之類，若悉辦本色，則路費靡矣。是以有司例科銀兩僉付解戶入京買辦。遠方之民乍一到京，四無知識，莫知所從。於是，京中有一種名攬戶者，就而與交，其主家、鋪家，亦皆通情。有素欺其單弱，多方誘誤，將銀權買貨物稽期圖利者有之，貨物失意或酒色蕩盡，卻轉誘他人那補此負重復誆誤者有之，甚至有誆逃無所追究者。解戶之害，或破家或亡身，更貽累親屬。」[150] 由此可見，當時的進貢制度，給民眾帶來相當的危害。據明代前期的方志記載，每個府縣除了額定的賦稅外，還有各種名色的雜貢，從茶葉、絲綢到荔枝、龍眼，從箭竿、火器到槍桿、刀柄，凡是政府要用的各種物件，都化作貢賦在各縣徵收。而且，這類貢品越來越多，每部府志、縣志，都要用幾十頁的篇幅來記載這些內容。因此，從總體而言，明代中期朝廷的支出大增，民眾的負擔也相應加重。

　　鹽賦在正統年間也成為一個嚴重的問題。如前所述，明代福建的「鹽

149　彭韶，《彭惠安集》卷一，〈題為乞恩分豁地土等事〉，文淵閣四庫全書本，第13 — 14 頁。
150　蔡清，《虛齋集》卷四，〈民情四條答當路〉，文淵閣四庫全書本，第31 — 32 頁。

糧」實際上成為一種人頭稅，成為普通百姓的巨大壓力。老百姓不堪重負，逃走外地，由他們負擔的鹽糧無從徵收，官府便將其攤到其他百姓身上，這使百姓不堪其苦。正統十二年閏四月丙戌，「福建福州府閩縣知縣陳敏政言四事。一，鹽粮出於戶口，戶口有多寡，則鹽粮有增減，固無一定之額也。今各處鹽粮之徵，悉從舊額。如本縣舊額戶口比之新冊多粮九百一十餘石，逐年分派里甲陪輸於民，甚有所損。乞敕戶部今後鹽粮止依新冊徵收。」後來，朝廷接受了陳敏政的意見，「事下禮部會議，以為戶口鹽粮宜從勘報」。[151] 但是，這已經是鄧茂七起義的前夜了。

　　明朝廷其實也知道下層官員的素質，便有意提倡儒學，培養一些忠誠於儒學清官似的人物。他們在地方往往能夠調整賦稅政策，化解民間之怨言。例如：「雷應龍，字孟升，上元人。正德中知莆田，有鬻子輸稅者。應龍出俸贖還。」[152]、「王彝，字友倫，四明人。宣德八年知仙遊縣。先是民困賦役，逋亡者眾。彝勞心招撫奏免小嶼寨弓兵，均楓亭驛，勻編莆田五里助驛，別辨科徵，以均稅糧，民力漸紓。營建縣治，學宮、壇壝、倉庫、道路無不畢舉。甫三載，卒於官。邑人哀慕之。」[153] 弘治年間黃濟任南安知縣，「南安為都四十有八，而濱海四十一都，自宣德後逋亡過半。田地日荒，復為鄰郡豪強乘間兼併。濟多方招徠，按數核實，使逋民復業。復無不田，田無不賦，賦無不均。」[154]

　　由於有一些清官舒解地方問題，所以，明朝前期的社會矛盾有時得以緩解，即使發生問題，還有挽救的可能。

3. 明代中葉商人地主的發展

　　在元末農民的大起義中，福建的地主階級紛紛組織武裝，鎮壓農民起義，並取得了勝利，所以，入明以後，福建的大地主制仍然是很發達的。雖說永樂年間遷都北京時，曾將大批地方豪富遷至北京，但是，由於各地有商人地主發展的條件，他們很快再次崛起，成為農民頭上的一座大山。

151　《明英宗實錄》卷一五三，正統十二年閏四月丙戌。
152　郝玉麟等，雍正《福建通志》卷三十，〈名宦・興化府二〉，第 11 頁。
153　郝玉麟等，雍正《福建通志》卷三十，〈名宦・興化府二〉，第 9 頁。
154　郝玉麟等，雍正《福建通志》卷三十，〈名宦・泉州府〉，第 28 頁。

如安溪李森，「田數萬畝，粟數萬鐘，計山百區，出木數千萬章，僮千指。益盡力居積」[155]。「知縣高瑤，福州人，家居早作，課奴力田，徙倚於門扉。」[156] 潘本愚於天順元年間任興化知府：「郡中富室出息質人田，久之，賦寄空籍。官按徵，質田者代輸，而富室倖免。本愚下令富室輸稅。」[157] 明代中葉的仙遊林翁「家于縣西，始事勾股，既，乃於城西樊圃雜植桑柘、棕櫚、果樹若菜茹，因號西圃主人。既又市田數畝、廛數區，而勤力於其間」[158]。這位林翁「始事勾股」，說明他原來是一位會計人員，這類人物對金錢是比較敏感的。他從原來的位置上退下來以後，經營的內容相當廣泛，即種田，又種植各類經濟作物，還經營商店。他的目的很明顯，是為了謀取市場利潤，這使他與傳統的食租地主有了區別。這類人物還有不少，如同安縣的林處士，「同安富室多坐食，少務農桑，處士身致贏，尚計口力田，抱甕決渠，備勞苦而適也」[159]。富室因有廣泛的經濟收入，他們的子孫以消費為其生活的主要內容，這是不論中國、西方社會共同的特點。但在這種背景下，還是出現了上述同安林處士之類的人物，他們雖然富有貲財，但還是親自參加勞動，而且「計口力田」，這說明他善於運用資本增值的規律，以謀以市場利潤。

在社會的下層，一些人被迫以雇傭為生。「高天佑，福州學生，貧約，父為人耕，每以身代。」[160] 也有一些人從平民起家。生活於元明之際的陳智：「父喪而家落，母躬勤教育之時，資助於舅氏。十餘歲，智識日長，駸駸能卓立，治生產有條理，為鄉黨所稱。既冠，家益饒裕，擇勝徙居邑之西。為人重義喜濟施，急人之急，通醫術，凡有求者，趨赴之不間。風雨蚤莫。多所濟活。道圮梁壞，率發帑廩修治以便行涉。性剛直，遇私競，爭不平，公其是非，未嘗毫髮苟狥。言出靡不服者。里中有陳公道之號。」[161]

155　沈鍾等，乾隆《安溪縣志》卷五，〈李森傳〉，第 171 頁。

156　陸寀，《覽勝紀談》卷三，〈大托生〉，明刻本，第 6 頁。

157　郝玉麟等，雍正《福建通志》卷三十，〈名宦・興化府二〉，第 9 — 10 頁。

158　鄭岳，《山齋文集》卷十，〈壽西圃林翁八十冠帶序〉，文淵閣四庫全書本，第 12 頁。

159　鄭善夫，《鄭少谷集》卷十二，〈同安林處士墓誌銘〉，文淵閣四庫全書本，第 3 — 4 頁。

160　陸寀，《覽勝紀談》卷三，〈高陳二孝子〉，明刻本，第 10 頁。

161　楊士奇，《東里續集》卷二十七，〈贈資善大夫戶部尚書兼謹身殿大學士陳公墓碑銘〉，文淵閣四庫全書本，第 13 頁。

　　有些大地主對百姓的壓迫相當嚴重，明中葉的王守仁曾這樣說：「本地大戶，異境客商，放債收息，合依常例，毋得疊算，或有貧難不能嘗者，亦宜以理量寬有等。不仁之徒，輒便捉鎖、疊取，挾寫田地，致令窮民無告，去而為盜。」[162] 從這條記載中可以看出明代福建大地主階級之倡狂，難怪在歷史上曾引起民眾激烈的反抗。

　　明代商人的高利貸剝削也是很重的，例如葉向高的家族在明初多有巨富。譬如葉贅：

> 籍父業，客尤溪，貸子母錢。屬鄧茂七亂，子錢家久負。其後歲豐，爭以穀嘗錢。

> 公悉聽之。粟既多，又山谷阻絕，不能致，且紅腐矣。越三歲，大歉，遠近皆來受粟，倍其息[163]。

又如葉淮、葉漢在閩清縣放高利貸：

> 有惡公於閩清令者，令逐公。歸未幾，邑凶，賦逋，上官督之急，令窘甚。問計於三老，三老曰：此君逐葉某，邑人無所貸金，故逋耳。盍禮而招之。招之而來，使輸賦可旦夕辦也。令如其策招公，公立應之。令大喜，以鼓吹導公，而使其民次第為券納君懷。公笑曰：自吾父子兄弟與邑人交至歡矣。今有急，吾固當拯券，何為哉？！逾歲大稔，民爭負粟償公。直反浮於賦[164]。

　　由此可見，當時福建商人地主的財富，可與縣令抗禮。他們以高利貸剝削山民，謀取高額利潤。有的做得十分過火，如永樂時的政和縣：「故其田甚少，土甚瘠，獲甚薄，民甚窮。雨暘時若，則中戶僅裕一年之食，下戶猶待貿易以足之。不幸荒歉之臻，則上戶之粟，或有倉箱之積者，非十倍其常價不出也。是以富民遇荒歉則益富，貧民遇荒歉不免於死亡矣。」[165] 在這種背景下，遇到好的官員，尚能通過各種方式救濟，如景泰

162　王守仁，〈鄉約教諭〉，引自陳壽祺等，道光《福建通志》卷五八，〈風俗〉，第1193頁。

163　葉向高，《蒼霞草》卷十五，〈家譜列傳〉，揚州古籍出版社1994年景印本，第1537頁。

164　葉向高，《蒼霞草》卷十五，〈家譜列傳〉，第1538－1539頁。

165　黃裳，永樂《政和縣志》卷二，〈救荒〉，清抄本膠捲，第13頁。

年間，王麟任沙縣典史，「癸卯大饑，召大姓諭之，封其餘廩，第民家為三等，糶粟有差，饑者以不饉死」[166]。但許多官吏只知貪汙，老百姓就只好鋌而走險了。正統十三年（1448 年）九月，鄧茂七義軍包圍延平城時，官員試圖招安，一個農民軍領袖回答：「我等俱是良民，苦被富民擾害，有司官吏不與分理，無所控訴，不得已聚眾焉。……我等家產破蕩已盡，乞免差役三年，庶可生聚。」[167]

　　以上史料表明：明代中葉土地經營中的商業資本出乎意料地發達，主要是因為明朝實行海禁政策，這對福建商業資本的流向影響很大。在海外貿易發達時期，沿海過剩的資本很容易地進入海上貿易。而在明代前期，海外貿易被禁止，資本沒有出路，土地是惟一的出路。因此，有大量的資金流向土地，造成明代前期的土地兼併。

4. 明代福建的寺院地主

　　明代福建有一個很特殊的現象：寺院經濟極為發達，這有其歷史淵源。唐宋時期是福建寺院經濟最發達的時代，當時的福建民眾，只要有稍好一些的田地，都要捐給寺院，造成福建境內寺院田地連綿阡陌的狀況。不過，唐宋的寺產，大都是地方公產，因此，福建各級衙門的開支，大都來自寺院。其時，北方各地的寺院田產，大都被視為寺院的私產，所以，福建的這種制度是相當特殊的。元代的統治者對佛教極為寵信，給予優免稅收的特權。從地方志的記載來看，元代以後，福建地方政府的開支，不再動用寺院財產，這一跡象表明：福建寺院財產在不知不覺中私有化了。明代前期，福建各地仍有很多寺院，如鄧茂七起義爆發的核心地區——沙縣：「曷邑無寺也，曷寺無僧與田也，而僧若田之在沙者獨異焉。以田言之，多者二三十頃，少者亦不下五七頃，率皆膏腴，遍溪谷，不知其始何以有是也。以僧言之，皆閩福雜戶，軍匠詐冒，或父兄披剃而子弟附從。或子弟占籍而父兄持管。根連株據，蠶食蝟集，牢不可破焉。慧黠者積聚既裕，卻歸本俗，置娶室家，復以戚屬之。其頑懦者則縱肆淫凶，靡所不至。」[168] 其

166　葉聯芳，嘉靖《沙縣志》卷三，〈職制〉，嘉靖二十四年刻本，第 11 頁。
167　《明英宗實錄》卷一七○，正統十三年九月戊戌，第 5 頁。
168　葉聯芳，嘉靖《沙縣志》卷三，〈職制〉，第 11 頁。

他各地的情況也與沙縣類似，蔡清說：「天下僧田之多，福建為最，舉福建又以泉州為最，多者數千畝，少者不下數百。」[169] 其實，其他各府也不亞於泉州，《延平府志》說：「延平郡邑寺觀布境內，蓋自唐宋以及我朝，其來尚矣。寺觀率多田糧，或百石，或七八十石，少者亦三四十石。田糧稱上戶必曰寺觀，民無幾焉。」[170]

如果說寺田較多是歷史留下的情況，問題在於：這些寺院中有很大一部分落在假冒僧人的流民手中，他們大多不懂經書，憑著寺院的勢力魚肉百姓，《建寧府志》記載：

> 切見建寧一府，寺觀之田，半于農畝，所賴有宋諸儒，流風遺韻未泯，其民恥為僧道，而為僧多係福清縣江陰里及莆田、長樂沿海之民，隱變軍、鹽、匠、竈戶籍，祖、父、子、孫、兄、弟、叔、姪，原籍娶妻生子，止以法名占據襲充。或一家而住三寺、兩寺，或一人而管三庵、四庵，或典撥田畝，厚私藏而累里甲以糧差，或舉放私債，索重息，而致佃人於逃竄，或姦淫妻女而謀殺本父本夫，或妝飾盜情而致死愚夫愚婦，爭端百出，健訟屢年，恃其財賄，夤緣鑽刺，務求必勝，以壓服鄉民[171]。

以上史料表明，當時的上層僧人腐敗程度不亞於官府。又如延平府屬的順昌縣，「順昌為邑小，而二氏之居，布列於中外亦廣。」、「盤踞名山，所在相望，棟宇之僭，擬諸王公，貲產之富，不啻豪右，遊手群聚，蠶食一方。」[172] 這等僧人與鄉間豪強惡霸無異，因而，老百姓對僧人的看法也改變了。如果說唐宋時期福建民眾因佩服高僧的德行而把田地捐給寺院，現在，這種理由顯然不存在了。明代的思想家對僧寺占田過多均表不滿，蔡清說：「以無君無父之人，兼飽食暖衣之奉，何所不至，而吾良民旦夕疲筋骨，曾無卓錐之產者何限？各處無徵田糧灑派貧民者又何限？其僧田為豪右巧計僭據者又何限？……若以今富僧與貧民較之，可謂不均之甚矣。」他建議道：「今日當道君子盍請諸朝，量減寺院多餘田畝，分給

169　蔡清，《虛齋集》卷四，〈民情四條答當路〉，第 33 頁。
170　鄭慶雲等，嘉靖《延平府志》卷四，〈古跡〉，第 31 頁。
171　謝純等，嘉靖《建寧府志》卷一九，〈寺觀〉，上海古籍社景印天一閣藏本，第 56 頁。
172　馬性魯，正德《順昌邑志》寺觀志，福建省順昌縣志編纂委員會 1985 年，第 136 頁。

貧民為業，亦古者授民以田之意。或以補賑無徵糧田，亦所謂截長補短之意，此其所大利者民也、官也，其謂不利者，特僧道耳。」[173] 蔡清的這一觀點在明代是有代表性的，但它受到寺院地主的極力反對。蔡清是明朝著名的儒者，他對寺院地主的看法，說明寺院地主已經成為社會中的消極因素。受儒者的影響，明代官府係曾頒布過限制佛教發展的法令，建寧道僉事張儉義有這樣一段概述：

> 查得諸司職掌僧道度牒，三年一給，仍要各司考試，能通經史者申送到部，具奏出給。洪武六年令各府州縣止存大寺觀一所，並處其徒，擇有戒行者領之。若請度牒必考試，精通經典者方許。二十七年榜示天下，僧道不許收民間兒童為僧，違者並兒童父母皆坐次罪。年二十以下願為僧道者，亦須父母具告、有司具奏，方許三年後赴京考試，通經典，始給度牒，不通，杖為民。永樂六年，令軍民子弟童奴自削為僧者，並其父兄送京師，發五臺山做工，畢日，就北京為民種田。主僧倘容留，亦發北京為民種田。十年，諭禮部，天下僧道多不守戒律，民間修齋誦經，動輒較利厚薄，又無誠心，甚至食肉、遊蕩，荒淫略無顧忌。又有無知愚民，妄稱道人，一概蠱惑，男女集處無別，敗壞風化。洪武中，僧道不務祖風及俗行瑜珈法，稱火居道士者，俱有嚴禁。即揭榜申明，違者殺不赦。十六年，定天下僧道府不過四十人，州不過三十人，縣不過二十人。限年十四以上，二十以下，父母皆允，方許陳告有司，行鄰里保勘無礙，然後得投寺觀，從師受業，五年後諸經習熟，然後赴僧道錄司考試，果諳經典，始立法名，給予度牒，不通者罷還為民。正統十四年，令僧道應給度牒者，先令僧道衙門勘試，申送有司審。係額內並籍貫明白，仍試精通本教經典，方與送本部覆試。中式，然後具奏請給。景泰六年令今後僧道務要本戶丁多，本人持行修潔，不係軍匠鹽竈等籍，里老保結，呈縣覆實，具申府司類呈該部，方許收度。仍勘各寺觀原定額數，如有數多不與出給。成化十三年，凡僧道住持在外寺觀，止許一人，此祖宗之法。[174]

173　蔡清，《虛齋集》卷四，〈民情四條答當路〉，第 33 — 34 頁。

174　謝純、汪佃等纂，嘉靖《建寧府志》卷一九，〈寺觀〉，上海古籍社 1964 年景印天一閣藏本，第 56 — 58 頁。

　　從這條史料看，明朝主要是因為寺院冒濫僧道太多，所以設置了重重障礙。倘若這些法令得到徹底貫徹，天下僧人數量不會太多，寺院也會減少。但從實際情況看，這些政令並未得到嚴格執行，所以，大多地方的寺院超過限額，尤其以福建西部、北部的情況最為嚴重。閩西寧化縣，「棲佛之地，大率三百餘所。」[175] 延平府六縣共有寺 89 所、院 140 所、庵 66 所、堂 39 所，平均每縣有 55.7 所寺廟，所以，《延平府志》的作者感慨地說：「延平郡邑寺觀布境內，蓋自唐宋以及我朝，其來尚矣！」[176]《建寧府志》也說：「自佛老子之教行，而琳宮紺宇遍於海內，閩固東南一隅，而建又八郡之一耳，緇黃所處，金碧輝映，曾不知其幾千萬落。」[177] 總之，明代前期，福建佛教寺院還是相當興盛的，但在經歷元代偽僧氾濫的歷史之後，八閩大地的佛教熱有所退潮，民眾對寺院中許多僧人不修行且過著世俗的生活有意見，因此，民間輿論對佛教不利。

　　明清雖無歷史上三武一宗滅佛的問題，但佛教的世俗化問題相當嚴重，它曾一度制約了佛教的發展。不過，明清佛教也有自清能力，因此，明清之際，福建佛教逐漸復興，在民間仍有較大影響。

5. 明代中葉的流民問題

　　由於官府政策的失當，與商人地主的剝削，明代中期的流民問題是相當嚴重的，蔡清說：「福建屬郡人民自永樂、宣德以後，多有田已盡，丁已絕，而其糧猶在者，名為無徵，洒派小民。夫何故？時事推移，田產潛入於豪右，上下欺蔽，有司莫為之分明。歲復一歲，遂不可奈何。又有一種恆產奸民，元田不失一段，顧乘造冊之勢，買囑里書，飛入絕戶，妄指無徵，又在洒派。富家則厚享無名之利，貧民則虛受不根之害。」[178] 許多民眾因不堪壓迫而採取極端的反抗手段，正統二年（1437 年）十月乙亥，「漳浦縣磁竈、下嶼、白礁等里人民，性剛俗陋，以服毒圖賴為計，編年里甲百計以避其役，軍需賦稅輸納，每致愆期，乞加嚴禁」[179]。有些民眾

175　李世熊，康熙《寧化縣志》卷二，〈寺觀志〉，福建人民出版社 1989 年，第 60 頁。
176　鄭慶雲等纂修，嘉靖《延平府志》卷四，〈寺觀〉，第 31 頁。
177　謝純、汪佃等纂，嘉靖《建寧府志》卷一九，〈寺觀〉，第 56 — 58 頁。
178　蔡清，《虛齋集》卷四，〈民情四條答當路〉，第 32 — 33 頁。
179　《明英宗實錄》卷三五，第 8 頁。

則逃離官府的統治，政和的山區「居民鮮少，宅幽負險，皆以竹樹為屏障，山重山掩，移步換肩，雞狗相聞，而民至老死不相往來。縣大夫廉正，則相率來供賦役，否則舉室竄入幽林遂谷，寧肉虎狼牙，而不迹公門」[180]。有的地方，民眾逃離使朝廷的賦稅無處徵收，《福州府志》說：「國初立河泊所，榷漁利，遣校尉點視。以所點為額，納課米，其後漁戶逃絕，米責里戶辦納。不敷，乃有折徵之令。」[181] 這條史料說明當地漁戶都逃亡了。在福建的一些地區，明中期的流民問題是十分嚴重的，如宋代建立的興化縣，一度是山中鬧市，明初洪武二十四年（1391 年），當地有戶口 9530 戶，27435 人，但在明正統十三年（1448 年），只剩下了 300 戶人家，只好撤縣，縣地併入莆田、仙遊二縣[182]。而福建的山區往往成為流民聚集之地，如漳平的百家畬洞，「在縣南永福里，界龍巖、安溪、龍溪、南靖、漳平五縣之間，而本縣正當其北，為要衝。萬山環抱，四面阻塞，洞口陡隘，僅通人行，其中寬廣，可容百家餘田播種，足以自給。四方亡命者，遘聚其間，憑以為亂。宣德、正統間，有江志賢、李烏嘴、盧赤髻、羅興進者，烏合跳梁，至動方岳守臣連年剿捕，始得寧息」[183]。據《龍巖縣志》記載，江志賢、李烏嘴、盧赤鬚、羅興進等人的造反，都在鄧茂七起義之前[184]，他們的行動，實際上成為鄧茂七起義的先聲。

　　總的來說，在鄧茂七起義之前，福建農民對統治者的不滿已經達到一個極點，統治者也隱約感到了這一點，在鄧茂七起義之前，安溪縣的大地主李森，「念承平久，即萑符不逞，曷以應卒？戒家僮飭兵杖，習拳勇」[185]。為了應付日益增多的「強盜」，巡閩御史柳華下令在各地鄉村設置總小甲一職，由他訓練鄉民防盜。「有懺者，聽總小甲懲之。由是總小甲得號召其鄉人。八閩皆然。行路所至，戒備嚴肅，氣象凜凜，若有大寇之將至，識者已知其不祥」[186]。可見，明中葉福建社會矛盾的發展，已使這場農民

180　黃裳等，永樂《政和縣志》卷一，〈縣境〉，頁碼不明。

181　喻政修、林烴、謝肇淛纂，萬曆《福州府志》卷三三，〈食貨・魚課〉，第 309 頁。

182　周瑛等，弘治《興化府志》卷十，〈戶口志〉，同治十年重刊本，第 2 頁。

183　袁業泗，萬曆《漳州府志》卷三，〈輿地志〉，下，明萬曆四十一年刊本膠捲，第 3 頁。

184　湯相等，嘉靖《龍巖縣志》卷下，〈外志〉，明刊本膠捲，第 92 頁。

185　沈鍾等，乾隆《安溪縣志》卷五，〈李森傳〉，第 171 頁。

186　鄧一熹等，崇禎《尤溪縣志》卷四，〈典禮志・災祥〉，明刊本膠捲，第 601 頁。

起義呈現勢在必發的趨勢。

第四節　葉宗留、鄧茂七起義

　　明英宗正統年間，閩粵二省突然爆發了兩次大規模的農民起義，在廣東是黃蕭養起義，在福建是鄧茂七起義和葉宗留起義，這兩次農民起義對生產關係的調整影響極大。

一、葉宗留和閩北礦徒起義

　　閩北礦徒起義的核心是葉宗留起義，它的發生與明代的礦稅政策有關。明代前期福建的礦冶業相當發達，但是，它一方面促進的福建經濟，另一方面，由於明朝礦稅政策的僵化，也帶來了許多問題。

　　首先，固定稅額制往往成為民眾的負擔。礦產的開採，從來沒有永遠興盛的，宋朝開礦，礦稅的徵收，是根據礦產的有無而制定的。但明朝對白銀狂熱的需要，使之不願意聽臣下免稅的意見。因此，一旦礦主確定了上繳稅額，這一稅額在官方的簿冊裡便不可能輕易地消失。有時，礦產開採竭盡之後，礦主無以應付，如建陽縣武仙山銀坑「年遠湮塞，比因本縣里老虛報，額辦課銀一千三百餘兩，俱是煎銀夫甲陪納」[187]。又如大田縣的銀瓶山，「舊產銀鐵，國初置銀冶，鼓鑄者拆，往往鬻妻子家室以償國課」[188]。可見，固定稅額制往往造成礦主的破產。然而，礦主破產後，礦稅仍不得不交，於是，其額定賦稅便由當地民眾負擔。閩北地方官的做法是：將其分攤到百姓的田賦裡，由農民承擔。採礦得利的是外來的礦主，他們留下的稅額卻要本地民眾承擔，這是極不合理的。

　　其次，官府直接辦理銀礦，也給民眾帶來了極大的負擔。明代福建的銀礦先是民營，官方收稅。其後，官方認識到銀礦的利潤，將許多銀礦收歸官有，自己經營。這類銀礦多是調發各縣民夫開採，連工具也要百姓自備，寧德縣的林聰說：「坑坎深遠，山水氾濫，多用桔槔，晝夜更直，泄去積水，方可用工。稍有遲緩，則礦仍舊淹沒，無從採取。其出礦之處，

187　《明英宗實錄》卷一七八，正統十四年五月癸卯，第 9 頁。
188　劉維棟，萬曆《大田縣志》卷六，〈坑冶〉，明萬曆刊本，第 27 頁。

幽暗窄狹，雖在白晝，亦須松明點照。人夫才得更替，即差採打松明、柴炭、木杠等項合用雜物。加以坑坎陡峻，夫匠人等，搬運礦石，不可逕出。橫木作梁，攀緣而上，勞役艱難，莫甚於此。」因此，開礦成為人人畏懼的勞役[189]。永樂年間，沙縣民陳添保聯合民眾搗毀龍溪銀礦[190]。關於這件需要說明的是：按《明實錄》原文為龍溪，朱維幹先生的《福建史稿》認為沙縣與尤溪相鄰，而遠離龍溪，陳添保搗毀的銀礦應是在尤溪，龍溪為尤溪之誤。其實，明代的永安、漳平二縣未設立之前，沙縣是與龍溪相鄰的，所以，沙縣人陳添保會到龍溪去搗毀銀礦，便是受壓迫的反映。

再次，官方直接開採銀礦，往往造成民營礦業礦夫的失業。據史冊記載，明代初年在福建北部開礦的民營礦主與礦夫，多為浙江處州人與南直隸的徽州人。徽處二州與福建的建州，自宋代開始即為中國南方的主要銀礦產地，當地民眾形成以採礦為生的經濟模式。徽處礦徒來福建開礦有其歷史淵源。約在宋元時期，南方礦徒常有鬧事受罰的，朝廷的處置辦法是：將閩籍礦徒的罪犯流放浙江開礦，而將浙江礦徒的罪犯流放福建採礦，所以，浙江礦徒對福建礦產是很熟悉的。明代初年，福建北部的人口銳減，而徽處二州的人口卻十分密集，其過剩人口要尋找出路，許多人便想方設法到福建開採礦產。《明實錄》記載的福建礦主多為徽處二州之人，其原因在此。自明朝官府直接開礦之後，他們所用礦夫多從民間調用，這便導致徽浙礦夫的失業。本來，明代礦山動輒集聚成百上千的礦夫，他們所得工資很低，為了維持生活，經常騷擾當地民眾。由於人多勢眾，他們在與地方民眾發生矛盾時，常是大打出手，已經成為當地治安的一大問題。明朝直接開礦，進一步剝奪這些人生活的來源，於是造成徽浙礦夫盜劫福建礦產的問題。

上述問題其實不是不可解決的，如果明代的官府能瞭解下情，調解礦主與本地民眾的矛盾，在稅制方面合理一些，及時免除停辦礦產的稅收，都可以大大緩和礦業與本地民眾的矛盾。但是，明代的政府機構十分僵化，

189　林聰，〈請除雜差疏〉，見，盧建其等，乾隆《寧德縣志》卷九，寧德縣方志辦點校本，第 468 頁。

190　張輔監修，《明太宗實錄》卷一九二，永樂十五年八月己酉，臺北，中研院歷史語言所影印本，第 2 頁。

很小的事情都要通過中央政府的討論。對要處理許多國家大事的政府來說，某個礦點的廢置，確實是很小的事，沒有理由為其花去很多時間。這樣，地方的上訴往往幾十年得不到處理。而且，政府為了保證財政收入，在免除稅收方面十分謹慎，他們知道，許多官員都會為地方說話，想盡辦法要為其家鄉免除一些稅收，如果都聽他們的，中央政府會落到沒有稅收的地步。所以，他們在免除一項稅收方面非常謹慎。不到迫不得已，是不會免除的。這樣，便造成礦稅政策方面的僵化，一個礦產的稅額設置十分容易，但其免除卻是十分困難的。對於當地民眾來說，開礦帶來的利益是一時的，因此添加的稅收卻是長期的，從長期利益考慮，他們情願選擇不開礦。因此，早在明代初期，福建就有不少地區實行局部的封禁政策，不許外來人在這些山區開礦，這就引起了地方勢力與外來礦工、礦主之間的矛盾。正統初年，幼齡的明英宗登上政治舞臺，由楊士奇、楊榮、楊溥等大學士執政。三楊中，楊榮為建安人，在他們影響下，朝廷「下詔封坑冶，民大蘇息。」這反映了閩北人的利益。但是，失業的礦工又如何處置呢？朝廷在這方面卻缺乏考慮。而且利潤豐厚的銀礦誘惑著外地的礦主，正統十年夏四月，提督福建各銀場都御史王文說：「往者銀場不開，諸坑首匠作糾合亡賴，千百成群盜採，甚至互相讐殺，劫掠鄉邨。有司捕之，輒肆拒，誅之不勝。」[191] 例如，寧德縣的寶豐場停辦後，「奈何外郡有無籍頑民，往往聚集群眾，偷礦煎銀，甚至肆為劫掠，拒敵官軍，殺傷人命，殃及無辜」[192]。這樣，盜礦成為明初福建最大的社會問題。葉宗留起義實際上是封禁與盜礦這對矛盾激化的結果。

當時封禁與反封禁鬥爭最為激烈的是閩北的銅塘山地區。銅塘山綿延數百里，貫穿福建、江西、浙江三省的交界區，其最高的山峰在海拔1000～2000公尺之間，山深林密，礦產豐富。早在宋代，這裡的採礦業即非常發達，是宋代銅、鉛、錫、銀的主要產區之一，據史冊的記載，宋代江西鉛山境內的採礦工常有十幾萬人。明政府宣布禁礦之後，失業的礦主與礦工潛入山區採礦，「其始託名採木，實則利於銅鐵，或妄意其中有銀礦也。……大抵盜首以此誘聚流民，流民不知，從而蠅集，始則各挾所

191　《明英宗實錄》卷一二八，正統十年夏四月乙巳，第 1 頁。
192　林聰，〈請除雜差疏〉，見盧建其等，乾隆《寧德縣志》卷九，第 468 頁。

有以貿易，往往相矜以利，又割取自長之菽粟，或擊鮮烹肥，恣意無禁。」宣德七年（1432 年），「浙江豪民項三等聚眾潛入銅塘，又于四十二等都地名包公尖、五十都地名橫山頭、五十都地名洪水坑等處，起立爐場一十三處，聚眾萬餘」[193]。正統七年（1442 年）處州人王能復入掘礦，「掠廣豐、崇安二縣」，當時閩浙巡按派軍隊將其驅逐，並採用誘降的政策「撫之，許給荒地耕種，誘獲至郡，斬數百人。」後來發動起義的葉宗留即為這一事件中逃出的首領之一[194]。

　　葉宗留逃出後，成為浙江礦工有名的首領，他乾脆集聚礦工強採寧德的寶豐場銀礦。不久，朝廷的政策又有很大的變化，太監福安上奏：「永樂宣德間屢下西洋收買黃金、珍珠、寶石諸物，今停止三十餘年，府藏虛竭。」、「永樂、宣德間，雲南、福建、浙江產有銀鑛之所，悉令採辦煎銷，上納京庫。此誠國家大利。近年或採或止，國用不足，請如舊制，各遣內外官員開場煎辦。」[195] 在福安的建議下，明朝廷又恢復了在福建的採礦政策。當時的寶豐場是福建境內較為有利可圖的銀礦，該礦由官府恢復開採後，葉宗留手下的礦徒又失業了。官方文獻記載：「時福建既開銀場，賊猶侵擾不已，或投牒有司云：『留寶豐場聽我採取，不然殺人』，或以竹揭紙票題云：『浙江馬大王領五百餘人，定限某日大戰。』」寧德縣丞顏清查出，這些「通牒」都是葉宗留所為[196]。據顏清的記載：葉宗留的部屬有鐵甲護身，武藝高強，強悍好鬥，官軍望風披靡。從這些史料看，葉宗留已與官府形成對抗的關係了。

　　葉宗留正式起義發生在正統十二年（1447 年）九月。先是，該年二月起，葉宗留率眾徒盜掘閩浙間的礦場三處，皆一無所得，面臨破產的危險。於是，他對礦徒說：「以吾之眾，即索金于市易耳，何至自廢於山間，常苦不給也。」礦徒回應，於是，他出掠政和縣及其村落。還浙江慶元縣，處州失業礦工紛紛加入，隊伍發展到千餘人。他帶領這支隊伍再次入閩，連克浦城、建陽兩縣，逼近建寧府城，閩北大震。次年的官方文獻記載：

193　李鴻，〈封禁考略〉，引自顧炎武《天下郡國利病書》第 23 冊，卷八三，〈江西〉，第 52 頁。

194　周凱，《內自訟齋文集》卷九，〈封禁山考〉。

195　《明英宗實錄》卷二八七，天順二年二月丁未，第 9 — 10 頁。

196　《明英宗實錄》卷一三六，正統十年十二月乙巳，第 1 頁。

「浙江處州賊葉宗留偽稱大王，傳寫妖書，流劫金華、武義、崇安、建陽、鉛山諸縣。」[197] 可見，他主要在閩浙贛三省交界的封禁山區活動。

在葉宗留起義發生後不久，又有尤溪縣的鑪主蔣福成起義。尤溪縣是福建著名的產鐵區，但這並沒給當地民眾帶來好處，「福建尤溪縣河泊所官蔡伯達言，本縣原有山場鐵鑪十九所，常年輸課人戶，因致貧窘，流死者多。其所耗鐵課，累及見在之人，而無藉之徒，又往往私集逋逃軍囚，採礦煎煉，皆不辦課，甚至劫掠人民。及官軍巡捕，因而拒鬥。」正統年間，官府對當地鑪主加強鎮壓，「其私煉之戶，即令補辦課程，所集之人，審其從來，果隱藏軍囚，懲治械發，仍逐年委官點視」[198]。然而，當時的官僚機構已經非常腐敗，由其來整頓礦業，不過是增加一種擾民的藉口而已，礦主們也無法接受。如《大田縣志》（按，大田縣原轄尤溪縣。）記載：「舊產銀鐵，國初置銀冶，鼓鑄者拆，往往鬻妻子家室以償國課。故逋逃聚為盜，蜉結蟻連。」[199] 正統十三年（1448年），「尤溪鑪主蔣福成乘亂，因鑪丁號集居民，村落貧人及亡賴悉歸之。旬日，有眾萬餘，遂襲尤溪，據之」[200]。

大批開礦人員最終走上暴動的道路，這在中國歷史上是十分罕見的。如前所述，這與明朝廷拙劣的礦稅政策有關。開礦是古代小商品經濟發展的產物。但明朝廷對開礦顯得手足無措，拿不出一套切實可用的礦稅政策，反映了在理學末流的影響下，朝廷政策的滯後性。商品經濟的發展離不開健全的法制。這是因為，商品經濟使人之間的利害衝突日趨激烈，古老的道德已失去約束人類行動的功能，只有依靠法制，商品經濟才能健康地成長。而中國的儒學是一種自然經濟形態下產生的治國理論，與商品經濟社會格格不入。在明代初期，由於大政方針未定，明朝廷對開礦問題的處理措施不力，也給各級官員留下了從中漁利的機會，於是，一場原可避免的動亂便在閩北礦區發生了。葉宗留起義之後，朝廷罷免了不少地方的銀冶。

197　《明英宗實錄》卷一七二，正統十三年十一月甲辰，第7頁。
198　《明英宗實錄》卷一二四，正統九年十二月癸亥，第8頁。
199　劉維棟，萬曆《大田縣志》卷六，〈坑冶〉，第27頁。
200　高岱，《鴻猷錄》卷九，謝國楨編，《明代農民起義史料選編》，福建人民出版社1981年，第16頁。

「上杭銀冶疲人釁盜，歲輸率不當歲費，公言當塞竟塞。」[201]、「倪敬，字汝敬，無錫人。正統進士。景泰中按閩。有言閩地錫坑，貨足裕國。下部議。敬拜命未行，即具疏言，閩地殘於寇盜，其僅完者，不宜以供億重困之，事乃寢。」[202] 其他地區的礦產也是開少廢多。其時章懋任福建僉事，推行「聽民採礦以絕盜」。[203] 這使銀礦對民眾的壓力銳減。

二、租佃矛盾與鄧茂七起義

1. 鄧茂七其人及鄧茂七起義的原因

　　鄧茂七起義是中國歷史上頭一次由租佃關係直接引起的農民起義。它的出現，與城居地主的發展很有關係。這是明代的特殊現象。租佃關係原是農村的階級關係，而城市主要是工商業者的地盤，宋元福建城市的繁榮主要是商品經濟的繁榮，這是毫無疑問的。明初商品經濟的倒退，使工商城市面臨生存的困境，在傳統工商業中獲得利潤的財主們。要考慮資金的再投入對象。由於明初工商業的不景氣，而土地卻是永遠獲利的財產，所以許多工商財主將資金投入農村購地；由於戰亂的影響，許多農村的地主也進入設有圍牆的城市避難。這樣，明初城居地主多，便成為一個普遍的社會現象。例如，正統十四年（1449年）建陽縣民言：「本縣鹽糧市民折鈔，鄉民納米，緣鄉民多耕市民田土，收成還租之餘，僅足食用，鹽糧不能辦納。」[204] 福建是一個多山的地區，山多田少，田散布於城外的鄉村，少則十幾里路，多則幾十里路。在這一背景下，傳統的主佃關係便很難維持了。對傳統的鄉居地主來說，佃戶是其收入的來源。他們在春天將糧種與耕牛出借佃農，秋天收成時折收糧食。佃農遇到不可抗拒的自然災害，他們也要相應減租或是放債。這一種主佃關係形成後，往往會使佃戶對主人形成依附關係，佃戶在農閒時要為主人做活打工。但是，一旦地主遷往城市，這種關係便瓦解了。城居地主對幾十里外的農田經營情況根本一無所知，他們只知道在收成的時候收回自己的定額租。而對農民來說，只要繳納了一定的租額，佃主對他無可奈何。在這一情況下，佃農是較自由的。他們

201　林俊，《見素集》卷十七，〈盧州知府事孟公墓誌銘〉，第 18 頁。

202　郝玉麟等，雍正《福建通志》卷二九，〈名宦・福州府〉，第 35 頁。

203　項篤壽，《今獻備遺》卷二十五，〈章懋〉，文淵閣四庫全書本，第 1 頁。

204　《明英宗實錄》卷一七八，正統十四年五月癸卯，第 9 頁。

可以決定在地裡種什麼莊稼，可以決定種一季還是二季。但是，由於與地主的關係淡化，他們也很難從地主那裡得到資金與救濟。而且，城居地主不像鄉居地主，鄉居地主與農民生活在一起，耳聞目睹農民的生活情況，對農民受災多少有點測隱之心；而城居地主根本做不到。連明代官員也說：「甚矣，貧民之須恤也。夫貧民者，去年一人之食，今年二人之所種也，今年二人之食，明年四人之所種也。何以知之，彼指青苗而求借于富民也，及其秋成，則必倍而償之。夫故日：一人之食，二人之所種也。二人之食，四人之所種也。是以貧民終歲勤勞而與富民營其財利，尚不無饑寒也。富民猶且奴視之，傷哉，貧乎！為民父母者，富民之民皆吾子也。吾不能均齊之。而又縱強以凌弱，是誠何心哉？」[205] 明代官府在回顧農民起義時也不得不承認：「時郡邑長吏受富民賄，縱其多取田租，倍徵債息，小民赴愬無所，茂七因扇怵之為盜，劫其富民盡殺之。復拒捕，殺巡檢及其縣官，遂大肆劫掠，偽稱剗平王。」[206] 可見，鄧茂七在起義後自稱剗平王，便是代表著農民對富戶們的憤怒。永福縣人回顧鄧茂七起義時說：「先時尤溪縣貧民，傭于永邑，永人奴隸遇之。至是率眾侵軼我邑，所過屠戮，邑里為墟。」[207] 還在鄧茂七起義之前，福建主佃之間的矛盾便很激烈了，在佃農看來：田裡的收入有限，為什麼要將農田的收入一半分給那些不管他們死活的城居地主？當他們在赤日炎炎如火燒的日子裡耕田時，當他們在青黃不接的日子裡挨餓的時候，這些上等人又在做什麼？因此，他們對地主階級早已懷著極大的不滿，而鄧茂七起義，便是這一矛盾發展的結果 [208]。

　　關於鄧茂七的來歷，史冊上有各種說法，高岱的《鴻猷錄》與張楷的《監軍紀略》都說鄧茂七是江西建昌人，本名鄧雲，因殺人逃亡福建寧化縣，後於寧化起義。張楷是朝廷派來鎮壓鄧茂七起義的京軍統帥，對鄧茂七應當是瞭解的，所以谷應泰的《明史紀史本末》及近人著作多用張楷說。但是，這裡有兩個錯誤：其一，鄧茂七起義最早發生於沙縣，這可求證於方志與《明史》；其二，鄧茂七其實不是江西人。關於這一點，《福建史

205　黃裳等，永樂《政和縣志》卷二，〈恤貧〉，清抄本膠捲，頁碼不明。
206　《明英宗實錄》卷一七五，正統十四年二月丁巳，第 2 頁。
207　俞荔等，乾隆《永福縣志》卷十，〈大事志〉，乾隆刊本。
208　參見：傅衣凌，〈明清農村社會經濟〉，《明清時代福建佃農風潮考證》，三聯書店 1961 年，第 154 — 189 頁。

稿》的作者朱維幹先生有過辨析。他的理由有二：首先，鄧茂七的家鄉在沙縣夏茂，此地有許多姓鄧的人，鄧氏家族並不諱言鄧茂七是當地人；其次，據《明史》、《閩書》記載，鄧茂七起義是從沙縣開始的，而不是在寧化。我們認為朱維幹先生的考證是有道理的，首先，起義的核心一直是在沙縣與尤溪一帶。鄧茂七起義後，駐於南平縣的王臺鎮稱王，王臺，又稱越王臺，相傳此處原為漢代閩越王的行宮，鄧茂七據此稱王，有模仿古人之意，但這是閩人的觀念。其次，鄧茂七的家族都捲入了起義，例如，他的弟弟鄧茂八，他的姪兒鄧伯孫，都出現於朝廷的史冊中。如果鄧茂七是江西人，他逃難來閩，應是單身漢，不可能那麼多鄧氏家族的人都參與起義。再次，《延平府志》記載鄧茂七起義爆發的核心地區是沙縣、尤溪兩縣，說鄧茂七為沙縣人[209]。這是可信的。「沙民有鄧茂七者，及弟茂八，時編為二十四都總甲」[210]。

此外，關於鄧茂七的身分也有多種說法，《龍巖縣志》說：「沙尤之俗信鬼，茂七者，沙縣之輿皂也。因以左道惑眾，愚民從之者數十萬人。偽稱羅平王。」[211] 這條材料有二點是與其他材料不同的。其一，它認為鄧茂七是沙縣吏員；其二，鄧茂七組織了某種祕密宗教。就第一點而言，鄧茂七起義是從鄉村發起的，它的領導者應是農民而不是縣城的吏員，所以，謂鄧茂七為縣衙門輿皂的說法可能是誤傳。至於鄧茂七是否是某種祕密宗教的組織者，值得考慮。福建歷來是祕密宗教傳播的區域，而鄧茂七起義後，發展極為迅速，數月之間，席捲全省，如果不是宗教的作用，一般是不可能的。但是，這方面還需要更多的史料證明。

2. 鄧茂七起義的發生

正統年間（1436 — 1449 年），以葉宗留為首的礦盜橫行於閩北。為了抵禦「強盜」，巡閩御史柳華下令福建「諸郡縣嚴守城郭，鄉巷里門創柵立隘，重疊合邏為複屋，各置金鼓，鉤刀凶器具有。村落無大小各立望高樓，小者立其中間，大者立於四維。鄉民各設總小甲統率之，夜則番直

209　鄭慶雲等，嘉靖《延平府志》卷二三，〈拾遺〉，第 14 頁。
210　孔自洙等，順治《延平府志》，卷三，〈經政志〉，順治十七年刊本，第 42 頁。
211　湯相，嘉靖《龍巖縣志》卷下，〈外志〉，第 92 頁。

鳴鼓擊柝，以備不虞，不從者聽總小甲懲治」[212]。這樣，總小甲便成為在民間很有權力的要職。後人記述：柳華允許總小甲掌管鄉民，「況所編總小甲，率多強梗狡猾之徒。往往別生枝節，以侵奪於民。沙有鄧茂七時編為總甲，鄉例佃人田者，歲還穀外有雞鴨饋田主，曰冬牲，茂七倡革之。又倡議其合還租穀令田主自備腳力擔回。田主不堪，訴於縣」[213]。縣官欲審鄧茂七，而鄧茂七不予理睬，縣官便令巡檢司派人去逮茂七。茂七拒捕，殺死幾名官兵。縣官又增派 300 名官軍下鄉剿捕。茂七率鄉民設伏，將這批官軍殺傷殆盡。於是，鄧茂七一不做，二不休，於正統十三年（1448 年）二月，「刑白馬，歃血誓眾，興兵反。他縣游民皆舉金鼓器械應之，烏合至十餘萬人」[214]。如詩人所詠：「閩南初置千夫長，鄧賊乘機潛聚黨。一朝變起沙尤間，山谷群蠻應如響。竹槍紙甲銳且堅，白晝橫行爭擾攘。」[215]鄧茂七自稱「剗平王，偽設官屬」[216]，一說鄧茂七自稱「閩王」[217]，一時震動明朝廷。

在鄧茂七起義之前，福建全省恰似布滿乾柴等易燃物的地方，一旦有星星之火，便有燎原之勢，《寧德縣志》記載：「本朝正統十四年七月，沙寇鄧茂七叛，賊黨四起，流劫鄉村，侵掠城郭。人民子女被驅擄、遭殺傷者眾，官民外竄。」[218] 建安縣「正統間，沙尤盜起，民避而奔山。遂相攘略。」[219] 起義的中心在沙縣、尤溪兩縣，由於受迫害的福建農民紛紛起兵響應，起義像波浪一樣向四方各州縣擴展。並與礦工首領葉宗留、蔣福成相互呼應，造成全閩震動之勢。

在福建東部，《永福縣志》記載：「正統十三年，鄧茂七煽亂沙縣，其黨東擊永福，所過無少長盡屠之。邑遂殘破。景泰二年，戶僅一千二百一十八，口亦止於三千三百七十三。」[220]（按，永福之所以遭受

212　何喬遠，《閩書》卷一四九，〈崔葦志〉，第 4425 頁。
213　鄧一燝，崇禎《尤溪縣志》卷四，〈典禮志・災祥〉，第 601 頁。
214　黃瑜，《雙槐歲抄》卷六，轉引自謝國楨編，《明代農民起義史料選編》，第 12 頁。
215　吳寬，《家藏集》卷九，〈題汀州忠愛祠〉，文淵閣四庫全書本，第 14 頁。
216　何喬遠，《閩書》卷一四九，〈崔葦志〉，第 4426 頁。
217　李賢，《古穰集》卷十，〈武靖陳公神道碑銘〉，文淵閣四庫全書本，第 8 頁。
218　舒應元，萬曆《寧德縣志》卷一，〈災祥〉，明刊本膠捲，第 36 頁。
219　崔銑，《洹詞》卷七，〈巘叟先生李公墓表〉，第 3 頁。
220　唐學仁等，萬曆《永福縣志》卷一，〈土田〉，北京圖書館藏清抄本，頁碼不明。

這麼大的破壞，是因為當地佃戶多為尤溪縣人，他們受壓迫之久，反抗也非常激烈，破壞性也大）。「余珍，正統間知閩清。沙尤寇犯境，珍率民兵禦卻之，民頌其功。」[221] 又如古田的方志所述：「正統戊辰、己巳間，沙尤寇鄧茂七為亂，邑無所禦，士女以長途阻水，舟楫雖通，不能奔省府。唯竄伏巖嶹之塢，墟墓之穴，勿恤豺虎蛇虺也。稚弱號啼，輒棄去，或壅其口而絕。賊至居縣庭，分徒大掠，民廬焚燔殆盡。」[222] 據載，鄧茂七的部下攻下永福、古田、閩清、羅源諸縣，並在連江、長樂境內活動[223]，官府大驚，「福郡城中起編戶守城，盛為之備。村落居民皆扶老攜幼入城，日以千計，號啼載道」[224]。

在福建西部，鄧茂七的主力一部由寧化入閩西，攻下閩贛交界處的杉關，然後順流而下，攻克建寧、光澤、邵武、順昌諸縣，據《明一統志》的記載，建寧縣因「沙寇犯境，民多被脅從」[225]。可見，有大量的農民加入了義軍。正統十四年（1449 年）春，閩西義軍在陳政景的率領下進入汀州境內，攻克清流，圍攻汀州府城四旬，不幸失利，陳政景被俘送京師。但其餘部四處游擊，一部分進攻寧化縣，被汀州官軍所敗[226]，另一部分進入江西境內，攻下瑞金縣城，大鬧寧都、石城、廣昌，正統十四年二月，江西巡撫胡淵等奏：「福建流賊轉劫贛州府寧都縣，搶擄人畜，遠近動搖。以致吉安府泰和縣居民亦仿效，聚眾強劫人財。」[227] 可見，鄧茂七起義影響到江西省。

在福建南部，鄧茂七之眾直指龍巖，「巖民有為之響導者，遂大求賄於巖，且令協眾，不爾，且屠邑。邑人騷動，時王源、劉口謀薄賄，以緩其鋒，而急求救於郡。茂七怒，遣賊將楊福、姜京五以數萬眾壓巖。時府衛官兵亦至，遂迎戰于鐵石洋，我師敗績。福等乘勝追至巖山之陽，官民

221 郝玉麟等，雍正《福建通志》卷二九，〈名宦·福州府〉，第 34 頁。
222 楊德周，崇禎《玉田志略》卷二，〈紀事〉，福建省圖書館藏抄本，第 16 頁。
223 陳壽祺等，道光《福建通志》卷二六七，〈明外紀〉，第 3—4 頁。
224 葉溥等，正德《福州府志》卷三九，〈雜誌〉，明刊本膠捲，第 18 頁。
225 李賢等，《明一統志》卷七八，〈傅恭傳〉，第 11 頁。
226 陳政景，在福建方志中又作「陳景正」。吳文度等，弘治《汀州府志》卷末，〈附錄〉，明刊本，第 7 頁。
227 《明英宗實錄》卷一七五，正統十四年二月己卯，第 13 頁。

死者甚眾。賊遂入城，官民居儲焚掠殆盡」[228]。這是明朝官府的記載。其後，楊福率義軍連下漳浦、南靖、長泰，又圍攻漳州府城，當時漳州大部已落入義軍手裡，城內官兵人心惶惶，幾有崩潰之勢。但明朝沿海衛所的大將顧斌及時率精銳部隊趕到，經過一番苦戰，擊敗了義軍。然而，義軍餘部圍攻南詔鎮（今詔安）八個月，直到外省官軍趕來後才潰敗[229]。

在福建的東南部，鄧茂七派出的大將陳敬德「由德化寇永春，永春民郭榮六擊破之。餘賊吳都總等分寇諸縣，遠近望風降附，將攻郡城（泉州），郡守熊尚初請調衛軍，未下，自提民兵與晉江簿史孟常、陰陽正術楊仕洪拒于城南古陵坡，被執，皆死之」[230]。農民軍分兵抄掠泉州的惠安、安溪、同安、永春等縣，泉南大震[231]。

在福建的北部，早有葉宗留的礦軍在活動，其著名領袖，除了葉宗留之外，尚有陳鑑胡等人。葉宗留的事蹟如前所述。而陳鑑胡，也是礦軍中十分剽悍的一部。史冊記載，他曾去見鄧茂七：「及鄧茂七稱剗平王，鑑胡集陳唐其等四百餘人，俱以紅帕首往附之。散掠福建、浙江、江西諸縣境，都指揮吳剛死于建陽書坊，都督陳榮死于鉛山祝公橋，知縣鄧顯死于永豐，指揮龔禮死于遂昌，皆其所殺。徒黨至二千餘，于是，自稱大王，國號太平，建元泰定，立統兵元帥、都指揮諸官名，編成什伍，攻圍處州。」[232]從各方面記載來看，閩北七縣裡，建陽、浦城、松溪、政和都在義軍控制之中，而建安縣與甌寧縣的義軍也很活躍。正統十三年（1448 年）十二月庚午，鄧茂七一部二千餘人，「逼城結寨」，圍攻建寧府城，但被知府張瑛擊敗[233]。

雙方戰鬥最為激烈的是福建中部的延平府。鄧茂七正式起兵後，八閩震動，其時，朝廷派出的御史丁宣與福建最高級長官都雲集延平城，他們派出「鄧洪等統官軍兩千討賊」，結果全軍覆沒，義軍占領沙縣。用武力

228　湯相等，嘉靖《龍巖縣志》卷下，〈外志〉，第 92 頁。

229　黃仲昭等，弘治《八閩通誌》卷三八，〈顧斌傳〉，第 809 頁；陳壽祺等，道光《福建通志》卷二六七，〈明外紀〉，第 7 — 8 頁。

230　陽思謙等，萬曆《泉州府志》卷二四，第 32 — 33 頁。

231　陳壽祺等，道光《福建通志》卷二六七，〈明外紀〉，第 6 — 7 頁。

232　《明英宗實錄》卷一八五，正統十四年十一月乙未，第 16 頁。

233　《明英宗實錄》卷一七三，正統十三年十二月庚午，第 3 頁。

不行，丁宣又試圖招安鄧茂七，他下令義軍解散免死。但鄧茂七豪邁地說道：「吾豈畏死求免者！吾取延平，據建寧，塞二關，傳檄南下，八閩誰敢窺焉！」[234] 其後，明軍又派出都司能張指揮率官軍四千餘人進剿。鄧茂七在雙溪口設伏，待明軍大部隊過去後，率二三十名勇士出擊，義軍以木柵攔住隘口，使官軍的前後失去聯繫，並將其後衛部隊及指揮官全部殲滅。隨即，鄧茂七部登上道路兩傍的山上大呼，官軍驚慌失措，全部潰散[235]。鄧茂七大獲全勝。正統十三年（1448 年）八月，鄧茂七乘勝圍攻延平府城，大敗延平府官軍。延平府城即今南平市，是東南有名的山城，她坐山面水，城牆高厚，僅有東西兩個山口與外部聯繫，易守難攻，自古有「銅延平」之稱。鄧茂七駐兵於南平郊區的王臺鎮，指揮義軍多次攻打延平府城，與官軍有勝有負。九月，鄧茂七餘部攻將樂縣城，「圍城周歷凡七重，十月一日，造呂公車成，與南門大樓齊高，中疊四層，藏賊百數」，猛攻將樂縣城，失利潰退[236]。正統十四年（1449 年）正月，鄧茂七部下大將林宗政在南平城外山道中伏，被延平府官軍所敗。當時延平府五縣除了延平府城與將樂縣之外，都在鄧茂七的控制之下。

綜上所述，在鄧茂七起義後的一二年內，福建境內有 20 個縣被義軍攻克，延平、建寧、邵武、汀州、泉州、漳州等六個府州被義軍圍攻，其中邵武被攻克。官方感歎：「福建所屬州縣，除光澤、莆田、閩縣、長樂、福清、惠安六縣外，餘皆被賊劫掠罷敝。」[237] 在福建歷史上還從來沒有過這麼大規模的農民起義，其發展之迅猛，參加群眾之多，也是福建歷史上罕見的。

三、京軍入閩與鄧茂七的失敗

大規模的農民起義震撼了明朝廷。當時的福建衛所軍極為腐朽，福建左布政使宋彰承認：「所屬愚民嘯聚作耗，都指揮、千百戶等官率兵剿捕，

234　谷應泰《明史紀事本末》卷三一，〈平浙閩盜〉，第 462 頁。
235　陳壽祺《福建通志》卷二六七，〈明外紀〉，第 3 — 4 頁。
236　李敏，弘治《將樂縣志》卷十國四，〈拾遺〉，天一閣館藏明代方志選刊續編，第 37 冊，第 3 頁。
237　《明英宗實錄》卷一八七，景泰元年春正月戊子，第 6 頁。

每戰輒北者，蓋由平昔不能記誦武經，操習武藝。」[238] 在福建衛所軍隊屢戰屢敗的背景下，朝廷開始調集外省軍隊，正統十三年八月，朝廷命都察院右僉都御史張楷率南京官軍到福建作戰；十月，朝廷又派出裝備火器的京軍二萬前來福建鎮壓；增援張楷部官軍軍隊 27000 人 [239]，並由寧陽侯陳懋為其統帥。十一月，明軍前部張楷大軍來到江西的廣信府，這裡與福建交界，而葉宗留部活動於閩贛交界處，擋住了張楷的前進之路。張楷派指揮戴禮率 500 人為先鋒，都督陳榮率兵 2000 繼進。在黃柏鋪，戴禮與葉宗留部相遇，一場大戰，死傷過半，葉宗留中流矢而死，葉部退往深山，擁葉宗留之姪為主；而戴禮得到陳榮的支援，繼續前進，在玉山縣十二都中伏，被葉希八的礦兵擊敗，戴禮與陳榮皆戰死山中。葉希八獲勝後，掠浦城，退往浙江，擁眾數萬人，屯兵雲和、麗水一帶，浙江其他的礦兵首領陶得二、陳鑑胡皆附於葉希八。張楷聞知葉部退兵，方從江西小路進入浦城。此時，江西方面的官軍已打通通往分水關的入閩大道，並在建陽擊敗鄧茂七部義軍，二路官軍會師於建寧府城。建寧府距延平僅有百餘里路，這樣，駐紮延平的明軍擺脫了四面被圍的危機。

時至正統十四年二月，延平府之外的各地義軍大都失利，鄧茂七的部下也發生分化，張綵孫、羅汝先叛投官軍，並為其誘惑鄧茂七再次攻打延平府城。福建山區的消息閉塞，鄧茂七部並不知道外省官軍已由北部通道進入延平，於是，他率領 4000 義軍出擊。官府以屢戰屢敗的延平衛的官軍迎戰，而以外省軍隊設伏。乘義軍半渡之際以火器猛攻，鄧茂七中流矢而死。義軍退回沙縣後，集結於陳山寨一帶，擁鄧茂七之姪鄧伯孫為主，在沙縣與尤溪一帶仍有很強的勢力 [240]。三月，尤溪義軍鄭永祖部 4000 人再次進攻延平，失利 [241]。四月，北來的官軍在古田水口擊敗義軍所部千餘人，舟 200 艘，打通了延平府與福州府的聯繫。

在寧陽侯陳懋主持下，明朝廷對參加叛亂的義軍採取招撫與鎮壓兩手並行的策略。「明年春，師次建寧，有欲屠沙尤二縣者。公曰：『如此則

238　《明英宗實錄》卷一七七，正統十四年夏四月辛未，第 9 頁。
239　《明英宗實錄》卷一七一，正統十三年十月辛巳，第 7 頁。
240　谷應泰，《明史紀事本末》卷三一，〈平浙閩盜〉，第 465 頁。
241　《明英宗實錄》卷一七六，正統十四年三月辛巳，第 1 頁。

益堅賊心矣。」[242] 尤溪縣起義民眾失去首領後，有解體之勢，明官軍千戶龔遂榮乘機招撫萬餘人。鄧茂七部下有大將張留孫，剽悍善戰，所向無敵，鄧茂七死後，他仍為鄧伯孫部下，是起義軍的中堅力量。龔遂榮使反間計，故作答允張留孫投降書，而誤投於鄧伯孫寨。鄧伯孫見信，果真以為張留孫叛變，竟將張留孫殺害。於是，起義軍內部相互猜疑，人心瓦解。正統十四年五月，官軍乘機攻打陳山寨等要地，「擒獲賊首鄧茂七家屬并偽都督黃宗富等一百五十五人」，鄧伯孫等人也被俘虜[243]。在這一形勢下，朝廷更以寬大的政策招撫起義的民眾。正統十四年六月初八，朝廷專為福建起義的農民頒詔：「其脅從為盜人等畏避罪犯，逃散山林，或奔遁海澳，及遞年結聚出沒為盜，勢不能散者，不分首從輕重，悉赦前罪。詔書到日，各安生業。所司照例加意優恤，仍免糧差三年，凡遞年但係拖欠公私債負，悉皆蠲免。」[244] 在這一背景下，起義農民軍大多解體。另一種說法是：鄧茂七在順昌被俘。「己巳六月，神機之兵扼順昌，俘茂七以獻，沙寇平。」[245]

但是，起義軍的餘波所及，各地仍有不少反抗鬥爭。就在朝廷頒布詔書的六月，已提升為右參政的前建寧府知府張瑛在鎮壓農民軍的戰鬥中被殺。景泰元年（1450 年）正月，「福安等縣賊首陳嚴四等集徒千餘，豎立旗號，偽稱大王，劫掠鄉村，燒燬房屋」[246]。正月癸巳，「沙縣流賊二千餘突入清流縣，殺死民人，燒燬房屋」[247]。景泰元年閏正月丁未「福建賊首羅丕於沙、尤諸縣肆殺掠」[248]。為了鎮壓義軍，「寧陽侯官軍駐郡城中，分處居民，率一家供二軍月餘，剿其餘黨，福建始平」[249]。實際上，直到景泰五年（1454 年）十月，在朝中執政的于謙還說：「福建、浙江正統年間，賊首鄧茂七、葉宗留等作耗，殺害生靈，不可勝計。其後賊首雖已就

242　李賢，《古穰集》卷十，〈武靖陳公神道碑銘〉，文淵閣四庫全書本，第 8 頁。

243　《明英宗實錄》卷一七八，正統十四年五月丙戌，第 2 頁。

244　《明英宗實錄》卷一七九，正統十四年六月己巳，第 11 頁。

245　林俊，《見素集》卷十七，〈廬州知府事孟公墓誌銘〉，第 18 頁。

246　《明英宗實錄》卷一八七，景泰元年正月，第 3 頁。

247　《明英宗實錄》卷一八七，景泰元年正月癸巳，第 10 頁。

248　《明英宗實錄》卷一八八，景泰元年閏正月丁未，第 4 頁。

249　葉溥等，正德《福州府志》卷三九，〈雜誌〉，第 19 頁。

擒，而餘黨竄伏山林者尚多。」[250] 可見鄧茂七起義影響之深遠。其時汀州一帶的官軍濫殺平民，引起更激烈的鬥爭。如吳寬所詠：「賊徒失計漸誅夷，流血成川歸洗蕩。守帥何曾論脅從，刻日搜山當不爽。軍門有令誰敢違，汀州推官獨稱枉。……紛紛總作邀功計，道路所獲皆牽連。下車解縛焚簿籍，似此活人知幾千。」[251] 其後，汀州反抗運動連續多年，應當也是鄧茂七起義的影響吧。

明代中葉，全國各地都爆發了多次大規模的起義，如廣東的黃蕭養起義，荊襄流民起義，以及橫貫中原的劉六、劉七起義。鄧茂七起義與葉宗留起義，與以上起義並列，它的發生，反映了明代中葉的統治危機。面對危機，明官府進行了多項政策調整，大致維持了主要經濟區的安定，因此，當時民眾的生活尚可維持。

第五節　明代前期福建小農的生活

福建是水稻種植區，糧食產量較高。但因多山的緣故，福建農田分布於山地各處，總面積不大。小農分居各個鄉村，在節衣縮食的前提下，他們可以過著「食山而足」的穩定生活。

一、明代福建農民的生活

福建是東南諸省中平地最少的省分，如古人所說，「山林居其九，田畝但一分耳」[252]。人口壓力迫使民眾儘量地開發可耕地，「山非沙石，自麓至巔，盡耕治為隴畝」[253]。儘管這樣，由於地理條件的限制，福建省可耕地不多。明初在全國進行了較詳細的田地登記，洪武二十六年（1393年），福建納稅田地為 1462.6 萬畝。據官方的統計數字，北宋時福建已有 1109 萬畝田地，經過 300 多年的開發，福建田地數僅增加了 350 萬多畝，這充分說明山地限制了福建田地的開發。而與此同時，福建人口大有增長，

250　《明英宗實錄》卷二四六，景泰五年十月庚辰，第 1 頁。

251　吳寬，《家藏集》卷九，〈題汀州忠愛祠〉，文淵閣四庫全書本，第 14 頁。

252　蘇民望、肖時中纂，萬曆《永安縣志》卷三，〈建置志・疆域〉。書目文獻出版社，1990 年影印本，第 20 頁。

253　張萱，《西園聞見錄》職方典卷六二，〈福建〉，上海古籍社 2000 年，續修四庫全書影印，民國二十八年燕京學社刊本，第 21 頁。

從北宋時的 204 萬人增加到 391.7 萬人，其增長幅度超過田地，明初平均
每戶 18 畝、每人 3.73 畝，和北宋時福建每人 5 畝多田地相比，人均占地
量下降了一畝多。和國內其他省相比，福建人多地少的情況更為突出，例
如明代的湖廣省（含今天的湖南省、湖北省）人均 47 畝地，人均占地要比
福建多 11 倍。這表明福建發展糧食生產的條件是遠遠不如外省的。

福建山區降水豐富，許多山環水抱的小平原是糧食基地。如永春，「山
無頑石，地盡沃壤，多山林、陂池、囿苑之利，土田膏腴，水泉灌流，率
一斗而收六七石。故其民多得飽」[254]。浦城擁有最多的這類田地。《浦城
縣志》說：「浦當南北之衝，土地綿亙，多阡陌、山林、澤藪之利，視他
邑為饒。」[255] 大致說來，浦城雖然位於山區，實際上境內地勢較為平緩，
可耕地較多。又如邵武府雖然位於山區，但是，「其土夷曠」，該府的邵武、
泰寧、建寧、光澤四縣都是產糧地。[256] 與它相似的還有建寧府的建陽、建安、
崇安、甌寧等縣，建寧府八縣中，除了壽寧、松溪、政和三縣外，其餘五
縣都有較多的田地，所以，歷來閩北成為福建的糧倉，福州民間有「食不
盡浦城米」之說，即是這一情況的反映。

只要有地耕種，農民的生活較為穩定。不過，他們也要注意節約。邵
武同知陸勉於弘治年間任職邵武，他的〈諭俗辭〉：「邵武人，聽我囑……
山場多，土產薄，女織麻，男種粟；儉些用，積些穀，當煮飯，只煮粥，
寧吃菜，莫吃肉；粗器皿，布衣服；日積升，月積斛，多置田，少起屋；
養魚苗，餵豬畜，有功夫，書盡讀。」[257] 可見，當時邵武民眾的生活，大
略是粗茶淡飯，食肉是很難得的。但這首詩也透露了當地農民自給自足的
生活，他們男耕女織，自己養魚餵豬，經營得好，可以積錢買田蓋屋。我
在閩北農村時，瞭解到當地農民一生三件大事：結婚、蓋房、購置墳墓。
做成這三件大事，需要穩定的生活和終身努力。從總體而言，他們的生活
是過得去的。有一些邊遠地區的農民生活較差，吃不飽、穿不暖。如政和
縣的西南部二里，「地在山巔之上，東水流東，西水流西，地高田瘠，又

254　林希元，嘉靖《永春縣志》卷一，〈物產〉，頁碼不明。
255　黎民範等，萬曆《浦城縣志》卷十一，〈賦稅〉，明刊本膠捲，第 3 頁。
256　黃仲昭，弘治《八閩通誌》卷二，〈地理志·形勝〉，第 37 頁。
257　引自，刑址等，嘉靖《邵武府志》卷二，〈地理·風俗〉，第 46 頁。

居政和之下下，不宜雜植。止有小禾一種，且沙礫靠天，不能常稔，是以其貧極」[258]。「其田甚少，土甚瘠，獲甚薄，民甚窮。雨暘時若，則中戶僅裕一年之食，下戶猶待貿易以足之。不幸荒歉之臻，則上戶之粟，或有倉箱之積者，非十倍其常價不出也。是以富民遇荒歉則益富，貧民遇荒歉不免於死亡矣」[259]。山區民眾之困窮，由此可見。

二、鄧茂七起義後租佃制的變革

明代的農民起義一直是政府未能妥善解決的問題。從明代中期到明代晚期，福建的西南山區長期處在不安定之中。尤其是在閩贛粵三省邊界，鄧茂七的影響持久不衰，佃農與平民的起義屢屢發生，例如大田：

> 縣以東，地廣而民少，縣以西，地狹而民稠，值歲歉，西民則攜妻子而東客尤地（即尤溪縣），賃田屋，不土著，故輕為亂。捕至亡命，無可詰。[260]

> 盜之出沒，必有窩主，而其劫掠，必有熟識勾引之人，近年有等無賴窩居此邑者，類多奸細，聚劫則托故而他往。收捕則亡命於故鄉。向使吾民不賃之田舍而給之衣食，彼亦安能一朝之居耶？[261]

可見，佃農依然是農民起義的積極參與者，而由於租佃關係引發的起義，屢屢發生，例如：「天順六年（1462年），上杭溪南賊反。……先是，溪南人李宗政憤嫉邑之富豪侵略，有司弗禁，乃招誘流亡聚眾攻破縣治，縱兵劫掠。監軍暨三司官駐兵汀州，恃城自保不敢進。」後來，官府採取招安為主的策略，「賊聞而降者數萬人。」巡按御史伍驥「督將士逼賊巢而營，賊悉力來拒，驥命都指揮使丁泉領奇兵出賊巢後，焚其寨……伏發，力戰死之。丁雖亡，賊亦創甚。驥督戰益急，宗政等皆就擒。遂平賊」[262]。這一次大規模的閩西農民起義的發生，上距鄧茂七起義失敗僅13年。如傅衣凌先生《明清農村社會經濟》一書所揭示，明代福建因租佃矛盾發生的

258　車鳴時，萬曆《政和縣志》卷八，〈詞翰志〉，第6頁。

259　黃裳，永樂《政和縣志》卷二，〈救荒〉，第13頁。

260　劉維棟，萬曆《大田縣志》卷四，〈土風〉，明萬曆三十九刊本膠捲，第19頁。

261　劉維棟，萬曆《大田縣志》卷三十，〈雜物志〉，第48頁。

262　吳文度等，弘治《汀州府志》卷末，〈附錄〉，明刊本膠捲，第7—8頁。

鬥爭是非常普遍的。我認為：這類鬥爭最終導致佃農擁有較大的田地經營權。在鄧茂七、葉宗留起義中，閩中的地主受打擊很大，例如：「永樂中，建安有巉嵷先生李公，名埜，字士林、莊毅。質信之行，鄉人式之。慎保儉遜之訓，子弟服之。正統間，沙尤盜起，民避而奔山。遂相攘略。惡少聚謀，將犯高山。公居鄉境，往叱之，曰：『汝欲得米，何乃蹈死！』指困示振，諭以典憲，惡少散去。又請諸有司撫而平之。有盜竊其廩，公止左右勿追，豪儈嗾其奴殺公之驢，乃饋以驢肩。貧者負息不責，得陶人昧罊直數萬，不與爭。疾革，語其子，勿作佛事，第焚逋券。於乎，豈孔氏所謂造次顛沛，必於是者乎。」[263] 這位李埜紳士，原來是很富有的。但在大亂之中，他的糧倉「捐給」暴動的民眾，某位欠其「數萬」的製陶商人也不付帳了，他不敢討要。實際上，他應是處於破產邊緣了。在大亂中被殺的紳士更是不可勝數。漳州的林京，為參政林瑜之子，在龍巖家中。鄧茂七農民軍殺至龍巖時，他先是想法守龍巖城，「力不能敵，偕其子綏間道走郡城請援。」後被農民軍截獲，被殺。與其同時死於鄧茂七之亂的，還有王玄弼、莊伯和、唐孟元等人。[264] 其他地方也是如此。又如同安人葉秉乾：「慷慨尚義，正統辛酉歲饑，出稻二千石入官，儲以賑貧民。歲己巳，沙尤寇發，延及諸邑。秉乾倡義，率民兵屢戰不利，被擒。」[265]、「戊辰，鄧茂七寇沙尤，蹂閩之下上，屠戮如割草菅。」[266] 明中葉何喬新說：「八閩自沙尤之變以來，民桀驁，下凌上，賤犯貴，相師成風。」[267] 這也就是說，鄧茂七起義之後，明代的租佃關係發生變化，不是地主欺侮佃農，而是佃農欺侮地主了。在這一背景下，福建多數地方大土地制難以發展，而佃農的土地經營權越來越大。他們擁有這一權力之後，便有權決定在地裡種什麼莊稼，可以決定種一季還是二季，由於佃農在福建農民中所占比例較大，佃農獲得經營權，從而加強了明中葉小商品生產發展的基礎。

　　鄧茂七起義另一個影響是：西南山區的動亂長期延續。即使在李宗政

263　崔銑，《洹詞》卷七，〈巉嵷先生李公墓表〉，文淵閣四庫全書本，第 2—3 頁。

264　過庭訓，《明分省人物考》卷七五，〈福建漳州府〉，第 6 頁。周駿富輯，《明代傳記叢刊》第 137 冊。明文書局影印本，第 17 頁。

265　過庭訓，《明分省人物考》卷七一，〈福建福州府〉，第 6 頁。周駿富輯，《明代傳記叢刊》第 136 冊。明文書局影印本，第 555 頁。

266　林俊《見素集》卷十七，〈廬州知府事孟公墓誌銘〉，文淵閣四庫全書本，第 18 頁。

267　何喬新，《椒邱文集》卷十六，〈寄彭學士彥實〉，文淵閣四庫全書本，第 30 頁。

起義失敗後，閩西與漳州山區仍然是朝廷頭痛的地方，當地的民風強悍，漳平縣人崇尚武藝，「諸鄉各隔越山谷，人以自衛，故有習武藝者，如小都，鈀手、鉤刀手是出其鄉，世傳足以出奇行陣；長安萍湖第二宅，棍手、槍手，亦擅一鄉驍壯；方家山善射，則傜人之餘技，華寮蛇窟之善弩，則鬥虎口以奪食，皆其鄉落相沿之術」[268]。這些山民的生活極為貧困，因此，他們很容易接受造反的鼓動。自鄧茂七起義之後，福建西南山區一直是動亂之源，「山有大帽者，跨贛、潮、汀、漳之域，綿亙數百里。……秋冬，往往剽掠村落，其至市鎮近城之地，間有乘虛而入者，蓋其負固恃險，乍出乍沒，馳之則狷獪，捕之則逃匿，終莫得而殲滅者，其勢然也」[269]。明朝對這些山寇大多是無可奈何，成化二十三年（1487年）十二月癸酉，巡撫副都御史李昂言：「贛州界福建、廣東、湖廣之間，流劫之賊，動以千計，雲合鳥散，去來無常。將殄之以威，則道路崎險，不便用武；將守之以兵，則士苦暴露，飛挽為難。」[270] 連延福建、廣東、江西山區的山寇，有時會發展為相當規模的農民起義，可見以下記載：

> 天順八年三月，廣東境內的楊四、謝塗等人，「累年糾合福建上杭、江西安遠等處賊，流劫福建之上杭、武平，廣東之長樂、興寧、龍川等縣境。」[271]

> 成化十四年，上杭縣溪南賊首鍾三等哨聚，劫掠鄉邑，為三省害。

> 成化二十三年，上杭賊首劉昂、溫留生糾武平所千戶劉鐸，佃人丘隆等數千人，分頭遍寇鄰境，攻掠江西石城、廣昌、信豐，廣東揭陽等縣，殺官劫庫。[272]

> 弘治四年九月，「福建漳州府強賊溫文進，聚徒三百餘人，攻劫漳平縣治，開獄放囚，燒毀民居，復流劫安溪縣，聚眾至三千」[273]。

268　曾汝檀，嘉靖《漳平縣志》卷九，〈武備〉，漳平圖書館1985年重刊本，第4—5頁。
269　李旦，〈安東樓記〉，引自，杜士晉等，康熙《連城縣志》卷八，北京，方志出版社1997年，第209頁。
270　張輔監修，《明孝宗實錄》卷八，臺北，中研院歷史語言所影印本，成化二十三年十二月癸酉，第4頁。
271　張輔監修，《明憲宗實錄》卷三，天順八年三月戊午，第8頁。
272　吳文度等，弘治《汀州府志》卷末，〈附錄〉，第9—12頁。
273　張輔監修，《明孝宗實錄》卷五五，第4頁。

《福建通志》記載：

> 弘治四年，漳平盜溫文進寇安溪，陷縣治。副使司馬垔討平之。[274]

> 弘治八年，上杭來蘇里賊首劉廷用、張敏、陳家壽等聚眾攻掠鄰縣……招集廣東流賊千餘人，攻瑞金，劫掠會昌、寧都，荼毒富豪，轉掠廣東程鄉等縣。[275]

> 正德二年，程鄉賊李四子等作亂，七年，三省官兵會剿，平之。[276]

> （正德）八年，蘆溪賊反。南贛汀漳軍門王守仁合二省兵討平之。[277]

> 正德十二年，岩前寇劉隆等作亂，都御史王守仁平之。守仁駐上杭，遣老人劉本義等往各地方曉以禍福，許其自新，於是，劉隆等歸義納降，餘黨悉解。[278]

> 正德十二年六月，「福建南靖等處賊詹師富等，據險流劫，眾且萬人」。[279]

在上述事例中，汀州、漳州山民的強悍給人留下了深刻的印象。林俊的〈平寇記〉寫道：「漳泉介潮、贛、汀、延，林箐綿密，民生喪不識吏，盜藪也。」[280] 這段文字表明朝廷對於山區民眾屢屢反抗的認識是：這些山民從未與官吏打交道，所以不知什麼是法律，在這一背景下，明朝為了加強對山區的統治，陸續增建了一些山區縣，如鄧茂七起義之後的景泰二年十月辛卯，「以福建沙縣地廣民稠，設永安縣于沙縣浮流」。景泰六年八月戊辰，又設立壽寧縣，成化六年七月丁酉，開設福建漳平縣，成化七年設歸化縣，成化十四年十二月設永定縣[281]，縣城是明朝廷的觸角，明朝廷靠這些新設的縣城瞭解山區各種勢力的分布情況，並採取有針對性的措施，因此，這些新縣設立後，大多能收到鞏固治安的效果。如漳平縣，「設縣

274　郝玉麟等，雍正《福建通志》卷六五，〈泉州府‧祥異志〉，第 33 頁。
275　吳文度等，弘治《汀州府志》卷末，〈附錄〉，第 9 — 12 頁。
276　唐世涵等，崇禎《汀州府志》卷二四，〈雚符志〉，明刊本膠捲，第 9 頁。
277　郝玉麟等，雍正《福建通志》卷六五，〈漳州府‧祥異志〉，第 45 頁。
278　唐世涵等，崇禎《汀州府志》卷二四，〈雚符志〉，明刊本膠捲，第 9 頁。
279　徐光祚監修，《明武宗實錄》卷一五〇，臺北，中研院歷史語言所影印本，第 2 頁。
280　林俊，〈平寇記〉，朱安期等，萬曆《永春縣志》卷九，明刊本膠捲，頁碼不明。
281　李國祥等編纂，《明實錄類纂‧福建臺灣卷》第 35、36、38、39 頁。

之初，民皆樸野，其梗化者哄然，不知法而已，無他腸也。弘治四年，龍溪之境，石錐嶺下，渠魁溫文進倡亂，平邑小民四出從之。遂攻劫縣坊，四境搔然。集兵以禦，戰於縣東，斬首無數。已而遁入各鄉，勦擒殆盡，死者又數百人。鄉民乃知王法之不可犯。安輯五十餘年」[282]因此謝彬說：「漳、延、汀三郡，徼於閩嶺，實相饞齒，山盤谷阻，綿互聯絡，封狐之所窟穴，政教未易以達。惟分疆立邑，使我扼其吭，彼失其據，則亂萌自息。試以近事言之：如李烏嘴之亂，則設永安，溫文進亂，則設漳平，鄭星亂，則設大田，蓋其初一龍巖耳。」[283]但這一效應是比較緩慢的，一直到明代後期才收到較為明顯的效果。郭造卿的〈閩中分處郡縣議〉總結道：「又歷考閩屬，自國朝來，每因寇亂設縣即定，建寧之設壽寧，延平之設永安、大田，漳州之設漳平，及近日寧洋、海澄，而無不定者。獨汀州當三省之交，成化六年設歸化，而其地盜少；十四年設永定，而竊發間有者，蓋南通潮、漳，而北上杭，三圖皆寇藪也。邇日乃靖者，贛分大埔（大埔屬廣東），而又立平遠耳。……然近日三省山寇數十年一作，及勦有數十年之安，惟三圖百餘年無秋冬間不嘯聚，屢撲而不馴服，其山林險密，尤異他區，鄰省山寇共推之為主耳。」[284]由此可見，經過設縣以後，明朝對福建南部的統治日益走上正軌。

除此之外，明朝還加強了對三省邊界的軍事管理。「八閩始分二道，建寧道領建延邵汀，福寧道領福興泉漳。若汀漳則皆二道盡絕處也。漳瀕海鄰廣，而汀則鄰江廣，疆域蜿蜒，林竹深密。恃險負固者往往弗靖，兼以三省逃遁，土著雜擾，勢不相攝，故亦往往相侵犯。成化六年鎮巡議請添漳南道以專。汀于時惟設分巡，尚未有兵備道名，後來蘇勝運巖前諸處為患未息，當事協謀剿平之。成化二十三年，又覆議請設兵備一員，駐紮上杭以控其衝，兼理分巡事」[285]。

總的來說，自鄧茂七起義之後，福建西南汀州及江西贛州、廣東梅州的山區，都成為反官府力量肆行無忌的地方。這一帶的豪強每年在秋冬之

282　曾汝檀，嘉靖《漳平縣志》卷四，〈風俗〉，第 4 頁。

283　謝彬，〈海道周公生祠記〉，載袁業泗，萬曆《漳州府志》卷三六，第 9 頁。

284　郭造卿，〈閩中分處郡縣議〉，顧炎武《天下郡國利病書》第 26 冊，福建，第 24 頁。

285　范輅，〈漳南道題名記〉，曾曰瑛等，乾隆《汀州府志》，同治翻刻本。卷四一，藝文三，第 14 — 15 頁。

際便出山擄掠，成為三省大害。鳥瞰福建西南部的歷史，從南宋以來，福建西南部一直是動盪不安的，尤其是汀州、漳州、延平府三縣之交的地區，朝廷只能控制縣城與部分鄉鎮，在遠郊的山村，有許多反抗朝廷的力量。在明朝，經過朝廷幾百年的經營，山區的反抗勢力所占地盤越來越小，因此，他們的反明行動不像宋朝那樣最終發展到不可控制。一般地說，在普通的年景裡，明朝廷還能保持表面的平靜，這給當地文化的發展創造了機會，這是明朝勝於南宋的地方。不過，一旦遇到戰亂時期，三省邊界的武裝力量都要乘時而起，騷擾三省區域，成為朝廷極為頭痛的治安之癌。當然，這些事變都是局部的，相對而言，明代前期福建處於和平時代。

小結

明代前期，福建是國內少有的人口大省，在明初各省經濟凋敝的背景下，福建顯得特別突出。雖然福建也存在著許多問題，例如官吏腐敗，人頭稅過重，租佃剝削過重，但這一問題在那一時代是普遍性的。相對而言，在儒者的引導下，明代前期保持了國內的社會穩定，福建的核心地區除了遭遇一次鄧茂七、葉宗留起義的破壞之外，多數地區百餘年不見兵革。和平環境保證了經濟文化的發展，明代前期的福建經濟以農業為基礎，商品經濟相對發達。尤其是福州、莆田、泉州、漳州一線沿海區域，人口密集，已經出現了早期城鎮化傾向。

明代前期的福建在國內享有較高的評價。「閩蓋八郡，地方數千里，物阜而民眾」[286]。當時官員也願意選擇到福建做官。「廣西與福建皆極中土之南，其民之良頑，俗之美惡，施政宣化之難易，蓋不待辯已章章然明且白矣。仕而樂於得福建不樂於得廣西者，人情皆然，自非有志之士，其孰能免於此哉。」[287]

明代福建人口令人矚目。從唐朝的藩鎮割據到元朝統一中國，中國一直處於分裂的時代，大規模的戰爭陸陸續續打了 600 多年，幾乎沒有停止。元朝統一之後，也只維持了幾十年的和平，元初與元末，都有大規模的戰爭行動。從唐代中葉到元末，福建在這數百年的戰爭期間，屬於偏安的省

286　楊榮，《文敏集》卷十四，〈送福建按察僉事呂公考滿復任詩序〉，第 24 頁。

287　劉球，《雨溪文集》卷十二，〈送憲副胡君赴廣西詩序〉，第 25 — 26 頁。

分，由於地理上的原因，大規模的戰爭波及福建，往往已經到了尾聲。除了元末的戰爭對福建造成較大的破壞，由於福建山多平原少，一般地說，戰爭對福建人口影響不是太大。但是，在北方及長江流域，每一次的戰爭，都造成人口銳減，因此，幾百年來，福建人口在全國所占的比重越來越高。明代初年，福建計有 384 萬的人口，在廣東、廣西諸省之前，可與四川、湖廣二大省相提並論。這是歷史上罕見的。不過，就近千年的歷史而言，明初是福建人口在全國占比最高的時代，其後，福建人口的絕對值雖然仍在發展，例如，清代晚期福建人口達到 1500 萬，比明初福建人口增加四倍，但是，其他各省人口增加更多，清末中國許多省分的人口都達到數千萬。相對而言，福建漸成為人口小省。其他各省人口超過福建，主要原因是可居住的平地較多，可耕地也多。以湖廣而論，該省占地相當於今日的湖北、湖南二省，土地面積廣大。明初湖廣省的人口雖然不如福建，但其發展潛力巨大，約於明代中葉，湖廣的實際人口就大大超過福建了。所以，福建人口在國家總人口中占有重要地位，明初是一個特例。過了這個時代，福建人口占比就下降了。那麼，明初的福建人口就沒有增長嗎？不是的。除了少數有溺嬰習俗的地區外，福建多數地區人口仍然保持增長。只是這些地區的人口在本地缺乏謀生的空間，大都向外發展。例如，閩西汀州人向廣東、江西、廣西、湖南、四川諸省發展，形成上億人的客家民系；而閩南人向沿海各省發展，占據了中國多數沿海島嶼，中國的島嶼，從南到北，多與閩南人有關，如臺灣、海南島至今仍是流行閩南方言的地區，這些地方漢族人口的增長，都與閩南人的擴張有關。由此來看，宋元明三代，福建人在南方各省中的重要地位，福建移民成為以上諸省人口的重要來源之一。至於福建人口的海外擴張，留著後文敘述吧。

第二章　明代海洋秩序確立

　　明代初年，為了防止倭寇，朝廷頒布了海禁政策，並且構築了嚴密的海防體系。另一方面，朝廷派遣強大的艦隊在鄭和、王景弘的率領下遠航西洋，大大加強了中國與海外的聯繫。

第一節　明初海禁政令的施行

　　明代初年，明朝實行海禁政策，其主要內容是禁止民眾下海貿易。明朝還將部分海島上的民眾遷回大陸。這些措施打擊了福建及廣東、浙江的海洋文化傳統。

　　對於海禁的研究已經有多年的歷史。張維華的《明代海外貿易簡論》[1]在研究海外貿易的同時，很自然地涉及明代海禁問題。曹永和先生於 1984 年發表了〈試論明太祖的海洋交通政策〉，[2] 對明太祖的海禁政策進行梳理研究，為海禁研究打下基礎。在日本學術界，檀上寬的〈明朝初期的海禁與朝貢〉，探討了明初專制因素與海禁加強的過程。[3] 在大陸史學界，晃中

1　張維華，《明代海外貿易簡論》，上海人民出版社 1956 年。
2　曹中和，〈試論明太祖的海洋交通政策〉，氏著，《中國海洋史論集》，臺北，聯經出版公司 2000 年。
3　檀上寬，〈明朝初期的海禁與朝貢〉，森正夫等，《明清時代史的基本問題》，北京，商務印書館 2013 年。

辰研究明代的海禁與貿易發表論文多篇，後彙集成《明代海禁與海外貿易》[4]一書，該書的特點在於圍繞著明中期市舶司政策的調整，探討了明代海禁政策從厲禁到鬆弛的演變過程。不過，以上研究著重於明朝政策的調整過程，並取得了相當的成果。但是，閩粵浙一帶下層民眾是怎樣看待海禁的？他們用什麼方法對付明朝的海禁政策。此外，明朝的海禁在各地遇到什麼樣的挑戰？它的實行力度和效果如何？怎樣影響沿海各省區經濟板塊的轉移？回答這些問題都需要一個底層的視野，從而獲得對明朝海禁不同的感受。

一、明初海禁的實行

明代初年的海禁是中國歷史上的一件大事，而其目的是為了防止倭寇的入侵。元末大亂之時，海盜四起，例如，福建的福清縣沿海「有盜號『淨海王』，居海上十八年，劫掠不勝計。建大旗，舟中殺人，以長竿洞胸，魚貫而沉之。截人髮以為纜。官府坐視不問。」林泉生任福清州同知之時，擒獲這名海盜。[5] 陳友定於元末統治福建，「由福清平海上烏尾賊，海上人立碑頌之」。[6] 這都說明元代福清沿海的海盜活動十分猖獗。最大的海盜其實是浙東的方國珍，他在元末橫行於海上，曾經從浙江南下襲擊閩江口的居民。後來，他的隊伍發展到數十萬人，盤踞浙江沿海區域，接受元朝招撫。與方國珍類似的還有張士誠。他原是鹽梟，以走私海鹽為生。元末起兵，攻克蘇州等地，成為一方霸主。他們都有很強的海上勢力。

元末明初，朱元璋的軍隊從南京向東南發展，滅張士誠，降方國珍，將其軍隊編入明軍。明初，方國珍被明軍擊敗後，大部被編入明朝水師。他們擔負海上運輸的重任，「洪武中，海運給遼左七十五萬石，凡役官軍八萬餘人。運軍悉許附載己物，資私用。」[7] 儘管朱元璋給予這批水師不少優惠，然而，由於海運的危險性，水師死亡率極高，許多人離家之前，都

4　晁中辰，《明代海禁與海外貿易》，北京，人民出版社 2005 年。

5　吳海，《聞過齋集》卷五，〈故翰林直學士奉議大夫知制誥同修國史林公（泉生）行狀〉，文淵閣四庫全書本，第 3 頁。

6　郭造卿，〈元平章陳友定〉，黃宗義，《明文海》卷四二六，文淵閣四庫全書本，第 17 頁。

7　何喬遠，《名山藏》卷五十，〈漕運記‧漕軍〉，福建人民出版社 2010 年，第1378 頁。

會接受家人的生祭。因為，他們再次回家的機率很小。在這種背景下，被納入明朝水師的方國珍舊部屢屢發動叛亂。洪武元年浙江蘭秀山事件便是典型。藤田明良利用朝鮮的《吏文》最早研究了浙江蘭秀山的叛亂事件及其與朝鮮的關係。他發現，明初有不少明朝水軍逃往朝鮮。明朝水軍將領吳禎「在洪武元年平定陳均祥參與的蘭秀山叛亂，後者兵敗不敵，降于吳禎，但不久復叛劫殺將官，並逃亡高麗，洪武三年明朝派百戶丁志、孫昌甫將其緝拿回國，並編入吳禎所部」。然而，陳均祥等人於洪武五年四月再度逃亡至高麗。[8]

明軍初占東南諸省，張士誠、方國珍的部下多有不服明朝統治者。吳元年夏四月，「上海民錢鶴皋作亂，據松江府。……遂結張士誠故元帥府副使韓復春、施仁濟，聚眾至三萬人，攻府治，剽掠財物。」[9]他們與明軍作戰，一旦不利，便下海為盜，並與倭寇勾結。谷應泰說：「太祖洪武二年夏四月，時倭寇出沒海島中，數侵掠蘇州、崇明，殺略居民，劫奪貨財。沿海之地皆患之。太倉衛指揮僉事翁德帥官軍出海捕之，遇於海門之上幫，及其未陣，麾兵衝擊之，斬獲不可勝計，生擒數百人，得其兵器海艘。命擢德指揮副使。其官校賞綺幣白金有差。仍命德領兵往捕未盡諸寇。」[10]彼時東南海盜往往勾結倭寇，在海上騷擾明軍，形成沿海倭亂。谷應泰說：「元末瀕海盜起，張士誠、方國珍餘黨導倭寇出沒海上，焚民居、掠貨財，北自遼海、山東，南抵閩、浙、東粵，濱海之區，無歲不被其害。」[11]洪武三年（1370年）六月乙酉，「是月倭夷寇山東，轉掠溫、台、明州傍海之民，遂寇福建沿海郡縣。福州衛出軍捕之，獲倭船一十三艘，擒三百餘人」。[12]

為了解決倭寇問題，明朝向日本派出使者。洪武「三年三月，遣萊州同知趙秩持詔諭日本國王良懷，令革心歸化。日本古倭奴國，在東海中，縮波而宅。自玄菟、樂浪底於徐聞、東筦，所通中國處無慮萬餘里。國君居山城，所統五畿七道三島，為郡五百七十有三。然皆依水附嶼，大者不

8　陳波，〈蘭秀山之亂與明初海運的展開〉，郭萬平、張捷主編，《舟山普陀與東亞海域文化交流》，浙江大學出版社 2009 年，第 50 頁。

9　《明太祖實錄》卷二三，吳元年四月丙午朔。

10　谷應泰編，《明史紀事本末》卷五十五，〈沿海倭亂〉，第 839 頁。

11　谷應泰，《明史紀事本末》卷五五，〈沿海倭亂〉，第 843 頁。

12　《明太祖實錄》卷五三，洪武三年六月乙酉。

過中國一村落而已。戶可七萬，課丁八十八萬三千有奇。」[13] 日本是一個資源貧乏的國家，雖說日本四島有三十多萬平方公里，但境內多山，可耕地不多。古代日本民眾食稻煨芋，平均熱量攝入遠低於大陸人。因此，日本有許多人以當海盜為生，想從大陸謀取生活物資。明代東亞海上倭寇的發生，也和日本內部的變化有關。日本的武士階層產生於鎌倉幕府時期，時為 1185 年。這一武士階層後來控制日本政壇達 700 年之久。武士階層之中形成了尚武的文化，他們的財富來自於戰爭。據《高麗史》的記載，高宗十年（1223 年）五月，「倭寇金州」，這是歷史上最早記載倭寇侵入史料。其後，朝鮮半島的古國高麗被蒙古征服，而倭寇的入侵不止。於是，高麗人便唆使蒙古進攻日本。其後，元蒙王朝發動了兩次大規模的遠征日本行動。其時正值日本的鎌倉幕府末期，日本為了抗擊元朝的侵略，動員了全國各地的武士參戰，於是，各地的武士自備武裝來到抗元前線九州。抗元之戰勝利後，日本方面的繳獲不多，這些武士為了參戰花費了大量的錢財，卻無法通過戰爭發財，大量武士因而破產，有些人淪為海盜，開始襲擊朝鮮半島。迄至元代末年，倭寇侵入朝鮮半島已經成為普遍的現象，而中國方面也遭到倭寇的襲擊，從元順帝至正十八年（1358 年）開始，即有倭寇侵入山東沿海。[14] 自鎌倉幕府倒臺後，日本進入南北朝分據的時代，這一時代，武士階層在各個藩主的領導下相互征戰，勝利者掠奪失敗者的財富，失敗者四處流浪，尋找發財的機會，有一些人淪落為海盜，試圖到其他地方碰運氣，所以，元末明初，日本方面的倭寇多了起來。儘管明朝的使者去日本交涉，但倭寇問題仍然無法解決。「夫浙連閩廣，環海千里，蠻夷諸島，交舶萬艘，常候風潮，毒機矢以待。」[15]《明實錄》記載倭寇侵擾浙江、福建、廣東的事例頗多：

　　洪武二年四月戊子，「倭寇出沒海島中，數侵掠蘇州、崇明，殺傷居民奪財貨。沿海之地皆患之。（翁）德時守太倉，率官軍出海捕之，遂敗其眾，獲倭寇九十二人，得其兵器、海艘。」[16]

13　谷應泰編，《明史紀事本末》卷五十五，〈沿海倭亂〉，第 839 頁。
14　《元史》卷四六，〈順帝本紀〉，第 964 頁。
15　章潢，《圖書編》卷三八，〈浙海事宜〉，文淵閣四庫全書本，第 45 頁。
16　《明太祖實錄》卷四一，洪武二年四月戊子。

洪武二年八月乙亥，「倭人寇淮安，鎮撫吳祐等擊敗其眾於天麻山，擒五十七人。事聞，賜祐等綺帛有差。」[17]

洪武三年六月乙酉。「是月，倭夷寇山東，轉掠溫台明州傍海之民，遂寇福建沿海郡縣。福州衛出軍捕之，獲倭船一十三艘，擒三百餘人。」[18]

洪武四年八月，「（廣東）高州海寇亂，通判王名善死之。」[19]

洪武五年六月丙戌，「倭夷寇福州之寧德縣。」[20]

洪武五年八月癸巳，「倭夷寇福州之福寧縣，前後殺掠居民三百五十餘人，焚燒廬舍千餘家，劫取官糧二百五十石。」[21]

洪武六年，連占城國也來向明朝報告倭寇入侵的消息。「貢使言：海寇張汝厚、林福等自稱元帥，剽劫海上。國主擊破之，賊魁溺死，獲其舟二十艘、蘇木七萬斤」。[22] 可見，海寇活動一直深入南海。

洪武六年，福建都司都指揮張赫，「率舟師巡海上，遇倭寇，追及于琉球大洋中，殺戮甚眾，獲其弓刀以還。九年調興化衛，十一年升大都督府僉事，總督遼東海運，二十年九月封航海侯。」[23]

洪武八年九月癸巳（初八），「誅潮州衛指揮僉事李德等。先是，潮州瀕海居民，屢為倭寇劫掠，詔德等率舟師沿海捕之，德等逗留不出兵巡禦，賊遂登岸大肆劫掠。上聞而怒逮德等，至京師誅之。」[24]

洪武十四年十一月庚戌，「趙庸討廣州海寇大破之。」[25]

海寇與倭寇的入侵嚴重影響了沿海城市的治安。王鏊論述蘇州的口岸太倉州：「萬屋鱗次，帆檣雲集……太倉，古婁縣之惠安鄉耳。至元朱清、張瑄創海運於此，而諸蕃輳集為市，國初由此而漕定遼，由此而使西洋，

17　《明太祖實錄》卷四四，洪武二年八月乙亥。
18　《明太祖實錄》卷五三，洪武三年六月乙酉。
19　《明史》卷二，〈太祖紀〉，第 26 頁。
20　《明太祖實錄》卷七四，洪武五年六月丙戌。
21　《明太祖實錄》卷七五，洪武五年八月癸巳。
22　《明史》卷三二四，〈占城傳〉，第 8384 頁。
23　《明太祖實錄》卷二〇三，洪武二十三年八月甲子。
24　《明太祖實錄》卷一〇二，洪武八年九月癸巳。
25　《明史》卷二，〈太祖紀〉，第 36 頁。

遂為東南巨州。豈非以其時哉。然地盡東海，海寇出沒。昔方國珍嘗由海道入寇，故元有水軍萬戶之設，而士誠亦因此而城。往時盜劉通、施天泰寇海上，三吳騷然發動，至劇賊劉七據狼山，睥睨全吳，賴重兵宿其地，扼其吭，掩其不備，而莫肆其螫。不然蓋岌岌矣。」[26] 這種情況迫使明朝拿出對策來。

明朝的思考是實行海禁。為了防止倭寇與海盜，朱元璋於洪武四年十二月「禁濱海民不得私出海，時國珍餘黨多入海剽掠故也。」[27] 這是最早的海禁政策。不過，當時提出這一海禁政策也許是暫時性的，在洪武早期，明朝並沒有嚴禁民眾下海，民眾出海經商事實上也存在。其時雖有海禁，多為局部的。但到了洪武中期，隨著倭寇活動日益嚴重，朱元璋開始將地方性的政策發展到全面的海禁。在朱元璋看來，倭寇及海盜的活躍，主要是由於沿海民眾私自下海貿易引來倭寇的緣故。若要防止倭寇入侵，必須嚴加海禁。洪武十四年，朱元璋重申：「禁瀕海民私通海外諸國。」[28] 在福建方面，有閩縣丞林遜上疏，「請屬禁沿海捕魚，優詔答焉」。[29] 洪武十七年（1384 年）正月壬戌，朱元璋「命信國公湯和巡視浙江、福建沿海城池，禁民人入海捕魚，以防倭故也。」[30] 按照這兩條政令，沿海的漁業和商業應當都被禁止。然而，倭寇活動非但無法停止，且有擴大之勢。廣東位於福建之南，南海之濱，洪武二十四年（1391 年）九月也發生了倭寇入侵事件，「倭寇雷州，百戶李玉、鎮撫陶鼎戰死」。[31] 洪武後期，朱元璋的海禁政策越來越嚴。洪武二十七年，朱元璋下詔：「禁民間用番香、番貨。先是，上以海外諸夷多詐，絕其往來，唯琉球、真臘、暹羅許入貢。而緣海之人往往私下諸番貿易香貨，因誘蠻夷為盜。命禮部嚴禁絕之，敢有私下諸番互市者，必置之重法。凡番香、番貨，皆不許販鬻。其見有者，限以

26　王鏊，〈新建太倉州城樓記〉，桑悅著，弘治《太倉州志》卷十下，清宣統元年匯刻本，第 32 — 33 頁。日本藏中國罕見地方誌叢刊續編，北京圖書館出版社，第 356 — 357 頁。

27　谷應泰，《明史紀事本末》卷五五，〈沿海倭亂〉，北京，中華書局 1977 年，第 840 頁。

28　《明太祖實錄》卷一三九，第 2197 頁。

29　郝玉麟等，雍正《福建通志》卷二九，〈名宦‧福州府〉，第 30 頁。

30　《明太祖實錄》卷一五九，洪武十七年正月壬戌，第 2460 頁。

31　阮元等，道光《廣東通志》卷一八七，〈前事略〉，上海古籍出版社重刊本，第 3421 頁。

三月銷盡。」[32] 洪武三十年的《大明律》規定：「凡將馬牛、軍需雜貨、銅錢、段正、紬絹、絲綿，私出外境貨賣及下海者，杖一百。挑擔馱載之人，減一等。物貨、船車併入官，於內以十分為率，三分付告人充賞。若將人口軍器出境及下海者，絞。因而走泄事情者，斬。其拘該官司，及守把之人，通同夾帶，或知而故縱者，與犯人同罪。失覺察者，減三等。罪止杖一百。軍兵又減一等。」[33] 可見，海禁政策到了洪武後期，已經演化為「寸板不許下海」了。然而，儘管明朝海禁越來越嚴，犯禁之事仍然經常發生。並且時有海盜襲擊事件。楊榮說到洪武三十一年任浙江參知政事的趙某：「時海寇出沒，劫取人財，公以計捕之。境內獲安。」[34]

　　朱元璋的海禁政策為後世所繼承。永樂二年，朱棣重申：「禁民下海。時福建瀕塘海居民私載海船交通外國，因而為寇。郡縣以聞，遂下令禁民間海船。原有海船者悉改為平頭船，所在有司防其出入。」[35] 民間海船被禁，其嚴厲程度相當可以了。然而，海盜及倭寇入侵事件仍然經常發生。

　　永樂元年，錦衣衛奏福建送至海寇若干人，法當棄市。文皇曰：「朕嘗許以不殺，今殺之不信，則後來者之路塞矣。」俱宥之，令戍邊。[36]

　　永樂八年（1410 年）十一月癸酉，「倭寇攻破大金、定海二千戶所、福州羅源等縣。」後圍攻平海衛不克。[37]

　　永樂九年二月丁巳，「廣東都指揮使司奏，比倭賊攻陷昌化千戶所，千戶王偉等戰敗被殺。軍士死亡甚眾，城中人口、食糧、軍器皆被劫掠。」[38]

　　永樂十五年許亨任都浙江都指揮使，「浙東南巨鎮，海寇時或竊發。公至，擇人守屯堡，時訓練。寇遂屏跡，居民以寧。」[39]《國榷》卷十六記載：「永樂十五年六月，使西洋內官張謙從海上路過浙江金鄉衛，以一百六十

32　《明太祖實錄》卷二三一，洪武二十七年春正月甲寅，第 3373 — 3374 頁。

33　轉引自曹中和，《中國海洋史論集》，臺北，聯經出版公司 2000 年，第 154 頁。

34　楊榮，《文敏集》卷十八，〈故資政大夫刑部尚書趙公神道碑銘〉，第 22 頁。

35　張輔監修，《明太宗實錄》卷二七，臺北，中研院歷史語言所影印本，第 498 頁。

36　夏良勝，《中庸衍義》卷十三，〈誠明之義〉，文淵閣四庫全書本，第 18 頁。

37　張輔監修，《明太宗實錄》卷七三，永樂八年十一月癸酉。

38　《明成祖實錄》卷一一三，永樂九年二月丁巳。

39　楊榮，《文敏集》卷十八，〈故驃騎將軍左軍都督府都督僉事許公神道碑銘〉，文淵閣四庫全書本，第 25 頁。

餘人，戰敗倭寇四千餘人。」

　　永樂十八年正月乙巳，「有倭寇三百餘人，船十餘艘」，侵擾福寧等地。[40]

　　宣德四年（1429 年）三月戊申，「倭賊自鎮海衛右雷巡檢司登岸」[41]。

　　以上記載表明，這些倭寇的數量不多，大都是幾百人至數千人，最多的記載是四千人。但是，他們集中行動，來去飄忽，造成的破壞性很大。其時，明朝在沿海的衛所，多不過數千人，少僅數百人，因此，當倭寇突然登陸，每每能造成巨大傷害，甚至攻克寨堡城鎮。

　　不斷的倭寇入侵事件引起官方的警惕。導致明朝官府多次重申海禁。

　　宣德六年四月丙辰：「上聞並海居民有私下番貿易及出境與夷人交通者，命行在都察院揭榜禁戢。」[42]

　　宣德八年七月，朝廷下旨：「命行在都察院嚴私通番國之禁。」[43]可見，冒充中國使者下海，竟成為當時不可忽視的一種現象，乃至朝廷專令禁止。

　　宣德十年（1435 年）七月己丑，「嚴私下海捕魚禁。時有奏豪頑之徒私造船下海捕魚者，恐引倭寇登岸，行在戶部言，今海道正欲防備，宜敕浙江三司諭沿海衛所嚴為禁約，敢有私捕及故容者悉治其罪，從之。」[44]

　　從洪武永樂以來，明朝還通過了一系列嚴酷的海禁法律以確保海禁的實行：「一欸凡將牛馬、軍需、鐵貨、銅錢、段疋、紬絹、絲綿，私出外境貨賣及下海者，杖一百。物貨船車並入官。若將人口軍器出境及下海者，絞。因而走漏事情者斬。又問刑條例內一欸，官員軍民人等，私將應禁軍器，賣與夷人圖利者，比依軍器出境、因而走泄事情者，律各斬為首者，仍梟首示眾。又一欸：官民人等，擅造二桅以上違式大船，將帶違禁貨物下海，往番買賣，潛通海賊，同謀結聚，及為嚮導劫掠者，正犯處以極刑，

40　張輔監修，《明太宗實錄》卷二二〇，永樂十八年正月乙巳。

41　張輔監修，《明宣宗實錄》卷五二，宣德四年三月戊申。

42　張輔監修，《明宣宗實錄》卷七八，宣德六年四月丙辰，第 6 頁。

43　張輔監修，《明宣宗實錄》卷一〇三，宣德八年七月己未，第 8 頁。

44　孫繼宗監修，《明英宗實錄》卷七，宣德十年七月己丑，臺北，中研院歷史語言研究所影印本，第 141 頁。

全家發邊遠充軍。其明刑敕法，禁諭森嚴，亦無非所以慮後患防未然也。」[45]

　　海禁是中國歷史上海洋政策的巨大變化，過去，不論任何朝代，中國人去海外國家都是自由的，而明朝以後，中國人去海外便成為一項罪名，這給福建這樣一個「以海為田」的地區，帶來了極為不利的影響。當然，海禁政策的出現，也與當時中國人對海外觀點變化有關。在宋代，中國對海外是徹底開放的，外國人可以在中國沿海港口隨意居住，並進行貿易。迨至宋代末年，宋朝竟然起用一個外國人——蒲壽庚為泉州市舶司使。但蒲壽庚在關鍵的時候卻辜負了宋朝的恩典，他在宋元之際將宋朝財賦之源的泉州送給元朝，從而導致二帝小朝廷在福建沿海抗元的失敗。元末，泉州的海外僑民竟然組織起自己的武裝，控制泉州港，騎在民眾頭上胡作非為。由於這些海外僑民的不良影響，明初的中國人，尤其是內陸的儒者，有著排外的潛意識。朱元璋的海禁政策，即是在這種潛意識支配下的反映。它也反映了中國人自高自大的想法：海外貿易只是對海外國家的恩惠，既然你們接受了這些恩惠還要騷擾中國，那我們就收起這些恩惠，實行海禁，不與你貿易！但真實的情況是東南沿海對海外貿易的依賴性，並不亞於海外民眾對中國商品的依賴性，朝廷並不理解東南人民的利益所在。

二、東南諸省島嶼的遷退

　　中國東南的閩浙粵沿海有許多島嶼，這些島孤懸海外，與大陸聯繫不便。不過，這些島嶼周邊的海洋都是豐富的漁場，漁民在此可以獲得極為豐富的收穫。對島嶼居民來說，島嶼還是他們可以避免猛獸侵襲的唯一地方。其時福建、廣東的山區覆蓋著無邊無際的森林，並是華南虎占統治地位的天下。位於森林邊上的農村，幾乎每天夜裡都要遭到猛虎的襲擊。翻開福建方志的記載，許多農村因猛虎的襲擊而被迫放棄，但在海上島嶼，用弓箭武裝起來的居民很容易清除島上的猛獸，從而將島嶼變成最安全的地方。島嶼面臨大海，海中有來之容易的食物，農業興起後，許多有淡水的島嶼都開發了水稻種植，所以，閩粵的海洋島嶼歷來是民眾的樂土，唐宋元以來，許多島嶼都成為人口眾多的地方。元末戰亂中，許多大陸居民逃到海壇之類的島嶼避難，這都促使島嶼經濟的繁榮。從軍事戰略來講，

45　馮璋，〈通番舶議〉，《明經世文編》卷二八〇，《馮養虛集》，第 2966 頁。

島嶼的安全還有維護海上運輸線的價值，尤其是臺灣海峽的島嶼扼守臺海交通線咽喉，失去這些島嶼，中國沿海的萬里海疆都會受到威脅。然而，當時主要出自內陸的明朝官軍還不理解海洋的意義。他們僅是單純從陸地防守的角度來看海島。在他們看來，這些島嶼孤立海外，難以管理。於是，官府有了遷島之議。《漳州府志》記載，「繼而防海指揮有李彝者，言海島居民多貨番，以故，高皇帝乃盡遷海島居民處之內地。」[46]李彝是福建史上一個極有爭議的人物，本章以後還將說到。他肯定是一個遷島政策的積極執行者，然而，是否是他建議遷島？史冊有不同的記載。《明實錄》載洪武二十年六月左參議王鈍清的建議：「徙福建海洋孤山斷嶼之民居沿海新城，官給田耕種。」[47]可見，遷島提議者另有其人。這一政策在今人看來不可思議，因為，海洋對國家有巨大利益，尤其是海上的島嶼可以供人們生活，從而成為人們開發海洋的立足之地。所以，每一個島嶼都意味著對一大片海域的占有，放棄島嶼，意味著放棄對一大片海洋的控制權，可以說是歷史上最愚蠢的策略之一。但明朝統治者大都是來自內陸區域，對海洋的重要性缺乏認識，對他們來說，海上孤嶼的民眾不好管理，他們與倭寇往來，甚至引導倭寇入侵內地，帶來相當大的危害，因此，不如將他們遷入內地，化漁為農，發展農業生產。從陸戰軍事來說，王鈍清的建議不無道理，但遷島之後帶來的問題更大，這是不熟悉海洋的明朝官員所不知道的。其時，朱元璋接受了這一後患無窮的策略，下令沿海官軍規劃棄守的島嶼。於是，一場大規模的遷島運動在東南沿海展開了。在這場運動中，被放棄的重要島嶼有廣東境內的南澳島，福建境內的澎湖列島、鼓浪嶼、大嶝島、湄洲島、南日島、小練山、海壇島、馬祖列島等等。這些島嶼中，最為可惜的是澎湖列島、南澳島、海壇島，這幾個大島現在都設置了縣治，當年也有眾多的人口。例如，廣東潮州境內的南澳島。南澳位於福建的邊界，是潮州的門戶。「潮郡十縣，內包沃野，故為嶺東隩區……重門之禦，用遏海氛，故南澳為重鎮。」[48]這類要地本該駐軍為好，朝廷卻將其列入遷

46　陳洪謨修、周瑛纂，正德《漳州府志》卷三十，〈兵紀〉，廈門大學出版社 2012 年，第 1827 頁。

47　《明太祖實錄》卷一八二，第 5 頁。

48　郭棐纂修，萬曆《廣東通志》卷三九，〈潮州府〉，日本內閣文庫藏萬曆三十年刻本，四庫全書存目叢書，第 73 頁。

島名單，「南澳去玄鍾澳口約三十餘里，屬廣東饒平，洪武間居民負險作亂遂墟其地」。[49]其後，南澳成為潮州海盜出沒之地，對潮州的發展是十分不利的。

　　在閩粵遷退諸島中，爆發民眾大抗議的是海壇島。海壇是福建沿海最大的一個島嶼，自宋元時期島上人口眾多，屬福清縣管轄。福清人說：「元戶滿四萬，邑得以陞州者，以海壇諸里佐之也。」[50]這是說，元代福清的規格從福清縣升為福清州，是因為管轄海壇的緣故。可見福清人口之多。本來，按照朝廷的規定，這一類有眾多居民居住的島嶼是不在遷海之列的，廈門島、金門島的居民都未遷徙，便是明證。然而，由於李彝索賄未成，海壇被列入遷退島嶼之列。

　　福州沿海各島嶼的遷徙工作由福州守備李彝（或云李彝為福州衛指揮）負責。福州邊海島嶼很多，大多未被列入遷島對象，看來李彝是收了錢，放過這些島嶼。唯獨海壇是一個大島，離大陸很近，島民以為海壇島根本不會是遷島的對象，所以，對李彝的索賄重視不夠。《閩書》記載：「皇朝洪武中，遣江夏侯視海防倭，侯以轉委福州右衛指揮李彝。彝索賄無厭，而有林揚（或作林楊）者，素任俠，有氣。率里人逐彝。彝怒，遂畫圖貼說本山，畫作微小孤嶼，外通琉球一晝夜，內接鎮東城三晝夜。巡司只畫一寨，烟墩悉行抹殺。太祖覽圖下旨曰：『天下孤山，人民既不得他用，又被他作歹，盡行調過，連山附城居住，給官田與耕，官室與居。』於是，東南至福建、廣東，北直沽、彭湖三十六嶼，盡行調過。」[51]因海壇島被列入遷徙對象，某一日，明軍突然登上海壇島，下令居民在三日內遷往內地，否則視為海盜處死！當地人林楊控訴明軍：「焚臣等房屋，拆臣等基址，臣等倉卒，舟楫難完，遺其器物，撇其畜養，糧食不能盡隨，資財多致失落，兼風濤大作，人力莫支，覆沒之餘，死亡過半！」有上萬戶人口的大島，死亡過半，該是多麼悲慘的事件！而且，僥倖渡海的居民被分配於福清四隅各鄉安排。所以，福清四隅多有海上里、海下里的記載，這裡都是安置海壇移民的地方。僥倖渡海的居民失掉財產，大都淪於貧困之中，「雖

49　顧炎武，《天下郡國利病書》第 26 冊，〈福建〉，第 114 頁。
50　杜臻，《粵閩巡視紀略》卷五，文淵閣四庫全書本，第 1085 頁。
51　何喬遠，《閩書》卷六，〈方域志〉，第 145 — 146 頁。

有官田，無力得耕，雖有官屋，無力得修」。然而，海壇島原有田地 784
頃所擔負的各種稅收共計「糧米五千餘石，鹽額正耗五千餘斤，夏稅秋租
為錢三千餘萬文，魚課二千餘擔」，官方仍向海壇移民徵收。林楊說：「追
徵期至，有司按籍科派，皂胥憑文追取，圭撮難移，秋毫莫貸，生者代死
者之納，存者代亡者之嘗。臣等產業既廢，囊篋俱空，疲骨監拘，妻兒係縲。
官田不敢貿易，官屋無人承買，雖欲負瓦荷椽，伐桑易鏹，其可得乎？敲
朴之下，何計可逃！以半菽不飽之民，攜孱弱餘息之女，以單衣忍冷之母，
抱尫羸欲死之兒，持券街頭，垂淚叫鬻。賠納未回，批文又至，械繫流離，
道路困踣⋯⋯遂使播棄遺黎，十死而無一生，十亡而無一存。拊心頓足，
追思遷徙之時，不如淪胥以葬魚腹之為愈耳」[52]。這些如泣如訴的文字，讀
之令人酸鼻，明初遷海的暴政殘民，竟到了如此地步！

　　永樂元年，已經陞至福建巡海指揮的李彝發生冒功事件。《明實錄》
記載：「先是，海寇至福建海洋，福州中衛百戶孫瑛領兵禦之，賊首犯官軍，
瑛與賊聯艦接戰，賊勢盛，瑛及所部皆戰沒了，賊遂以壞舟易瑛舟，開洋
去。而福建巡海指揮李彝，望瑛受敵不援，賊去，乃以挽賊空舟為己功，
至是彝下人發其事。上諭兵部尚書劉俊曰：『將兵禦寇，當以身先下人，
彝畏戰不自進，其下死戰又不赴援，更欲誣罔為功，罪不可容。國家之治
明賞罰而已，有罪不誅，雖堯舜無以治天下。其遣人復驗戰沒者加褒恤，
畏縮誣罔者悉正其罪。』」[53] 李彝犯罪的消息傳到福清，海壇移民知道這是
復仇的機會來了。海壇秀才林楊冒死至京城上訴，揭發李彝致死數萬海壇
人的事件，並請求免除海壇原來的稅收。當時朱棣聞知此案，大驚，令刑
部將李彝和林楊都逮捕入獄，並讓福建守臣回報事件前後。李彝聞知消息，
自殺而死。林楊的告狀導致一名高級官員死亡，這在當時是十分嚴重的事
件。福建官府以此為由採取拖的戰術，一直不肯回報此案。於是，林楊被
囚於大牢，前後達 18 年之久。林楊之弟則周旋於各衙門之間，用盡氣力向
各級官僚說明事件前後因果。因而，官吏漸知林楊的冤枉。不過，永樂帝
繼任之後的實政綱領是恢復祖制，他以朱元璋的真正繼承者自命，認為朱

52　林楊，〈奏蠲虛稅疏〉，饒安鼎，乾隆《福清縣志》卷十二，福清縣志編纂委
　　1989 年點校本，第 456 — 457 頁。
53　張輔監修，《明太宗實錄》卷二四，永樂元年冬十月丙寅。

元璋的政策一切都是好的，當然不願人們暴露朱元璋時期的失策，若非林楊所告的，明明白白是朝廷的錯誤，林楊的下場是可知的。但是，即使如此，明成祖朱棣也不願面對事實，林楊在獄中被關了 18 年，無人理會。一直到宣德皇帝上臺，福建官府才正式將對案件處理的文件回報朝廷，朝廷新皇帝上任，有心為民做些好事，隨後接受了林楊的奏疏，下詔閩粵浙三省，蠲免內遷居民所承擔賦稅雜役的一半。閩粵浙各地被遷的沿海民眾都讚頌林楊的功績，林楊也獲釋出獄。這是宣德元年之事。此前，內遷居民已受害二三十年了。況且，海壇等海島的居民並未獲得返回家鄉的權利。

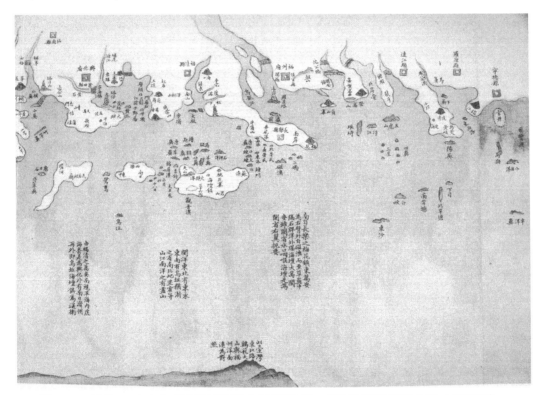

圖 2-1　乾隆三十九年沿海形勢圖中的海壇島，該圖表明海壇島距大陸不遠。

此圖錄自北京大學圖書館編，《皇輿遐覽》，中國人民大學出版社 2008 年，第 246 頁。

　　遷島政策最大的問題在於：朝廷放棄這些島嶼後，對其失去控制。以湄洲來說。「湄洲，一名鰆山，居大海中，周八十餘里。在崇武之東北平

海之東南，距郡城八十里。為莆禧、吉了門戶，與琉球相望。故有居民。
洪武間徙而墟之。山有甘水、茂草，野馬驢孳產蕃息，驟逐之，不可得。
有勢家居之以為利。寇舟常就汲焉。」、「此島自唐以來居民稠密，洪武
徙後，時復闌出。蓋以承平不之禁，今猶如故云。」[55]

圖 2-2　明朝王圻《三才圖繪》的「福建沿海全圖」

這幅圖應是受到李彝的影響。該圖所載海壇島在全圖的右下角，位於澎湖島的東北
側，很小，就圖而論，將島民遷至大陸是「有道理的」。[54]

　　可見，湄洲被遷之後，成為海盜出沒之地。

　　明朝海禁鬆弛之後，一些島嶼重又有人居住。「鼓浪嶼，縱橫七里，
在廈門之西，圭嶼之東。南望大擔，北鄰猴嶼。上多民居。明初與大嶝、
小嶝俱徙。成化間復舊，約二千餘家。率皆洋商也。」[56]

　　明軍放棄諸多海島之後，沿海並未安全起來。這是因為，這些被棄島

55　杜臻，《粵閩巡視紀略》卷五，文淵閣四庫全書本，第 26 頁。
56　杜臻，《粵閩巡視紀略》卷四，第 42 頁。

嶼從此成為海盜們活動的地方。整個明代，福州的海壇島，泉州的澎湖列島以及閩粵交界處的南澳島都成為著名的海盜窩。

　　總之，由於天高皇帝遠的緣故，明朝廷對閩粵的許多策略不符合實際情況，而官員的貪汙腐敗，使明朝政策不利於民眾的一面得不到糾正。因此，明代的海禁與遷海的政令極大地打擊了福建與潮州的民眾。

三、明代中期海禁政策的調整

　　明朝海禁影響民間兩大行業，即海洋漁業和海洋商業。由於海洋漁業與「下海通番」有很大區別，所以，明朝對海洋漁業較為寬容，海禁最早在這一節點上鬆動。

　　關於明代前期的漁業，《明史・朱紈傳》曾提到：「初，明祖定制，片板不許入海」[57]，按照字面意思去理解，早在明代初年，明朝就實行了不准船舶下海的制度，連出海捕魚也是禁止的。這一結論是有問題的，沿海民眾的捕魚業從來不是朝廷嚴禁的對象。

　　明代初期，閩浙粵三省都有許多蜑民，朝廷將其編入河泊所管轄。例如廣東：「蛋戶，或作蜑戶。廣南惠潮皆有之，編蓬瀕水而居，謂之水欄。見水色則知有龍，故又曰龍戶……自唐以來計丁輸官，明初隸河泊所，歲收漁課。其人多姓麥、濮、吳、蘇、河，古以南蠻為蛇種，觀蛋家神宮祀蛇，可見。」[58]、「蛋戶者，其種不可考。以舟楫為家，捕魚為業。晉時不賓服者五萬餘戶。自唐以來計丁輸糧。明洪武初編戶立里長，屬河泊所，歲收魚課。東莞、增城、新會、香山以至惠潮尤多。雷、瓊則少。愚蠢不諳文字，不記年歲。土人目為蛋家，不與通婚，亦不許陸居。朝夕惟跼蹐舟中，所得魚僅充一飽。男女衣不蓋膚。」[59]明代前期福建沿海諸縣也設有河泊所，其管理對象同樣是蜑民，朝廷向其徵收魚課米。例如，福清縣有魚課米三千三百石，晉江縣魚課米二千二百多石，莆田魚課米二千五百多石[60]，這項稅收記入《八閩通誌》，一直到明代中葉還在徵收。既然官府要向漁

57　張廷玉等，《明史》卷二〇五，〈朱紈傳〉，第 5403 頁。

58　杜臻的《粵閩巡視紀略》卷一，第 29 頁。

59　郝玉麟等，乾隆《廣東通志》卷五七，〈嶺蠻志〉，第 42 頁。

60　黃仲昭等，弘治《八閩通誌》卷二十，〈食貨〉，第 411 — 421 頁。

民收稅，當然也要允許他們捕魚。莆田、晉江、福清三縣都位於福建沿海，該縣存在著漁戶與魚課，說明福建這些地區仍有海洋漁業。從三縣魚課米的數量來看，福建蜑民數量不少。

　　然而，隨著時間的推移，來自官府的海禁越來越嚴，對漁業影響也就大了。《明太祖實錄》記載，洪武十七年（1384年）正月壬戌「命信國公湯和巡視浙江、福建沿海城池，禁民人入海捕魚，以防倭故也。」[61] 按照這一政令，沿海的漁業和商業應當都被禁止。所謂「片板不許入海」就是這個意思。永樂二年，朝廷又重申：「禁民下海，時福建瀕海居民，私載海船交通外國，因而為寇。郡縣以聞，遂下令禁止民間海船，原有海船者悉改為平頭船，所在有司防其出入。」[62] 但這些命令在民間執行程度可疑。研究中國古代的國家政策，有一點必須注意：當時官府政策的貫徹性很差，可能是因為官僚主義，也有可能是因為地方官覺得新政策對自己不利，他們都會選擇逃避執行。所以，朝廷實行什麼政策是一回事，實際實行什麼政策是另一回事。在官府那裡雖有寸板不許下海之禁，有些地方仍有漁業存在。永樂四年，魏源中進士，後任監察御史，到浙東察案。「瀕海民千餘戶，造船入海捕魚，私出外境，經月不回者。命公往理之。比至，召民詢之，曰：『汝等造船下海捕魚乎？』曰：『海中有魚，非船不可得魚，魚課何從出？』公曰：『入海捕魚，常業也，何緣私出外境，經月不回乎？』曰：『瀕海之民，貧苦，朝不謀夕，經月不回，妻子何由存活？』且巡海官軍不知，而吏乃言之。公直其言，遂驗無籍者，繩之以法。餘皆釋不問。民大歡悅。歲己丑召詣行在。」[63] 以此來看，永樂時雖有不許下海捕魚之禁，但並未認真執行。地方官裝聾作啞，有意寬待之。此外，宮廷也需要消費海產。何文淵在浙江任職時，「每歲中使至溫，取供御海味、果實供饋，煩苛不勝其擾。公措置有方，民不病而事集。」[64] 既然宮廷向民間索要海味，民眾就不得不下海捕魚，所以，漁業之禁就不可能成立。然而，明朝廷還是不時發布漁業之禁。宣德十年（1435年）正月明宣宗死，明英宗

61　《明太祖實錄》卷一五九，洪武十七年正月壬戌，第2460頁。

62　張輔監修，《明太宗實錄》卷二七，永樂二年正月辛酉。

63　李時勉《古廉文集》卷九，〈刑部尚書魏公傳〉，文淵閣四庫全書，第2頁。

64　章綸，〈吏部尚書何公（文淵）行狀〉，徐紘編，《明名臣琬琰續錄》卷七，文淵閣四庫全書本，第6頁。

繼位。其時明英宗僅九歲，諸大臣執政。宣德十年七月乙丑，「嚴私下海捕魚禁，時有奏豪頑之徒私造船下海捕魚者，恐引倭寇登岸，行在戶部言，今海道正欲防備，宜敕浙江三司諭沿海衛所嚴為禁約，敢有私捕及故容者悉治其罪，從之」[65]。總的來說，從洪武十七年開始，迄至明英宗登基之初的 51 年裡，明朝都是實行極端的海禁政策，所謂「片板不許下海」，就是這一時代海洋政策的概述。不過，官府並未嚴格執行之。宣德十年的禁令也是如此。明英宗登基之初，由楊士奇、楊榮、楊溥等大臣執政，他們對明朝早期的嚴酷政令多有修補。明英宗正統二年（1437 年）秋七月庚寅，因沿海發生饑荒，專門下令：「諸州縣，海邊水淺處所產菱藕魚蝦海菜之類，居民取之可以充食。乞令各處巡檢司、河泊所，并巡捕守備官軍，聽民採取接濟，毋得阻遏。」[66] 這說明僅僅兩年後，海洋採集業已被官府正式允許。居民下海採集海產，可以用小船，「片板不許入海」之禁已經有所鬆動。因此，儘管明朝有「片板不許入海」之禁，實際上下海捕魚的民眾越來越多，而明朝的海防官員也常為民眾開綠燈。景泰二年（1451 年）九月，浙江備倭指揮王謙等「受濱海軍民賂，縱之下海捕魚」。[67] 廣東有官員「或賣放軍士或下海捕鮮，或令營幹家務，以致軍伍空闕」[68]。面對這一情況，明朝只好調整政策，弘治年間編成的《明會典》規定：「若小民撐使小船於海邊近處捕取魚蝦採打柴木者，巡捕官兵不許擾害。」[69] 可見，此時已經允許漁民下海捕魚，並非「片板不許下海」了。但是，這時期明朝並未正式開放海禁。

　　明朝矛盾的政策每每引起下級官員的衝突。天順二年七月甲寅，「敕責備倭中軍都督府都督僉事翁紹宗曰：『嘉興乍浦河泊所，歲進黃魚係舊制，近年以來，因爾不許漁船越境出海，又令官軍擒拏，以致不得採捕，遂缺供薦。先已取爾招服爾宜自咎，遵奉朝命，省令所轄官司，毋得阻滯。顧乃全不關心，今歲漁船又被攔截索錢，不得採捕，及船戶具告前情，自知阻誤，虛詞妄奏，遮掩己過。朝廷託爾以邊方重寄，當輸忠效勤，正己

65　孫繼宗監修，《明英宗實錄》卷七，宣德十年七月乙丑，第 141 頁。

66　孫繼宗監修，《明英宗實錄》卷三二，正統二年秋七月庚寅，第 1 頁。

67　孫繼宗監修，《明英宗實錄》卷二○八，景泰二年九月甲寅，第 4476 頁。

68　孫繼宗監修，《明英宗實錄》卷一○○，正統八年春正月丁巳，第 2012 頁。

69　李東陽等，《明會典》卷一一○，〈兵部五〉，文淵閣四庫全書本，第 20 頁。

率人，爾乃恣意貪黷，不才怠慢。論法實難容恕。今復從寬，且不拏問，罰俸一年。令爾自省。若再怙然不改，阻誤歲進，自取禍敗，決不可逃。』」[70]可見，嚴格執行漁禁的官員因妨礙皇室得到魚貨而受到處分。

　　然而，迄至天順三年，這個案翻了過來。十一月壬寅「初浙江省歲貢黃魚，有自常州夏港口出海採捕者，引致倭寇，備倭督僉事翁紹宗頗繩之以法，鎮守浙江太監盧永等奏其阻誤進奉，紹宗坐罰俸一年。及是永復言，夏港口相離浙江窵遠，且非所屬地方，採捕之時，不得躬親閱視，請止於本處錢塘縣赭山巡檢司出海採捕為便。從之。」[71]

　　明代中葉正德年間的《漳州府志》記載，漳州沿海的龍溪、漳浦二縣出產海魚，其種類有：胡鯊、鮫鯊、石首、鱗魚、馬鮫、烏魚、黃魚、鰳魚、鱸魚、鰌魚、子魚等等，這些魚多為深海魚，例如，所謂的「鱗魚」，「首銳腹廣，尾細，有似標槍，故名。」從其形態來看，應當就是金槍魚。[72]他如石首魚產於浙江與閩東沿海，烏魚產於臺灣沿海，看來，明代中葉，漳州漁民已經可以到浙江和臺灣沿海捕魚了。沿海漁業的發展表明，明代前期的海禁並非像人們想像的那麼嚴厲。

　　此外，關於造船，明朝法律是這樣規定的：「又一欵：官民人等，擅造二桅以上違式大船，將帶違禁貨物下海，往番買賣，潛通海賊，同謀結聚，及為嚮導劫掠者，正犯處以極刑，全家發邊遠充軍。其明刑敕法，禁諭森嚴，亦無非所以慮後患防未然也。」[73]其用詞雖然嚴厲，實有空子可以鑽。官府既然規定不得擅造二桅以上的大船，那麼，一桅的中等、下等海船就是可以製造的。福建、潮州沿海的漁民應該可以用中小漁船下海捕魚。福建、廣東、浙江東臨大海，海岸線曲折，多半島、海島，漁業一直很發達。明朝允許近海漁業發展之後，閩浙粵漁業很快發展起來。從明代前期的方志中也可看到沿海漁業的正常發展。弘治《長樂縣志》云：「近海者率以漁為生，在農之家，婦女亦執工作。」[74]這表明弘治年間福建漁民下海捕魚

70　孫繼宗監修，《明英宗實錄》卷二九三，天順二年七月甲寅。
71　孫繼宗監修，《明英宗實錄》卷三〇九，天順三年十一月壬寅。
72　陳洪謨修、周瑛纂，正德《漳州府志》卷十，〈諸課雜誌〉，第 606 頁。
73　馮璋，〈通番舶議〉，《明經世文編》卷二八〇，〈馮養虛集〉，第 2966 頁。
74　潘援等，弘治《長樂縣志》，卷一，〈地理志〉，長樂縣地方誌編纂委員會資料組1991 年謄印本，第 14 頁。

是平常事了。長樂的梅花港、潭頭港、松下港、漳港都是著名的漁業港，其魚產品是相當可觀的。正德年間的《福州府志》記錄了 43 種海魚，其中對黃魚的注解是：「身扁薄而多鯁，味佳。」[75] 黃魚是深海魚，不出海，無法捕撈。其時，海魚出售於沿海港市，成為當地民眾主要的食物來源，如興化府的漁民「暮取諸海，且鬻諸市，為鮮魚。醃曝成乾貨，賣他方為鯗魚，或不醃而曝，名白鯗，尤他方所珍者」[76]。此中的鹹魚與乾魚，都是可以出售於山區的商品。山區的食鹽價格較高，農民多淡食，鹹魚因而成為待客的美味。弘治年間，朝鮮的崔溥漂流到中國浙江沿海，兩次遇到漁船，一次見到二隻，又一次見到六隻。[77] 這都說明：浙江沿海一帶，一直有漁船活動。福建沿海的船隻也不少，成化十九年颶風襲擊福州府，「閩、侯官、懷安、長樂、連江、福清、羅源、永福、閩清九縣……官私船隻，漂沒萬數，民溺死千餘人」[78]。這一萬多艘船隻，其中會有許多是閩江上的河船，但其中也會有許多海船，這說明當時福建的海船數量是相當大的。《閩書》記載：泉州「沿海之民，魚蝦蠃蛤，多於羹稻，懸島絕嶼以網罟為耕耘。」[79] 這是說，泉州沿海人民的食物來源，海產多於糧食。

　　總之，雖然明初的海禁之令十分嚴厲，但為了百姓的利益，明朝也做了一些調整。寫入大明律的海禁之令其實具有一定的彈性。此外，明朝無力做到真正的海禁，這也是有必要考慮的一個因素。從大背景而言，明英宗之後，日本漸漸進入戰國時代，國內各個大名之間的鬥爭，吸引了日本各地的浪人和武士，因此，東亞海上的倭寇活動陷入低潮。倭寇少了，明朝對倭寇的戒備也逐漸鬆弛，於是，「片板不許下海」之禁令被擱置，代之以寬鬆的政令。海上漁業和運輸業都有所恢復。

第二節　明初的衛所與海防

　　在倭寇屢屢入侵的背景下，朝廷為了加強對東南沿海的統治，採取了整頓軍備、修築堡寨、設置水師等多種措施。這對保衛福建起了一定的效果。

75　葉溥等，正德《福州府志》卷八，〈食貨志〉，第 209 頁。
76　周瑛等，弘治《興化府志》卷十二，〈貨殖志〉，第 9 頁。
77　崔溥，《漂海錄》，北京，線裝書局 2002 年，第 64 — 65 頁。
78　葉溥等，正德《福州府志》卷三三，〈祥異志〉，海風出版社 2001 年，第 422 頁。
79　何喬遠，《閩書》卷三八，〈風俗志〉，第 942 頁。

一、整頓海防，設立衛所

在沿海築造寨堡。洪武二十年（1387 年）四月，朱元璋「命江夏侯周德興往福建，以福、興、漳、泉四府民戶三丁取一為緣海衛所戍兵，以防倭寇。其原置軍衛，非要害之所即移置之。德興至福建，按籍抽兵，相視要害可為城守之處，具圖以進，凡選丁壯萬五千餘人，築城一十六，增置巡檢司四十有五，分隸諸衛以為防禦。」[80]據《漳州府志》，漳浦縣的洪淡等七座巡檢司，都是由周德興建於洪武二十年。[81]

圖 2-3　建於明初的崇武所城。

明代的衛與府級機構相當，所與縣級機構相當。「明高祖洪武二十年命江夏侯周德興經略海上，置沿海五衛十二所，曰福寧衛，領大金、定海二所。曰鎮東衛，領梅花、萬安二所。曰平海衛，領莆禧所。曰永寧衛，領崇武、福全、金門、中左、高浦五所。曰鎮海衛，領六鰲、銅山、懸鐘三所。其隙地、支地，控馭所不及者，更置巡司，以承其彌縫焉。陸路之防既固，又作烽火、南日、浯嶼三水寨，擁戰艦以備躪寇之用。」[82]嘉靖年間任職福建的卜大同記載：「國朝洪武二十年，江夏侯周德興經略沿海地方，設立福寧、福州、左福州、右福州、中鎮東、興化、平海、泉州、永寧、漳州、鎮海一十一衛，大金、定海、梅花、萬安、蒲禧、崇武、福全、金門、中左、高浦、陸鰲、銅山、玄鍾，一十三所。大箭篢，清灣、高羅延、白石、東洋、麻嶺、北茭、五虎門、閩安、鎮石、梁焦山、小祉、松下、澤郎、牛頭門、璧頭、迎仙、冲沁、青山、嵌頭、吉了、峰尾、黃崎、小岞、獺窟、祥芝、深滬、烏潯、圍頭、官澳、田浦、峰上、陳坑、烈嶼、塔頭、高浦、濠門、海門、島尾、井尾、青山、後葛、古雷、金石、洪淡四十四巡司。永樂年間，復設烽火、南日、浯嶼三水寨。」[83]設置巡檢司，對治安有利。如莆田，「冲心巡檢司，在郡治東六十里。三

80　《明太祖實錄》卷一八一，洪武二十年四月戊子，第 3 頁。
81　陳洪謨修、周瑛纂，正德《漳州府志》卷二八，〈兵紀〉，第 1715 頁。
82　杜臻，《粵閩巡視紀略》卷四，第 1 — 2 頁。
83　卜大同輯，《備倭記》卷上，〈置制〉。

面阻海，與崎頭三江澳港相接，即山為城，下多村落。海上烽起，則斂民入守。其民歲販飴糖稻麥，浮溫台潮為利。」[84]

　　以上論述讓我們知道明初福建布防的大略。在周德興來到之前，福建明軍應當主要駐紮在各大城市中，周德興將他們分派到沿海各港，修築寨堡，春夏乘船出海巡狩，從而大大加強了福建的防禦能力。其次，周德興還承襲宋元以來地方設巡檢司的制度，並將其和衛所制度結合起來，因而構成了一張網絡，對防止倭寇入侵起了重要作用。

表 2-1 福建沿海的衛所

名稱	駐地	隸屬
福州左衛	福州城	福建都指揮使司
福州中衛	福州城	福建都指揮使司
福州右衛	福州城	福建都指揮使司
鎮東衛	福清東	福建都指揮使司
梅花千戶所	長樂東	鎮東衛
萬安千戶所	福清東南	鎮東衛
福寧衛	霞浦東	福建都指揮使司
大金千戶所	霞浦東	福寧衛
定海千戶所	連江東	福建都指揮使司
興化衛	莆田城	福建都指揮使司
平海衛	莆田東	福建都指揮使司
莆禧千戶所	莆田東	平海衛
泉州衛	泉州城	福建都指揮使司
永寧衛	泉州東南	福建都指揮使司
福泉千戶所	泉州東南	永寧衛
金門千戶所	金門島	永寧衛
中左千戶所	廈門島	永寧衛
高浦千戶所	同安西	永寧衛
崇武千戶所	惠安東	永寧衛
漳州衛	漳州城	福建都指揮使司
鎮海衛	海澄東	福建都指揮使司
六鰲千戶所	漳浦東	鎮海衛

84　杜臻，《粵閩巡視紀略》卷五，第 24 頁。

銅山千戶所	東山島	鎮海衛
玄鍾千戶所	雲霄	鎮海衛
南詔千戶所	詔安	鎮海衛

　　明代的衛所實行屯田制，所有的軍隊在其駐地開墾田地，讓士兵種田。明代初年，各府荒地很多，明朝將各個衛所的士卒分為兩班，老弱種地，青壯年打仗巡邏。因各地衛所都占有很多田地，屯田的收入足以養兵。朱元璋為此十分驕傲：聲稱養百萬大軍，不費民間一錢。但這一制度建立屯田士卒超過常人的勞動之上，很難維持下去的。以漳州衛來說，該衛計有田地圍 435 頃 35.39 畝，每年上納糧食 8850 石[85]，平均每畝上納糧食為 2 斗。這個稅收遠超平民普通農田的上貢數量。明朝定稅則，除了江南外，多數地區是畝稅三升，也就是說，屯丁上納的賦稅為民田的六七倍！這樣，一遇荒年，屯丁往往無從上納。正統元年九月辛丑，「福建都司奏，福州等衛逋負屯種糧一千八百五十餘石有奇，皆管屯指揮千百戶趙銘等怠緩之故，請治以罪，事下行在戶部覆奏。上命本處按察司督之，不完不宥。」[86] 正統十三年三月己酉，「戶部奏：福建福寧、泉州、鎮東、永寧、鎮海五衛，負欠屯糧，請逮提督管屯官治罪。詔宥之，令速追完。若仍前延緩，必罪不宥。」[87] 可見，衛所欠糧是經常的，有時皇帝也得出面催糧。若是地方證實荒年，明朝也會免除衛所徵糧。例如，成化十一年五月壬子，免除漳州衛屯田子粒一千三百餘石。[88] 成化十六年八月乙卯，免除鎮東等衛所子粒一萬四千八百餘石。[89]

　　明代的衛所士兵因要服役種田，負擔過重，每每逃亡。明代中葉的衛所兵額，大都不能滿額，因此，許多衛所田地荒棄，老百姓侵占衛所之田自墾。也有衛所軍官隱藏衛所田地為自家所有。因此，明代中葉，各地衛所田地流失頗多。明朝官府過一段時間，就要清查屯田，以保證屯田收入。漳州衛於弘治十六年大清查，「管屯指揮同知侯汴提督各該委官共清出逃

85　陳洪謨修、周瑛纂，正德《漳州府志》卷十，第 590 頁。
86　孫繼宗監修，《明英宗實錄》卷二二，正統元年九月辛丑。
87　孫繼宗監修，《明英宗實錄》卷一六四，正統十三年三月己酉。
88　張懋監修，《明憲宗實錄》卷一四一，成化十一年五月壬子。
89　張懋監修，《明憲宗實錄》卷二〇六，成化十六年八月乙卯。

失田四十一頃三十一畝九釐」。[90]弘治十八年正月己亥，「命福建各衛所清出屯田，暫免徵子粒一年。」[91]福建各衛所最大的問題還是人員的逃亡，因而失去戰鬥力。而屯田可能是租給農民種植的。

二、明代的福建水師

首先是造船組建水師。「洪武五年八月甲申詔浙江、福建瀕海九衛造海舟六百六十艘，以禦倭寇。上諭中書省臣曰『自兵興以來，百姓供給頗煩，今復有興作，乃重勞之。然所以為此者，為百姓去殘害，保父母妻子也。聯恐有司因此重科吾民，及致怨讟。爾中書具榜諭之，違者罪不赦。』省臣對曰『陛下愛民而預防其患，所費少而所利大。臣嘗聞倭寇所至，人民一空，較之造船之費何啻千百。若船成備禦有具，瀕海之民可以樂業，所謂因民之所利而利之，又何怨。但有司之禁不得不嚴。』先是，瀕海州縣屢被倭害，官軍逐捕，往往乏舟不能追擊，故有是命。」[92]「洪武五年十一月癸亥詔浙江、福建沿海諸衛改造多櫓快船，以備倭寇。」[93]明初軍隊實力強大，只是缺乏船隻，所以，明朝將造船當作防倭的第一件大事。其後，明軍戰船巡邏於浙江、福建海面，曾在琉球附近大敗倭寇，顯示了強大的戰力。為了平定倭寇，明太祖還派人出使日本，試圖通過與日本執政者的談判讓日本制裁倭寇。為此，明朝還答應了日本前來進貢，建立了雙方關係。不過，日本的倭寇主要來自邊遠區域的九州，此地日本人亦漁亦盜，而本州的日本的執政者對他們沒有太多的辦法。所以，倭寇入侵還經常發生。

福建沿海駐軍最為重要的是水師。明代前期洪武年間，福建水師多由各衛所軍隊調發。他們的戰力不錯。洪武二十年閏六月庚申，朝廷下令：「福建都指揮使司備海舟百艘、廣東倍之，並具器械糧餉，以九月會浙江，候出占城捕倭夷。」[94]可見，這是一個大出擊的計畫，不過後來沒有實行。後來，福建的山寇逐漸平息，福建明軍的防禦重點轉向沿海，這就有了水

---

90 陳洪謨修、周瑛纂，正德《漳州府志》卷十，〈諸課雜誌‧屯田〉，第590頁。
91 張懋監修，《明孝宗實錄》卷二二〇，弘治十八年正月己亥。
92 《明太祖實錄》卷七五，洪武五年八月甲申。
93 《明太祖實錄》卷七六，洪武五年十一月要亥。
94 《明太祖實錄》卷一三二，洪武二十年閏六月庚申。

寨的建設。福建早期三大水寨的設置文獻記載不同。杜臻的《粵閩巡視紀略》在敘述周德興建衛所之後說：「陸路之防既固，又作烽火、南日、浯嶼三水寨，擁戰艦以備躡寇之用。」[95] 僅讀這段文字，好像福建水寨是洪武時期德興所建的。而卜大同則說：「永樂年間，復設烽火、南日、浯嶼三水寨。」[96] 在卜大同看來，三大水寨建於永樂之時。那麼，福建早期三大水寨究竟建於何時？我認為應當是永樂年間。明初福建駐軍陸軍與水師不分。各個衛所軍隊輪流出海。卜大同引王忬的〈奏復沿海逃亡軍士餘剩糧疏〉：「查得《大明會典》，內開沿海地方，每一衛五所，共船五十隻，每船旗軍一百名，春夏出哨，秋冬回守。計福建沿海十一衛，有船五百餘隻，用旗軍五萬餘人，以此制倭，何憂不克。」[97] 卜大同的敘述有誤。此處稱福建沿海十一衛，計有旗軍五萬餘人。其實，從文獻的記載來看，福建山區及沿海的衛所全加起來也不過四萬八千二百餘人。[98] 如郭造卿說：「閩地……有二都司，五水寨，舊額共馬步官軍四萬八千二百餘員名，視浙之三萬九千九百餘員名，廣之三萬九千四百餘員名，其軍尤多，自昔然矣」。[99] 這些軍隊分轄駐福州的「福建都指揮使司」與駐建寧府城的「福建行都指揮使司」，其中若有三分之二歸沿海的福建都指揮使司管就不錯了。但卜大同的敘述使我們知道，明初經周德興整頓之後，沿海衛所直接統轄戰船，當時水軍和陸軍不分，衛所軍隊應是輪流出海。

永樂之後，福建明軍數量削減，有戰鬥力的士卒多被調到長城一線，或是出征安南，傷亡很大。為了防倭，官方將重點放在水師建設，開始出現專職的水師。明初福建沿海有五個府州，福州府和福寧州的海面設置了烽火寨，興化府設置南日寨，泉州府與漳州府之間設置了浯嶼寨，三寨分立於閩東北、閩南及中部的興化灣，此外還有些小寨。景泰年間，福建水寨再次整編：

> 景帝景泰三年正月，允福建守臣請，以備倭軍船分立五寨。鎮守福

95　杜臻《粵閩巡視紀略》卷四，第 2 頁。

96　卜大同輯，《備倭記》卷上，〈置制〉。

97　卜大同輯，《備倭記》卷下，〈奏牘〉。

98　徐曉望，《福建通史‧明清卷》福建人民出版社 2006 年，第 54 頁。

99　郭造卿，〈閩中兵食議〉，顧炎武輯，《天下郡國利病書》第 26 冊，四部叢刊本三編，第 14 頁。

> 建尚書薛希璉等言：備倭軍船分為九澳，星分勢弱。福寧之烽火門，
> 福州之小埕澳，興化之南日山，泉州之浯嶼，漳州之西門澳，亦曰
> 銅山，五處俱係要地。欲將出海官軍分立五寨哨捕。仍令出海備倭。
> 都指揮等往來巡督，庶得無患。從之。後廢。[100]

> 景泰間尚書薛希璉奉命巡閱，復增小埕、銅山二寨，謂之五寨。互
> 為首尾，迭相呼應。[101]

新增的二寨中，小埕水寨位於閩江口，負有保衛省城福州的責任，而銅山水寨位於銅山島（今名東山島），擋住廣東海盜北上之路，這都是重要的設置。五寨之設，大體控制了福建近海水路。

這些水寨分布在沿海的島嶼上，每寨都有一支各種船隻組成的船隊，每年出巡兩次，稱作春汛與秋汛。所謂春汛，即在三月至五月之間，此時東北風大起，從日本航海至中國東南沿海，僅需十餘日就可抵達。六月以後，中國沿海轉為南風。因此，倭寇入侵，多在三五月間，他們南下得手後，又可乘南風北上，回到日本。此外，每年秋冬之際的小陽春，也是東風強勁的時候，有一些倭寇乘風從日本而來，在中國過冬，於次年南風起時北上。所以，明朝軍隊防倭，最重視春汛與秋汛。

按照明朝制度的規定，水寨的官兵由沿海衛所抽調。各衛撥出指揮一員，總管所部水軍，名為衛總，其上有把總，節制水寨。例如漳州的銅山水寨，在銅山島的西門澳。「本寨把總官，初委都指揮，後乃遴選各衛指揮才能出眾者充之。視都指揮行事，而衛總聽節制焉。其所置戰船有八百料，有四百料，有三百料，有五十料者，大者謂之快船，小者謂之哨船。皆官府打造以聽調用。其軍鎮海、漳州、永寧三衛，又陸鰲、玄鍾、銅山三所定撥。歲番上。」、「初兩水寨軍未嘗分班，成化間，巡撫都御史張瑄奏軍，得以休息分作三班。上班，今年二月上，明年二月下，中班今年八月上、明年八月下，下班，明年二月上，後年二月下。其法參差旋轉，大率一年有半，休息半年。」、「把總，舊例今年二月上，明年二月代者至。衛總今年八月上，明年八月代者至，新例衛總更代仍舊，把總

---

100 《欽定續文獻通考》卷一三二，〈兵考・舟師水戰〉，第 8 頁。
101 杜臻，《粵閩巡視紀略》卷四，第 2 頁。

則五年一代。許攜家焉，久於事，以責成功。」、「銅山西門澳額調官軍一千八百六十七員。各官快哨船二十隻。」[102]

　　明代英宗之後，日本進入了戰國時期，各個封建大名之間，混戰不已，所有的武裝力量都被動員起來參加關係存亡的大戰。所以，約有五十年間，亞洲大陸不見倭寇。倭寇活動的消失，使明朝水師的戒備日益鬆懈下來，王瑛說「備倭戰船官軍，近年以哨瞭為名，停泊海港，竊還其家者有之，販鬻私鹽、捕魚、採薪者亦有之」[103]。而水寨嚴格的制度與體系，也在逐步瓦解，焦宏奏：「福建行都司衛所官軍于沿海地方協同備倭，周歲更代，近年代者多不時至，守者遂至踰期。」[104] 久而久之，水師的戰船廢敗後，也不再添造，明朝不得不派出能員進行整頓。正統六年，焦宏巡視東南沿海，整頓邊防。「閩浙蘇松半臨海，寇往來海中，伺便肆抄掠，兵備弛廢。上命公往視閱諸軍，修城堞，備戰艦，防守之法有當因革增損者，悉以便宜從事。政令一新，寇不得為害。」[105] 焦宏做的最重要的一件事是將邊遠島嶼上的水寨遷入內海。其時水寨駐守於烽火、南日、浯嶼等邊遠海島，糧餉供應困難。「正統初年，侍郎焦宏，以其孤懸海中，乃徙烽火于松山，南日于吉了，浯嶼于嘉禾，各仍其舊稱。又設小埕（埕？）、銅山二水寨（銅山在井尾地方）。至景泰二年，尚書薛希璉又將井尾官軍移遷于銅山西門澳。後又以銅山水寨南哨，改為玄鍾澳，仍屬寨轄焉。」[106]

　　按，水寨內遷，便於後勤供應，但放棄要害之地，也引來了很大麻煩。「南日在莆東北絕島，鯨波渺彌，徙民內地，而水寨移置吉了。海寇出沒，莫可誰何。議者欲移水寨復故地，相持未決。」[107]

　　水寨最大的問題還是人員的減少。例如，在烽火寨遷到松山之初相當興盛，有水兵數千人。以後水寨逐漸走下坡路。明代中葉詩人傅汝舟的〈登

102　陳洪謨修、周瑛纂，正德《漳州府志》卷三十，〈兵紀〉，廈門大學出版社 2012 年，第 1830 頁。

103　孫繼宗監修，《明英宗實錄》卷九八，正統七年十一月壬午，第 10 頁。

104　孫繼宗監修，《明英宗實錄》卷一○七，正統八年八月庚寅，第 2 頁。

105　王直，《抑庵文集》卷七，〈故通奉大夫戶部右侍郎焦公神道碑〉，文淵閣四庫全書本，第 30 頁。

106　卜大同輯，《備倭記》卷上，〈置制〉。

107　朱浣，《天馬山房遺稿》卷二，〈海上贈言〉，第 11 頁。

松山〉一詩詠道：「太平多年漸裁革，武備日弛誰講求？海軍四千半死絕，存者無復貙與貅。終身不識戰船面，何用橫行奪彼舟」[108]。《漳州府志》記載：「國家初設衛所時，軍士名數滿額，在在蟻聚蜂屯，固隱然有虎豹在山之勢矣。自後以漸消耗額雖存，名數不足遠而望之，若龐然，近而即之，則口然虛，偃然僕，不足以制敵矣。」[109]

　　總的來看，明初福建的衛所、水寨星羅棋布，所以，有效地扼制了倭寇的入侵，儘管倭寇屢屢出現於閩浙沿海，但多為搶劫，雖然有時能攻下村莊、縣城，多為撈一把就走，不敢久駐。這與明代後期的倭寇大有不同。不過，福建水寨內遷後，對沿海島嶼的控制減弱，於是，福建沿海島嶼漸成為海盜活動的場所。這是後話了。

第三節　福建市舶司與琉球進貢

　　明代的福建市舶司設於洪武初年，主要負責「東洋」國家的進貢事宜。後因東洋的呂宋、淳泥諸國很少前來貿易，福建市舶司的貿易對象只剩琉球。而市舶司所在地也從泉州遷至福州。

一、福建市舶司的建與廢

　　市舶司是宋元以來的傳統建置。明朝建立後，一度設市舶司於太倉的黃渡。不久，因太倉市舶司過於接近南京而改設浙江、福建、廣東三地。一般認為，福建接近東洋國家，廣州接近西洋國家。洪武八年二月，「以外夷山川附祭於各省山川之次。……廣東則宜附祭三佛齊、爪哇，福建則宜附祭日本、琉球、淳泥。」[110] 福建市舶司按宋元傳統設於泉州。三個市舶司沒有嚴格的分工，按照元代的傳統，三個市舶司中，以泉州市舶司最為重要，元代出使船隻，多從泉州出發。洪武初年，明朝剛剛建國，急於得到四周國家的認可，於是，使者四出，爭取各國承認。淳泥國進貢與福建市舶司有關。宋濂寫道：

108　朱梅等，萬曆《福寧州志》卷一，第 15 頁。
109　陳洪謨修、周瑛纂，正德《漳州府志》卷三十，〈兵紀〉，廈門大學出版社 2012 年，第 1835 頁。
110　《明太祖實錄》卷九八，洪武八年二月癸巳。

濂承旨禁林日，福建行省都事沈秩來謁曰：「洪武三年秋八月，秩與監察御史張敬之等奉詔往諭浡泥國。冬十月由泉南入海，四年春三月乙酉朔達闍婆，又踰月始至其國。國王瑪玲穆特沙（馬合謨沙）僻處海中，倨傲無人臣禮。秩令譯人通言曰：『皇帝撫有四海，日月所照，霜露所隊，無不奉表稱臣，浡泥以彈丸之地乃欲抗天威邪？』王大悟，舉手加額曰：『皇帝為天下主，即吾之君父，安敢云抗？』秩即折之曰：『王既知君父之尊，為臣子者奈何不敬？』亟撤王座而更設黼几寘詔書其上。命王帥官屬列拜于庭。秩奉詔立宣之，王俯伏以聽。成禮而退。明日王辭曰，近者蘇祿起兵來侵，子女玉帛，盡為所掠。必俟三年後，國事稍紓，造舟入貢爾。秩曰：『皇帝登大寶已有年矣。四夷之國，東則日本高麗，南則交趾占城闍婆，西則吐蕃，北則蒙古諸部落，使者接踵于道，王即行已晚，何謂三年。』王曰：『地瘠民貧，愧無奇珍以獻，故將遲遲爾，非有他也。』秩曰：『皇帝富有四海，使人善為辭，豈有所求於王。但欲王之稱藩，一示無外爾。』」[111]

明朝官員甚至以武力威脅：「使者朝還。天兵旦夕至。雖欲噬臍。悔可及乎。」就這樣，浡泥的國王被迫來中國進貢。不過，當時的明朝廷寬以待人，逐漸感動了浡泥的使者。而浡泥等國前來朝貢時，「內帶行商」，順便做些生意。[112] 所以，明初浡泥是進貢最多的國家之一。他們多由福建入貢。《明史‧浡泥傳》記載，洪武八年，「命其國山川附祀福建山川之次」。這都加強了福建市舶司與浡泥的關係。除了浡泥之外，明朝與日本及琉球的關係都與福建市舶司有關。著名的明朝使者楊載便是從福建出使日本，而其回程時發現了琉球國。

市舶司政策的改變。為了吸引海外國家的進貢，明太祖朱元璋還大幅度改變了傳統的市舶司政策，以免除稅收的優惠招徠海外各國進貢。洪武四年，戶部上奏：「高麗、三佛齊入貢，其高麗海舶至太倉，三佛齊海舶至泉州海口，並請徵其貨。」朱元璋卻下令「勿徵」。[113] 不久，他又詔諭

111　宋濂，《文憲集》卷四，〈浡泥入貢記〉，文淵閣四庫全書本，第 45 — 46 頁。

112　俞汝楫編，《禮部志稿》卷三十五，文淵閣四庫全書本，第 9 頁。

113　《明太祖實錄》卷六八，第 5 頁。

福建行省「免徵占城海舶，示懷柔意」。[114] 其實，朱元璋對海外情況根本
不瞭解，凡是來到中國進行海外貿易的國家，大多數是中國傳統的朝貢國，
例如占城、朝鮮等等，即使明朝照舊徵收他們的稅額，由於經濟利益與政
治利益所在，他們仍然會進貢明朝的，就像他們以往進貢唐朝、宋朝一樣。
朱元璋這一政策的變化，非常不利於中國的對外貿易。它使宋元以來沿用
數百年的市舶司制度發生本質的變化，過去政府能從市舶司中得到可觀的
稅收，並且成為國家財政中一個重要的來源，使國家不得不重視海外貿易
的情況。現在，市舶司只是一個朝貢國的接待站，非但不能贏利，反而成
為國家的一個負擔，在財政緊張時，人們總是傾向於廢除市舶司，甚至斷
絕對外貿易。所以，朱元璋的這一政策，使市舶司這一機構走上了荊棘重
重的困難之路。洪武七年，朱元璋廢除了福建市舶司。不久，他還實行了
海禁政策。朱元璋生活於內陸區域，對沿海民眾的利益不太瞭解，他以為
只要禁對外來往，就可減少海寇的活動，有利於沿海民眾回歸農業。他不
知道的是，農民並不喜歡他的政策，而且，他的政策也將給明朝帶來三百
年的災難。不過，這都是後話了。

　　明成祖繼位後，明朝對外政策發生了巨大的變化。就在明成祖奪得政
權的洪武三十五年（建文四年）九月丁亥，「遣使以即位詔諭安南、暹羅、
爪哇、琉球、日本、西洋蘇門答剌、占城諸國。上諭禮部臣曰：太祖高皇
帝時諸番國遣使來朝，一皆遇之以誠。其以土物來市易者，悉聽其便。或
有不知避忌而誤干憲條，皆寬宥之，以懷遠人。今四海一家，正當廣示無
外諸國。有輸誠來貢者聽。爾其諭之使明知朕意。」[115] 為了實現他的外交
理想，明成祖恢復了市舶司制度。永樂元年八月，「上以海外番國進貢之
使附帶物貨前來交易者，須有官專至之，遂命吏部依洪武初制，于浙江、
福建、廣東設市舶提舉司，隸布政司，每司置提舉司一員，從五品，副提
舉二員，從六品，更目一員，從九品。」[116] 福建市舶司自此恢復。明成祖
永樂三年，皇帝詔福建設立來遠驛，以接待海外國家來賓。由於鄭和的船
隊多以福建港口為駐地，隨之而來的使臣多在福建登陸，所以，明代初年，

114　陳壽祺等，道光《福建通志》卷二七○，〈明洋市〉，第 6 頁。
115　張輔監修，《明太宗實錄》卷十二上，洪武三十五年九月丁亥。
116　張輔監修，《明太宗實錄》卷二二，永樂元年八月丁巳。

有許多國家的使者進貢經由泉州港與福州港，而且，福建市舶司的官員，也常派員外出，引導海外國家進貢。

　　與福建市舶司既有關係的浡泥，是最早來進貢的國家之一。「永樂三年遣使往封麻那惹加那乃為王，給印誥、敕符、勘合」。[117] 明朝的主動在浡泥得到回應。「永樂三年冬，其王麻那惹加那遣使入貢。乃遣官封為國王，賜印誥、敕符、勘合、錦綺、綵幣。王大悅，率妃及弟妹子女陪臣泛海來朝。次福建，守臣以聞。遣中官往宴。賚所過州縣皆宴。六年八月入都朝見。」由於浡泥國王是海外第一個親自前來朝貢的國王，明成祖大喜，給予賞賜特多。浡泥國王麻那惹加那死於南京，明成祖賜葬安德門外，封其四歲的兒子遐旺為浡泥王。明朝的宦官張謙數次往返浡泥。永樂八年九月「中官張謙，行人周航使浡泥國。還其王遐旺，遣其叔蔓的里哈盧等等百八十人偕來，貢方物謝恩。賜文綺襲衣鈔幣有差。」[118] 永樂九年二月「遣中官張謙等齎敕使浡泥國，賜其王遐旺錦綺紗羅綵絹百二十疋，並賜其頭目有差。」[119] 永樂十年八月辛酉，「禮部言，浡泥國王遐旺偕其母妻來朝，已至福建。命遣郎中高謙、行人柳昌往宴勞之。」[120]《明史‧浡泥傳》記載其國：「自十四年至洪熙元年四入貢，後貢使漸稀。」

　　張謙是一個十分能幹的使臣，他還曾被派到西洋出使。永樂十五年六月，「遣人齎敕往金鄉，勞使西洋諸番內官張謙及指揮千百戶旗軍人等。」[121] 可見，他剛去了西洋某國。不久，他又到東洋的麻剌朗國。《明史》卷三二三外國傳記載：「古麻剌朗，東南海中小國也。永樂十五年九月遣中官張謙齎敕撫諭其王幹剌義亦奔敦，賜之絨錦紵絲紗羅。十八年八月王率妻子陪臣隨謙來朝貢方物。禮之如蘇祿國王。」、「乃賜以印誥、冠帶、儀伏、鞍馬及文綺、金織襲衣。妃以下並有賜。明年正月辭還。復賜金銀錢、文綺、紗羅、綵帛、金織襲衣、麒麟衣。妃以下賜有差。王還至福建遘疾，卒。遣禮部主事楊善諭祭。謚曰康靖。有司治墳，葬以王禮。命其子剌苾嗣為王，率眾歸。賜鈔幣。」《福建通志》記載福州古跡：「康靖王墓，

117　俞汝楫編，《禮部志稿》卷三十五，文淵閣四庫全書本，第 13 頁。
118　張輔監修，《明太宗實錄》卷一〇八，永樂八年九月己卯。
119　張輔監修，《明太宗實錄》卷一一三，永樂九年二月癸巳。
120　張輔監修，《明太宗實錄》卷一三一，永樂十年八月辛酉。
121　張輔監修，《明太宗實錄》卷一九〇，永樂十五年六月己亥。

在茶園山。明永樂間古麻剌國王入貢，以疾卒。賜諡及葬于此。」[122]

蘇祿國前來進貢也是在永樂十五年。「永樂十五年八月甲申朔，行在禮部言，權蘇祿東國巴都葛叭答剌，權蘇祿西國麻哈剌吒葛剌麻丁，故權蘇祿峒者之妻叭都葛巴剌卜，各率其屬及隨從頭目，凡三百四十餘人，奉金縷表來朝貢，且獻珍珠、寶石、玳瑁等物。賜予視滿剌加國王。」[123] 其時，蘇祿國王位未定，分為東西兩大勢力。明成祖乘勢給其封王。「封巴都葛叭答剌為蘇祿國東王，麻哈剌吒葛剌麻丁為蘇祿國西王，叭都葛巴剌卜為蘇祿國峒王。並賜誥命及襲衣、冠服、印章、鞍馬、儀仗，隨從頭目三百四十餘人，賜冠帶、金織文綺襲衣有差。」、「庚戌，蘇祿國東王巴都葛叭答剌、西王麻哈剌吒葛剌麻丁、峒王叭都葛巴剌卜辭歸。人賜金相玉帶一、黃金百兩、白金二千兩、羅錦文綺二百定、絹三百定，鈔一萬錠，錢三千貫，金繡蟒龍衣、麒麟衣各一襲。賜其隨從頭目文綺綵絹錢鈔有差」。[124]

九月乙丑，「蘇祿國東王巴都葛叭答剌歸次德州病卒。訃聞，遣官賜祭。命有司營墳葬以王禮。上親為文，樹碑墓道。留其妃妾及僕從十人守墓，令畢三年還國。仍遣使齎敕諭其長子都麻含。」[125] 三年後，明朝遵守諾言，送王妃一行人返回蘇祿國。永樂十八年，蘇祿國王派使者前來進貢。

在《明實錄》的記載中，浡泥、蘇門答剌、古里、柯枝、麻林等國的使者都到過福建。古麻剌朗國的國王不幸病死於福州，朝廷賜葬於當地。在這方面要注意的是，鄭和艦隊與福建市舶司有個分工，鄭和艦隊主要下西洋，而福建市舶司主要負責東洋國家。而福建市舶司在招攬海外國家進貢方面，還是挺成功的。明永樂年間，多數國家向明朝進貢，都是派遣使者，但福建市舶司在東洋方面，成功地勸說浡泥、蘇祿、麻剌朗等國的國王來到中國本土進貢。即使在宣德年間，還在鄭和再次下西洋之前，福建市舶司也曾獨立招撫東洋國家。宣德二年十月壬戌，「賜奉使蘇祿等國回

122　郝玉麟等，雍正《福建通志》卷六二，〈古蹟〉，第31頁。
123　張輔監修，《明太宗實錄》卷一九二，永樂十五年八月甲申朔，第1頁。
124　張輔監修，《明太宗實錄》卷一九二，永樂十五年八月辛卯，第2—3頁。
125　張輔監修，《明太宗實錄》卷一九二，永樂十五年九月乙丑，第4頁。

還福州左等衛千戶趙清等⋯⋯鈔綵幣表裏綿布有差。」[126] 按，趙清等人於宣德二年回到福建，那麼，他應是在宣德元年末或是宣德二年初就到東洋去招攬蘇祿等國進貢了！這應是明宣宗派遣鄭和下西洋之前的一次試水，看看諸臣的反應。如果沒有太多的人反對，他便可派大船隊出發了。總之，福建市舶司在永樂、宣德年間總攬對東洋諸國的貢賜事務，多次派人到海外招攬諸國。他們的功績雖然比不上鄭和，但也獲取可觀的成績。

然而，由於地理上的關係，明朝將更多的西洋國家劃歸廣東市舶司管轄。例如滿剌加國：「永樂三年，滿剌加國王西剌八兒速剌遣使奉金葉表來朝貢。其物有番小廝、犀角、象牙、玳瑁、瑪瑙、鸚鵡、黑猿、黑熊、白麂、鎖袱金母、鶴頂、珍珠、珊瑚，撒哈剌白苾布、薑黃布、撒都細布，西洋布，片腦、梔子花、薔薇露、沉香、乳香、速香、金銀吉、降真香、檀香、丁香、烏木、蘇木、大楓子、番錫、番鹽。使回，令於廣東布政司管待。」[127] 按，凡是從西洋自行來到的國家，明朝多安排廣東市舶司招待。只有那些無法自行航海的國家，才由鄭和帶其使者到長樂登岸。這是福建負責招待部分西洋使臣的原因。也有少部分西洋國家循著老路到泉州貿易。宣德五年六月庚午：「上諭行在禮部臣曰：聞西南諸番進貢，海舟初到，有司封識，遣人入奏，俟有命然後開封起運。使人留彼，動經數月，供給皆出于民，所費多矣。其令廣東、福建、浙江三司，今後番舡至有司，遣人馳奏，不必待報三司官，即同市舶司稱盤，明注文籍，遣官同使人運送至京，庶省民間供饋。」[128] 可見，一直到宣德年間，來自西南方向的貢船，都有到福建、浙江市舶司進貢的。當時各市舶司之間的分工不太顯著。

其後，因廣東更接近西洋，多數西洋國家的使者，改由廣東市舶司負責。而福建負責的東洋國家，日本有能力自己進貢，其國離寧波較近，更願意選擇寧波為進貢港口。至於暹羅國，因其自備船隻，他們的使者往往繞開廣州和泉州，直接到寧波進貢。這使福建的市舶司只能負責琉球、蘇祿、淳泥等東洋小國的進貢。這些小國中，積極進貢的只有琉球，但它重要性不能與日本與東南亞國家相比。這對泉州市舶司來說是非常致命的。

126　張輔監修，《明宣宗實錄》卷三二，宣德二年十月壬戌。

127　黃衷，《海語》卷上，文淵閣四庫全書本，第7頁。

128　張輔監修，《明宣宗實錄》卷六七，宣德五年六月庚午。

過去的泉州相當於現代意義上的自由港，不論來自何方的船隻，都可以到泉州進行貿易，泉州港因而繁榮起來。現在，大多數國家的來船都去了其他港口，泉州很快失去了它作為東亞及東南亞貿易中心的位置，成為地方性港口。而且，由於琉球位置更接近於福州港，泉州的市舶司最終於成化年間轉至福州，泉州已不是一個國際港口了。[129]

二、楊載與琉球國的發現

明代初年的楊載是東亞著名的外交家，關於楊載的出使，明初胡翰有一篇名為〈贈楊載序〉的文章：「洪武二年，余客留京師。會楊載招諭日本，自海上至。未幾，詔復往使其國。四年秋，日本奉表入貢。載以勞獲被寵賚。即又遣使流球。五年秋，流球奉表從載入貢。」[130] 如其所載，楊載二度赴日本，一度到琉球，都成功地建立了明朝與其所至國家的關係，可以說，他是一個成功的外交家。然而，《明史》竟然沒有楊載的傳記！求諸史冊，楊載出使，其實歷經波折。

1. 出使琉球的大明使者楊載

《明史》記載：「洪武二年三月，帝遣行人楊載詔諭其國，且詰以入寇之故……日本王良懷不奉命。」[131] 據日方史料的記載，日本征西將軍良懷以為中方的使者來自蒙元，殺死使者團中的五人，而將正使楊載、吳文華二人扣留三個月後送歸明朝。洪武四年，楊載再次奉命出使，送還日本海盜、僧侶十五人，日本征西府派使者答謝，從此，明朝與日本之間有了外交關係。總之，當時楊載出使日本，其實是一樁有生命危險的差事。

《明史‧琉球傳》又載，洪武五年「正月，命行人楊載以即位建元詔告其國，其中山王察度遣弟泰期等隨載入朝，貢方物，帝喜。」從此，明朝與琉球的外交關係建立。楊載所攜詔書載於嚴從簡的《殊域周咨錄》第四卷，後人將其收入《明太祖實錄》第七十一卷及《明史》第二卷時，都做了節錄，尤其是《明史》所載，凡有「夷」字，都刪去了。以下選擇嚴

129　李東華，《泉州與我國中古的海上交通》，臺灣學生書局 1986 年。

130　胡翰，《胡仲子集》卷五。文淵閣四庫全書本，第 9 — 10 頁。

131　張廷玉等，《明史》卷三二二，〈外國三‧日本〉，第 8341 頁。

從簡《殊域周咨錄》的記載：

> 昔帝王之治天下，凡日月所臨，無有遠邇，一視同仁。故中國奠安，
> 四夷得所，非有意於臣服之也。自元政不綱，天下爭兵者十有七年。
> 朕起布衣，開基江左，將兵四征不庭，西平漢主陳友諒，東縛吳王
> 張士誠，南平閩越，勘定巴蜀，北清幽燕，奠安華夷，復我中國之
> 舊疆。朕為臣民推戴，即皇帝位，定有天下之號曰「大明」，建元
> 洪武。是用遣使外夷，播告朕意，使者所至，蠻夷酋長，稱臣入貢。
> 惟爾琉球，在中國東南，遠據海外，未及報知，茲特遣使往諭，爾
> 其知之。[132]

文中直稱海外民族為「夷」，難怪清朝正式收入《明史》時刪去了。
這篇詔書頗為傲慢，同類的詔書在日本碰壁，而在琉球通過，看來當時琉
球國人不太計較。從另一方面來說，也可以說是使者楊載的外交技巧好，
他將這麼無禮的外交書帶到海外，竟然完成了外交，使沖繩的中山國自願
來進貢。那麼，明初的楊載是一個怎麼樣的人？為何他能取得外交成就？
有必要對其專門研究。

2. 明初楊載即楊孟載楊基

關於明初楊載的原始資料不多，最重要的是明初儒者胡翰的文章〈贈
楊載序〉：

> 洪武二年，余客留京師。會楊載招諭日本，自海上至。未幾，詔復
> 往使其國。四年秋，日本奉表入貢。載以勞獲被寵賚。即又遣使流
> 球。五年秋，流球奉表從載入貢。道里所經，余復見於太末，竊壯
> 其行。丈夫生不為將，得為使足矣。緩頰折衝之間，一言得之，足
> 為中國重；一言失之，亦未嘗不為夷狄侮笑。東南海中諸夷，國遠
> 而險者，惟日本；近而險者，則流球耳。由古以來常負固桀驁，以
> 為中國不足制之。元入中國，所統土宇與漢唐相出入。至元中嘗命
> 省臣阿嘍罕將兵討日本，未及其國，而海舟多漂覆不利。其後又議
> 取流球，用閩人吳誌斗之言，不出師而遣使往喻其國。留泉南者雖

132　嚴從簡，《殊域周咨錄》卷四，〈東夷〉，余思黎點校本，北京，中華書局 1993 年，
第 125 頁。

久之，訖不能達而罷。豈二國果不可制乎？亦中國未有以服其心也。今載以一介行李，冒風濤之險，涉魚龍不測之淵，往來數萬里如行國中。不頓刃折鏃而二國靡然。一旦臣服，奉表貢方物，稽首拜，舞闕下，此非人力，蓋天威也。天威所加，窮日之所出入，有國者孰不震疊。因其震疊，而懷柔之，行人之事也。非有陸賈之辨、傅介子之勇，莫膺其任。而載慷慨許國，奮不顧身者，吾不知其何所負也。竊求其故，而於駙馬王公見之。公在閩中，嘗取漢太尉家法，書以遺載，欲其不失為清白吏子孫。意者夷人饒於貨寶，恆以此啗中國之使。中國之使受其啗而甘之。鮮不釣於利者。使載不釣於利，則奉天威命，安往而不濟。苟釣于利，則雖奇丈夫、檢狎小子之不若耳。幸加勉焉。今國家委重，非特使事，蓋將授之以政矣。[133]

如其所云，楊載為元末明初之人，明初在朝廷做官，琉球的進貢，始於楊載出使，這是公認的。不過，關於楊載其人，因其名字太普通，很容易混淆。明朝以前有兩個出名的楊載。其一為南宋初年的楊載，他曾奉南宋大臣張浚之名潛入劉豫部下，為南宋通消息。其二是元代中葉的楊載，字仲弘，他是福建浦城籍的杭州人，以詩文震撼京師，曾經在元朝的翰林院奉職。《元史》一百九十卷有傳。他在大德年間已經有詩名，後入選元翰林院。與虞集、揭傒斯、范梈號稱元詩四大名家。元仁宗延祐二年進士，曾在江西任官多年，仕至翰林院待制。楊載死於元代中葉，泰定帝致和元年（1328 年），其好友武夷山杜本為其刊刻詩集，另一好友范梈為其寫序，所以，此前楊載（仲宏）已經過世很久了。

這樣看來，明代初年為明朝出使日本和琉球的楊載，肯定不是元代中葉的楊載。據《明史》的記載，出使琉球的使者其職務為「行人」，這是禮部的職業外交官。明初曾聘用原元朝的許多官員，其中一些人被為出使外國，例如福建古田人張以寧便以出使安南出名，他原來也是元朝廷的官員。這樣看來，明初的楊載，也有可能是元朝的舊官員，後被明朝接用，並讓他出使遠方。楊載兩次出使成功，朝廷對他很看重，所以胡翰說：「今國家委重，非特使事，蓋將授之以政矣。」看來此後楊載得到升遷。楊載與胡翰交往，看來也是一個文學家。

---

133 胡翰，《胡仲子集》卷五。文淵閣四庫全書本，第 9－10 頁。

　　楊載與楊孟載，應為同一人。楊孟載，名楊基，他是元明之際著名的文學家，與高啟、張羽、徐幼文等並稱為吳中四傑。不過，不少史料稱與高啟等人並稱的楊孟載，又名楊載。例如：王鏊的《姑蘇志》記載陳則其人：

> 陳則，字文度，崑山人。洪武六年秀才，舉任應天府治中。遷戶部侍郎。左遷大同府同知，進知府。則文詞清麗，與高啟、楊載同稱。[134]

　　又如《江南通志》記載：「張羽，字來儀，潯陽人。元季寓吳中，與高啟、楊載、徐賁稱吳中四傑。洪武初徵為太常丞，兼翰林院，同掌文淵閣事。」[135]

　　更多的史料稱楊孟載與高啟、徐賁、張羽並稱四傑。例如《四庫全書總目》說：「臣等謹案，眉庵集十二卷，明楊基撰。基字孟載，其先嘉州人。祖官吳中，因家焉。始為張士誠記室，洪武初起為滎陽縣知縣，歷官山西按察使。尋以事奪官輸作。卒於工所。明史文苑傳附載高啟傳中。史稱基少以〈鐵笛歌〉為楊維楨所稱，與高啟、張羽、徐賁號明初四傑。」又如江朝宗的〈眉庵集序〉：「先生讀書日記數千言，尤工於詩，與高啟、徐賁、張羽為詩友，故時有高、楊、張、徐之稱云。」[136]

　　李東陽說：「國初稱高、楊、張、徐，高季迪才力聲調過三人遠甚。百餘年來亦未見卓然有以過之者，但未見其止耳。張來儀、徐幼文，殊不多見，楊孟載春草詩最傳。」[137]

　　高啟的《大全集》中有一些和楊孟載的詩，如：第十卷的〈次韻楊孟載早春見寄〉，第十四卷的〈次韻楊孟載署令雨中臥疾〉。這都說明高啟與楊孟載的關係極深。

　　《明史．姚廣孝傳》記載：「廣孝少好學，工詩，與王賓、高啟、楊孟載友善。宋濂、蘇伯衡亦推獎之。」其中楊孟載作為著名文人與高啟、王賓、姚廣孝等人並列，應當就是同一人。

　　以上史料表明，與高、徐、張等人並稱吳中四傑的楊載，即為楊孟載。

134　王鏊，《姑蘇志》卷五五，〈卓行〉。文淵閣四庫全書本，第 27 頁。

135　趙宏恩等，《江南通志》卷一七二，〈人物志．流寓〉。文淵閣四庫全書本，第 14 頁。

136　江朝宗，〈眉庵集序〉，載楊基，〈《眉庵集》序〉。文淵閣四庫全書本，第 1 頁。

137　李東陽，《懷麓堂詩話》，文淵閣四庫全書本，第 10 頁。

那麼，明初的楊載為何要改名楊基，字孟載？我想這是因為與名家同名的緣故。浦城楊載是元代詩人四大家之一，楊孟載與其同名，容易被後世之人誤會，所以，明初的楊載一定要改名。

3. 明初楊載的神祕身世

　　楊孟載一生二仕，原為張士誠的記室，入明以後，雖為明朝官員，又曾出使日本。他的歷史複雜，雖有《眉庵集》傳於後世，但集中有詩無文。據寫〈眉庵集後志〉的張習說：「然先生平日之詩甚富，皆率意為之，累不存稿。嘗見先生自序一袂云：因吾友方君不得見予全集為恨，故留此以示之爾。則是先生盛年，稿已散失。今流傳人間者，十無二三。況皆抄本，又無序志，家異而人殊。後至天順間，郡人鄭教授嘗為刊行。」由此可見，楊孟載的詩文，在其壯年時就已經散佚。其原因應與其做過張士誠的記室有關。以他這一職務，早年肯定為張士誠寫過許多文章，入明以後，這些文章是可作為他的「罪證」的。他有意不收集自己的詩文，應與這一點有關。由於楊孟載詩文散佚過多，在其《眉庵集》中很難找到出使日本、琉球的記載，僅有一些詩可以作為參考。例如，他寫過〈應制送安南使臣杜相之還國都〉的詩[138]，所謂「應制」，說明此詩是奉帝命而寫的。他應在禮部做過官，才會有這類詩留下。他又有〈送鄭與權之官七閩〉一詩：「七閩地暖不飛雪，山路早行仍衣綿。黃金結客記昔日，白髮上官非壯年。荔子曉風人似玉，桃榔春雨樹如烟。還家定跨揚州鶴，流水寒松繞墓田。」[139]這首詩寫福建的自然情況很對位，應有親歷福建的體會；而「黃金結客記昔日，白髮上官非壯年」一聯，也說明他確實到過福建，並與閩中的高官有交往。他還有〈天妃宮贈道士沈雪溪〉一詩：「帝遣神妃降紫芬，海波搖蕩赤霞裙。月明貝闕金銀氣，日暖龍旂晶鳳紋。青冊簡書天上錫，紺帷靈語夜深聞。方壇露冷三花繞，坐演琅函大篆文。」[140]明朝學者寫到天妃的並不多，所以，這首詩反映了他對天妃信仰的興趣，這在明代學者中是少有的。那些寫天妃詩詞的人，多乘過海船。而明代的習俗，出使日本、琉球的使者多會到天妃宮裡祭祀。

138　楊基，《眉庵集》卷八，第 21 頁。
139　楊基，《眉庵集》卷八，第 22 頁。
140　楊基，《眉庵集》卷八，第 12 頁。

對楊載歷史的探討，將會有助於我們理解楊載的琉球之行。由於其人原為張士誠的「記室」，而張士誠是朱元璋眼裡的大敵。所以，朱元璋雖然沒有殺楊載，還任命他做禮部的官，其實不一定安好心。因為，他將出使日本的使命交給了楊載。當年明朝剛剛建立，日本因蒙古侵略日本的關係，對大陸來人抱有警惕。楊載第一次出使日本，其下屬被殺多人。而洪武四年楊載再次出使，命運不可知。他到了福建後，還被鎮守福建的駙馬王恭告誡：出使之後，不可貪財，以免被「夷人」看輕！這樣，發財的路也沒有了。可以說楊載到日本出使，完全是一樁苦差，而且危機四伏。看來日本方面也看破朱元璋的動機，不想當明太祖的殺人機器，便放過了楊載。這樣，明朝與日本建立關係的努力就此成功。也許，這一切都在朱元璋的計算中。對楊載來說，出使日本，可以說是在死神之前轉了一圈，通過這次冒險，楊載扭轉了自己在明朝的命運。

4. 楊載與琉球進貢

元明之際，「流求」應是東海島嶼共用的名字，從沖繩群島到臺灣諸島，都被大陸人含糊地稱為「流求」。元代《島夷志略》一書所載流球，從方位而言，位於臺灣南部。而沖繩列島，應是「婆羅公」轄下。萬曆《溫州府志·番航》記載了一條往事：元朝中葉，有一條海船遭遇颱風失控，飄到溫州岸邊：「元延祐四年六月十七日，黃昏時分，有無舵小船在永嘉縣海島中界山，地名燕宮飄流。內有一十四人，五人身穿青黃色服，九人並白衣。內一人攜帶小木刻字，長短不一，計三十五根，上刻圈畫不成字樣，提挈葫蘆八枚，內俱有青黃白色成串硝珠。其人語言不辨，無通曉之人。本路彩畫人形船隻圖，差官將各人起解江浙行省。當年十月中書省以事聞，奉旨尋訪通曉語言之人，詢問得係海外婆羅公管下密牙苦人氏，凡六十餘人，乘大小船隻二艘，欲往撒里即地面博易貨物。中途遇風，大船已壞，惟十四人乘小船飄流至此。有旨命發往泉南，候有人往彼，便帶回本國云。」[141] 這一批即非日本、亦非臺灣的「婆羅公」手下，當為沖繩人，這是日本學者的研究成果。

---

141 劉芳譽等，萬曆《溫州府志》卷十八，〈番航〉，中國書店《稀見中國地方誌彙刊》，第 18 冊，第 528 頁。

可見，從元末中國沿海與東海島嶼的關係來看，楊載出使流求，其主要目標應是臺灣島，而不是沖繩群島上的「婆羅公」領域。

《明史》上的楊載是一個成功的外交家，他出訪日本兩次，出訪琉球一次，都成功地使日本和琉球向明朝進貢。他之所以會在洪武五年被派往琉球，是因為此前他兩次訪問日本取得很大成功。所以，洪武四年，他剛從日本回來，就被派到琉球去訪問。可以想像，他的身上寄託著朝廷很大的希望，這種希望有時會成為很大的壓力，就像屢次奪冠的體育明星，旁人以為他只要上場，就能得到勝利，其實未必如此。楊載到琉球訪問，他所承受的壓力和當代的體育明星一樣，只許成功、不能失敗。

然而，宋元時期的臺灣，以不願和大陸人往來而出名。宋代的《三山志》對琉球（臺灣島）有所記載：「每風暴作，釣船多為所漂，一日夜至其界。其水東流而不返，莎蔓錯織，不容轉柁。漂者必至而後已。其國人得之，以藤串其踵，令作山間，蓋其國剡木為盂，乃能周旋莎蔓間。今海中大姨山，夜忌舉火，慮其國望之而至也。」[142] 當時的臺灣土著往往強迫外來人當奴隸耕地，「以藤串其踵，令作山間」。這類例子還可見於其他史料：「宣和間，明州昌國人有為海商，至巨島泊舟，數人登岸伐薪，為島人所覺，遽歸。一人方溷，不及下，遭執以往，縛以鐵緪，令耕田。後一二年，稍熟，乃不復縶。」[143] 其實也有人漂至臺灣得到善待，「其一男子，本福州人也，家於南臺。向入海，失舟，偶值一木浮行，得至大島上。素喜吹笛，常置腰間。島人引見其主。主夙好音樂，見笛大喜，留而飲食之，與屋以居，後又妻以女，在彼十三年。」[144] 從總體而言，臺灣奴隸制盛行，是閩人少去臺灣的主要原因。宋元時代的臺灣南部生活著剽悍的毗舍耶人，他們經常襲擊福建沿海島嶼。導致彭湖、唐嶼一帶的民眾，至夜不敢舉火，怕的是海上的毗舍耶人看到火光後，便來侵擾。在這種環境下，兩岸關係很難大發展。

142　梁克家編，《三山志》卷六，〈地理類〉，陳叔侗校本，北京，方志出版社 2003 年，第 86 頁。

143　洪邁，〈夷堅志〉，《夷堅甲志》卷十，〈昌國商人〉，北京，中華書局 1981 年標點本，第 86 頁。

144　洪邁，〈夷堅志〉，《夷堅乙志》卷八，〈無縫船〉，第 251 頁。

　　元朝的統治者兵威及於海外，很想琉球人也來朝廷進貢。大德元年（1297年），元朝再一次經營臺灣。《元史・成宗紀》記載：「改福建省為福建平海等處行中書省，徙治泉州。平章政事高興言泉州與瑠求相近，或招或取，易得其情，故徙之。」[145]該年十一月，「福建行省遣人覘瑠求國，俘其傍近百人以歸」。[146]次年，元朝廷「遣所俘瑠求人歸諭其國，使之效順」。[147]但是，當時的臺灣人始終不願到大陸來進貢。

　　在楊載之後到臺灣招諭的臺灣招撫的鄭和、王景弘一樣碰釘子。〈閩遊偶記〉記載：「澎湖為臺灣門戶……曾聞明永樂丁亥命太監鄭和、王景弘、侯顯三人往東南諸國賞賜宣諭，鄭和舊名三保，故云三保太監下西洋；因風過此。」[148]然而，臺灣的土著仍然不願到明朝來進貢！陳第的《東番記》：「永樂初，鄭內監航海諭諸夷，東番獨遠竄，不聽約。於是家貽一銅鈴，使頸之，蓋狗之也。至今猶傳為寶。」這段話的內容後被採入《明史・雞籠傳》：「雖居海中，酷畏海，不善操舟，老死不與鄰國往來。永樂時，鄭和遍歷東西洋，靡不獻琛恐後，獨東番遠避不至。和惡之，家貽一銅鈴，俾挂諸項，蓋擬之狗國也。其後人反寶之，富者至綴數枚。曰：此祖宗所遺。」很顯然，鄭和與王景弘等人到過臺灣，但其招撫其人的使命未獲成功，因此，相關史載都不記載，以免授人以柄。

　　從元使及鄭和在臺灣碰壁一事來看，楊載於明初出使名為「流求」的地方，首要目標應是臺灣，但他肯定在臺灣遇到麻煩。因為臺灣土著從來不願到大陸進貢！臺灣土著的固執，肯定讓楊載很難堪，而且會讓楊載有前途之憂。他本是一個「叛臣」，因出使日本成功，才保住自己一命，他對明朝的價值就在於他是個成功的外交家。如果這次他不能帶琉球人前來進貢，朝廷對他的評價就會改變。他這時有兩種選擇，其一是無功而返，其二是選擇其「流求」較小島嶼的民眾到大陸進貢，以頂替「流求」之名。看來，他做了第二種選擇。這是楊載方面的原因。從沖繩方面來說，中山國建於宋代後期，他們一直渴望接觸大陸文明，因而，楊載的到來，給他

145　宋濂等，《元史》卷十九，〈成宗紀〉，北京，中華書局1976年標點本，第409頁。
146　宋濂等，《元史》卷十九，〈成宗紀〉，第414頁。
147　宋濂等，《元史》卷十九，〈成宗紀〉，第417頁。
148　吳桭臣，〈閩遊偶記〉，《臺灣文獻叢刊》第216種，第14頁。

們提供了一個機會，中山王抓住了這個機會，從此開啟了琉球群島大發展的時代。

三、琉球進貢的史實

　　琉球與中國的關係，確是明代對外關係史上的一段佳話。明洪武五年正月，朱元璋派遣楊載出使琉球，報知明朝建立的消息，並要求琉球進貢。同年十二月，琉球國中山王察度遣其弟入貢明朝，雙方建立了貢封國的關係。明朝封琉球察度為中山王，並賜以王印，從此琉球諸島的統治者頻繁地向明朝進貢，而明朝的使者也屢次到琉球封賜國王。李廷機說時當時的琉球航線：「閩去琉球萬里，匝月始通以一舟，而數百命之安危隨之。」[149] 赤嶺誠紀據琉球古代文獻研究，僅在洪武年間，琉球王察度、武寧先後派出的貢船達 54 艘次，使團人員達 3510 人次；永樂年間，琉球派出的貢船達 64 艘次，使團人員約為 4480 人次，詳情見下表[150]：

表 2-2　明代琉球貢船數及搭乘人數

年代	貢船數	搭乘人數
洪武	54 艘次	3510 人
建文	無	無
永樂	64 艘次	4480 人次
洪熙	5 艘次	400 人次
宣德	40 艘次	約 4000 人次
正統	45 艘次	約 5400 人次
景泰	17 艘次	約 2380 人次
天順	16 艘次	約 2400 人次
成化	47 艘次	11811 人次
弘治	26 艘次	6337 人次
正德	24 艘次	5586 人次
嘉靖	57 艘次	7456 人次
隆慶	10 艘次	1159 人次
萬曆	50 艘次	4378 人次
天啟	7 艘次	644 人次

149　李廷機，〈乞罷使琉球疏〉，《明經世文編》卷四六○，〈李文節公集〉，第 5039 頁。
150　赤嶺誠紀，《大航海時代の琉球》，沖繩タイムス社，1988 年。

| 崇禎 | 31 艘次 | 2529 人次 |
| 合計 | 493 艘次 | 62452 人次 |

以上總計明代 276 年間，琉球共派出 493 艘次的貢船，搭乘的人員共計 62452 人次。平均每年派出 1.79 次貢船。不過，明代前期琉球的貢船密度明顯高於明代後期，從洪武元年到弘治元年的 120 年間，琉球貢船共達 288 艘次，平均每年 2.4 艘次。

琉球是海外島國，國土狹小，人民貧窮，她借助發展與中國的關係，積極吸取中國先進的文化與技術，走上發展的道路。由於琉球長期是中國少數的幾個進貢國之一，而明朝又禁止非進貢的海外貿易，琉球利用這一有利的地位，在中國與東南亞國家及日本之間進行仲介貿易。這一貿易，使琉球國的經濟有了很大的發展[151]。

明代前期的琉球在東亞商業貿易上具有重要地位。朝鮮的《海行總載》一書評琉球：「國在南海中。國俗，地窄人多，以海舶行商為業。西通南蠻、中國，東通日本我國。日本、南蠻商舶，亦集其都海浦。國人為置酒肆浦邊互市。」[152] 這是說，有許多國家的船隻都到琉球貿易，同時，琉球商船也到東南亞國家經商。琉球縣立博物館所藏一個明代前期尚泰久時期的銅鐘，上刻有：「以舟楫為萬國津梁，異產至寶充滿十方。」可見，琉球為此十分自豪。按，據明代的《禮部志稿》，琉球向明朝進貢的商品有：「馬、刀、金銀酒海、金銀粉匣、瑪瑙、象牙、螺殼、海巴、擢子扇、泥金扇、生紅銅、錫、生熟夏布、牛皮、降香、木香、速香、檀香、黃熟香、丁香、蘇木、烏木、胡椒、硫黃、磨刀石，右象牙等物。」[153] 這些商品中，各種香料主要產自南洋國家，所以，琉球為了湊齊進貢商品，一定要到南洋諸國貿易。而琉球對明朝賞賜的商品，也顯示出實用為上的傾向。「其國不貴紈綺，惟貴磁器、鐵釜。自是賞賚多用諸物。」明朝曾用「陶器七萬、鐵器千就其國市馬」。[154] 中國的陶瓷器和鐵鍋都是國際市場上最暢銷

151　按，在中琉關係研究方面，幾十年來已有著作多部，此處主要參考謝必震《中國與琉球》，廈門大學 1996 年。
152　朝鮮古書刊行會，《朝鮮郡書大系續第三輯》1984 年，第 82 頁。
153　俞汝楫編，《禮部志稿》卷三十五，文淵閣四庫全書本，第 6 頁。
154　《明史》卷三二三，〈琉球傳〉，第 8361 頁。

的商品。事實上，在明代的文獻中也可看到各國通商琉球的例子。永樂二
年九月壬寅福建布政使奏：「有番船漂泊海岸，詢之，是暹國遣使琉球通
好，因風漂至。」[155] 其如始，有個別不曉事的官員將其所帶貨物沒收，朝
廷下令歸還。可見，當時暹羅與琉球之間有直接貿易。琉球積極向明朝進
貢，其實是在利用其獨特的地位進行貿易。他們從東南亞及日本購入各種
海外商品，到福建的泉州或福州換取中國商品，然後出售於日本及東南亞，
他們從中獲得一定的利潤。例如，正統六年，「琉球國通事沈志良、使者
阿普斯古駕船載瓷器等物往爪哇國買胡椒蘇木等物。」[156] 景泰元年五月「禮
部奏，琉球國通事程鴻等言，朝貢回還，欲往暹羅國貨買蘇木等物，不意
中途遭風壞船。」[157] 在廣東海面，人們曾經看到失事的琉球船隻。成化五
年「廣東市舶司奏：『有番舶被風吹至九星洋，審知是琉球國所遣使臣來
貢者，告欲貿易土貨往福建，造船回國。』」[158] 這些船隻都是下南洋貿易的。
成化十四年四月發生這樣一件事，「禮部奏，琉球國已准二年一貢，今其
國王尚圓既故，而其世子尚真乃奏，欲一年一貢，輒引先朝之事。妄以控
制諸夷為言，原其實情不過欲圖市易而已。況近年都御史奏其使臣多係福
建逋逃之徒，狡詐百端，殺人放火，亦欲貿中國之貨，以專外夷之利。難
從其請命。止依前敕二年一貢」。[159] 這段記錄表明，因琉球國常到南洋貿易，
明朝禮部對其有些懷疑：琉球是不是想借對華貿易中的優勢地位控制南洋諸
國？但朝廷中樞機構卻知道他們不過是想圖利並獨占中國對外貿易而已。因
此，明朝以琉球使臣多福建逃犯為由，拒絕新任琉球國王一年一貢的請求。

　　琉球在明朝朝貢體系中的地位是獨特的。它是進貢最勤的國家，也是
明朝最眷顧的國家。它的地位甚至引起朝鮮的忌妒，因為，明朝規定朝鮮
三年一貢，而琉球早期是一年一貢，後期是兩年一貢，貿易機會比朝鮮多。
而且，琉球利用地理位置的優越性，常常下南洋採購明朝所需的各種商品，
成為中國與南洋貿易的仲介商。在鄭和下西洋之後，東南亞前來進貢的次
數越來越少，明朝又禁對日本的私人貿易，但琉球卻可利用自己獨特的地

155　張輔監修，《明太宗實錄》卷三四，永樂二年九月壬寅。
156　孫繼宗監修，《明英宗實錄》卷八六，正統六年閏十一月己丑。
157　孫繼宗監修，《明英宗實錄》卷一九二，景泰元年五月丁卯。
158　張懋監修，《明憲宗實錄》卷六六，成化五年四月丙辰，第 1 頁。
159　張懋監修，《明憲宗實錄》卷一七七，成化十四年四月己酉。

位進行海上貿易。琉球的進貢無疑在明朝對外貿易中占一定地位。日本學界因而有明代前期琉球壟斷對華貿易之說，並將這一時代稱之為琉球人的大航海時代。這一事實對提出朝貢圈理論的濱下武志有明顯的影響。因為，濱下武志對中國朝貢圈的形成，將中國朝廷的政治意圖放在第一位。我想他是考慮到琉球在明代前期獨特的地位，沒有明朝給琉球的獨特權利，琉球的大航海時代不會出現。不過，琉球的進貢，對琉球而言是大航海時代，但對明朝來說未必，因為，即使是在琉球進貢最頻繁的明代前期，每年的進貢船不過 2.4 艘次，比之宋代每年有一二十艘商船到泉州貿易，其差距是明顯的。很顯然，這一貿易額不能滿足中國對海上貿易的需求。明朝的許多海外商品需求，是通過其他途徑得到的。

琉球方面積極向中國的朝廷進貢，是深謀遠慮的行動。琉球國土極小，北鄰富有侵略性的日本，一直擔心日本會吞併她。琉球成為中國的貢屬國，便使日本不敢輕易吞併琉球，事實上，琉球的這一策略，使其保持了 200 年的國家獨立，即使被日本吞併後，日本仍然不敢公然取消中山國，而琉球國的王室，也靠向中國進貢保持自己的地位一直到清末。

通過鄭和航海與中琉關係的分析，我們大致可以知道明朝建海上秩序的理想體系，那就是官府控制對外關係的一切，要麼是官方主動派使者去海外，要麼是海外國家到中國進貢。而百姓與海外國家進行官府所不知道的貿易，在明初是大忌。但是，到了明中葉以後，明朝一般不再派船隻去海外，海外國家除了琉球之外，罕有到明朝進貢的。於是，明朝與海外的關係，除了琉球等少數國家之外，基本上是有名無實。明朝的海外秩序，更是一句空話了。

小結

明代官府的海禁政策是中國歷史上的一大變化。海禁的起源與倭寇侵襲東南沿海有關。由於明初沿海尚有一定規模的在野力量，倭寇的侵襲對明朝基礎政權形成一定的威脅。海禁有助於官府打擊倭寇。朝廷推出海禁政策的另外一個意義是對海上貿易的壟斷，將民間的海外貿易納入官府的管轄之下。

明朝在沿海設置了三大市舶司，外來進貢者可以自選一個市舶司入港。

不過，時間久了以後，三大市舶司漸漸形成分工。福建市舶司的責任是招攬東洋國家進貢。明代的東洋主要是指從日本到菲律賓、香料群島的一系列國家和島嶼。因此，最早到日本的官府船隻，是由福建出發的。福建市舶司更大的作為是招攬東洋的小國前來進貢。可以說，福建市舶司完成了這一任務，明代前期，菲律賓群島的諸多島嶼，都會派出使者到中國來進貢，通過泉州市舶司到南京和北京晉見明朝皇帝。瞭解福建市舶司作用有利於我們進一步瞭解鄭和的出使行動為什麼是下西洋？因為，東洋的國家和島嶼，在福建市舶司工作之下，大都自動前來進貢，有必要發展的是西洋的那些遙遠的國家和港口。

在海禁的背景下，福建民間海上貿易仍然堅持下來了。這是因為，明代沿海的海禁力量並非均衡的。像福州、泉州都屬於官府力量較大的地區，因此，海禁能夠較嚴格地實行。至於閩粵交界處的漳州和潮州，官府勢力一向有限，官府的海禁也很難貫徹。事實上，漳州與潮州民間一向有反官府力量，甚至擁有相當大的反政府武裝。閩粵二省官軍因海禁而封鎖海洋，可是，他們屢屢被民間海上武裝擊敗。這樣，明朝的海禁在這裡也就無法實行，所以，即使在明代前期，漳潮民眾仍然下海航行，進行海上搶劫或是海上貿易。因此，明朝的海禁政策，實際上導致海外貿易集中於福建的漳州和廣東地區，而且由漳州人和潮州人主導。這對未來的影響是極為深遠的。宋元時期，民眾可以合法地到海外去貿易，因此，海洋力量主要集中於官府開闢市舶司的城市裡，這股力量與官府關係較好，也便於官府管理。明朝愚蠢的海洋政策導致海上力量在民間自行生長，原設市舶司的泉州、廣州、寧波的民間海洋力量受到限制，而閩粵邊境生長起來的海洋力量不受官府管轄，漸漸演化為與官府對抗的力量。明代沿海的許多力量都與這股民間海上力量有關。可見，明代官府政策的滯後性導致民間反官府力量的發展。

從積極的角度看明代前期漳潮民間海洋力量的發展，其重要性是延續了中國傳統的海洋文化。鄭和遠航時，所雇傭的舵手、火長、水手主要來自漳州沿海，沒有漳州水手對官府的支持，鄭和艦隊根本無法遠航。由於參加鄭和遠航的閩人較多，這次航海，也將航海技術普及到一般民眾中去。因此，鄭和之後，閩粵的私人海上貿易發展起來了。

第三章　鄭和遠航與福建的關係

鄭和七下西洋，影響深遠。在東南各省都有關於鄭和的傳說流傳。辨析這些傳說和地方史料，對加深認識鄭和時代有其意義。

第一節　明初福州港的海運

元明之際所說的海運，就是從江浙一帶運糧食到北方的遼東半島及河北的天津，供給軍隊使用。以往被人忽略的是：元明兩代，福州港都被捲入向北方供應糧食的海運，而且起了重要作用。在元明之際海運中成長起來的福州港，已經建立了與南京、劉家港的固定航線，這是其成為鄭和下西洋基地的重要原因。

一、明代海運的延續

明軍入閩後，在福州繳獲元朝海船 105 艘。[1] 這些船隻構成了明朝海運的基本力量。關於元末明初的海運，《明史》是這樣說的：

> 海運始於元至元中，伯顏用朱清、張瑄運糧輸京師，僅四萬餘石。其後日增至三百萬餘石。初海道萬三千餘里最險惡，既而開生道，稍徑直。後殷明略又開新道，尤便。然皆出大洋，風利，自浙西抵

1　谷應泰，《明史紀事本末》卷六，〈太祖平閩〉，第 87 頁。

京不過旬日，而漂失甚多。洪武元年太祖命湯和造海舟餉北征士卒。
天下既定，募水工運萊州洋海倉粟以給永平。後遼左及迤北數用兵，
於是靖海侯吳禎，延安侯唐勝宗，航海侯張赫，舳艫侯朱壽，先後
轉遼餉以為常。督江浙邊海衛軍大舟百餘艘，運糧數十萬，賜將校
以下綺、帛、胡椒、蘇木、錢鈔有差。民夫則復其家一年，溺死者
厚恤。三十年以遼東軍餉贏羨，第令遼軍屯種其地而罷海運。[2]

如其所云：明代初年，為了供給在遼東作戰的明軍，明朝決定從江浙
一帶海運糧食到遼東，其中雖未講到福建，但被封為航海侯的張赫是福州
衛所的軍官。《明史‧張赫傳》記載：

張赫，臨淮人。江淮大亂，團義兵以捍鄉里，嘉山繆把頭招之不往。
太祖起，帥眾來附，授千戶，以功進萬戶，從渡江。所至攻伐皆預
以功擢常春翼元帥，守禦常州。尋從戰鄱陽，攻武昌。已又從大將
軍伐張士誠，進圍平江。諸將分門而軍，赫軍閶門。士誠屢出兵突
戰，屢挫其鋒。又從大軍克慶元並下溫台。洪武元年擢福州衛都指
揮副使，進本衛同知。復命署都指揮使司事。是時倭寇出沒海島中，
乘間輒沿岸剽掠，沿海居民患苦之。帝數遣使齎詔書諭日本國王，
又數絕日本貢使，然竟不得倭人要領。赫在海上久，所捕倭不可勝
計。最後追寇至琉球大洋，與戰，禽其魁十八人，斬首數十級。獲
倭船十餘艘。收弓刀器械無算。帝偉赫功，命掌都指揮印，尋調興
化衛，召還，擢大都督府僉事。會遼東漕運艱，軍食後期，帝深以
為慮。以赫習海道，命督海運事。久之，封航海侯，食祿二千石，
予世券。前後往來遼東十二年，凡督十運，勞勩備至，軍中賴以無
乏。病卒，追封恩國公，諡莊簡。

如〈張赫傳〉的記載，張赫是朱元璋信任的一個軍官，他在福州任職
多年，殲滅多股倭寇。朱元璋因其熟悉海事，命其專督海運一事，以江浙
一帶糧食供應遼東衛軍人。他往來海上十二年，先後完成十次大規模的運
輸，谷應泰記載，「洪武中航海侯張赫、舳艫侯朱壽，俱以海運功封。歲
運糧七十萬石，止給遼左一方」。[3] 漳州林弼詠：「海連遼碣八千里，山隔

2　張廷玉等，《明史》卷八十六，〈河渠四‧海運〉。
3　谷應泰，《明史紀事本末》卷二四，〈河漕轉運〉，第 375 頁。

燕雲百萬重」；「九重天關連三島，萬斛風舟等一毫」。[4] 當時海運的艱險，由此可知。

　　按，張赫在掃蕩倭寇方面出了大力，又有載運糧食到遼東的貢獻，讓人奇怪的是：《福建通志》沒有張赫的傳記，也沒有留下明初海運的痕跡。

二、明代海運的航線

　　在明代的圖書中留下了從福州港到遼東的航路。例如章潢的《圖書編》一書記載了福州到遼東蓋州、旅順口的航程[5]：

> 福建布政司水波門船廠，船要水手船護送，其神仙壁、碧水屋山島有賊。開洋至三分山河口一二日，至古山寺送香燭，防東南颶作。潮過平息，至望鎮港娘娘廟前泊一日，至長樂港口一日，至民遠鎮巡檢司一日，至總埠頭港一日，至福州左衛要水手送一日。至五虎廟燒總福一日。至五虎門開洋，望東北行。正東便是裏衣山，正北是定海千戶所，東南是福清縣鹽場。一日至王家峪海島，泊一日，至北高山巡檢司西洋山口泊一日，福寧縣幫娘娘廟前泊一日，至滿門千戶防露晚收艛艫巡檢海口一日，至金鄉要水手送一日，松門衛一日。至溫州平陽縣平陽巡檢司海口，至鳳凰山銅盆山防東南颶作，晚收中界山泊一日，至盤石衛見霧在中界山正北島泊，待南風行。至晚收北門千戶所，要捕魚小列船送。待南風北行，過利洋雞籠山候潮，至松門港松門衛東港泊，候潮至台州海門衛東洋山泊，離溫州望北行，到桃青千戶所聖門口泊，開洋至大佛頭山屏風山，至健跳千戶所長亭巡檢司，要水手漁船送又至羅漢堂山，到石浦千戶所東關泊。要水手送至定海衛，始換金鄉盤石水手，離石浦港后門，過銅瓦山后沙洋半邊山，党公爵溪千戶所望北行至青門山，亂后礁洋至前倉千戶所，雙臍港騎頭巡檢司，過至大松千戶所家門山招寶山，進定海港，定海衛南門。要稍水船送繞總福開洋，望北行至遮口山黃公洋列港千戶所，海寧衛東山如山，望北行，若至茶山低了至金山衛東海灘松江府上海縣，海套水淺望東南行，晚泊船，候潮過羊山，大七山、小七山，大倉寶塔，望東北行兩日夜，見黑水洋，

4　林弼，《林登州集》卷六，〈次韻王克明〉，文淵閣四庫全書本，第6頁。
5　章潢，《圖書編》卷五六，〈河運海運總敘〉，文淵閣四庫全書本，第9—12頁。

南風一日，見綠水，瞭見海內懸山一座，便是延真島。靖海衛口淺
灘避之。

一劉家港出楊子江南岸，候潮長迤西行半日到白茆港，潮平帶篷櫓
搖過撐腳沙尖，轉家明沙正東行，南有朱八沙、婆婆沙、三腳沙，
須避之。楊子江內北有雙塔，南范家港，灘東南有張家沙，江口有
陸家沙，可避。口外有暗沙，一帶連至崇明。江北有瞭角嘴，開洋
或正西、西南、北風，潮落正東或帶北一字行，半日可過長灘，是
白水洋。東北行見官綠水一日，見黑綠水，循黑綠水正北行，好風
兩日一夜到黑水洋，又兩日夜見北洋綠水，又一日夜正北望，顯神
山，半日見成山。自轉瞭角嘴未過長灘，正北行，靠桃花班水邊，
北有長灘沙，響沙、半洋沙、陰沙、溟沙，切避之，如黑水洋。正
北帶東一字行。量日期不見成山，黑水多，必低了。可見升羅嶼海
中島西，有機，而筆架即復回望北帶西一字行，一日夜便見成山。
若過黑水洋、官綠水或延真島，望西北由便是九峰山，向北去有赤
山、牢山皆有島嶼可泊，若牢山北有北茶山，白篷頭石礁百餘里，
激浪如雪，即便開或復回。望東北行，北有馬鞍山、竹山島，北有
旱門漫灘，皆可泊。若東南風大，不可泊，北向便是成山。如在北
洋官綠水內望見顯神仙挑西一字行，多必是了。即便回復，望東北
行過成山，正西行，前雞鳴嶼內，有浮礁避，有夫人嶼不可行，
須到劉島正西行，到芝界島，東北有門可入，西北離百餘里有黑礁
三四畝，避之。八角島東南有門可入，自芝界島好風半日過抹直口，
有金嘴石衝出洋內潮落可見避之。新河海口到沙島東南，有淺挨深
行，南門可入，東可門有暗礁，西北有門，可泊沙門島，開洋北過
砣磯山、欽島、沒島，南洋、北半洋、鐵山洋，東收旅順口、黃津川，
西南有礁黃洋川，東收平島口內北南岸外洋成兒嶺，盡東望三山，
正中入內，有南北沙相連，可泊三山。西有南山，收青泥窪，西有
松樹島，北有孤山，東北望鳳凰山、和尚島墩西有礁石，外有亂礁
避之，三山玘，青島一路望海島收黃島，使島若鐵山西，收羊頭窪
雙島，東北看蓋州，西看寶塔台便是梁房口。入三岔河，收牛壯馬
頭泊。

按，以上文字表明：當時從福州北上遼東的水程可分兩半。其一是從

福州水步門出發，離開閩江口之後，北上長江內的寶山港、劉家港。其二是從劉家港出發，北上山東半島的成山和遼東的蓋州、旅順口。這條從福州到遼東的航道，顯然就是明初張赫率船隊北上遼東運糧的水程。雖然《明史》只說張赫從浙東運糧到遼東，但從以上水程發於福州水步門的記載來看，福建的船隊也參加了明初的海運。他們應是在張赫的率領下始發於福州，然後到或江蘇的劉家港匯齊江浙二省的糧船，一同北上。當時每年輸送的糧食達七十萬石，其中應有一部分來自福建福州港。

綜上所述，元末明初福州與北方天津、遼東的海上運輸相當發達。其主要目的是為遼東的官軍運送糧食補給。這對元末元軍及明初明軍在遼東的活動有重要意義。在海上漕運的帶動下，民間的海上運輸也有一定發展。就對鄭和遠航的影響來說，元末明初劉家港與福州港之間存在固定的航線，這是明軍下西洋之時選擇福州為出發港的重要原因。

第二節　鄭和寶船製造的相關問題

從 19 世紀末學界關注鄭和七下西洋開始，鄭和船隊巨艦的容量就引起大家的興趣，《明史》記載鄭和的巨艦長四十四丈，寬十八丈，從現代工程學而言，這是一個驚人的數字，那麼，它是否真實？一百多年來，眾說紛紜，莫衷一是。不過，經過長期討論，對個別問題，大家的觀點也有趨近之勢。總結這些觀點，有利於研究的進一步深入。

「料」是古代船舶的容量單位，因此，對料的估算，可以讓我們知道古代船舶的大小。然而，今人推算古船的「料」，分歧頗大，乃至有的學者悲觀地說，對找到「船料與船舶尺度或排水量的普適換算公式」根本不抱希望。筆者尋找一種新的路徑破譯船「料」容量並嘗試測算鄭和寶船的排水量，希望能為最終解決問題提供一個新的思考模式。

一、船「料」的原始概念

在宋元明三代，「料」是衡量船舶大小的基本計算單位，例如，四百料、六百料、一千料。然而，今人估算古代的「料」，眾說紛紜，莫衷一是。有說一料約相當於60斤的，有說一料相當於90斤、100斤、120斤、150斤、

160 斤、180 斤的，如此懸殊的估差，在其他領域是很少見的。實際上，古人所說的「料」有原始概念和引申概念。

　　在我看來，古人所說的「料」，最早是指造船所用木材的材積，以後才轉化為容積單位。今人找木匠打製家具，木匠會報出打造一套家具大概要用多少「料」，他們口中的「料」，是家具的用料，也就是「材積」。不過，現代木匠口中的「料」，已經和古人所說的「料」不同。現代木匠的一個料，是指一個立方公尺的木材，古人不會有「立方公尺」的概念，他們的料另有所指。我認為，中國傳統木匠口中的料，其本義為一根木料。古人造船，首先要評估船舶用料，所謂四百料船，六百料船，其本義為：四百根木料造成的大船，六百根木料造成的大船。《明會典》記載：「木一根，圍一尺，長一丈，六貫。」[6]四百料船的本意是：造這艘船要四百根「圍一尺，長一丈」的木料。隨著歲月的流逝，船料逐漸轉化為材積單位。所謂一百料，就是要使用相當於一百根木料的木材，這些木材有一定的容積。於是，料的多少便可以用容量單位來衡量。所謂一百料船，就成了可以裝載一百料糧食的船舶。總之，古人的船「料」，至少有兩種意思，其一為材積單位，其二為船隻容量。因此，審核古人的史料，必須區別船舶的容積和用料的材積。

　　首先讓我們尋找歷史上記載「料」和尺度的相關史料。不要以為這是一個容易的問題，中國有關船舶尺度的史料不少，但是，多數情況下，有記載船料的，沒有尺度，有記載尺度的，就沒有「料」的記載。有些史料尺度和料並存，然而，尺度數字卻不全。例如，宋代陸游《老學庵筆記》的記載：

> 建炎中平江造戰船，略計其費，四百料八櫓戰船長八丈，為錢一千一百五十九貫；四櫓海鶻船，長四丈五尺，為錢三百二十九貫。[7]

　　這是少見的船「料」與尺度並存的史料，可惜的是只有長度和「料」，沒有寬度和深度。光用長度估計鄭和寶船，洪保五千料的船可以長到一百丈！這是不可能的。平江所造戰船是一種狹長的船舶，通常所用海船，應

6　李東陽等，弘治《明會典》卷一三六，〈刑部十一〉，第 18 頁。
7　陸游，《老學庵筆記》卷一，文淵閣四庫全書本，第 7 頁。

有一定的寬度。

　　同時占有長寬和料的史料，是元代沙克什所著的《河防通議》。但其中矛盾很多。例如《河防通議》記載：

　　　船每一百料，長四十尺，面闊一丈二尺，底闊八尺五寸，斜深三尺。[8]

　　有了長寬深尺度，就可算出截面面積和總體積，經計算，這條史料中的一百料約等於一千立方尺，也就是說，一料等於十立方尺！

　　但是，且莫慶祝，再看同書的另一條史料：

　　　若用三百料船，可載一百五十塊，槕梢水手一十八人。船長四十五尺，闊一丈，除前後水倉占訖一丈五尺外，有三丈。每尺為一十料，每一料容重六十斤。[9]

　　對比兩條史料，讓人疑惑叢生。同一本書記載的兩條船，寬度相差不遠，長度接近，但其容積卻相差很遠，一百料的船，長 40 尺，寬 12 尺，三百料的船長 45 尺，寬 10 尺，不成比例。這一矛盾同樣存在於明代的《龍江船廠志》，該書記載的四百料、二百料、一百五十料、一百料等四種戰船的尺度並不構成比例關係，一百料船和二百料船的尺度相差不多。反復讀這些史料才使我想到：其實這裡所說的料，是料的原始意思，是指材積。發展地看，又可指「物料」。例如，《明會典》記載一千料海船所用物料：

　　　每歲催督進納備用一千料海船一隻，合用杉木三百二根，雜木一百四十九根，株木二十根，榆木舵桿二根，栗木二根，櫓坯三十八枝，丁線三萬五千七百四十二箇，雜作一百六十一條箇，桐油三千一十二斤八兩，石灰九千三十七斤八兩，艍麻一千二百五十三斤三兩二錢。船上什物，絡麻一千二百九十四斤，黃藤八百八十五斤。[10]

　　如其所記，一千料的海船僅僅各色木材就要用 471 根，再加上桐油、石灰等其他物資，共使用一千料的物料。推而廣之，所謂二百料，就是說，

　8　沙克什，《河防通議》卷上，〈造船物料〉，文淵閣四庫全書本，第 18 頁。
　9　沙克什，《河防通議》卷下，〈功程第四〉，第 10 頁。
　10　李東陽等，弘治《明會典》卷一六〇，工部十四，〈船隻・諸司職掌〉，第 2 頁。

造這種船要用相當二百根標準木材的物料，所謂一百料，就是用一百料左右的物料造成的船舶。兩種船舶大小相距不遠，是因為二百料的多數配件，一百料船也要有，所以，儘管木料增加了一倍，但船隻的容量沒有成倍增加。再次回顧《河防通議》的兩條材料：

> 船每一百料，長四十尺，面闊一丈二尺，底闊八尺五寸，斜深三尺。[11]

> 若用三百料船……船長四十五尺，闊一丈。[12]

可見，這兩艘船用料差了三倍，但尺寸並沒有三倍增長。其問題在於：所謂料，應是指船舶用料。就像製作衣服一樣，尺碼小的衣服和尺碼略大一些的衣服，用料其實差不多。船隻也是這樣，小船和稍大一些的船隻用料差不太多。反過來說，用料增加了，所造船只並不相應翻倍。例如，雖說三百料的船用料比一百料的船多了三倍，但三百料船隻的容量未必會比一百料的船隻增加三倍。我想理解這一點很重要，這使我們研究船料問題必須剔除一些指船舶建造過程中使用物料的概念。

二、作為容積的船「料」有多大？

在古人所用的料中，也有一些料是指船舶的容積。不過，要說清楚這點，還是要從古代船舶容量「斛」說起。古人計算大船的容量，最早是用容量單位「斛」。《南州異物志》載域外大船：「大者長二十餘丈，高去水三四丈，望之如閣，載六七百人，物萬斛。」南朝顏之推說：「昔在江南不信有千人氈帳，及來河北不信有二萬斛船，皆實驗也。」[13] 據考古發現，東漢一尺等於今 23.5 公分 [14]，比今天的尺要短 0.65 公分，所以，漢代的容器也相對小一些。大致而言，一斛等於十斗，一斗等於十升，每升為 200.24 毫升，也就是 20 升。[15] 有人測試，漢代一斛可容納 54 市斤糧食。北宋徐兢記載客舟：「長十餘丈，深三丈，闊二丈五尺，可載二千斛粟。」[16]

11　沙克什，《河防通議》卷上，〈造船物料〉，第 18 頁。

12　沙克什，《河防通議》卷下，〈功程第四〉，第 10 頁。

13　顏之推，《顏氏家訓》卷下，〈歸心篇第十六〉，文淵閣四庫全書本，第 13 頁。

14　丘光明編著，《中國歷代度量衡考》科學出版社 1992 年，第 55 頁。

15　丘光明編著，《中國歷代度量衡考》第 245 頁。

16　徐兢，《宣和奉使高麗圖經》卷三十四，〈海道一〉，文淵閣四庫全書本，第 4 頁。

若一斛載糧食重 54 市斤，二千斛就是 54 噸，二萬斛也不過 540 噸。這在今人看來並不多。不過，當時的船舶的容量都不計算載人的重量，所以，這類船舶的真實排水量要比以上數字大得多，這個問題且留後再述。

南宋時期，人們多用「料」來衡量船舶的大小。吳自牧的《夢粱錄》說：「浙江乃通江渡海之津道，且如海商之艦，大小不等。大者五千料，可載五六百人。中等二千料至一千料，亦可載二三百人。餘者謂之鑽風、大小八櫓或六櫓，每船可載百餘人。」[17] 從船隻規模來看，宋代人們所說的「料」，應當就是「斛」的轉換。元代《河防通議》的記載似可證明這一點。

> 若用三百料船，可載一百五十塊，櫂、梢水手一十八人。船長四十五尺，闊一丈，除前後水倉占訖一丈五尺外，有三丈。每尺為一十料，每一料容重六十斤。[18]

> 裝船斤重。河橋司渡船每隻各長七十尺，口闊一丈八尺，係八百料。今比附定到三百料至八百料船，合裝般運物數，合用櫂梢埽兵如後。三百料一十五人，下水裝一萬六千二百五十斤，上水裝六千斤；四百料一十八人，下水裝二萬一千六百五十斤，上水裝八千斤；五百料二十一人，下水裝二萬七千五百斤，上水裝一萬斤；六百料二十四人，下水裝三萬二千四百五十斤，上水裝一萬二千斤；七百料二十七人，下水裝三萬七千四百五十斤，上水裝一萬四千斤；八百料三十人，下水裝四萬三千二百五十斤，上水裝一萬六千斤。[19]

以上第一段史料直接說：「每一料容重六十斤」。[20] 這與一斛的容量差不太多。後一段史料表明，元代的河船不敢將船裝得太滿，下水船所載接近容量的極限，除了駕駛人員外，大約一料可載六十斤，上水船隻能半載。這些都證明，元代的一料，也就容重六十斤。

除此之外，反復研究以上兩條史料，有幾點值得注意：

其一，古代船舶的「料」是船舶扣除頭尾長度及載人數量之外的載貨容積，這與中國船隻主要用於商人載貨有關。瞭解這一點，就可知道，傳

17　吳自牧，《夢粱錄》卷十二，文淵閣四庫全書本，第 16 頁。
18　沙克什，《河防通議》卷下，〈功程第四〉，第 10 頁。
19　沙克什，《河防通議》卷下，〈功程第四〉，第 9 頁。
20　沙克什，《河防通議》卷下，〈功程第四〉，第 10 頁。

統帆船的真實排水量要比載貨容量大得多。

其二，元代的料約為長寬一尺，深度不明的容積。就其一料僅容六十斤物體來看，其標準深度應當也是一尺，也就是說，元代常規的「料」是長寬深各一尺的立方體。但是，這只是標準的情況。實際上，由於種種原因，古代稅官很少計算船舶的深度，這就造成「料」容量的不同。理解這一點就可知道：為什麼今人估算古代船舶「料」的容重會有那麼大的差異！

其三，古人船隻容積只算長寬，不算深度。這使我想到：古代市舶司徵稅時丈量船隻，通常只有「修廣」，也就是長寬，不量深度尺寸。實行這一制度，應是為了方便那些數學知識不多的稅史。因為，衡量船隻的長寬是容易的，但要計算船隻的容積，則要相對複雜的計算知識，而且做起來十分麻煩。可是，實行這種制度，也給後人帶來更多的困惑，因為，同樣是五百料的船，因其吃水深度不同，真實容量可能相差巨大。例如，五百料的河船及五百料的海船吃水深度不同，它的載重也不同！即使是河船，同「料」的戰船與運輸船的載重也不同。有時一料是 60 斤，有時一料可達 150 斤。前說學人估算「料」的容重形形色色，有：90 斤、100 斤、120 斤、150 斤、160 斤、180 斤之分，似乎都有成立的可能。中國古代制度之混亂，我們只有面對，無力改變。

三、宋元明時期的船舶與「料」

元明多有載重數千料的大船，例如，元至元十四年，周文英在蘇州看到：「劉家港南有一大港，名曰南石橋港。近年天然闊深，直通劉家港，見有船戶楊千戶范千戶等三五千料海船於此灣泊，正係太倉嘉定南北之間。」[21] 又如太倉殷九宰「元任海道萬戶，家造三巨舶，大者勝萬石，中者八千，小者六千。歲以所得舶腳錢轉往朝鮮市貨，致大富。」[22] 浙東沿海也有大船：「又嘗觀富人之舶，挂十丈之竿，建八翼之艣，長年頓指南車，坐浮度上，百夫建鼓番休整，如官府令。拖碇必良，綆緈必精，載必異國絕產。」[23]

---

21 周文英，〈水利書〉，歸有光，《三吳水利錄》卷三，文淵閣四庫全書本，第 5 頁。

22 鄭文康，《平橋藁》卷一四，〈潘紹宗小君墓誌銘〉，第 16 頁。

23 任士林，《松鄉集》卷四，〈送葉伯幾序〉，文淵閣四庫全書本，第 23 頁。

明初的文獻表明，江南一帶，通常以一石換算一料，所以，六千石、八千石乃至萬石大船，都可折算為六千料、八千料、一萬料。

以上史料說明，元代長江口一帶有許多巨舶，三千料、五千料、六千料、八千料之類大船並不少見，可惜的是，這些船舶並無尺寸數字。如前所述，元代的一料等於一個立方尺，計算船舶的「料」，主要看表面長寬，深度可以不管。以這個原則測算明代的冊封舟會有什麼結果呢？請看下表：

表 3-1　明代出使琉球冊封舟尺度與容積估算

年代	使者	冊封舟尺度			估計載貨容量
		長	寬	深	
嘉靖十三年	陳侃	十五丈	二丈六尺	一丈三尺	3380 料
嘉靖四十年	郭汝霖	十五丈	二丈九尺七寸	一丈四尺	3861 料
萬曆七年	蕭崇業	十四丈五尺	二丈九尺	一丈四尺	3625 料
萬曆三十四年	夏子陽	十五丈	三丈一尺六寸	一丈三尺三寸	4108 料
崇禎六年	杜三策	二十丈	六丈	五丈	10800 料

以上嘉靖十三年到萬曆三十四年的四種冊封舟尺度，相關史料出自陳侃等人寫的《使琉球錄》和〈使琉球記〉，屬於眾所周知的材料，這裡就不多說了。推算船料時，我用《河防通議》的方法，將船的兩頭各刨去一丈，作為水櫃。只計算客貨倉的容量。例如，陳侃的冊封舟減去兩公尺後乘以寬度，得出料的數量。

推算表明，晚明出使琉球的冊封舟大都在三千料至四千料之間。以此推算，鄭和時代洪保所乘五千料的大船，大約長十七丈，寬三丈三尺。

第五條杜三策所乘冊封舟的尺度，其史料來自杜三策自己的奏疏和其幕僚胡靖所著〈杜天使冊封琉球真記奇觀〉一文，其文中載三策之使船：「廣六丈，長二十丈，入水約五丈。」按，此處「入水約五丈」的說法有誤。閩江出海口水道有幾處淺灘，水深僅 3 公尺，每天漲潮時，水深可達 7 公尺以上，約合兩丈多一些。因此，閩江所造船不可能「入水五丈」，因為，這種深度的船無法通過閩江口。按照崇禎二年杜三策給皇帝的奏疏，他計畫製造的冊封舟，「長十七丈，闊三丈有奇，曰穩、曰舵、曰桅，採自閩中，非數百年之木不用，非數萬人之力不能運，聞往時船完或二年或三年，木

植工價與臣等種種供應費皆不貲。」[24] 崇禎六年該船造成之後，長二十丈，寬六丈，但是，深五丈是不可能的。以長二十丈，寬六丈計，這是一艘萬石船。

此外，張燮的《東西洋考》記載月港的兩種大船：一種長七八丈，寬二丈。另一種長十餘丈，寬三丈五六尺[25]，這兩種船的船形較胖，兩梢共減一丈五尺。經推算，上述第一種月港船容量約一千一百料，第二種月港船容量約三千料。這都是民間實用的船隻。

這些史料說明明代福建實用海船在一千料至三千料之間，官府所製大號冊封舟在三千料至四千料之間，不過，個別特大船也有容重萬料的。可見，萬料大船或說萬石船是存在的。明嘉靖年間著名海盜王直造過巨大的聯舫。「乃更造巨艦聯舫，方一百二十步，容二千人，木為城為樓櫓，四門其上，可馳馬往來。」[26] 不過，它不是一艘船，從文意來看，應是多艘巨艦相連。

實際上，民間還有兩萬石以上的大船。明末海瑞的孫子還造過長二十八丈的大船。《觚剩續編》云，海述祖「斥其千金家產，治一大舶，其舶首尾長二十八丈以象宿，房分六十四口以象卦，篷張二十四葉以象氣，桅高二十五丈曰擎天柱。上為二斗以象日月。治之三年乃成。自謂獨出奇制，以此乘長風，破萬里浪，無難也。瀕海賈客三十八人，賃其舟載貨，互市海外諸國，以述祖主之。崇禎壬午二月，揚帆出洋。」[27]

這段文字沒有記載該船的寬度，按前述比例計算，該船隻要有八丈寬，全船容量就可超過兩萬料。按，明代廣東製造的船比福建製造的船要大，這是因為，福建山林杉木的高度在 20 公尺至 30 公尺之間，個別高度可達到 40 公尺，福建山地馬尾松最高也只有 45 公尺。古人造船最重視桅杆和龍骨，桅杆要支撐巨帆，龍骨要支撐船舶全體，最好是原木，所以，在福建造木船，大都在十丈以下，個別可以長達十五丈，這與原材料有關。早

24　佚名，《明實錄‧崇禎長編》卷二三。

25　張燮，《東西洋考》卷九，〈舟師考〉，北京，中華書局 2000 年，第 170 頁。

26　萬表，《海寇後編》第 2 頁。原出金聲玉振集，四庫全書存目叢書，子部三一，齊魯書社 1995 年，子 31 — 40 頁。

27　鈕琇，《觚賸續編》卷三，〈事觚‧海天行〉。中華歷代筆記全集本電子版。

先閩江流域的木材多由河流運輸，每年從上游順流而下的木筏接連不斷。在建甌西門、南平延福門、福州上渡等主要木筏碼頭，都有巨杉編製的巨排。我的少年時代常在南平延福門碼頭游泳，赤腳在木排上跑來跑去，映象中那些巨木長約 20 — 30 來公尺，合抱粗細。除了那些早已被古人採伐殆盡的千年古木，這已經是杉木的極限了。至於松木，少年時我在浦城山區，確實見到過長四十公尺以上的巨木，那是我在臨江公社寓所對面的大型水碓房，由巨輪推動水碓主軸胸徑在一公尺以上！這應是千年古松製成的。所以，在福建以杉木造船，最為合適的是長十丈左右的大船，個別以巨松為龍骨的大船，可達十五丈以上。

廣東珠江流域位於熱帶，多雨的熱帶雨林中，不乏高達二十五丈的擎天木。如海述祖所造長二十八丈的大船，它的桅杆高達二十五丈。中國木船，通常主桅的高度與龍骨相近，這艘傳奇大船的桅杆有 25 丈，說明它的龍骨也許長達 24 丈以上。嶺南雨林木材的另一個特點是木質堅硬，有鐵力木之稱。明代用鐵力木製成的廣東烏船被稱為最好的戰船，用以撞沉倭船。但是，烏船自身太重，也妨礙它進入遠海航行，只能用於近海作戰。明代遠航艦船多為大福船，其原因在此。為了補充大福船的不足，自宋以來，福建就進口來自嶺南的鐵力木，以鐵力木製作桅杆、龍骨、舵。所以，福建能否造二十丈以上的大船，要看能否得到來自嶺南或東南亞雨林中的巨木。如果有人能夠從嶺南運來長十八丈的巨木兩根，便可造一艘長二十丈的大船。

也有工匠認為，龍骨其實是可以用兩根以上的木材銜接的，至於桅杆，則可以多列桅杆的方式解決。因此，光用福建自產的松杉，也可造出超級大船。福建歷史上出現過多桅大船。福建自古以來就有造大船的傳統，可見證於中外記載。《馬可波羅行紀》記載中國大船：「其船舶用樅木（即杉木）製造，僅具一甲板，各有船房五六十所，商人皆處其中，頗寬適。船各有一舵，而具四桅，偶亦別具二桅，可以豎倒隨意。」、「每船舶上，至少應有水手二百人，蓋船甚廣大，足載胡椒五六千擔。遠見之時，行船用櫓，櫓甚大，每具須用櫓手四人操之。每大舶各曳二小船於後，每小船各有船夫四五十人，操棹而行，以助大舶。」[28] 阿拉伯旅遊家伊本 · 白圖

28　馮承鈞譯，《馬可波羅行紀》，第一五七章，上海書店出版社 1999 年，第 382 頁。

泰在其《遊記》中記述中國船：「中國船隻共分三類……大船有十帆至少是三帆，帆係用藤篾編織，其狀如席，常挂不落，順風調帆，下錨時亦不落帆。每一大船役使千人，其中海員六百，戰士四百……此種巨船隻是中國的刺桐港建造，或在隋尼凱蘭即隋尼隋尼建造。」[29] 他的描述是否可靠呢？我們且看中方的記載。在福建任閩憲知事的著名詩人薩都剌詠道：「三山雲海幾千里，十幅蒲帆挂秋水。」[30] 可見，他乘坐的是一艘有十面風帆的大船。元代的大帆引人注目，任士林說：「又嘗觀富人之舶，挂十丈之竿，建八翼之櫓，長年頓指南車，坐浮度上，百夫建鼓番休整，如官府令。拖碇必良，綷縡必精，載必異國絶產。」[31] 掛十幅這類大帆的巨船是何等巍峩。閩人為什麼要造多帆大船呢？這是因為，古代的長距離航行不得不考慮季風的因素。以福州與北方天津港的聯繫而言，福建商船每年在春夏季節順南風北上，每年秋冬乘北風南下。受制於風向，福建與北方每年只能往來一次。在這一背景下，商人考慮利益最大化，就會將商船造得大一些，爭取在一年一次的航行中獲得最大利益。元末，元朝統治的多數地區都被反元軍隊占領，福建是其不多的南方地盤之一。因此，元朝所需南方物資多由福建商船載運北上。而元朝的官員，也走海路到福建履任。長期往來，使閩人所造商船越來越大，於是出現了十帆大船。「大福船」是在那個時代出名的。既然元代已經有十帆大船，以明成祖朱棣好大喜功的性格，怎麼不會讓福建造出更大的寶船？當時阿拉伯國家的船隻也很大，中國只有造出更大的船隻才能彰顯明朝的威望。鄭和第三次出航西洋時，費信的《星槎勝覽》說鄭和的艦船出閩江五虎門之際「張十二帆」，《西洋朝貢錄》評鄭和艦隊：「總率巨䑸百艘，發自福州五虎門。維舮挂席，際天而行。」[32] 這比元代的十帆大船更多二帆！

　　鄭和的十二帆大船，應是一種可載一千人至一千五百人的巨船，是那一時代不可比擬的巨艦。康熙《崇明縣志》：永樂「二十二年八月，詔下西洋諸船悉停止。船大難進瀏河，復泊崇明。」[33] 按，明成祖永樂皇帝死

29　馬金鵬譯，《伊本・白圖泰游記》，寧夏人民出版社 1985 年，第 490 頁。

30　薩都剌，〈過嘉興〉，蔣易《元風雅》卷十三，宛委別藏本，第 397 頁。

31　任士林，《松鄉集》卷四，〈送葉伯兒序〉，文淵閣四庫全書本，第 23 頁。

32　黃省曾，《西洋朝貢錄》自序，中華書局 2000 年刊，第 2 頁。

33　朱衣點修、吳標等纂，康熙《崇明縣志》卷十四，〈逸事〉，康熙刻本，第 2 頁。

後，明仁宗繼位，曾下令召回分散在各地的下西洋寶船，封存於太倉瀏河。著名學者葉盛回憶宦官陳蕪到太倉封存船隻的情況：「御用監太監陳蕪，交趾人。永樂丁亥入內府。宣廟為皇太孫，蕪在左右。……嘗記童稚時蕪過太倉，封西洋寶舡，勢張甚。此誌所不具聞。」[34] 可見，當時有些寶船因無法進入瀏河而停泊在崇明。瀏河是一個大港，早在元代就有些五千料至八千料的大船停泊，鄭和的一些大船無法進入瀏河，說明這是極其巨大的海船，至少容量在萬斛以上。當時太倉劉家港是長江最大的港口，寶船無法進入劉家港，也說明鄭和所乘頂級寶船不是南京造的。南京之外，製造巨舟應是福建長樂的船廠。

圖 3-1　明代的鄭和艦隊圖，原出於明代前期僧勝慧所刻《天妃經》。[35]

　　資深航海史專家金秋鵬於 2000 年公布了刻於永樂十八年的一幅《天妃經》卷首插圖。該經為隨同鄭和下西洋的僧人勝慧臨終前命弟子所刻。圖的內容是飄浮於天空的天妃神保佑著下方的下西洋船隊。該圖證明鄭和下西洋所用的船多數為兩頭翹起的福船，其桅杆 3 支，張四帆或五帆。[36] 可能學者們出於謹慎，認為該圖表明：由南京出發的鄭和艦隊大都只有四桅或五桅！有的人進而推之，謂鄭和最大的船也就是四五桅的中等海船。但是，早在鄭和第三次出航西洋，費信的《星槎勝覽》就說鄭和的艦船出閩江五

34　葉盛，《水東日記》卷三四，文淵閣四庫全書本，第 1 — 2 頁。

35　金秋鵬，〈迄今發現最早的鄭和下西洋船隊圖像資料——《天妃經》卷首插圖〉，《中國科技史料》第 21 卷，2000 年第一期。

36　金秋鵬，〈迄今發現最早的鄭和下西洋船隊圖像資料——《天妃經》卷首插圖〉，《中國科技史料》第 21 卷，2000 年第一期。

虎門之時「張十二帆」，可見，早期的巨型寶船未必在南京生產，而是出自福建！鄭和每次下西洋一定要到福建，是為了在這裡與福建水師會師，並換乘巨艦。這樣看來，鄭和下西洋所乘十二帆巨船，應當就是福建造的了。

四、鄭和頂級寶船的估算

鄭和航海時頂級寶船有多大？它的上限自然是《明史》等書所說的長四十四丈，寬十八丈，對其下限學界的認識略有變化。就可靠的史料而言，1937 年發現的靜海寺殘碑記載參加鄭和下西洋的南京衛所軍人所乘船為一千五百料和二千料，鑒於這些史料，部分學者認為鄭和最大艦隻就是二千料大船，而且這類船有六十多公尺長。如前所述，若用元代一料約等於容重六十斤而計，二千料大船大約是長十二丈，寬約二丈。所以，我認為二千料的大船不可能長達六十公尺。

近年南京發現永樂時太監洪保的墓誌銘，其中說到：「永樂紀元，授內承運庫副使，蒙賜前名。充副使，統領軍士，乘大福等號五千料巨舶，寶捧詔敕，使西洋各番國，撫諭遠人。」[37] 這條史料突破了以往所知史料的局限性，表明鄭和艦隊頂級寶船至少是五千料級別的。於是，許多學者認為，洪保所乘五千料船舶，就是鄭和船隊最大的船舶。以我的方式推算，這類五千料大船約長十七丈，寬三丈三尺，還沒有達到明代大船的極限。

就明代史料的記載來看，明代是有萬石船的。明初鄭文康提到太倉殷九宰，「元任海道萬戶，家造三巨舶，大者勝萬石，中者八千，小者六千。」[38] 此外，杜三策的冊封舟和海述船的超級大船，至少是萬石（料）船，甚至是兩萬料（石）級的大船。這些都證明明朝是可以造出萬石船的。

通過對明代造船能力的分析，使我們知道，明代福建製造洪保所乘五千料級別的大船沒有太大問題，就其實力而方言，應可以造更大一些的船舶！要知道，洪保並非鄭和船隊中的頂級使者！

洪保是永樂、宣德年間出使西域的明朝使者之一，他有時獨立出訪其

37　周鳳，〈大明都知監太監洪公壽藏銘〉，轉引自，王志高，〈洪保壽藏銘綜考〉，《鄭和研究》2010 年第 3 期。

38　鄭文康，《平橋稿》卷一四，〈潘紹宗小君墓誌銘〉，第 16 頁。

他國家，例如，永樂十年，明朝與暹羅國發展關係，「命中官洪保等往賜幣」。[39]《皇明大政記》記載：永樂十年十二月甲子，「遣中官洪保等往賜其王文綺羅帛」。[40] 有的時候，洪保與鄭和等人一起航行。在長樂南山下的天妃碑記內，洪保被列為副使，說明他參加了鄭和、王景弘的第七次遠航。不過，洪保在鄭和船隊中僅任副使，排名並不靠前。據《西洋番國志》的記載，宣德五年下西洋官員的排序是這樣的：「太監鄭和、王景弘、李興、朱良、楊真、右少監洪保等。」[41] 長樂南山天妃碑的署名排列：「宣德六年，歲次辛亥仲冬吉日，正使太監鄭和、王景弘，副使太監李興、朱良、周滿、洪保、楊真、張達、吳忠，都指揮朱真、王衡等立。」以上兩個署名，洪保都是排第六位。以他的身分，他所乘的船隻不可能是最大的，應是次級大船。鄭和及王景弘所乘巨艦才是最大的。

明成祖朱棣是一個好大喜功的人，所有的建造都要盡善盡美，以闊大為上。既然民間有八千料、一萬料之類的大船，他為什麼不為自己的使者造最大的船隻？宋明以來官府出使的船隻往往會造得大一些，這已經成為一個傳統。宋代徐兢的《宣和奉使高麗圖經》記載客舟長達十餘丈之後又說：「若夫神舟之長闊高大，什物、器用、人數皆三倍於客舟也。」此處的神舟是指官府製造的出使高麗的官舟。宋朝廷為了顯示中華製造業之強大，往往會造一些巨船給使者，以讓異國民眾羨慕。宋代的客舟已經有十餘丈，神舟是它的三倍，那就是長三十餘丈！在古代，這可是超級巨艦。在古代應是兩萬斛巨艦。

因此說，鄭和及王景弘所乘巨艦可能達到萬料至兩萬料。明代中國船多用竹篾製成篷帆，可耐海霧侵蝕，多數情況下一桅一帆。以竹篾製成的船帆十分沉重，清代「耆英號」廣船，主帆重 7 噸，要用 40 人轉動絞盤才能將帆升起。鄭和寶船所用帆更大。參加過第七次下西洋的鞏珍說：「其所乘之寶舟，體勢巍然，巨無與敵。篷帆、錨、舵，非二三百人莫能舉動。」[42] 按此人數比例，鄭和大船的巨帆應有「耆英號」的五到八倍！鄭和的大船其實不止一面帆。費信的《星槎勝覽》說鄭和的艦船出閩江五虎門之際「張

39　張廷玉等，《明史》卷三二四，〈外國傳‧暹羅〉，第 8399 頁。
40　朱國楨，《皇明大政記》卷七，永樂十年十二月甲子，崇禎皇明史概本，第 89 頁。
41　鞏珍，《西洋番國志》敕書，向達校注本，中華書局 2000 年，第 10 頁。
42　鞏珍，《西洋番國志》自序，向達校注本，第 6 頁。

十二帆」，規模之大，令其同時代的人十分震驚。

　　再從寶船所乘人員來看，史載鄭和船隊第一次出發時有 63 艘，第三次出發時，僅有 48 艘，而其所載軍隊數量一直很穩定，為 27800 人！由此可知，鄭和艦隊每艘船平均人數為：448 — 579 人，這大大超過二千料船的容量。如果鄭和艦隊皆為一千五百料至二千料的船隻，每船載 200 — 300 人，以 63 隻船計，僅能裝載 18900 人，還有 8900 人無法上船！這說明鄭和艦隊除了一千五百料至二千料的實用船隻外，應當還有還有二三十艘可以裝載五百人至千人的巨艦！

　　按，關於鄭和船隊的數量，各書記載不同。康熙《崇明縣志》：「明永樂三年，太監鄭和下西洋，海船二百八艘，集崇明。」[43] 此外，不論是長樂的天妃廟碑還是江蘇劉家港的天妃碑，鄭和等人在碑文中都自稱率船百艘下西洋，然而《明史》的記載卻只有 62 艘！產生差異的原因何在？嘉靖年間，上海人黃衷的《海語》說：「凡大舶之行，用小艦船一，選熟於洋道者數十人，駕而前，謂之頭領。大舶之後，繫二小船，以便樵汲，且以防虞，謂之快馬，亦謂腳艇。」[44] 可見，明代的大舶出行，或多或少，都要配備兩三條中小船隻，如果不算小船，每條大船配備一艘中等的船隻，62艘大船，加上配備的中型船隻，就是 134 艘。不過，這類中型船隻每船隻能載數十人，就算 50 人吧，62 艘中型船也只能載 3100 人，剩下 24700 人分配到 62 艘大船，平均每船要載 398 人，接近 400 人！可見，鄭和艦隊若只有二千料以下的船隻，會嚴重超載！另一種可能性是，鄭和艦隊有一些超級巨艦！

　　按照我前述方式推算：

　　一萬料船約長二十二丈，寬五丈。

　　二萬料船約長三十丈，寬七丈一尺。

　　以二千料船可載二三百人為基礎，可以推算一萬料的大船可載千人以上，二萬料的大船可載二千人以上，這麼大的船隻要五艘就可載七八千人。剩下 58 艘巨艦裝載 2 萬人，如果每隻大船乘載三百人，另有一隻裝載五十

43　朱衣點修、吳標等纂，康熙《崇明縣志》卷十四，〈逸事〉，2 頁。

44　黃衷，《海語》卷下，〈畏途・鐵板沙〉，文淵閣四庫全書本，第 3 頁。

人的附屬船，每對船全部裝載三百五十人，就能裝下全部隨行人員。

　　總的來說，鄭和艦隊必有一些超級巨艦才能裝下 27800 人。回顧《明太宗實錄》記載：

　　　永樂元年（1403 年）五月辛巳，「命福建都司造海船百三十七艘」[45]；

　　　永樂二年正月癸亥，「將遣使西洋諸國，命福建建造海船五艘」[46]。

　　福建是傳統的造船大省，永樂元年才為朝廷造過一百多艘海運船，為何永樂二年只為鄭和船隊造五艘船？解釋只有一個：這五艘船是十分巨大的船，耗工約相當於一百多艘普通的海運船，它應當就是鄭和所乘頂級寶船。鄭和每次下西洋都要到福州太平港，是為了換乘當地製造的巨艦。

　　就明代船舶的已知極限來看，鄭和及王景弘所乘一萬料或二萬料巨舶長約二十丈到三十丈之間。至於《明史》所載長四十四丈、寬十八丈的巨船是否真實？我認為其寬度肯定不對，因為，福建所造大船中，長十八丈的船就很少見，而且閩江水道狹窄，寬十八丈的船隻根本無法駛出閩江出海口。至於長四十四丈的船舶，理論上可以存在。不過，製造這麼長的大船，明朝官府要從廣東採伐兩根長二十丈左右的擎天木對接作為龍骨，還要有十根以上長十丈左右的杉木作桅杆，耗費這麼多材料，不如多造幾艘五千料或是萬料的大船。所以，儘管不能完全排除明代有長四十四丈的大船存在，但其可能性實在太小。

　　那麼，這些大船的載重是多少？如前所述，古人的料是一種獨特的船容量演算法，折換成現代噸位，那是一種多大的船？可以參考歐洲的船式：

　　十四世紀英國等西歐國家造的「柯克船」，有多種型號，例如：

　　長 30 公尺、寬 8 公尺，吃水 3 公尺，載重 200 噸；

　　長 43 公尺、寬 12 公尺，載重 800 噸，可載 350 名士兵。[47]

45　張輔監修，《明太宗實錄》卷二十上，永樂元年五月辛巳，臺北，中研院歷史語言研究所影印本，第 2 頁。
46　張輔監修，《明太宗實錄》卷二七，永樂二年正月癸亥，第 4 — 5 頁。
47　辛元歐，《中外船史圖說》，第 79 — 80 頁。

十五世紀葡萄牙人的克拉克船：

長約八十英尺，約合 24.38 公尺，三桅或是四桅，載重約為一百噸至一百二十噸。

按照歐洲船的比例，長十一丈、寬三丈多的船載重約為 800 噸，那些戰艦偏狹窄，載重會少一些。

近年廣東陽江沿海發現「南海一號」宋代沉船，該船長 41.8 公尺（14 丈），寬 11 公尺（3.7 丈），不計桅杆，高約 4 公尺，排水量約達 828 噸，載重 425 噸。按照本文公式推算，該船應為 4440 料。

又如晚清的「耆英號」。辛元歐的《中外船史圖說》介紹「耆英號」廣船，1846 年建成，長 48.8 公尺（約 16 丈），寬 10.1 公尺（約 3.33 丈），載重 800 噸，艏高 9 公尺，艉高 13.5 公尺，豎三桅，前桅高 22.87 公尺，後桅高 15.24 公尺，主桅高 29 公尺，圍長 3.05 公尺，主帆重 7 噸，要用 40 人轉動絞盤才能將帆升起。多孔柁，可升降，最低可下放至 7.32 公尺。錨由柚木製成，長約 10 公尺。[48] 按照本文的推算方式應為 4662 料的大船。

以上兩艘用現代技術實測的大帆船，大小接近，但對載重量估計卻相差一倍。考慮到 19 世紀船隻計算還不成熟，這裡用南海一號的排水量 828 噸和耆英號的載重量 800 噸，那麼，我可以得出一個極其粗略的估計：古人 5 料的船舶容積約等於 1 噸排水量，五千料的船舶排水量應為 1000 噸。一萬料船的排水量應為 2000 噸。也就是說，洪保五千料的大船排水量約計 1000 噸。

按照上述比例，長四十四丈四尺，寬十八丈的大船會有多少料？接近八萬料！排水量約為 16000 噸！好像古人沒有必要造這麼大的船。事實上，閩江下游多礁石，航道不是太寬，橫十八丈的船，可能根本走不出去吧。要麼，這艘頂級寶船的尺度數字有錯，假設其長四十四丈四尺是對的，而寬度僅有八丈，那麼，其容量則是三萬二千料。約相當於近代排水量 6400 噸的船。要造這麼大的船，鄭和要從南洋運來四棵長二十五丈的擎天木，其中兩根對接，組成長四十丈的龍骨，另外兩根作桅杆，各長二十五丈。

48　辛元歐，《中外船史圖說》上海書店出版社 2009 年，第 238 頁。

但是，這僅是一種推測。

鄭和已知寶船中，一千料的船排水量約為 200 噸；一千五百料船排水量約為 300 噸；二千料船排水量約為 400 噸，五千料船約為 1000 噸。設定鄭和最大的船為萬料或是二萬料，其排水量約在 2000 噸至 4000 噸之間。李約瑟估計，鄭和頂級寶船排水量約 3000 噸左右，與 600 年前西方所造最大木船相當。這可作為參考。[49]

這類船隻應可乘潮出入長江和閩江，不論在福建長樂或是南京寶船塢都可製造。

因此，如果說前期的寶船製造在福建長樂港，後期也有可能在南京的寶船廠製造。

本文在總結鄭和寶船研究各種觀點的基礎上，提出元明之際古人衡量船舶容量的「料」，標準為一立方尺，可裝糧食六十斤。然而，由於古代稅吏丈量船舶時只量長寬，不計深度，造成「料」的概念扁平化。河船的「料」與海船的「料」容載量不等。鄭和副使所乘五千料的寶船，大約長 17 丈，寬 3.3 丈，而鄭和及王景弘兩位正使所乘頂級寶船應是萬石船以上的級別，甚至是兩萬石大船，其排水量可高達 2000 噸至 4000 噸。長度約為 20 ～ 30 丈。

第三節　鄭和航海與福建的海洋文化傳統

中國東南區域具有悠久的航海文化傳統，它起源於蜑家人的海洋文化，在宋元時期已經發展到很高的水準。[50] 宋元中國海洋文化主要集中於閩粵二省，不過，因宋元時期嶺南人口較少，廣東出海貿易的商民不多，廣州海上貿易的發展，主要體現於海外蕃客前來貿易。積極參與海上貿易的主要是潮州人。至於福建的沿海一向是人口密集區域，因此有更多商民到海外貿易，他們熟悉南海的貿易線路，到處有閩商的貿易點。因此，鄭和航海

49　轉引自，辛元歐〈關於鄭和宇航尺度的技術分析〉，上海，《鄭和研究》2002 年第 2 期。

50　徐曉望，〈蜑家人與中國原生態海洋文化〉，王欣、萬明編纂，《中外關係史視野下的一帶一路》，陝西師範大學出版總社，2016 年。又見徐曉望，《福建文明史》第四章，〈福建的海洋文化〉，第 192 — 241 頁。

之際，福建民眾構成七下西洋的主要力量。

一、鄭和航海與福建的海洋文化

鄭和在其遠洋過程中與福建結下了不解之緣，每一次出洋，他都要先到福建長樂太平港，在這裡休整二三個月，或是五六個月，長的達十個月以上。永樂二十二年八月丁巳，明朝廷決定召回各地的下西洋船隻。「下西洋諸番國寶船悉皆停止，如已在福建太倉等處安泊者，俱回南京……各處修造下番海船，悉皆停止。」[51] 可見，在召回船隻中，以福建為多。這也說明長樂太平港的地位。鄭和為什麼要以長樂為大本營呢？這是因為：

第一，鄭和所使用的許多船是在長樂太平港製造的。他從南京出發時是乘中型海船，所以，他要到福建長樂換乘大型寶船。[52] 如前所述，明代史料中有多處提到鄭和在福建造船。《明太宗實錄》記載：永樂元年（1403年）五月辛巳，「命福建都司造海船百三十七艘」[53]；永樂二年正月癸亥，「將遣使西洋諸國，命福建建造海船五艘」[54]。永樂九年，明成祖的大臣福建人楊榮回鄉還朝，明成祖問閩中民情，楊榮答道：「詢之鄉老，言前數年採運木植，加以旱災，人力頗艱，今皆復業。兼有收成，比前差勝」[55]。可見，當時給鄭和船隊造船對福建百姓是一項極大的負擔，這也說明福建造船規模之大。[56] 福建的方志筆記中，也有三則造船於長樂的史料。其一為曹學佺的記載：

> 永樂二年春正月，太監鄭和自福建航海通西南夷，造巨艦于長樂，時稱為三寶下西洋。[57]

其二為王應山的《閩大記》：

---

51 張輔監修，《明仁宗實錄》卷一，上，永樂二十二年八月丁巳。臺北，中研院歷史語言研究所影印本。

52 徐曉望，《明代前期福建史》第二章，北京，線裝書局 2016 年，第 84 — 109 頁。

53 張輔監修，《明太宗實錄》卷二十上，永樂元年五月辛巳，第 2 頁。

54 張輔監修，《明太宗實錄》卷二七，永樂二年正月癸亥，第 4 — 5 頁。

55 張輔監修，《明太宗實錄》卷一一六，永樂九年六月壬子，第 4 頁。

56 徐曉望，〈從幾條新史料看鄭和航海與福建的關係〉，江蘇省編，《紀念鄭和下西洋 600 周年國際論壇論文集》，北京，中國社會科學文獻出版社 2005 年。

57 曹學佺，《曹能始先生石倉全集》，《湘西紀行》卷下，〈海防〉，明天啟間刊本，第 34 頁。

永樂七年春正月，太監鄭和自福建航海通西南夷，造巨艦于長樂。時稱鄭和為三寶。[58]

其三為王應山的《閩都記》：

太平港，在縣西隅，今水次吳航頭是也。《閩中記》云：「吳王夫差，嘗略地至此，作戰艦，稱吳航云。」國朝永樂十一年，太監鄭和通西洋，造舟于此，奏改今名。……和時造舟，貿易如雲。[59]

可見，永樂年間福建省至少有三次為鄭和造大船。

那麼，鄭和七下西洋，為什麼福建省造船只有三次的記載呢？這是因為，中國人造船有一定的使用年限，如果是民間用船，一艘船的壽命通常有十年，官府的船隻品質會差一些，也會有五六年。福建為鄭和造船，第一次是在永樂二年，第二次是在永樂七年，這說明永樂二年福建造的船至少為鄭和再次出航做出貢獻。到了第三次出海航行之際，可能許多船要淘汰了，於是，福建就要為鄭和造新的船。從永樂七年開始，到永樂十一年，又有四年過去，所以要為鄭和造一些新船。此後福建為鄭和造船不見記載，可能是造船已經成為一種慣例，沒有必要再書一筆了。

其次要注意的是，前兩則長樂造船的記載，都說福建是造「巨艦」，這應當就是寶船。尤其是永樂二年的史料，證明明朝於永樂二年在福建造五艘大船是在長樂太平港。這五隻船是十分巨大的船，它就是寶船。製造這種深底寶船，是福建工匠才有的技術。當時也只能在福州製造。福建傳統的船廠都在福州南郊的臺江一帶，郭造卿說：「國初法嚴，水軍之船其官造之，在閩都城，三衛之肆各一。景泰乃合之，即今河口廠云。」[60]文中的河口，也在福建臺江直通閩江的運河上。可見，明代福建官府造船，一直是在福建南郊的臺江。明初福建造船規模很大，如前所述，洪武年間造過上百艘抗倭艦船。福建木材主要產自閩江上游的延平府、建寧府。這些地方的木材只能沿著閩江運到福州的臺江，所以明初造船廠多設在臺江是

58　王應山，《閩大記》卷二，〈閩記〉，第 20 頁。

59　王應山，《閩都記》卷二六，〈郡東長樂勝蹟〉，第 243 頁。

60　郭造卿，〈海船〉，黃宗羲編輯，《明文海》卷八十一，〈議八〉，文淵閣四庫全書本，第 10 頁。

合理的。臺江市區緊靠閩江，其西部商業區古稱南臺，歷來是福建省商品批發中心。臺江船廠就在南臺的東面。一般地說，造船廠離城市較近有許多方便，便於雇募人工、採購原料和配件。所以，明代多數船隻都在臺江船廠製造。明代後期嘉靖十三年陳侃出使琉球，福建南臺的船廠為其造船，船長十五丈，闊二丈六尺，深一丈三尺。[61] 然而，永樂年間福建官府為鄭和造船時，卻選擇了下游離福州數十里的長樂太平港。太平港位於馬尾港的對岸，港闊水深，原名為「吳航」，相傳吳王夫差曾在此造船。不過，這僅是傳說而已。在鄭和造船之前，此地十分荒涼。福建官府選擇此地這裡造船，只有一個理由：原有的臺江船廠無法容納規模巨大的寶船，而太平港港闊水深，只有這裡才能容納巨型大船停泊和製造！可見，鄭和時代福建所造大船肯定比陳侃長十五丈的大船還要大！長樂太平港的北岸，即為今日的馬尾港，此處可停泊萬噸船舶。以理料之，當時的太平港也可停泊巨型船舶。《福建通志》記載長樂的太平港「在西隅，即古吳航頭也，明永樂十一年，太監鄭和下西洋，泊舟於此，奏改今名。東有十洋街」[62]。《閩都別記》記載福州一帶的故事：「（永樂帝）即令太監鄭和（又名三寶）同太監王景宏、侯顯三人，往福州東南諸夷番國賞賜，宣諭採取寶貝，令動撥各省庫銀，官軍護送，由福州長樂登舟。詔書即下，有司官先在長樂十洋地方造舟。工匠數千，該處地便有人搭寮開店貿易，人如雲集，竟成大市。……至舟已趕造完竣，三寶太監等皆至長樂，並隨從駕官座海舟，其餘賞賜之物並口糧、軍兵、甲仗、諸色工匠，分配海船五百餘號，俱在太平港，即吳航頭登舟」[63]。當時的造船盛況由此可見一斑。

　　明代福建以造船聞名，有時外省水師也想請福建官廠造船。即使在鄭和下西洋結束後，福建省仍然需要承擔這些任務。弘治三年五月丙子，「先是工部以山東登州衛歲運布鈔自海道往給遼東軍士，乞下福建布政司造海船二艘以助之。鎮守福建太監陳道言：福州近年山木消乏，且自此至登州，海道險遠，恐有人船俱沒之患。請備銀萬五千兩送南京龍江提舉司造海船

61　陳侃，《使琉球錄》，錄自《中國邊疆研究資料文庫・海疆文獻初編・沿海形勢及海防》第三輯，第 189 頁。

62　陳壽祺，道光《福建通志》卷五，〈山川・長樂〉，第 30 頁。

63　里人何求，《閩都別記》第 272 回，福建人民出版社，1987 年，第 42 頁。

為便。從之。」[64] 這是後話了。

圖 3-2　長樂博物館鄭和寶船模型　　圖 3-3　和獻給長樂南山三清殿的鐘

　　第二，鄭和要依仗閩人的航海技術。宋元以來，福建人一直以航海聞名於世，他們早在宋元二代即航行至印度洋的西岸。西洋對他們來說，並非神祕的海域。由此可見，鄭和要遠航西洋，一定要用閩中水手及舵工、火長等技術人員。《西洋番國志》記載：鄭和航海前，「始則預行福建、廣、浙，選取駕船民梢中有經慣下海者稱為火長，用作船師。乃以針經圖式付與領執，專一料理，事大責重，豈容怠忽」[65]。可見，在鄭和選擇的航海人員中，以福建人為首。再如流傳於泉州民間的《西山雜志》一書記載了鄭和副手王景弘的事蹟：「王景弘，閩南人，以東海名舵導引，從蘇州劉家港入海，至泉州寄泊。上九日巖祈風，至清真寺祈禱。」至今，泉州靈山聖墓尚有〈鄭和行香碑〉，其文曰：「欽差總兵太監鄭和，前往西洋忽魯謨廝等國公幹。永樂十五年五月十六日於此行香，望聖靈庇佑。鎮撫蒲和日記立。」可見，鄭和也到過泉州。鄭和航海是規模最大的航海行動，同時又是一次相當成功的航海行動，他之所以能取得這些成果，顯然與他隊伍中有許多熟練的舵工、火長有關。而宋元以來，閩南人的航海一直領

64　張懋監修，《明孝宗實錄》卷三八，弘治三年五月丙子，第 814 頁。
65　鞏珍，《西洋番國志》自序，第 6 頁。

先於國內其他地區，尤其是漳州人，他們是明代最好的水手和火長。[66]「大都海為危道，鄉（嚮）導各有其人。看鍼（針）把舵過洋，須用漳人。」[67]、「長年數人乃漳州人也。漳人以海為生，童而習之，至老不休，風濤不驚，見慣閒事耳。」[68] 他們也是明代最好的造船工匠，明代後期封舟的製造，幾乎離不開漳州大匠，「船（漳）匠有善製造，凡船之堅緻賴之。」[69] 明代官員在談到冊封舟過海時，不禁說道：「篙工舵師，舊錄皆用漳人。蓋其涉險多而風濤慣，其主事者能嚴、能慎，其趨事者能勞、能苦，若臂指相使然者。」[70] 古代的航海者與商人多是三位一體的，從當時人盛讚漳州人「浮歷已多」這句話來看，漳州人是經營海洋貿易最多的中國商人。事實上，多數官員都承認：「蓋閩以南為海國，而漳最劇。以海為生者，大半皆漳人云。」[71] 以上史料雖多是明代中後期的，但反映了漳州水手在海洋史上的地位。其實，早在明代前期，漳州人就以優秀的航海術聞名，他們是宋元時期閩人航海術的繼承者。許多專家研究《鄭和航海圖》以後都認為：《鄭和航海圖》是宋元以來航海技術的總結，圖上的有些地方，連鄭和也未去過。鄭和以前從未下海遠航，他之所以能夠率領規模龐大的航隊進行遠航，是他重用福建水手的緣故。事實上，鄭和艦隊駕船人員，首先從福建水寨調用。例如，漳州衛左所的徐祿，「跟太監鄭和駕船往西洋等國公幹」，[72] 又如漳州衛中所的康用，「永樂四年，駕船前往西洋等處公幹，殺獲賊船，口口口副千戶，永樂口年，復駕船西洋等國公幹，陞正千戶。」[73] 漳州衛徐祿、康用的小傳中都注明他們為下西洋艦隊「駕船」。徐祿的小傳更注明他是為鄭和駕船！明代漳州民間的航海圖，或是官府的《鄭和航海圖》應當是他們航海的總結吧。嘉靖時期漳州人吳樸的《渡海方程》被譽為中國最早刊印的一部完整的航海針圖[74]，在我看來，吳樸的《渡海方程》應當吸

66　徐曉望，〈明代漳州商人與中琉貿易〉，泉州，《海交史研究》1998 年 2 期。

67　謝傑，《琉球錄撮要補遺》，臺灣文獻叢刊第 287 種，1970 年，第 275 頁。

68　陳侃，《使琉球錄》使職要務，《中國邊疆研究資料文庫‧海疆文獻初編》，沿海形勢及海防，第三輯，智慧財產權出版社 2011 年，第 202 頁。

69　謝傑，《琉球錄撮要補遺》，第 274 頁。

70　夏子陽，《使琉球錄》卷上，臺灣文獻叢刊本第 55 冊，第 245 頁。

71　張燮，《霏雲居續集》卷三十一，〈贈盧郡丞奏績褒封序〉，明萬曆刻本，第 6 頁。

72　陳洪謨修、周瑛纂，正德《漳州府志》卷二八，〈兵紀〉，第 1746 頁。

73　陳洪謨修、周瑛纂，正德《漳州府志》卷二八，〈兵紀〉，第 1756 頁。

74　陳佳榮、朱鑑秋編著，《渡海方程輯注》，第 1 頁。

取了他的前輩——鄭和船舶的駕駛者漳州衛所康用、徐祿的航海經驗。

　　第三，鄭和航海的隊伍中有不少閩人。鄭和的水師中有三類福建人，其一為上述福建水手。其二，來自民間的各類技術人員。明初福建詩人作「林敬仲以醫往爪哇國，其卒也，詩以挽之」[75]，說明當時福建有各種輔助人員參加了鄭和遠航。閩人後裔林貴和生活於吳中，「貴和通易善卜筮之說，國朝永樂間五從中貴人泛西海，入諸夷邦，往返輒數年，竟無恙，考終於家。」[76]

　　其三是下西洋的官軍。

　　鄭和帶去海外的部下有 2.7 萬人左右，其中多數是江南、福建的衛所軍人。曹學佺史料提到：「『三寶下西洋』，師還閩中，從征將士陞賞有差。」[77]如其所載，福建衛所軍人應是鄭和遠洋艦隊的主力。[78]《閩書》記載，福州中衛有：沈斗保、董智、屠俊、翟斌、姚政、張剪往、羅福生、鄧惠、孫起、謝栓住、嚴觀、王佐、胡貴、陳連生等 14 人因永樂年間下西洋而升職。[79]《邵武府志》記載：「天妃宮，舊名靈慈宮……民言永樂間邵武衛官軍從征西洋，舟楫顛危，賴神以濟。因立廟于此」[80]。邵武位於山區，既然該地衛所軍人參加鄭和遠航，由此可知，當時福建各地的衛所軍人普遍參加了這次遠航。由明代檔案《衛所武職選簿》中知道：福州、建寧、汀州等地的衛所中，至少有 18 名下級官員因在鄭和遠航中立下戰功而升職[81]。沿海的漳州衛有許多軍官參加了遠征。漳州衛左所的徐祿，「跟太監鄭和駕船往西洋等國公幹，陞小旗。永樂九年，跟太監鄭和殺入番王城，擒王廝得勝，陞總旗。十二年，到蘇門答剌白沙岸，與合剌對敵，陞本所百戶。」[82]這位徐祿看來是鄭和最信任的部屬之一，在鄭和指揮下，參加了

75　袁表等，《閩中十子詩》卷一七，〈林敬仲〉，文淵閣四庫全書本，第 12 頁。

76　吳寬，《家藏集》卷七五，〈墓表一十三首〉，文淵閣四庫全書本，第 7 頁。

77　曹學佺，《曹能始先生石倉全集》，《湘西紀行》卷下，〈海防〉，第 34 頁。

78　徐曉望，〈從幾條新史料看鄭和航海與福建的關係〉，江蘇省編，《紀念鄭和下西洋 600 周年國際論壇論文集》，北京，中國社會科學文獻出版社 2005 年。

79　何喬遠，《閩書》卷六八，〈武軍志〉，第 1989 — 1993 頁。

80　邢址等，嘉靖《邵武府志》卷十，〈祀典‧天妃宮〉，第 26 頁。

81　參見，徐恭孫，〈明初福建衛所與鄭和下西洋〉，《紀念鄭和下西洋 590 周年學術討論會論文》。

82　陳洪謨修、周瑛纂，正德《漳州府志》卷二八，〈兵紀〉，第 1746 頁。

鄭和在海外不多的幾次戰役。再如漳州衛的劉忠、王受慶、吳番仔、江昱等軍官，都有「前往西洋等國公幹」的歷史。[83] 興化衛的柳興是舵工，「永樂三年，隨太監鄭和及王貴通等往西洋公幹，有殺賊功，累陞興化衛中所百戶」。同為興化衛因下西洋而升職的還有劉傑、白旺二人。[84] 此外，《長樂六里志》從《黃李族譜》找到一則史料：「黃參，字求我，至德里黃李人。明永樂七年，太監鄭和駐長樂，造艦下西洋。參從征有功，授忠武尉，累遷游擊定遠將軍及和總管府中軍。」[85] 明初福建衛所有 3 萬多兵員，他們輪番下西洋，是鄭和部屬的主力之一。

第四，鄭和艦隊的領導層中有不少閩人。自從唐宋以來，閩中多產宦官，而鄭和的隊伍是由明朝內廷的宦官所率領的，其中有不少原籍福建的宦官，可想而知。閩籍宦官中，最為著名的是王景弘[86]，我曾在《龍巖州志》中找到他的資料：「王景弘，龍巖集賢里人，後分屬寧洋；永樂間隨太宗巡狩。有擁立皇儲功，賜嗣子王禎世襲南京錦衣衛正千戶」[87]，撰成短文發表。[88] 王景弘是明成祖身邊的一位老資格的宦官，與鄭和一樣參加了明成祖奪嫡自立的「靖難之役」，從而受到皇室的高度信任。在鄭和的船隊中，有不少宮廷的宦官參加，也有許多人任高級職務，但是，其中唯有鄭和與王景弘是正使，其他人最多是副使，可見，王景弘在鄭和航海隊伍中的地位是非常高的。而且，王景弘自始至終參加了鄭和七下西洋的遠征，在鄭和去世後，他又受命再次下西洋，他的航海經歷之豐富，更勝於鄭和[89]。

在長樂南山天妃碑記之中，有都指揮朱真之名。而據《福建通志》，

83　陳洪謨修、周瑛纂，正德《漳州府志》卷二八，〈兵紀〉，第 1756、1764、1768、1781、1782 頁。

84　周瑛、黃仲昭，弘治《興化府志》卷四九，〈兵紀二〉，福建人民出版社 2007 年點校本，第 1250 — 1254 頁。

85　李永選，《長樂六里志》卷七，〈人物・武功〉，福建省長樂縣地方誌編纂委員會校刊，福建地圖出版社 1989 年，第 119 頁。

86　徐曉望，《明代前期福建史》第二章第四節，〈與鄭和齊名的閩南航海家——王景弘〉，中國書籍出版社 2016 年，第 110 — 126 頁。

87　徐銑等，乾隆《龍巖州志》卷十，〈人物上・中官〉，龍巖市志編纂委 1987 年點校本，第 264 頁。

88　徐曉望，〈與鄭和齊名的航海家——王景弘〉，《福建日報》1992 年 9 月 29 日。

89　參見，徐曉望，〈八次下西洋的王景弘〉，泉州《海交史研究》1995 年第 2 期第 23 頁。

永樂年間朱真是汀州衛指揮使司「左所正千戶，長樂人，永樂間授世襲。」[90]
可見，參加鄭和遠航的朱真早期也是福建汀州衛的官員，他的原籍是長樂。
《明太宗實錄》117 卷記載，永樂十八年五月辛未，「凡使西洋忽魯謨斯等
國回還官旗二次至四次者，俱陞一級」。[91]於是，升龍江左衛指揮使朱真為
大寧都指揮僉事。朱真以後成為第七次下西洋的負責人之一。長樂南山天
妃碑：「宣德六年，歲次辛亥仲冬吉日，正使太監鄭和、王景弘，副使太
監李興、朱良、周滿、洪保、楊真、張達、吳忠，都指揮朱真、王衡等立」。

　　以上史料表明，從某一個角度來看，鄭和七下西洋也可看成是宋元東
南民眾海上活動的歷史延續。

二、鄭和遠航在福建的影響

　　在鄭和下西洋過程中，福建省為支援這一航海工程出了大力。明初名
臣黃淮為福建左參政楊景衡所寫的墓誌銘談到：「閩為雄藩，控制八大郡，
經常庶務，素號繁劇。長貳推公才識超邁，悉倚重焉。況乎地瀕南海，路
當要津，伏遇文皇帝入正大統，仁恩覆冒，萬國歸心，梯航貢獻，歲無虛日。
朝廷遣中貴偕公卿大臣率海艘，齎敕往勞，供輸之費，動以億萬計。公從
容贊畫，適中肯綮，事集而民而不廢業。」[92]可見，鄭和的航海深深影響了
福建人的生活，將許多人都捲入到航海事業中去。

　　福建有對外貿易的傳統。明太祖論八閩：「其地利盡南海，勢控諸
番」。[93]早在洪武年間就與海外有較多往來。「福建地瀕大海，民物富庶，
番舶往來，私交者眾。」[94]鄭和遠航的早期，外國使臣多由鄭和帶到中國，
他們多由福建港口往來。永樂十三年九月庚申，「賜蘇門答剌、古里、柯枝、
麻林諸番國使臣宴。上諭行在禮部臣曰：『先王柔遠人，厚往薄來。今海
外諸番使臣將歸，可遣官豫往福建俟其至宴餞之。亦戒其毋苟簡也』。」[95]

90　郝玉麟等，雍正《福建通志》卷二六，第 51 頁。
91　張輔監修，《明太宗實錄》卷一一七，永樂十八年五月辛未。
92　黃淮，《黃文簡公介庵集》卷九，民國二十七年永嘉黃氏排印敬鄉樓叢書本，第
　　10 頁。錄自四庫全書存目叢書集部第 27 冊，第 47 頁。
93　夏原吉監修，《明太祖實錄》卷一〇八，洪武九年八月庚戌。
94　張輔監修，《明太祖實錄》卷四二，洪武二年五月癸丑。
95　張輔監修，《明太宗實錄》卷一六八，永樂十三年九月庚申。

使者的穿梭往來，即是一種負擔，也是福建繁榮的反映。「閩為東南大藩，通道于海夷，朝貢之往來，舟車之輻輳，民物之蕃庶」[96]。

　　鄭和在長樂的遺跡。《長樂六里志》記載鄭和在長樂，「永樂十年，奏建南山塔寺，為官兵祈報之所。又發心施財鼎建三清殿，立〈天妃靈應碑記〉，記神之靈與功之偉。且數至江左里雲門山，修建雲門寺，塑觀音像，賞玩雲門十五奇景。」[97] 如其所云，鄭和在長樂重修南山寺、雲門寺，另外一個重要建築是南山的天妃行宮，〈天妃靈應碑記〉本是屬於這座天妃宮的，而三清殿是天妃行宮的附屬建築。其中，鄭和等人於宣德六年（1426年）捐獻長樂縣南山三清殿的銅鐘至今尚存[98]。長樂縣衙附近，還有一口與鄭和有關的大井，「天妃宮大井，在縣治西四十餘步，太監鄭和造石欄。」[99]看來當時駐於長樂天妃宮附近的官兵較多，所以，鄭和要疏浚一口大井，以供食用。

　　鄭和更多的影響是在精神層面的。黃省曾說到明代福州的習俗：「太監鄭和使諸夷，舟自福州五虎門發，歷數萬里，所至二十餘國……閩呼和『三寶大人』，不敢名。今三山故家，間蓄異器，或發自地下伏藏，倀曰：此『三寶大人』物，遺烈可知。」[100] 也有人說，鄭和給長樂帶來繁榮。《閩都記》：「太平港，在縣西隅，今水次吳航頭是也。《閩中記》云：『吳王夫差，嘗略地至此，作戰艦，稱吳航云。』國朝永樂十一年，太監鄭和通西洋，造舟于此，奏改今名。又建天妃宮一所。其東有十洋。古讖云：『十洋成市狀元來』。和時造舟，貿易如雲。未幾，馬鐸、李騏大魁天下。」[101]

　　鄭和在福建，還將「天妃宮」的稱呼從江南引入媽祖的本土。媽祖信

96　楊榮，《文敏集》卷十二，〈送陶僉憲還福建序〉，第 25 頁。

97　李永選，《長樂六里志》卷七，〈人物‧流寓〉，第 136 頁。

98　長樂市南山三清殿銅鐘銘文為：「風調雨順，國泰民安。永遠長生供養，祈保西洋往返平安吉祥如意者。大明宣德六年，歲次辛亥仲夏吉日，太監鄭和、王景弘等同官軍人等，發心鑄造銅鐘一口。」

99　劉則和等，弘治《長樂縣志》卷一，〈山川〉，長樂縣檔案館 1965 年謄印本，第 22 頁。

100　黃景昉，《國史唯疑》卷二，陳士楷、熊德基點校本，上海古籍出版社 2002 年，第 45 頁。

101　王應山，《閩都記》卷二六，〈郡東長樂勝跡〉，第 243 頁。

仰最早屬於佛教 [102]，元代江南道士開始將其看作是道教信仰。於是有了天妃行宮的概念。[103] 道教稱神仙居處為宮觀，所以，祭祀道教神仙的廟宇多被稱為某某宮，某某觀。天妃的廟宇在道教裡自然被稱為天妃宮了。鄭和應是和多數中國人一樣，覺得中國本土出現的神都屬於道教，所以，媽祖應屬於道教，他在福建為媽祖建廟，便稱其為天妃宮，聘請全真道士管理廟宇。長樂縣的天妃宮與鄭和有關。〈天妃靈應碑記〉云：「若長樂南山之行宮，余由舟師累駐於斯，伺風開洋。乃於永樂十年，奏建以為官軍祈報之所，既嚴且整。……而又發心施財，鼎建三清寶殿一所，于宮之左，雕粧聖像，燦然一新，鐘鼓供儀，靡不具備，僉謂如是，庶足以盡恭事天地神明之心。」在鄭和建立天妃宮之前，閩人一向稱呼媽祖廟為順濟祠，或是靈慈廟。鄭和建南山天妃行宮之後，天妃宮的名字開始在福建流行，據弘治《長樂縣志》記載：「天妃行宮凡五處，一在縣治西隅登南山上。國朝永樂間，太監正使鄭和同官軍建。一在縣治東北十五都弦歌里仙岐境。一在縣治南十八都。一在縣治北二十三都。一在縣治北二十四都。」[104]十五都今為漳港鎮，靠近長樂東面的大海；此外，二十三都為金峰鎮，二十四都為文嶺鎮，都是靠近閩江的村鎮。文嶺鎮的天妃行宮應當就是後來的廣石天妃宮，是明中後期出使琉球使者經常祭拜的一個天妃宮。《閩都記》：「長樂廣石為冊封琉球使者開洋處，尤極崇奉。海上往還，有諭祭文，神援舟功烈最著也。閩人渡海，風波危急，呈叫於神，有紅光顯異，或燕、雀、蜓、蝶翔集舟中，則無虞矣。」[105] 而後，天妃宮之稱逐漸傳播到福建全省，再傳遍海疆的多數地方。此後，天妃宮或是天后宮，成為媽祖廟的標準稱呼。

　　鄭和航海對福建的影響更為重要的是延續了閩人的海洋文化。閩人與西洋各國的交通往來，在元代已達到了一個很高的水準，但是，明代的海禁，使福建許多海港對外交通的盛況成為歷史，如果沒有鄭和等人近 30 年的遠航，這些港口的航海傳統在明初便衰微了。鄭和航海的意義又在於：

102　徐曉望，〈宋代閭山派巫法與早期媽祖信仰〉，《大甲媽祖國際學術研討會會後實錄》2004 年台中縣靜宜大學觀光事業學系。

103　徐曉望，〈元代道士薛弘茂與天妃信仰〉，廈門大學，《道學研究》2007 年 2 期。

104　劉則和等，弘治《長樂縣志》卷三，〈寺觀〉，第 71 頁。

105　王應山，《閩都記》卷五，〈郡城東南隅〉，第 39 頁。

它不僅延續了閩人的航海文化，還將這一文化傳統發揚到最高點。和宋元時期比較，事實上，宋代亞洲海域，各種不利於貿易的因素也很多。例如，宋代南洋的許多國家無理由地搶劫過往船隻，或者力圖壟斷貿易，不許貿易船隻通過本國的海道去其他國家貿易。他們的活動，使南海貿易破碎化，跨越國家的長距離貿易難以進行。看《諸番志》與《島夷志略》可知，宋元時期以閩人為主的中國人的海外活動主要在東南亞諸國，穿越麻六甲海峽的閩商不多。迄至元代，武力強盛的元軍多次發動海上遠征，明初，又有鄭和的艦隊維護南海及印度洋的海上交通，東亞的海上貿易環境才有所好轉，閩商在元明強大海軍的支持下將貿易擴展到印度洋。鄭和遠航，每一次都要走到印度的古里，事實上，古里成為鄭和遠航的一個根據地，他又從古里將中國商人的商業網絡推至西亞和東非，其最遠處至少抵達東非的莫三比克。[106] 從而大大擴張了閩人的商業網絡。因此，只是到了元明時期，東亞海上絲綢之路的日用品貿易才興盛起來，中國的絲綢、瓷器較多地出現在印度的港口。這是因為，中國的海上力量向南洋諸港發展，在相當程度上抑制了海盜活動，從而在環南海區域建立了海上的和平秩序，中國的商船因而可以順利地進入印度洋。

　　鄭和航海大大改變了閩人在海外的生存環境。唐宋時期，閩人開始出海貿易，其時，海外諸國對中國人不太瞭解，中國人在海外受欺侮的事例時有所聞。例如，室利佛逝國經常要求海外商人只跟他們貿易，不跟其他國家商人貿易。中國去海外的船隻，若非直達室利佛逝，就要遠遠地繞開它。一旦被發現你不是與他貿易的，室利佛逝會沒收全船貨物，讓你血本無歸。其時，宋朝北臨遼金夏諸國的南侵威脅，根本無力管海外的事情。元朝統一全國後，曾派泉州的蒲師文率領船隊到海外招攬諸國前來進貢，獲得很大成功，唯獨爪哇國不從，於是有了兩萬元軍的遠。最終元軍雖然受挫而歸，但爪哇國就此滅亡。元軍的行動極大震動了南洋諸國，從而使華人在南洋的形象一下子變得高大起來。然而，元軍以擄掠為目的的遠征，也使中國人的形象有了罕見的差評。鄭和的遠征，其目的是折服東南亞國家，在說服行不通時，有時也會使用武力。鄭和遠航與元軍在海外的作為

106　金國平、吳志良，〈鄭和航海終點之一「比剌」考〉，江蘇省紀念鄭和下西洋600周年活動籌備領導小組編，《紀念鄭和下西洋600周年國際學術論壇論文集》，第398頁。

大有不同。鄭和雖然有時也會使用武力，但總的來說，他並不迷信武力，對武力的使用十分謹慎。對於諸國之間衝突，他取中立態度。例如，麻六甲受到暹羅的威脅，生存困難，鄭和多次調停兩國衝突，使麻六甲獲得了長時期的和平。但是，他對威脅到航行安全的海盜，則不客氣。殲滅陳祖義海盜，擊破蘇門答臘及錫蘭國的武裝力量，都是用兵適當。他的謹慎和剛毅使大明「伸威海表」[107]。在鄭和艦隊的保護下，才有了數十年的海上和平，中國船隻可以從容地航行到印度洋各港。鄭和的遠航還在東南亞諸國弘揚了中國文化。李慕如認為，鄭和遠航對海外諸國影響很大，當地人受中國器物文化影響而變其生活習俗；受中國制度文化影響，開始崇尚禮儀，重視圖書詩文；受中國理念文化，移風易俗，改變正朔，有了嚮往中國文化的思想。[108] 這種文化生態較有利於中國人在海外發展。可以說，因鄭和建立起來的威信，使中國人可以在鄭和之後大批南下東南亞諸國。

　　鄭和航海還使更多的閩人參加了規模宏大的航海，並使航海技術在民間進一步普及，為明代中葉福建航海事業的發展奠定基礎。鄭和下西洋還是明代小商品經濟發展的先聲。明初實行海禁政策與遷豪富政策，對商品經濟的發展打擊極大。宋元時期的城市繁榮在明代初年似乎已是遙遠的回憶，整個社會在向自然經濟轉化。然而，朝廷對海外商品的需求及其主動派出的船隊，使商品經濟在福建沿海一帶重又繁榮起來，如楊榮所說：「歲時諸番賓貢，海舶珍奇之貨，率常往來於此」[109]。可見當時福建仍然是明朝與外國交往的主要津梁。因此，雖說鄭和遠航只是明代前期傳統政策中的一個波折，但它已打開一個缺口，使小商品經濟獲得了發展的可能。它必將給社會發展帶來深遠的影響。

　　總之，鄭和下西洋結束之後，來自閩粵二省的民眾，不顧朝廷禁令，仍然到南海周邊國家貿易。那麼，該怎麼看待鄭和遠航對華人在東南亞地位的影響？我想最好將其看成長時段環南海貿易中出現的一個高潮。就像一條長河之水永遠流淌，但在某一個時刻會出現一股洪流從上游向下撲來，這股洪流刷新了大河的流量紀錄，因而將河道拓寬加深了。洪流過去之後，

107　曹學佺，《曹能始先生石倉全集》，《湘西紀行》卷下，〈海防〉，第 34 頁。

108　李慕如，〈由人文探討鄭和七航之影響〉，江蘇省紀念鄭和下西洋 600 周年活動籌備領導小組編，《紀念鄭和下西洋 600 周年國際學術論壇論文集》。

109　楊榮，《文敏集》卷十四，〈送福建按察僉事呂公考滿復任詩序〉，第 25 頁。

大河依然維持自己的節奏，不舒不緩，向前流去。由於洪流開拓了航道，大河的水流更大了。

第四節　寧德支提寺與鄭和的關係

　　鄭和第二次下西洋的行動有許多未解之謎，例如鄭和與王景弘為何先後出使占城？鄭和第二次下西洋還是從福建長樂出發的嗎？廣東軍人與第二次下西洋的關係如何？從寧德支提寺文物中有關鄭和的記載來看，鄭和第二次航海是到過福州的。

一、鄭和第二次下西洋及其與王景弘的關係

　　關於鄭和第二次出航，〈天妃之神靈應記〉碑載：「永樂五年，統領舟師往爪哇、古里、柯枝、暹羅等國，王各以珍寶、珍禽異獸貢獻，至七年還。」對這條記載要注意：它只是記載永樂五年艦隊出發，並沒有說是誰率領的。郎瑛的《七修類稿》云：「永樂丁亥（五年），命太監鄭和、王景弘、侯顯三人往東南諸國，賞賜宣諭。今人以為三保太監下洋。」[110] 實際上侯顯另有所命。侯顯於永樂元年出使烏斯藏，永樂四年十五月回歸南京，永樂五年是他和隨行將士休整之時，因此，他在永樂五年不可能與鄭和、王景弘二人一齊乘船赴東南亞。那麼，永樂五年統領舟師出航的誰？除了鄭和之外，應是另一位與鄭和齊名的正使太監王貴通！《明太宗實錄》記載，永樂五年九月庚辰，「遣太監王貴通賫敕往勞占城國王占巴的賴，賜王白金三百兩、綵絹二十表裏，嘉其嘗出兵助征安南也。」[111] 這個太監王貴通，就是王景弘。因為，在著名的錫蘭鄭和碑中，王貴通的署名是與鄭和並列的。《明史》記載，鄭和及王景弘都是遠洋船隊正使，王貴通能與鄭和並列，說明他就是王景弘。事實上，在《明實錄》中，王景弘的名字和王貴通是可以互換的。例如，《明英宗實錄》記載，正統元年二月己未，朝廷「敕南京守備太監王景弘等及襄城伯李隆、參贊機務少保兼戶部尚書黃福曰：『朕夙夜惓惓，惟體祖宗愛恤百姓之心，一切造作悉皆停罷。』今南京內官紛紛來奏，欲取幼小軍餘及匠夫，指以不敷為名，其實意在私

110　郎瑛，《七修類稿》卷十二，〈三保太監〉，上海書店出版社2001年，第124頁。
111　張輔監修，《明太宗實錄》卷七一，永樂五年九月庚辰。

用，俱不准理。敕至，爾等宜益警省，凡事俱從儉約，庶副朕愛恤百姓之心。」[112]

在這篇文字裡，王景弘、李隆、黃福作為南京最高負責人一同出現。同一時期，宰相楊士奇也說到南京諸人：

> 一南京雖內有太監王貴通等，外有襄城伯李隆在彼備禦，然係國家根本之地，今當特賜勅諭使之謹慎關防，操練軍馬，以鎮伏小人之心。更須老成忠直之人與之一同計議事務，臣切見南京戶部尚書黃福老成忠直，欲請勅令黃福就彼參贊軍務。仍勅王貴通、李隆等，凡一應事務，俱與黃福計議停當，然後施行。庶幾根本堅固，事無疏失，并勅南京內外衙門，今後非奉勅旨，不許擅自差人出外擾害軍民。[113]

按，此文出自大學士楊士奇的別集，應為晚年作品。在楊士奇的文章中，王貴通和李隆都是南都南京的最高負責人。因當時南京的軍人會有一些犯紀律的事，在楊士奇建議下，朝廷又派大臣黃福參與南京的管理。當時南京的領導系列又出現於《明英宗實錄》，只是王貴通之名被改為王景弘，這說明王貴通就是王景弘。貴通應是「名」，景弘是「字」。王景弘年輕時，人們直呼他的名字「貴通」，待其年紀大時，便以「景弘」稱之，只有大學士楊士奇以老賣老，仍然稱其人為王貴通。這都證明王景弘和王貴通是一個人。

《明實錄》記載王貴通於永樂五年被任命為赴占城正使，〈長樂天妃碑〉記載鄭和的航程中也有占城，他們是一起去占城的嗎？不是的。《明史‧占城傳》記載：「五年，（占城）攻取安南所侵地，獲賊黨胡烈、潘麻休等，獻俘闕下。貢方物謝恩。帝嘉其助兵討逆，遣中官王貴通齎敕及銀幣賜之。六年，鄭和使其國。王遣其孫舍楊該貢象及方物謝恩。」可見，《明史》的記載證明王貴通與鄭和是先後赴占城的，並不是一起去的。再看《明史‧成祖紀》在永樂六年九月部分記載：「癸亥，鄭和復使西洋」[114]。如其所載，鄭和實際上是永樂六年才出洋的！據各種史實研究，鄭和應是

112　孫繼宗監修，《明英宗實錄》卷十四，正統元年二月己未，第 257 — 268 頁。
113　楊士奇，《東里別集》卷三，〈論初即位事宜〉，文淵閣四庫全書本，第 1 — 2 頁。
114　張廷玉等，《明史》卷六，〈成祖二〉，第 85 頁。

永樂五年九月先王貴通離開南京，他先到福建，除了整修船隻外，還另有使命。其時，鄭和從海外國家帶來的使者，都是由他帶回本國的。永樂五年九月，這些使者到了南京，通常會被朝廷招待數月後再回國。所以，最好的情況應是第二年回歸。就一般情況而言，鄭和先行趕到福建，是準備送他帶到南京的外國使者結束使命後踏上返程，同時，順便完成與內廷有關的另一項使命，護送皇室賜給福建寧德支提寺的千尊鐵冠菩薩到福建，完成故去皇后的遺命。關於這一點，且留到下個小節研究。永樂五年九月，他只是離開南京，他真正出洋，是在等到各國使者回歸之後的永樂六年。

　　再說明朝與占城的關係。永樂年間，明朝與占城的關係很複雜。永樂四年七月，明軍出兵安南國，大敗安南的軍隊，占城國乘機派兵北上，收復安南國侵占占城的國土，並向明朝進貢。因此，明朝廷派出王貴通出使占城，回報占城國的進貢。其時，占城與明朝的關係正處於「熱戀」中。因王貴通的出使，占城國再派使者向明朝進貢，而明朝為了回答占城國這次進貢，於永樂六年又派鄭和出使占城。這樣一來一往，占城與明朝的關係大大加深了。從這一點看《明史・成祖紀》記載的永樂六年九月「癸亥，鄭和復使西洋」，我相信這一記載是正確的。王貴通和鄭和是先後赴占城，並非一起去的。此外，可以作為旁證的是：《明史・暹羅傳》記載鄭和於六年九月出使暹羅，《明史・爪哇傳》記載永樂六年鄭和出使爪哇，士兵被誤殺，這些事件都證明鄭和確實是在永樂六年出使的。實際上，鄭和於永樂六年出使，《明太宗實錄》有明確的記載：永樂六年九月癸酉，「太監鄭和等齎敕使古里、滿剌加、蘇門答剌、阿阿魯加、異勒、爪哇、暹羅、占城、柯枝、阿撥把丹、小柯蘭、南巫里、甘巴里諸國，賜其王綿綺紗羅。」[115] 一般地說，《實錄》的記載是可靠的。

　　弄懂王景弘與鄭和的關係，我們就可以理解《明實錄》和《明史》為何記載鄭和第二次下西洋是在永樂六年，而劉家港及長樂天妃碑記載的鄭和、王景弘自述，都是說永樂五年再次下西洋。就其整體而言，他們在永樂五年確實有一次下西洋的活動，就是由另一位正使王貴通率領的下西洋行動。因鄭和有其他事情留在了福建，王貴通率大隊人馬先行下西洋，完

115　張輔監修，《明太宗實錄》卷八三，永樂六年九月癸酉。

成出使占城的使命之後，他應是繼續向爪哇等國前進，完成他們下西洋的使命。《錦衣衛選簿》記載，南京錦衣衛馴象所的何義宗千戶於永樂五年十一月「往爪哇西洋等處公幹」陳熙於永樂五年「往爪哇等國公幹」[116]，將其人行動與王貴通出使聯繫在一起，就可知道，王貴通這次下西洋不是臨時性的，抵達占城後，他不是回到南京，而是繼續前進，到爪哇等國。可見，下西洋大隊應當是在王貴通率領下於永樂五年十一月出海，前赴占城，再赴爪哇等國。鄭和因有事滯留福州等地，後在永樂六年九月出海。由於人少，他們的行動很快。九月裡，他們不僅到了占城，而且到了暹羅。離開暹羅後，鄭和再度赴爪哇。在第一次下西洋之時，在爪哇發生一百多名下西洋士兵被爪哇西王誤殺的事件，鄭和要求其人賠款。永樂六年鄭和抵達爪哇後，爪哇西王被迫交出一萬兩黃金。其後，鄭和率大隊繼續前進，趕上王貴通所率大隊，共同完成下西洋任務。

按，錫蘭山有一塊鄭和與王貴通獻給佛祖的碑。錫蘭位於印尼與印度之間，是一個著名的島國。鄭和、王貴通第二次下西洋時，曾經布施錫蘭山的立佛寺，並立碑紀念。「時為永樂七年歲次己丑二月甲戌」，從時間推算，該碑立於鄭和第二次航海回航期間。該碑起始第一句是：「大明皇帝太監鄭和、王貴通等昭告於佛世尊曰」。按，王貴通即為王景弘，他和鄭和一樣是艦隊的正使。這塊碑證明鄭和確實參加了第二次下西洋，也反映了鄭和與王貴通平等的地位。

關於鄭和第二次下西洋，我們可以總結如下：鄭和於永樂五年九月壬子回到南京，沒過幾天，就因急事而率隊先行南下福建。因鄭和已經離京，當月朝廷決定派人出使占城時，鄭和已經不在京城，於是，出使的任務落到王貴通（王景弘）的身上。九月庚辰，王貴通離開京城赴福州長樂，稍事休息後他於當年十一月率大隊出發，首先去了占城，完成出使占城的任務。鄭和因有特殊任務留滯於福建。永樂六年九月，鄭和率領後續船隊出發，先到占城訪問，再出使暹羅，然後南下爪哇。其後，他們追趕王景弘大隊，至少在古里與王景弘會合。永樂七年二月返航時，他和王景弘（貴通）在錫蘭山給立佛寺施捨了一批財富，並立碑紀念。當年夏天，他們返

116　松浦章，《明清時代東亞海域的文化交流》，鄭潔西等譯，第35、37頁。

回南京。

二、寧德支提寺與鄭和的關係

　　鄭和艦隊七下西洋，始發港都是南京。不過，南京是一個內陸港，通常鄭和必須率其部下從南京航行到東南沿海的某個港口，才可能集中所有部隊，遠航海外。一般認為，這個港口就是福州的長樂太平港。但在廣東學術界也有人認為，鄭和第二次下西洋是從廣東的港口出發的。施存龍講到這個問題時說：「2003 年看到《廣東海上絲綢之路史》，一書以其（指萬曆《廣東通志》）為據，肯定鄭和第二次下西洋『是從廣東出發的』。」[117]

　　廣東市舶司是明初重要口岸之一，明初不少使者下西洋，都是從廣東出發的。查萬曆《廣東通志》記載：永樂五年「秋九月，命太監鄭和使西洋諸國。首從廣東往占城國起。」[118] 這條史料可以證明鄭和第二次下西洋的出發港是廣州嗎？按，廣東市舶司歷來是占城國進貢的首選港口，明朝的使者選擇從廣州出發，到占城出使，不論在什麼時代都是可以理解的。同時，福建與占城一直保持密切聯繫，有時，占城國使者的進貢，也會選擇到福建的港口登陸。因此，永樂五年，明朝的使者從福建出發至占城，同樣可以理解。那麼，長樂與廣州，哪一個是鄭和船隊第二次遠航的出發港？一時不好判斷。我注意到，不論是《明史》、《明太宗實錄》還是《福建通志》等書，都缺少對鄭和第二次出航的詳細記載。施存龍專門著文考證了這個問題，雖然沒有找到直接說明問題的史料，但是，他「以第一、三、四、五、七次都從福建太平港起航的事實等四點理由，論證第二次也當在太平港起航。」[119] 可見，施存龍認為鄭和船隊第二次下西洋的始發港，還是福州長樂港。

　　近來，福建史學界找到一條有關鄭和航海的新資料，出於由寧德支提寺所藏的〈支提寺全圖〉明代木刻版本，這塊木刻版今藏於寧德支提寺中。支提寺是中國境內有名氣的大寺。

117　施存龍，〈鄭和第二次和第六次下西洋是從廣東還是福建去的？〉，澳門文化局，《文化雜誌》2006 年春季刊，第 185 頁。

118　郭棐纂修，萬曆《廣東通志》卷六，日本內閣文庫藏萬曆三十年刻本，第 11 頁。

119　施存龍，〈鄭和第二次和第六次下西洋是從廣東還是福建去的？〉，澳門文化局，《文化雜誌》2006 年春季刊，第 185 頁。

支提寺，在支提山，吳越錢氏建。西有那羅巖，石室空洞深廣數十丈，為天冠化成寺。宋開寶四年建大華嚴寺於化成林之北。建時見天燈隱隱，鐘磬梵唄，縹緲空中。政和間，郡守黃裳請賜萬壽額。明永樂間，仁孝皇后鑄天冠菩薩一千尊，泛海祀於寺，復賜藏經於支提。為海內第一禪林。[120]

支提寺至今保留一些明代文物。木刻版本〈支提寺全圖〉是其中的一件。該圖題額為：「敕賜大支提山華藏萬壽寺山圖記」，全篇文字殘缺不少，尚能看得出的文字有些涉及鄭和：「迨我國朝成祖文皇帝握乾符以昇位，澤被九流」，「仁孝皇太后體坤德以資化，恩隆三寶」，「官鄭和之口運」等句。要理解這些殘缺的句子，得知道永樂五年支提寺發生的一件大事。

《福建通志》記載：

> 明永樂中，仁孝皇后遣謁者泛海，齎送銅天冠一千尊於支提寺。中流風濤簸盪，舟人大恐，以為蛟龍睥睨寶物，盡棄舟中所有。次至天冠，每一投，風輒少霽。謁者泣拜曰：此中宮命也，覆命當誅，不如覆吾舟！風遂止。而棄者已半。時有樵者見群僧晒袈裟於巖上。及謁者至，則所棄天冠已在寺中矣。（《寧德縣志》）[121]

這個民間傳說透露的一個很重要的資訊：永樂年間，仁孝皇后曾命人送天冠菩薩一千尊到支提寺中，他們是走海路！這就可能與鄭和有關了！永樂五年九月，鄭和回到南京，未暇暖席，便出發到福建，原來是為了替仁孝皇后送一千尊天冠菩薩給寧德支提寺！這也讓我們知道，為何永樂五年九月的《實錄》文字只記載王貴通出使占城，因為，鄭和另有一個使命，將仁孝皇后敬佛的使者送到福州，他可能先王貴通出發到福州。永樂帝再令艦隊遠航，此時艦隊的另一位首腦王貴通尚在南京，所以，就由王貴通領命了。

永樂帝的皇后是開國重臣徐達的女兒。她與永樂帝同甘共苦，為永樂帝登基出力不少。皇室稱之為「仁孝皇后」。她死於永樂五年秋七月乙卯，永樂帝悲傷不已，親自上堂祭祀，素服百日有餘，終身不再立皇后。不過，

120　郝玉麟等，雍正《福建通志》卷六十三，〈古蹟〉，第 67 頁。
121　郝玉麟等，雍正《福建通志》卷六十七，〈雜記・叢談三〉，第 61 頁。

永樂帝和其皇后信仰不同。永樂帝信仰道教，一生侍奉玄天上帝、二徐真人等道教神仙。仁孝皇后則以信奉佛教出名。她出版過：《仁孝皇后夢感佛說大功德經一卷》，載於《明史・藝文志》。鄭和於永樂五年九月分回到南京，仁孝皇后已經去世一個多月。剛死的人，遺言十分重要，鄭和急急出京，應與此事有關。寧德支提寺隸屬於福州府（其時元代的福寧州已經撤銷，而明代的福寧府尚未建立）管轄，而鄭和的艦隊常住福州長樂，所以，由他駕船到福建送天冠菩薩等重要文物，是理所當然的。

　　仁孝皇后為什麼會給寧德支提寺捐贈一千尊天冠菩薩？這與明朝內宮時隱時現的高麗血統有關。約在元代，朝鮮半島的高麗國開始給元朝進貢美女，後來成為一種慣例，所以，元代內宮有很多來自朝鮮半島的宮女，她們有些人成為貴妃，對元朝、明朝血統有一定影響。徐達於明朝建立之時攻占北京，虜獲元朝嬪妃、宮女萬計，按照當時處理敵國女性的習慣，徐達應是從中選出一批美女晉獻明太祖朱元璋，他和諸將也會分享一批美女。所以，朱元璋和徐達的周邊，都會有高麗女子。後來，朱元璋和徐達結為親家，徐達的女兒嫁給朱元璋第四子朱棣，是為徐妃，即為後來的仁孝皇后。他們的身上是否有高麗血統就不好說了。但是，在內宮流行的高麗文化，很可能影響了他們。而寧德支提寺，是與高麗文化有關的一個中國寺院！

　　唐宋時期，中國佛教興盛，有諸多宗派。華嚴宗的實際開創者為唐代前期名僧康居人法藏。華嚴宗在唐代很有影響，但在唐武宗滅佛之時許多經典失傳。唐末華嚴宗再起，是因為元表等高麗僧人從高麗帶回華嚴經典，所以，元表等高麗僧人在華嚴宗內影響很大。元表曾居於寧德支提山一帶。後來，吳越王錢椒建華嚴寺，便選擇了寧德支提山，即為寧德支提寺。支提寺認元表為開山祖師。元表在朝鮮半島影響很大，學界認為朝鮮的茶文化即為元表帶去的。當時的高麗人嚮往中國，有元表這樣一位名人在中國揚名，皆以為榮。所以，支提寺在當時高麗人心中有重要地位。高麗籍宮人將崇拜華嚴宗的文化傳播到明朝內宮，這是宮人嚮往支提寺的原因。仁孝皇后受其影響，相當重視支提寺。《華嚴經》載：「支提山在東南方，有天冠菩薩與其眷屬一千人，俱常在其中而演說法。」[122] 應當是在周邊朝

122　釋普現，〈支提寺志序〉，崔嶷，《寧德支提寺圖志》序，福州，福建省地圖出版

鮮女子的影響下，仁孝皇后起大願，為支提寺施捨一千尊天冠菩薩，並重新修建支提寺。明代文人陳鳴鶴說：「迨明興，成祖皇帝命無礙（禪師）復建，賜額華藏寺。仁孝皇后亦以鐵鑄天冠一千尊，高尺許，齎至山中，仍建寶閣於佛殿之西以祠焉。」[123]《福建通志》記載：「明永樂間，仁孝皇后鑄天冠菩薩一千尊，泛海祀於寺，復賜藏經於支提，為海內第一禪林。」[124] 明代支提寺的地位於此可見。今支提寺藏有一塊古匾，上書：「敕賜華藏寺」，「大明永樂五年欽差太監鼎建禪林」。但是，這位建寺的「欽差太監」卻不是鄭和，《支提寺志》記載：「至明永樂五年，欽差中使周覺成建大殿，賜額『華藏寺』，詔無礙禪師住持。仁孝皇太后重賜鐵鑄天冠一千尊，建寶閣於殿西祀之。」[125]

這樣看來，永樂五年鄭和急赴福州，其主要任務是送「欽差中使周覺成」護送皇后所賜支提寺的天冠菩薩像、大藏經等物品到福州府寧德縣。周覺成到了福州，鄭和的相關使命就完成了。鄭和另外的任務是第二次下西洋。其時，第一次下西洋的船舶剛剛回國，有必要重新整修，鄭和每次下西洋之前，都要提前到長樂太平港，應與督促整修船舶有關。永樂六年，鄭和第二次下西洋，他的始發港應為福州長樂港。

既然可以確定鄭和第二次下西洋是從長樂港出發，那麼，為什麼萬曆《廣東通志》第六卷會有那條記載：永樂五年「秋九月，命太監鄭和使西洋諸國。首從廣東往占城國起？」萬曆《廣東通志》的編纂者郭棐十分博學，除了《廣東通志》外，他還編寫過《粵大記》等書，所以，郭棐的記載不可輕易否定。我想，我們的問題也許是：在哪個層面上接受郭棐的記載？

既要肯定鄭和第二次下西洋是從福州出發的，又要肯定郭棐的記載有一定道理，這使我想起《明太宗實錄》永樂五年九月庚辰關於派遣王貴通出使占城的記載。在都認可以上史料的前提下，我想事情應是這樣的：王貴通出使占城，其使命是：「齎敕往勞占城國王占巴的賴，賜王白金三百

　　　　社 1988 年，第 14 頁。

123　陳鳴鶴，〈支提寺始末記〉，崔嶷，《寧德支提寺圖志》卷四，第 41 頁。

124　郝玉麟等，雍正《福建通志》卷六十三，〈古蹟〉，第 67 頁。

125　崔嶷，《寧德支提寺圖志》卷二，〈寺〉，第 14 頁。

兩、綵絹二十表裏，嘉其嘗出兵助征安南也。」[126] 這種任務不宜拖太久。為了儘快地完成皇帝的使命，他於當年趕到福州，讓官兵休整一段後出海。史冊記載，南京錦衣衛的何義宗千戶於永樂五年十一月「往爪哇西洋等處公幹」[127]，從時序來看，他應是跟隨王貴通先行下西洋的。如果南京衛所有許多人下西洋，那麼，他們最方便的方法還是從南京駛向福州，再從福州長樂出發。這次出海，鄭和應當沒有參加。他另有任務，被拖在福州，直到次年九月，才離開福州長樂，前往占城、暹羅，再趕上第二次下西洋的大隊人馬。在以上事實的背景下，萬曆《廣東通志》那條永樂五年「秋九月，命太監鄭和使西洋諸國。首從廣東往占城國起」的記載是可接受的。具體地說，永樂五年九月，王貴通奉命下西洋，他由福州長樂出發，率其所轄船隊從廣東海面路過，再從剛占領的安南海面路過，抵達占城，完成出使任務。

　　那麼，王景弘所率第二次下西洋船隊為什麼要經過廣東海面？首先，這是宋元時代的傳統路線，宋元中國人赴南海諸國，多是從泉州沿海南下，路過廣東沿海各地，再到越南沿海。因而，船隊從泉州到占城，常有用時一個月以上的。後來，人們發現：從福建沿海一帶赴占城，也可走海南島之外的七洲洋海路，這就不必走廣東沿海。這條海路會近一些，鄭和第三次下西洋時，順風十天十夜，從福州抵達占城，這是有明確記載的，應當是走了近路。那麼，第二次航海之時，下西洋船隊為什麼要繞道廣州？這與明初朝廷平定安南的戰爭有關。永樂四年七月，明朝發兵平定安南並將安南納入行政管轄之下，這是明初的一件大事。永樂五年，安南初定，人心不穩，沿海和山區肯定會存在一些反抗力量，這時以鄭和大規模的艦隊橫掃安南沿海，有震懾對手的作用。下西洋艦隊路過廣州沿海，前往占城，必然經過安南海面，應是這個原因使下西洋艦隊改道廣東吧。

　　另外一種可能性是：第二次下西洋船隊經過廣東海面，是為了匯合來自廣東一同下西洋的水師。鄭和下西洋，一直是以南直隸和福建的水師為其主力，實際上，當時廣東的水師也有相當力量，為何不讓廣東水師分擔一些下西洋的任務？這是因為，永樂三年，鄭和第一次下西洋之際，明朝

126　張輔監修，《明太宗實錄》卷七一，永樂五年九月庚辰。

127　松浦章，《明清時代東亞海域的文化交流》，鄭潔西等譯，第 35 頁。

與安南的關係已經十分緊張。廣東水師要備戰安南方向的突發事件。永樂四年，明朝官軍在安南國作戰，廣東水師亦在其中。迄至安南平定成為明朝的一省，廣東水師的主要任務就解脫了。這時的廣東水師擁有大量的船隻，抽調部分船隻和人員參加下西洋的遠航，是理所當然的。在茅元儀留下的《武備志》第二百四十卷中，載有一幅〈自寶船廠開船從龍江關出水直抵外國諸番圖〉，學界簡稱「鄭和航海圖」。該圖所繪鄭和的航線，從廣州口岸有一條虛線和鄭和下西洋航線相接，表明有些廣東水師也參加了遠航。

那麼，何以證明廣東水師參加的是第二次下西洋？這是因為，永樂五年王景弘第二次下西洋之際，有一些廣東水師軍官被調入南京錦衣衛。例如《武職選簿》記載：鍾左，「原籍廣東廣州府東莞縣人，始祖鍾海清。永樂五年，應招率領本管頭目人船，隨同前來朝，陞正千戶，撥錦衣衛帶俸。」又如余英，番洋（番禺）縣人，「永樂元年為事仍復百戶，五年調南京錦衣衛」。[128] 可見，鍾左和余英是率整支隊伍被編入錦衣衛的。錦衣衛在明軍中的地位崇高，猶如憲兵隊，通常情況下，一般的水師無緣進入錦衣衛。他們整支隊伍被編入錦衣衛，只能說明下西洋的錦衣衛非常需要他們。既然他們以特殊人才被編入錦衣衛，隨同王貴通等人下西洋，就是必做之事了。所以說，第二次下西洋，有廣東水師參加，隨後他們被編入錦衣衛，參加過之後的多次遠航。

既然永樂五年第二次下西洋船隊路過廣東沿海之時是由王景弘率領的，為何會被記成鄭和？細讀明史的外國傳會發現：《明史》記載的鄭和到訪的國家，有時並非鄭和親自去的，或者僅僅是鄭和派人去，也被記成了鄭和的活動。這是因為，下西洋艦隊以鄭和為代表，已經成為一種行文習慣。因此，其他使者的行動被誤記為鄭和是有可能的。王貴通是鄭和下西洋的重要成員，他的地位與鄭和相當，在中樞文獻中歷來將鄭王相提並論，但是，在民間口頭傳說中，下西洋船隊的代表人物就是鄭和，往往略去同為正使的王景弘以及其他副使。在不太嚴謹的地方文獻，人們會以鄭和代稱整個下西洋艦隊。既然鄭和下西洋已經成為習慣說法，在郭棐的眼

裡，這就成了鄭和下西洋從廣東出發的證據了。因而會有萬曆《廣東通志》的那條記載：永樂五年「秋九月，命太監鄭和使西洋諸國。首從廣東往占城國起」。實際上，永樂五年出發的船隊中沒有鄭和，鄭和是在永樂六年才出發追趕大隊的，他順便在永樂六年赴占城、暹羅，完成了出使占城、暹羅的使命。

第五節　與鄭和齊名的漳州航海家──王景弘

　　在明代的史籍記載中，王景弘是與鄭和並列的正使。但長期以來，對鄭和、王景弘的研究一直偏重於鄭和，而對王景弘的研究十分不足。自筆者發現王景弘為福建漳平人以來，福建史學界逐漸掀起了研究王景弘的熱潮。不過，儘管有關王景弘的研究論文集出了幾本，但做出突破性的文章較少，而由於史料的限制，王景弘的身世尚有許多疑問。此處對涉及王景弘的若干問題進行剖析，其中一些觀點可能會引起爭議，願各位同仁不吝賜教。[129]

一、王景弘的身世

　　作為與鄭和齊名的航海家，王景弘的身世令人遺憾地被史冊忘記，在正史中，我們只知道他是一名宦官，至於他的出身、籍貫等，只得付之闕如。據有疑問的《西山雜志》，王景弘是閩南人，[130] 由此故，他為鄭和的船隊聘請了許多閩南籍水手、火長。眾所周知，閩南人在宋元時期是國內最好的航海家，王景弘若是閩南人，就很容易解釋他為何被鄭和及整個船隊所倚重。但是，《西山雜志》謂其為閩南人，僅是根據民間傳說，尚有待史料證明。筆者在清代的《龍巖州志》中檢得一條有關王景弘身世的材料，揭櫫於短文〈與鄭和齊名的航海家〉，[131] 茲引述如下：

　　　　王景弘，龍巖集賢里人，後分屬寧洋，永樂間隨太守巡狩，有擁立

129　徐曉望，〈八次下西洋的王景弘〉，泉州《海交史研究》，1995 年第 2 期。

130　蔡永兼，《西山雜志》四監通異域，晉江縣圖書館藏稿本。轉引自莊為璣，〈明下西洋鄭、王景弘兩正使的卒事考〉。按，《西山雜志》一書只有稿本，一般認為該書為清代蔡永兼著，但文中多有「滿清」之類民國時代的字眼，應是後人所著。本書反映了晉江一帶的民間傳說。

131　徐曉望，〈與鄭和齊名的航海家〉，原載《福建日報》1992 年 9 月 9 日。

皇儲功，賜嗣子王楨世襲南京錦衣衛正千戶。[132]

這條史料原出於萬曆元年的《漳州府志‧寧洋縣》：

王景弘，集賢里香寮人，從太宗北征。後有擁立功，授其子寧南京錦衣衛正千戶。[133]

二者相比，僅有一個小差異，王景弘的繼子，在明代的《漳州府志》中作王寧，而在清代的《龍巖州志》內作王楨，有待於進一步從其家譜中研究。

不管怎樣，萬曆元年《漳州府志》有關記載的發現，不僅證明乾隆《龍巖州志》言之有據，而且進一步點明王景弘為集賢里香寮村人，也就是說，王景弘為明代福建龍巖縣人，他出生的集賢里後劃歸寧洋縣，寧洋縣是明代建置縣，1956年撤銷，寧洋縣與近郊被納入漳平市，今為漳平市雙洋鎮、赤水鎮，而香寮村隸屬於赤水鎮，所以，就現在的籍貫而言：王景弘為漳平市赤水鎮香寮村人。漳平市在明以前隸屬於漳州，所以，當地通行閩南話，《西山雜志》謂王景弘是閩南人是有根據的。

王景弘成為一個宦官與古代福建的習俗有關。福建自唐代以來多產宦官，唐代詩人顧況的〈囝一章〉寫道：

囝生閩方，閩吏得之，乃絕其陽。為臧為獲，致金滿屋，

為髡為鉗，如視草木。天道無知，我罹其毒，神道無知，

彼受其福。郎罷別囝，吾悔生汝，及汝既生，人勸不舉。

不從人言，果獲是苦。囝別郎罷，心摧血下，隔地絕天，

及至黃泉，不得在郎罷前。[134]

132　張鋌球等，乾隆《龍巖州志》卷十，〈人物上‧中官〉，龍巖市方志編纂委員會1987年重刊本，第264頁。

133　羅青霄等，萬曆元年《漳州府志》卷三一，影印萬曆元年原刊本，第18頁。按，萬曆元年的《漳州府志》在大陸十分難見，因而後一條史料似沒有人直接從萬曆元年的《漳州府志》中引用。好在萬曆元年《漳州府志》的相關記述，後被清代的《漳州府志》轉載，所以，有人從清代《漳州府志》轉引了這一條史料，今揭示其原出之處，應有一定意義。

134　顧況，〈囝一章〉，彭定求等編，《全唐詩》卷二六四，北京，中華書局1960年

　　詩中的郎罷即閩語「父親」之意。全詩描寫一位父親被迫賣子的慘痛，如泣如訴的悲音讓人慘不忍聞。唐朝廷宦官主要選自福建與嶺南，不幸的福建在唐代各道中人口最少，卻以出宦官最多聞名於世。《新唐書》吐突承璀傳云：「是時，諸道歲進闍兒，號『私白』，閩、嶺最多，後皆任事，當時謂閩為中官區藪。」[135] 又，唐無名氏《玉泉子》云：「諸道每歲送閹人，所謂『私白』者，閩為首焉。且多任用，以故大閹已下，桑梓多係閩焉。時以為中官藪澤。」[136] 這一狀況，一直到宋明時代也沒有變化。明代，朝廷使用的宦官達數萬人，各地進獻的闍童很多，福建也是宦官多產之地。自唐朝以來，當地流傳一個習俗，貧窮人家將無法養活的小兒賣給專門賣闍童的人販子，而後轉賣朝廷。所以，明代朝廷中有不少福建籍的宦官[137]，除了王景弘之外，還有一些人在朝廷出名。清代的《龍巖州志》作者不瞭解宦官制度的歷史沿革，在引述有關王景弘的情況後，還將其稱作是一件異事：「中官非南方所有，有之，志異也」，其實不然。[138] 明代初年的福建應還保留著這種古俗，所以明代閩籍的宦官不少。就以漳州寧洋而言，與王景弘齊名的尚有歐賢，「永寧里人，正德間為御馬監太監，鎮守陝西」。[139] 另有保存明孝宗的宦官張敏，為金門縣青嶼村人。[140] 福建在明代出了好幾個著名的宦官，這不是偶然的，這是明代福建仍有出賣闍童之習的證明。

　　因此，王景弘應是一個自幼被家人出賣的孩子，後成為闍童，被送到明朝宮殿，而後被分給皇子朱棣，成為他的小宦官。

　　有人推測王景弘原來是海上一舟子，掌握航海術，所以在鄭和的使團中大出風頭，受命掌管航海。如果是這樣，王景弘就不是早年進入宮廷，

　　標點本，第 2930 頁。

135　《新唐書》卷二〇七，〈吐突承璀傳〉，北京，中華書局 1975 年點校本，第 5867 頁。

136　佚名，《玉泉子》，文淵閣四庫全書本，第 13 頁。

137　明代宦官數量眾多，約有數萬人。在政治上產生很大影響。清朝鑒於明代的宦官作威作福，決心大量減少宦官。許多原由宦官承擔的事務交給內務府。所以，清朝的宮廷中只有數千名宦官。宦官數量驟減，使闍童的銷路大減，而這一行業逐漸被占有地利之便的河北某縣壟斷，所以，闍童之風在福建逐漸斷絕。

138　張鋋球等，乾隆《龍巖州志》卷十，〈人物上・中官〉，第 265 頁。

139　羅青霄等，萬曆元年《漳州府志》卷三一，影印萬曆元年原刊本，第 19 頁。

140　羅元信，〈關於太監張敏的各種異辭〉，臺灣《歷史月刊》1997 年 4 月號，第 122 頁。又見，《明史・后妃傳》。

而是在成年以後才自宮當上宦官，這種例子是極少的，一般地說，沒有特別原因，沒有人會自宮。另一方面，福建省距北京有數千里之遙，即使有成年後自宮的人，他們也很難進入朝廷後宮。再說，如果王景弘是成年以後才成為宦官，就不可能受到重用，更不可能陞至高位。還必須說明的是：王景弘的家鄉雖然隸屬於閩南，距海洋的直線距離也不超過 200 公里，但香寮是一個山窩裡的小村落，當地的小溪水只能通行小舟，王景弘在其家鄉不可能學得航海術；其次，明代初年正是海禁時期，許多海船或是被官府搗毀，或是被官府沒收，航海人口大幅度減少，因此，王景弘也不可能在年輕時到沿海打工，那種臆測王景弘年輕時在沿海做工，是海船上一「舟子」的想法，肯定是錯的。

　　王景弘能夠掌握航海術，與他是一個閩南人有關。宋元以來，福建一直是中國的航海中心，其中又以閩南人對中國通往西洋的航路最為熟悉，由於這一原因，當時遠航西洋的大船一定要雇傭閩南籍火長與水手。其時，閩南人的地方話與中原語音有很大的距離，北方人聽不懂閩南話，與閩南水手打交道，一定要有人居間翻譯。明代的宮廷中有不少來自閩南的宦官，朝廷從中選一些人進入使團，以便使團與水手、火長們聯繫，這是一個很有遠見的決定。

　　那麼，王景弘為何會以航海術聞名後世？這與王景弘熱心於航海有關。明宣宗在第七次遠洋前賜予王景弘一詩詠到：「昔時命將爾最忠，大船摩拽馮夷宮。驅役飛廉決鴻濛，遍歷島嶼凌巨㟲。」這至少說明當年王景弘對下西洋一事最為熱心，給皇室留下深刻的印象，因而皇帝會有「昔時命將爾最忠」的評語。從以下詩句中涉及遠洋航行這一點來看，王景弘在船隊中應是負責航海。擔任這一職責，不是閩南人不行，因為，他們每時每刻都要與閩南人交流。既然擔任這一職責，不學會航海術也是不可能的。當時的航海術還比較簡單，王景弘整天與火長水手們混在一起，每時每刻都要做有關航海的決定，以他對下西洋的熱情，他一定能很快掌握航海術。王景弘一生出洋七八次，前後航行二三十年，他的經歷超過同時期的許多老火長，如果說王景弘在第一次航行時還是生手，經歷多次航行後，他肯定是一個技術超絕的老水手、老火長，民間流傳王景弘的航海圖，這是不奇怪的。

　　有必要說明的是：當時的宦官都受到良好的教育，他們長在宮廷中，自幼學習儒家經典，雖然他們不以文學出名，但其中每有一些傑出的文字能手。儘管明朝起草詔書的翰林學士都是一時之選，但明朝的秉筆太監，能夠很自如地提筆修改翰林學士的作品。王景弘以武將出身，他的繼子後被封為世襲正千戶，但從當時對宦官的教育來看，他在年幼時也應當學過儒家經典，掌握一定的文化水準。事實上，若沒有這一點，他不可能成長為一支大船隊的領導人，也不可能向外國使者宣讀皇帝的詔書。既然王景弘有相當的文化水準，而且又精通航海術，由他來總結歷代航海經驗，繪製航海圖，這是必然的。[141]

二、王景弘在使團中的地位及下西洋次數

　　在王景弘的研究領域，有兩大問題成為爭議的焦點。其一，王景弘是正使還是副使？其二，王景弘參加了幾次下西洋的遠航？

　　對於王景弘參加了鄭和七次下西洋中的幾次？國內外學者是有爭議的。有的學者提出：王景弘可能只參加了第三次與第七次遠航，其他幾次遠航缺乏明確記載。這一觀點也曾影響過中國的學者，新編《辭海》介紹王景弘時說：「王景弘，明宦官，航海家。永樂三年（1405 年）任鄭和的副使，出使西洋。以後第二次，第三次，第七次航行也同行。」不過，隨著時間的推移，拋棄這些觀點的人越來越多。

　　其實，就明代使團的組合特點來看，鄭和與王景弘是長期搭檔。《明史》評價鄭和等人：「當成祖時，銳意通四夷，奉使多用中貴。西洋則和、景弘，西域則李達，迤北則海童，而西番則率使侯顯。」[142]可見，當時明成祖有幾個主要使團，除了鄭和、王景弘外，還有出使西域的李達，出使朔北的海童，出使西番的侯顯。其中侯顯五次出使異域，曾經翻越喜馬拉雅山脈到中印度國家，也曾走海路到東印度，他對明朝外交的貢獻，可與鄭和比肩。相對而言，鄭和與王景弘只是四大使團之一。不過，鄭王的使團規模最大，率大船六十多號，明軍約有二萬七千八百餘人。將這麼大的

141　按，傳統史學著作對明代宦官多作貶語，實際上，他們中間也有一些人對國家做出貢獻。

142　張廷玉等，《明史》卷三○四，〈宦者列傳〉，第 7769 頁。

一支水師交給鄭和，明成祖當然不放心。明成祖命將出征，往往會派另一個人監視他，而且任監軍的多為宦官。這是因為，朱棣從北京起兵，其依靠的核心力量是在其身邊長大的宦官。朱棣手下的軍隊龐大，他們與南京朝廷有或多或少的關係，朱棣要用他們，又無法完全信任他們，便派自己身邊的宦官擔任將領們的監軍，這就是明代監軍制的起源。迄至明仁宗時代，任命的南京守備尚有鄭和、王景弘、朱卜花等多人。不將大權交給一個人，這是明朝使用將領的一個原則。所以，儘管明成祖十分信任鄭和，但不會讓他握有所有權力，於是，有必要派一個人為其助手而又監視他。很顯然，王景弘就是這樣一個人，所以，他的名字一直與鄭和聯繫在一起，例如鄭和給長樂南山寺上供的銅鐘刻有鐘銘，其文曰：「永遠長生供養，祈保西洋往返平安，吉祥如意者，大明宣德六年歲次辛亥仲夏吉日，太監鄭和、王景弘同官軍人等，發心鑄造銅鐘一口。」[143] 又如《明史》所說，「西洋則（鄭）和、景弘」，以其意推之，鄭和與王景弘是一個長期不變的組合，所以，《明史》才會將鄭和、王景弘的組合與侯顯、李達、海童等人的組合並提。也就是說，鄭和下西洋船隊的領導人大體是固定的。王景弘與鄭和是長期共事的夥伴。

既然王景弘是船隊不可少的一分子，他不可能只參加兩三次遠航，而是從頭到尾都參加了全部七次遠航。王景弘與鄭和在長樂所立的「天妃靈應記」之碑，就是以集體的口氣回溯七次遠航的歷史，倘若王景弘沒有參加七次遠航，他不可能與鄭和共立此碑。實際上，僅憑長樂的天妃碑刻，就可證明王景弘參加了七次遠航，倒是那些認為王景弘沒有參加七次遠航的人，需要拿出證據來。

質疑王景弘有否七下西洋有這樣一件事需要解釋，前人指出：王景弘即為王貴通，但王景弘曾於永樂五年與鄭和一起下西洋，如《七修類稿》的記載，「永樂丁亥（五年），命太監鄭和、王景弘、侯顯三人往東南諸國，賞賜宣諭。今人以為三保太監下洋。」[144] 同時，《明史》又記載王貴通出使占城，其原因是：明軍攻打安南，得到占城的幫助，「帝嘉其助兵討逆，

143　梅華全、盧保康，〈南平市發現明代鄭和鑄造的銅鐘〉，《福建文博》1982年第2期。

144　郎瑛，《七修類稿》卷十二，〈三保太監〉，上海書店出版社2001年，第124頁。

遣中官王貴通齎敕及銀幣賜之」。[145] 於是，有人認為，這裡產生了問題：假使王景弘就是王貴通，他可能既下西洋又通占城嗎？這裡只有兩個選擇，要麼承認王貴通不是王景弘，要麼承認王景弘沒有七下西洋，這也是質疑王景弘七下西洋的原因之一。不過，從航行路程來看，這並沒有矛盾。占城歷來是鄭和下西洋的第一站，既然明成祖想到要表彰占城國王，他就可能讓王景弘在抵達占城時，順便完成賞賜任務。

王景弘與王貴通是一個人，還可從楊士奇的奏疏中證明。大學士楊士奇曾說：

> 一南京雖內有太監王貴通等，外有襄城伯李隆在彼備禦，然係國家根本之地，今當特賜敕諭使之謹慎關防，操練軍馬，以鎮伏小人之心。更須老成忠直之人與之一同計議事務，臣切見南京戶部尚書黃福老成忠直，欲請敕令黃福就彼參贊軍務。仍敕王貴通、李隆等，凡一應事務，俱與黃福計議停當，然後施行。庶幾根本堅固，事無疏失，并敕南京內外衙門，今後非奉敕旨，不許擅自差人出外擾害軍民。[146]

按，此文出自大學士楊士奇的別集，應為晚年作品。王景弘一生經歷了五次帝位更替。第一次是建文帝繼位，第二次是永樂帝繼位，這兩次帝王更替，王景弘都還是基層人員，不可能掌權南京。第三次是明仁宗繼位，第四次是明宣宗繼位，第五次是明英宗繼位，後三次，他都是重要人物。不過，從楊士奇的奏疏來看，當時的執政已經對王貴通有所不滿，這與王景弘一向受明成祖、明仁宗、明宣宗的信任不一樣，可見，楊士奇這篇文字應寫於明英宗繼位之初。

在楊士奇的文章中，王貴通和李隆都是南都南京的最高負責人。因當時南京的軍人會有一些犯紀律的事，在楊士奇建議下，朝廷又派大臣黃福參與南京的管理。按，鄭和生前一直是南京城的主要負責人，王貴通取代鄭和任南京最高負責人，說明此時鄭和已死。這也證明了楊士奇奏疏寫於明英宗初期。約與同時的《明英宗實錄》裡，王景弘、李隆、黃福作為南

145　張廷玉等，《明史》卷三二四，〈外國列傳五・占城傳〉，第8387頁。

146　楊士奇，《東里別集》卷三，〈論初即位事宜〉，文淵閣四庫全書本，第1—2頁。

京最高負責人一同出現。時為正統元年二月己未，其時朝廷「敕南京守備太監王景弘等及襄城伯李隆、參贊機務少保兼戶部尚書黃福曰：『朕夙夜惓惓，惟體祖宗愛恤百姓之心，一切造作悉皆停罷。今南京內官紛紛來奏，欲取幼小軍餘及匠夫，指以不敷為名，其實意在私用，俱不准理。敕至，爾等宜益警省，凡事俱從儉約，庶副朕愛恤百姓之心。』」[147]

南京太監最高負責人大約同時出現在兩種文獻中，有時他被稱為「王貴通」，有時他被稱為「王景弘」，這是「王貴通」與「王景弘」為同一個人的鐵證！

關於王景弘在使團中的地位。由於王景弘的名字一直排在鄭和之後，所以，人們習慣地將王景弘列為鄭和的副使，這一觀點長期影響了中國正式的史書，就連前十幾年出版的《辭海》還將王景弘視為鄭和的副使，這是錯的。[148] 其實，王景弘為鄭和使團的兩位正使之一，可見於各種碑刻與正史。例如：福建長樂市南山寺前所立的「天妃靈應記」碑，是鄭和使團在第七次下西洋之前所立的碑刻，[149] 其署名為：「宣德六年，歲次辛亥仲冬吉日，正使太監鄭和、王景弘，副使太監李興、朱良、周滿、洪保、楊真、張達、吳忠，都指揮朱真、王衡等立。」

此前，他們還在南京附近的婁東的劉家港天妃宮立「通番事蹟碑」，其署名為：「明宣德六年，歲次辛亥，正使太監鄭和、王景弘，副使太監朱良、周滿、洪保、楊真、左少監張達等立。」

鞏珍的〈西洋番國志自序〉也記載了第七次下西洋：「宣宗章皇帝嗣登大寶，普賚天下。乃命正使太監鄭和、王景弘等兼督武臣，統率官兵數萬，乘駕寶舟百艘，前往海外，開詔頒賞，遍諭諸番」[150]。

有名的錫蘭山鄭和碑，也是由鄭和及王貴通共同署名。

以上記載表明王景弘的地位確實是正使。

---

147 孫繼宗監修，《明英宗實錄》卷十四，正統元年二月己未，第 257 — 268 頁。

148 我在 1995 年發表於《海交史研究》的〈八次下西洋的王景弘〉一文中就指出，王景弘是與鄭和並列的正使，這一觀點漸被多數人接受。

149 南山寺位於長樂市中心的小山上，民國時廢壞。民國二十年，長樂縣知事在舊牆中刨出此碑，該碑自後為眾所知。

150 鞏珍，《西洋番國志》自序，第 5 頁。

　　王景弘擔任正使的歷史頗久，《星槎勝覽》一書說：「永樂七年，太宗皇帝命正使太監鄭和、王景弘等，統官兵二萬七千餘人，駕海舶四十八號，往諸番國開讀賞賜。」[151] 此處點出早在永樂七年鄭和第三次下西洋時，王景弘就已經是正使。

　　這裡有必要進一步強調的是：其實早在第一次遠航時，王景弘已是與鄭和並列的正使。可以回味一下父子兩代參加鄭和使團的費信在〈星槎勝覽序〉中說：「太宗文皇帝繼統，文明之治，格于四表，於是屢命正使太監鄭和、王景弘、侯顯等開道九夷八蠻。」[152] 可見，明成祖給鄭和、王景弘、侯顯的地位都是正使。

　　再如《明史》記載：「永樂三年（1405 年）六月命和及其儕王景弘等通使西洋。」[153] 可見，王景弘是鄭和的同儕，而不是下屬，從文意看，二人是平等的。

　　不過，儘管王景弘與鄭和都是正使太監，但鄭和還有「欽差總兵太監」這一銜頭，[154] 作為宦官中的特列，鄭和生前封侯。這都是王景弘所不及的。此外，王景弘的名次略遜於鄭和，明仁宗洪熙元年二月戊申，「命鄭和領下番官軍守南京，於內則與內官王景弘、朱卜花、唐觀保協同管事；遇外有事，同襄城伯李隆、駙馬都尉沐昕商議的當，然後實行」。[155] 這條史料表明洪熙年間王景弘是掌管南京軍隊的主要負責人之一，但他的權限與鄭和有差異，鄭和是全方位的負責人，不僅與王景弘共同掌管所轄軍隊，而且還要南京的頭面人物共同管理南京事務，王景弘則沒有這一責任，說明他的地位略遜於鄭和。說他是鄭和的助手，也是可以成立的，不過，他絕不是副使。

　　有的學者指出：鄭和與王景弘二人，前者應以負責外交與率領軍隊為

151　費信，《星槎勝覽》卷一，〈占城國〉，王雲五主編，宋元明善本書十種，明刊本《紀錄彙編》第七冊，卷六一，《星槎勝覽》，第 5 頁。

152　費信，《星槎勝覽》，第 1 頁。

153　張廷玉等，《明史》卷三○四，〈鄭和傳〉，第 7766 — 7767 頁。

154　佚名，〈泉州靈山回教先賢墓行香碑〉，鄭鶴聲、鄭一鈞，《鄭和下西洋資料彙編》上冊，齊魯書社 1980 年，第 29 頁。

155　張輔監修，《明仁宗實錄》卷七，上，臺北，中研院歷史語言研究所影印本，第 232 頁。

主，而王景弘以負責航海為主，這一觀點是有見地的。總之，明成祖是一個以「雄猜」聞名後世的君主，他不會讓鄭和一個人負責一支大艦隊，而王景弘就是他派出的另一個正使，以收兩相制約的效果。不過，這一組合一直是很團結的，所以，這一組合一支保持二十多年，直到七下西洋結束。

王景弘有沒有八下西洋？

對這一問題，老一輩史學家進行過爭論，起因在於《明史》有關於蘇門答剌的一段記載：宣德「九年，王弟哈利之漢來朝，卒於京。帝憫之，贈鴻臚少卿，賜誥，有司治喪葬，置守塚戶。時景弘再使其國。」[156]

據《明宣宗實錄》的記載，「宣德八年閏八月辛亥朔蘇門答剌國王宰奴里阿必丁遣弟哈利之漢等」隨其他諸國王到北京來覲見明宣宗。他們之來，應是跟隨鄭和、王景弘第七次下西洋的船隊。鄭和在艦隊回程中死於海上，傳說是死於古里。於是，王景弘成為艦隊的最高領導人。回程艦隊到蘇門答剌停靠後，再帶上蘇門答剌哈利之漢的使團，回到南京。這是王景弘一使蘇門答剌。哈利之漢死於宣德九年正月，在這一背景下，明朝感到有必要向蘇門答剌國交代，便派王景弘再赴蘇門答剌，「時景弘再使其國，王遣弟哈尼者罕隨入朝，明年至。言王老不能治事，請傳位於子。乃封其子阿卜賽亦的為國王，自是貢使漸稀。」[157] 如其所說，王景弘應是在宣德九年再次出使蘇門答剌，報告哈利之漢死於中國的消息。而後，年老的國王再派其另一個弟弟哈尼者罕入貢。他們抵達中國時，已經是宣德十年初。如果否定王景弘第八次下西洋，就無法解釋哈尼者罕之來，所以，王景弘肯定有送蘇門答剌的使者返回其國家！這是鄭和之後的第八次下西洋！王景弘回來不久，正逢宣德帝去世，明英宗繼位。新皇帝在大臣主持下，十分關心蘇門答剌國的政事。宣德十年（1435年）夏四月癸卯，「命蘇門答剌國王宰奴里阿必丁男阿卜賽亦的嗣為國王。先是以公務遣中官王景弘往其國。宰奴里阿必丁遣弟哈尼者罕等來京朝貢，具奏耄年不能事事。上嘉宰奴里阿必丁素尊朝廷修職貢，而阿卜賽亦的乃其冡嗣，應襲王爵，故有是命。宴賚哈尼者罕等加厚。」[158] 次年，新皇帝改元正統（1436年）。

156 張廷玉等，《明史》卷三二五，〈外國列傳六 ‧ 蘇門答剌傳〉，第 8422 頁。
157 張廷玉等，《明史》卷三二五，〈外國列傳六 ‧ 蘇門答剌傳〉，第 8422 頁。
158 孫繼宗監修，《明英宗實錄》卷四，宣德十年夏四月癸卯，臺北，中研院歷史語言

　　鄭和的第七次下西洋結束於宣德八年，讀以上記載，王景弘應在宣德九年再次出使蘇門答剌，並於宣德十年初回到南京。蘇門答剌的使者還到過北京，受到朝廷的款待。

　　在這裡還有一個問題是：王景弘有可能在一年的時間內往返蘇門答剌嗎？因為，蘇門答剌的哈利之漢死於宣德九年初，而宣德十年正月，王景弘已經在南京守備任上，王景弘再赴蘇門答剌只有宣德九年一年的機會。有人提出：鄭和等人每次下西洋，都要準備一二年的時間，王景弘在一年內往返蘇門答剌似乎沒有可能。

　　不過，事情有緩急輕重，對明宣宗來說，鄭和與王景弘第七次下西洋是自己任內發生的唯一一次盛舉，而哈利之漢死於中國，致使蘇門答剌的王位繼承出現危急，明朝有義務速將此事告訴蘇門答剌。對王景弘而言，由於鄭和在第七次下西洋時死於古里，將蘇門答剌王弟帶到中國，也是他的責任，馬上出使該國，解決相關一系列問題，也是很有必要的。

　　但王景弘再次出使蘇門答剌，不可能是像前七次一樣周遊世界，而是專門為了蘇門答剌而去，事畢即歸。所以，這一次下西洋，規模不可能很大，動員的人也不多。他們於宣德九年的春季南下蘇門答剌，在夏天就返回中國本土。

　　從王景弘座駕的命運也可看出一些資訊。據《前聞錄》的記載，鄭和艦隊的船隻有「大八櫓」、「小八櫓」之稱。鄭和與王景弘的船隻，應當都是「大八櫓」。王景弘送蘇門答剌的使者返回本國，當然乘其座駕「大八櫓」。他回程時，應是到了廣州市舶司，所以把「大八櫓」留在廣州。楊士奇等人不想再下西洋，「大八櫓」這種一級戰艦對他們來說就沒有用了。明英宗上臺後，國家政策變化。宣德十年四月，掌權的楊士奇、楊榮等人下令送南海十一國使者回國。「敕諭滿剌加國王西哩麻哈剌者曰：王在先朝躬來朝貢，已悉爾誠。朕嗣承大統，小大庶務悉遵祖宗成憲。今已敕廣東都司布政司厚具廩餼，駕大八櫓船送王還國。并遣古里真臘等十一國使臣附載，同回。王宜加意撫恤，差人分送各國，不致失所庶副朕柔遠

之意。」[159] 可見，當時明朝廷曾打算用王景弘的巨艦「大八櫓」送各國使臣回國！一級戰艦被當作客輪使用，王景弘輩恐要垂頭喪氣。不過，這一建議似未被接受。看來滿剌加是有自己的船隻，或是廣東衛所不願駕駛這艘船，滿剌加國王回國，沒有帶其他國的使臣。次年，也就是正統元年六月，明朝廷又將這一任務轉嫁給爪哇國使者郭信。「特賜海船」，並下令由郭信護送十一國的使者。[160] 賜給郭信的海船，該不是「大八櫓」吧？按，據海邊老人說，大木船其實不能做得太大，長 60 公尺是一個極限。超過這個界限的大船不好駕駛。鄭和的大船，不論是帆、錨、舵，沒有二三百人很難使喚，普通的東南亞使團，也就一二百人，全部人動員，也很難擺布「大八櫓」，所以，他們更需要的是一般的海船。

　　總之，王景弘八下西洋應是存在的，《明史》有關王景弘於宣德九年再次出使蘇門答剌的記載不可輕易否定。

三、航海期間王景弘與歷朝皇帝的關係

　　王景弘能成為與鄭和並列的正使，引人注目的是他與明成祖的關係。前引有關王景弘的傳記說：王景弘「永樂間隨太宗巡狩」，可見，他很早就成為明成祖手下的大將，是明成祖奪嫡之戰中依靠的重要助手之一。明成祖奪嫡之戰發生於明建文年間。明太祖朱元璋死後，嫡長孫繼位，是為明建文帝。建文帝見分封各地的諸王掌有兵權，尤其是駐紮北京的燕王朱棣能征善戰，深恐政權不穩，下決心削藩。而朱棣在王府中打製兵器、訓練宦官，積極準備造反。其後，雙方衝突正式爆發，展開了長達四年的奪嫡之戰。最後，朱棣的燕軍打敗建文帝的大軍，進入南京，奪取政權。

　　在燕王謀奪政權的大戰中，明朝的官軍陸續投靠燕王，但燕王對他們並非很放心，所以，燕王起用很多心腹宦官任各支部隊的監軍。這些宦官自幼生長於燕王的身邊，由燕王親自訓練，都有不錯的武功。在戰爭中，他們是燕王最賣力的一批親信。實際上，他們不只是監軍，還參加了多次真刀真槍的肉搏戰，所立戰功不亞於燕王手下大將。所以，燕王奪權之後，他們也受重用。郎瑛〈七修類稿〉云：「鄭和舊名三保，皆靖難內臣有功

者。若王彥舊名狗兒等，後俱擢為邊藩鎮守督陣以報之，鎮守自此始耳。」[161]
王景弘也是這一類有戰功的宦官，所以，成為永樂帝的燕王敢於放心地起
用他們率領大軍遠征西域。從王景弘與鄭和共任出使西洋的正使這一點來
看，永樂帝對他的信任不亞於鄭和。這一事實說明，王景弘肯定是一位戰
功不亞於鄭和的宦官，否則不可能一下被任命為正使。可見，王景弘也不
可能是半路出家的宦官，他應是自幼被養於宮中，從小陪伴朱棣，所以，
得到明成祖的特別信任。

王景弘與明仁宗的關係也很深。明仁宗是明成祖的長子，但他身有殘
疾，不得父親歡心。明成祖在外作戰，太子長期留守北京，所以，明成祖
對隨其作戰的兩位兒子會更好一些。明成祖的偏愛使太子之位危急，但是，
明成祖卻十分喜愛嫡長孫朱瞻基。明成祖晚年就立後繼人之事與大臣商量，
他最怕表面懦弱的太子無力承擔天下大事，但大學士楊榮提醒皇帝：「好
聖孫」。明成祖想到：自己的天下最後將由在自己身邊長大的朱瞻基擔任，
便放心了。然而，明仁宗繼位後，為鞏固政權，令新太子朱瞻基遷於南京，
擺明大權獨攬的想法。當時朱瞻基大哭一場，生怕失去父皇的信任。不過，
明仁宗對太子還是很關心的，派鄭和、王景弘等人支持他。不久，明仁宗
又命王景弘承擔重要事務：

> 洪熙元年四月甲辰，敕南京太監王景弘曰：朕以來春還京，今遣官
> 匠人等前來，爾即是提督將九五殿各宮院凡有滲漏之處，隨宜修葺，
> 但可居足矣，不必過為整齊，以重勞人力。[162]

修理宮殿是一件十分瑣碎而又令人操勞的事，明仁宗命王景弘擔任這
一工程的管事，說明王景弘在明仁宗的心裡是一位細心而又能承擔責任的
人，可以託以大事。這也說明明仁宗對王景弘是十分信任的。

這裡又要說到王景弘之名。在永樂時期的一些文獻中，王景弘通常被
稱為王貴通。我說過，貴通應是其名，而景弘是其字。普通官員在年輕時，
大家直呼其名，迨至年老，人們會以字代稱。所以，在永樂後期，應當就
有人稱王貴通為王景弘了。以上文獻表明，明仁宗也稱王貴通為王景弘，

---

161 郎瑛，《七修類稿》卷十二，〈三保太監〉，上海書店出版社 2001 年，第 124 頁。
162 張輔監修，《明仁宗實錄》卷九，上，洪熙元年四月甲辰，第 280 — 281 頁。

這是尊重的表現。此後的官方文獻，應當都以王景弘稱之。

明仁宗即位僅數月便突然逝去，因明仁宗的兩個弟弟對皇位虎視眈眈，大臣密不發喪，先將消息告訴太子朱瞻基。朱瞻基得知消息後，馬上行動起來，他率領南京的官軍迅速北上，一舉奠定皇位，是為明宣宗。其後，明宣宗鎮壓了兩位叔叔想重演「以叔代姪」奪權的行動。在這一事件中，王景弘所率南京的軍隊立下大功，所以，《龍巖州志》評價他「有擁立皇儲功，賜嗣子王禎世襲南京錦衣衛正千戶」。

宣德五年，明宣宗派遣鄭和與王景弘下西洋，為了鼓舞士氣，明宣宗給鄭和及王景弘賜兩位正使賜詩，其中一首是專門送給王景弘的：

> 南夷諸國蟠海中，海波險遠迷西東。其人習性皆顓蒙，浮深泳淺魚鱉同，
>
> 自昔不與中華通。維皇太祖天命隆。薄海內外咸響風，中興功烈維太宗。
>
> 澤及遠邇如春融，明明皇考務篤恭。至仁懷綏靡不容，三聖相承盛德洪。
>
> 日月所造翻服從，貢琛納贄來無窮。昔時命將爾最忠，大船摩拽馮夷宮。
>
> 驅役飛廉決鴻濛，遍歷島嶼凌巨谼。覃宣德意化崆峒，天地廣大雨露濃，
>
> 覆載之內皆時雍。朕今嗣統臨外邦。繼志述事在朕躬。島夷仰望紛喁喁，
>
> 命爾奉使繼前功。爾往撫諭敷朕衷。各使務善安田農。相與輯睦戒擊攻。
>
> 念爾行涉春與冬，作詩賜爾期爾庸。勉旃爾庸當益崇。[163]

在這一時代，內臣能得到皇帝賜詩，是天大的榮耀，可見，明宣宗視王景弘為股肱之臣。

163　明宣宗，〈宣廟御製總集〉。轉引自鄭鶴聲、鄭一鈞，《鄭和下西洋資料彙編》中冊下，齊魯書社 1983 年，第 857 頁。

總之，王景弘在永樂、洪熙、宣德三代皇帝當政時，都是極受寵信的內臣，這使他與鄭和一樣長期受到重用。

四、王景弘有沒有到過臺灣島？

臺灣的一些地方志記載了鄭和與王景弘抵達臺灣島的歷史傳說。蔣毓英的康熙《臺灣府志》記載：「臺灣，古荒裔之地，明宣德間，太監王三保下西洋，舟曾過此。以土番不可教化，投藥于水中而去。此亦得之故老之傳聞也。」[164]

高拱乾的康熙《臺灣府志》又載：「藥水，在鳳山縣淡水社。相傳明太監王三保投藥水中，令土番染病者于水中洗澡，即癒。」同卷〈雜記〉也記載了「三保薑」的傳說，「鳳山縣有之。相傳明太監植將岡山上，至今仍有產者。有意求見，終不可得。樵夫偶見，結草為記。次日尋之。獲故道。有得者，可療百病。」[165]

龔柴的《臺灣小志》云：鄭和等人「遍歷諸邦，采風問俗。宣宗宣德五年，三寶回行，近閩海，為大風所吹飄至臺灣，是為華人入島之始。越數旬，三寶取藥草數種，揚帆返國。」[166]

以上記載其實都是傳說，鄭和與王景弘是否到過臺灣在歷史上一直有疑問。如果鄭和等人到過臺灣，為何有關鄭和的史冊上不見「小琉球」之名？明代將南洋分為東洋與西洋兩部分，其根據是以福建至浡泥（今汶萊）航線為中心，其理由是：從泉州或廈門出洋，乘正東風，可直駛浡泥，因此，浡泥之東的區域有蘇祿、琉球等，而臺灣（當時名為小琉球）也是屬於東洋的。由於臺灣海峽與南海盛行東北風與東南風，所以，從福建往東洋地區很不容易，其間必有逆風之旅。元代閩人去東洋的蘇祿，一般是向東航行先到澎湖島，然後從澎湖島乘東北風南下，直達菲律賓群島。若在半途遇到逆風，則有可能在臺灣的南部停靠，所以，元代的《島夷志略》諸書，

---

164 蔣毓英，康熙《臺灣府志》卷一，〈沿革〉，中華書局 1985 年影印《臺灣府志三種》本，第 5 頁。

165 高拱乾，康熙《臺灣府志》卷九，〈外志・古跡〉。中華書局 1985 年影印《臺灣府志三種》本，第 962 頁；卷九，〈外志・雜記〉，第 968 頁。

166 龔柴，《臺灣小志》，《小方壺輿地叢鈔》第九帙，臺灣小志一。

都記載了「小琉球」的情況。明代的鄭和以下西洋聞名，說明他們主要是到西洋諸國，那麼，他們可能不可能抵達東洋諸地？陸容的《菽園雜記》記載鄭和等人永樂年間遠航所到過的國家與地區，其中包括了東洋的國家。這些國家列在天方之後：「曰琉球，曰三島國，曰浡泥國，曰蘇祿國。至永樂二十二年八月十五日，詔書停止。」[167]

　　從《菽園雜記》所列國家與地區來看，鄭和與王景弘的出使，是一路向西走，先到占城，然後到中印半島、印尼群島、印度半島、波斯灣地區以及東非，鄭和、王景弘的遠航被稱為「下西洋」，是有其道理的。但在以上所列西洋國家地區之後，也列上了「東洋」的浡泥國、蘇祿、三島國、琉球國四個地區。浡泥位於北婆羅洲，今汶萊國地方，蘇祿即為菲律賓南部，三島國應是菲律賓北部，而琉球今為日本的南部沖繩縣，臺灣正處於蘇祿與琉球二地之中，這就透露了鄭和與王景弘有可能到過臺灣的信息。

　　鄭和與王景弘出使海外是受命下西洋。當時的西洋和東洋之分是以浡泥為界限，浡泥國、蘇祿國、三島和琉球國都屬於東洋，這些國家的進貢向來由福建市舶司負責，而且，明代初年，這些國家大都有來中國進貢，所以，不需要鄭和前去招攬。鄭和的使命是下西洋，東洋國家應該不是他的任務。不過，臺灣海峽是鄭和必經的區域，在某種條件下，鄭和艦隊中的一些船隻到過臺灣，也是可以理解的。〈閩遊偶記〉記載：「澎湖為臺灣門戶……曾聞明永樂丁亥命太監鄭和、王景弘、侯顯三人往東南諸國賞賜宣諭，鄭和舊名三保，故云三保太監下西洋；因風過此。」[168] 可見，他們是征途中遇到風暴，才登陸澎湖和臺灣。那麼，既然鄭和與王景弘到過臺灣，為何《星槎勝覽》上沒有「小琉球（臺灣）」的記載？這是因為：臺灣的土著不願到明朝來進貢！《臺灣割據志》記載：「土番居海中，畏海，不善操舟，故老死不與他夷相往來，——其地不載版圖。永樂初，鄭和航海，撫諭諸夷；東西洋獻琛恐後，獨東番遠避不出。和惡之，家貽一銅鈴，俾掛項，擬之狗國以辱焉。番不悟，傳以寶之（明史、閩書鄭成功傳曰：宣德中，太監王三保舟下西洋，因風過之）。」[169] 很顯然，鄭和與王景弘

167　陸容，《菽園雜記》卷三，北京，中華書局 1985 年，第 26 — 27 頁。

168　吳桭臣，〈閩遊偶記〉，《臺灣文獻叢刊》第 216 輯，第 14 頁。

169　川口長孺，《臺灣割據志》，臺灣文獻叢刊本，第 3 — 4 頁。

等人到過臺灣，但其使命未獲成功，因此，《星槎勝覽》等書就不能記載「小琉球」，以免授人以柄。

五、王景弘的晚年

明成祖在位時期是明朝最強大的時代，其後，明仁宗與明宣宗相繼以仁治天下，號稱明代的「仁宣之治」。但惜仁宣二帝在位時間不長，明仁宗在位僅數月，而明宣宗在位也僅 10 個年頭，明宣宗死，繼位的是其未成年的兒子，即為明英宗。英宗年幼不能管事，大權握於宰相之手——即楊士奇、楊榮、楊溥等大學士。三楊以儒學執政，強調節政愛民。他們深知明成祖好大喜功，在位期間征蒙古、征安南的行動，耗費了大量的錢財，即使以下西洋一事而言，派出的船隻就有 62 艘巨艦，實際上，當時海外根本沒有對抗明朝海軍的力量，宋元以來中國到海外的商人，只要有一條中型商船便敢遠航波斯灣。明朝下西洋的船隻即使只有幾條大船，便足以稱霸外洋，海外根本沒有可以威脅明朝海軍的力量。換句話說，明朝本來沒有必要鋪張浪費，出動那麼一支大艦隊去海外招納諸國進貢。明朝在對外貿易中所得的實際利益是香料等皇室用品，而皇室在這方面的消費是極有限的，有一兩條大船出外貿易，足以供給。但明成祖凡事鋪張的習慣已經成為「祖訓」，而祖訓是不可變的，只要下西洋的船隻有一出動，就得幾十條船隻，幾萬大軍隨行，這要耗費極大的財富。然而，在正統年間，明朝的財政已經開始出現問題，大臣們都在考慮削減開支，在這一背景下，停止下西洋的行動也就是有必要的了。

正統元年二月己未，朝廷敕南京守備太監王景弘等及襄城伯李隆、參贊機務少保兼戶部尚書黃福曰：「朕夙夜惓惓，惟體祖宗愛恤百姓之心，一切造作悉皆停罷。今南京內官紛紛來奏，欲取幼小軍餘及匠夫，指以不敷為名，其實意在私用，俱不准理。敕至，爾等宜益警省，凡事俱從儉約，庶副朕愛恤百姓之心。」[170]

這是以皇帝的名義下的詔書，其實為「三楊」的傑作，既然朝廷決心停止一切造作，與民休息，大規模下西洋也就不可能了。王景弘等人並受

---

170 孫繼宗監修，《明英宗實錄》卷十四，正統元年二月己未，第 257 — 268 頁。

到批評。再如《明實錄》的以下記載：

　　正統元年（1436 年）三月甲申，「敕南京守備太監王景弘等，於官庫支胡椒、蘇木共三百萬斤，委官送至北京交納，毋得沿途生事擾人。」[171]這一敕書的口氣十分嚴厲，表明朝廷對王景弘的不滿。

　　可見，在正統朝的初年，王景弘等人屢遭朝廷的批評。如果我們理解正統朝的政治背景，我們就可知道王景弘等人在掌權的大臣眼裡是怎樣的一些人物：在楊士奇等人看來，王景弘這些人的遠航，花費國家太多的財富，有必要加以抑制。其次，明朝的宮廷中，一直存在著士大夫與宦官集團的鬥爭，明成祖任用士大夫，但也使用宦官來監視士大夫，這造成宦官勢力的膨脹。不過，到了明宣宗時期，士大夫勢力上揚，三楊掌權後，更是形成壓倒宦官的聲勢。在這一背景下，士大夫感到有必要壓一壓宦官的勢力，所以，宦官集團的邊緣人物開始受到各種批評。

　　從私人關係來說，王景弘等人作為宦官，在永樂、洪熙、宣德時代，都是皇帝身邊的人物，容易得到皇帝的信任，但自明宣宗長期居住北京之後，王景弘等人長期駐守南京，就不容易和皇帝建立良好關係。

　　其實，對宦官勢力在朝廷上的作用，必須用兩分法，從歷史來看，在明宣宗以前，宦官在朝廷中所起作用還是正面為多，鄭和與王景弘等人，都是對國家做出貢獻的。即使朝廷覺得下西洋花費過大，但這不是王景弘等人的錯誤。

　　王景弘是經歷了洪武、建文、永樂、洪熙、宣德、正統六朝的老臣，權臣可以貶低他們，但不會、也無權對他們太過分。史料表明：正統年間王景弘仍然掌管大權，正統元年三月丁卯朔，「敕南京守備內外官員太監王景弘等曰：『比聞南京承運等八庫，遞年收貯財物數多，恐年久損壞，負累官攢人等。敕至，爾等即會各庫官員公同揀閱，除新收堪用之物，及一應軍器顏料等項，并堪久貯該用不壞物件存留備用，其餘一應損壞及不該支銷之物，悉令鋪戶估直，另項收貯，聽候支銷』。」[172] 可見，王景弘那時仍在管理南京的財庫。

171　孫繼宗監修，《明英宗實錄》卷十五，正統元年三月甲申，第 289 頁。
172　孫繼宗監修，《明英宗實錄》卷十五，正統元年三月丁卯朔，第 276 頁。

　　正統二年十月，又有一條詔書涉及王景弘，「癸未敕諭太子太保成國公朱勇、新建伯李玉、武進伯朱冕、都督沈清、尚書魏源曰：茲特命爾等，同太監王景弘等，整點在京各衛及見在守備一應官軍人等，選拔精銳，編成隊伍，如法操練。務要人馬相應，盔甲鮮明，器械鋒利，操練嫻熟，紀律嚴明，則兵可精，以守則固，以戰則克，寇無不滅，功無不成。爾等宜體朕飭兵安民之心，躬勤任之，勿阿徇私情，以害公道。凡有不遵號令，及沮過行事者，即明白具奏，罪之不宥。爾等其欽承朕命。」[173]

　　值得注意的是，這次王景弘出現於《明實錄》，不是與他一貫的南京僚友李隆與黃福，而是與朱勇、李玉諸人。朱勇和李玉等人都是正統朝較受寵信的大臣，他們應是在北京駐紮，《實錄》還記載了朱勇等所整頓的軍隊有五軍神機、三千大營等，這都是北京禦營官軍之名。可見，王景弘應是在正統二年北調，此時他仍有很高的地位，可與北京最高軍事長官一起訓練官軍。自此以後，史冊上就找不到王景弘的記載。已故的莊為璣先生說，曾在《明英宗天順實錄》中看到有關王景弘的記載，但經檢核，實際上找不到這一條史料。按，天順是明英宗的第二個朝代，此前，明英宗因土木之變被瓦剌俘虜，其弟景泰帝執政六年，明英宗復辟之後，才改年號為「天順」。所以，若王景弘於天順之時仍在人間，他就要再活 20 年。明朝尊重老臣，年屆知天命之年的老臣，時常得到賞賜與表彰，這類表彰在《明實錄》中比比皆是，若王景弘尚在人間，必然會在《明實錄》上留下遺跡。其次，正統十四年發生了著名的「土木之變」，明軍五十萬被殲，包括張輔、朱勇在內的明軍大將大都戰死，明英宗被俘。記載土木之變的史料頗多，若王景弘此時尚在人間，應會在「土木之變」中露面。其時，朝廷大權已經從三楊手裡轉到宦官王振手上，王振與王景弘同為宦官，若王景弘在世，王振肯定會借重於王景弘的軍事才能，當然，若有王景弘作為諮議，明軍也不一定就會在土木堡大敗了。就此看來，正統十四年之時，王景弘肯定不在世，因此，推斷王景弘逝於正統年間應是不會錯的。事實上，正統二年以後，史冊中就不見了王景弘的名字，他應死於此後不久。

　　有一些老先生推斷，王景弘有可能在正統年間送各位使者返鄉。其時，

173　孫繼宗監修，《明英宗實錄》卷三五，正統二年十月癸未，第 691 頁。

自宣德八年來到中國的使者還有很多，其中如滿剌加之王，他們在明朝滯留多時，「時英宗已嗣位，而（滿剌加）王猶在廣東。賜敕獎王，命守臣送還國。因遣古里、真臘等十一國使臣，附載偕還。」[174] 可見，直到明英宗繼位的宣德十年之後，明朝才正式下令將這些使臣送還本國。從這些使臣的籍貫來看，他們主要分布在東南亞，最遠的古里位於印度沿海，明朝要將這些使者送回本國，必然要經歷東南亞以至印度的港口，這也是一次規模相當大的遠航，肯定需要王景弘之類的航海家。所以，有人認為：《明史》云「王景弘再使其國（蘇門答剌）」應是發生在這一背景之下。

但是，從明實錄所載史料看，從宣德十年到正統元年、正統二年，王景弘都在南京和北京，不可能擔負送使者還鄉的任務。而且，《明史》明確記載：滿剌加國王是滯留於廣東，後來，朝廷是命「守臣」送其回鄉。以意推之，此處的「守臣」應是指廣東的守臣。廣東的廣州市舶司歷來有許多南洋國家入貢，與南洋關係很深，由廣東的守臣送滿剌加國王回國，不需要國家耗費太多的財富，這是一個合理的安排。

要麼王景弘在正統二年以後才送東南亞與印度的各位使者返鄉，並參與蘇門答剌新任國王的任命，但從時間上來看，都太遲了一些。[175] 所以，這是不可能的。

總的來說，王景弘是一位與鄭和齊名的航海家。明代的文獻有時會只說王景弘，不提鄭和。例如《皇明從信錄》云：「宣德間常遣王三保出使西洋等番，所獲奇珍異貨無算。」[176] 可見，王景弘在民間的影響很大。他是一個不應被忘記的人。

小結

福建在明代海洋史中的地位十分重要。永樂年間，鄭和下西洋之時，選擇福建的長樂為艦隊的主要基地。許多人都會想：他們為什麼不選擇廣

174　張廷玉等，《明史》卷三二五，〈外國傳〉，第 8417 頁。

175　關於王景弘我寫過的文章及論文有，〈與鄭和齊名的航海家——王景弘〉此文為 1000 多字的短文，發表於《福建日報》1992 年 9 月 29 日；〈八次下西洋的王景弘〉，《海交史研究》1995 年第 2 期；〈與鄭和齊名的航海家——王景弘〉，《鄭和研究》2007 年 2 期。收入本書的是綜合以上各文的成果。

176　陳建，《皇明從信錄》卷二二，《四庫禁毀書叢刊》史部第一冊，明刻本，第 26 頁。

東的港口呢？如本書所證，明代前期的福建承宋元海運業而來，一直有到海外航行的傳統。在這裡要強調一點：自古以來，廣州多為外國商人進貢的口岸，在清朝以前，廣州出海貿易的本地商人不多。福建人則不同，福建雖有海口，但貿易條件不如廣州，所以，閩人要從事海外貿易，不能像廣州一樣等待外國商人上門。閩人的習慣是到海外貿易，因此，明代初年，中國對外貿易人才主要在福建，而且以漳州人為多。此外，本章進行了詳細的考證，表明明代初年，福建省官府擁有一支船隊，每年都要載運糧食到長江口與江浙船隊匯合，然後給北方軍隊運輸糧食。因此，明初福建有一支對北方航道相當熟悉的水手隊伍，他們經常往來於福建與長江口之間。這讓我們知道，定都南京的明朝為何將鄭和艦隊的始發港定於福建，這是明初海上形勢決定的。由於兩地之間存在固有的航道，調配物資較為方便。這是福建勝過廣東的地方。

　　福建還有深厚的航海文化可以利用。鄭和每次下西洋之前，都要在這裡駐紮數月至一兩年。福建為鄭和製造大船，選派上萬名戰士和水手。從另一個角度來看，鄭和下西洋也可看成宋元以來福建人航海事業的延續。在鄭和研究方面，我最早考定王景弘是福建漳平人，他是出使的正使，與鄭和並列。鄭和船隊中的一些宦官是福建人。我還一直堅持幾個觀點：其一，鄭和寶船是福船型大船；其二，鄭和寶船最早在福建製造。在長期的研究工作中，我也修正了一些觀點。例如，以前我認為鄭和曾經出使東洋的浡泥、蘇祿、三島等國，現在看到了鄭和與福建市舶司的分工，出使東洋國家主要是福建市舶司的工作，鄭和的主要任務是出使西洋。所以，鄭和及王景弘抵達東洋一些地方，應當是受了風暴的影響。由於參加鄭和遠航的閩人較多，這次航海，也將航海技術普及到一般民眾中去。因此，鄭和之後，閩粵的私人海上貿易發展起來了。

第四章　明代前期福建的經濟

　　明代前期的政策是壓縮民間的私人海上貿易和手工業生產，以官營對外貿易和官營手工業取而代之。因此，中國對外貿易總體規模萎縮。福建市場經濟在宋元時期已經相當繁榮，明初嚴格的海禁導致海上運輸基本中斷，這使福建經濟出現內陸化的傾向。一直到了明代中期，福建經濟才逐漸走出困境，開始有了新的發展。

第一節　明初福建市場的內捲

　　宋元以來，福建經濟與海洋經濟結下了深厚的關係，福建傳統的絲織業、陶瓷業都與對外貿易有關。此外，沿海帆船運輸也是福建重要的產業鏈，宋元時期，福建土特產多是由沿海木船運輸線運到江南和嶺南的市場銷售昔人有言：「閩處萬山之中，非梯航不通上國」[1]明朝實行海禁政策之後，傳統海洋貿易受到打擊，福建商品生產也受到影響。

一、海外貿易減少對各項產業的影響

　　明朝的海禁政策對中國的對外貿易產生極大影響。自洪武中期朱元璋厲行海禁之後，「寸板不許下海」的政策延續了 50 年左右。東南亞的考古

1　喻政修、林烴、謝肇淛纂，萬曆《福州府志》卷二六，〈食貨志〉，福州，海風出版社 2001 年，第 254 頁。

也表明：在明代前期有 50 年左右看不到什麼中國瓷器。[2] 就福建而言，明代海禁對福建山區瓷器生產巨大影響。對外貿易在福建瓷業中占很大比重，這是在五代宋元時期已經顯露出來的特點。至今考古學界發現的宋元沉船，大都載有福建的瓷器。通過分析宋元時期的沉船瓷器，我們也可發現一個特點：產自閩浙之間的龍泉窯瓷器和建窯瓷器占很大比重，這些瓷器多生產於閩浙山區，主要出自浙南的處州府和閩北的建寧府。對宋元時期瓷窯遺址的調查證實：在閩江上游的浦城、建陽、松溪等地，分布著許多宋元窯址，而且，這些窯址都在宋元之際達到生產的高峰，明代以後戛然而止。例如浦城的大口窯，它位於南浦溪的上游，在這裡生產的龍泉系瓷器，可以載上溪船，沿流下運福州，而後在福州裝上大船，進而輸往海外埠頭。從窯址分布看，大口窯在宋元時代的生產極為旺盛，在日本等國都發現過產自大口窯的器物。但進入明代之後，大口窯的瓷器生產突然中斷。2008年我在閩北調查，站在大口窯的廢墟之前，很自然地產生一個疑問：為何大口窯的主人會放棄如此旺盛的民窯？答案只有一個：明代的海禁大大壓縮了中國瓷器的出口，這對主要依賴國際市場的大口窯造成致命的打擊，當年窯主面對積壓如山賣不出去的瓷器，應是愁眉緊鎖，最後只好歇業了事。

　　閩北歷來有許多窯廠，尤其是龍泉窯系的窯廠數量多，他們的主人大多是來自浙江龍泉窯工，所以，宋元時代的許多龍泉瓷都是生產於閩北，這是考古學界不可忽略的常識。然而，這些生產旺盛的窯廠，在明初因朝廷的一紙命令而廢棄，即使是在六百年之後，我站在大口窯的遺址前，仍然感到一股無名的哀傷和悵惘。

　　受打擊更大的是浙江南部的瓷業。浙江處州的龍泉縣是龍泉窯的原產地，由於宋元時期龍泉窯產品大量出口，處州龍泉窯對海外市場依賴性很強。明初的海禁嚴重打擊了宋元以來在海外暢銷的龍泉窯瓷器。明代前期是南方歷史上瓷器生產的重要轉折。其標誌是浙江的龍泉窯的衰落和江西饒州窯景德鎮瓷生產的興起。以外貿為主的龍泉窯衰落了，而以進貢為榮的景德鎮瓷業興起了，這是那個時代產業轉換的標誌。

2　劉淼，〈明代前期海禁政策下的瓷器輸出〉，《考古》2012 年第四期。

　　宋元時期閩北出名的還有建窯。與大口窯相比，建窯的衰落不止是國際因素，還與國內因素有關。建陽的吉口黑窯歷來有名。北宋時期，蔡襄著《茶錄》一書，提倡用黑瓷杯來飲用北苑茶，北苑茶碾壓成塊，有點類似今日的普洱茶，飲用北苑茶之時，要將茶塊放入瓷竈煮沸，而後傾入茶碗，沸騰的茶湯呈現乳白色，用黑瓷碗襯托茶的乳白色波紋，十分高雅。所以，隨著蔡襄對建州北苑茶的推薦，建窯的黑瓷暢銷於全國。南宋時期，來到中國的日本人向中國人學習茶道，並將建窯黑瓷帶到日本，從此，日本人愛上了建窯黑瓷，迄今為止，最好的幾隻傳世建窯茶碗，依然保存在日本。日本人對建窯的重視，也與他們一直保持宋元飲茶習俗有關。但在中國，明代以後，飲茶方式變更。明代中國流行的飲茶方式是飲用散茶，不再將茶製成塊狀，因而也不需要將茶塊煮到沸騰。飲用散茶，是將茶葉放入茶壺，用沸水沖泡，從此，宜興茶壺開始流行，而建窯茶碗退出飲茶界。在這一背景下，要保持黑瓷的生產，只有進一步開拓日本市場，但明朝的海禁斷絕了這一可能性。於是，建窯黑瓷只好淪落於茶界之外。明代中葉的《八閩通誌》一書說：「今其窯久廢，不復有矣」。[3]

　　明代前期在「片板不許下海」的禁令下，福建與江南、嶺南的海上運輸也中斷了。早在宋元時期，福建沿海便與南方沿海港口埠建立了密切的關係。福建向江南、嶺南輸出本地生產的木材、紙張、水果之類的商品，並從江南和嶺南港口運回糧食以供民眾食用。這一典型的小商品經濟結構無疑使當地民眾的生活水準提高一個層次[4]。但自明初禁止出海之後，造成了兩方面的負面反映，其一，廣東、浙江的糧食無法運入福建，其二，閩南的工農業商品也很難運銷沿海市場。例如，早在宋代泉州就向廣州輸出棉布，輸入棉花、糧食等物質，形成了以海上循回來料加工業為特點的泉州模式。[5]但在明代前期，泉州就很難向廣輸出棉布了。因此，明代福建與沿海各地的貿易趨向內陸化，閩北的山道逐漸成為福建通向江南的主要道路。浦城仙霞嶺路，「凡往來閩浙暨之京師者，以其路捷而近，莫不爭趨焉。由是上官、使客告至、告去者，絡繹不絕。而其民亦不免於勞役」[6]。福建

3　黃仲昭，弘治《八閩通誌》卷二五，〈食貨〉，福建人民出版社 1990 年，第 534 頁。
4　徐曉望，〈論元代福建商品生產的發展〉，《中國社會經濟史研究》2000 年第 3 期。
5　徐曉望，《宋代福建史新編》北京線裝書局 2013 年，第 177、207 頁。
6　楊榮，《楊文敏集》卷十二，〈送浦城陳大尹考滿復任序〉，文淵閣四庫全書本，

山道崎嶇，商品不走沿海而走內陸，浪費了大量的人力物力，也提高了商品的價格，削減了福建商品的競爭力。因此，明初的遠距離貿易比之宋代減少了。

二、明初福建市場經濟的倒退

貿易的減少不能不影響到沿海的經濟結構，從而造成福建沿海市場的全面衰退。明初福建沿海的墟市普遍蕭條，例如閩清縣的縣前市，「宋元時，邑人貿易多萃於此。元季兵燹，市遂廢。成化四年，知縣左輔始創廊屋，招徠商賈，復成市焉」[7]。一般來說，縣前市是一個縣最重要的市集，而閩清縣市在元代就已焚毀，如果它對閩清市場的交換十分重要，恐怕早就在老百姓的要求下恢復了，不會等到100年之後的成化四年（1468年）。所以，當地的農村市場在明初是欠發達的。還有不少地方因貿易量減少，墟市徹底廢停。例如，漳州山區的龍巖縣，在宋代本有東廠市、西廠市、南廠市，而在明代正德年間，龍巖縣沒有一個市，這三個廠市則被統稱為「宋市」[8]，可見，這些宋代的廠市都廢棄了。再如汀州府的長汀縣，宋末該縣有十個墟市：縣市、杉嶺市、何田市，成功墟、謬屋墟、南溫墟、歸仁墟、三州墟、三州墟、單溪墟、襄荷墟。[9]而明代中葉的長汀縣只有：崇善坊市、水東街市、杉嶺市、河田市，共四個市。[10]《汀州府志》記載：「成功墟、謬屋墟、南溫墟、歸仁墟、三州墟、單溪墟、襄荷墟，七墟宋有今廢。」[11]可見，明代長汀縣墟市數量反而不如宋代更多。明中葉時期，福建墟市的發展水準和宋元時期相比如何呢？這是一個大家感興趣的問題。從總數而言，現知宋代福建有112個市、鎮、務，[12]而《八閩通誌》的記載表明，明代中葉福建全省有178個墟市[13]，就現知數量而言，宋代福建墟市比明代福建墟市少

　　第17頁。

7　黃仲昭，弘治《八閩通誌》卷十四，〈地理・坊市〉，第264頁。

8　陳洪謨修、周瑛纂，正德《漳州府志》卷六，〈戶紀〉，第368頁。

9　胡太初纂、趙與沐，開慶《臨汀志》，福建人民出版社1990年點校本，第13—14頁。

10　陳道修、黃仲昭纂，弘治《八閩通誌》卷十四，〈地理志〉，第273—274頁。

11　唐世涵，崇禎《汀州府志》卷一，〈方輿志・街市〉，明崇禎十年刊本，第22頁。

12　傅宗文，《宋代草市鎮研究》，福建人民出版社1991年，第529—534頁。

13　徐曉望，〈明代福建市鎮述略〉，《史林》1999年第1期。陳道修、黃仲昭纂，弘治《八閩通誌》卷十四，〈地理志〉，第273—274頁。

66 個，也就是三分之一。但是，宋代的統計資料是不完整的，因為，宋代福建沒有全路（省）的方志，所保留至今的兩部宋代州志，除了《臨汀志》外，福州的《三山志》也未專門記載市鎮。所以，宋代市鎮統計數字較少是正常的。但是，若以兩部州志的範疇作比較，我們明顯感到：明代前期福建的商品經濟發展程度略為下降。以汀州府來說，該州 6 縣在宋代有 31 個墟市，[14] 平均每縣有 5.17 個市鎮，比明代中葉的汀州府市鎮總數要多 5 個，平均每縣擁有市鎮數量則多 2 個。再如福州，宋代福州境內有 25 個市鎮務，明代福州分為二個府州，其中福州府有 10 個市鎮，福寧州只有一個市鎮，總共 11 個市鎮，與宋代相比，市鎮總數減少了 14 個。在這些材料前，我的結論是：明代前期福建市鎮經濟衰退，整體規模大大不如宋代。尤其是在海禁之令實行的明代前期。正統、天順以後，福建經濟略有恢復，市鎮數量也有增加，但還達不到宋元鼎盛時期的水準。

　　明中葉福建的墟市。應當說：明代前期福建市場的發展也有一個曲折的過程。明初海禁較為嚴厲，福建的商品生產萎縮。但在鄭和下西洋之後，漳州沿海出現了私人海上貿易，雖說這一貿易的規模不及宋元時期，但它仍使福建的一些傳統出口產業恢復起來。而國內市場也在明朝經濟繁榮的大趨勢下開始發展。很明顯的是：明代中葉福建各地都有一些墟市存在，它說明了當時福建商品經濟的水準。下錄弘治《八閩通誌》記載的各縣墟市。

　　福州府 10 個縣，共 10 個墟市，平均每個縣只有 1 個墟市；

　　建寧府 8 個縣，共 34 個墟市，平均每個縣有 4.3 個墟市；

　　泉州府 7 個縣，共 26 個墟市，平均每個縣有 3.7 個墟市；

　　漳州府 6 個縣，共 11 個墟市，平均每個縣有 1.8 個墟市；

　　汀州府 8 個縣，共 26 個墟市，平均每個縣有 3.2 個墟市；

　　延平府 6 個縣，共 32 個墟市，平均每個縣有 5.3 個墟市；

　　邵武府 4 個縣，共 25 個墟市，平均每個縣有 6.2 個墟市；

　　興化府 2 個縣，共 6 個墟市，平均每個縣有 3 個墟市；

14　胡太初等，《臨汀志・坊市》，福建人民出版社 1990 年，第 13 — 15 頁。

福寧州 3 個縣，共 1 個墟市，平均每個縣有 0.3 個墟市[15]。

從以上墟市的資料可知，弘治年間，福建 54 個縣約有 178 個墟市，多的如沙縣有 4 個市，8 個墟，邵武有 6 個市，6 個墟，少的一個也沒有；從墟市總數而言，山區多於沿海，如上述有 12 個墟市的沙縣、邵武都是在山區。此外，邵武府、延平府、建寧府三府平均每縣有 6.2 個、5.3 個、4.3 個墟市，大大高於沿海。究其原因，顯然與明代的海禁有關。福建沿海原來是交通最為方便的地方，從這裡出發的船隻可以航行沿海各地，但在明代實行海禁後，海上運輸基本斷絕，所有的貿易都走陸路，造成山區的繁榮，這是明初沿海墟市少於山區的根本原因。[16]

從全省總數來看，明代弘治年間福建 54 個縣共有 178 個墟市，平均每個縣為 3.3 個墟市，這一比例是相當低的。反映了明代前期福建商品經濟發展的遲滯。[17]

明代前期，福建城市也遇到了很多問題。以泉州來說，她本是一個亞洲著名的港口城市，與海外港口的商業聯繫密切，宋元時期，由於城內人口過於密集，許多人違章搭蓋，造成水路不通，成為一個社會問題。但在明代，泉州對外貿易受海禁的影響下降很快，因此泉州的人口密度大大下降，明代遊人說：「泉州城大而土曠，士大夫皆散處，余以六月行部，人家多依原隰為園林」[18]。這一變化的原因其實並不難解釋，元代的泉州城有許多生意可做，但明代泉州已沒有海外貿易，所以，許多著名的經商家族，都不得不遷到農村去謀生，例如：蒲壽庚的後裔、陳埭丁氏家族的祖先等等。除了泉州城之外，許多沿海小城市的市場發育也受到影響，很突出的一個例子是長樂縣。明初永樂年間，鄭和的航海艦隊長期駐紮於長樂縣，當地人有「十洋成市狀元來」之謠，說明當地出現了「十洋市」；但在此後的弘治《長樂縣志》中，卻沒有十洋市墟市的記載，讓人疑心《長樂縣志》是否忘記修墟市志了。但據崇禎年間的《長樂縣志》墟市部分的記載，

---

15 黃仲昭，弘治《八閩通誌》卷十四，〈地理志〉，第 253 — 280 頁。

16 以上主要參考徐曉望，〈明代福建市鎮述略〉，上海，《史林》1999 年第 1 期。又見，徐曉望，《福建經濟史考證》，澳門出版社 2009 年。

17 以上主要參考徐曉望，《閩商發展史》總論卷，古代部分，廈門大學出版社 2013 年，第 113 — 116 頁。

18 王世懋，《閩部疏》叢書集成初編第 3161 冊，第 5 頁。

在鄭和船隊撤離後，十洋市逐漸荒廢，原來的鎮地一片爛泥，不可通行。看來，這才是弘治《長樂縣志》未載十洋市的原因。可見，海運是否暢通是沿海墟市發展程度的關鍵因素。

商品經濟倒退造成泉州府富裕程度的下降，張岳說：「所謂橋梁、道路者，考圖經作於宋世居多，南渡後尤多，今國家承平日久，民物殷阜，宜有餘力以興百務也。而橋梁道路之修反不及宋季世，何歟？或言宋海舶無禁，利入甚富，所以民眾無所愛惜，多捐於建橋蓋廟」[19]。可見，明代泉州不如宋代富裕，不是沒有理由的。

第二節　福建的商業資本

明代前期，福建海外貿易受到制約，導致工商業的萎縮，前代積累的商業資本沒有出路，只好回歸土地，於是形成高利貸資本和大地主資本，這些資本與商業資本有密切的關係。在這類商人中，最為突出的是福清名相葉向高的祖先。明代初年的葉氏在閩清一帶放高利貸，在當地影響很大。其次，安溪鉅賈李森經營山地各種特產，也有很大的收益。他的大名被列入何喬遠的《名山藏》。

一、經營高利貸的福清葉氏族商

福建福清是中國沿海著名的僑鄉之一，當地人擅長經商、勤於入宦，自宋明以來，該縣以出產大儒、鉅賈聞名於世。葉氏家族自宋以來出商入宦，其曲折的經歷亦為中國古代商宦世家的典型。

（一）棄儒經商——葉氏家族創業史的追憶

葉向高成名之後，作〈家譜列傳〉一文，追述其祖先的創業史。葉氏的開基祖為宋代的葉宜興，他於宋末定居福清雲山，「卜宅奠居，據一鄉之最盛。」[20]按照傳統的說法，此地「風水」奇佳，葉氏家族隨之昌盛起來。

19　張岳，嘉靖《惠安縣志》卷三，上海古籍書店1963年影印天一閣藏本，第12—13頁。

20　葉向高，《蒼霞草》卷十五，〈家譜列傳〉，揚州，江蘇廣陵古籍刻印社1997年，第1534頁。

元代，該家族的葉俊衡官授鹽鐵副使，葉元吉仕至行省通判，一門顯貴，
為葉氏家族的發展奠定基礎。但是，進入明代後，葉氏家族在仕途坎坷不
順。葉元吉之子葉希大「國初以通經授南康丞，善草書，自署雲山葉希大，
以疾終官。」葉俊衡之孫葉孟禎，「以永樂丁酉年舉於鄉，官至陵源令」。[21]
明初世風淳樸，法令尚嚴，官吏中多有潔身自好者，葉孟禎即為其中之一。
然而，明初的政壇，對這位商宦之子似乎吸引力不大。他在高州任司訓時，
即陳情歸省老親，得奉調回泉州任職。其後，他陞順義縣教諭，再任陵源
縣令。這一職務本是獨當一面的要職，他卻視如雞肋，「棄官歸，行李蕭
然，稱為廉吏。」回到家鄉，他本可隱居不出，卻管起家鄉「閒事」來。
「邑有陳御史者橫甚，鄉里苦之。公上書陳狀，御史坐削籍。惠安人皆德
公。」[22]在葉氏家族裡流淌著倔強而不屈不撓的血，他們為了自己所理解的
正義，敢於為之而拚命、奮鬥。與葉孟禎同輩中有葉康其人，慷慨從軍。
先是，葉氏家族裡有一名軍籍「名葉大郎。大郎死，不嗣。行籍勾補。時
族人多遷徙，其存者又竄入他籍，獨康公、宏公二人當行。宏公幼，父母
戀不忍割，康公慨然曰：『我不可以憚役憂我父母。且我長也，我固當行。』
於是攜妻子赴役。未幾調龍江右護衛。荷戈之暇，輒誦說許書忠孝大義，
其曹偶皆傾聽悅慕之。康公沒，季子貴公嗣。文皇帝入南京，下令軍中予
我者左祖，不則右。貴公獨右。文皇帝怒，命斬之。已而曰：『此義士也，
其為我備北邊。』乃從戍懷來。子孫遂世懷來為老家，屯田，產亦蕃。至
有牛數千蹄，羊數千角矣。」[23]可見，葉氏家族確實是一個有作為的家族，
其子孫在被流放至長城一帶的艱難環境裡，竟然能發家致富，而其在政治
領域裡表現出來的倔強，幾至招來不測之災。在這種環境裡，葉氏向政治
方面的發展多受挫，而其經商的天才一旦發揮出來，卻能輕至巨富，加上
明初官吏俸薄而罰重，所以，明初的葉氏家族成員多辭宦經商，家族裡出
現不少巨富。例如，葉康之弟葉宏：

> 家饒好施，里人有急，皆叩公。每夜輒治具，若遲。客者門晨啟候
> 者數十輩。予酒食予錢，各厭其意而去。時纏百金乘白馬隨所之。

21　葉向高，《蒼霞草》卷十五，〈家譜列傳〉，第 1535 頁。
22　葉向高，《蒼霞草》卷十五，〈家譜列傳〉，第 1536 頁。
23　葉向高，《蒼霞草》卷十五，〈家譜列傳〉，第 1586—1587 頁。

人望見白馬輒喜曰：我公來邪？競延至其家，樂飲醉，則解金去矣。
其貸公金者亦輒有天幸，能相償，無負沒者。沒葬西嶺下，形家云：
葬此當斗量金，後益饒如其言。[24]

如其所言，葉宏其實是一個放高利貸者，但其經營十分順利，乃至成
為當地著名的巨富。而其成功之道，則在於收攬人心，樂於濟人之急，並
非是一個只顧贏利的人。這完全顛覆了人們對傳統高利貸者的看法。

葉宏的第三子為葉贄，他也是一個高利貸者：

籍父業，客尤溪，貸子母錢。屬鄧茂七亂，子錢家久負。其後歲豐，
爭以穀嘗錢。公悉聽之。粟既多，又山谷阻絕，不能致，且紅腐矣。
越三歲，大歉，遠近皆來受粟，倍其息。[25]

葉贄秉承葉宏注意收攬人心的特點，允許民眾以較易得到的糧食償還
貸款，終獲大富。

葉贄之子葉淮、葉漢則在閩清縣放高利貸：

有惡公於閩清令者，令逐公。歸未幾，邑凶，賦逋，上官督之急，
令窘甚。問計於三老，三老曰：此君逐葉某，邑人無所貸金，故逋耳。
盍禮而招之。招之而來，使輸賦可旦夕辦也。令如其策招公，公立
應之。令大喜，以鼓吹導公，而使其民次第為券納君懷。公笑曰：
自吾父子兄弟與邑人交至歡矣。今有急，吾固當拯，券何為哉？！
逾歲大稔，民爭負粟償公。直反浮於賦。[26]

按，從葉宏開始，葉家人在尤溪、閩清一帶放高利貸已經有三代人了，
這種經營的成功，一方面有葉氏幾代人都注意收納人心的因素，另一方面
也和山區缺少貨幣有關。民眾雖有糧食在手，卻少有前來採購的人，因而
他們往往缺錢向官家交賦。葉氏向他們貸款，給他們帶來了急需的錢。所
以，高利貸是活躍農村經濟不可缺少潤滑劑。當然，因高利貸者一向名聲
不好，有一些官員對他們帶有天生的惡感，這是葉淮、葉漢在閩清遭逐的
原因。但這個書生氣十足的官員馬上遇到閩清民眾無錢交賦的難題，最後

---

24 葉向高，《蒼霞草》卷十五，〈家譜列傳〉，第 1534 — 1535 頁。
25 葉向高，《蒼霞草》卷十五，〈家譜列傳〉，第 1537 頁。
26 葉向高，《蒼霞草》卷十五，〈家譜列傳〉，第 1538—1539 頁。

只好向葉家人屈服，組織了一支樂隊去歡迎葉家商人。

由此可見，葉氏在明初棄官經商之後，幾代人都十分成功，其財富之巨，可與縣令抗禮。如果他們一直這樣順利地經營下去，做官對他們是沒有吸引力的。福清人重商輕名，葉向高說：「吾鄉人多椎鄙，逐什一射利，三徑菊松，不知為何物。」他們見到當官者「久宦減產，以為不能自封殖，相與誚之。」[27] 在這種風氣裡，如果古代中國是一個法制健全的國家，如同葉氏家族一樣的福清商人世家都可以順利發展，他們將永遠不會後悔辭宦入商，而安於在商海搏擊。但是，在明代中葉之後，葉氏家族便陷於困境，這迫使他們做新的選擇。

（二）世事如繭難展足——純商家族的困境

明代中葉商品經濟發展，這本是商業家族施展才華的最好機會，但與事實相反的是：葉向高的家族漸漸貧困下來。就其直接原因來看，這是因為葉氏家族出現了幾次重大的變故。

首先，在尤溪放債的葉贄被搶劫：

> 娶于魏，魏賢而精女紅，一苧布可當一金。魏之姪侃者，無賴尤甚，先後貸公錢多，猶不厭，糾海者四十二人圍公宅，掠三千金，害公。

葉贄的妻子擅長紡織，所織苧布，一匹可值一兩銀子。葉贄取其為妻，看來是有算計的。但他想不到的是，妻族的後人卻有一些無賴子，如魏侃者，不僅貸款不還，最後還與海盜勾結，攻襲葉家，殺死葉贄，奪得三千兩白銀。然而，沒有不透風的牆，此事終於被葉氏家族知道。葉贄之子葉漢「訟侃於官，拷掠死，而餘黨悉逃，不能得。侃子玄郎襲盜賫以賄結吾門」，後竟成巨富。[28] 這樣，葉漢的子孫在與魏家的競爭中便落了下風，逐漸蕭條下來。

福清是一個靠海的縣，邑人常常出海經商致富，也會因海盜襲擊而被搶劫。明代中葉，商品經濟發展，貧富分化劇烈，富者田連阡陌，貧者無立錐之地，來自漳潮邊境的海盜屢屢襲擊福州與泉州的沿海，福州、泉州、

27　葉向高，《蒼霞草》卷十六，〈徵仕郎愧泉許公偕配林孺人墓誌銘〉，第 1675 頁。
28　葉向高，《蒼霞草》卷十五，〈家譜列傳〉，第 1537 頁。

漳州境內，也有不少人下海為盜。葉氏家族是福清沿海有名的富室，遭到海盜之劫，是遲早的事。但引發事件者竟是妻子家族的人，則是讓人意外了。更讓人意外的是，勾引海盜的魏侃雖然身死公門，但其子孫卻能享用魏侃劫來的財富，並用行賄的手段，讓葉氏家族的其他人維護自己，從而獲得發展空間。這讓葉氏子孫痛切地感到：在這個世界生存，只懂經商是不行的，還得尋找保護傘。

　　而葉淮的家族也遇到了類似的問題。葉淮之子有葉仕佛者，「一日公方宴客，鄰有詈公者，公若為不聞，客十餘輩皆里中豪也，相與怒：『小人無知敢辱我公！』群毆之。公力為擁護，乃免。其人走邑中訴公。令怒：『若不睹亭中名乎？何以汙長者！』痛笞之，歸，病死。其子訴上官，謂公殺之，上官不察也，逮公，公夙不識公庭，懼不能置對。……訴者益張，逮益急，公窘甚……按察某公聞其言稍動，而公亦出重貲遺按察所親……事乃解。然公產自是耗矣。」[29] 按，遊民不惜一死以誣富者，這是福建歷來的陋俗，富者若不從其所欲，就會被告到官府。官府書生氣的官員，常有富人欺侮窮人的先入之見，因而這類官司對富人十分不利。葉仕佛遭歷的正是這種陷阱。中國傳統的法律過於簡略，無法防止這類傷害，所以富人最懼打官司，一旦進了官府之門，非至破產而不休。葉淮看來已經知道鄰居家的無賴，所以對其罵街只有忍耐。但其在座的朋友卻看不過去，重毆罵人者。其結果早在鄰居家人的算計中，這位鄰居最終病死，其家人卻以被打死告入官府，導致葉淮吃人命官司，最終破財消災。中國的富人為了捍衛自己的權利，往往要和黑道打交道，其原因在此。因為這類侵犯，只有黑道的人才能為其擋災。否則只好接受流氓的欺侮了。

　　葉仕佛是一個老實人，社會對他的不平還來自家庭內部。葉向高在〈家譜宗鑑傳〉一文裡寫道：

> 尤溪有林阿環者，妻池氏，名玉娘，生子烏弟。阿環死，時淮公以獨子謀置貳，或言池氏宜子，遂納焉，並攜烏弟來。烏弟狡，善伺人意，事淮公及佛公，皆得其歡心。於是佛公呼之為弟，更其姓曰葉而名之曰佛勝。……久之，鄉鄰人亦以為佛勝者，佛公骨肉兄弟

29　葉向高，《蒼霞草》卷十五，〈家譜列傳〉，第 1541 — 1543 頁。

也。……佛勝之子多黠慧，佛公之子取淳謹耳，智數不及也。或語
佛公，此如養虎，行將噬人。佛公不應，比析產，所分與佛勝子財
物不能當己子。於是佛勝子廣徽等大哄。我父淮公子，佛公弟，我
何以減產，訟之官，官不能辨也，令割產予之。遞割遞訟。又會有
同知某僉事某者，其冒姓與廣徽同，力袒之，佛公愈絀。諸子又不
善訟，無如何，徒憤悶結塞，相對歎息耳。未幾，佛公沒，次子廣
徽乃奮與角，稍得直。而廣徽等復株連他事，告訐無虛日。最後按
察使某公廉得其狀，大惡之，嚴逐廣徽等使別居。事乃解。廣徽公
蓋以此終身。而佛公之產十削七八矣。[30]

　　家庭內部的嫡庶之爭，最後導致打官司幾十年，兩敗俱傷。表面看這
是個人品質問題，實際上，這反映了中國沒有一部財產法，而且，僅有的
司法條規亦得不到尊重，所以，葉氏家族分產問題得不到解決，雙方只好
以官司解決問題，最後導致共同的衰敗。由此想到，古代中國人在這方面
歷來表現得十分不明智，明知打官司的最後結果是兩敗俱傷，亦不肯歇止。
從表面看來，這是為了面子之故，實際上，只要有一方挑戰，對方就不能
不應戰。對許多人來說，這是雙方在鄉鄰中的地位之爭，誰讓了一步——
被視為沒面子事小，以後任何人都敢來欺侮你，你是否都讓步呢？如果這
樣，必然被迫步步讓步，最後無立錐之地。所以，生活在中國的社會環境，
一定要有勇氣與侵犯者對峙，否則，必定被人踩在腳下。舊時代的中國，
多有打官司破產而不悔者，這實在也是迫不得已的。將此與西方社會相比，
西方的民法較細，從古羅馬時期的法律開始，對財產瓜分、對嫡子與私生
子的繼承權都有明確的規定，因故，這種內耗在西方是較少的。中國由於
法制不健全，內耗在中國成為特殊的社會現象，它對社會發展的制約性其
實不可低估。

　　鉅賈破家，屢遭大挫，於是，明中後期，葉氏家族內務農者多了起來。
葉向高的祖父「治田園雜事」為生，「居家儉素，非對客不飲酒，不食肉，
終身唯服二布袍，沒時猶整潔如故。課僕力耕，而躬自飯牛，至老猶然。」[31]

30　葉向高，《蒼霞草》卷十五，〈家譜宗鑑傳〉，第 1589 — 1591 頁。
31　葉向高，《蒼霞草》卷十五，〈家譜列傳〉，第 1553 — 1558 頁。

可見，葉向高的祖父已經從經商轉入農業。[32]

二、經營土地的安溪巨商李森

明末何喬遠著《名山藏》一書，破例為富人立傳，在其立傳的明代六大富商中，其中之一是泉州安溪的李森。李森是清初名臣李光地的祖先，他的事蹟在清代的《大清一統志》和《福建通志》中，都有簡單的記載。如《一統志》云：

> 李森，安溪人，慷慨好施。天順中歲儉，出粟賑濟，授漳州縣巡檢。[33]
>
> 李森，安溪人，慷慨好施。遇歲儉，嘗出粟二千石以賑，詔旌義民。尤溪寇掠泉界，森募死士，擒其酋長，安邑以寧。尚書金濂上其功，授漳州巡檢。[34]

查這兩條記載，關於李森事蹟，相同的僅有兩點，其一，他曾經出粟兩千石賑濟百姓；其二，他被授予漳州巡檢一職。不同的地方在於：授漳州巡檢的原因，《一統志》謂其是因為捐粟兩千石；而《福建通志》謂其曾有擊潰流寇之功。按，漳州巡檢是一個負責地方安全的職務，不是所有「捐粟」的人都可以當這一職務，所以，李森應當是在擊潰流寇之後被授予此職。又，因其玄孫李光地成為宰相，相較起來，漳州巡檢只是一個地方性官員，所以，李氏後人並不以此為驕傲，有關李森的傳記，往往忽略這一點。但是，就一般而論，李森捐粟兩千石，擊敗流寇，以一個平民的身分獲巡檢一職，都是值得重視的。

有關李森的傳記主要有兩則，一則來自何喬遠的《名山藏》第一百一卷，一則來自清代的乾隆《安溪縣志》第五卷。

李森，字俊茂，號朴庵，安溪感化里人。「讀書獵大校，不數數占畢間。」李氏是安溪著名的大族，李森「席先世高貲，田數萬畝，粟數萬鐘，計山百區，出數千萬章，僮千指。及森之身，益盡力居積。」[35] 根據這些資

32　以上主要參考徐曉望，〈福清葉向高家譜列傳研究——從高利貸家族到官宦人家〉，《福建師範大學報》2010 年第 3 期。

33　《大清一統志》卷三二八，〈泉州府〉，第 44 頁。

34　郝玉麟等，雍正《福建通志》卷四九，〈孝義傳〉，第 40 頁。

35　何喬遠，《名山藏》卷一○一，〈李森傳〉，福建人民出版社 2010 年，第 2863 頁。

料，李家是兼營商業的大地主，擁有廣闊的田地和山林，他賣出的木材以
千萬計，有上千名僮僕為其奔走。

　　李森的出名與平定流寇有關。明代中期，福建爆發了鄧茂七起義和葉
宗留起義，瞬間全省回應，主要來自尤溪和沙縣的鄧茂七部下橫掃福建 20
多個府縣，在歷史上被稱為「沙尤之寇」。這次大起義爆發之前，李森已
經有預感，「念鄉郡承平久，即崔葦不逞，曷應卒？即復戒家僮飭兵仗，
習拳勇。鄉落盜先後發，悉擒斬之。鄧茂七賊反，其黨掠泉州，森率敢死
士掩擊之，生俘酋黨百餘人，招撫及奪回被虜亡算。寧陽侯陳懋等上森功，
授漳州巡簡。」[36]

　　李森組織鄉族武裝，擊敗名震一時的流寇，還能俘獲百餘人，顯示
了一代鉅賈的財力和能力。要注意的是，由於何喬遠將李森的這一事蹟載
於「天順中，以出粟賑饑被旌」這句話之後，讓人誤以為李森是先獲旌表
而後平定流寇，實際上，鄧茂七起義的高潮是在明英宗正統十四年（1449
年），距明英宗復辟的天順元年（1458 年）尚有九年的差距。

　　據乾隆《安溪縣志》的記載，李森所任漳州巡檢，其真實職務是：漳
州九龍嶺巡檢，由寧陽侯陳懋、保定伯梁寶、刑部尚書金濂共同保舉。但
因九龍嶺距安溪太遠，在安溪老百姓要求下，李森獲調附近的源口巡檢。
其後，永春、德化缺縣令，福建按察司推薦李森代理。可見，李森在官場
和民眾中間，都有很好的聲響。

　　李森將自己擁有的萬貫家資投入公益事業和慈善事業。他對自己的家
鄉族人很關心，「乃計歲入，捐粟千斛別窖之。凡親戚朋友，若里中矜人
娶者，嫁者，病者，葬者，火若盜者，咸取給焉。他有緩急，隨事賑贍，
各極意去。」對公益事業投入更多。「郡太守欲修治堂，管庫不給，以諉森，
森慨然任之。無有簡便，遂壯大觀。則又佐修郡學，復治邑堂及學如本郡。
一日過劍口渡，見行人病涉，森曰：『茲延建汀邵四郡所取道也。』庀匠
石，醮水為二十梁。工未就，有老人語森曰：『盍塔諸』言已不見。森塔
之。復建莆田江口橋，修郡中東嶽行宮及玄妙觀，創五帝殿寢，祀為檀越。
復為本邑建龍津、鳳池等二十五橋，清溪等宮、獅子等巖凡九所。復葺木

浮海，助建福州芝山寺，前後費不貲，而李長者之名聞於閩中。天順中，應詔出粟五千石賑濟，又慕義輸邊三千石，朝旨旌為『尚義』，錫文綺二。森詣闕進方物稱謝，命運羊酒宴勞之。」[37]

如其所記，李森所做公益事業的範圍，從安溪到泉州、興化軍、福州、南平，而其所做公益的內容，有建設官邸、學校、橋梁、寺院、宮觀，在歷史上很少見到如此勇於為善的鉅賈。儘管他家資巨萬，有時也會有周轉不靈的時候，不得已之時，他也會向其弟借錢。[38] 一個商人地主，為了做好事而使家產凋零，李森對社會所做的貢獻，令人矚目。因此，他在天順年間先後捐出八千石稻米濟災，連皇帝也被他感動，不僅給其旌表，而且還將他召至北京，一個商人獲此榮譽也是罕見的。

按，葉氏鉅賈和李森都是對土地大量投資的商人，他們這類人元明時代應是以海洋經營為主。但在明代初年，海禁使海上貿易退出合法經營範圍，所以，多數商人只好將其投入土地了。大量資金投入土地也會帶來問題，那就是高利貸與糧食投擊帶給農民的壓力。明代前期，富戶在糧食市場上的投機十分普遍，如永樂時的政和縣：「故其田甚少，土甚瘠，獲甚薄，民甚窮。雨暘時若，則中戶僅裕一年之食，下戶猶待貿易以足之。不幸荒歉之臻，則上戶之粟，或有倉箱之積者，非十倍其常價不出也。是以富民遇荒歉則益富，貧民遇荒歉不免於死亡矣。」[39] 當時這些投機者、放貸者對農民的壓力其實更勝於地主，王守仁在平定韓汀流域的民眾反抗後說：「本地大戶，異境客商，放債收息，合依常例，毋得壘算，或有貧難不能嘗者，亦宜以理量寬有等。不仁之徒，輒便捉鎖、壘取，挾寫田地，致令窮民無告，去而為盜。」[40] 這段記錄表明：迄至明代中葉，東南區域的社會矛盾已經很激烈，商業資本的進入，造成了兩極分化，一方面是大商人地主的出現，另一方面，廣大農民失去土地，成為流民，他們需要尋找新的謀生方式與謀生機會。

37　沈鍾等，乾隆《安溪縣志》卷五，〈官績〉，第 171 — 172 頁。
38　沈鍾等，乾隆《安溪縣志》卷七，第 235 頁。
39　黃裳，永樂《政和縣志》卷二，〈救荒〉，第 13 頁。
40　王守仁，〈鄉約教諭〉，引自陳壽祺等，道光《福建通志》卷五八，〈風俗〉，第 1193 頁。

第三節　明代的官營手工業

　　自五代宋元以來，福建一直有許多官營手工業，當時人們的一般觀念是：官府需要什麼，便徵調民夫進行專門生產，所以，宋元福建有官營的礦場、鹽場、染織院等機構。迄至明代前期，古老的官營手工業仍是福建經濟中的一個重要因素，其中比較重要的有銀礦、鹽業、絲綢、船廠等。

一、福建的銀礦業

　　黃仲昭的《八閩通誌》論明代前期的福建經濟：「民之食，出於土田，而尤仰給於水利；民之貨，出於物產，而尤取資於坑冶。凡是數者，非獨民賴以生，而土貢財賦亦由是而出焉。」[41] 由此可見，明代福建的礦冶業在經濟中占有相當重要的地位。其時，福建主要的礦產是銀礦、鐵礦。關於明代福建山區的銀礦開採，王夢祥曾有一首詩敘述道：

> 洞宮山中秋八月，銀氣夜騰光燁燁。
>
> 良工望氣鑿山尋，剟間石崖成巨冗。
>
> 高穿絕頂低黃泉，入如蟻行行不絕。
>
> 翻沙出土坑轉深，椎聲錚錚石壁裂。
>
> 礦脈橫斜若樹枝，色異銅場與鉛鐵。
>
> 七十二品種種殊，自非良工孰能別。
>
> 良工操椎斷山骨，擔向溪旁搗成屑。
>
> 載洗載搏投猛火，雞卵出巢包紫纈。
>
> 雜鉛同煉作圓陀，蝦蟆蝕後黑光月。
>
> 聚灰平地中開池，熾炭旁圍紅焰烈。
>
> 圓陀融就一泓水，灰池滾滾金波熱。
>
> 金波翻動百珠隨，少頃珠盡良工悅。
>
> 冷泉灰灑銀自凝，耀彩揚光比霜雪。

41　黃仲昭等，弘治《八閩通誌》卷二十，第389頁。

捧出千人萬人喜，盡誇乾坤氣凝結。

古人修道亦如斯，若未成功向誰說[42]。

　　這條史料很詳細地描述了明代福建銀礦的開採、燒煉過程，是一篇極為罕見的史料。從中我們可以看出當時開採銀礦的過程：首先是尋礦，然而是開採，銀礦的礦脈「橫斜若樹枝」，因此，坑道忽高忽低，有些地方挖成一個很大的空洞。銀礦開採出來後，在溪邊磨成屑，然後入鑪燒煉成銀。這一具體的煉礦過程與《天工開物》所載十分類似。由此我們可知，煉銀是一項分工層次多，勞動力多的工業。我們在《政和縣志》中看到：當地的天壽銀場「其廣可容數千人」[43]。此外，從詩中也可看出，開採銀礦是當地官員與民眾共同的願望，反映了銀礦在明初福建經濟中的重要地位，所以才會有「捧出千人萬人喜」之說。

　　明代福建的礦稅。早在宋元時期，福建已是國內的重點產銀區之一，明初福建形勢穩定以後，便有商人申報開礦。洪武三年（1370年），有浙江麗水縣民潘子芳等六名坑首，自備工本，向明政府申請開採松溪縣遂應場，戶部討論開礦稅收時議論：「仿農田則例，每夫受田六十畝，歲納糧米六石，准銀六兩，謀辦銀八十四兩。」[44]這一稅率是相當低的，查明初福建其他礦場，課稅數量也很低，這表明朱元璋在理學家的影響下，在礦稅方面貫徹不與民爭利的思想，這有利於民營礦業的發展。松溪縣在洪武年間陸續增銀坑六穴，「課銀一百六十八兩」[45]，明人將這種礦場的承包視為「佃」，據《政和縣志》記載，早在宋元時期，當地的溫洋礦場、橫林銀鉛場都是民間自備資本租佃的，入明以後，官田銀場也是由民間租佃[46]。

　　閩辦銀礦制。銀坑的租佃制導致銀礦的利潤多在百姓，隨著銀礦開採豐厚的利潤漸漸為人所知，明政府加強了對礦場的管制，商人想取得礦場經營權越來越不容易。雖說當時的銀礦仍由商人經營，但官府擬定的礦稅額越來越高，洪武二十三年（1390年）十二月，明朝在尤溪縣銀屏山銀礦

42　黃裳，永樂《政和縣志》卷三，〈坑冶〉。

43　黃裳，永樂《政和縣志》卷三，〈坑冶〉。

44　潘拱辰，康熙《松溪縣志》卷六，第130頁。

45　潘拱辰，康熙《松溪縣志》卷六，第130頁。

46　黃裳等，永樂《政和縣志》卷三，〈坑冶〉。

設置銀場，「置鑪冶四十有二座」，歲收銀課凡 2295 兩，是其原額的數十倍！[47] 其後，福建銀坑的稅收一年比一年多，王瑛說：銀礦徵收有歲辦、閘辦兩種，歲辦是每年徵收一次，「閘辦者，永樂、宣德中漸增差官，四季徵納」[48]。這就是說，在常年稅額之外，還增加了四次季節稅！為了保證官府能收到這筆白銀，朝廷向銀礦派出官員，加強對銀礦的監督。如政和縣的官田銀場，「永樂元年，中貴及余全公、監察御史歐公閘辦銀課，立坑首以掌之。凡六坑，有山前北炭山坑、三七坑、吳泮坑、烏巖坑、鳳頭坑，新置官舍華蓋山」[49]。再如政和的谷洋銀場，「永樂以來，縣丞熊達、張雅言，主簿盧易，醫學訓科王夢祥，陰陽訓述劉周，皆承監察御史歐公案驗，相繼監工採煉」[50]。可見，當地的許多地方官都被調去監工。官員們直接管理銀礦的生產過程，說明福建銀礦越來越成為一項官營企業，據梁方仲先生的研究，明初福建、浙江銀礦所使用的器具皆出自民間[51]。有時礦場需要的勞動力也從民間調配，從而使銀礦成為閩北農民最重的負擔之一。松溪縣在永樂年間實行閘辦制以後，共有 11 座銀坑礦坑穴，「每歲該銀四千八百六十一兩」[52]。實行閘辦制度使福建的銀礦稅收大增，洪武間福建各場歲課銀不過 2670 餘兩，「永樂間福建增至三萬二千八百餘兩……宣德間福建又增至四萬二百七十餘兩」，達到最高峰[53]。天順四年（1460 年）統計全國的礦產，雲南銀礦上繳 102380 兩白銀，位居第一；浙江第二，福建每年上繳 28250 兩，排名第三[54]。據《八閩通誌》的記載：明代中葉福建尚有 13 個縣開採銀礦，其中 10 個縣要上繳一定數額的銀兩，共計 23172 兩，比明初略減。見下表：

47　《明太祖實錄》卷二〇六，第 5 頁。

48　孫繼宗監修，《明英宗實錄》卷二四八，第 4 頁。

49　黃裳，永樂《政和縣志》卷三，〈坑冶〉。

50　黃裳，永樂《政和縣志》卷三，〈坑冶〉。

51　梁方仲，〈明代銀礦考〉，原發於 1939 年 6 月，此處引自，《梁方仲經濟史論集》，第 94 頁。

52　潘拱辰，康熙《松溪縣志》卷六，第 130 頁。

53　孫繼宗監修，《明英宗實錄》卷一一九，第 1 頁。

54　孫繼宗監修，《明英宗實錄》卷三一四，第 1 頁。

表 4-1 明代福建銀礦開採、課稅表 [55]

縣名	銀礦數	礦坑	課銀數
古田	1 所		1025 兩
浦城		6 所	3000 兩
建陽	1 所		
松溪	1 所	12 所	2200 兩
崇安	1 所		1100 兩
政和	6 所	9 所	1200 兩
壽寧	1 所		558 兩
漳浦		1 所	
龍巖		1 所	
永安		6 所	
福寧	1 所	6 所	1948 兩
寧德	1 所		5900 兩
福安	2 所		5351 兩

　　據以上統計，明代中葉福建共有銀礦 13 所，39 條礦坑。梁方仲先生統計，明代前期福建銀礦的開採約占全國的 10.7%～ 14.7% [56]。

　　明代福建銀礦的上繳額只有數萬兩，看起來是不多的，但明代初年，中國的白銀產量不高，因此，白銀的購買力很強，這是筆巨大的財富。其次，在繳納官府的稅收之外，礦主也會有收入，主管官員會從中得到回扣，其數量應當不亞於上納稅收數量。所以，福建人在官府開礦過程中所得的經濟利益，不是上繳數量所能體現的。大量白銀流入市場，從總體上說，對福建經濟是有利的。松溪遂應場銀礦是由宋至明福建最大的銀礦之一，當地流傳著這樣一句民謠：「八千買賣客，十萬打銀人。」一句話寫盡了當年銀礦開採使當地經濟活躍的狀況。

　　明初福建的銀礦開採歷經百餘年以後，紛紛因礦脈斷絕而關閉。例如古田縣的寶興銀礦，「宣德、正統、景泰、天順等年累發累罷，成化年間

55　以上據黃仲昭等，弘治《八閩通誌》卷二一，〈財賦〉，第 411—431 頁；卷二四，〈坑冶〉，第 505 — 510 頁。
56　梁方仲〈明代銀礦考〉，氏著《梁方仲經濟史論集》，北京，中華書局 1989 年，第 130 頁。

照民丁糧歲輸其課。」[57] 這一情況是普遍性的。開採銀礦原來是民眾與官府的共同心願，但官府將銀礦的稅當作固定的收入，即使各地的銀礦已無銀開採，也不肯免除稅收。於是，銀礦稅額成為當地民眾極大的負擔。迄至明代中葉，朝廷發現各地銀礦開採日益困難，其政策也有變化，明孝宗弘治五年（1492 年）三月初八日，「詔書一款，浙江、福建等歲辦銀課，近來礦脈微細，亦有盡絕，累及百姓，辦納十分艱苦，詔書到日，所司踏勘明白，應除豁者即與除豁。」[58] 明孝宗是明代中葉最為人們稱道的皇帝，許多不合理的賦稅在其時代被豁免，福建早期的一些荒廢銀礦，應是憑著這道詔書而停辦的。可惜的是，明中葉的其他皇帝對銀子的興趣高過對民眾痛苦的關心，所以，明代中葉福建尚有相當數量的銀礦，一直維持到《八閩通誌》修撰的明武宗時期。不過，明代後期的福建方志中大都不記載福建的銀礦，無論是《閩書》還是《閩大記》，在其中都找不到類似《八閩通誌》的銀礦記載。詳細查閱明代福建有銀礦的縣志，大都說到嘉靖、萬曆時期，當地的銀礦都因礦脈斷絕、礦少利微等因素而廢罷。明代後期，一度有人想重開福建銀礦，如古田縣的赤巖坑銀礦，「在二十八都，萬曆二十七年，高內監招官商陸正富等開採，利微告罷，亦將封閉。」[59] 為什麼開採數百年的銀礦到這一時期都變得利微礦絕呢？其中有兩個因素是決定性的，一方面，因福建銀礦開採數百年之久，有利的富礦都被採盡，尚存銀礦的開採成本越來越高；另一方面，明代後期美洲低價白銀開始流入福建沿海，所以，相對而言，福建自己開礦就變得不合算了。在當時美洲白銀源源不斷流入福建的背景下，開採古老的廢礦肯定是沒有利潤的。[60]

二、福建的鹽業

　　明代福建鹽業沿襲宋元制度，仍以官營鹽業為主，在鹽場的鹽工分為鹽戶與竈戶兩種，鹽戶專門製鹽，竈戶的責任是為鹽戶提供煮鹽所需的柴草，生產的鹽由官府收購。為了保證鹽的生產，官府對鹽生產的管制十分嚴格，鹽民不得改營他業，也不准將食鹽私下買賣。明初福建共有七大鹽

57　劉日暘等，萬曆《古田縣志》卷五，〈銀礦〉，第 86 頁。
58　鄭慶雲等，嘉靖《延平府志》卷一三，第 8 頁。
59　劉日暘等，萬曆《古田縣志》卷五，〈銀礦〉，第 87 頁。
60　徐曉望，〈明代福建的銀礦業〉，《福建史志》2001 年 5 期。

場：上三場為福清海口場、福清縣牛田場、莆田縣上里場，這三大鹽場的
鹽質較好，「辦納本色，召商開中，運鹽出水口，徵延建邵三府及所屬縣
轉鬻焉。有引、有課、有禁例，是為西路鹽」。下四場為泉州府轄內的惠
安縣惠安場、晉江縣潯美場、晉江縣丙洲場、同安縣浯洲場，由於這三場
的「鹽低黑，商人不願中納，歲折銀贍軍」[61]。七大鹽場共有鹽戶 13910 戶，
官方定額年產 105340 引，每引 400 斤，共計 4213 萬多斤[62]。平均每戶生產
3029 斤。除此之外，福寧州和漳州區域都有百姓私下設置鹽場，製鹽販賣。
可能是由於數量微小的緣故，官方並不認真對待。不過，隨著漳州人口的
增長，漳州民營鹽場也增多，逐漸引起了官府的注意，嘉靖三十七年（1558
年），漳州所屬的漳浦、詔安二縣也設場徵稅，「每方一丈徵銀三分，名
曰丘稅。」[63] 袁業泗解釋說：「泉漳俱非行鹽地，無商引正課，及諸禁例，
聽民間從便貿易。或有司薄徵其稅以佐軍食，是為南路鹽。」[64]

　　明初福建鹽場兼用晒法、煎法，煎鹽法是宋元時期流行最廣的製鹽法，
「其煎法月以二信候潮鹵，潮退，鹵沁土中，遇烈日結生白花，聚之以實
於鹵丘，復取鹹水淋之。鹵丘者，穴土為窟，其下為溜池，有竅以相通，
用蘆管引之，水漬鹵丘，循管注池中，投雞子桃仁，以浮為節，則鹵可用。
乃瀉鹵於竈旁之土斛，以管引注盤上煎之……大盤日夜煎二百斤，小盤半
之」[65]。明代初年，福建各鹽場還廣泛使用煎法，所以，明初福建鹽工分為
鹽戶與竈戶兩種人。明代中期，只有福寧州鹽戶還在使用煎鹽法，當地人
說：「鹽，福清、興化鹽場俱日曬成，獨福寧、寧德必用火熬，計鹵十鍋，
才煎一鍋，且海濱無樹木，爇茅以煎，婦人食息不離竈下，最為勞苦。」[66]
晒鹽法發明於宋代，在明代前期漸漸得以普及，「其曬法亦聚鹵地之尤咸
者，曬曝令極乾，實於漏丘，滲入溜池，復取池中水澆之，如是者再，則
鹵可用矣。曬鹵之盤，石砌極堅密，為風約水，故廣狹無過數尺。一夫之力，
一日亦可得二百斤。宋時鹽價斤為錢十，貴倍之。今日價極高不過錢二文，

61　袁業泗，萬曆《漳州府志》卷九，〈賦役下・鹽法考〉，第 2 頁。
62　林烴等，《福建運司志》卷八，〈課程志〉，臺灣中正書局 1987 年，第 381 頁、
　　374 頁。
63　陳壽祺，道光《福建通志》卷五四，〈明鹽法〉，第 1090 頁。
64　袁業泗，萬曆《漳州府志》卷九，〈賦役下・鹽法考〉，第 3 頁。
65　顧炎武，《天下郡國利病書》第 26 冊，〈福建・泉州衛屯田〉，第 66 頁。
66　林子燫等，萬曆《福寧州志》卷一，〈輿地志・風俗〉，第 27 頁。

以曬法無柴薪費故也」[67]。可見，晒鹽法的優點在於不要燃料，成本低，價格只是過去的十分之一。所以，明代中期福建的官營鹽場漸漸都改用晒鹽法，煎鹽法被完全放棄，明初專為鹽戶提供燃料的竈戶後來也被罷免了。但是，明初晒鹽法還不很成熟，它的刮鹵法與煎鹽法的第一道工序完全相同，勞動強度很大。此後，明萬曆年間又出現了埕坎晒鹽法。

　　埕坎實為一種大型的鹽池，傳統的鹽池較小，容量不大。而埕坎可視為鹽田，面積較大。埕坎的邊用海蠣灰砌成，池底鋪小石子或瓦片。鹽農在漲潮時引海水入埕，經曝晒濃縮後，即提入又一埕坎，再次曝晒。鹽水達到一定的濃度，鹽場即從海水中析出，結晶成塊。這類埕坎很大，每個埕坎約有一二畝，幾十個埕坎至幾百個埕坎相連，十分遼闊。

　　埕坎晒鹽法所需勞力較少，所以，它的成本更低，「計一石所售直不過二三分」，漳州的「曬鹽民原非竈戶，以貲轉佃鹽埕，終日胼胝炎烈中，所成鹽不過二石」[68]。若以一石為 150 斤而計，比之明初煎鹽法的日產 200 斤多二分之一。

　　關於食鹽的銷售。明代的鹽業是官府管制最嚴的產業，鹽戶生產食鹽，首先要向朝廷或官方指定的商人領取本錢，產品銷售給官府鹽運司，或是官府指定的鹽商，若然鹽農私自售鹽，便是犯法。但福建沿海各府百姓，多是買私鹽吃，而官府為了保證食鹽的銷售，便強迫沿海民眾購買官府配給的食鹽，其消費量不少。明人說，「本朝天下郡縣所在有鹽糧，又有鹽課……凡鹽皆食於官，若男子以丁計，婦人以口計，歲各納米入官，支與鹽，每丁口納米八升，支與食鹽三斤。後鹽不支，民納米如故」[69]。實際上，在福建的沿海，泉州、漳州、福寧州都是吃私鹽，如福寧州，「私鹽禁例明甚，黃崎鎮鄰寧德莒州，山無可耕之地，世業販私鹽，釋此不為則盜矣。上司加意寬恤，佯為不知，稍羈縻之。……私鹽價廉，人皆趨之。」[70]真正由官府經營的僅是福州府、興化府所生產的鹽。其銷售範圍，是上游的延平、建寧、邵武三府。

67　顧炎武編，《天下郡國利病書》第 26 冊，〈福建・泉州府屯田〉，第 67 頁。
68　袁業泗，萬曆《漳州府志》卷九，〈賦役下・鹽法考〉，第 3 頁。
69　袁業泗，萬曆《漳州府志》卷九，〈賦役下・鹽法考〉，第 2 頁。
70　林子燮等，萬曆《福寧州志》卷一，〈輿地志・鎮市〉，第 105 頁。

三、福建的貢茶生產

宋元時期福建是國內主要的貢茶區，宋代有建安縣的御茶苑，元代崇安縣有御茶園。明初福建仍為貢茶區，「建寧府總數歲辦上供茶一千八百五十六斤。建安縣上供茶一千三百八斤，崇安縣上供茶五百四十八斤。」[71] 就《明實錄》所載當時全國貢茶額來看，當時福建茶數量占全國進貢量的一半。然而，明朝飲茶習俗轉變，江浙人愛喝葉片茶，福建生產的團茶無人問津。據一些記載，當時閩茶進入宮廷，宮人用以洗碗而已。因此，朝廷對閩茶不甚看重，只是由於傳統的貢茶制度，民眾仍向朝廷貢茶。洪武二十四年九月，朱元璋下詔：「建寧歲貢上供茶，聽茶戶採進，有司勿與。」《明太祖實錄》記載：「置茶戶五百，免其徭役，俾專事採植。既而有司恐其後，時常遣人督之。茶戶畏其逼迫，往往納賂，上聞之，故有是命。」[72] 可見，朱元璋不願因茶葉給民眾增加太多的負擔。以上這些記載表明：明初福建的貢茶生產者類似專門生產食鹽的鹽戶，他們終生以茶葉生產為生，產品的一部分作為貢品上貢。

從官方規定的數量來看，五百戶茶農生產一千八百多斤貢茶，平均每戶僅擔負貢茶 3.6 斤，這種負擔不算太重。茶戶完全有餘力從事其他的生產。但是，一旦被列為茶戶，便有來自各方面的騷擾，當地的官戶經常來討茶，而一些胥役每每行賄官府，討得這一差使，以便向茶農勒索，從中謀利。於是，茶戶成了一種不堪忍受的苦差。不堪騷擾的茶農紛紛逃亡，如釋超全的〈武夷茶歌〉所述：「景泰年間茶久荒……輸官茶購自他山。」[73] 剩下的茶戶負擔越來越重，「茶戶子孫年費數十金輸官，多至破產。歷洪武迄至萬曆初，無有議免其額者。」為了解決這一問題，嘉靖年間實行了改革，「將歲編茶夫銀二百兩解府造辦，解京御茶改貢延平。」[74] 實行這一制度後，茶戶只要按時繳納銀兩，即可應付官差，負擔大為減輕。然而，隨著明代後期賦稅額的不斷加碼，茶戶繳納的銀兩不斷上升，「茶戶子孫，年費數千金輸官，多至破產。」建寧府不得不再次改革，萬曆年間，泰和

71　丁繼嗣等，萬曆《建寧府志》卷十四，〈造辦〉，明萬曆三十四年刊本膠捲。
72　《明太祖實錄》卷二一二，洪武二十四年九月庚子，第 2 頁。
73　黃任等，乾隆《泉州府志》卷十九，〈物產志‧安溪茶歌〉，乾隆刊本，第 29 頁。
74　徐𤊹，〈茶考〉，引自董天工《武夷山志》卷二一，〈藝文志〉，第 699 頁。

郭公子章理建州，「廉得其狀，請於兩臺，蠲其稅。」[75] 於是，茶戶徹底解除了貢徭負擔[76]。

武夷山是福建著名的茶區，但在明代，卻因為官府徵收貢茶的原因，造成茶業全面衰退，這充分說明明代中葉的官府因素成為民營手工業發展的滯後原因。

四、明代福建的官營織染局

明代前期的手工業大都在官方的管制之下，絲織業也是如此。官府在各地設織染局。例如《延平志》記載：「織染局，在晝錦坊東。洪武七年開設，置官二員，大使一員，副使一員。歲織絹二千匹。」[77] 其時，朝廷十分重視福建的絲綢生產，正統四年（1439年），「增置福建泉州府織染局大使，副使各一員」。[78] 泉州織染局的設置，是專為皇室生產貢品，表明泉州絲綢受到朝廷重視。皇室對貢品品質要求很嚴，天順六年（1462年）七月發生了這樣一件事：「先是，福建貢歲造段匹於京，工部以其紕薄，劾其織造官吏，因及看驗提督官右布政使劉讓、左參政張斌等。上命錦衣衛遣人執赴都察院問罪，輸贖復職，仍詔工部、錦衣衛各遣官一人械往任所追償。」[79] 劉張二位省級高官卻因貢品品質差而遭此侮辱，令人匪夷所思。此後，福州也設立了織染局。黃景昉說：「閩藩歲造段疋，聽民自辦。不如法。往往累及二司。太守畢亨始於府門之右設織造局，時加省視，費非增而堅緻中程度。」[80] 畢亨在《福州府志》中有傳：「畢亨，字文亨，單縣人。景泰間知福州。清而能恕，吏弊去其太甚，尤加意學校，縉紳愛悅。後官至都御史。」[81] 由此可知，福州的織染局為畢亨所設。據記載，當時福州府歲貢綢緞425尺，所需用荒絲1328斤分派各縣繳納[82]。但是，明代前期江南的絲織業大發展，而福建絲綢又少了海外市場，所以，福建各地織

75　徐𤊹，《徐氏筆精》卷八，〈茶戶〉，福建人民社1997年，第304頁。
76　徐曉望，〈福建歷代茶政沿革考〉，福州《福建茶葉》1986年第1期、第2期。
77　《永樂大典》一七八冊，卷一三〇七五，第11頁。永樂大典方志輯佚，第1112頁。
78　孫繼宗監修，《明英宗實錄》卷五五，正統四年五月乙卯，第2頁。
79　孫繼宗監修，《明英宗實錄》卷三四二，天順六年七月壬寅，第3頁。
80　黃景昉，《國史唯疑》卷一二，〈歲造段匹〉，臺灣正中書局1982年，第795頁。
81　喻政修、林㷆、謝肇淛纂，萬曆《福州府志》卷四三，〈官政志〉，第31頁。
82　黃仲昭等，弘治《八閩通誌》卷二十，〈土貢〉，第400頁。

染局數量減少，規模壓縮，有些地方的絲綢改由民間自造，這都使福建官營絲織業衰退。不過，直到明代中期，福建各地仍要進貢絲綢。見下表：

表 4-2 明代福建各縣貢緞數量表 [83]

縣名數量	縣名數量	縣名數量	縣名數量	縣名數量
甌寧 82 匹	浦城 102 匹	崇安 24 匹	晉江 221 匹	南安 120 匹
同安 120 匹	惠安 100 匹	龍溪 104 匹	漳浦 46 匹	龍巖 25 匹
長泰 12 匹	南靖 30 匹	漳平 25 匹	南平 27 匹	將樂 17 匹
尤溪 14 匹	沙縣 25 匹	順昌 14 匹	永安 13 匹	莆田 314 匹
仙溪 24 匹	霞浦 41 匹	寧德 41 匹	福安 51 匹	

上表表明，明初福建除了福州之外，至少還有24個縣向朝廷進貢緞匹。這些綢緞來自各縣製造，應是向織戶攤派。明代中後期，江南絲綢業的發展，使福建產品相形落後，除了少數品種外，福建產品再也無法引起朝廷的興趣。福建人在本地製造絲綢然後向朝廷進貢，既費工又不討好，甚至要受責。所以，各級官府都採取通融的方式。成化八年（1472 年）五月，南京守備朱儀說：「福建、江西、浙江等處俱有織染局，各隨土產繭絲歲造緞匹，以充高下之用。近年俱赴南京織造，以致價值騰貴。況委官齎銀多有侵剋，宜各令本處依舊織造。」[84] 這說明明中葉以後，福建進貢的綢緞多在外省織造，而朝廷對此不滿意，要求仍在本地織造；後來，福建的地方官乾脆派人攜帶銀兩赴北京城，直接在當地購取綢緞進貢，這樣既省力又省心 [85]。這一變化使福建各地官營織染局成為沒有必要存在的擺設，況且設置織染局需要許多經費，由於主管官員的漫不經心與織工的偷工減料，生產出合格的產品十分不容易。所以，織染局的存在是沒有必要的。明孝宗弘治十一年（1498 年）閏十一月，「先是，命福建織造上供絲布九百餘匹，中有不堪者八百匹，令退回再織。」工部的官員主張：不如罷福建織造絲布，以疏民困 [86]。其後，福建不再織造絲布。《明世宗實錄》卷七十六，嘉靖六年五月辛巳，「裁革福建興化、漳州二府雜造局、泉州府織染局副使各一

83 以上根據黃仲昭等，弘治《八閩通誌》卷二十，〈土貢編制〉。

84 張懋監修，《明憲宗實錄》卷一〇四，成化八年五月甲辰，臺北，中研院歷史語言所影印本，第 3 頁。

85 蔡清，《虛齋集》卷四，〈民情四條答當路〉，第 31 — 34 頁。

86 張懋監修，《明孝宗實錄》卷一四四，弘治十一年閏十一月，臺北，中研院歷史語言所影印本，第 7 頁。

員。」[87]嘉靖十年（1531 年）閏六月，「革泉州府織染局大使一員」。[88]而歷史悠久的福州織染院，到了明代後期，也不見了蹤影。織染局的消失說明官營絲織業的徹底破產。

五、明代前期的班匠制度

　　工匠是明朝的技術人口，朝廷建設宮殿、戰船，都需要各式工匠。在明朝的體制下，朝廷十分重視對工匠的控制。在明朝的戶口登記中，有專門的工匠戶口。明代前期，北京和南京的工部經常從各省調發工匠服役。福建因地理關係，隸屬於南京工部。閩縣知縣陳敏政曾經提出改革福建的班匠制度。「一，輪班諸匠正班雖止三月，然路程窵遠者，往還動經三四餘月。則是每應一班，須六七月方得寧家。其三年一班者，常得二年休息，二年一班者亦得一年休息，惟一年一班者，奔走道路，盤費罄竭。乞今改作二年或三年一班，如有修造，將二年一班者上工四箇半月，一年一班者上工六箇月，庶各匠皆得休息。」不過，陳敏政的改革要求被禮部以違反祖制而拒絕。[89]從這條史料知道，明代福建的工匠常被調發到南京做事，每年路上往來就要三四個月。諸多工匠，有的三年一輪，有的兩年一輪，甚至有一年一輪的。這對工匠是相當大的壓力。所以，明代前期，工匠多有逃亡者。有時官府不得不赦免他們。「災傷處所住坐及輪班匠失班者，自弘治二年七月為始，請容令自首。住坐者送原衙門收充，輪班者免其罰役。上從其議。」[90]於是，一些省分提出工匠向官府繳納銀兩，便可免除匠役。浙江和福建同屬南部工部，成化十一年四月，浙江提出徵銀的改革辦法：「浙江布政司右參政夏寅奏，近議班匠令按月出銀六錢解部，甚為便益。後因各匠違限年久，罰班數多，不能辦納，愈加遲誤，遂令仍解本身。今杭州等府人匠欲得仍舊解銀，其言未為不可，但今人匠四年一班，比之先年一年一班，已減去其四之三，遇有急用，不免雇人，其工食之費，每人一日原擬解部數目止是二分，今增至六分，出辦似乎太重，依二分徵解未免少輕，合定為三分，一月該銀九錢，照數驗收造冊解部。中間若有諳曉

87　張溶監修，《明世宗實錄》卷七十六，嘉靖六年五月辛巳。
88　李國祥等摘編，《明實錄類纂・福建臺灣卷》，第 43 頁。
89　孫繼宗監修，《明英宗實錄》卷一五三，正統十二年閏四月丙戌。
90　張懋監修，《明孝宗實錄》卷二八，弘治二年七月癸酉。

本藝，自願應當者，亦從其便。其江西、湖廣、福建三處該隸南京工部者，亦宜照此例行。從之。」[91]

實行班匠納銀制度後，工匠的人身就自由了。

民間工匠之間，實行嚴格的師徒制。「潘翁者，市井民，為長樂木工師。每行，眾工助之。得直贏，則曰：此吾力作得之者，以歸子婦。其眾助者散之族親。曰：『利豈可專也。』」[92] 可見，師徒關係是終身的。因明代前期的福建是農業社會，工匠找工作並不容易，利潤也不高。例如龍巖縣：「七曰工人，各以技能備器用，有金工、石工、陶工、土工，其直各視其技而無羨利。惟木工、竹工有事纖巧者，漆工又從而華飾之。其值視他邑三倍。如木盆、木燈、藤枕，篾絲器皿之類，適為民財之蠹，其于用也奚補？」[93] 隨著歲月的流逝，明代前期的工匠制度漸漸廢敗，許多工匠逃到外地，擺脫官府的控制。於是，朝廷很難調到適用的工匠。至於朝廷無法控制的新的民間工匠，則成為民間各種行業的主力。

總的來說，明初經濟中有很強的官府因素，官府力圖管制食鹽、銀礦等最有利的產業；官府所需要的手工業產品，也都分配給各省生產，其中，福建生產的有絲綢、戰船等等商品。當然，這些政策都是延續宋元而來的，明朝只是沿襲這些政策。明代的儒者都是著力批評官府的「官山海」政策。明末福州人王應山說：「予讀鹽鐵論，未嘗不輟書歎也。民所資生惟食，若貨，聖人分土作牧，俾其養恬懷休，山林川澤之利盡弛，諸民無所與焉。桑弘獻諛，始開利孔，為民罪梯。賢良文學，侃侃爭之，有味其言矣。」[94] 然而，不合理的官營制度最終在明代中葉走到了末路，由於種種因素的作用，明代中葉福建多數的官營手工業都崩潰了。明代晚期，在福建省內，除了戰船製造與鹽業專營外，傳統貢徭制的官營企業基本不見——它意味著從唐宋以來一種經濟制度的消亡。明中葉以後，福建等省進入私人工商業的發展時期，這不是偶然的。

91　張懋監修，《明憲宗實錄》卷二六五，成化二十一年四月戊戌。

92　陸案，《覽勝紀談》卷三，〈小民知義〉，明刻本，第 12 頁。

93　湯相等，嘉靖《龍巖縣志》卷二，〈民生志〉，第 65 — 67 頁。

94　王應山，《閩大記》卷十一，〈食貨考〉，第 1 頁。

第四節　福建的糧食生產

　　儒者一直將農業經濟當作最為重要的生產，農業經濟中，又以糧食生產為主，它關係到人口的繁衍和生活的品質。

一、農田的開闢與水利興修

　　福建是東南諸省中平地最少的省分，如古人所說，「山林居其九，田畝但一分耳。」[95] 人口壓力迫使民眾儘量地開發可耕地，「山非沙石，自麓至巔，盡耕治為隴畝。」[96] 其中，政和縣是相當典型的：「其地皆崇山峻嶺，高者萬尋，低者數千仞，形勢若熊立虎踞，犬牙相入，而中為溪流，曲折相通，可食之地百分之內僅得其一二耳。是其田至大者僅十邱、二十邱方成一畝，小者三四十邱、五六十邱不成一畝，緣演附山，狀如魚鱗，蓑笠可蓋，耒耜難施。土淺水寒，秋收甚薄，每候霜風勁，草木枯，則縱火焚諸山林，其灰經雨則入于田，而禾期茂，不爾，則兩成多失望，在處皆然。」[97] 開發山田主要受制於兩個因素：其一是山的表層土壤厚薄。例如上述政和縣境多石頭山，土層很薄，可耕地很少，即使想方設法，也沒有很多的地可以開墾。或者說，即使開墾，它的產量也不高。其二，山田的開發取決於水源。福建山田仰仗山泉灌溉，沒有泉水，山田無法種植。一般地說，福建山有多高，田有多高，凡有泉水的地方，都可開闢成農田。但是，從政和的記載中我們知道，這類田地，在明代初期大都開發完畢，連有些不該開發的田地也都開發了，它對糧食增產並無多大的幫助。那麼，沒有泉水灌溉的山地，能否開闢為田地呢？原則上是可以的，但這類山地只能依賴雨水灌溉，福建雖是多雨的地區，但各年的雨量不均，一年中，各個季節的雨量也不均，所以，若以旱田種水稻，往往是三年兩不收，對生產沒有多大意義的。受這兩個因素限制，儘管福建農民想方設法開闢田地，實際上，山區的可耕地仍不是很多。而且，由於入明以來，森林資源受到破壞，許多泉水漸漸枯竭，導致許多山田不堪種植，越來越易受氣候

95　蘇民望、肖時中纂，萬曆《永安縣志》卷三，〈建置志・疆域〉，書目文獻出版社，1990 年影印本，第 20 頁。

96　張萱，《西園聞見錄・職方典》，卷六二，〈福建〉，上海古籍社 2000 年，續修四庫全書影印民國二十八年燕京學社刊本，第 21 頁。

97　黃裳，永樂《政和縣志》卷一，頁碼不明。

的影響。一旦出現旱災，便有絕收之虞。因此，山區的開發也不可能是無限制的。福建的土地之所以被山林占去九成，其原因在此。

福建的沿海地區除了開墾山地外，增加田地的另一種方式是圍海造田。福建沿海有許多灘塗，但適於圍海造田的灘塗並不是很多。其中決定因素是水源。有水源處是可以墾闢為田地的。「潘本愚字克明，博羅人。景泰二年進士……出知興化府，時郡內荒旱，請減稅十之四，及陳民情十二事。奏可，乃鑿莆東山渠，溉田數百頃。」[98] 這是明代福建沿海少見的水利工程。但缺乏水源的地方，可增就不多了。例如，興化府沿海的農戶不斷圍墾海塗，「漸開漸廣，有一埭、二埭、三埭之名，外復為隄，以障海浪……埭田低於洋田，亦復不等，或二三尺，或三四尺，為埭愈多，其地愈下」。這些埭田在開發之後，便與原有的洋田爭水，由於其地勢較低，容易得水，造成上游許多良田缺水灌溉，這樣一得一失，對農業的發展已沒有實際意義[99]。鄭岳評說木蘭陂：「是陂關一郡之水利，可無籍乎？然近聞陂多滲漉，諸溝填淤，受水頗淺。而東山石涵，蕩無禁閉，民之為埭田者，私設涵竇，且什伯於舊，故雨止則水落，天旱則溝涸，而長者之澤日以耗矣。農家作苦，歲比不登，莆之患，宜無急於是者。」[100] 因此，當地士紳商量後，決定禁止圍墾埭田。這一事件說明明代福建沿海的老開發區——福州、興化、泉州，因受到地理條件的限制，已不可能新增大量田地。翻閱福建方志的水利志，可以發現這一時期福建沿海的老開發區沒有什麼大的圍海造田工程，其原因在此。

福建的中部山區與南部的漳州、汀州，在宋代是屬於人多地少的地區，迄至明代，以上地區都有很大發展。因此，明代的漳州、汀州的土地數有所增長。不過，從汀州與漳州的地理形勢來看，也屬於山多地少的地區，所以，明代的汀、漳二州都屬於缺糧區，以故，二州的開發並未使福建的糧食問題有所改善，這是我們必須注意的。

明初在全國進行了較詳細的田地登記，洪武二十六年（1393 年），福

98　郝玉麟等，乾隆《廣東通志》卷四十六，〈人物志〉，第 24 頁。
99　朱淛，《天馬山房遺稿》卷五，〈與吳太守論莆田南洋水利書〉，文淵閣四庫全書本，第 2 頁。
100　鄭岳，《山齋文集》卷九，〈木蘭陂集序〉，文淵閣四庫全書本，第 10 頁。

建納稅田地為 1462.6 萬畝。據官方的統計數字，北宋時福建已有 1109 萬畝田地，經過 300 多年的開發，福建田地數僅增加了 350 萬多畝，這充分說明山地限制了福建田地的開發。而與此同時，福建人口大有增長，從北宋時的 204 萬人增加到 391.7 萬人，其增長幅度超過田地，明初平均每戶 18 畝、每人 3.73 畝，和北宋時福建每人 5 畝多田地相比，人均占地量下降了一畝多。和國內其他省相比，福建人多地少的情況更為突出，例如明代的湖廣省（含今天的湖南省、湖北省）人均 47 畝地，人均占地要比福建多 11 倍。這表明福建發展糧食生產的條件是遠遠不如外省的。

承唐宋以來數百年的開發，明代福建多數地方已形成了網絡狀的水利系統。據《八閩通誌》水利志的記載，僅閩縣即有 258 處水利，而浦城一縣達 600 多處。但是，這些水利工程大多始創於唐宋，明代福建的老開發區，所謂水利工程，大多是修復、改善唐宋以來的水利樞紐。例如莆田的斗門陂在明代的洪武、永樂、弘治年間三次整修 [101]，泉州的晉江下游也有不少類似的工程，晉江著名的海岸長橋，共有橋門 770 餘個，在成化、弘治年間兩次大修 [102]。這些工程的修建，其規模都不亞於重建，但它只是保持過去的規模，從總體上說，並未改善福建的糧食生產。完全新建的水利工程主要在福建南部，例如，明初，陳炯築鹿石陂，使近海潮田十萬畝化為良田。又有曾氏「開三閘水利，灌三千頃田，惠洽三都，增萬家產業，活萬人軀命，功垂萬世」[103]。漳州月港著名的薑公陂，由漳州知府姜諒於成化年間主持修造，「開山伐石，日運百船，填而築之⋯⋯橫亙千三百尺，基廣三十丈，上廣五丈，高六丈。陂成，限川回流，溉田五萬畝」[104]。在九龍江流域之外，明永樂間，平和縣築「湖潭陂」，「灌田千餘畝」，詔安縣在洪武時築溪東陂，「溉田千餘頃」[105]，這些工程標誌著漳州南部的開發。而延平府的永安縣設縣於明代中期，當地的梅溪陂，「灌溉民田數

101　方良永，《方簡肅文集》卷五，〈重修蘆蒲斗門記〉，文淵閣四庫全書本，第 7—9 頁。

102　蔡清，《虛齋集》卷四，〈修海岸長橋記〉，文淵閣四庫全書本，第 50—51 頁。

103　林汀水，〈九龍江下游的圍墾與影響〉，《中國社會經濟史研究》1984 年第 4 期。

104　蘇殷，〈姜公陂碑記〉，引自鄧來祚等，乾隆《海澄縣志》卷十二，藝文志，乾隆刊本，第 8 頁。

105　陳壽祺等，道光《福建通志》卷三六，〈水利〉，第 808 頁。

千畝」[106]。可見，明代福建中部山區也增修了一些水利工程。

二、福建山區的糧食生產

　　福建東南氣候條件比閩北好得多，即可種雙季稻，也可以稻麥復種，有些地區還可以種三季稻麥，而閩西北只能種一季水稻。然而，在歷史上閩東南屢屢出現糧荒，而閩北卻成為福建糧倉，這與多種因素有關。

　　首先，我們來看福建田地的分布。據明弘治十五年（1502 年）官方統計數字，當年福建全省共有 13,526,000 畝田地[107]。據《八閩通誌》的記載[108]，福建各府田地數量見表 4-3：

表 4-3　明中葉福建田地數量表（弘治年間）

福州府	2481385 畝	建寧府	2280569 畝	泉州府	1687148 畝
漳州府	1237279 畝	興化府	1370311 畝	延平府	1140618 畝
邵武府	1016776 畝	汀州府	1404708 畝	福寧州	513779 畝
福建省總計				13132573 畝	

　　就該表而言，福建沿海四府一州的田地數量遠遠超過山區四府，但是，據福州等府的方志，福州府的田地統計數字中包括園林、塘浦、山地，其數量往往占總數的三分之一以上；而閩西北山區的山地一般是不納稅的，例如汀州府的歸化縣，「查得該縣官山止沙陽里捌分陸厘耳，其餘皆民山，不起科。蓋該縣童山什九，荒山什一，山之近城郭村落者有主，否則無主，其有主者大都以甚輕之價得之，故山主之執界不艱」[109]。建寧府的方志也記載，「建寧山無租，水有糧」[110]，故田地不在統計數字之中。所以，山區各府上報的田地多為實打實的水稻田。這樣打一個折扣，就不會覺得沿海各府地多了。例如，就數位而言，福建農田最多的是福州府，其次才是建寧府，但將福州府的田地扣除三分之一的山園，就會覺得福建各地其實

106　蘇民望，萬曆《永安縣志》卷四，日本藏稀見中國方志叢刊本，第 40 頁。
107　梁方仲，《中國歷代戶口、田地、田賦統計》，第 332 — 333 頁。
108　此表據黃仲昭，弘治《八閩通誌》卷二一，〈食貨志・土田〉，第 431 — 439 頁所引各縣田畝數統計。
109　周憲章，〈條陳興革事宜〉，載周憲章，萬曆《歸化縣志》卷十，〈災祥〉，書目文獻出版社《日本藏中國罕見方志叢刊》1990 年影印本。
110　丁繼嗣等，萬曆《建寧府志》卷十四，〈造辦・漁課〉，頁碼不明。

是建寧府的可耕地最多，至少比沿海各府多三分之一。我們再來看《八閩通誌》所載各縣田地數，此處將可耕地排名頭五位的縣列出：

表 4-4　明代中葉福建各縣的可耕地數量 [111]

縣名	可耕地
浦城縣	1500603 畝
莆田縣	901411 畝
建陽縣	614020 畝
邵武縣	490539 畝
建安縣	480498 畝

在以上五個縣中，除了莆田位於沿海，其他都在閩北山區。可見，明代中期全省 54 縣中，田地較多的縣大都在閩北。尤其是浦城縣，一個縣擁有 1.5 萬頃田地，其數量是建陽、邵武、建安三縣田地的總和！如果考慮到福建多數縣只有一二千頃田地，可以說，浦城一縣的農田擁有量是平均水準的十倍！《浦城縣志》說：「浦當南北之沖，土地綿亙，多阡陌、山林、澤藪之利，視他邑為饒。」[112] 大致說來，浦城雖然位於山區，實際上境內地勢較為平緩，可耕地較多，與它相似的還有建陽、邵武、建安、崇安、甌寧等縣，閩北八縣中，除了壽寧、松溪、政和三縣，外，其餘五縣都有較多的田地，所以，歷來閩北成為福建的糧倉，福州民間有「食不盡浦城米」之說，即是這一情況的反映。

不過，同為山區，各縣農田數量相差極多，不可一概而論，據《八閩通誌》，壽寧全縣僅有 3.7 萬畝可耕地，僅為浦城縣田地的 1／40！其原因在於：壽寧境內群山臚列，可耕地實在太少了。同樣的縣還有松溪、政和、武平、連城等，它們大多只有數百頃田地，百姓謀生極為困難。那麼，這些縣為何不影響山區糧食的輸出呢？其原因在於，這些縣雖然田地不多，但其人口也少，例如：壽寧縣僅 11932 人 [113]。所以，雖說當地糧田少，但「食費頗少，如遇有年，盡可儲備」[114]。再如政和縣，雖說糧食不夠吃，但由於人口不多，可從鄰縣調運，因此，從整體而言，閩北是可以輸出糧食的。

111　黃仲昭等，弘治《八閩通誌》卷二一，第 432 — 439 頁。
112　黎民範等，萬曆《浦城縣志》卷十一，〈賦稅〉，明刊本膠捲，第 3 頁。
113　馮夢龍，《壽寧待志》卷上，福建人民出版社 1983 年，第 16 頁。
114　馮夢龍，《壽寧待志》卷上，第 15 頁。

　　從田地的角度來看，決定福建糧食生產的又一個因素是土壤的肥沃程度。福建地形複雜，各縣田地的情況相差很大，如龍巖縣，「田之在野，其名有五，其等不一。一曰洋田，平疇沃衍，厥土多白壤，得水最先者其值上上；二曰瀧田，巖人以評田下陷者曰瀧，厥土惟塗泥，下流不壅者其直上次；三曰山田，高原峻壟，鑿山通圳，厥土多赤，埴而憂旱，得活水者中中；四曰坑田，山徑之間，因泉墾地而種，厥土多墳壚，而憂潦，過潦不決者中；五曰塘田，野水所鍾，曰築之以備旱。厥土塗泥，或青黎，旱潦之患兼焉，斯為下。若有源之塘則亞於瀧。在坊多洋田，塘與瀧居十三，在里則多山田、坑田云」[115]。以上將山區的田地分為五等，所謂洋田即是山谷中的河流沖積平原，這些沖積平原上面覆蓋著河流帶來的腐朽質，若能修好水利，便能成為上好的「洋田」，而灌溉不能保證的，在這裡稱為瀧田。如果擁有較多的洋田與瀧田，這個縣的糧食生產便十分可觀了。其次是山田，人們又將山田稱之為梯田，「閩中山田甚佳，數尺之地，即引水築塍，播以佳種，苟非極旱，泉流不竭也。其田高下相乘，泉流互注，每行田間，泉聲淙淙，不啻百道水簾，田塍數百，由下而上，又豈止三級九重哉！延建之間，更為盡力，而長邑（長樂）亦無廢壤也」[116]。這類有泉水灌溉的梯田的優點是不怕旱、亦不怕潦，它與洋田相得益彰，構成山區糧食生產的支柱。其餘坑田與塘田，或是怕旱，或是怕潦，若一個縣沒有較多的洋田，卻有較多的坑田與塘田，或者根本是沒有任何水利保障的望天田，這個縣的糧食生產必定十分困難，如福建山區的《政和縣志》說：「揚州之土於九州為下下，七閩之土於揚州為下下，建寧之土于七閩為下下（按，這一點不正確），政和之土于建寧為下下。政和之田，高者比附於立山之間，若魚鱗然。其闊一步二步，以至五六步而已。耕牛無所長其足，故耒耜不得施，而人自鋤焉。三日不雨則旱乾矣。低者介於兩山之交，夾轉溪流，驟雨終朝，則洪水易齧而無餘矣。故其田甚少，土甚瘠，獲甚薄，民甚窮。」[117]這類縣大多是福建最困難的地區。還有一些縣擁有的洋田與山田較多，就成為福建的糧食產地，如永春縣，「山無頑石，地盡沃壤，多山林、陂池、囿苑之利，土田膏腴，水泉灌流，率一斗而收六七石。

115　湯相修、莫元纂，嘉靖《龍巖縣志》卷上，〈土田〉，第 46 頁。
116　夏允彝，崇禎《長樂縣志》卷十一，〈叢談〉，第 7 頁。
117　黃裳，永樂《政和縣志》卷二，〈救荒〉，第 13 頁。

故其民多得飽」[118]。

　　具體地說，福建山區有四個府，除了建寧府為糧產區外，邵武府也是福建著名的糧倉，邵武雖然位於山區，但是，「其土夷曠」[119]，有許多山環水繞的小平原，這些小平原上，有許多富饒的山村，有個遊人說：「自邵武之建陽，非孔道也。然所過六十里間，是閩西最佳麗地。原隰夷衍，竹樹田疇，豐美饒裕，矗落相望，烟火不絕，夾溪面衡，人家時有數百。」[120]

　　山區糧食比較困難的是延平府與汀州府，「延平為郡，率高山峻徼，無多平原廣野，可耕可稼，閱歲之所入，不足以當中郡之四五」[121]。何喬遠也說：「地多險阻，纍石為田，引泉注之，厥土赤墳，厥田下下。其夷衍者，厥土黑墳，厥田中下，而俱宜稻。」[122] 可見，由於延平府山地過多，平原就較少了，所以，它的糧食很難自給。不過，該府的永安、將樂、沙縣等縣都是糧產區，以有餘補不足，延平府的糧食情況不算太差。

　　汀州府。汀州北部位於閩江上游諸縣，諸如寧化、清流、歸化，都是糧食產區。歸化縣，「近溪之米，裝鬻止于省城」[123]。而南部諸縣是福建境內山地最多的地區，「閩西諸郡，大都兩山壁立，中行一水，亡問巨川細流，中皆悍灘怒石，撞擊澎湃。其傍隙地墾為畎畝。千塍百圩，僅如盤盂。」[124] 這類山縣是很難自給的。如連城縣「土壤瘠磽，人民貧嗇」[125]。因此，在歷史上，汀州屬於糧食進口地區。

　　興化府。興化府位於福州之南，但是，該地種稻的情況亦類似於福州。明代的弘治《興化府志》記載：「稻，有秔，有糯，有一年一收者，有一年二收。一收者謂之大冬，其米顆粒大。莆人種之廣，兩收者春種夏熟，為早稻。秋種冬熟為晚稻，其米亞於大冬。莆人種之少。蓋莆地瘠，凡種

118　林希元，嘉靖《永春縣志》卷一，〈物產〉，頁碼不明。
119　黃仲昭，弘治《八閩通誌》卷二，〈地理志‧形勝〉，第 37 頁。
120　王世懋，《閩部疏》，叢書集成初編第 3161 冊，第 9 頁。
121　鄭慶雲等，嘉靖《延平府志》卷五，〈食貨〉，第 1 頁。
122　何喬遠，《閩書》卷三八，〈風俗志〉，第 944 頁。
123　楊縉，正德《歸化縣志》卷一，〈風俗〉，明正德十一年本，嘉靖年間刊，第 4 頁。
124　王世懋，《閩部疏》，第 10 頁。
125　杜士晉等，康熙《連城縣志》卷二，〈風俗〉，引《八閩志》，方志出版社 1997 年，第 48 頁。

田用糞多，較之兩收者為利與一收同。」[126] 該府只有二縣，莆田情況如上所述，另見《仙溪志》的記載：「稻，種類非一，有一歲二收者，春種夏熟，曰早穀。……既獲再插，至十月熟，曰㯉。有夏種秋熟者，曰晚稻。」、「仙遊依山之處，水冷，只宜種晚稻，不宜早稻。必於廣洋中種之。瀕海地方與莆一般。」[127] 由此可見，興化府雖然可以種雙季稻，但因為氣候的因素，種雙季並不見得可以獲高產，以故，農民多種單季晚稻。這一情況類似於福州。

第五節　明中葉福建商品經濟的初潮

明代中葉，主要是由農民與手工業者生產的商品開始多了起來，山區商品與沿海的交換，構成了明代中葉商品交換最顯著的內容。

一、福建各地的多種經營

明代前期，福建各地的商品消費以本地為多，明代中葉各地的商品生產開始發展，尤其以山海交換為其特色，這與沿海的人口密集化與城市發展有相當關係。

明代前期，經過長期戰爭的消耗，福建區域的人口不算太多。但到了明代中葉，沿海區域人口大增，表現最為明顯的是莆田縣與晉江縣。

莆仙二縣的西部多是低山、丘陵，東部多為平原與海灘。福建四大平原之一的莆仙平原即坐落於莆田與仙遊境內。莆仙平原曾是福建的糧食高產區，尤其是在木蘭溪的下游，土壤極為肥沃，所欠的僅是灌溉。因此，在宋代曾有「木蘭陂成，莆成樂土」之民謠。不過，莆仙區域又是福建人口最密集的區域，隨著人口的增長，莆仙平原的糧食生產無法滿足當地人食用，據《閩書》祥異志的記載，自明代中期開始，莆田與仙遊屢屢發生災荒，這表明當地人口的增長使其成為缺糧區。「莆為郡，枕山帶海，田三山之一，民服習農畝，視浮食之民亦三之一」[128]。這一句話，向人們展示了明代中期莆田縣人口過剩的情況——當地從事農業的人口只有全部人

126　周瑛等，弘治《興化府志》卷十三，〈山物考〉，同治十年重刊本，第 2 頁。

127　陳遷纂修，《仙溪縣志》卷五，〈物產〉，福建省圖書館藏抄本，第 2 頁。

128　周瑛等，弘治《興化府志》卷十二，〈戶紀‧貨殖志〉，第 8 頁。

口的三分之一！莆仙的情況並不是個別的，又如福清縣：「閩八郡其四裣海，民之半鹽魚以生。福清土益鹵，海益患，其田下下，不蕃粟稷而蕃人，故四人外給恒十之七八焉。」[129] 可見，福清縣外出謀生的人口更多於本地人口。晉江也是人口最密集的區域。晉江半島上的永寧衛，「丁戶二十餘萬，封家不下三萬，官印七十二顆。弁目、縉紳、士吏不下千百。煙火相輳，舟車絡繹，古名都大郡，何以過哉」[130]。我認為，這實際意味著：早在明代中期，福建沿海的福清半島、晉江半島和莆田灣一帶就出現了城鎮化傾向。[131]

　　人口過剩迫使當地民眾向其他領域發展。早在明代中葉，周瑛等人討論莆田縣的出路時說：「吾莆地狹，然種植亦各有所宜，其近山地宜種荔枝、龍眼，此以二十年計，然奪枝而種者，四五年結果；近海地宜種柑橘與桃，柑橘以十二年計，桃以四年計，柑橘奪枝而種者，亦以四五年結果。近溪地宜種松，此以十年計，松十年未成材，而鬚鬣可落賣與窰戶燒磚瓦，宜近溪者，以便於轉載也。人家傍隙地種桑，此以十年計，桑有三利，葉可以養蠶，蠶盡可養豬，豬食桑最發，桑枝可煬炭；其牆下宜種棕，此以十年計，棕不占地，故宜牆下種，及成，每月收利；其陰地宜種大青草，近山人家最得此利，近城地宜種韭，以買者多；北洋近山去處宜種薑老，老即扶留薯芋（此其故業）；南洋近山去處，訪得宜種紫草、通草（今南寺有）、苧麻、口麻，及南北二洋平地，皆可種青麻，黃麻、紅花，此以上者皆以年計，其他可以類推，顧人力勤惰何如耳。」[132] 可見，由於田地不夠耕種，早在明代中期，當地民眾就在設想發展各種小商品生產，帶動當地經濟。與莆田縣相比，明代的仙遊縣「生齒日繁，田疇有限。中產藉曲蘗以營生，細民蒔蔗林以規利」[133]。可見，仙遊的農民種糧之外，尚經營釀酒、榨糖等手工業。

129　鄭善夫，《鄭少谷集》卷十，〈福清縣復祥符陂記〉，第 9 — 10 頁。

130　佚名，〈永寧衛紀事〉，錄自顧誠等，《永寧古衛城文化研究》，福建人民社 2001 年，第 86 頁。

131　徐曉望，〈論明清泉州海洋經濟模式的形成與發展（上）〉，陳慶宗、陳支平編，《閩南文化論壇論文集》，上海世紀出版集團，上海文化出版社 2015 年。

132　周瑛等，弘治《興化府志》卷十二，〈戶紀·貨殖志〉，第 13 頁。

133　陳遷纂修，弘治《仙溪縣志》卷二，〈風俗〉，福建省圖書館藏抄本。

正德《漳州府志》的物產部分中有「布貨部」，對當地的商品生產記載較為詳細：

絁紬、綿布、絹紗、雞皮羅、絲布、白苧布、生苧布、青麻布、黃麻布、葛布、蕉布、鹽、礬、鐵、酒、茶、紙、紅花、紫草、油、糖、蜜、蠟、青澱、竹器、竹轎、描漆器、白瓷器、黑瓷器、青瓷器、羽扇、竹扇。[134]

福建的山區雖然沒有人口過剩問題，但山多田少，農民若是僅從事糧食種植，很難富裕，因此，明代中葉的山區農民，常常願意兼營一些副業，「將樂為邑，田僻山陬，水賴泉出。歲之所收，不無豐歉。而軍國之供，百需之費，尚有資於工商貿易之利，與夫山溪百物之產也」[135]。由此可知，將樂縣的山林產品在當地經濟中占一定地位。據縣志的記載，將樂的商品生產有蜜、白蠟、棉花、糖、黃蠟、苧麻、棕毛、茶、紙油、白苧布、生苧布等等，其中有一些產品銷售於外地。

二、福建山區與沿海的商品流通

明代中葉商品流通的基礎是城鄉交換，農民將各種小商品帶入市場出售，城市手工業者與農民交換各自的商品，從而形成了商品流通的基礎。不過，這類交換又有區域性自給自足的含義，商品流通的發展，需要跨越區域的限制，才能最大地體現商品流通的經濟作用。

明代中葉超越地域的商品流通是存在的。在棉布生產與流通方面，《八閩通誌》的物產志記載福建出棉花的各個府是：建寧府、泉州府、興化府、延平府，剩下的福州府、漳州府、汀州府、邵武府都罕有棉布生產。產棉區與無棉區之間，必然形成棉布市場，例如汀州府的歸化縣：「地不產木棉，皆仰給他處。」[136] 但其鄰縣將樂卻是產棉區，「木綿布，以綿花紡線為之。」[137] 在這一背景下，將樂的棉布就有可能出售於歸化。再如弘治《興化府志》記載：「亦有棉布，織吉貝為之。今所謂木棉花也。樹三四尺，

134　陳洪謨修、周瑛纂，正德《漳州府志》卷十，〈諸課雜誌〉，廈門大學出版社2012年，第 612 — 615 頁。

135　李敏纂修，弘治《將樂縣志》，卷二，〈食貨〉，將樂方志委2001年點校本，第43頁。

136　楊縉，正德《歸化縣志》卷一，〈風俗〉，嘉靖重刊本，第 4 頁。

137　何士麟、李敏，弘治《將樂縣志》卷二，第 55 頁。

春種秋收，其花結蒲，蒲中有茸細如鵝毛茸，中有核大如豆，用輾車絞出之。乃以竹弓彈碎碎，紡以為布。下里人家婦女治此甚勤。每四五日成一布，丈夫持至仙遊，易穀一石。」[138] 這說明莆田的棉布出售於仙遊。

明代中葉區域之間交流最為顯著的現象是使山區與沿海的商品流通。正德年間的《歸化縣志》有如下記載，「近溪之米，裝鬻止于省城」[139]。這說明早在明代中期，福建山區的稻米便向下游的福州省城運輸。由於明代前期的方志保留不多，對明代前期上游和下游的糧食貿易很難深入研究，但從明代後期福建糧食市場來看，福建山區產糧最多建寧府與邵武府諸縣，因此，歸化縣能有糧食向省城輸出，建寧府與邵武府應當也有糧食向下游輸出，其運輸量應當更勝於歸化。

福州在山海交匯中獲得大發展。福州是全省的政治經濟中心，也是閩江流域的核心城市。福建的省城福州是「山海奧區，五方雜處，膏壤衍而生齒繁，東南一大都會也」[140]。明初福州築城，「廣袤方十里，高二丈一尺有奇，厚一丈七尺，周三千三百四十九丈」[141]。福州以商業城市聞名東南，明代的詩人王恭詠福州：「七閩重鎮舊繁華，九陌三衢十萬家。」[142] 明代的福州，是福建上游商品的匯聚之處，上游各縣所生產的糧食、苧布、紙張、木材等商品，都匯聚於福州城郊市場，並轉銷沿海區域。同樣，沿海區域生產的食鹽、棉布、鹹魚等商品也通過閩江幹流運銷上游各地。福州城的建築一向聞名於世，閩縣知縣陳敏曾說：「禮制榜文庶民房舍不得過三間五架，今福州街市民居有七架、九架，其架或過於五，而一間、二間，其間不至於三。」這是說福州的民居跨度較大，二間房子便有七架或九架房梁[143]。這是福州多木材的緣故。

明代木材是主要建築材料，福州等城市的發展，使木材的需求量大增。福建木材生產以杉木為主，它大多是由山區農民種植的。明代前期以「永

---

138 周瑛等，弘治《興化府志》卷十二，〈貨殖〉，第 10 頁。
139 楊縉等，正德《歸化縣志》卷一，〈風俗〉，明嘉靖刊本，第 4 頁。
140 王應山，《閩大記》卷十，〈風俗考〉，福州，第 1 頁。
141 何喬遠，《閩書》卷三二，〈建置志〉，第 779 頁。
142 王恭，〈南樓奇觀為朱孔周賦〉，引自王應山《閩都記》卷三，方志出版社 2002 年，第 17 頁。
143 孫繼宗監修，《明英宗實錄》卷一五三，正統十二年閏四月丙戌，第 6 頁。

春最盛，安溪、德化次之也。人生女，課種百株，木中梁棟，其女及笄，借為奩資焉」[144]。《順昌邑志》說：「杉，木類松，而勁直，葉附枝生，若刺針然，土人作宮室，以此為上。」[145] 延平府和建寧府是福建最重要的木材產區，李默在文章中寫到建安縣的士紳與木商的矛

圖 4-1　明代福州城牆遺址

盾：「高陽之產杉木也，比於楚材，歲中所伐，以億萬計。狼籍溪澗間。豪商利於速達，稍雨輒下木，奔放衝擊，陂壩盡決。農畝殊苦之。先君具白于監郡，始立禁防，始作筏，相銜而下。田得無涸。惠行數十里。而先君常以身為豪商敵，至破己貲為之，鄉人頌焉。」[146] 如此巨量的木材運到下游，反映了當時沿海區域城市建設是可觀的。

可以和杉木相比的是毛竹，福建最多毛竹，如順昌縣的毛竹，「大者徑七八寸，高而堅實。」它的用處很廣，「筍生於冬者，曰冬筍，不出土，味佳，生於春者乃成竹，可破篾為筐筐及織壁用。筍長將開葉，砍浸作竹絲造紙，民利之」[147]。毛竹林在福建分布非常廣泛，將樂有筍的生產：「竹種類不一，亦有甜筍、苦貓筍、江南筍、觀音筍、斑筍，有春生、夏生、秋生、冬生者。」[148]「綿竹，篾柔軟可為諸般器物，竹中之最美者」[149]。

福建山區生產的商品還很多，例如香菇：《順昌邑志》說：「香蕈，一名菌，俗謂之菰，其品不一。胭脂菰生山林平沃地面。鮮紅而光澤，其底與莖俱白。香蕈菰生深林腐木上，味香美，木耳菰亦生木上。」[150]

油類商品是山區出口的一大宗商品，「菜油，菜子所壓者；麻油，脂麻所壓者；桐油，桐子所壓者；柏油，柏子所壓者。諸縣俱出。」[151] 又如

144　黃仲昭，弘治《八閩通誌》卷二六，〈物產〉，第 542 頁。
145　馬性魯，正德《順昌邑志》卷八，〈物產〉，第 121 頁。
146　李默，《群玉樓稿》卷七，〈先考吏部府君行實〉，萬曆元年李培刻本，第 67 頁。四庫全書存目叢書集部第 77 冊，第 776 頁。
147　馬性魯，正德《順昌邑志》卷八，〈物產〉，第 121 頁。
148　何士麟、李敏，弘治《將樂縣志》卷二，第 56 頁。
149　馬性魯，正德《順昌邑志》卷八，〈物產〉，第 121 頁。
150　馬性魯，正德《順昌邑志》卷八，〈物產〉，第 116 頁。
151　黃仲昭，弘治《八閩通誌》卷二五，〈食貨〉，第 513 頁。

茶油，《八閩通誌》記載：「柏油、茶油，俱出德化、永春、安溪三縣。」[152]
桐油生產頗多，「桐子所壓者，可以用油漆及燒煙造墨等用，有花桐、光
桐二種」[153]。白蠟油也是明代的一項著名產品，「白蠟，蟲置於樹，至秋
採為之。其樹名冬青，一名萬年枝，俗呼為蠟樹。蟲窠生樹枝上，其枝即枯，
蠟粘枝而生」[154]。

順昌的造紙業相當著名，據正德《順昌邑志》記載：「紙，竹絲所造，
舊出池坑者佳，今靖安、西峰、義豐、寧安、石湖、黃源里等處皆造之，
又有以楮皮澆造，大而方厚者，貧家以為臥被，仁壽都多造之。」[155]《八
閩通誌》評論紙的生產：「出順昌者尤佳」[156]。順昌的鄰縣也有紙的生產，
如將樂：「出於義豐，地名挽船。」[157]

福建沿海的物產則與山區有所不同。

沿海的其他物產中，以製糖業最有名，如興化府種蔗煮糖：「甘蔗，
以水田作壟種之……莆人趨利者多種之。」[158]明代前期興化府已能製造黑
糖與白糖。「白糖，每歲正月內煉沙糖為之。取乾好沙糖置大釜中烹煉……
及冷，糖凝定。糖油墜入鍋中，二月梅雨作，乃用赤泥封之。約半月後，
又易封之。則糖油盡抽入窩，至大小暑月，乃破泥取糖，其近上者全白，
近下者稍黑，遂曝乾之。用木桶裝貯，九月各處商皆來販賣，其糖油鄉人
自買之。」[159]《興化府志》記載：興化府原來不知白糖製造法，「正統間，
莆人有鄭玄者，學得其法，始自為之，今上下習奢，販賣甚廣。」[160]可見，
興化府的白糖是相當有名的。

在製酒方面，閩潮山區多白色的米酒，而沿海一帶多生產紅麴酒，《八
閩通誌》：「紅麴出古田縣，轉鬻四方。」[161]沿海各地用古田的紅麴製酒，《興

152　黃仲昭，《八閩通誌》卷二六，〈食貨〉，第 541 頁。
153　馬性魯，正德《順昌邑志》卷八，〈物產〉，第 114 頁。
154　馬性魯，正德《順昌邑志》卷八，〈物產〉，第 113 頁。
155　馬性魯，正德《順昌邑志》卷八，〈物產〉，第 114 頁。
156　黃仲昭，弘治《八閩通誌》卷二五，〈食貨〉，第 550 頁。
157　何士麟、李敏，弘治《將樂縣志》卷二，第 56 頁。
158　周瑛等，弘治《興化府志》卷一三，〈山物考〉，第 10 頁。
159　周瑛等，弘治《興化府志》卷一二，〈貨殖志〉，第 11 頁。
160　周瑛等，弘治《興化府志》卷一二，〈貨殖志〉，第 12 頁。
161　黃仲昭，弘治《八閩通誌》卷二五，〈食貨〉，第 512 頁。

化府志》記載當地的紅酒較有名氣：「莆人用糯米五斗、秫一斗，造酒一罈，煸而熱之，越歲不敗，此為老酒。用糯米一斗，秫二升，造酒一罈，煸而熱之，隨時食用，此為時酒。計其為利，所得糟酒足以償酒工及柴薪，而酒之利率得十之七。」[162] 莆田人還能製醋，「醋，人食用不可缺者，其法用雜糙米蒸熟，搏為餅，以草麻葉覆之。及生黃毛，乃挼淨，用缸盛貯約米一斗，用水十五六瓶，窨覆半月以上，氣香而醋重釀之。名曰法醋，傳十數年，其色如漆，其酸反甘，比常醋價增倍，不為常食，用以入藥耳」[163]。

沿海區域的果品也是十分有名的，從福州到潮州的沿海一帶，都是荔枝、龍眼、酸梅、柑橘的產區，《八閩通誌》的物產志記載了數十種荔枝品種。酸梅是福建的特產，「鹽晒者為白梅，焙乾者為烏梅」[164]。潮州與漳州都以出產柚子聞名天下，而漳州乳柑是福建的貢品，《八閩通誌》記載了漳州柑橘的品種：「朱柑，色朱而澤，味甜而香，為諸柑之冠。乳柑，興福間亦有之，而漳地尤宜。白柑，花香皮薄，亦曰銀柑、胡蘆柑，有臍，蓋乳柑之別種也。」[165]

山區與沿海的出產不同，市場需求上的互補性大，造成了山區與沿海商品流通的發展。明代中葉，山區生產的木材、紙張、油、蠟、香菇、冬筍、筍乾乃至糧食等商品順流而下，沿海生產的鹹魚、紅白糖、果品逆流而上，上游與下游的貿易逐漸活躍起來。以韓江與汀江來說，汀州商人到韓江下游購鹽，沿溪河上運，除了部分在汀州境內出賣以外，還將其運到江西境內出售。商人賣掉食鹽之後，在當地購入糧食，將其運載到自己的家鄉出售。正德年間，王守仁在上杭抽稅養兵，「每貨一船抽銀一錢一分五厘，歲無定額，以船之多寡定稅之盈虧，每年多者約可得銀四五千兩」[166]。若以每年抽稅 4500 兩為計，平均每天約有 108 艘貨船通過上杭。如前所述，汀江的小船載重量為八九擔，也就是說每天運載量約為 918 擔，合計每年運輸量為 335,070 擔，即 16,753.5 噸，這一運輸量在古代是可觀的。

162 周瑛等，弘治《興化府志》卷十二，〈貨殖志〉，第 13 頁。
163 周瑛等，弘治《興化府志》卷十二，〈貨殖志〉，第 13 頁。
164 葉溥等，正德《福州府志》卷八，〈食貨志〉，第 213 頁。
165 黃仲昭等，弘治《八閩通誌》卷二六，第 545 頁。
166 唐世涵等，崇禎《汀州府志》卷九，〈權政〉，第 39 頁。

三、明代中葉福建與外省的商品交換

　　明代前期福建與外省各種商品的運輸，大都經由陸路，而閩潮的山路崎嶇、河流湍急，運輸十分困難，所以，明中葉福建的對外省貿易並不發達。例如正德《歸化縣志》說：「近溪之米裝囊止于省城，亦有收布貨於他省者，然不多也。」[167] 這說明當地商人的活動以本省為主。當然福建沿海的商人活動力較強，福清人很早就進行海上貿易，又如成化年間彭韶記載：「福清商十三人，見殺於石城，民收其貨而燬其屍。」[168] 彭韶是明中葉的人，這條史料則說明：福清商人早在明中葉即活躍於國內市場上。彭韶還記載了一個案件，上杭富商林春的家奴押貨回家，在鄱陽湖遭劫[169]。也有一些福寧商人在杭州活動。「杭州牙家王氏見一老舁五箱而至，云：『我福寧州松三也，有貨停汝家，求售，未易得價。借公銀三十兩，暫還。買福州葛布相償。』主人見其衣冠古雅，鬚眉皓然，且有箱為質。予之。年餘不到，乃往福寧遍覓。」[170] 事實上，外省商人也有到福建活動的，歸化縣有「六月市」，「每年是月，兩廣並江浙各處客商大聚於此，各貯所貨。而邑人無貧富，亦各儲貲以待其來，與之交易，至七八月罷」[171]。歸化位於閩西山區，商人往來不易，於是當地形成了一年進行一次的貿易形式，它說明外地商品流入，也說明當時的歸化商品交換並不興盛，否則不會用一年一次墟會的形式。

　　明代中葉福建出售於外省的大宗商品不多，建陽書坊的書籍生產卻是其中之一。據史料記載，建陽崇化里的書坊，自宋元已來一直是和杭州、成都鼎足而立的三大刻書中心。在宋末及元末戰亂中，成都與杭州的刻書業遭受毀滅性打擊，唯獨書坊坐落於萬山之中，躲過戰火之災。明初書坊獨霸天下100多年。[172] 顧炎武說：「當正德之末，其時天下惟王府、官司及建寧書坊乃有刻板。」[173] 王府、官司所刻書以精良著稱，但數量不多，

167　楊緝，正德《歸化縣志》卷一，〈風俗〉，嘉靖重刊本，第4頁。

168　彭韶，《彭惠安集》卷四，〈陳文耀方伯墓誌銘〉，文淵閣四庫全書本，第28頁。

169　彭韶，《彭惠安集》卷四，〈陳文耀方伯公墓誌銘〉，第28頁。

170　陸粲，《覽勝紀談》卷二，〈松三欺銀〉，明刻本，第10頁。

171　楊緝，正德《歸化縣志》卷三，〈市〉，頁碼不明。

172　徐曉望，《閩北文化述論》第九章，〈閩北的書坊文化〉，中國社會科學出版社2009年。

173　顧炎武，《亭林文集》卷二，〈抄書自序〉；《顧亭林詩文集》，中華書局點校本，

所以，國內市場上以建陽書坊為最。當時全國各地的學者都以到書坊購書為幸。

　　除了書籍外，沙糖仍然是福建重要輸出商品。弘治年間的仙溪縣仍然是輸出沙糖的重要口岸：「沙糖，搗蔗為之。太平港籍此貿易。」[174]

　　隨著海禁的寬鬆，沿海運輸業開始恢復。在閩人的文集中，我看到過有人從福州乘船到廣州的例子。明代前期大詩人高棅的〈題臺江別意餞顧存信歸番禺〉作於福州閩江碼頭（可能是在南臺酒肆之上），其詩云：「番禺天萬里……滄浪浩蕩杳難期……東去臺江應到海，惟因流水寄相思。」[175]從這首詩看，高棅的好友顧存信是從福州臺江港乘船前赴廣州的。這說明明代前期的海禁並沒有想像的那麼嚴厲，當時在廣東與福建之間存在合法的海上交通。不過，他們使用的船隻也許是官船。民間私船則受到官府的打擊。彭韶於成化十八年的奏議中提到閩粵交界處的海上走私貿易：「況南澳港泊界在閩廣之交，私番船隻寒往暑來，官軍雖捕，未嘗斷絕。」[176]理解這一背景，就可知道，早在成化年間，漳潮沿海已經有私人海上貿易進行。廣東米進入福建的時間很早。早在明代中葉的成化二十三年，就有潮州人運米到仙遊的記錄。當年的仙遊不論是春麥還是秋天的水稻都絕收，最終「得潮人運穀，民賴以濟」。[177]可見，當時來自廣東的糧船已經在福建沿海做買賣。

　　浙江與福建之間的海上貿易也是存在的。成化《寧波郡志》記載：「明得會稽郡之三縣，三面際海……海道通閩廣等地，商舶往來，物貨豐溢。」[178]閩粵海船出沒於浙江港口，說明海運是存在的。福建內境內的海上運輸亦常見。泉州安溪鉅賈李森：「復輦木浮海，助建福州芝山寺。前後費不貲，

第 29 節。

174　陳遷纂修，弘治《仙溪縣志》卷五，第 2 頁。

175　高棅，〈題臺江別意餞顧存信歸番禺〉，袁表、馬熒編，《閩中十子詩》卷十一，《高待詔集二》，第 14 頁。

176　彭韶，《彭惠安集》卷一，〈題為乞恩分豁地土等事〉，文淵閣四庫全書本，第 16 頁。

177　胡啟植、葉和侃，乾隆《仙遊縣志》卷五二，〈拾遺志上・祥異〉，乾隆三十五年原刊，民國重刊本，第 2 頁。

178　張瓚、楊定纂修，成化《寧波郡志》卷一，〈土風考〉，成化刻本，第 11 頁。北京圖書館古籍珍本叢刊，第 28 冊，書目文獻出版社，第 9 頁。

而李長者之名聞於閩中。」[179] 可見，李森這一次運木材施捨福州芝山寺，是從海道走的，他應是將木材先從安溪順河運到晉江下游的泉州港口，再從泉州港將木材運到福州。明代前期漳州也有木材輸出。陳全之寫於嘉靖年間的《蓬窗日錄》說：「汀州及江西諸府產杉出溢口，徽產杉出饒河口，漳州產杉由海達浙東。」[180] 一個地區出產木材出名，恐怕不是幾十年裡造就的，看來漳州商人運木材到浙江東部，是明代前期就有的事。浙江鄞縣人戴鱀於嘉靖十一年（1532 年）說：「吾郡東濱巨海⋯⋯近歲乃有一種漳船，竊市海外番貨⋯⋯漳船之入吾海徼，纔十五六年而止耳。」[181] 戴鱀是在嘉靖十一年（1532 年）說這段話的，此前十五六年，漳州的私人貿易船開始在浙江沿海貿易，其時應為正德十一年，或是正德十二年（1517 年）。閩浙貿易很快成為風氣。浙江的黃綰說：「閩之人始為回易⋯⋯故日趨而日眾，始而且閩之賈舶為之，繼而南畿吳越賈舶亦或為之，繼而閩之逃亡集四方無籍為之。」[182] 又據正德《漳州府志》，漳絹和漳紗都是用湖州的生絲為原料，《漳州府志》對湖絲給出的評價是：「五色，極佳」。[183] 可見，約在明代中葉，漳州的木材向浙江出口，然後從浙江運入湖絲。這是跨境的長距離貿易。明中葉在福建任職的何喬新說：「他日乘舟東海之上，百川所委，眾流所匯，杳不知其幾千萬里。飛艎巨舶，往來而上下。」[184] 可見其時海船之多。又如崑山的周無逸做批發生意：「遂張肆於市以居貨，平其量衡，均其價直，生意如湧泉。家日以大。崑為澤國，樂歲粒米狼戾，遠商巨舶至者，咸以君為宗。一歲之間，錢以緡計者及萬緡，銀以兩計者及萬兩，隨其用而品置之。執盤校籌，毫釐不爽，皆曰君允可依也。後之至者，日益眾，家居不能容，雖揮之，亦莫肯去。」[185] 從「遠商巨舶至者，咸以君為宗」這句話來看，這位崑山的商人，至少有來自沿海的商船到其貨棧。所以說，明代前期海上運輸還是存在的。

179　沈鍾等，乾隆《安溪縣志》卷五，〈官績〉，廈門大學出版社 1988 年，第 171 — 172 頁。

180　陳全之，《蓬窗日錄》卷一，上海書店古籍出版社 2009 年，第 39 頁。

181　戴鱀，《戴中丞遺集》卷六，〈海防議（壬辰歲為郡縣守宰作）〉，明嘉靖三十九年戴士充刻本。四庫全書存目叢書，集部第 74 冊，第 11 — 14 頁。

182　黃綰，〈覽餘雜集序〉，朱紈《覽餘雜集》卷首，第 2 頁。

183　陳洪謨、周瑛，正德《漳州府志》卷十，〈諸課雜誌〉，第 612 頁。

184　何喬新，《椒邱文集》卷十一，〈贈揭君尚文遊南廱序〉，第 2 頁。

185　鄭文康，《平橋藁》卷十一，〈周無逸墓誌銘〉，第 12 頁。

　　總之，明代中葉福建輸出外省的商品中，有不少是官營手工業，但這些官營手工業無不處在消亡的過程中，與此相伴，相關的民營手工業發展起來，構成了晚明商品經濟發展的主力。從總體而言，明代中葉福建與外省的商品交換規模並不太大，但民間工商業已經興起，為明代後期的大規模發展奠定了基礎。

小結

　　明代中葉福建的兩項重大經濟社會變革是非常重要的。原來官營工商業仍在國家經濟中占有重要地位。不論朝廷需要什麼物質，便調發老百姓進行生產。朝廷需要銀兩，調發老百姓開礦，朝廷需要茶葉，徵發一部分百姓為茶戶，專門生產茶葉。在這一背景下，很難說老百姓在工商業方面有自己的經營權，官府的調發隨時都會打亂他們的謀生計畫。明代前期的福建，官營企業是相當多的，在製鹽業、絲織業、造船業、採銀業等方面，都有官營企業。到了明代中葉，情況發生了變化，這些官營企業大都經營不下去了。在福建境內，幾乎所有的銀礦都在這一時期倒閉，武夷山的茶戶幾乎逃光，相關官營企業大致名存實亡。在這一背景下，私人工商業發展起來，並且少受到官府的干涉。所以說到了明代中晚期，福建的民間工商業發展才有聲有色，成為一股潮流。

　　明代福建的第二項重大變革是佃農權力的增大。當時地主移居城市已是普遍的現象，他們對佃農的控制越來越弱，經過鄧茂七起義的衝擊之後，福建的城居地主更無法控制佃農，該地區的佃農實際上獲得了土地的經營權，他們只要按定額納租。事實上，我們看到更多的情況是：佃農在納租方面反過來刁難地主。由於佃農在該地區的農民中占相當大的比例，佃農經營權的獲得，使農民在田地的經營內容方面，有更大的選擇權力，他們可以在田地上種甘蔗，也可以種苧麻，從而使商業性農業有了擴大空間的可能。

　　佃農經營權的獲得，也使商業資本進入農業成為可能。佃農的土地投資，原來來自地主，而明代地主的城居化，使他們與土地經營脫鉤，農民與佃農在青黃不接的時候，只有期望商人給予貸款，明代前期的福建區域，已經有許多商人給農民貸款，其貸款數額也相當驚人，商人在獲得農民還貸的

糧食後，將其出售於市場謀利，這也促進了糧食生產與市場關係的發展。總之，明代中期的變革，為明代商品經濟的發展準備了基礎。沒有這一系列生產關係方面的變革，明中葉以來商品經濟的大發展是不可能的。

福建境內明代中葉的方志保留多部，除了弘治《八閩通誌》外，還有弘治《興化府志》、弘治《福州府志》、弘治《將樂縣志》、弘治《汀州府志》、弘治《建陽縣志》、正德《福州府志》、正德《順昌邑志》等等。查閱這些方志，讓我們知道：明代前期的福建已經有一定的商品生產，也有一定水準的商品流通。潮州的情況應與福建相距不遠。明中葉閩潮區域的商品交換中最為顯著的是山區與沿海的商品交換，閩潮山區與沿海的物產分布有極大的差異，閩潮山區生產糧食、木材、紙張等原料，而沿海生產魚類、食鹽、亞熱帶果品，閩潮沿海的城市還是各種手工業匯聚的地方，福州、漳州、泉州、潮州等城市，都有各種日用品的生產。這種物產結構，必然引商品的流通，於是，上游與下游之間的貿易興盛起來，這是明代閩潮區域市場發展的動因之一。我們注意到：不論是閩江流域還是九龍江流域、晉江流域、韓江流域，都有這一類貿易發生。沿海將魚、鹽運銷山區，城市將手工業品運銷農村，而山區與農村則還報以各種山林產品、礦產與糧食。在每一個區域系統中，都有自我循環的商品流通結構。不過，由於消費不足，這種自我循環的商品流通結構是低水準的，本章的史料表明：迄至明代中葉，閩潮市鎮經濟發達的區域較少，多數地方的市鎮數量較少，有的縣境內僅有一二個墟市，還有的縣根本沒有市鎮。這些縣大都處於自給自足的狀態中，如果沒有外來因素的影響，很難想像這些區域會有大的發展。

打破各區域商品自我循環的原因是什麼？國內市場需求的擴張是一重要因素。明代前期中國進入了使用銀兩的時代，但市場上白銀流通的不足，使國家與民間都需要銀礦的開採。福建的北部為國內三大銀礦區之一，閩北銀礦的開採使白銀流入市場，給予當地經濟很大的刺激。採礦業的發展，促動了閩江流域消費市場的擴大，從而使閩江流域的商品經濟活躍起來。如前所述，明代中期閩江上游的墟市數量為全省之最，這與其和國內市場的聯繫是分不開的。

沿海人口的密集化與初期城市化的發生，也是明代中葉閩潮沿海市場

啟動的重要原因。早在明代中期，福建沿海的福州、福清、莆田、晉江、龍溪諸縣就出現了人口密集化傾向，高密度的人口使其對糧食及能源的需要大增，這就使他們需要從外地運來各種物質，為了平衡購買外來商品的支出，他們便必須擴大生產，然而，由於沿海缺少可種植糧食的田地，他們的開發就要想新的方法，普遍的方式是發展小商品生產，他們將本土生產的果品、糖、藍靛、陶瓷等小商品運到外地，以換取賴以生存的糧食。然而，明代前期區域市場的有限性，使他們難以出售自己的商品，為了生存，他們只有向海外求發展，閩南人與潮州人到海外貿易，其原因在此。不過，當時的海外市場仍然保持宋元時期的水準，對中國商品的需求有限，因此，閩潮商人不可能從中獲得較大的利潤。一直到明代晚期環球貿易體系建立，美洲、日本的白銀大量流入中國，閩潮區域才獲得了較大的發展，終於形成了本文所說的閩潮區域市場。

第五章　明代前期福建的文化事業

　　福建自宋代開始已經是國內著名的文化大省，明代初年，福建文化不變，在雅文化的各個領域都出現了優秀的成果。

第一節　閩中學者與文化巨著

　　從明成祖開始，明朝陸續編纂了一些巨著，這些巨著每每與福建學者有關。

一、閩中學者與永樂朝的文化巨著

　　明成祖是一個以軍功震爍後世的皇帝，但明朝給其諡號卻是「文」，明代文人常稱其為「文皇」、「文廟」，這是因為，明成祖很重視文化，他收羅了一大批儒學的精英人物，為其編纂了《永樂大典》、《五經四書大全》等書。明初的福建，朱子遺教尚存，因而有不少儒者被選入編書的行列中。其中首先要提到的是鄭賜。

　　鄭賜，字彥嘉，建寧人。洪武十八年進士，授監察御史。明初的監察御史經常被明太祖派去做各種事，有一次，鄭賜受命到南京城外的龍江看管囚徒。時當盛夏，一批特殊的囚犯引起鄭賜的注意。明初政令嚴苛，官吏動輒得罪，所以有許多郡縣的吏員成為囚徒。他們體質較差，在太陽曝晒下，倒下了一大片。鄭賜見狀，讓看管的士兵給囚犯解下鎖鏈，送到房

間裡休息，並給他們飲食和治療，許多人因而活過了這一關。此事讓鄭賜意外獲得了仁厚的名聲，受到各方面的好評。其後他出任湖廣省參議、北平參議等職。在北平參議任上，他對待燕王誠懇有禮，燕王對他十分欣賞。建文帝上臺後，燕王和楚王都想請其任王府長史，但建文帝都未答應，召其人為工部尚書。靖難之役興起後，鄭賜為建文帝出謀劃策，表現十分積極。所以，燕王進入南京後，一時得到明成祖信任的武將李景隆彈劾鄭賜，稱其人的罪惡僅次於建文帝核心謀臣齊泰和黃子澄。按，李景隆本是建文帝最信任的大將，讓其率領大軍北伐北平，然而，李景隆數次戰敗，讓建文帝十分失望，因此，朝廷大臣群起攻之，建文帝因而剝奪李景隆的大權，讓其閒居家中。鄭賜應是當時抨擊李景隆的重臣之一，所以，李景隆得志後要報復他了。然而，明成祖對李景隆並非真的信任，而且一向知道鄭賜之名。朱棣攻進南京之後，建文帝周邊的大臣作鳥獸散，他只有通過鄭賜才能瞭解建文帝曾經的決策。於是，他將已經被關進監獄的鄭賜招來問道：「我待你如何，你怎麼背叛我啊？」鄭賜的回答是：「我只是盡一個臣子的責任罷了！」朱棣笑一笑，竟放了他，並讓其擔任刑部尚書。明成祖對曾經與其作戰過的明軍將領不太放心，鄭賜看出這一點，為了表現出與建文帝大臣的決裂，他屢屢彈劾建文朝的功臣武將，如孫岳、李景隆、耿炳文都倒在他的奏章之下。[1] 不過，當時人們都知道是明成祖要殺這些人，對鄭賜並無過分責備。《明史・解縉傳》記載解縉評點鄭賜：「可謂君子，頗短於才」，《明史・鄭賜傳》評道：「賜為人頗和厚。」後來，鄭賜改任禮部尚書。明成祖聽楊士奇言：文淵閣的藏書雖多，但缺漏不少，許多重要著作未收錄。明成祖便說，普通富貴人家，有錢後都收藏圖書，何況皇家呢！於是，他命令禮部尚書鄭賜派人到各地收書，只要是好書，價錢隨對方出。經過一番努力，皇家藏書大為擴張。據《明史・藝文志》的記載，明成祖去世後，明宣宗盤點藏書，已經有「二萬餘部，近百萬卷」。

　　有了豐富的藏書，明成祖決心編纂大典。《明史・劉季箎傳》記載：「永樂初纂修大典，命姚廣孝、鄭賜及季箎總其事。」可見，鄭賜曾是編纂隊伍的領導者之一。有人說：「詔命儒臣纂修永樂大典。賜實監之。」[2]

1　《明史》卷一五一，〈鄭賜傳〉，第 4178 頁。
2　過庭訓，《明分省人物考》卷七二，〈福建建寧府〉，第 2 頁。周駿富輯，《明代

鄭賜死於永樂六年（1408 年），《永樂大典》的實際負責人為總裁官解縉和姚廣孝。但參加此書編纂的閩中學者有鄭賜昔日的老師政和蘇伯厚，以及閩縣王褒、崇安丘錫、永福王偁、長樂王恭、沙縣陳山、莆田王約仲、林環等人，皆為閩中精英人物。

蘇伯厚，「名庠，以字行，政和人。父照。伯厚自幼以聰敏聞，比長，博通經史，尤精毛詩。……修《太祖實錄》，遷翰林侍書，復預修《永樂大典》，為總裁，陞簡討。」[3]

王褒，「字中美，侯官人。……永樂中與修《高廟實錄》，升翰林修撰；修《永樂大典》，為總裁官。」[4]

丘錫，「字永錫，崇安人。……永樂四年預修大典，改衢州教授。」[5]

陳山。福建沙縣人。在廣東始興教諭任上被召至北京，除了擔任給事中之外，另一任務是參修《永樂大典》。[6]

蘇庠，建安人。「陞翰林侍書，纂修永樂大典，為總裁。」[7]

丘錫，崇安人。「永樂四年預修永樂大典，改衢州教授，宣德七年又預修太宗皇帝實錄。」[8]

王偁，「永樂初以薦授翰林院簡討，進講經筵，修《永樂大典》。」[9]

黃約仲，「名守，以字行。……官翰林典籍。預修《永樂大典》、《四書五經》及《性理大全》諸書。書成，進檢討。」[10]

林環，「字崇璧，莆田人。……永樂四年廷試第一，授翰林修撰。明

　　傳記叢刊》第 136 冊。明文書局影印本，第 637 頁。

3　李清馥，《閩中理學淵源考》卷八五，〈簡討蘇伯厚先生庠〉，第 5 頁。
4　李清馥，《閩中理學淵源考》卷四十四，〈紀善王中美先生褒〉，第 8 頁。
5　李清馥，《閩中理學淵源考》卷八五，〈建寧明初諸先生學派〉，第 3 頁。
6　郝玉麟等，雍正《福建通志》卷四六，〈陳山傳〉，文淵閣四庫全書本，第 53 頁。
7　過庭訓，《明分省人物考》卷七二，〈福建建寧府〉，第 3 頁。周駿富輯，《明代傳記叢刊》第 136 冊。明文書局影印本，第 639 頁。
8　過庭訓，《明分省人物考》卷七二，〈福建建寧府〉，第 4 頁。周駿富輯，《明代傳記叢刊》第 136 冊。明文書局影印本，第 641 頁。
9　李清馥，《閩中理學淵源考》卷四二，〈吳閩過先生海學派〉，第 3 頁。
10　李清馥，《閩中理學淵源考》卷四九，〈檢討黃先生約仲〉，第 5 頁。

年陞侍講。預修《永樂大典》。」[11]

王恭。「王恭字安中，寓居長樂。……文廟時修《永樂大典》，鄭定、高廷禮交薦之。……大典成，試詩高第，授翰林典籍，不就。」[12]

陳山等人編完《永樂大典》之後，其中諸人多受命編纂理學諸書。《明太宗實錄》記載，「永樂十二年十一月甲寅，命行在翰林院學士胡廣、侍講楊榮、金幼孜修《五經四書大全》。」為了編纂此書，明朝調來了各地有名的儒者，「同時預纂修者自廣、榮、幼孜外，尚有翰林編修葉時中等三十九人。」閩人中，編修過《永樂大典》的諸君子，不少人參加此書的編纂。也有一些人是新來的。例如，「黃福，字汝錫，浦城人……永樂中預修五經四書大全及性理大全書，陞本寺寺丞。」[13]又如李貞，漳州南靖人。永樂十三年進士及第，榜眼，任翰林編修。「與儒臣編輯四書五經、性理大全。」[14]、「林誌，閩縣人。……永樂中鄉會試皆舉第一，殿試一甲第二名，授翰林院編修。預編性理及四書五經大全諸書。陞修撰。歷官右諭德兼侍讀。」[15]

永樂十三年九月，《五經四書大全》編纂完成，明成祖親自為此書寫序，命禮部將其刊印並贈送各地的主要學校。此後，明朝的科舉考試都用這部書為參考書，使用了二百多年，直到明朝滅亡。由此可知，《五經四書大全》實為一部最重要的書籍。按，清代四庫全書的編者對《五經四書大全》的評價不高，他們認為，明初諸人編纂此書時，只是取前人現成的著作刊行，沒有加入自己的研究。但是，不同的時代實有不同的任務。明代初年，在經歷一百多年戰亂之後，許多儒家經典散佚，或是作為孤本被保留於個別地方。這時期最重要的是將這些書籍原貌保留下來，並將其印行推廣。胡廣、楊榮等人所做的就是這件事。因此，《五經四書大全》的刊印，被認為是明代理學復興的一件大事。從此書的署名可知，楊榮作為三個實錄的主要編纂者之一，擔負起重要的責任。

11　李清馥，《閩中理學淵源考》卷五二，〈侍講林絅齋先生環〉，第 2 頁。

12　鄭方坤，《全閩詩話》卷六，〈王恭〉，第 28 — 29 頁。

13　李清馥，《閩中理學淵源考》卷八五，〈寺丞黃汝錫先生福〉，第 4 頁。

14　李清馥，《閩中理學淵源考》卷七九，〈清漳明初諸先生學派〉，第 2 頁。

15　李清馥，《閩中理學淵源考》卷四二，〈吳閩過先生海學派〉，第 4 頁。

二、參與文化巨著的閩籍官僚

楊榮，字勉仁，福建建安人。建文二年（1400年）進士，授編修。永樂時入選翰林院文淵閣當值。逐漸成為明成祖一刻離不開的左右手。[16] 楊榮歷經永樂、洪熙、宣德、正統四朝，身為內閣大學士兼任尚書。從明成祖到明宣宗和明英宗前期，朝廷的許多軍事決策都與楊榮有關。在文化方面，楊榮多次受命編纂巨著。除了《五經四書大全》外，「重修《太祖實錄》及太宗、仁、宣三朝實錄，皆為總裁官，先後賜賚不可勝計。」[17] 在《明英宗實錄》中保存著一篇有關楊榮的傳記：

> 榮字勉仁，福建建安縣人。初名子榮，由諸生鄉試第一，會試第三。廷對賜進士出身。入翰林為編修。太宗文皇帝為更今名。初建內閣，簡翰林之臣七人，專典密務，且兼稽古纂述之事，榮預焉，旦夕承顧問。歷進官修撰侍講諭德，侍皇太子講讀。嘗命往甘肅視師，規畫稱旨，陞右庶子，侍講如故。父喪馳傳歸葬，起復，尋喪母，乞歸守制，不許。命從巡幸北京。虜酋脫脫不花等率眾來歸，復命榮往甘肅與守將何福議所以處之者。既還，又命持節至亦集乃之地，封福為寧遠侯。且命過寧夏，與寧陽侯陳懋飭邊務，歸奏便宜事，皆見嘉納。從征北虜，至驢駒河還。又乞終制，乃許奔喪。遣中官宋成護其往還。既又奉皇太子令與諸皇孫講學。甘肅守將言叛寇老的罕等將為邊患，復命榮往視。歸奏，小醜無能為，不足煩大軍。既而叛者果歸附。車駕親往瓦剌，皇太孫侍行，榮輔導之。太宗問榮兵與食何由以足？榮對曰：擇將、屯田、訓練有方，耕耨有時，食足而兵精矣。還受詔集諸儒修《五經四書》、《性理大全》，榮預總裁。書成，陞翰林學士，仍兼庶子。榮言積弊十事，章留中不下，陞文淵閣大學士兼翰林學士。三殿災，榮陳便宜十事，皆見施行。駕屢北征，榮必在行，軍中機務多參預焉。甲辰，師次榆木川，太宗不豫，召榮等受遺命。已而晏駕，惟榮與親密中貴二三人在側。榮槥斂如禮，戒勿發喪。整軍旅，嚴號令，外無知者。榮密與中官海壽星夜馳報。仁宗即位，念榮之勞，陞太常卿兼舊職，尋陞太子少傅兼謹身殿大學士，賜以銀章，文曰：「繩愆糾謬。」且諭榮曰：

---

16 李清馥，《閩中理學淵源考》卷八五，〈建寧明初諸先生學派〉，第2頁。

17 《明史》卷一四八，〈楊榮傳〉，第9—14頁。

「朕有過舉，卿即奏來，以此識之。」又陞兼工部尚書，三俸俱支。
宣宗嗣位，益見委任。漢王反，首贊親征，及累出巡邊，榮皆扈從。
久之，念榮先朝老臣，命輟翰林之務，惟朝夕備顧問，贊謀議。進
位少傅，再進少師。上即位，務學，以榮同知經筵事。

榮立朝凡四十年，未嘗一日不趨朝，考京闈鄉試者一，廷試讀卷者
九，修四朝實錄，皆與總裁，累朝眷遇，錫賚之隆，元勳世戚不及
也。是歲春，以久違先塋乞歸祭掃。上命中官偕往，欲其速來。還
至杭州，得疾卒，年七十。訃聞，上哀悼，輟視朝一日，遣官諭祭，
贈特進光祿大夫、左柱國、太師，諡文敏，又命中官護喪歸，敕有
司營葬事，仍官其子恭為尚寶司丞。

榮為人疏闓果毅，遇事常為奮前不疑，論事不肯苟同，議獄率歸寬
恕。凡邊徼險易，邊將勇怯，靡不周知。故其謀畫多見施行。尤喜
賓客，善交際，雖貴盛無崖岸，士多歸心焉。或謂榮處國家大事隨
機應變，無愧唐姚崇，而有所不檢，亦似之云。[18]

　　這篇傳記恰如其分地評價了楊榮一生的貢獻。

　　和楊榮一起參加編纂《明太宗實錄》、《明仁宗實錄》的，並署名總
裁官的，還有另一位閩人──陳山。陳山是歷史上有爭議的人物，所以，
國史對其記載極為簡略。他是福建沙縣人。洪武二十六年舉人。[19]明經科進
士。陳山是明宣宗時期的大學士。《明史・李廷機傳》謂：「閩人入閣。
自楊榮、陳山。」可見，陳山在明朝曾是閩人標竿似的人物。他是延平府
的沙縣人，其父為鄉村富人，崇尚文化，「恒勵其學業。有秘書故第在，
屢諭諸子曰，此吾先世力學所致，汝曹不務圖繼可乎？」[20]《延平府志》記
載：「陳山，字汝靜，一字伯高，沙縣人。洪武二十六年領鄉薦，明年試
禮部，中乙榜。永樂初，授奉化教諭。六年，召修《永樂大典》，陞吏科

18　孫繼宗監修，《明英宗實錄》卷六九，正統五年七月壬寅。
19　楊士奇，《東里續集》卷二十七，〈贈資善大夫戶部尚書兼謹身殿大學士陳公（山）
　　墓碑銘〉，文淵閣四庫全書本，第 12 — 14 頁；梁伯蔭修、羅克涵纂，民國《沙縣
　　志》卷九，〈陳山傳〉，民國十七年排印本，第 7 頁。
20　楊士奇，《東里續集》卷二十七，〈贈資善大夫戶部尚書兼謹身殿大學士陳公墓碑
　　銘〉。

給事中。丁憂起復，擬升廣東右布政使，特旨留掌六科事。」[21] 陳山是當時有名氣的詩人，《福建通志》載有陳山的一首詩〈呂峰晴雪〉：「山落鴻濛外，名傳呂七家。寒光侵玉女，瑞彩散瑤華。莎沒添新水，梅橫失故花。遙憐林處士，倚杖夕陽斜。」[22] 這首詩反映了山林隱士超然物外的閒適心理，受到多人讚賞。他和當時的名士楊士奇為好友，後來擔任宰相的楊士奇早年曾為其父寫過墓誌銘。永樂十一年，他與張瑛同被選為皇太孫的講讀，也就是陪皇孫學習。這名皇太孫，即為後日的明宣宗，少年時得到永樂帝的寵愛，所以很慎重地選拔著名文士為其老師。陳山以方面大員的資格任其講讀，對陳山個人來說，像是一個損失，但鑒於皇孫的特殊地位，以後的發展不可限量。陳山陪皇孫學習十多年，加強了雙方的關係。永樂皇帝死，由其子明仁宗繼位，改年號洪熙。陳山陞左春坊庶子。明仁宗在位不足一年即死，明宣宗即位。宣宗改年號宣德，宣德元年，陳山陞戶部尚書，入閣，任謹生殿大學士。這是他一生事業的頂點。有一次他從馬上跌落傷腳，明宣宗親自為大學士老師調藥。

　　然而，明朝宮廷中競爭激烈。陳山雖是四朝元老，但在旁人看來，他只是因為擔任過皇帝的老師才得以快速提拔。幾年內從中級官員陞到最高位。因此，他在大臣中威望不高，急於建功。「宣德元年高煦反，車駕親征，罪人既得，師還。六部遣尚書陳山迎駕。山見上，言宜乘勝移師向彰德，襲執趙王，則朝廷永安矣。」[23] 按，永樂帝有三子，長子繼位，他的兩位弟弟即漢王高煦和趙王不服。明仁宗突然早逝，漢王有謀反之意，明宣宗親自率軍前往征討，順利地擒獲漢王，帝位獲得鞏固。陳山怕日後趙王造反，威脅皇位，所以勸明宣宗以得勝之兵襲擊河南彰德的趙王，徹底剷除後患。陳山的建議，得到同為大學士的楊榮贊成，但受到楊士奇的反對，因而未及實施。就在危急之時，明仁宗之母出面干涉，保其兩個兒子。明宣宗受到壓力，最終放過趙王。多年後，明宣宗回憶此事，尚有後怕。因為，明宣宗後來殺死了漢王高煦，當時若再殺死趙王，必得刻薄之名。後來，明宣宗讓原來的老師陳山和張瑛到南京居住，專門給宦官們上課，於是，陳

21　孔自洙等，順治《延平府志》卷十七，〈陳山傳〉，廈門大學出版社 2010 年點校本，第 497 頁。

22　郝玉麟等，雍正《福建通志》卷七十七，〈藝文十〉，就道四庫全書本，第 18 頁。

23　楊士奇，《東里別集》卷二，〈聖諭錄〉，第 31 頁。

山和張瑛就此退出政治舞臺。宣德九年（1434 年），陳山死於返鄉途中。[24]

　　楊榮和陳山在宣德年間，都擔任起修纂《明太宗實錄》和《明仁宗實錄》的責任，這兩部書也可以說是明代前期最重要的史學著作。除了楊陳二人，還有不少閩人參加二書的修纂。例如閩縣名士林誌，早期參修過《五經四書大全》諸書，「宣德元年預修兩朝實錄。」[25] 再如建寧府崇安縣的丘永錫教授，「永樂四年預修大典，改衢州教授。宣德七年後，預修太宗實錄成，仍乞原職，改建昌教授。」[26] 參加編修兩朝實錄的閩人還有：陳叔剛、陳中、胡宜衡等，還有些人只參加了《明仁宗實錄》的修纂，如薩琦，還有些閩人參加過《明宣宗實錄》的編修：例如吳恭、楊壽夫、林文、謝璉。明英宗去世後，柯潛、吳希賢、陳音等參加編寫《明英宗實錄》。柯潛為明代宗景泰辛未狀元，除了撰寫實錄外，他還參與撰寫《寰宇通志》一書，後任東宮講讀官。時人對柯潛評價很高，《明憲宗實錄》記載：

> 潛在太學者亦未有名，一登倫魁，遽奮發淬勵，學遂大進。為文峭屬，詩亦有風致，為人高介有節，儀觀修整。時以公輔望之。但其鄉人有上書攻大學士□輅者，或疑潛使之。及其守制家居，頗為鄉人所議。責備者為之不滿雲。[27]

　　總的來說，明代前期，朱熹遺教不衰，閩中多有經史大家，他們為明代前期《永樂大典》、《五經四書大全》、《明太宗實錄》、《明仁宗實錄》、《明宣宗實錄》、《明英宗實錄》等巨著的編成，做出了貢獻，這也反映了閩人在明代前期文化領域的實力。

第二節　八閩的理學

　　受宋代閩中理學的影響，明代閩中理學傳播，產生了一些在國內頗有影響的學者，當時稱為道學家。

24　梁伯蔭修、羅克涵纂，民國《沙縣志》卷九，〈陳山傳〉，民國十七年排印本，第 7 頁。

25　李清馥，《閩中理學淵源考》卷四二，〈吳聞過先生海學派〉，第 4 頁。

26　李清馥，《閩中理學淵源考》卷八五，〈建寧明初諸先生學派〉，第 3 頁。

27　張懋監修，《明憲宗實錄》卷一一九，成化九年八月丁丑。

一、明朝對閩學人物的祭祀

《明宣宗實錄》記載：宣德三年五月辛未，朝廷討論褒揚朱熹。

> 福建建寧府儒學教授彭勗言，堯舜禹湯文武周公之道，非孔子無以傳，所謂集群聖之大成。濂洛關蜀之學，非朱子無以明，所謂集群賢之大成。孔子刪述六經，垂憲萬世，實後學之所法。朱子註釋六經，折衷群言，乃後學之所宗。天生聖賢，扶植綱常，傳續斯道，莫有盛於孔子、朱子者也。洪惟我朝，繼天立極，聖聖相承，崇尚儒道，內自太學，外及府州縣學，咸立廟祀先聖先賢，又於先聖孔子闕里立廟，皆以春秋致祭，設教授以訓其子孫，建公爵以貴其嫡嗣，尊崇之典，無以復加。聖恩廣大，萬方共戴。且如唐張九齡、宋余靖輩，有功德於當時者，至今尚蒙朝廷於其故址立祠，祭以特牲，著之祀典。切見先賢朱子，雖列從祀，而建寧府故宅舊有祠堂未蒙春秋特祭，今已頹壞，子孫身服徭役，致令廢學，少齒士流。乞敕大臣定議，葺其祠廟，以時致祭，教其子孫，稍蠲徭役，俾天下後世，咸稱我朝崇報之盛典而垂光於無窮，不勝幸甚。上命行在禮部議之。[28]

按，為著名人物設廟祭祀，這在中國古代是常見的。朱熹為孔子之後著名的理學大師，因此，建寧府的儒學教授建議在其位於建寧府城的老宅設廟，免除子孫的徭役，讓其專職祭祀先人，這是對朱熹的尊敬和對其子孫的照顧。這一事也使我們瞭解到，朱熹子孫以後多在建寧府（今建甌）發展，這應是元代朱家有人擔任建寧路學山長的緣故。實際上，明代初年，朱家子孫對族人的發展有個討論。《明孝宗實錄》弘治三年九月戊戌記載：

> 授徽州府婺源縣歲貢生朱貞為本縣儒學訓導。貞自陳為宋徽國文公熹九世孫，洪武中宗人俱往居福建之建陽，惟其祖鏡以保舉回縣供祀。今先世祠墓俱屬臣，一身無他兄弟，乞量除本學教職，庶訓誨生徒之暇，得兼盡奉先之孝。吏部覆奏從之。[29]

可見，明代朱熹子孫在建陽與建寧府城之間往來遷徙。朱氏後來成為

28　張輔監修，《明宣宗實錄》卷四三，宣德三年五月辛未。
29　張懋監修，《明孝宗實錄》卷四三，弘治三年九月戊戌。

建寧府城的著姓之一。

在朝廷為朱熹設祭之後，將樂縣又有儒者要求將宋代大儒楊時納入國家祀典。《明英宗實錄》正統十三年二月甲戌記載：

> 福建延平府將樂縣儒學訓導王昌順言：本縣有宋儒龜山楊時，師事二程，得理學之傳。其註解五經四書，國朝頒降大全，多見采錄。心術之正，理學之微，誠有益於治教。且閩之大儒若羅從彥、李侗、朱熹輩，道學淵源實自時始。乞准令從祀，庶以上昭國家崇祀之典，下彰先儒傳道之功。上命禮部定議。[30]

其後，明朝還為其他著名儒者設祠祭祀，在朱子祠堂，增設朱熹的四大弟子。《明代宗實錄》景泰七年九月庚寅記載：

> 福建按察司僉事呂昌奏，頃奉明詔，以顏、孟、程、朱有功道學，特令有司建祠奉祀，其崇儒重道之典至矣。近者，臣謁朱文公祠，見其左列文肅公黃榦、文簡公劉爚，右列文正公蔡沈、文忠公真德秀，如孔門四配之設，每於春秋祭祀之日，欲合四子而並祀之，於例有違。欲出朱子而獨祀之，於義不安。況四子皆傳朱子之道，其于朱子著書立言，闡明治道未必無補。乞敕儒臣會議，于春秋祭祀朱子之日，增豬羊各一，析為四分，其羹酒菜果並如朱子之儀，以合祀四子於一堂之內，庶於祀典無遺。從之。[31]

成化元年九月戊辰，「命福建延平府立祠祀宋儒楊時，以羅從彥、李侗配享。」[32]弘治十二年十月，朝廷還下令沙縣和南平各設專祠祭祀羅從彥和李侗。[33]總的來說，明代前期尊奉儒學，尤其推崇朱子學，因而給了宋代閩學人物許多榮譽。這對福建的儒學是一大促進。明代前期，朱子學在福建沿海一帶有很大發展。

30　孫繼宗監修，《明英宗實錄》卷一六三，正統十三年二月甲戌。
31　孫繼宗監修，《明代宗實錄》卷二七○，景泰七年九月庚寅。
32　張懋監修，《明憲宗實錄》卷五二，成化元年九月戊辰。
33　張懋監修，《明孝宗實錄》卷一五五，弘治十二年十月。

二、陳真晟、周瑛、黃仲昭

陳真晟，字剩夫，生於永樂九年（1411 年），漳州鎮海衛人。陳真晟研究朱子學，從朱子對《大學》的注釋中得到啟示。在他看來，儒學首先是一種修身的學問，而修身之道，要達到「至誠」的境界十分困難。學者應當沉默靜思，體會最高的道德原則。人們綜合其修養的方法，稱之為「居敬知行」。

陳真晟居鄉研究學問多年，編纂《程朱正學纂要》一書，此書以程朱學問為根本，製作了《心學圖說》，天順三年（1459 年），他將此書獻給朝廷，皇帝下詔，讓禮部官員先看，提出意見。然而，負責此事的官員漫不經心，許久未能提出意見。此事竟不了了之。

陳真晟的《心學圖說》在當時有一定的影響，明代朱陸兩派學者對其評價分歧。陸王學派認為他是心學的起點之一。由於明代中葉陳獻璋、王陽明的心學崛起，有些人將陳真晟與陳獻璋、王陽明歸為一類人物，並將其傳記附錄於陳獻璋傳。陳真晟的弟子覺得人們誤會了陳真晟。因為，陳真晟「治心」的實質是「居敬窮理」，而不是著重於心的體悟，這與陳王完全是兩種風格。福建學者一般將陳真晟歸於朱子學派而不是王學。陳真晟死後，他與同鄉大儒周瑛一起受到當地人的祭祀。明末朱子學派重起，對陳真晟的評價日益高漲。崇禎十四年，陳真晟作為明代儒學的代表者之一，被列入國家祭祀的先賢系列中。[34] 朱學後人對他百般讚賞。明末清初，他被認為是明代學者中朱子學派的代表人物之一。

周瑛與陳真晟同為漳州鎮海衛人。周瑛四十歲時中進士，時為成化五年（1469 年），後出任廣德州知州、鎮遠知州、撫州知府、四川參政、四川右布政使諸職。周瑛早年自學成才，讀書廣博，他認為學問應當走由博返約一途。「於是肆力於百家群藝，事必為之。所教人先於靜得，必隨事窮理，求其自然與其當然，又會其所以然，積累既多，於融貫處亦自得之。」[35] 周瑛的博學與當時的風氣不同。明代中葉的學者的風氣是萬事求於心，認為每日靜坐，便可啟悟。周瑛的好友陳獻璋便以心學聞名一時。周

34　秦蕙田，《五禮通考》卷一百二十，〈吉禮〉，文淵閣四庫全書本，第 59 頁。
35　凌迪知，《萬姓統譜》卷六一，〈周〉，第 28 頁。

瑛與其常有辯論。周瑛曾和陳獻璋在北京交往三年，後陳獻璋返回廣東老家，周瑛著五言詩十首送給朋友。其中之一：「聖學論一貫，斯最為要義。自從參賜遠，誰領言下意。聖以一貫萬，體用無二致。學者求之萬，其一乃可至。執著固云非，超悟亦未是。功深與力到，庶幾有真契。」[36] 在他看來，陳獻璋之心學著重體悟，類似禪宗，真學問應當由博返約。「聖人靜有以立天下之大本，動有以行天下之達道。由體及用，一以貫之。有餘為學，皆由博以反約。博者，萬殊也，約者一本也。求諸萬殊，而後一本，可得一本。」[37] 可見，周瑛之學，淵源於朱熹。在當時理論界獨樹一幟。周瑛對陳獻璋的批評，也是朱學反擊陳王心學的開始。

理學道義的實踐者黃仲昭。黃仲昭，莆田人，和同鄉周瑛及廣東理學名臣陳獻璋是好朋友，他們的共同愛好是理學，平日交流頗多。三人詩集中，每有相互唱和的詩。黃仲昭與理學的關係表現於：其一，他曾與理學名臣陳獻璋、周瑛共同學習理學；其二，他整理朱熹的兩部重要書稿：《晦庵集》和《通鑑綱目》；其三，他能以理學條規約束自己，一生嚴於律己，不畏權貴，敢於批評皇帝。可見，他的德性、言行、學問都可列入理學名臣。明代後期，諸臣考慮在孔廟中配祠先賢的明代人選時，曾考慮過黃仲昭的名字。[38]

黃仲昭是理學名家，也是當時有名氣的詩人。他寫愛情的詩不少。例如〈效古〉組詩第十六首：「西風起林末，物候何淒涼。芙蕖銷華澤，蘋蓼揚輝光。良人久離別，關山阻且長。新愛有佳人，舊歡從此忘。賤妾若葵花，良人若太陽。太陽雖轉移，葵花長仰望。昨宵魂夢裏，忽到良人傍。攜手共言笑，歡樂猶未央。須臾復不見，怵心重徬徨。本期鴛與鴦，一雙長翱翔。棄捐今若此，有淚空沾裳。」[39] 可見，明代的理學家並非像人們想像的那樣無情無欲，不食人間煙火。真實的理學家，眾望所歸，多為重情重義的人傑。

36 周瑛，《翠渠摘稿》卷七，〈送陳白沙歸南海〉，第 1 頁。
37 周瑛，〈題嘉魚李氏義學記〉，沈佳，《明儒言行錄》卷六，文淵閣四庫全書本，第 5 — 6 頁。
38 沈鯉，《亦玉堂稿》卷一，〈議孔廟從祀疏〉，文淵閣四庫全書本，第 9 頁。
39 黃仲昭，《未軒文集》卷七，〈效古十六〉，第 22 頁。

三、明朝最純粹的儒者蔡清

蔡清，字介夫，號虛齋，泉州府晉江縣人，明代前期國內最著名的理學家之一。自幼好學，青年時隨福州易學大師林玭學習易經。成化十三年鄉試第一，成為舉人。蔡清一生出外做官數年，長期在家研究學問。蔡清認為朱熹是孔子以後的儒學正統。蔡清路過武夷山之時作詩：「日日問山水，今日見武夷。點頭一段意，山靈知不知？泰山孔子登，武夷朱子寓。吾想萬山靈，亦羡二山遇。」[40] 此處將孔子與朱子學問，比作泰山與武夷兩座名山，也反映了他的志向。蔡清立志復興朱子之學，著重研究朱子的《四書集注》，對朱子晚年十分重視的《易經》一書，也做了深入研究。主要著作有：《周易蒙引》十二卷、《四書蒙引》十五卷、《性理要解》二卷，其中，《周易蒙引》（或作易經蒙引）的影響最大。

《易經》在理學歷史上有其特殊的地位，孔子研究古代經典多年，一直到晚年才開始《易經》研究，據後人的解釋，這是因為孔子認為研究《易經》必須有廣博的知識與深厚的學力。宋儒中，程頤與楊時都以《易經》研究著名，但都自以為剛剛入門，而朱熹著研《易經》，也自謙為「發蒙」。明代閩人注《易經》蔚為風氣，始於福州候官人林玭。林玭號雲室山人，天順甲申年進士，會試第三名，為《易經》魁首。後以疾乞歸，在家講學。蔡清說：「四方來學者，此時尤眾，里舍至不能容。今閩中易學獨盛於東南，視他經倍蓰焉，蓋先生倡明之功居多也。」[41] 蔡清也是林玭的學生，但青出於藍而勝於藍。蔡清的代表作是《易經蒙引》。在這部著作中，他窮搜博覽，匯綜了古人的主要成果，並對其矛盾處、精微處進行了令人信服的辨析──糾正古人的許多錯誤，其中不同於朱熹的觀點也很多。後人正是因為這一點對其給予好評：「朱子不全從程傳，而能發明程傳者，莫若朱子；清不全從本義，而能發明本義者，莫若清。醇儒心得之學，學所由，與爭門戶者異歟！」[42] 他的《四書蒙引》也能在朱熹之書的基礎上，推進一步。如果比較《四書》、《四書集注》、《四書蒙引》這三部書，會發現在孔子時代《四書》中的幾句話，朱熹常用幾十個字去解釋，而蔡清則用幾百

40　蔡清，《虛齋集》卷一，〈詩・見武夷二首〉，第 1 頁。
41　蔡清，《虛齋集》卷五，〈雲室先生林公墓誌銘〉，第 35 頁。
42　紀昀等，《四庫全書總目》卷五，〈經部五・易經蒙引〉，第 2 ─ 3 頁。

個字、幾千個字去闡明其中的意思。蔡清的哲學思想也很傑出。他針對歷史上理氣先後之爭的傳統命題，提出了理氣的產生不分先後的論點。用現代哲學的語言表述，即物質與精神是相互依賴的，精神依託於物質，物質的存在必有一定的規律性。這一觀點令人深省。在求學方面，明代前期的儒者首先強調「靜」，蔡清「初時主於靜，後主於虛。謂天下之理，以虛而入，亦以虛而應，以格物不外讀書，讀書當以『虛心、涵泳、切己、體察』八字為要訣，因以『虛』名其齋。」[43] 可以說，蔡清的研究大大推進了程朱理學。康熙皇帝稱讚蔡清是明儒中最為純粹的理學家，這主要是指他對程朱理學的傳承。

　　在蔡清的影響下，明清二代學者研究《易經》成風，如晉江的陳琛，同安的林希元都是研究易經的名家。他們與浙江姚江籍學者王陽明最大區別在於：王陽明不太重視經典的研讀，更關心人的悟性，所以他的學問被稱為心學。但蔡清、陳琛和林希元等人學問的根本還是經典的闡釋。他們從經學出發，言出有據，他們所著《蒙引》、《淺說》、《存疑》三書，被當作經學的主要參考書。儘管王氏心學在國內產生巨大影響，但明代科舉考試，都是依據《四書五經》出題，仍然要用蔡清、陳琛、林希元等人的著作為主要參考書。心學的流弊在於：一批後進的儒生放棄對經典的鑽研，完全憑自己的理解自行闡釋儒家理論，多為沒有根據的空論。清代學者批評明人「空疏」，主要指王陽明後學的流弊。但閩中仍然有許多學者尊崇朱子學。清代學者李清馥說：「姚江王氏之學盛行，學者多趨簡便宗而和之。惟閩籍弟子之錄者甚少。隆萬以降，風氣漸染，其所趨異矣。然其碩德雅望在吾郡，如蘇紫溪、黃文簡、李文節、王恭質、何鏡山、李衷一諸公亦尚先民，是著言立說，猶述舊規，可知一代風氣自虛齋先生師弟講明倡起，流風數十世未艾，仁賢之遺教遠矣哉！《明史》載閩中一代學術多宗虛齋之學，其來固有漸矣。」[44]

第三節　八閩方志的編纂

　　明代的方志編纂方法逐步完善，各縣志、府志的條目雖然略有變化，

43　李清馥，《閩中理學淵源考》卷五九，〈蔡清〉，第 3 — 4 頁。
44　李清馥，《閩中理學淵源考》卷六九，第 2 頁。

但大體範疇不變，分為地理、官政、人物三大部分。方志對地方文化的記載越來越豐富，自身的規模也加大了。宋代福建的方志除了《三山志》外，大多只有 10 萬字上下，而明代的府縣志，都有 20 萬字以上。明代的官員將方志作為吏治的基本參考書，對方志的編纂肯下大力。各地的文士也很重視方志的編纂，記載鄉土人物、風俗土產、吏治弊病，都成為方志的一大功能。所以，當地文士往往積極參加方志的編纂，並形成風氣。迄至晚明，福建各地文化發展，方志也越修越好，許多府志都有上百萬字，為歷史保存了重要的記錄。

一、周瑛的方志編纂

　　編纂方志，最重要的是博學，瞭解當時各學科的前沿知識。周瑛在世之時，以「博學善書，才冠一時」[45]，是編纂方志的最佳人選。他在方志方面的著作有《興化府志》、《漳州府志》、《廣德志》等。在他那個時代，許多地方都在編志書，但人們不太重視，所以，多數方志篇幅較小，少則數萬字，多則十幾萬字。然而，周瑛編的方志卻以篇幅宏大驚人。他與漳州知府陳洪謨合作的正德《漳州府志》長達 55 萬字，而其人與黃仲昭在弘治年間合編的《興化府志》，更是長達 106 萬言，在當時是極為少見的宏篇巨著。

　　周瑛編寫的方志以供地方官參考為其主要目的。他編的《興化府志》、《漳州府志》自創體例，以朝廷的六部為綱紀，分為吏紀、戶紀、禮紀、兵紀、刑紀、工紀六大系統，每個紀都有一至數卷，弘治《興化府志》共五十四卷，正德《漳州府志》三十四卷。分目詳細，便可討論地方的許多問題。凡是涉及地方政務和知識，他都儘量做到詳盡，例如，對明代知府這一職務，他在方志中寫明管轄範圍，本官的品級，不同季節、不同場所所穿官服的顏色，這些看似無用的細節，實際上深入反映了當時的制度特點，對後人理解當時的制度具有參考價值。周瑛對國計民生，尤為重視。明代的興化府，地狹人多，周瑛教人怎樣利用地角宅旁的零星地塊種植荔枝、龍眼、柑橘、松樹、桑樹，甚至細到哪裡可種青草、紫草，收穫的松毛可以賣給燒窯戶做燃料等。他教導民眾：「吾莆地狹，然種植亦各有所

45　黃廷桂等，雍正《四川通志》卷六，〈名宦〉，文淵閣四庫全書本，第 26 頁。

宜……此以上者皆以年計，其他可以類推，顧人力勤惰何如耳。」[46] 他對地方所存在的問題從不掩飾。在談到漳州衛所時，他多次強調：當時的衛所只有空架子，起不到防海的作用，提醒後來的地方官要整頓改革。

二、黃仲昭與《八閩通誌》

　　黃仲昭有史才，這從其整理《通鑑綱目》一書已經體現出來。他退居林下，關注地方文獻，對福建沒有一部好的省志感到十分遺憾。他有心做一部省志，但因這類書需要參考公家方面的文獻，仲昭在野，難以作為。成化二十一年，廣州籍的太監陳道被派到福建主事。此人「雅好文事」。於是，在省裡做官的人便與其人談到福建志書的缺漏，都有惋惜之意。陳道倒想做一些事，便問由誰來做省志為好？眾人皆推黃仲昭。陳道便派人禮聘黃仲昭擔任省志總纂。黃仲昭久有修志之意，欣然就任。福建自宋代福建路設八州軍以來，一直到明代前期沒有大變化，「八閩」之稱漸流行於天下，成為福建的代稱。因此，黃仲昭編福建省志，便取名為《八閩通誌》。此書撰成後，由陳道拿出自己的薪俸印刷，黃仲昭只負責寫作，無須管出版之事，所以，黃仲昭也感到十分滿意。此書出版時署名是陳道修、黃仲昭纂。應當說，陳道雖是宦官，但他對此書的出版是有貢獻的。因《八閩通誌》創例在先，此後出版的福建方志，多有修撰之分。提供經費、組織人員、負責出版的地方官署名為「修」，而具體做事並負責編纂的學者，署名為「纂」，修與纂的合作，出版了多部福建方志。

　　據黃仲昭在序言所言，該書的地理、食貨等部分主要參考福建八府的志書，只有少數重要的進行了專門論述。對於人物部分，他特別慎重，不少郡志的人物志缺少，或是不分篇章，全歸為一類。他要將人物傳記分類歸納，所花工夫不少。對人物的評價，舊志有些傳記與公論不符合，他也請名士宋端儀進行了慎重的修改。作為明朝官員，作者重視各地的財政，對官府在煉鐵業、銀礦開採方面的收入也有記載，體現了自己的特色。總的來說，這是一部編得較好的書。首先，它是福建省第一部省志。宋元以來，福建各地郡縣志修了不少，品質參差不齊。很需要有一部完整的福建通志，以便人們瞭解全省的情況。其次，黃仲昭編纂此書十分用心，品質

46　周瑛等，弘治《興化府志》卷十二，〈戶紀・貨殖志〉，第13頁。

較好。再次，全書篇幅較大，共八十七卷、約計 148 萬字。有這樣大的篇幅才能容納福建豐富的歷史。復次，黃仲昭十分重視人物志。他的《八閩通誌》人物志所占比例約有四成。這是一個十分聰明的決定。方志在地理之外加上人物志，整體風貌更為活鮮。《八閩通誌》之後的《閩書》、《閩大記》都繼承了這一傳統。後人對《八閩通誌》最稱道的是它的體例。明以前的方志詳略不一，方志該寫什麼內容，大家認識也不統一。早期的方志是純粹的「地志」，人物志收不收，也有爭議。因此，明以前的方志，包括明代前期的方志各有體系，或者說沒有一個大家認可的好體例。多數方志自由發揮的成分過多，有些類別寫到了，有些類別遺漏；有些該詳細寫的，寫得十分簡略，有些該刪繁就簡的部分，仍然十分冗長。總之，當時的方志還處在一個較為混沌的階段。這一時期，尤其需要能者清理出一個較好的體例。黃仲昭對方志體例十分用心。他將《八閩通誌》分成十八個大目，四十二個小目，小目下分一至二卷。讀者提綱挈領，可以很快找到他所要的東西。體系清楚之後，其更大的優點是：順著編者的體例，作者和讀者都可較為清晰地掌握全面情況。其十八個大目是：地理、食貨、封爵、秩官、公署、學校、選舉、壇壝、祠廟、恤政、人物、宮室、寺觀、丘墓、古跡、祥異、詞翰、拾遺，從今人的眼光來看，該書起於地理，以制度經濟史為主題，然後是涉及政治史的相關內容，再後是教育史、信仰史、社會史、建築史，以及地方文史的內容，可說是較完整地展現了福建省多方面的內容。該書一出，得到多方面的認可，《四庫全書總目》在評價《福建通志》時評論：「福建自宋梁克家《三山志》以後，記輿地者不下數十家，惟明黃仲昭《八閩通誌》頗稱善本。」《四庫全書總目》的作者都是眼高於天的，但他們也稱讚《八閩通誌》：「其書於輿記之中較為詳整。」歷來方志的體例不斷發展，一步做到完善不太可能，但有一部體例較為完善的著作，後人在此基礎上前進，起點就高了。《八閩通誌》就是這樣一部著作。

第四節　八閩的文學和藝術

　　在經歷了蒙元的統治之後，明代的儒者一心想重現中華文化鼎盛時代的光輝，表現在文學領域，復古成為貫穿明朝始終的主題，福建的詩人、

文學家是明代復古運動的策動者之一，他們力圖重建唐代文學的盛世，在風格上也以學習盛唐為主。

一、詩宗盛唐與閩中詩派

　　明初福建的詩壇。自從元末邵武的嚴羽提出「詩宗盛唐」的口號之後，福建詩人是其口號最早的實踐者。元代閩籍詩人楊載、黃鎮成、張以寧，都是以學習唐詩風格而聞名於國內詩壇的。明初，一個偉大的新朝代的開創，使明代的詩人為其激動，新的朝代以儒學為其治國的指導，這一切似乎都意味著儒者千百年來復古的理想，已有其實現的可能性。因此，當明代的皇帝在儒者的策動下恢復唐宋衣冠制度，為其激動的詩人也在尋找唐宋詩人的靈感，於是，在元代一度被冷淡的唐宋文化，再度被明代文人奉為圭臬，嚴羽的《滄浪詩話》在明代得到了真正的尊敬，明代的詩人都沉溺在唐宋文化的光輝中，希望從中得到復興中華文化的啟示，促進一個新的文化高潮湧起，為之謳歌而推波助瀾。但是，還在明代的多數詩人尚在摸索唐詩宋詞規律的時候，閩中由於嚴羽以來的一貫影響，她的詩人已能熟練地使用唐詩技巧了。明代福建詩人有由元入明的張以寧及藍仁、藍智兄弟，張以寧以元明兩代翰林學士的地位，在明初文人中頗有影響，但他入明後不久即逝去，而二藍兄弟於元明之際隱匿於武夷山，雖然他們的詩寫得很好，是其時代最傑出的詩人之一，但知道他們的人不多，所以，二藍的影響有限。

　　明代文學領域盛行復古運動，肇始者為閩中十才子。閩中十才子生活在洪武、永樂年間，為首者是福清人林鴻，字子羽，官至膳部員外郎，有《鳴盛集》傳世；此外，長樂人陳亮，字景明，為元儒生，明代累徵不出，著《儲玉齋集》；長樂高棅，字廷禮，又字彥恢，著《嘯亭集》、《天水集》，他編的《唐詩品彙》一百卷，被有明一代詩人奉為學詩的範本；閩縣王恭，字安中，永樂時被徵至京，授翰林典籍，有詩集《白雲樵唱》、《風台清嘯》、《草澤狂歌》等傳世；閩縣康泰，字亨仲，進士，官至陝西副使，著《善鳴集》。閩縣鄭定，字孟宣，著《澹齋集》；永福王偁，字孟揚（敭），永樂時入翰林院，為《永樂大典》總裁官之一，著《虛舟集》；閩縣王褒，字中美，協修《永樂大典》，為永樂時翰林修撰，著《養靜集》；閩縣周玄，

字微之，永樂時任禮部員外郎，著《宜秋集》；侯官黃玄，字玄之，為泉州訓導，詩集早佚。以上十人皆福州府人，他們以林鴻為核心，相互酬唱，時常舉行詩會，互相評點詩作，形成了一個有共同文學主張的文學團體，並在國內產生一定影響。

閩中十子宗法唐詩，他們強調：學詩要從熟讀唐詩開始。那麼，唐詩數十萬首，有名的作家上千人，該怎樣學習唐詩？高棅的《唐詩品彙》一書便是為此而作。何喬遠將其序言摘錄如下：

> 有唐三百年，詩體備美矣……興於始，成於中，流於變，侈於終。竊不自揆，偶心前哲，摭採群英，載觀諸家選本，詳略不侔，立意造論，各該一端。……惟近代襄城楊伯謙《唐音集》頗能別體制之終始、審音律之正變。……然而李杜大家不錄，岑、劉古調僅存，張籍、王建、許渾、李商隱律詩載諸正音，高適、王昌齡五言稍見遺音，每一披讀，未嘗不歎息于斯。由是遠覽窮搜審，詳取捨，分體從類，定其品目，別其始終、正變，各立序論，以弁其端。爰自貞觀至天祐，通得六百二十人，凡詩五千七百六十九首，總題目：《唐詩品彙》。

該書「採唐人所作，以體類從依世次，定品目」。初唐為正始，盛唐為正宗、為大家、為名家、為羽翼，中唐為接武，晚唐為正變、為餘響，方外、異人等為傍流。經過他的整理，唐詩的發展線索、主流、傍枝皆一目了然，學習者容易進入其中，掌握唐詩主要技巧。高棅認為：熟讀《唐詩品彙》應達到對唐代各大家風格瞭若指掌的地步。他提出：

> 要當以數十百篇之詩，隱其姓名，知其孰初盛，孰中孰晚，何者為王、楊、盧、駱，何者為沈、宋，何者為陳拾遺，何者為李杜，何者為孟、儲、二王、高、岑、常、劉、韋、柳，何者為李、張、王、元、白、郊、島，辨盡諸家，剖析毫芒，方是作者。[47]

看到這一議論，讓人驚訝高棅對唐詩的熟悉程度。從高棅的言論我們可看出二點：其一，閩中十子學唐詩確實下過苦功夫，他們對唐詩之熟，

47　何喬遠，《閩書》卷七七，〈高廷禮傳〉，第 1324 頁。高棅，《唐詩品彙》序，文淵閣四庫全書本，第 1—4 頁。

無與倫比；其二，學詩工夫實在詩外，閩中十子將作詩建立在研究唐詩的基礎上，未免學究氣過濃。

閩中十子內，論理論，以高棟最強；論詩作，以林鴻最傑出，他的《飲酒》一詩[48]云：

> 儒生好奇古，出口談唐虞。倘生義皇前，所談竟何如？
>
> 古人既已死，古道存遺書。一語不能踐，萬卷徒空虛。
>
> 我願但飲酒，不復知其餘。君看醉鄉人，乃在天地初。

作者諷刺空談唐虞時代的腐儒，有志於實踐三王之道，然而，聯繫自己功名未就，未免有消極之想，只好以醉中性情真似太古人來安慰自己了。該詩跌宕起伏，每一聯都開創一個新的意境，一股豪氣，貫穿始終，確有盛唐風格。與南宋、元代詩壇占主流的靡弱之風相比，林鴻格調高古，開拓了一個新境界。

林鴻於明初出仕，任職禮部精膳司員外郎，其人有書巾氣，與同僚不協，亦不受上司重視，最終辭官歸閩，與志同道合者唱和於山水間。以他為中心，閩中十子結社題詠，相互切磋，形成了共同的觀點。在那一時代，中國的詩人們都嚮往唐宋時代詩歌的繁榮，因此文人中有濃厚的復古風氣。然而，唐詩與宋詩實有風格上的差異。明初除了少數人之外，宋代敘述性的詩歌十分流行，後人總結，宋人擅長敘述。在這一背景下，林鴻、高棟等人強調詩歌要學習唐詩，他們秉承嚴羽的主張，認為盛唐的詩是中國歷史上詩歌的頂峰，鼓吹詩人學詩，應當仿效盛唐風格，以抒發感情為主，提倡用比興手法，重視形象思維，這都為扭轉宋元時期誤入歧途的詩風奠定基礎。其後，李東陽的茶陵派等都繼承了林鴻及其同道的詩歌主張，在明代形成占主導地位的詩派。從此，唐詩高於宋詩也成為不易之論。可見，閩中十子對明代詩體影響頗大。閩中十子除了林鴻外，其他諸人亦有佳作。例如王恭的〈野望〉一詩：

> 極浦遙山外，荒江瘴海頭。
>
> 夕嵐松葉暗，孤嶼鳥聲幽。

48　林鴻，《鳴盛集》卷一，文淵閣四庫全書本，第 15 頁。

塞笛飄寒淚，鄰謳起莫愁。

連天秋草色，舊思日悠悠。[49]

　　作者立於福建海濱，展望原野與大海的蒼茫，感受夕陽下的松林和鳥鳴，忽然聽到邊海城頭傳來的笛聲，不由滿目含淚。這時，鄰座有人唱起莫愁小曲，想讓他放寬心懷。然而，秋原上衰草連天的黃色，讓他回憶舊時的往事，綿綿不斷，盡在心頭。這首詩跌宕起伏，以景敘情，寫出了詩人懷舊的綿綿情詩。這類好詩常見於十位詩人的詩集中。

　　不過，以最高標準要求閩中十子，他們的弱點在於過於注重唐詩形式，正如李東陽《懷麓堂詩話》所說：「林子羽《鳴盛集》專學唐……極力摹擬，不但字面句法，並其題目亦效之，開卷驟視，宛若舊本，然細味之，求其流出肺腑，卓爾有立者，指不能一再屈也。」此評未免過於苛刻，但確實打中要害。在怎樣學習盛唐詩風方面，閩中十子不自覺地使用了科舉八股文的學習方法，死記硬背唐詩，揣摩各個詩人語言的使用與風格的差異，因此，他們的有些詩歌列於唐人詩集中，幾乎不可分辨。閩中詩人以此為能，傲視同仁。但以王國維《人間詞話》的要求去辨析，他們與唐人最大的差距是意境的懸遠。十才子的詩掉書袋十分嚴重，對古人的理解勝於對新領域的開拓，所以，他們個人的成就，或可與中唐詩人相比，作為一個詩派，對明代詩人的影響也很大，但在開拓這一方面，很難舉出什麼令人信服的成就。學古人不能將自己變為古人，而是在古人那裡尋得激發自己的力量，如同歐洲文藝復興時期的復古運動，讓後人讚歎的是他們的創新，而不是再現古人。所以，明代的閩中詩人只能讓人讚歎唐宋的偉大，而沒有尋找到一條超越唐宋的路子。

二、明中葉閩中的詩人

（一）周瑛的詩歌

　　明代學者鄭岳稱讚周瑛：「文章渾厚雅健，詩格調高古」，可見，周瑛的文章和詩歌在當時有一定的名氣。周瑛擅長五言詩，有些篇章情景交融，寫得相當好。如〈姑孰道中〉：

───────────
49　王恭，《白雲樵唱集》卷三，〈野望〉，第 1 頁。

采石孤帆落，青山一騎歸。朔風吹短鬢，疏雨濕征衣。

野火漁歸市，林鐘衲掩扉。可憐江上雁，入夜更南飛。

又如〈與陳貳守酌別〉：

下馬何村廟，霜清木落時。行人千里去，故國一年期。

水色侵衣袖，山光落酒卮。離懷難盡遣，惆悵為題詩。[50]

我認為最好的詩歌是寓情於景，借景抒情，達到王國維所說的意境。這兩首詩就有這種成就。周瑛有些奇句傳之後世，如「老去歸平澹，時人應未知」，讓許多詩評家讚歎再三。[51] 又如他的〈履霜操〉哀而不怨，人們認為勝過韓愈同名的詩篇。[52] 讓人惋惜的是：周瑛的詩文保留下來的不多，今人只窺豹一斑了。

鄭善夫的詩。鄭善夫為福州閩縣人，弘治、正德年間為官多年，死於嘉靖初。鄭善夫年輕時即以詩文出名，與李夢陽等人號稱「十才子」。他們提出「文必秦漢、詩必盛唐」的口號，對明初以來的臺閣體產生極大的衝擊。鄭善夫還被視為有明三百年閩中詩人的代表，王世楨在《藝苑卮言》中稱讚鄭善夫的詩：「如冰棱石骨，質勁不華」，得杜詩之骨；王世懋《藝圃擷餘》：「論閩中詩人，推鄭善夫為冠。」

鄭善夫的詩學習杜甫關心時政的風格，對明代中葉的社會動盪十分憂心。他在送〈楊明府入觀詩〉中說：「煩君告天子，百姓尚顛連。」鄭善夫在朝有直言之名，多次上疏皇帝言事，兩次辭官，一次受廷杖，仕途坎坷，不改其志。他的〈上泰陵詩〉云：「千林松檜鬱相回，永夜風生瀚海哀。萬國昔曾瞻氣象，五雲空復護崔嵬。古來鳳鳥長難至，天上龍髯定不回。苦憶焚香賜第日，報恩真愧濟時才。」善夫在詩中歌頌前朝皇帝求賢若渴，但恨自己無才報國。辭官期間，他悠游於山水之中，一些山水詩達到很高水準。他的〈錢塘映江樓宴坐觀濤詩〉曰：「錢王此開濟，旋入宋山河。潮汐秋來壯，雷霆水上多。尚傳江有怒，翻恨海無波。颯颯攢陵樹，悲風

50　曹學佺編，《石倉歷代詩選》卷四三八，明詩次集七十二，文淵閣四庫全書本，周瑛，第 5 頁。

51　周瑛，《翠渠摘稿》卷七，〈好奇〉，第 34 頁。

52　朱彝尊編，《明詩綜》卷二八，〈周瑛〉，文淵閣四庫全書本，第 28 頁。

日夜過。」此詩詠歎錢王造海塘的歷史，歌頌錢塘大潮的雄偉，胸襟豁達，意境闊遠，是詠唱錢塘潮代表性的佳作。

　　鄭善夫的學生有傅汝舟、高瀨等人，都是當時的名詩人。傅汝舟登福寧府海口的松山，有詩記遊：「松山（又作招山）不放海水過，坐與潮汐爭咽喉。軍門鼓角動地遠，不覺送我松山頭。風沙冥冥海在下，濤浪滾滾天真浮。一目可到九萬里，寸心遙飛十二洲。千峰盡處日腳動，百鳥絕飛雲色愁。帆檣散亂點秋葉，蛟龍出沒如獼猴。天門蕩久恐將裂，碣石漫過能不柔。未知尾閭果安在，只見萬水皆兼收。將軍教我認絕域，日本西戶更琉球。」福寧府霞浦縣的海口有一座松山獨峙海中，山下海灣可停泊海船數百艘，福建水師的五大水寨之一就設在此處。傅汝舟訪問當地，在軍隊的鼓角聲中登上松山，於是寫作了這一首詠歎海洋的名詩。詩人想像奇特，用詞瑰麗，富有浪漫氣質。高瀨的〈岳陽樓〉也受到許多人的讚賞：「巴陵城上岳陽樓，樓外長江日夜流。殘雨數峰衡嶽曉，暮霞孤雁洞庭秋。仙人夜奏沙邊笛，估客春移樹杪舟。十二危欄閑極目，滿汀楊柳不勝愁。」這首詩詠景抒情都很到位，是一首難得的好詩。不過，傅汝舟與高瀨共同的缺點是：詩集中的傑作較少，總體成就比不上鄭善夫。

（二）楊榮與臺閣體

　　明朝建立後，經歷了洪武、建文、永樂朝皇帝的政治動盪時期，到了永樂後期，朝廷政治趨於穩定。其時，在政壇上最活躍的是楊士奇、楊榮、楊溥等人，史稱「三楊」。其中楊士奇和楊榮在洪武時期入仕，經歷三朝變動後，又在明仁宗、明宣宗和明英宗早期執掌大權。二楊在政壇上積累了豐富的人生經驗，執政後改變建國初期急風暴雨的統治方式，化解各派政治勢力的矛盾，以和風細雨的方式逐步改造明代的政壇，從而使明朝的統治得以鞏固。史學家一向認為，二楊是明代最成功的內閣大臣。

　　楊士奇和楊榮最早都是因文章寫得好被選拔於翰林院，經過數十年政壇打磨，積累了豐富的人生經驗。其文章提綱挈領，要而不繁，典雅中兼顧平易，體現出雍容華貴、胸懷寬廣的宰相氣度。他們的詩文出來後，各級官員與文士摹仿學習，蔚為風氣，一直影響明代文壇一百多年。二楊的文字當時有「臺閣體」之稱，以區別在野文士的山林文學。明代前期，福

建科舉人士仕致高官的不少，他們多學習楊士奇與楊榮的詩文，其中較著名的人物有柯潛、彭韶、黃仲昭等。總之，臺閣體在明代文壇上影響約有一百多年。

明中葉的周瑛以文章著名。他的〈贈周僉事入閩提學序〉一文，從論閩江的流速入手，說明教育要籌劃長遠的道理，令人讚賞。

> 閩之山發于天目折而南趨，其勢北高而南俯，矗矗如蟻門、如蜂屯、如龍驤馬馳，自天而下。閩之水隨山而出，與山相糾纏，山益峻，水益駛。每舉舟順流而下也，如雷奔電掣，旁觀左右，不可以瞬然，而漁者終日而不投一竿焉，是何也？水勢暴悍，鱗介之屬徙而去之矣。及乎山勢漸夷，兩崖相去數十里，水匯為巨浸，東合滄溟，舟不得風，或日行半程，或一程。然而黿鼉、蛟龍、魚鱉生焉，貨財殖焉。沿河而收其利者蓋幾千百家矣。又何也？水勢深廣不振，撼撞激而鱗介集之矣。君子觀夫水，而知為政之道乎？閩為東南大州，自唐常袞為觀察時，教民間子弟以文學，而科目相傳至今益盛然。而耰鋤德色，箕箒誶語，使賈生生于今日，又不但為漢廷慟哭而已也。君可不察之乎！瑛聞學校者，鄉邦之式也，身家者，學校之本也。君宜修諸身以教諸家，修諸家以教郡縣，諸學由郡縣諸學以風動吾鄉邦之人，則人皆相觀而為善矣。此其效不可朝夕致，然所獲者大，譬如水勢深廣，鱗介畢集，收其利者，不啻千百家而已也。苟或立己于峻，持威以乘其下，今日考其文字，明日考其字畫，苟不如意，則禽獼而草薙之。此其效可以立辦，然不足為國得人。是猶水勢暴悍，鱗介不游，吾見漁者終不為下竿也。[53]

這篇文章有氣勢，有內涵，通過以物喻人的方式說明道理，深入淺出，娓娓而談，令人信服，展示了他的文章風格。

三、福建的藝術

明初宮廷畫師中多有閩人，周文靖以山水畫聞名，筆力古健、蒼潤；將樂鄭時敏擅長人物與馬；邵武上官伯達的禽鳥畫轟動一時；其中最為出

53　周瑛，《翠渠摘稿》卷一，〈贈周僉事入閩提學序〉，文淵閣四庫全書本，第12—13頁。

名的是沙縣人邊景昭，他於永樂年間被招至明朝宮庭，授武英殿待詔。他的花鳥畫極為精美，傳世作品有〈竹鶴圖〉、〈柏鷹圖〉、〈三茶斑鳩圖〉、〈三友百禽圖〉等。對其成就，各家評論不同。張寧說：「前輩謂觀花木禽鳥與觀山水不同，山水妙處幽深隱見，其變無窮，非精深不能識，雖閻立本不能無疑於張僧繇之圖畫，況他人耶！花木禽鳥，人皆目激，舒展之間，高下立見。此圖落歎云隴西邊景昭。景昭在宣德中為寫生第一手。余嘗論其形似可人，而神氣不活，斯圖不知果其得意時否？王君其亦寶之毋失。」[54] 作者認為邊景昭是宣德之時的寫生第一手，但其所畫禽鳥時有呆板之譏。然而，他的有些畫作非常好。《福建通志》說：「其於花之嬌笑，葉之正反，鳥之飛鳴，色之蘊藉，不但鉤勒有筆，其用墨無不合宜，宋元以後殆第一人矣。」明代詩人吟詠他的〈五雞圖〉：「景昭翎毛稱最奇，江南人家藏者稀。今晨忽披田舍景，不覺春風白屋低。雄雞啄啄呼食義，伏雌依依哺雛慈。雛或戀母或趨食，三三兩兩紛堦墀。牡丹掩映石之左，日移花陰淑景遲。眼中分明畜產蓄，當時不知寫為誰。至今相傳作玩好，愛者不惜千金資。嗚呼朱門厭酒肉，那識民間五母雞。」[55] 黃仲昭有詩吟之：「琅玕挺碧梅舒白，歲暮相依傲殘雪。一雙靈鵲何處來，枝頭似報春消息。良工畫筆妙入神，寫生一一皆逼真。半幅霜紈纔尺許，無限風光照眼新。問君茲圖何自得，先公育材有遺澤。靈襟元不受纖塵，諸生獻此旌衷臆。嗚呼！茲圖百世宜珍藏，大訓天球端可方。」[56] 從詩人一句「無限風光照眼新」就可知道邊景昭繪畫的不凡水準。

　　大約是後人畫禽鳥少有超過邊景昭水準的，所以，後世對其評價越來越高，康熙皇帝有詩詠之：「青綠繽紛巧畫工，鳴禽對對繞芳叢。黃鶯能語吟高樹，白燕低飛喜惠風。騷人紙上貪春畫，客旅村中知氣融。無意篷牕真偽辨，枝頭猶帶豔林紅。」[57] 乾隆皇帝也有詩詠及邊景昭的畫：「飲啄蒼松下，依栖蒼松上。烟霞為伴侶，天宇誠寥曠。婆羅門叫音，臨風一呀吭。

54　張寧，《方洲集》卷二十，〈邊景昭翎毛跋〉，文淵閣四庫全書本，第1頁。

55　杭淮，《雙溪集》卷六，〈邊景昭畫雞〉，文淵閣四庫全書本，第27頁。

56　黃仲昭，《未軒文集》卷九，〈題吳繼學先生家藏邊景昭花鳥圖五首〉，文淵閣四庫全書本，第33頁。

57　康熙皇帝，《清聖祖仁皇帝御製文》第三集，卷四十八，〈題邊景昭鳴禽圖〉，第4頁。

衛軒非所慕，華表應鄰妄。只悔離丹臺，俯仰由人狀。」[58] 這些由後人寫的詩，反映邊景昭所繪雖然是普通的鳥類和家禽，但他的品味一直得到許多人的欣賞。

　　李在，莆田人。他是宣德時期的宮庭畫家，不論山水人物，都十分出色。傳世名作有〈臨清流而賦詩圖〉、〈溪山雲閣圖〉、〈琴高乘鯉圖〉等。〈琴高乘鯉圖〉以琴高乘鯉的傳統為主題，描繪了一幅江邊送行遠客的圖畫。與傳統靜止的畫面不同，作者的畫中，大風捲起河中的波瀾，江中琴高乘坐巨鯉向遠方駛去；送行人在風中拱手送行，被風掀起的頭髮與飄帶，整個畫面充滿動感，在古畫中相當難見。

　　篆刻在閩中的歷史悠久。福州烏山有唐代篆書大師李陽冰的題刻，「文革」中被毀，文革後重新雕刻，位置不如以前好。福建長樂人陳登是明代公認的篆書大家，明宣宗時見召，供職翰林，以書法聞名。周瑛的《翠渠摘稿》中有一篇〈跋陳登千文帖〉：「今觀其書，不縱奇以入怪，不詘意以諧俗，遒美圍勁，古意渾然。」當時許多書法家以繼承陳登為榮。「程南雲，字清軒，號遠齋，江西南城人。永樂中累官太常少卿，篆法得陳思孝之傳，隸、真、草，俱有古則，又善大字。」[59]《明宣宗實錄》記載：

> 登字思孝，長樂人。始以才薦授羅田縣丞，再調蘭溪、浮梁二縣，皆有治績。永樂初詔求四方能書者，登以工篆隸舉入翰林。登博究深考，自三代秦漢以降，鍾鼎、金石、山劖、塚刻，靡不默識。當時無出其右者，擢中書舍人。凡國家有大制作，篆籀之文，皆出其手。登負直氣，於所交游，能面舉其過，不肯婟嫗依隨。庶幾剛正之士云。[60]

　　陳登進入翰林後，認識了在政治上很有影響的大學士楊士奇。楊士奇雖然貴為永樂皇帝的主要參謀人士，卻對同僚很好。他很欣賞陳登的書法及人品。陳登去世之時，他為之撰寫〈陳思孝墓誌銘〉。其內容為：

> 永樂甲申，詔吏部簡士之能書者儲翰林，給廩祿，使進其能，將用

58　乾隆皇帝，《御製詩初集》卷三，〈邊景昭胎仙圖〉，第 14 頁。
59　朱謀垔，《續書史會要》，文淵閣四庫全書本，第 23 頁。
60　張輔監修，《明宣宗實錄》卷四五，宣德三年七月乙丑。

之清密之地。長樂陳登思孝以篆籀最先至。時吳中滕用亨待詔翰林，工篆籀，自視天下無愈己者。且恃春秋高，輕後進，往往折屈之稠人廣坐中。思孝初至，謹黙謙下，用亨連三日折之。文淵閣六卿大臣皆在旁，視不可耐，思孝怡然從容進曰，登幸辱在此，親教益愚陋，願有所質。就用亨語之戾許叔重者十數事相辨難。思孝道許氏說娓娓，皆用亨素所忽者。用亨乃始黙黙，斂鋒鍔不復自矜大。思孝聲譽遂起。時四明王尹實篆書擅名海內，至考據精博亦推讓思孝云。思孝於六書本原，精考詳究，志篤而力勤。周秦以來二千年間，其石刻有在而委棄山巔、水厓，荒蕪瓦礫之墟者，皆深求而必得之。雖殘缺剝落，歲月氏名無可考，然審度其出某代、某人，十率中七八。其收畜之富，蓋歐陽文忠、趙明誠之後所僅見也。思孝初舉才學為湖廣羅田縣丞，數月改浙江蘭溪丞，月餘又改江西浮梁丞。所至視民如子，務寬恤之而明決以革奸弊。在浮梁時，房安為江西按察使，以嚴憚屬吏，獨禮遇思孝。歲餘丁內艱去，服闋。遂選入翰林，仍給縣丞祿。歷十年擢中書舍人。朝廷大題扁，率出其手。而四方求者無虛日。未嘗有厭倦意。又十年給告歸，歸而疾作。又四年還京，還兩月疾復作，遂卒。宣德戊申七月十五日也。享年六十有七。其為人博學謹禮，耿介負直氣，是是非非，率依義不肯陰阿假借。雖屢以是召怨不悔，雖貧薄而勇於為義，曰人道當然也。[61]

這篇傳記，不但肯定了陳登的書法，還對其人格給予較高的肯定，這是很難得的。

第五節　八閩的科舉和學校

明代福建仍然是文化大省，它的科舉、書院都相當發達。這是福建文化繼續發展的內在環境。

一、學校

明清以儒學治國，對傳統的府州縣學十分重視，明朝統治鞏固之後，

61　楊士奇，《東里文集》卷十九，第4—5頁。

福建各地的府州縣學陸續恢復，大致而言，每一個府有一個府學，一個縣有一個縣學，全省的府學與縣學構成了一個較完整的體系。明代的府縣學校得到官府的大力支持，各府縣學都有大量的學田。來自學田的收入保證了學校的基本經費。府縣還為各學校聘請了一批老師。例如，建安縣的蘇庠，字伯厚。「自幼以聰敏聞，比長，博通經史，尤精毛詩，為文章援筆立就。聲譽日起。庠益自沉晦。篤意事親講學，絕跡不至城府。國初以經明行修薦至京師，以親老辭歸。闢館授徒，誘掖學者，多所造就。洪武乙丑，郡辟為本學教授。……居學校十餘年，啟迪作興之功尤多。內外艱闋，來朝，授晉府伴讀。與修太祖高皇帝實錄。」[62] 楊壽夫也是一個好老師。他是建安人。「洪武辛巳郡守芮麟薦授縣學訓導。秩滿，諸生請留，遂陞本學教諭。歷二十餘年，多所造就。凡考典鄉試者五，會試者二。宣德中，少師楊士奇輩交章薦之。」[63] 各地都有一批好老師。「張瑨，字德潤，番禺人。天順進士。成化十年知漳州……又留意學校，漳人士多業周易，為延莆名宿，益授尚書，多所成就。」[64] 明代選老師很注意個人品德，明正德元年九月乙酉，「授莆田處士劉閔以儒學訓導。閔天性孝友，慎言動，守正不渝。早喪父，貧不能葬，旅殯於里人之園，三年不處內，不御酒肉，祭奠皆極誠，敬事母甚孝，時物未奉母，不敢嘗。晨昏定省，出告及入面，皆如禮。母疾，衣不解帶，撫摩通夕，鄉人皆敬慕之。提學僉事周孟中嘗捐金以助其養，副使羅璟令有司立社學構養親堂，延閔為師。知府王弼復置學田，歲取租五十石以資其費。母卒，毀瘠廬墓，弼將以前田賻之，不受。歲凶，弟婦欲求分異，閔閉戶自撾，感悟復合，其篤行如此。巡按御史宗彝、饒榶授詔，例欲以經明行修薦，閔懇辭。知府陳效請遂閔志，以學職榮之，乃有是命。」[65] 如其所云，劉閔是官府樹立的一個典型人物。

在官府的支持下，明代的學校不斷擴建。例如，閩縣縣學在明英宗正統十二年（1444 年）由御史陳永「廣其規制」，繼而御史丁澄又「拓地

62 過庭訓，《明分省人物考》卷七二，〈福建建寧府〉，第 2 頁。周駿富輯，《明代傳記叢刊》第 136 冊。明文書局影印本，第 638 頁。

63 過庭訓，《明分省人物考》卷七二，〈福建建寧府〉，第 4 頁。周駿富輯，《明代傳記叢刊》第 136 冊。明文書局影印本，第 642 頁。

64 郝玉麟等，雍正《福建通志》卷三十，〈名宦・漳州府〉，第 45 頁。

65 徐光祚監修，《明武宗實錄》卷一七，正德元年九月乙酉。

三倍於舊」，天順間，御史顧儼又購民地以廣學前之路。明憲宗成化九年
（1473年），伊御史開拓其後面部分，而知府鄭時又為縣學購取法海寺附
近的地。於是，官府乘機擴建大成殿與明倫堂，各種建築，整修一新。其
餘各地州縣學，無不如此。這類學校，由官府的訓導官管理，另聘請一些
老師。府學老師名為教授，州學老師名為學正，縣學老師名為教諭，學生
稱為生員，生員來自通過童試的平民和官僚子弟。生員所學內容以《四書》
為主，他們的出路是考秀才、舉人、進士，成為官吏的後備隊伍。所以說，
明代府州縣學的功利性很強。

二、書院

　　明代以儒學治國，對傳統的府州縣學十分重視。明朝統治鞏固之後，
福建各地的府州縣學陸續恢復，而且不斷擴建。為了保證學校的經費，地
方官千方百計為學校設置書田。所以，明清福建各地州縣學是辦得較好的。
明清的學校由官府的訓導官管理，另聘請一些老師。府學老師名為教授，
州學老師名為學正，縣學老師名為教諭，學生稱為生員，生員來自通過童
試的平民和官僚子弟。生員所學內容以《四書》為主，他們的出路是考秀
才、舉人、進士，成為官吏的後備隊伍。因此，明代府州縣學的功利性很強。

　　書院是民間自籌經費的學校。經過蒙元統治之後，明初福建的士大夫，
都將復興書院當作頭等大事，所以，許多在戰爭中毀棄的書院陸續修復。
例如：建陽縣的考亭書院、同文書院、雲莊書院、廬峰書院等等。不過，
明代前期重視府州縣學，師資配備較強，普通書院遠遠比不上州縣學，所
以，也有不少書院關門倒閉。例如，古田縣的嵩高書院、藍田書院、螺峰
書院、魁龍書院、東華精舍、興賢齋、西齋等七座書院於元代毀棄後，便
再未修復過。但是，以福州、泉州、興化府為代表的沿海三府，儒學發達，
在明代前期，就達到很高的水準。「福為八閩首郡，地大而民富。逢掖縉
紳之儒相望出，絃誦之聲不輟于野，固產英傑之大林也。」[66]

　　明代福建一個很大的特點是：衛所的武功不怎麼樣，但漳州的鎮海衛、
泉州的永寧衛都是文化發達區。「陳用之，成化中永寧衛知事。永寧海上

地,絃誦聲稀。用之訪諸貴胄及戎籍子弟之秀者,勸使就學。時詣門諭之曰:
古人雖在軍旅,不廢詩書、道藝。人間惟此一種味最不可少,且為敦請興
化耆宿陳愈為諸生師。既三年,得可造者三十人。白當道,乞如民間俊秀
例,充附泉州府學,以均教育,以勸來者。自是永寧文風日進,學者德之,
立祠祀焉。」[67]至於漳州的鎮海衛,在明代前期就以陳真晟、周瑛等人聞名。
嘉靖二年六月庚子,「詔設福建鎮海衛儒學。」[68]

　　明中葉以後,講學之風重新興起。王陽明學派十分活躍,與他對立的
晉江蔡清等人,也堅持朱子學,不改初衷,各派都宣傳自己的主張,這便
刺激了書院重興。例如,明代中葉,福州新出現的書院有:登雲書院、竹
田書院、泉山書院、養心書院、崇正書院、道山書院;重建的書院有共學
書院、三山書院,全省書院文化一時大盛。不過,明代後期,統治者開始
注意箝制輿論,多次下令廢除天下的書院,所以,明中葉建的許多書院,
後來也都陸續廢棄。

　　為了管理生員秀才等人,明代的府縣地方機構中,都設有訓導官與儒
學教授。雖說這二個職務在元代就出現了,但元代的儒學訓導官並不受重
視,也沒有權利。明代的訓導官負責管理本府、本縣的生員與舉人,他們
有權剝奪生員的職格,對以讀書做官為前途的生員來說,這是一個很嚴重
的懲罰。當然,通常這一懲罰是不會輕易執行的。在更多的場合,訓導與
教授是通過自身的言傳身教使生員們傾心於儒學,從而在潛移默化中接受
朝廷的統治。以這批進士、舉人、生員與秀才為基石,朝廷對福建的統治
達到鞏固。

　　書院的生命在於自由講學,研究學問,明初思想界沉寂,書院師生很
少有認真做學問的,也沒有什麼創見。普通書院也成了士人考科舉的準備
場所,它的職能類似於府州縣學,或者說實際上是府州縣學的延伸。在官
學辦得好的前提下,書院存在與否是無關重要的,因此,明代前期,不少
傳統書院被改為縣學。「建寧故有屏山書院,國初改建安縣學,祀子翬于
學宮之旁。天順間改書院于府治南,祀子翬於中。」[69]明代前期福建書院不

67　郝玉麟等,雍正《福建通志》卷三十,〈名宦・泉州府〉,第 28 頁。
68　張溶監修,《明世宗實錄》卷二八,嘉靖二年六月庚子。
69　張懋監修,《明孝宗實錄》卷二一二,弘治十七年五月壬辰。

振。

三、福建的科舉

　　明代恢復科舉後，福建通過科舉進入仕途的儒生較多。在明代初期，每科考試都有不少閩籍士子中舉，其中不少人成為狀元與名臣。以汀州來說，該州「自永樂至隆慶百餘年，郁郁彬彬矣」。當地形成了一種重視儒業的風氣，「郡中人士率為有本之學，五經四子，性理史鑑諸編，皆背吟成誦，有士寒不能致書，其父千里肩負以歸教其子，卒為名臣者。有妻子賃舂，并日而食一飯，不輕過人郡邑，長吏聞其名，求識面而不可得，而亦卒為大官。」[70] 又如莆田縣，「自洪武庚戌迄今嘉靖戊子凡五十二舉矣，士由鄉薦者千一百一十一人，其登甲科者三百二十四人，狀元及第二人，探花四人，會元一人，會魁七人，解元二十五人，經魁四十人，視宋之盛，殆又過之。」[71] 在明代，莆田是出產進士最多的縣之一，明代中葉黃仲昭說：「合八郡解額，吾莆恒得三之一，比年以來，位六卿、列禁從、長藩臬者，接踵而起。人才之盛，蓋幾於宋矣。」[72] 不過，莆田的人才主要出在明代前期，自經倭寇之亂，莆田人才大減。明代中後期，泉州的晉江，福州的閩縣、侯官，都是人才輩出的地區，總體上不亞於莆田。

　　明初名額分配制度的制定。宋代科舉制的原則唯才是舉，元代開始分配名額。明初科舉考試沿襲宋代的制度，但到了明宣宗時期實行分配名額的制度。明朝的進士來自於各地的舉人，進京的舉人考中率為三取一，所以，舉人的名額往往決定了各地進士的數量。明朝在名額分配方面，根據各省的人口與歷史上的科舉情況，科舉大省會得到多一些。以明宣宗時期名額分配為例，其分配比例是：南京國子監及南直隸共八十人，北京國子監及北直隸共五十人，江西布政司五十人，浙江、福建布政使各四十五人，湖廣、廣東各四十人，河南、四川各三十五人，陝西、山西、山東各三十人，廣西二十人，雲南、交趾各十人。在以上諸省中，南直隸相當於現在的江蘇、安徽二省，所以，人數最多的實際上是江西省與北直隸，而福建

70　楊瀾，《臨汀彙考》卷三，〈風俗考〉，清光緒四年刻本，第 22 頁。
71　鄭岳，《山齋文集》卷九，〈國朝莆陽科第錄序〉，文淵閣四庫全書本，第 6 — 7 頁。
72　黃仲昭，《未軒文集》卷三，〈興化府鄉貢進士題名記〉，文淵閣四庫全書本，第 20 頁。

與浙江排第二位，在山東等諸大省之前。福建之所以能夠達到這一水準，
是因為福建省是南宋閩學派發源之地，明初距南宋不過一百多年，閩學派
在海內的影響如日中天，官員們不能考慮到這個因素。其次，明初福建科
舉人才濟濟，常有奪狀元之舉，福建省得到較多名額，其實也是眾望所歸。
再次，明初經戰亂之後，許多省的人口銳減，而福建的人口卻達 384 萬以
上，是國內人口較多的省分之一，因此，福建省所分攤的名額較多，每年
都有 45 名，後來還有增加。史志記載：「明洪武三年五月，詔各行省鄉試，
福建解額四十人。洪熙元年，增為四十五人。正統六年增為六十人。景泰
四年增三十人，為九十人。」[73] 他們參加進士考試，每每取得好成績。梁章
鉅說：「通前明一代，吾閩登鼎甲三十三人，而同科並得，尤為美談。洪
武辛未科，榜眼為寧化張顯宗，探花為邵武吳言信，永樂丙戌科，狀元為
莆田林環，榜眼為長樂陳全，壬辰科，狀元為長樂馬鐸，榜眼為閩縣林誌，
乙未科，榜眼為南靖李貞，探花為閩縣陳景著。萬曆壬辰科，狀元為侯官
翁正春，榜眼為晉江史繼偕。至宣德庚戌科，則狀元為長泰林震，榜眼為
建安龔錡，探花為莆田林文，一榜三及第悉萃吾閩，洵為海濱盛事矣。」[74]
總之，福建科舉業在明代還是相當興盛的，全省共有 1700 多名進士，其中
11 名狀元，11 名榜眼，10 名探花。

明代福建人才。明朝的統治階層主要來自科舉考試，明朝的統治階層
中閩人占一定比例。有人通過《明史》入傳人物的本貫研究，統計如下：
明史中有明確籍貫的有 3254 人，其中福建為 158 人，在浙江 436 人、江蘇
416 人、江西 385 人、安徽 255 人、陝西 159 人之後，列第六位 [75]。但是，
這一數字並不能反應閩人真正的影響。因為，上述前六省中，其中陝西是
出武將的地區，其文職官員不如福建多；其次要考慮的因素是福建人才的
絕對數量雖不及前五位各省，但福建的人口也遠遜於以上諸省，若按人口
平均，福建出人才的比例將大大上升。且以洪武年間的人口為基數計算，
以明代各省的人才除以洪武年間的人口數，這樣，福建人才與每萬人口的

73　魯鼎梅等，乾隆《德化縣志》卷一二，〈科目志〉，德化方志委 1987 年，第 314 頁。
74　梁章鉅，《歸田瑣記》卷四，〈同榜三及第〉，北京，中華書局 1981 年，第
　　78 — 79 頁。
75　陳國生，〈《明史》入傳人物本貫的地理分布及形成原因芻論〉，西安《中國歷史
　　理論叢》1995 年第 2 期，第 121 頁。

比例是 40％，而浙江為 41.6％，江西為 42.6％，可見，明代福建出人才的
比例並略遜於浙江、江西兩省。不過，由於語言的障礙，明代的閩人進入
中樞較少。明代前期有名相楊榮，楊榮之後很長一段時間內沒有閩人涉足
中樞。明代後期的萬曆皇帝不愛面見大臣，他與眾臣交往的方式主要通過
奏疏和詔諭，從這時候開始，有一些福建籍大臣進入了中樞機構。清代的
梁章鉅總結道：「吾閩在前明登政府者凡十七人，而泉州即有十人，建安
楊榮，沙縣陳山，福清葉向高，莆田周如磐、朱繼祚、黃鳴俊；漳浦黃道周，
其餘李廷機、史繼偕、張瑞圖、楊景辰、黃景昉、蔣德璟、林汝楫、陳洪謐、
劉麟長，皆晉江人，林釬，同安人，皆泉屬也」。「若前代福州官至尚書者，
多至二十一人，而閩縣林文安公家，則有三代五尚書之盛。」[76] 但總的來說，
閩人進入中樞不如宋代多，也不如江南地區多。明代江西省有 70 多個宰相，
這是福建無法比擬的。

　　科舉名額反映了福建各地文化重心的轉移。明代洪武、建文、永樂三
朝 56 年中，福州府中進士共有 171 人，建寧府 58 人，興化府 55 人，泉州
府 46 人，漳州府 20 人，汀州府 19 人，邵武府 15 人，延平府 10 人。可見，
當時福建進士以東北部的福州府、建寧府與興化府為多。這是宋元狀況的
延續。其中最為著名的是明代的莆田縣。明代嘉靖年間鄭岳說：「自洪武
庚戌迄今嘉靖戊子凡五十二舉矣，士由鄉薦者千一百一十一人，其登甲科
者三百二十四人，狀元及第二人，探花四人，會元一人，會魁七人，解元
二十五人，經魁四十人，視宋之盛，殆又過之。」[77] 明代中葉黃仲昭說：「合
八郡解額，吾莆恒得三之一，比年以來，位六卿、列禁從、長藩臬者，接
踵而起。人才之盛，蓋幾於宋矣。」[78] 不過，莆田的人才主要出在明代前期，
自倭寇之亂，莆田人才大減。明代中後期，泉州的晉江，福州的閩縣、侯
官，都是人才輩出的地區，《泉州府志》云：「泉郡人文之盛，甲于全閩。
人占畢而戶弦歌，自宋迄明，士以理學經濟為務，恥為詩賦文詞之習。及
嘉隆以後，鄉前輩博洽淹通，出其緒餘，皆足以爭衡上國。」[79]

76　梁章鉅，《歸田瑣記》卷四，中華書局 1981 年，第 79 — 80 頁。

77　鄭岳，《山齋文集》卷九，〈國朝莆陽科第錄序〉，第 6 — 7 頁。

78　黃仲昭，《未軒文集》卷三，〈興化府鄉貢進士題名記〉，第 20 頁。

79　黃任等，乾隆《泉州府志》卷二十，〈風俗志〉，光緒重刊本，第 12 頁。

　　明代中葉，福建各府州進士名額發生變化，成化、弘治年間，全國共舉行 12 次科舉考試，福州府進士為 102 名，興化府 88 名，泉州府 38 名，漳州府 23 名，建寧府 13 名，汀州府 8 名，其餘邵武府、延平府、福寧州各為 4 名。和明代初年相比，最明顯的變化是：科舉大府建寧府的退步。在明代初年，建寧府每科中舉為 7 ～ 8 人，迨至明代中葉降至一人。考其原因，與閩北經濟凋蔽有關。宋代的閩北是國內著名的產銀大省，建安縣的北苑茶聞名天下，帶活了閩北經濟。明代前期，由於食茶習慣的變化，北苑茶不再受歡迎，而新的武夷茶尚未出名，所以，明代前期，閩北的茶葉經濟正處於低潮；閩北的銀礦也因為多年的開採多數斷絕。加上水患的光顧，閩北經濟遭受重大打擊。明正統年間，閩北爆發了鄧茂七、葉宗留起義，書院普遍遭受破壞。所以，建寧府中舉人數大減。例如弘治《建寧府志》言：「國朝自永樂丙申之水，民財蕩盡，衣食且不贍，而況於侈乎？休息數十年，至於正統己巳、天順壬午，兵燹之間，而民又兩耗矣。今承平日久，生產頗裕，而用民用之侈，又昔所未有者，轉運斡旋之機深，有望于在位君子焉。」[80] 這段記載表明水災和鄧茂七起義對建寧府經濟打擊頗重，一直到弘治年間才有所恢復，但文化方面仍然有待努力。建寧府之外，其他山區府州，如延平府、邵武府、汀州府依然不振。從總體而言，福建文化中心明顯朝東移動。沿海福、興、泉、漳四府占了福建中舉名額的絕大部分，其中又以福、興兩府最為突出，福州府為省會所在地暫且不論，興化府以二縣之地，位置僅次於福州府，說明該地人文發達，勝於各地。

　　科舉制在統治上的意義。對明朝的統治來說，科舉制最大的優點是在各地方造就了一批明朝的支持者。明朝學子考進士是一個漫長的歷程。他們在年輕時要進入府縣學校，成為生員，在這裡，他們要向老師學習儒家經典，並學習官府頒布的法律制度。如果他們在幾年後能通過考試，便能成為秀才，有了這一稱號，他們便可以獲得免除徭役的特權，並成為地方有一點名氣的人物。秀才之上是舉人，舉人在明代是准官員級別，可以被任命為小官，個別舉人可擔任知縣。若是通過進士考試，則進入了前途燦爛的仕途，順利者很快會成為中高級官員。從進士到舉人、秀才，這是一個上小下大的金字塔，明代福建每一科都會有幾十名進士，在他們的身後，

80　弘治《建寧府志》卷一，〈風俗〉，膠捲本，第 20 頁。

還有幾百名舉人，幾千名秀才，這些人在明代都是受優待的人。他們即使沒有官職，但在當地都會有相當的發言權。此外，由於福建科舉考試發達，在地方形成了一支可觀的儒生隊伍。長樂縣「庠士之在學宮者至七百餘，應里選者可四千餘，蓋比戶詩書矣。」[81] 儒學造成文化知識在民間的普及，如興化府，「吾郡濱大海，中州之商旅不通，地斥鹵，民貧，靡所於事業，讀書自昔多仕人，村氓海叟，亦往往省識文字，能言吏長之賢否」[82]。這些有文化的人往往將朝廷的賞識當作自己唯一的前程所在，所以，他們是朝廷的忠實支持者，並成為朝廷在地方統治的基石。從這一基點去看，明朝在福建科舉制的成功，使福建成為其統治基礎最扎實的省分之一。

第六節　建陽的刻書業

　　明代是書坊刻書業又一個繁榮興盛的時代，這一時期書坊所印書籍的內容更廣，銷售量更大。不過，在明代晚期，也出現了印書中心向大城市轉移的現象。

一、明代前期閩北的刻書業

　　福建書坊印書業在宋元時期即已名揚天下，明代，與建本齊名的四川、杭州印書業長期不振，建陽書坊獨霸天下。洪武二十三年十二月甲戌，「福建布政使司進《南唐書》、《金史》、蘇轍《古史》。初，上命禮部遣使購天下遺書，令書坊刊行。至是三書先成，進之。」[83] 這段史料值得咀嚼回味，朱元璋搜攬天下遺書，讓書坊印刷出版，這是振興文化的大好事。但這書坊，並非指天下的書坊，而是專指福建的書坊，那麼，它就是指建陽書坊了。因此，建陽書坊印好幾部後，馬上由福建布政使司進貢明太祖。次年十二月，朝廷又派人到建陽購書，「國子生夏倫、楊砥自福建購書還」，朝廷馬上下令，將這些書分發給缺書的北方儒學學校。[84] 其實，在洪武二十一年二月，福建布政司還向朝廷進貢過《禮記注疏》31 部，《禮記》

81　夏允彝，崇禎《長樂縣志》卷一，〈風俗〉，第 6 頁。
82　朱淛，《天馬山房遺稿》卷二，〈太守許公去思卷序〉，第 8 頁。
83　《明太祖實錄》卷二〇六，洪武二十三年十二月甲戌。
84　《明太祖實錄》卷二一四，洪武二十四年十二月戊寅。

是儒家十三經之一，也是學校必學的一個內容，福建布政使司一次能給朝廷 31 部《禮記注疏》，應能給各省救急之用。這些都反映了明初建陽書坊獨尊的地位。

其後，明太宗曾命令「禮部遣使購天下遺書，令書坊刊行」。成化四年五月，《大明一統志》完成之後，「司禮監關領原本，付福建布政司，下書坊翻劾印行。」[85] 成化二十三年十一月，大學士邱濬撰成《大學衍義補》一書，皇帝十分欣賞，下令交福建書坊刊印。[86] 正德十二年，翰林院的梁儲發現宮廷藏書多壞，便上了一道〈修書籍疏〉，文中說：「臣梁儲等謹題為修理書籍事。照得內閣及東閣所藏書籍卷帙浩繁，但歷歲既久，殘缺頗多。臣等已督令典籍等官劉偉等逐一查對明白。欲行禮部轉行福建書坊等處，照依開去各書內所缺篇數印寫解京，以憑委官修補。」[87] 弘治九年十二月，薛瑄去世，明朝下令將「瑄所著讀書錄一進呈御覽，一啟進東宮，一發福建書坊翻刻施行。」[88]

弘治十二年十二月，「建陽縣書坊火，古今書板皆燼。」[89] 建陽是朱熹的家鄉，被視為「南閩闕里」，同年剛好發生山東曲阜的火災，闕里的衍聖公府損失很大。二個聖賢的家鄉被焚，一時人心慌亂。御史許天錫認為這是上天示警，為此上疏：「自頃師儒失職正教不修，上之所尚者，浮華靡豔之體，下之所習者，枝葉蕪蔓之詞，俗士陋儒，妄相裒集，巧立名目，殆且百家。梓者以易售而圖利，讀者覬僥倖而登科。由是廢精思實體之功，罷師友討論之會，損德蕩心，蠹文害道，一旦科甲致身，利祿入手，只謂終身溫飽，便是平昔事功，安望其身體躬行，以濟世澤民哉。」[90] 在許天錫的建議下，明朝力圖整頓建陽書坊的刻書業校正圖書。從朝廷對建坊書坊的重視來看，建陽書坊在明代前期的出版業中獨占鰲頭。這一地位一直延續到明代中期。

85　張懋監修，《明憲宗實錄》卷五十四，臺灣中研院刊本，第 1094 頁。

86　張懋監修，《明孝宗實錄》卷七，臺灣中研院刊本，第 135 頁。

87　梁儲，《鬱洲遺稿》卷二，〈奏疏〉，文淵閣四庫全書本，第 4 頁。

88　張懋監修，《明孝宗實錄》卷一二〇，弘治九年十二月戊寅，2152 頁。

89　《明史》卷二九，〈五行志二〉，第 464 頁。

90　張懋監修，《明孝宗實錄》卷一五七，第 2825 — 2826 頁。

明中葉陸深說：「今杭絕無刻，國初蜀尚有板，差勝建刻」[91]然而，四川的版本其實數量不多。所以說，在嘉靖以前，建陽書坊印書業在國內獨占鰲頭。顧炎武曾說：「當正德之末，其時天下惟王府、官司及建寧書坊乃有刻板。」[92]王府與官府的刻版大多是非經營性的，實際上只有建陽書坊才是頗具規模的印書業。因而，明代書市上的圖書大都出於建陽。修於明代中葉的《明一統志》也說：「建陽縣有書坊，天下所資。」[93]又如弘治《建陽縣誌續集》記載：「天下書籍備於建陽之書坊，書目具在，可考也。」[94]

二、明代中葉建陽書坊的書目

建陽書坊累年印書，積累了豐富書版。儘管有弘治十二年大火，但書坊仍然保存著許多書版。袁銛著於弘治十七年的《建陽縣誌續集》記載：弘治年間建陽書坊藏有 172 種、共計 5039 卷的書版[95]。其中，制書類 25 種 435 卷，經部 19 種 409 卷，史部 19 種 1291 卷，子部 18 種 335 卷，集部 55 種 1587 卷，雜書 36 種 982 卷。

表 5-1 明弘治十七年（1505 年）建陽書坊版本表[96]

大誥三篇	洪武禮制一卷
禮儀定式一卷	洪武正韻十六卷
大明令一卷	大明律三十卷
諸司職掌九卷	教民榜
武臣大誥一篇	孝慈錄一卷
為善陰騭十卷	孝順事實十卷
勸善書二十卷	五倫書六十二卷
大學大全一卷	論語大全二十卷
續資治通鑑綱目二十七卷	中庸大全一卷
易經大全二十四卷	書經大全二十卷
詩經大全三十卷	春秋大全三十七卷

91　陸深，《儼山外集》卷八，〈金臺紀聞下〉，文淵閣四庫全本，第 5 頁。

92　顧炎武，《亭林文集》卷二，〈鈔書自序〉，《顧亭林詩文集》，第 29 頁。

93　李賢等，《明一統志》卷七六，文淵閣四庫全本，第 11 頁。

94　袁銛，弘治《建陽縣誌續集》，〈典籍〉，四庫存目叢書本，史部，第 176 冊，第 87 頁。

95　袁銛，弘治《建陽縣誌續集》，〈典籍〉，第 87 頁。

96　袁銛，弘治《建陽縣誌續集》，〈典籍〉，四庫存目叢書本，第 87 頁。

禮記大全三十卷	孟子大全一十四卷
四書通義共三十八卷	四書集注共二十九卷
周易本義二十四卷	書傳纂疏四卷
書經童子問十二卷	春秋胡氏傳三十卷
春秋左氏傳七十卷林堯叟著	春秋公羊傳二十八卷
春秋穀梁傳二十卷	春秋纂疏三十卷元新安汪克寬纂
春秋會通二十四卷元盧陵李廉輯	春秋王伯列國世紀三卷宋吳郡李琪撰
周禮集說十二卷元吳興陳友仁集	周易參議臨江梁寅撰
周易啟蒙一卷	性理大全七十卷
大學衍義四十三卷宋真德秀著	大學要略一卷
史記一百三十卷	南史八十卷今板燬
北史一百卷今板燬	南唐書三十卷
宋史全文三十六卷	遼史一百一十六卷板燬
金史一百三十五卷板燬	資治通鑑一百二十卷陸唐老註
資治通鑑節要三十卷	十七史詳節二百七十三卷
十九史略一十卷	古史六十卷
世史正綱三十二卷	貞觀政要十卷
古史通略五卷	小學史斷一卷
百將傳十卷	日記故事十卷元虞韶編
名臣言行錄共六十二卷	東萊左氏博議十六卷宋呂祖
方輿勝覽七十卷宋祝穆編輯	老子道德經互注二卷
莊子南華經十卷晉郭象注	列子沖虛經八卷張諶注
荀子二十卷唐楊倞註	黃石公素書一卷宋張商英注
揚子法言十卷晉李軌等互註	山海經十八卷
世說新語八卷	陸宣公奏議二十二卷唐陸贄撰
杜氏通典四十二卷杜祐撰	小學集解六卷
雪航膚見十卷國朝南平趙弻撰	朱子成書
事文類聚共二百二十卷原板缺弘治十七年知縣區玉重刊	類說五十卷宋曾慥編板不存
山堂攷索二百一十二卷章如愚編	群書一覽十卷
黃氏日抄九十七卷紀要十九卷黃震撰	押韻淵海二十卷元嚴毅編輯
韻府群玉二十卷陰時夫編輯	玉篇三十卷梁顧野王撰
氏族大全十卷	事物紀原十卷
事林廣記共四十卷	爾雅十一卷
埤雅二十卷宋陸佃撰	家禮儀節八卷國朝大學士瓊臺丘濬輯

近思錄十四卷	群書備數十二卷國朝張羨和編次
對類大全二十卷徐駿編	崇古文訣三十五卷
南村輟耕錄三十卷元天台陶宗儀撰	古文苑二十一卷
古文真寶二十卷	翰墨大全二百七卷宋劉應李編
文章正印八十卷宋劉震孫編缺	書言故事十卷胡繼宗編
文章正宗二十四卷宋真德秀選	續文章正宗四十卷鄭百選
丁卯集二卷唐許渾撰	韓昌黎文集五十卷附錄一卷唐韓愈撰 柳柳州文集四十八卷唐柳宗元撰
三蘇文集七十卷蘇洵十一卷蘇軾 三十二卷蘇轍二十七卷	李太白詩選四卷范得機批點鄭鼐編次
元豐類稿五十卷宋曾鞏撰	程雪樓文集二十卷元程鉅夫撰
俟庵文集三十卷元李仲公撰	范得機詩集七卷元范梈撰
劉靜修文集二十二卷元劉因撰缺多	翠屏文集四卷國朝張以寧撰
元朝風雅三十卷蔣易編集	西京類稿三十卷國朝楊榮撰
于公奏議國朝于謙撰	屏山文集二十卷宋劉子翬撰
雲莊文集二十卷宋劉爚撰	後村文集五十卷宋劉克莊撰
勿軒文集八卷元熊禾撰	鳴盛詩選十二卷晏鐸選
八十一難經五卷	脈訣一卷王叔和撰
圖經衍義本草四十二卷	食療本草一卷唐孟詵撰
婦人良方二十四卷陳自明撰	醫方大成十卷元孫允賢集
銅人針灸經三卷宋王惟德撰	和濟局方十卷
傷寒活人指掌圖一卷元吳恕譔	三因方六卷宋陳言撰
全嬰方十卷馮道玄編	救急傷方一卷趙季敷集
原醫藥圖藥性賦八卷熊宗立撰	楚辭八卷文公朱熹撰
楚辭後語六卷文公朱熹撰	杜詩七言律一卷元虞集注
杜詩選六卷范得機批點鄭鼐編次	唐宋詩林萬選一五卷宋何新之編選缺
楚辭辯證二卷文公朱熹撰	杜工部文集二卷附錄一卷徐居仁編次
杜工部詩集二十五卷徐居仁編次	李太白詩集二十六卷薛仲邕編次
選詩補注八卷補遺一卷續編四卷劉履 注	萬寶詩山三十五卷缺
詩宗群玉府三十卷毛直方編缺	詩學大成三十卷毛直方集
雅音會編十二卷康麟編	唐詩鼓吹十卷元郝天挺註
草堂詩餘二卷	唐音十五卷元楊士弘選國朝張震輯注
唐詩粹十二卷劉斌編注板不存	詩人玉屑二十卷宋黃昇集
王右丞詩六卷唐王維撰	詩林廣記二十卷宋蔡正孫編

唐三體詩二十一卷元周弼編	中州詩集十卷元元好問輯板不存
李長吉詩四卷唐李賀撰	鼓吹續篇十卷朱紹選
樂府一卷元元好問輯板不存	東坡詩集二十五卷舊毀同知周時中新刊
唐宋分類千家詩選二十二卷宋劉克莊選	唐宋千家詩選十卷元詹子清選
居家必用十二卷	皇帝內經素問十二卷
內經靈樞十二卷	運氣論奧一卷
巢氏病原五十卷隋巢無方撰	濟生方十卷續方二卷宋嚴用和編
南陽活人書二十卷宋朱肱譔	地理雪心賦一卷熊宗立註
人相編十二卷	金精鰲極六卷熊宗立註

　　由於明代前期建陽書坊在國內的地位，天下學者都嚮往書坊。胡居安對友人說：「某去歲往建陽書坊買求，止有晦庵文集。」[97]這讓胡居安十分失望。明宣宗時，衍聖公欲赴建陽書坊購書，「慮遠行，不敢擅，諮于尚書胡濙」，明宣宗下詔有司：「福建鬻書籍無禁……依時直為買紙，摹印工力亦官給之。」[98]此文涉及當時很有意思的一個制度，購書者到書坊購書，並非是購現存的書籍，而是根據當地所藏版刻預訂採購。作者選定之後，書坊的刻書作坊便募工印刷，而其原料紙墨及人工費，應都是由購買者承擔。這種比較原始的買賣，主要是由於某些書籍的市場有限，作坊主若生產太多，便會造成積壓，這不是書坊老闆所能承受的。從另一角度來說，這種制度使書版成為書坊老闆的財富，他們刻製一部書版後，往往可以保存數十年，在這數十年內，只要有人願意前來買書，他們就可將書版從倉庫中拿出來，用墨紙印刷數本出售。瞭解這一原因就可知道，為什麼孔子的後裔衍聖公到建陽購書，而官府答應為其買紙，並支付「摹印工力」。因為，書坊不一定有現成的書賣。瞭解這一制度，還使我想到，為何活字印刷術早在宋代就發明了，卻流傳不廣？這是因為，活字的特點在於排版方便，完成一次印刷之後，將活字版拆除，馬上可以用於下一次印刷。若是將活字版固定後保存數十年，反而不如用固定的書版。中國傳統書籍市場遠不如現代書市廣闊，刻出一種新書，不可能一次出售數百上千本。但

97　胡居仁，《胡文敬集》卷一，〈奉于先生〉，文淵閣四庫全書本，第2—3頁。
98　張輔監修，《明宣宗實錄》卷五十，宣德四年春正月戊辰，第4頁。

傳統書市也不像現代的書市更新那麼快，某種儒家經典的版本，往往可以用數百年。因而，建陽書坊的老闆大都擁多種書籍版本，對他們來說，傳統的木刻版本有利於保存，比活字版更為好用。不過，書坊老闆保存版本也有其特殊的問題，弘治年間的《建陽縣誌續集》說：「典籍，天下書籍備於建陽之書坊，書目具在，可考也。然近時學者自一經四書外，皆庋閣不用，故板刻日就脫落，況書坊之人，苟圖財利，而官府之徵索，償不酬勞。往往陰毀之，以便己私。殊不可慨歎，今具紀其所有者，而不全者，止錄其目。好古而有力者能搜訪訂正而重刻之，以惠後學，亦一幸也。」[99] 可見，一般讀書人只買科舉用書，許多經典受到冷落，無人購買，保存版本的主人無心管理，導致許多珍貴的版本損壞；另有一些官員利用手中權力，無償索書，也使書坊老闆們頭痛。

三、俞良輔海外刻書

元末明初，動盪的局勢迫使許多閩中雕工流落海外，他們在異地發展刻書業。例如，日本的《空華日工集》記載：[100]

> 唐人刮宇工陳孟千、陳伯壽二人來，福州南台橋人也，丁未年（1367）七月到岸。大元失國，今皇帝改國為大明，孟千有詩，起句云云。

據日本學者木宮泰彥考證，陳伯壽在日本刻《百家注分類東坡先生詩》、《大藏經綱目指要錄》等書，對傳播中國文化起了一定作用。

在渡日閩籍刻工中，最為著名的是莆田人俞良輔，他在所刻《碧山堂集》卷末自署「中華大唐俞良甫學士」，可見，他有相當的文化修養。良輔在日本至少 25 年（1370～1395），所刻善本書有：[101]

《月江和尚語錄》2 冊，應安三年刊[102]。

《宗鏡錄》25 冊，應安四年刊。

99　袁銛，弘治《建陽縣誌續集》，四庫存目叢書本，第 87 頁。

100　錄自〔日〕木宮泰彥，《日中文化交流史》，胡錫年譯，商務印書館 1980 年第 483 — 484 頁。

101　錄自〔日〕木宮泰彥，《日中文化交流史》，胡錫年譯，第 483 — 484 頁。

102　應安為日本年號，應安三年相當明洪武三年，即 1370 年。

《碧山堂集》1 冊，應安五年刊。

李善滄《文選》60 卷，應安七年刊。

《傳法正家記》6 冊，至德元年刊。

《新刊五百家注音辨唐柳先生文集》20 冊年刊。

《般若心經疏》1 冊，應永二年刊嘉應元。

《無量壽禪師日用清規》1 卷，刊行年代不詳。

《五百家注音辨昌黎韓先生文集》40 卷。

《春秋經傳集解》30 卷。

以上都是保留至今的書籍，共 55 冊又 131 卷。其他散佚之書就不知有多少了。俞良輔所刻書大多是自己動手的，《文選》末刊記謂：「自辛亥四月起刀，至今苦難始成矣」，足以證之，他的《傳法正宗記》中附言；「憑自己財物置板流行」，說明他刊刻這些書籍主要目的是傳播中華文化，這種精神是值得紀念的。[103]

小結

經歷元代的文化低潮之後，明代前期，是儒學大發展的時代。明太祖確立儒學的崇高地位，並以之作為執政的指導方針，這都是明初儒學昌盛的原因。明朝建立後，閩省各地儒者積極建設學校，開始儒學教育。因朱熹閩學派流風遺韻未衰，明初福建儒學相對發達，因此，明初選拔人才修訂《永樂大典》等巨著，閩人占了一定比例。這一影響也體現在科舉方面，閩中學子經常在嚴格的科考試中奪魁，閩人對儒學經典的研究得到四方景仰，常有人請閩中的老師講經。陳真晟、蔡清和其學生的經學研究，在國內是領先的。閩北的建陽仍然是出版中心，由建陽印刷的各類書籍暢銷中國主要城市。他如陳登的書法，邊景昭的繪畫，都是享譽全國的藝術品。總之，明代前期福建文化的發展，在國內十分顯著。

當然，福建文化也不是沒有問題。閩北的銀礦大都接近枯竭，朝廷對閩北的銀稅仍然不肯減少，導致葉宗留礦工起義發生。緊張的租佃關係也

導致以佃農反抗為核心的鄧茂七起義，這兩次起義，對閩北經濟打擊很大。閩北文化也隨之衰退。較之歷史，可以發現自鄧茂七起義之後，閩北文化也隨之衰落，明代中晚期閩北出產的人才遠遠不及宋元時代。這表明福建的文化中心轉移到沿海。在明代前期，莆田、福州的科舉事業都很驚人。翻閱藏於文淵閣的四庫全書，明代前期入選的著作，由閩人撰寫的數量不少。這反映了閩人的文化力量。此外，明代前期雖有浙江的王陽明之學流行，其實還有另外一派在學術界占有強勢地位。這就是泉州蔡清及漳州陳真晟的的理學成就。他們都是明代學者尊重的大儒。就經學而言，當時閩中的學者控制了《易經》、《詩經》、《書經》的研究，並達到了很高的水準。明代科舉考試的基本參考書，是由蔡清及其弟子寫出來的作品。總之，明代中葉，福建文化中心逐漸轉移到沿海區域，但福建文化的總體水準，大致與浙江、江西以及南直隸相當，位於國內領先水準。

第六章　天妃崇拜與福建民間信仰

　　明代初年，明朝沿襲了元代的海上漕運，並在沿海各地組建了大規模的水師，這是明軍祭祀天妃的動力。永樂年間，鄭和與其他使者遠赴海外各地。這些海事活動同樣需要天妃信仰的輔助，所以，明初的天妃信仰得以大發展，成為國家主要祭祀內容之一。隨著國家統一的再現，南北文化交流頻繁。起於福州附近的二徐真人信仰成為國家祀典之一，而全國流行的關帝信仰也隨著衛所軍隊傳入福建，迅速成為福建最重要的民間信仰。

第一節　明洪武年間的天妃信仰

　　明洪武年間，明朝屢有大規模的海事活動，為平定倭寇組成的水師，在海上漕運的糧船，都成為天妃信仰發展的動力，因此，天妃信仰在明代得以延續。

一、洪武年間的封賜

　　在明朝興起的過程中，水師是朱元璋打天下的重要力量。朱元璋初起於淮北，後以水師縱橫長江，他以金陵為根據地，西抗陳友諒，東拒張士誠，水師發揮了重要作用。後來，朱明水師在鄱陽湖大敗陳友諒艦隊，從此獲得長江霸權。戰略家認為，掌握長江霸權奠定了朱元璋征服長江流域的基礎。而朱元璋掌握長江流域最富裕地區之後，南下閩粵，北伐燕冀，

全國統一之勢已不可阻擋。所以說，明朝的建立與水師有極大的關係。

　　明朝的水軍原是一支江河水師。但在統一天下的過程中，明朝水師從江河走向大海，逐步發展為海上大軍。元至元二十七年（1367年），朱明水師南下浙江，與方國珍水師交戰於浙江海面。方國珍是元末著名的海盜，降元後割據浙江東南，手下有一支龐大的水師。明軍擊敗方國珍，將其部眾編入明朝水軍，使自己的海上力量大大增強。不久，明水軍從浙江南下福建，消滅元福建行省陳友定部。明將廖永忠又率水師從福州南下廣東，抵達廣州。洪武七年（1374年），靖海侯吳禎率明水師追殲倭寇於琉球海面。這時的明朝水師已經成長為東亞最強大的海上力量。

　　以上明軍水師的活動，逐漸與天妃信仰發生一定聯繫。例如，明朝水師進入廣州後，為了感謝天妃的保佑，曾在廣州歸德門外、五羊驛之東建天妃廟。[1] 明軍北伐山東，漕運也延伸至山東，詩人寫到：「屯田未開歲未熟，白粲一金纏一斛。將軍初下山東城，使者復轉江南粟。颶風五月西南回，黃龍朱雀一時開。雷霆夜槌海若死，雲霧晝合天妃來。黑洋北去五千里，直沽近接金河水。內廷傳敕賜宮壺，侍臣出報龍顏喜。」[2] 如其所云，明代漕運水師在海上因天妃的保佑方才脫險。所以，朝廷對天妃信仰開始重視起來。其時，明朝建立不久，朱元璋在整頓制度的同時，也在整頓神靈世界，「太祖高皇帝出禦寰區，為百神主，用於洪武三年大正祀典，去淫祠，削濫爵，十四年定讞，官頒儀式。二十四年敕天下寺觀，非古制及賜額者，悉令廢之。民間不得私創。」[3] 邱濬也說：「太祖高皇帝革去百神之號，惟存其初封。」[4] 可見，明初朱元璋在儒者的影響之下，對待民間淫祀是相當嚴厲的，許多廟宇在他的嚴令之下被拆毀，許多前代受封的神明也被撤銷封號。然而，天妃信仰對明代水師太重要了，朝廷不得不恢復天妃信仰。洪武五年正月，「命靖海侯吳禎率舟師運糧遼東，以給軍餉。」其時海難經常發生，郎瑛記載：「洪武初，海運風作，漂泊糧米數百萬石於落漈（落

1　戴璟、張岳，嘉靖《廣東通誌初稿》卷三十，〈壇廟〉，北京圖書館古籍珍本叢刊第 38 冊，書目文獻出版社。

2　貝瓊，《清江詩集》卷四，〈送浙省都事曹德輔運糧北上〉，文淵閣四庫全書本，第 6 頁。

3　陳艮山等，正德《淮安府志》卷十一，〈祠祀〉，正德十三年刊本，第 1 頁。

4　邱濬，《重編瓊臺藁》卷十七，〈天妃宮碑〉，文淵閣四庫全書本，第 21 頁。

濚言水往不可回處）。萬人號泣待死矣，大叫『天妃』，則風回舟轉，遂濟直沽。」[5] 為了安撫這支漕運水師的人心，朝廷以「以神功顯靈」為由，敕封湄洲神女為『昭孝純正孚濟感應聖妃』」。[6] 這一記載可得到府志的印證。萬曆《興化府志》記載：「國朝洪武五年，封孝順純正孚濟感應聖妃。」[7] 引人注目的是：明初這一次封賜，將天妃之封號退為「聖妃」。與元朝之初，將宋代聖妃封號退為夫人一樣，朝廷在第一次給某一神靈封號時，都要貶去該神在前朝原有的封號，從而洗盡前朝的痕跡，為新朝的加封打下基礎。明代初年的儒者將自己看成為元朝的造反者，宋朝的繼承者，所以，他們給天妃擬定的封號，寧願承襲宋代的聖妃，而不用元朝的天妃。為了論證朝廷的決定，在賜封詔書中進一步強調：「非有護國庇民、豐功峻德者弗登春秋之典」。其文曰：

> 奉天承運皇帝制曰：國家崇報神功、郊社旅望而外，非有護國庇民、豐功峻德者弗登春秋之典。明著天妃林氏，毓秀陰精，鍾英水德，在曆紀既聞禦災捍患之靈，於今時尚懋出險持危之績，有禪朝野，應享明禋。朕臨御以來，未及褒獎，茲特遣官貤詔，封為『昭孝純正孚濟感應聖妃』。其服斯徽命，宏佐休光，俾清宴式觀作睹之隆，康阜永著赫濯之賜。欽哉！[8]

不過，明初給神女的封號雖然只是「聖妃」，但民間仍然稱之為天妃，洪武年間，上海人董紀有一首〈天妃宮次韻王元吉〉的詩：「何年敕賜天妃號，宮闕岧嶤入紫冥。龍女來朝多顯異，鮫人作市暗聞腥。黃姑渚闊天通海，丹鳳樓高晝隕星。近得瑤池王母約，蓬萊有路到珠庭。」[9] 以上反映了民間對天妃的看法。

二、明初福建水師與天妃信仰

元明之際，倭寇騷擾中國沿海的情況越來越嚴重，為了捍衛中國邊海

5　郎瑛，《七修類稿》卷五十，上海古籍出版社 2000 年，第 530 頁。
6　照乘等，《天妃顯聖錄》，湄洲媽祖祖廟董事會、湄洲媽祖文化研究中心編印清雍正三年三山會館刊本，第 2 頁。
7　呂一靜等，萬曆《興化府志》卷二，〈建置志〉，明萬曆三年刊本膠捲，第 54 頁。
8　照乘等，《天妃顯聖錄》，第 2 頁。
9　董紀，《西郊笑端集》卷一，〈天妃宮次韻王元吉〉。文淵閣四庫全書本，第 72 頁。

圖 6-1　湄洲媽祖廟之朝天閣

的安全，明朝組織了一支龐大的水師。明洪武五年（1372年）八月甲申，朱元璋下詔：「浙江、福建瀕海九衛造海舟六百六十艘，以禦倭寇。」一次規劃造船 660 艘，這在任何時代都是驚人的龐大計畫。明代初年，朝廷的水師往來於萬里海疆，每每得到天妃的保佑。「洪武七年甲寅（1374年），泉州衛指揮周坐領戰船哨捕，忽遇颶風大作，沖衝泊閣礁。舟人環泣稽首，呼神妃求庇。黑夜間，倏見神火懸空畢照，桅檣皆現。周喜曰：『吾聞海上危急時，得神火照耀，雖危亦安。神其佑我乎』！俄而巨浪躍起，將船蕩浮，從矼隙直踰磯北，順流駛至岸邊。時天欲曙，差認港迹，始得無恙。歸至泉，立廟奉祀。仍運木赴湄嶼，修整宮殿。其杉木未載者，浮水面自飄流到湄，木頭各有『天妃』二字，眾皆奇之。自是重建寢殿及香亭、鼓樓、山門，復塑聖像，製旗鼓，沿途鼓欲，送至祖廟。時又有張指揮領兵出海，默祝神妃保佑，果得顯應，由泉裝載大料來湄洲，構一閣于正殿之左，名曰『朝天閣』。」[10]

在《天妃顯聖錄》一書中，還載有「藥救呂德」的故事：「洪武十八年（1385 年），興化衛官呂德出海守鎮，得病甚危篤，求禱於神。夢寐間見一神女儼然降臨，命侍鬼持丸藥，輝瑩若晶珀，示之曰：『服此當去二豎』。正接而吞之，遽寤，香氣猶藹藹未散。口渴甚，取湯飲，嘔出二塊物，頓覺神氣爽豁，宿疾皆除，遂平復如初。是夕夢神云：『疇昔之夜，持藥而救爾者，乃慈悲觀音菩薩示現也，當敬奉大士。』呂德感神靈赫奕，

10　照乘等，《天妃顯聖錄》，第 35 頁。

遂捐金創建觀音堂於湄嶼。」[11]

以上兩則故事反映了明代湄洲天妃廟與水師的關係，如其所云，湄洲天妃廟兩座重要建築都與水師有關，其一，「朝天閣」的修建，其二，觀音堂的修建。所以說，迄至明初，天妃信仰與水師的關係更為密切，也可說是牢不可破的。於是，不論明朝水師在什麼地方駐軍，幾乎都要在那裡建立天妃廟。

三、明初湄洲遷島事件的影響

明朝洪武二十年，朝廷實行海禁及遷島政策。福建許多島嶼都受到影響。弘治《興化府志》記載：「湄洲嶼，海上島嶼若湄洲，若上黃竿，下黃竿，口夫南日山，宋元以來，居民甚多。洪武初以勾引番寇遺禍，地方守備郡指揮李彝奏遷內地，島嶼遂墟。湄洲在大海中，與吉了（港口）相望。林氏靈女，今號天妃者，生於其上。」[12]可見，當時全島居民被遷走，湄洲成了空島。這一事件在其他文獻中也有記載。

何喬遠說：「洪武初，內徙島墟，今居墾如故。」[13]清初杜臻引用了一段明人論述湄洲島的文字：「湄洲，一名鰆山，居大海中，周八十餘里。在崇武之東北平海之東南，距郡城八十里。為莆禧、吉了門戶，與琉球相望。故有居民。洪武間徙而墟之。山有甘水、茂草，野馬驪孳產蕃息，驟逐之，不可得……此島自唐以來居民稠密，洪武徙後，時復闌出，蓋以承平不之禁，今猶如故云。」[14]

以上記載表明，洪武二十年的遷島事件對湄洲打擊很大，湄洲天妃祠應是在這一階段荒廢。但是，隨著形勢的變化，湄洲天妃廟很快重建。

第二節　鄭和遠航與天妃信仰

永樂、宣德年間鄭和七下西洋是明代最大規模的遠航。由於航海軍人、水手對天妃的崇拜，使天妃信仰達到一個新的高點。

11　照乘等，《天妃顯聖錄》，第 35 — 36 頁。
12　周瑛，弘治《興化府志》卷七，山川考，第 22 頁。
13　何喬遠，《閩書》卷二十四，〈方域志〉，第 574 頁。
14　杜臻，《粵閩巡視紀略》卷五，文淵閣四庫全書本，第 24 — 26 頁。

一、鄭和與湄洲天妃廟的重修

　　湄洲天妃廟雖在洪武年間因遷島而荒廢，但僅過了十幾年，朝廷政策就發生了變化。永樂皇帝積極派遣使者到四方發展與其他國家的關係，而當時的水手都信奉天妃。這對其領導層產生巨大影響。第一次下西洋之時，鄭和船隊遇到海盜陳祖義的截擊，《天妃顯聖錄》中有「舊港戮寇」的故事：

> 永樂三年（1405年）欽差太監等官往西洋，舟至舊港，遇崔苻截劫，順流連艦而至，勢甚危急。眾望空羅拜，懇禱天妃。忽見空中旌旗旆旆雲巔，影耀滄溟，突而江流激浪，幟轉帆翻，賊艘逆潮不前。官兵忽蕩進上流，乘潮揮戈逐之，一擊而魁首就俘，再擊而餘孽遠潰。自此往返平靜。回京奏神功廣大，奉旨著福建守鎮官整蓋廟宇以答神庥。[15]

　　可見，在鄭和部下看來，他們能夠擊敗陳祖義海匪，是由於天妃保佑的緣故。因此，鄭和歸來後，奏建南京天妃廟。《明一統志》記載：「天妃廟，在府治（南京）西北一十五里，永樂五年建。」[16]而《明實錄》的記載最為詳細可靠：「永樂五年九月戊午，新建龍江天妃廟成，遣太常寺少卿朱焯祭告。時太監鄭和使古里、滿剌加諸蕃國還，言神多感應，故有是命。」[17]可見，南京天妃宮與鄭和等人有關。萬曆《興化府志》記載：「永樂初，中使鄭和等下西洋，奉神之海上，有急，屢見光怪，歸，請旨令福建鎮守官重新其廟。」[18]可見，湄洲的天妃廟是在明永樂年間修復的。弘治《興化府志》記載：「永樂中，貴人曰三寶者下西洋，為建廟宇，制度宏壯，謂海上大獲徼應云。」[19]為這事情，皇帝也曾下詔。「成祖永樂七年（1409年）欽差太監鄭和往西洋，水途適遇狂飆，禱神求庇，遂得全安歸。奏上，奉旨差官致祭，賞其族孫寶鈔各五百貫。本年又差內官張悅、賀慶送浡泥國王回，舟中危急，禱神無恙；歸奏，奉旨差官致祭。本年又差內官尹璋往榜葛剌國公幹，水道多虞，祝禱各有顯應，回朝具奏。聖上以神功浩大，

15　照乘等，《天妃顯聖錄》，第 36 頁。

16　李賢，《明一統志》卷六，文淵閣四庫全書本，第 26 頁。

17　張輔監修，《明太宗實錄》卷七一，永樂五年九月戊午，第 994 頁。

18　呂一靜等，萬曆《興化府志》卷二，〈建置志〉，明萬曆三年刊本膠捲，第 54 頁。

19　周瑛，弘治《興化府志》卷七，〈山川考〉，第 22 頁。

重裨國家，遣太監鄭和、太常寺卿朱焯馳傳詣湄山致祭，加封『護國、庇民、妙靈、昭應、弘仁、普濟天妃』。」[20]

湄洲天妃宮也得到王景弘的修繕。《天妃顯聖錄》記載，「永樂十五年，欽差內官王貴通、莫信、周福率領千戶彭佑、百戶韓翊並道士詣廟，修設開洋清醮。」[21]永樂十五年是鄭和與王景弘第五次下西洋之年，王貴通即為王景弘，如其所云，王貴通在該年祭祀天妃，應是為出使西洋作準備。如碑文所載，宣德六年，鄭和等人在長樂三峰南山寺之側建天妃宮，可見，他們對天妃的信仰隨著歲月的流逝是越來越虔誠了。

二、鄭和與明朝的天妃之封

永樂七年，鄭和第二次出使歸來，再次上奏得到湄洲神女保佑。朝廷以天妃之號加之。《明太宗實錄》記載：永樂七年正月己酉，「封天妃為護國庇民妙靈昭應弘仁普濟天妃，賜廟額曰：『弘仁普濟天妃之宮。』歲以正月十五日及三月二十三日遣官致祭，著為令。」[22]在湄洲媽祖廟中的《天妃顯聖錄》一書中，錄有兩篇有關鄭和船隊在第二次遠航中得到保佑的故事：

「夢示陳指揮全勝」的故事：

永樂七年（此處的永樂七年應理解為鄭和船隊回歸後向湄洲天妃廟敬香的時間，他們所敘述的應是永樂五年出航、永樂七年回歸的故事），欽差太監統領指揮陳慶等往西洋，賊覘知，垂涎寶貨，率數十艘於中流截劫。正值上風，奔流如飛，我舟被困，眾俱股栗。陳慶曰：「奉君命到此，數百人在茫茫大海中，須決雌雄，尚可生還。騎虎之勢，安可中下？兵法謂置之死地而後生，正在今日！」眾曰：「不若拜禱天妃。」慶從之。是宵，陳慶夢神語曰：「今夜風急，可乘昏霧，溯流而上，翌日佐爾一帆風，殲此醜類！」慶以告內使，鼓棹向前。比曉，已居上流。賊逆風不得進。我舟離賊已遠。眾欲遠遁。慶復曰：「長江萬里，西國迢遙，回首不見家山。彼狡爾鯨鯢，

20　照乘等，《天妃顯聖錄》，第 8 — 9 頁。
21　照乘等，《天妃顯聖錄》，第 8 頁。
22　張輔監修，《明太宗實錄》卷八七，永樂七年正月己酉，第 1152 頁。

豈能忘情於我？若飄泊偷安，恐賊黨出沒烟波，終入其網。今風信順便，殆神授也，急擊勿失！」遂勵兵奔衝而下。遠望神儼現空中，閃爍如虹如電。賊駭愕。風急舟騁，賊篷被官桅倒插破裂。陳慶揮刀越舟，賊首投水，鉤而俘之，餘悉就擒，獲貨物軍器無算。內使及陳指揮率眾叩謝神妃曰：「反敗為功，轉禍為福，再造之德，山高水深。」覆命奏上，奉旨褒嘉，委官重置廟中器皿，親詣廟致祭。[23]

第二個故事是這樣的：

成祖永樂七年，欽差太監鄭和往西洋，水途適遇狂飆，禱神求庇，遂得全安歸。奏上，奉旨差官致祭，賞其族孫寶鈔各五百貫。本年又差內官張悅、賀慶送浡泥國王回，舟中危急，禱神無恙；歸奏，奉旨差官致祭。本年又差內官尹璋往榜葛剌國公幹，水道多虞，祝禱各有顯應，回朝具奏。聖上以神功浩大，重禆國家，遣太監鄭和、太常寺卿朱焯馳傳詣湄山致祭，加封「護國、庇民、妙靈、昭應、弘仁、普濟天妃」。奉天承運皇帝制曰：惟昭孝純正聖妃林氏，粹和靈惠，毓秀坤元，德配蒼穹，功參玄造。江海之大，惟神所司，佑國庇民，夙彰顯應。自朕臨御以來，屢遣使諸番及饋運糧餉，經涉水道，賴神之靈，保衛匡扶，飛飆翼送，神光導迎，欻忽感通，捷于影響，所以往來之際，悉得安康。神之功德，著在天壤，必有褒崇，以答靈貺。茲特加封「護國、庇民、妙靈、昭應、弘仁、普濟天妃」，仍建廟于都城外，賜額曰「弘仁普濟天妃之宮」。爰遣人以牲醴庶羞致祭，惟神其鑒之！[24]

於是，明初的聖妃重又得到了元代已有的天妃封號。

南京龍江天妃廟的御賜碑。《明一統志》記載龍江天妃廟中有御製碑。倪濤的《六藝之一錄》記載：「〈天妃廟御製碑〉，永樂五年建在江寧府治西北。」[25] 如其所云，永樂帝的御賜碑是在永樂五年出現的，但今存永樂帝御賜碑卻是永樂十四年的。其全名為：〈御製弘仁普濟天妃宮之碑〉。

23　照乘等，《天妃顯聖錄》，第 36 頁。
24　照乘等，《天妃顯聖錄》，第 8 頁。
25　倪濤，《六藝之一錄》卷一百，石刻文字七十六，〈明碑刻〉，文淵閣四庫全書本，第 2 頁。

考明代湄洲神女從聖妃上升到天妃是在永樂七年，由此可知，現存御製碑肯定立於永樂七年之後，可見，其碑文記載該碑立於永樂十四年應是可信的。那麼，該怎麼解釋文獻中記載永樂五年已有御賜碑？要麼永樂五年確實有御製碑，但在那時，碑文中只能稱湄洲神女為聖妃，所以，待湄洲神女被封為弘仁普濟天妃後，只好重立一碑，是為〈御製弘仁普濟天妃宮之碑〉。這篇碑文是明代天妃信仰中的重要文獻，下錄其文：

> 仰維皇考太祖高皇帝，肇域四海，幅員之廣，際天所覆，極地所載，咸入旻章。懷柔神人，幽明循職，各得其序。朕承鴻基，勉紹先志，罔敢或怠。撫輯內外，悉俾生遂，夙夜兢惕，惟恐弗逮。恆遣使敷教化于海外諸番國，導以禮義，變其夷習。其初，使者涉海洋，經浩渺，颶風黑雨，晦暝黯慘，雷電交作，洪濤巨浪，摧山倒岳，龍魚變怪，詭形異狀，紛雜出沒，驚心駭目，莫不錯愕。乃有神人，飄飄雲際，隱顯揮霍，上下左右，乍有忽無，以妥以侑。旋有紅光如日，煜煜流動，飛來舟中，凝輝騰耀，遍燭諸舟，熇熇有聲。已而煙消霾霽，風浪帖息，海波澄鏡，萬里一碧，龍魚遁藏，百怪潛匿。張帆蕩艫，悠然順適，倏忽千里，雲駛星疾。咸曰：「此天妃神顯靈應，默伽佑相。」歸日以聞，朕嘉乃績，特加封號「護國庇民靈應弘仁普濟天妃」。建廟于都城之外，龍江之上，祀神報貺。自是以來，神益顯休應，視前有加。凡使者及諸番國朝貢重譯而來者，海舶往還，駕長風，馭飛帆，蓋數萬里，若履平地，略無波濤驚險之虞，歌吟恬嬉，咸獲安濟。或膠于淺，冒入險陰，則陸徙谷移，略無關閡。奇靈異效，莫可殫紀。今夫江湖之間，以環海視之，如池沼之多，猛風急浪，尚有傾檣破楫之患，而況于臨無涯不測之巨浸也哉！然則神之功于是為大矣！雖然，君國子民，其任在朕；而衛國庇民，必賴于神。陰陽表里，自然之道，滄溟渤澥，神之攸司。凡風霆雨露，寒暑燥濕，調燮惟宜，易沴為祥，奠危為安，鏟險為夷，皆神之能，其可無文以著其跡？爰書其事，建碑于宮。並係以詩曰：「湄洲神人濯厥靈，朝遊玄圃暮蓬瀛。扶危濟弱俾屯亨，呼之即應禱即聆。上帝有命司滄溟，驅役百怪降魔精。囊括風雨電雷霆，時其發洩報其衡。洪濤巨浪貼不驚，凌空若履平地行。雕題卉服皆天氓，梯航萬國悉來庭。神庇佑之功溥弘，陰翼默衛何昭明。

寢宮奕奕高以閎，報祀蠲潔騰苾馨。神之來兮佩瓏玲，駕飆飆兮旖電旌。雲為霓兮霧為屏，靈繽紛兮倏而升。視下土兮福蒼生，民安樂兮神攸寧。海波不興天下平，于千萬世揚休聲。[26]

碑文表明：御賜碑的出現，確實是為了保佑出使的使者。而寶船眾人都相信天妃在他們遇到海難時保佑他們，這是皇帝為天妃立碑的原因。

三、明永樂年間的道教與天妃信仰

在明代初年的道教經典〈太上老君說天妃救苦靈驗經〉中，天妃是太上老君派出的神靈，並為其配備了晏公、千里眼、順風耳等一系列道教之神。這也促進了天妃信仰與道教的關係。

《天妃顯聖錄》記載：「永樂十五年，欽差內官王貴通、莫信、周福率領千戶彭佑、百戶韓翊、並道士詣廟，修設開洋清醮。」[27]按，王貴通等人是代表朝廷去祭祀天妃，其同行人中有道士，說明朝廷認為天妃為道教神靈。明代初年編成的《道藏》一書中，收有〈太上老君說天妃救苦靈驗經〉一文，文中稱天妃為「護國庇民明著妙靈昭應弘仁普濟天妃」，這是明代永樂帝給天妃的封號，說明這篇文章寫於永樂七年之後，正統《道藏》編成之前。經文說：「太上老君在無極境界觀見大洋溟渤、河瀆川源、四海九江、五湖水澤，蛟蜃魚龍出沒，變化精妖鬼恠，千狀萬端，有諸眾生，或以興商買賣，採寶求珍，出使遐荒，交通異域，外邦進貢，上國頒恩，輸運錢粮，進納貢賦，舟船往復，風水不便，潮勢洶湧，驚濤倉卒，或風雷震擊，雨雹滂沱。其諸鬼神，乘此變化，翻覆舟船，損人性命，橫被傷殺，無由解脫，以致捉生代死，怨怒上衝，何由救免？於是廣救真人上白天尊曰：斗中有妙行玉女於昔劫以來修諸妙行，誓揚正化，廣濟眾生，普令安樂。於是天尊乃命妙行玉女降生人間，救民疾苦。乃於甲申之歲三月二十三日辰時降生世間。」以上這段經文說天妃下凡是由太上老君指派的。老君為其「賜珠冠雲履，玉珮寶圭，緋衣青授。龍車鳳輦，佩劍持印，前後導從。」天妃下屬的道教眾神也在經文中出現：「黃蜂兵帥、白馬將軍、丁壬使者、

26　朱棣，〈御製弘仁普濟天妃宮之碑〉，此碑原立於南京龍江天妃宮內。南京市文物管理委員會錄校。

27　照乘等，《天妃顯聖錄》，第9頁。

檉香大聖、晏公大神，有千里眼之察奸、順風耳之報事，青衣童子，水部判官，佐助威靈，顯揚正化。」在天妃之神性格的塑造方面，道教突出天妃是救海難之神，並觸類旁通，兼具多樣功能。經文擬定的天妃誓文說：「一者誓救舟船達于彼岸；二者誓護客商，咸令安樂；三者袪逐邪祟，永得消除；四者蕩滅災迍，家門清淨；五者搜捕奸盜，屏跡潛形；六者收斬惡人，誅鋤強梗；七者救民護國，民稱太平；八者釋罪解愆，離諸報對；九者扶持產難，母子安全；十者庇護良民，免遭橫逆；十一者衛護法界，風雨順時；十二者凡有歸向，保佑安寧；十三者修學至人，功行果滿，十四者求官進職，爵祿亨通；十五者過去超生，九幽息對。」[28] 這一經文的公布，影響明代的天妃崇拜。例如，明以後的天妃宮內有「千里眼」、「順風耳」等神配祀。《道藏》的〈天妃經〉說天妃有「千里眼之察奸、順風耳之報事」，是將二人作為天妃的配祀神，從此，千里眼與順風耳成為天妃宮廟內不可少的雕塑。

〈太上老君說天妃救苦靈驗經〉提到天妃的部下有晏公之神，晏公是原產江西的水神。萬曆版《道藏》中有一篇〈搜神記〉，其中載有晏公的故事：「公姓晏，名戌仔，臨江府之清江鎮人也。濃眉虬髯，面如黑漆，平生疾惡如探湯。人少有不善，必曰晏公得無知乎？其為人敬憚如此。元初以人材應選入官，為文錦局堂長，因病歸，登舟即奄然而逝。從人斂具一如禮。未抵家，里人先見其暢騶導於曠野之間，衣冠如故，咸重稱之。月余以死至，且駭且愕，語見之日則即其死之日也。啟棺視之，一無所有，蓋尸解云。父老知其為神，立廟祀之，有靈顯于江湖，本朝詔封平浪侯。」[29]

晏公之所以得封水神平浪侯，與朱元璋有關。王士禎《居易錄》說：「先十七從祖齊音有晏公廟詩，自敘謂本江中棕繩為怪，許旌陽以法印擊之中額，遂稱正神云。按國憲家猷載豬婆龍事，有老漁語眾云云，問其姓曰晏也。如其言，上河江岸成。太祖悟曰：昔救我於覆舟山。是云『晏公』。遂封神霄玉府晏公都督大元帥，命有司祀之。不云棕怪也。」[30]

28　佚名，〈太上老君說天妃救苦靈驗經〉，萬曆《道藏》，文物出版社影印本，第11冊，第408頁。

29　張國祥等，《搜神記》卷三，〈晏公〉，萬曆《道藏》第36冊，文物出版社影印本，第273頁。

30　王士禎，《居易錄》卷二十二，文淵閣四庫全書本，第2頁。

　　按，朱元璋曾在江西的鄱陽湖與陳友諒大戰，幾次瀕於危險而最終解脫。朱元璋自認為得到神明的保護，所以，他下令封賜晏公為平浪侯。明代東南區域的民眾出門主要是坐船，因此，對江河保護神平浪侯的祭祀十分流行。在東南區域，凡境內有河流處，大都有晏公廟。例如福建將樂縣：「晏公行祠，在縣溪南水南都。洪武二十二年建，祀平浪侯晏公之神。」[31]當時行走江湖的商人與官員都很重視晏公，將其稱為舟神。不過，明代的舟神有兩個，其一為晏公，其二為蕭公，《續文獻通考》說：「臨江府晏公廟，在府治東清江鎮。神名戍仔，明初封平浪侯。新淦縣蕭侯廟，在縣北大洋洲，祀宋蕭伯軒及子祥叔。永樂中，其孫天任卒，屢著靈異，亦祀于此，詔封『水府靈通廣濟顯應英佑侯』。」[32]可見，蕭公崇拜略遲於晏公。明代民眾對晏公、蕭公二神的祭祀十分看重。林俊說：「蕭、晏公者，名善水，江之舟多祀焉。昕夕撞鼓磬為樂，發必告，止必報，牙日必祭。風雨、盜竊、現恍物必禱焉。舟人窮，寧死不復神恷。一進止失據，市酒實甌，肉實盆，拳跽蒲伏，道罪過縷縷，以紓神怒。」[33]在鄭和下西洋之時，對晏公的祭祀達到頂點。鄭文康說：「因記嚮年朝廷有事西洋日，中貴人經劉家港謁神行宮，見其對土木像若君父然。有彭指揮者稍弗謹，篝之幾死。聞其群從言，神於江海無乎不在，呼之則火至，火至則無虞。余時為贊者，且信且疑。以今遭值揆之，非神威靈昭著，何以使人畏敬奉承如此哉！前光祿寺署丞崑山李謹有常，因南郊得罪，謫交阯，還，談神亦嘗為漕運，南謫借宿之夢，尤為駭異。李又云，至今南人歷歷能道。文康謹筆所見、所聞、所遭為記。詩曰：『中心藏之，何日忘之？』非神而誰是。月望日開封鄭文康謹記。」[34]可見，明代初年鄭和等一行人對晏公也十分重視。

四、長樂天妃行宮的修建

　　鄭和說：「若長樂南山之行宮，余由舟師累駐於斯，伺風開洋，乃於

31　李敏纂修，弘治《將樂縣志》卷六，〈宮室〉，福建省將樂縣地方誌編纂委員會2001年重刊弘治十八年本，第138頁。

32　嵇璜等，《續文獻通考》卷七十九，〈群祀考‧雜祠淫祠〉，文淵閣四庫全書本，第37頁。

33　明‧林俊撰，《見素集》卷二十八，〈舟神紀〉，文淵閣四庫全書本，第8頁。

34　明‧鄭文康，《平橋藁》卷六，〈晏公靈異記〉，文淵閣四庫全書本，第9頁。

永樂十年奏建，以為官軍祈報之所，既嚴且整。」[35]此後，鄭和多次為長樂天妃宮添香。宣德五年，明宣宗決心派鄭和等人第七次下西洋，這時，鄭和已經是年過六旬的老人，他與他的夥伴，對天妃的信仰日益虔誠。鄭和、王景弘等人為了感謝天妃的保佑，常常給天妃進香，他們來到長樂之後，為天妃行宮修建了三清殿。並在三清殿旁立碑，這就是著名的〈天妃之神靈應記〉之碑，碑文記載：

皇明混一海宇，超三代而軼漢唐，際天極地，罔不臣妾，其西域之西，迤北之北，固遠矣，而程途可計，若海外諸為遐壤。皆捧琛執贄，重譯來朝。皇上嘉其忠誠，命和等，統率官校旗軍數萬人，乘巨舶百餘艘，齎幣往賚之，所以宣德化而柔遠人也。自永樂三年，奉使西洋，迨今七次，所歷番國，由占城國、爪哇國、三佛齊國、暹羅國、直踰南天竺錫蘭山國、古里國、柯枝國、抵于西域忽魯謨斯國、阿丹國、木骨都束國、大小凡三十餘國。涉滄溟十萬餘里，觀夫海洋洪濤接天，巨浪如山，視諸夷域，迥隔于煙霞縹緲之間。而我之雲帆高張，晝夜星馳，涉彼狂瀾，若履通衢者，誠荷朝廷威福之致，尤賴天妃之神，護佑之德也。神之靈，固嘗著于昔時，而盛顯於當代，溟渤之間，或遇風濤，即有神燈燭於帆檣，靈光一臨，則變險為夷，雖在顛連，亦保無虞。及臨外邦，番王之不恭者生擒之。蠻寇之侵掠者，剿滅之。由是海道清寧，番人仰賴者，皆神之賜也。神之感應，未易殫舉。昔嘗奏請于朝，紀德太常，建宮于南京龍江之上，永傳祀典，欽蒙御製記文，以彰靈貺，褒美至矣。然神之錄，無往不在。若長樂南山之行宮，余由舟師累駐於斯，伺風開洋。乃於永樂十年，奏建以為官軍祈報之所，既嚴且整。右有南山塔寺，歷歲久深，荒涼頹圮，每就修葺，數載之間，殿堂禪室，弘勝舊規。今年春仍往諸番，艤舟茲港，復修佛宇神宮，益加華美。而又發心施財，鼎建三清寶殿一所，于宮之左，雕粧聖像，粲然一新，鐘鼓供儀，靡不具備，僉謂如是，庶足以盡恭事天地神明之心。眾願如斯，咸樂趨事，殿廡宏麗，不日成之。畫棟連雲，如翬如翼，且有青松翠竹，掩映左右，神安人悅，誠勝境也。斯土斯民，豈不咸臻福利哉。人能竭忠以事君，則事無不立，盡誠以事神，則禱無

35　鄭和等，〈天妃之神靈應記〉。

不應。和等上荷聖君寵命之隆，下致遠夷敬信之厚，統舟師之眾，掌錢帛之多，夙夜拳拳，惟恐弗逮，敢不竭忠以國事，盡誠於神明乎。師旅之安寧，往迴之康濟者，烏可不知所自乎，是用著神之德于石，並記諸番往回之歲月，以貽永久焉。[36]

　　長樂天妃行宮在福建有潛在的影響。在明代以前，福建人對天妃廟的稱呼歷代不同。宋代稱之為順濟行祠，元代佛教稱天妃廟稱之為靈慈廟，儒教稱之為天妃行祠，只有道教稱之為天妃宮。福建為媽祖信仰發展地，而且多受佛教影響，一般稱之為靈慈廟，或是天妃行祠。天妃宮稱呼的出現，與元明時期江南的漕運大軍有關。江南自古為道教最盛的地方，受道教的影響，元代朝廷就讓江南的天妃廟改稱為天妃宮。但是，天妃宮這一稱呼，僅僅流行於江南。據我所見，長樂天妃宮是福建第一座取名為天妃宮的媽祖廟。受鄭和的影響，也因為國家祀典制度的關係，天妃宮這一稱呼很快在福建流行起來。長樂縣以後所建的媽祖廟，皆稱為天妃宮。明代中葉的《長樂縣志》記載：「天妃行宮凡五處，一在縣治西隅登南山上。國朝永樂間，太監正使鄭和同官軍建。一在縣治東北十五都弦歌里仙岐

圖 6-2　長樂天妃宮的天妃之神靈應記

境。一在縣治南十八都。一在縣治北二十三都。一在縣治北二十四都。」[37]十五都今為漳港鎮，靠近長樂東面的大海；此外，二十三都為金峰鎮，二十四都為文嶺鎮，都是靠近閩江的村鎮。文嶺鎮的天妃行宮應當就是後來的廣石天妃宮，是明中後期出使琉球使者經常祭拜的一個天妃宮。《閩都記》：「長樂廣石為冊封琉球使者開洋處，尤極崇奉。海上往還，有諭

36　鄭和等，〈天妃之神靈應記〉，該碑立於長樂縣南山天妃宮。
37　劉則和等，弘治《長樂縣志》卷三，〈寺觀〉，第 71 頁。

祭文，神援舟功烈最著也。閩人渡海，風波危急，呈叩於神，有紅光顯異，或燕、雀、蜓、蝶翔集舟中，則無虞矣。」[38]

總的來說，鄭和遠航是明代天妃信仰發展的重要契機。當此之際，在鄭和等的奏請下，明初的聖妃被升格為天妃，達到了元代賜封的最高點。此後天妃之號沿用數百年，直到清代初年才改封為天后。

五、永樂、宣德時期其他使者的天妃信仰

永樂年間，明朝的使者頻繁出使於海外國家，受水手們的影響，他們往往成為天妃的信徒。《天妃顯聖錄》記載：「永樂十三年（1415 年），欽差內官甘泉送榜葛剌國王，海中危急，禱祝獲安，詣廟致祭。」[39]關於甘泉出使，《明史》也有記載，「（永樂）十年夏，（滿剌加國王）其姪入謝。及辭歸，命中官甘泉偕往，旋又入貢。」[40]據《明史》的記載，滿剌加國王之姪是於永樂十年夏入貢，其後由明朝太監甘泉護送其還國。而後，甘泉又於永樂十三年自滿剌加回國，甘泉往返海上，都受到天妃保佑，所以，回來後專門到湄洲廟中祭祀天妃。和鄭和航海歷程比較，可知鄭和於永樂十一年出使，並於永樂十三年回航，甘泉應是和鄭和船一起往還的。其次，甘泉是送滿剌加使者回國，而不是送榜葛剌國王，這是《天妃顯聖錄》的一個錯誤。

《天妃顯聖錄》又載：「永樂十三年，欽差內官侯顯往榜葛剌國，往來危懼，祈禱屢助顯應，奉旨詣廟致祭。十一月，又委內官張源到廟御祭一壇。」[41]侯顯赴榜葛剌之國，是在鄭和回歸的永樂十三年，由此可知，他這次出使不可能與鄭和同行。《明史》記載：「十三年七月，帝欲通榜葛剌諸國，覆命顯率舟師以行，其國即東印度之地，去中國絕遠。其王賽佛丁遣使貢麒麟及諸方物。帝大悅，錫予有加。」[42]如其所記，榜葛剌國是在東印度，即今孟加拉一帶。明朝使者往還，歷涉波濤之險，所以，侯顯回來後要祭天妃。

38　王應山，《閩都記》卷五，〈郡城東南隅〉，北京，方志出版社 2002 年，第 39 頁。
39　照乘等，《天妃顯聖錄》，第 8 頁。
40　《明史》卷三二五，〈滿剌加傳〉，第 8417 頁。
41　照乘等，《天妃顯聖錄》，第 8 頁。
42　《明史》卷三○四，〈宦官傳〉，第 7769 頁。

　　宦官張謙曾多次出使東洋國家。永樂六年，浡泥使團返國，明朝「以中官張謙行人周航護行」。「八年九月，遣使從謙等入貢謝恩。明年覆命謙賜其王錦綺、紗羅、綵絹凡百二十四，其下皆有賜。十年九月遣旺偕其母來朝。」[43] 可見，張謙與浡泥關係極深。張謙也曾出使古麻剌朗國。「古麻剌朗，東南海中小國也。永樂十五年九月遣中官張謙齎敕撫諭其王幹剌義亦奔敦，賜之絨錦、紵絲、紗羅。十八年八月，王率妻子、陪臣隨謙來朝，貢方物，禮之如蘇祿國王。」[44]

　　《明史》記載，十五年六月己亥，「中官張謙使西洋還，敗倭寇於金鄉衛。」[45] 可見，張謙在出使古麻剌朗國之前，還曾有一次出使西洋的任務，在返程中，他們大敗倭寇。湄洲的《天妃顯聖錄》又載，「永樂十六年，又差內官張謙到廟御祭，著本府官員陪祭。」[46] 可見，在與倭寇交戰之後的次年，曾到湄洲媽祖廟祭祀。

　　　　永樂十八年正月，倭寇哨兵渡海，欽差都指揮張翥統領浙江定海衛水軍防禦，距海相持。日本慣習水戰，分舟師據海口。我師樵汲道絕，兵士困甚，同叩禱天妃，拜請水仙。忽波心撼激，賊舟蕩漾浪中，撐東湧西，我舟與賊船首尾相擊。半晷間，賊篷縴繩斷，我舟中一兵披髮跳躍大呼曰：「速越舟破賊！」翥發令曰：「此神所命，先登者重賞！」遂奮勇衝殺，擒獲甚多，其投水死者不計其數；全收破蠻之功。事聞於上，奉旨遣御史劉麟、內官孔用、唐貞詣廟致祭，送長生鹿二對。[47]

其他官員也曾得天妃庇護。

　　　　永樂十九年，欽差內使張源往榜葛剌國。于鎮東海洋中，官舟遭大風，掀翻欲溺。舟中喧泣。源急叩天妃求佑。言未畢，忽見狂風旋舞，中有赤旂飛揚。眾疑其不祥。須臾，風息浪平，舟人踴躍歡忻，皆曰：「頃赤旂飛揚，實神靈返颶之力。」及自外國還，特製袍幡

43　《明史》卷三二五，〈外國傳六‧浡泥〉，第 8414 頁。
44　《明史》卷三二三，〈外國四〉，第 8379 頁。
45　《明史》卷七，〈成祖三〉，第 97 頁。
46　照乘等，《天妃顯聖錄》，第 8 頁。
47　照乘等，《天妃顯聖錄》，第 38 頁。

詣廟拜謝。

本年，太監王貴通等又奉命往西洋，禱祝顯應。奏上，遣內官修整祖廟，備禮致祭。[48]

洪熙元年（1425 年）四月，欽差內官柴山往琉球，載神香火以行。至外洋，一夕，雲霧晦暝，山方假寐，夢神撫其幾曰：「若輩有水厄，當慎之！吾將為汝解。」及寤，不敢明言，只嚴戒舵工加謹。正揚帆而進，突陰霾蔽天，濤翻浪滾，咫尺不相辨，孤舟飄泊于洪波之中，桅檣顛倒，舟中墜水者數人。舵工急取大板亂擲水中，數人攀木而浮，隨波上下，呼天求救，哀聲震天。迨薄暮，見燈光自天而來，風倏靜，浪倏平，舵工亟撥棹力救，墮水者爭攀附登舟，感慶再生之賜。回京奏上，奉旨遣官致祭，拜答神功。[49]

宣德五年庚戌（1430 年）十二月，欽差太監楊洪統領指揮千百戶及隨從人等，駕船大小三十隻，裝載綵幣，賞賜阿丹、暹羅、爪哇、滿剌加、蘇門答剌、木骨都束、卜剌哇、竹步八國，虔恭奉祀神妃，朝夕拜禱保佑。一日，舟至中流，天日清霽，遠望大嶼橫崎海中，上多怪石，錯生海物。眾曰：「舟中沉鬱已久，盍登岸少舒。」各奪磴而上，又見旁有小磯，一女子攜筐採螺蜆，競赴磯迫視之。洪恐其肆慢，趨前呵止。女子忽不見。回首大嶼已沒，方知前所登嶼，即巨鰲浮現，其美女乃天妃現身救此數十人也。各叩首謝。歸奏上，奉旨齎香致祭。[50]

明宣宗宣德五年，「欽差太監楊洪等出使諸外國，神功加佑，風波無虞，特遣官祭告。制曰：惟妙靈昭應天妃林氏，嵩嶽孕靈，巽坤合體，噓風吸雨，統江淮河海之宗，佑國庇民，濟天地東南之險。適承水德，乃亮玄工，海不揚波，維爾嘉績。朕式欽焉！茲特虔修牲醴，遣官祭告，神其鑒臨，尚饗！」[51]

　　由此可見，明永樂、宣德之間，由於朝廷經常派出使者到海外國家，而他們都得到天妃的保佑，這導致朝廷不斷派使者到湄洲島上香，表示敬

48　照乘等，《天妃顯聖錄》，第 38 頁。
49　照乘等，《天妃顯聖錄》，第 39 頁。
50　照乘等，《天妃顯聖錄》，第 40 頁。
51　照乘等，《天妃顯聖錄》，第 8 頁。

意。其後，天妃被列入國家重要祀典。

在其他時代，明朝的使者偶有出使他國。郎瑛說：「成化間，吾杭給事中陳詢欽命往日本國，至大洋，風雨大作，舟將覆矣，陳禱天曰：『予命已矣，如君命何？』遠見二紅燈自天而下，若有人言曰救人不救船，則燈至舟上，有漁舟數隻飄泊而至，遂得渡登山，即語曰：『吾輩為天妃所遣，此山自某地去可幾日至廣東也，但多蛇難行，今與爾盒藥敷足則無害矣。』已而果然，復入京，領敕，又行，下舟時夢天妃曰：『賜爾木，此回當刻我像，保去無虞也。』明日有大木浮水而來，舟人取之，乃沉香，至今刻像於家。」[52] 這次赴日本的航行，最後促成使者陳詢成為天妃的信徒。

第三節　琉球封貢與廣石廟天妃信仰

明清時代，琉球長期向中國進貢，琉球的每一任新國王繼位，都要到北京請封，並請求朝廷派出使者到琉球國封賜。明代中國使者多次航海抵達琉球，而每次出使的使者，都將自己的安全歸來歸功於天妃保佑，這是天妃信仰在明代中後期得以延續的原因。

一、遠航琉球與福建長樂廣石天妃廟的建立

琉球群島位於東海大陸架邊緣，距中國大陸港口海程上千里。明代初年，琉球本島有三個雛形國家，被稱為山北、中山、山南。其中中山國的歷史較為悠久。當地人相傳，最早的琉球王朝開創於 1187 年，開創者為舜天。迄至 13 世紀至 14 世紀之間，琉球國出現了國王英祖，他是這一傳說時代的英雄人物。不過，由於大海限制了琉球的發展，在很長的時間內，琉球國都較為落後。明朝建立後，派使者告知周邊各國，其中行人楊載於洪武五年（1372 年）來到琉球群島，他的使命十分成功。其後，琉球諸國分別向明朝進貢。為了便於琉球國的進貢，洪武三十一年，「上賜王閩人之善操舟者三十六戶，以便貢使、行人來往」。[53] 洪武年間，中山國共向明朝派出了 26 艘次貢船；山南國派出了 12 艘次，山北國 11 艘次。永樂年間，

52　郎瑛，《七修類稿》卷五十，〈奇謔類・天妃顯應〉，上海書店出版社 2001 年，第 531 頁。

53　嚴從簡，《殊域周咨錄》，卷四，〈東夷〉，第 127 頁。

中山國派出了 28 艘次，山南國 13 艘次，山北國 4 艘次。其後，山北國與山南國分別被中山國吞併，來自琉球的進貢都是由中山國承擔的。琉球諸國樂於進貢是將進貢當作貿易的好機會。其時，明朝禁止私人海上貿易，日本國的進貢限制為十年一貢，而日本國對中國商品的需求量很大，琉球諸國便派出船隻到南海貿易，採購南洋商品進貢明朝，而後購得中國商品出售於日本，在中國、日本、南洋的三角貿易中，琉球國得到很大的好處。當代的琉球學者認為：琉球國的經濟文化是在與明朝的交往中發展起來的。據琉球學者的統計，明代琉球國進貢明朝共有 493 艘次，62452 人次。

　　由於琉球方面的熱情不減，明朝對琉球也格外優待。每一任新的國王登基，明朝都要派出冊封使乘船到琉球，為琉球國王加冕。據《殊域周咨錄》、《明史》等書記載，明朝出使琉球的使者如下：

表 6-1　明朝出使琉球的使者（1368 — 1644 年）

年代	使者姓名	使者官職	使命簡述
洪武五年	楊載	行人司行人	通報大明朝建立
洪武七年（？）	路謙	尚佩監奉御	回報琉球進貢
洪武十五年	梁民	內使監臣	賜中山王察度鍍金銀印
永樂元年	邊信、劉亢	行人	回報琉球進貢
永樂二年	時中	行人	冊封中山國王武寧
永樂十三年	陳季若	行人	冊封山南國王
洪熙元年	柴山、阮鼎	正使、副使	弔祭舊王，冊封新王尚巴志
宣德二年	柴山	正使	通告宣德皇帝繼位
宣德五年	柴山	正使	回報琉球進貢
宣德八年	柴山、阮鼎	正使、副使（？）	回報琉球進貢
正統八年	俞忭、劉遜	正使、副使	冊封國王尚忠
正統十三年	陳傅、萬祥	給事中、行人	冊封國王尚思達
景泰三年	陳謨、董守宏	給事中、行人	冊封國王尚金福
景泰七年	李秉彝、劉儉	給事中、行人	冊封國王尚泰久
天順七年	潘榮、蔡哲	給事中、行人	冊封國王尚德
成化八年	官榮、韓文	給事中、行人	冊封國王尚圓
成化十五年	董旻、張祥	給事中、行人司副	冊封國王尚真

　　以上史料表明，明朝與琉球之間，常有使者來往，在嘉靖以前，明朝

的使者至少有 17 次出使琉球。自鄭和下西洋活動停止後，明朝派遣使者到外國的事例很少，但因琉球殷勤進貢，所以，明朝對琉球青眼有加。每一位新的琉球國王繼位，明朝都要派出使者加封。其次，琉球作為中國與日本之間的一個小國，明朝有時也利用琉球辦理對日本外交。柴山於宣德八年赴琉球，便與開拓對日本關係有關。「宣德七年正月，帝念四方蕃國皆來朝，獨日本久不貢，命中官柴山往琉球，令其王轉諭日本，賜之敕。明年夏，王源義教遣使來。帝報之，賚白金、綵幣。秋復至。」[54] 在當時的技術條件下，遠航琉球十分危險。例如，在宣德年間出使琉球回來後的柴山說：「東夷之地離閩南數萬餘里，舟行累日，山岸無分，茫茫之際，蛟龍湧萬丈之波，巨鱗漲馮夷之水，風濤上下，捲雪翻雲，險釁不可勝紀。天風一作，烟霧忽蒙，潮門湃湃，聲振宇宙，三軍心駭。」[55] 柴山曾四次出使琉球，在海上多次經歷風險，每當風險降臨，眾多水手、火長都會高呼天妃求救，這種文化氣氛感染了柴山，因此，柴山對天妃的信仰十分虔誠。他的記載反映了他的心理。

柴山於洪熙元年第一次出使琉球，他說：「載神香火以行。至外洋，一夕，雲霧晦暝，山方假寐，夢神撫其几曰：『若輩有水厄，當慎之！吾將為汝解』。及寤，不敢明言，只嚴戒舵工加謹。正揚帆而進，突陰霾蔽天，濤翻浪滾，咫尺不相辨，孤舟飄泊于洪波之中，桅檣顛倒，舟中墜水者數人。舵工急取大板亂擲水中，數人攀木而浮，隨波上下，呼天求救，哀聲震天。迨薄暮，見燈光自天而來，風條靜，浪條平，舵工亟撥棹力救，墜水者爭攀附登舟，感慶再生之賜。回京奏上，奉旨遣官致祭，拜答神功。」[56] 宣德八年，柴山再次出使琉球，他又「重修弘仁、普濟之宮」。[57]《明史考證》說：「章宗瀛按，洪熙改元、宣德二年、五年、八年，頻遣柴山使琉球，因於福建海岸立廟作記，傳中皆不載。柴山使事見《殊域周咨錄》謹附考。」[58] 以上史料說柴山在福建海口建立天妃廟，這應是長樂縣閩江入海口的廣石廟。關於廣石之名的由來，《長樂縣志》記載：「閩王禁石，在

54　《明史》卷三二二，〈外國三・日本〉，第 8346 頁。

55　嚴行簡，《殊域周咨錄》，卷四，〈東夷〉，第 128 頁。

56　照乘等，《天妃顯聖錄》，第 39 頁。

57　嚴行簡，《殊域周咨錄》，卷四，〈東夷〉，第 129 頁。

58　《明史》卷三二三，〈考證〉，文淵閣四庫全書本，第 1 頁。

縣治東四十里，大海之際，周圍十餘丈，歲產紫菜，纖而希，其味珍。閩王審知時供貢，禁民私採。今廣石澳也。」[59] 廣石澳位於閩江口南岸，明代出海的船隻多從廣石澳出發，早在鄭和航海時就是如此。郭汝霖的〈廣石廟碑文〉寫到：「廣石廟，廟海神天妃者也。天妃生自五代，含真蘊化，歿為明神，歷宋歷元，迄我明顯靈巨海，禦災捍患，拯溺扶危，每風濤緊急間，現光明身，著斡旋力，禮所謂有功於民，報崇祀典，而廣石屬長樂濱海地，登舟開洋，必此始。廟之宜。舊傳自永樂內監下西洋時創焉。成化七年給事中董旻、行人張祥使琉球，新之。」[60]

　　按，鄭和航海時，從長樂縣的太平港出發。為了祈神方便，鄭和在長樂縣城中的三峰山蓋了天妃宮，站在天妃宮階前，可以望見太平港內的艦隊，十分方便。但太平港只是閩江內港，從這裡到海口還有數日的路程，而廣石澳則是閩江口的港口，出海船隻都要在這裡候風，一旦有順風，才會駛出港口。但鄭和之後，出使琉球的使者是從福州城附近的河口出發，到太平港有一日的行程。從太平港向東行，經過幾日水程，方能抵達閩江出海口的廣石澳。一般地說，出使琉球的船隻會在這裡停靠幾天，等待順風起碇。因此，在廣石澳蓋一座天妃宮，對使者來說是十分有必要的。就其歷史看，廣石廟最早應是鄭和所建，而後柴山等人也使用了這一廟宇。後來出使琉球的使者多在廣石澳祈禱天妃，這應是受鄭和及柴山的影響。鄭和的事蹟為眾人所知，而柴山四次出使琉球，在明清兩代使者中獨一無二，而且，儘管海上風波險惡，但他都能安全回來，在後人眼裡，他是成功有化身，因此，他開創的一些制度為後人所遵守，這是必然的結果。

　　明代出使的使者大都要拜天妃，幾乎形成一種習慣。但是，光拜天妃，如果行程不謹，一樣會出問題。成化年間發生了赴滿剌加使者林榮及黃乾亨溺死的事件，這對士大夫的天妃信仰打擊很大。《福建通志》記載：

> 莆田黃乾亨，成化甲午解元，乙未進士。授行人，奉命冊封滿剌加國。便道歸別其母，謂其叔仲昭曰：天涯萬里，不可無骨肉相依。仲昭命其子乾剛偕行。舟壞，乾剛免，且登岸，顧乾亨，不忍獨全。

59　潘援等，弘治《長樂縣志》卷一，長樂縣檔案館 1965 年滕印本，第 20 頁。
60　郭汝霖，《重編使琉球錄》卷上，日本沖繩縣宜野灣市，榕樹書林 2000 年重版，第 284 頁。

遂同溺死。乾亨子如金解元、進士，官提學副使；乾剛子希英，與如金同舉進士。人謂孝友之報。舊志。[61]

　　按，黃乾亨為天妃的同鄉人，明朝大概是因為這個原因，才派遣他和林榮出使吧？然而，事故仍然找上門來。明朝因其二使溺死，深感不安。後來，黃乾亨之子黃如金、黃乾剛之子希英能同時考中進士，黃如金並和其父親一樣獲得解元的地位，應當和明朝的照顧有關。明朝還給黃家兩個進士。這個贈予雖然令人感動，但只要有可能，誰也不願因這個原因被贈予吧。這一事件自然會引起士大夫的思考。嘉靖年間的儒者朱淛為天妃家鄉之人，卻成為批判天妃信仰最激烈的人物，他說：

> 世衰道微，鬼怪百出，俗所敬信而承奉之者，莫如天妃，而莫知其所自始。宋元間，吾莆海上黃螺港林氏之女，及笄蹈海而卒。俚語好怪，傳以為神，訛以傳訛，誰從辨詰。天妃封號，則不知起于何時……夫上天至尊無對，誰為媒妁，以海濱村氓弱息作配于天？其無理不經，謬恣舛逆，與鄴人為河伯娶婦之事尤為怪誕也。大抵胡元尚鬼，各處守土之官摭拾神異以聞于朝，輒取封號。今荒山野廟之中，宣封護國侯王者在處有之，而天妃以女身獨存，又云顯跡海上，故海上人尤尊事之。夫人情窮蹙，則籲天呼地以祈倖免。今夫楫扁舟，破巨浪，颶風簸揚，天地顛倒，何恃而能無恐？俗傳天妃之神能偃風息雨，出死入生，是以凡以海為業者尤所敬信，有急則皈依焉。然風濤漂沒，葬于魚腹者何限也，幸而不死，則歸功天妃，指天畫日，以為得天助也，互相誑誘，轉相陷溺。……莆禧海上有天妃宮，凡番舶往來，寇盜出沒，具瞻拜致禮，修齋設醮，歲以為常。而其所如往，亦必盱睢偵伺、杯珓許可而後行。夫神聰明正直而一焉者也，謂之天妃，惟曰其助上帝。……吾鄉國清塘上，舊有天妃廟，八境承事，勤于祖妣（禰），其土偶設像，男女混雜，其衣服往往為人褫去，撐柱支體，守者數以窩盜發覺。前郡太守雲泉吳公毀其薪木，以新弼教公館。夫不能自庇其身，乃能造福于人；一廟之宮不能以陰靈呵護俾勿壞，乃能凌越鯨波萬里之外以救胥溺之危，不亦難乎？要之所謂天妃者，亦古之寓言所謂無是公、烏有

先生之類耳！[62]

作為天妃的家鄉人，朱淛對天妃的批判如此嚴厲，反映了儒學大師一貫批評民間淫祀的立場。朱淛宣傳他的觀點時，正是陳侃出使琉球之後，有人以陳侃出使得天妃保佑為例，質疑朱淛之說。朱淛則以莆田人黃乾亨出使滿剌加溺死海中一事為例，認為天妃既不能保佑其家鄉之人，又怎能保佑其他使者？或生或死，不過是幸與不幸而已。按，黃乾亨與林榮是出使滿剌加，後在占城海面遇難，僅有少數人在越南登岸，沿陸路回國。所以，後人往往誤以為他們是出使占城。謝肇淛說：「往琉球海道之險倍於占城，然琉球從來無失事者，占城則成化二十一年給事中林榮、行人黃乾亨皆往而不返，千餘人得還者麥福等二十四人耳。蓋亦物貨太多，而不能擇人故也。」[63]可見，當時海難的原因實在於同去的人太多，船舶載貨太多，終於發生事故。朱淛以此事例批評崇拜天妃的人，在明代影響很大。[64]其實，福建人信仰天妃，並非完全依賴神力。他們在謹事天妃的同時，也會認真地準備航海事宜、總結經驗。林榮、黃乾亨使船出事，主要原因還是使船超載。使船本來只要一二百人即可，但隨去的中小商人，都將搭乘使船看作一次好機會，一個拉一個，全船竟有上千人，嚴重超載。接受這一意見後，明朝每次出使的使者都很注意不可接受太多人。一些使者在上船之前，往往下令多餘的人退出，否則就不上船。這種意識保證了使船的安全。

第四節　二徐真人崇拜

明代著名的二徐真人信仰源於福州。陳文濤的《閩話》引《永樂實錄》：「永樂十五年三月建洪恩靈濟宮於北京，祀徐知證及其弟知諤。言其神像來自閩，甚著靈異。」[65]二徐真人在明朝崇高的地位，與永樂帝有關。明代陳鳴鶴《晉安逸志》中有一段記載，名為「鰲精受封」：

男子曾甲，世居閩縣金鰲峰下，灌園為業。園中有破祠，其神嘗栖

62　朱淛，〈天妃辨〉，黃宗羲編，《明文海》卷一一六，第 3—4 頁。原出朱淛《天馬山房遺稿》卷六。

63　謝肇淛，《五雜組》卷四，〈地部二〉，第 85 頁。

64　徐曉望，〈論明清以來儒者關於媽祖神性的定位〉，《福州大學學報》，2007 年 2 期。

65　陳文濤《閩話》卷三，〈靈濟二真君〉，1981 年福建省圖書館抄本，第 26 頁。

箕，自稱兄弟二人，南唐徐知誥之弟知證、知詳（諤）也。晉開運二年，率師入閩，秋毫無犯。閩人祀我于此。自是書符療病，驗若影嚮（響）。永樂間，成祖皇帝北征，弗豫，詔曾甲入侍，運箕有驗，遂封知證清微洞玄真人，知詳（諤）弘靜高明真人。敕有司建廟金鰲峰下，歲遣龍虎山張真人，齎送衣袍。久之，張弗堪其役。致命畢，按劍坐殿上，召之。須史，二金鰲自帳中出，蒲伏於前。張叱之曰：「何等小畜，敢煩乃翁，明歲復來，當斬汝矣。」先是，每歲賜袍，明日，二真人親至，雲頭謝恩，至是，奏免張真人，但遣官而已。[66]

這段故事反映了明代閩人的觀點，值得我們認真分析。在當時的閩人看來，二徐真神並不存在。可是，二徐受封又是明朝的一件大事，因此，閩中便傳說福州金鰲峰下的二徐廟宇，實為兩隻金鰲竊居，他們冒充二徐降神賜藥，竟然得到皇帝的信仰，受封為真人，其實名不符實。所以，他們在故事末尾編造了一個張真人要斬二金鰲的小故事，迫使二金鰲向正神服罪。

由此可見，閩人對二徐信仰並不十分認真，實際上，二徐在福建是二個極小的神靈，遠遠不能與媽祖、臨水夫人等神靈相比。雖說二徐在宋代受過皇帝封賜，但宋代的這類神靈不知有多少，他們中的許多人都被時代淘汰。事實上，明初閩中二徐崇拜也在衰落中。福州青圃金鰲峰下的靈濟宮早已廢敗，僅有一個名為曾辰孫的巫醫在此扶乩治病。相信二徐神靈的，也不過是周圍鄉村的農民。然而，由於侍奉二徐的巫師善於鑽營，二徐竟成為明朝最顯赫的道教神靈之一。

關於明代二徐真人的崛起，青圃民間有這樣的傳說：明永樂年間，皇帝的母親生病，生命垂危，皇帝頒詔天下，招民間良醫入京治療。青圃曾神孫揭榜入京，以二徐降下的良藥治癒國母。於是，朝廷派人入閩，在青圃村大建靈濟宮，民間有「要看皇帝殿，先看靈濟宮」的說法。

從以上傳說來看，二徐原為青圃民間的醫神，我們知道，福建民間有許多這類醫神，例如吳本、木皁隸之類。閩中百姓十分相信醫神，他們通

---

66 陳鳴鶴，《晉安逸志》，轉引自徐𤊯，《榕陰新檢》卷十，〈鰲精受封〉，福州，海風社 2001 年，第 63 頁。

過在神像前扶乩之類的形式，選擇藥物，即使誤治，也自認為是命中註定的，九死不悔。不過，由於扶乩的巫師大多知道藥理，開出的「仙藥」頗能對症，所以，雖有誤診，但平時也能治好人。這裡關鍵是巫醫自身的本事。青圃民間傳說，曾神孫的「仙藥」十分靈，治好的人很多，以故，皇帝詔令發出後，他敢於揭榜應徵，結果治好了國母。

官方史書記載：明成祖永樂十五年，朱棣生重病，百藥無效，最後，吃了靈濟宮符藥，才得以康復。這一事實讓後人感到疑惑，明宮廷中有許多御醫，為何治不好皇上的病？倒是民間巫醫曾辰孫假二徐之靈賜藥能治好皇上的病？其實，這一點也不奇怪。明代因誤診而死的帝王不少，泰昌皇帝即死於庸醫所進紅丸，結果釀成著名的「紅丸案」。蓋因明代朝廷實行會診制度，每逢皇室中重要人物生病，都要召集御醫會診，這些御醫各有主張，誰也不買誰的帳。辯論中誰勝了就用誰的藥，若是一帖藥不見效，人們便認為他沒用，明日必換新藥。因此，皇帝吃的藥常是七顛八倒，今日補，明日瀉，小病常變成大病，大病難免死亡。明成祖吃御醫之藥無效，是很自然的。在這種情況下，他屏百醫不顧，專吃靈濟宮符藥，治好的可能性當然提高了。福州青圃靈濟宮前立有明成祖的「御製洪恩靈濟宮碑」，該碑說：「乃者朕躬于效，神默運精靈，翊衛朕躬，頃刻弗諱，隨叩隨應，屢顯明微，施以靈符，天醫妙藥，使殆而復安，仆而復起，有回生之功，恩惠博矣，盛矣。朕揆德涼薄，何由獲茲，永懷神德，曷其能忘，海深嶽峻，其焉有報。」可見，曾辰孫以二徐的名義施藥，將危殆中的明成祖挽救過來，明成祖非常感激二徐真人，這便奠定了朱氏子孫敬奉二徐的基礎。

那麼，曾辰孫是不是因為給明成祖治病而揭榜進京的呢？《明史》記載：「禮部郎周訥自福建還，言閩人祀南唐徐知諤、知誨，其神最靈。帝命往迎其像及廟祝以來，遂建靈濟宮於都祀之。帝每邁疾，輒遣使問神，廟祝詭為仙方以進。」[67] 據此，曾辰孫不是揭榜進京，而是禮官周訥推薦進京。很可能是因為朱棣病重後，百藥無效，夢見二神人前來保佑，禮官周訥因而推薦閩中的二徐真人，並帶巫師曾辰孫進京，結果，曾辰孫治好了明成祖之病。

67　張廷玉等，《明史》卷二九九，〈方伎傳〉，〈袁忠徹傳〉，第 7644 頁。

圖 6-3　福州青圃靈濟宮的鐘和馱御碑的贔屭

　　明成祖因重病被「仙藥」治好，所以，他對二徐真人十分寵信，有病即吃「仙藥。」然而，後人卻認為靈濟宮仙藥誤了明成祖。史官說：「藥性多熱，服之輒痰壅氣逆，多暴怒至失音，中外不敢諫。（袁）忠徹一日入侍，進諫曰：『此痰火虛逆之症，實靈濟宮符藥所致。』帝怒曰：『仙藥不服，服凡藥耶？』忠徹叩首哭，內侍二人亦哭，帝益怒。命曳二內侍杖之。」[68]《明史》是後人追記，不知有幾分可靠？史官多從儒者的立場出發，對求神降藥之類的事，抱有本能的反感。所以，他們的記載多帶貶義。實事求是地說，如果沒有曾辰孫施展藥術，明成祖的重病很可能早就不治。明成祖病癒之後，對曾辰孫寵愛過度，也是有可能的。《雙槐歲鈔》載：「有道士曾辰孫者，扶鸞則二神降之。文皇帝遣人禱祠輒應。間有疾問神，神降書藥味，如其法服之，每奏奇效，辰孫大被寵齎。」曾辰孫是托神施展醫術，這可以瞞過皇帝，但在史官眼裡，則是一種不可恕的騙局。

　　朱棣病癒之後，為報恩大建靈濟宮。福州的靈濟宮建於閩縣金鰲峰之下，從其殘存的遺蹟看，當年的靈濟宮規模宏大。例如，進入明太宗手書「靈濟宮」的山門之後，還要步行百層石階才能進入廟門。靈濟宮牆高大

─────────────

68　《明史》卷二九九，〈方伎傳〉，〈袁忠徹傳〉，第 7644 頁。

雄偉，全用花崗石砌成，宮內石坪，可立千人。明代，福建官員要到廟中祭祀神靈。明成祖的〈洪恩靈濟宮碑〉記載：「爰敕有司，虔潔香火，春秋祭祀，歲易時衣，給洒掃五戶，表朕悃口，答神鴻庥。」這裡提到「歲易時衣」，是因為閩中神像有「硬身」與「軟身」兩種，「硬身」即為普通的實物雕塑，而「軟身」神像的肢體都是活絡的，人們可以給神像換衣。明成祖每年都要派遣張真人或官員送新袍到閩中靈濟宮，給神靈換衣，這顯示了他對神靈的虔誠。後來，一年一更衣改為六年一更衣，《閩話》引〈槎蒼山乘考〉：「福州舊例，每六年掛袍，太常遣官齎送，萬曆四年奏罷遣，止預行本省。如或織造，即令藩司堂上官祭告掛換。」[69]《帝京景物略》：「福州先有靈濟宮，自永樂十五年例，每六年，遣博士，齎袍服往祭告。萬曆四年奏罷，命本省藩司祭告，具袍服。其北京靈濟宮，禮如初。」

　　二徐真人在明代影響很大，但就其起源來說，與明成祖的個人信仰有關。二徐真人的真實地位是明成祖的家神之一。不過，由於明成祖的地位，二徐在明代成長為道教重要神靈之一。其實，二徐在民間的信徒不多，在福建民間，也是一個很小的民間信仰。所以，二徐真人信仰一直是靠皇室的禮遇而形成的。迨至清代，皇室的恩寵不再，二徐真人在北京淡化。即使是在福建，它也只是福州青口鎮一帶的民間信仰，信眾不多。

第五節　關帝信仰與閩人的英雄崇拜

　　關帝崇拜是中國北方最為普及的民間信仰，它傳入福建，表現為北方文化觀念對閩人的影響。建於明代初年的泉州通淮關帝廟與東山關帝廟，是福建影響最大的關帝廟。清代，福建各州縣都有關帝廟。閩人對關帝的崇拜，是中國傳統英雄崇拜的典型形態。

一、福建關帝廟的建立傳播

　　關帝原為三國時期蜀國的大將，名羽，字雲長，山西解州人，後為劉備手下的五虎上將，他在代理荊州牧之時，東拒孫吳，北抗曹魏，不幸戰死。後人在同情蜀漢政權的同時，也將關羽塑造為一個失敗的英雄。後來，

69　陳文濤《閩話》卷三，〈靈濟二真君〉，第 26 頁。

佛教徒傳說關羽出家為僧，成為佛教護法神——伽藍。於是，關帝崇拜在民間逐步發展。宋真宗大中祥符七年（1014 年），關羽家鄉山西解州的官員聲稱關雲長顯聖保護鹽池，於是，宋真宗下令修建解州關帝廟。自此以後，關帝不斷「顯聖」，屢屢得到朝廷的封號，宋徽宗大觀二年（1108 年）封關公為武安王。元末，關羽封號升格為「壯繆義勇武安顯靈英濟王」。明初，軍隊信奉武安王關聖已經成為普遍的習俗，洪武元年（1368 年），明朝給予關公壽亭侯的封號，洪武二十年，朱元璋下令在北京順陽門為關羽建廟，關廟成為京師十四廟之一，官府年年祭祀關廟。清代「春秋以部頒日期並五月十三日致祭。雍正六年，封其祖為光昭公，祖為裕昌公，父為成忠公，位設後殿。」、「是廟所在多有。」[70]

　　閩中關帝崇拜始於何時？福建現存方志中，有三部宋代的方志，即《三山志》、《臨汀志》、《仙溪志》，但這三部方志都未提到關帝信仰。就福建地方志記載來看，福建最早的關帝廟都建於明代初年。萬曆《福州府志》記載：「關王廟，在西門甕城內，國初建。郡城七門俱有廟。」[71]此外，著名的泉州通淮關帝廟及漳州東山關帝廟，都被視為福建最早的關帝廟，而《泉州府志》、《漳州府志》都說二廟始建於明代初年。因此，就現有的史料而言，只能說閩中關帝廟始建於明代初年。

　　明初福建沿海關帝廟的創建與朱元璋大將周德興有關。史冊記載：明初倭寇騷擾福建沿海，洪武二十年（1387 年），朱元璋派遣周德興入閩巡視海疆，在短短的一年內，周德興在福建「三丁抽一」，建立起一支大規模的衛所軍，並在沿海各港口建築了 20 座衛所城。當時的關帝是軍人的信仰，明軍進駐衛所之後，相繼建起關帝廟，這是沿海衛所出現關帝廟的真正原因。明代民眾對關帝的信仰來自兩方面的動力，其一，羅貫中的《三國演義》在明代流傳很廣，這部小說將關羽塑造成一個「富貴不能淫、威武不能屈、貧賤不能移」的英雄人物，並獲得廣泛的認同，於是，民間的關帝崇拜日益盛行。明代的民間戲劇以關帝信仰為其主要內容，根據《三國演義》改編的戲劇達到數十個，這些小說與戲劇的流行，使關羽、諸葛

70　江遠青等，道光《建陽縣志》卷三，〈壇廟志〉，第 120 頁。

71　喻政修、林熖、謝肇淛纂，萬曆《福州府志》卷十六，〈禮典志三〉，福州，海風出版社 2001 年，第 200 頁。

亮等三國人物成為民間最崇拜的英雄，這是關帝信仰發展的雄厚基礎。其二，官府對關帝的尊崇日益抬升。明洪武二十七年，稱關羽為「漢前將軍壽亭侯」，憲宗成化十三年「詔建漢壽亭侯廟」。嘉靖十年根據南京太常寺少卿黃芳之言，改稱漢前將軍漢壽亭侯。「歲五月十三日祭乙太牢果品五、帛一，遣太常寺官致祭，國有大事則告廟。」、「萬曆中特加封三界伏魔大帝神威遠鎮天尊。」[72] 如上所稱，明代對關帝的崇拜不斷升碼，從明初的漢壽亭侯漸至伏魔大帝，這是關帝信仰發展的結果，同時也壯大了關帝信仰的聲勢。

在這樣的背景裡，沿海的關帝廟越建越大，福州學者謝肇淛說：「今天下神祠香火之盛莫過於關壯繆。」、「遐陬荒谷，無不尸而祝之者。凡婦人女子，語以周公、孔夫子，或未必知，而敬信四神（關公等），無敢有心非巷議者，行且與天地俱悠久矣。」謝肇淛說的是全國的情況，其中自然也包括福建。他還說：「而其威靈感應，載諸傳記，及耳目所見聞者，皆灼有的記，非幻也。如福寧州倭亂之先，神像自動，三日乃止。友人張叔弢親見之。萬曆間，吾郡演武場新神像一，匠者足踏其頂，出嫚褻語，無何僵仆而死。則余少時親見之。」[73] 這些事例表明，當時民眾相信關帝有莫大威力。泉州市通淮關帝廟在民間的影響也很深，「上自監司守令居是邦者，以迄郡薦紳學士、紅女嬰孺，亡不人人奔走。禱，靡不應，應，靡不神。」[74] 當地每年都要舉行遊神賽會，明代的《清流志》說：「泉中上元後數日為關聖會，大賽神像，粧扮故事，盛飾珠寶。鐘鼓震鈞，一國若狂。」[75] 在泉州的眾神中，關帝的地位最高，一般的神靈出賽，只能坐四抬大轎，唯有關帝、保生大帝、天妃等神靈可坐八抬大轎，其中，關帝又排在眾神之前。關帝的信徒也最多，每次賽神，「關大帝、吳真人燈牌以數千計。」[76]

72　《欽定續文獻通考》卷七十九，〈群祀考・雜祠淫祠〉。文淵閣四庫全書本，第19頁。

73　謝肇淛，《五雜組》卷十五，〈事部三〉，上海書店 2001 年，第 303 頁。

74　李光縉，《景璧集》卷八，〈漢關前將軍漢壽亭侯廟記〉，第 70 — 71 頁。，

75　何喬遠，《閩書》卷三八，〈風俗〉，福建人民出版社 1994 年，第 950 頁。

76　黃任等，乾隆《泉州府志》卷二十，〈風俗〉。清乾隆二十八年原刊，光緒重刊本，第 21 頁。

二、關帝與閩人的英雄崇拜

　　閩人祭祀關帝是把關帝當作勇猛無敵的戰神來祭祀的。明清時期的軍人視關羽為軍魂，他們認為，關帝會保佑自己打勝仗。南平流傳著一個故事：「舊傳正統間，沙、尤寇攻郡城，遙望城中皆赤面神兵，寇心懾，少卻，王師從而撲滅之，蓋神陰助之功也。」[77] 同樣的故事也流傳在詔安懸鐘關帝廟，崇禎六年（1633 年），海寇劉香劫掠詔安沿海並圍攻懸鐘城，夜間看到城上有紅面綠衣人巡城而不敢犯。[78] 不論軍隊還是民間武裝，都喜歡把他們的勝利歸功於神靈的保護，事實上，信神的人若覺得神在保佑他們，往往會勇氣倍增，作戰更加勇敢。因此，以上神靈顯聖的故事，在實踐中往往能起到鼓舞士氣的作用。

　　總之，閩人對關帝的崇拜是很多的典型的英雄崇拜，他們對關帝的崇拜，往往轉化為英勇抗敵的力量。對許多信徒來說，他們只要相信關帝在保佑他們，就敢於勇敢地與敵人作鬥爭，甚至為此獻出生命，這類崇拜，同樣也見於歐美等國，所以，歐美人往往稱關帝為中國人的戰神。

　　不過，關帝與歐美人的戰神相比，也有自己的特點。希臘神話中的戰神往往兼有殘暴的特點，而中國人的關帝則是兼具仁義的英雄。明清閩人祭祀關帝，是因為關帝實踐儒家道德的典範人物。謝肇淛說：「余嘗謂雲長雖忠勇有餘，而功業不卒，視之呂蒙智謀，其不敵也明矣。而萬世之下，英靈顯赫，日月爭光，彼曹操，孫權皆不知作何狀，而王獨廟食千載，代崇褒祀，是天固不以成敗論人也。」[79] 確實，作為軍人，關羽打過勝仗，也打過敗仗，在中國歷史上，軍事才華超過關羽的多得是，然而，沒有多少人能像關羽一樣認真實踐儒家的仁義道德。明朝的李光縉認為，人們崇拜關羽，不止是因為他對漢朝盡忠，還表現在他實踐了儒家的倫理規範，「惟是生人五倫兩儀不得以墜，二曜不得以晦，人心不得以死。侯始遇玄德，朋友也；約盟而後，兄弟也；及推為中山靖王裔而主事之，則君臣父子也。平居無里閈之歡，非胞乳之共，不有折圭擔爵之素。匹夫相友，然信以死；

77　蔡建賢等，民國《南平縣志》卷十一，南平市志編纂委 1985 年點校本，第 599 頁。

78　林溪河等，《漳州文史資料》第 27 輯（總第 32 輯），漳州廟宇宮觀專輯，政協漳州市委員會學習資料委員會 2002 年內刊本，第 339 — 340 頁。

79　謝肇淛，《五雜組》卷十五，〈事部三〉，第 303 頁。

先兄而後臣之，間關周旋，各盡其道，此侯之所以獨高千古也。」[80]明清時代是最推崇義氣的時代，在李光縉看來，關羽的義氣最為感人，「夫古今言義者，皆屬之君臣，而于朋友則言信。……兄弟而以義言，則自劉先主于關張始也。先主起涿郡，壽亭侯起解州，西鄉侯亦涿郡人，三人生不同地，居不同族，先主雖中山靖王之後，一販履之夫耳，非有爵位名號蚤有聲於天下，而卒然相遇於崎嶇草澤中，意氣歡投，約為弟昆，此識見有大過人者。卒之間關險阻，死生不分，其信嚴於天地，炳如日星，可謂知大義矣。……嗟夫！使世人而皆能見義以忘利也，則恩誼之情篤，而身家之心輕矣。以處君臣、兄弟、朋友之倫，何所不可哉？餘故特表而出之，以為世之臣、弟、友者勸焉。」[81]

在明朝人看來，他們的時代「人心不古」，是一個見利忘義的時代。在這一時代，許多人把人倫道德棄之腦後，為了利益你爭我奪，每個人都像烏眼雞似的，恨不得你吃了我，我吃了你。於是，每一個家庭、每一個宗族，乃至官府機構，都成了戰場；所有的友誼都被出賣，所有的信義都遭背棄，所有的愛都被毀滅。為了挽救這樣的一個時代，人們期望關羽與劉備、張飛三結義的精神能喚醒人們的良知，劉關張原為互不相識的異姓，但是，他們結為兄弟之後，同心同德，為復漢大業奮鬥。他們歷盡艱辛，披荊斬棘，終於開創了蜀漢政權。他們之間的兄弟情，君臣義，始終不渝。尤其是在關羽的身上，最完美地體現了古人的道德。他跟隨劉備打天下，遭到無數次挫折，在長時期內，劉備的事業毫無發展，窮困潦倒，但他對劉備堅貞不渝。最使後人讚賞的是：他拒絕曹操的高官厚祿，回到流浪的劉備身邊。在他眼裡，金錢與官職是其次的，人生最重要的是意氣相投，劉備視他為知己，他便心甘情願地為劉備效力，乃至於死。這種道德品質在古人眼裡是最崇高的。在後人看來，關羽的這些品德基本屬實，但也有美飾的成分。不過，這都不是重要的。關鍵在於：明清時期關羽已被塑造成一個完美的道德偶像，人們供奉關帝，是希望他所代表的道德價值能夠永世長存，並挽救江河日下的世風。

80　李光縉，《景璧集》卷八，〈漢關前將軍漢壽亭侯廟記〉，江蘇廣陵古籍刻印社1996 年影印明崇禎十年本，第 72 頁。
81　李光縉，《景璧集》卷八，〈塑三義像記〉，第 75 — 77 頁。

小結

　　中國歷史上有三大民間信仰，產生於北方的是關帝崇拜，產生於南方的是媽祖信仰，而統括南北無所不在的民間信仰是佛教的觀音菩薩。值得注意的是：除了觀音菩薩信仰早已普及民間外，明朝是關帝信仰與天妃信仰發展的關鍵時代。明朝以前，民眾對關帝的信仰還是北方的局部信仰，主要流行於山西、湖北、河南等省。明代初期，駐紮各地的衛所軍隊都選擇關帝為自己的第一保護神，從而將關帝信仰推及全國。福建關帝信仰的崛起，是全國類似情況的一個縮影。至於媽祖信仰，宋代主要是福建沿海的信仰，福建之外，只是在浙江和廣東的沿海可以找到媽祖信仰傳播的一些例子。元代，隨著漕運的影響，媽祖信仰在江南和天津扎根。迄至明朝，媽祖信仰在全國沿海港口都扎下了根，成為認可度較高的最高海神。二徐真人則反映了中國民間信仰的另一種現象：一個地方性信仰，因緣際會，竟然成長為全國性的大神，這是明代皇權造成的，也是明朝統一後南北文化交流的一種現象。

　　中國傳統的三教對諸神信仰造成很大影響。佛教促成了關帝信仰和媽祖信仰的誕生，儒教影響下的歷代政權，給予民間信仰許多封賜，導致民間信仰成為國家祭典，在民間影響更大。而道教致力的是將民間主要信仰都轉化為道教的神，這也促進了民間信仰在民間的深入。明代前期福建的民間信仰反映了下層社會的心態。他們崇拜英雄，渴望神明的保護，並在神明崇拜中凝聚共同力量，獲得在不可知世界中奮鬥的勇氣，從而在其人生道路上堅定地走下去。

第七章　騷動的海洋──私人海上貿易的發生

明初因倭寇騷擾沿海，朝廷推出了海禁政策，這一政策在各地貫徹程度不同。在閩粵邊界的漳州府和潮州府，海上私人貿易從未停止過。明代中葉，朝廷的海禁政策逐漸鬆弛，而海上私人貿易漸漸壯大。明代前期，在私人海上貿易中占據主導地位的一直是漳州人和潮州人。

第一節　海禁、私人貿易和海洋史的探索

明代海禁是學術界關心的問題，圍繞著海禁問題，學者發表了各種意見。

一、學術界對明代漳泉人海上活動的研究

國際學術界重視浙江沿海的漳州人，已經相當久了。日本學者小葉田淳的《明代漳泉人的海外通商發展》，是最早研究漳泉商人的名篇，也在國際上產生較大影響[1]；傅衣凌先生在 19 世紀 40 年代著有〈明代福建海商〉，文中提出：「福建的海商大賈，通番世寇，如阮其寶、李大用、謝和、王清溪、嚴山老、許西池、張維，以及二十四將、二十八宿等，差不多都為漳州月港人。」[2] 旅日臺灣學者李獻璋在 1962 年發表了〈關於嘉靖年間

1　小葉田淳，《明代漳泉人の海外通商発展》，台北，野山書房 1942 年。
2　傅衣凌，〈明清時代商人及商業資本〉，《明代福建海商》，北京，人民出版社

浙海的私商及舶主王直行蹟考（上）〉[3]，提出浙海私商中，著名的鄧獠、
金子佬都是福建人。其他著名海商有：阮其寶、洪獠（洪迪珍、洪澤珍）、
林獠、郭獠、魏獠等。林仁川 1987 年的《明末清初私人海上貿易》一書，
分析了明末清初的私人海上貿易集團，其中也包括了漳州的海盜集團。翁
佳音在其〈十七世紀福佬海商〉一文，研究了與葡萄牙人及荷蘭人貿易的
漳泉商人中的兩個派別。[4]楊國楨認為，「在月港開放後的四十餘年間，是
漳州海商主導東亞貿易網絡的黃金時代。」[5]彭慕蘭給福建人的海上貿易網
絡很高的評價：此書第一節就寫：「福建人的貿易網絡」，他所證明的一
條通則：「在過去，世界各地的貿易都是通過同鄉所構建的人際關係網絡
進行。」他將福建人稱為離散族群，他們大部分生活在城市，少部分人去
鄉村開荒種地。[6]「福建作為造船、漁業、貿易中心已有一千多年的歷史，
即使福建的森林遭到毀滅性砍伐，導致造船業轉移到泰國等地，福建人仍
是東南亞主要的船運業者和貿易商。在東南亞各個王國，福建人擔任收稅
員、港務長、金融顧問等職務，後來在福建（東南亞？）的歐洲人殖民地裡，
還是福建人擔任這些職務。」[7]

二、關於明代前期海禁事業的探討

　　不過，以上的研究主要著眼點是明代嘉靖以後的海盜集團，我對漳州
商人的研究，更重視他們在明代前期構建東亞貿易圈中的作用。拙文〈明
代漳州商人與中琉貿易〉提出：「早在明代初年，漳州人已是海上走私的

　　　　1980 年，第 107 頁。
 3　獻章，〈嘉靖年間における浙海の私商及び舶主王直行蹟考（上）〉，日本，《史
　　　學》34 卷，第 1 号（1962 年）。
 4　翁佳音，〈十七世紀福佬海商〉，臺北，中研院中山人文社會科學研究所，《中國
　　　海洋發展史論文集》第七輯上冊，1999 年。又見，翁佳音，《荷蘭時代——臺灣
　　　史的連續性問題》，第七章，〈漢人網絡：福佬海商〉，臺北，稻鄉出版社 2008 年，
　　　第 153 頁。
 5　楊國楨，〈十六世紀東南中國與東亞貿易網絡〉，《江海學刊》2002 年，第 4 期。
 6　彭慕蘭（Kenneth Ponmeranz）、史蒂夫·托皮克（Steven Topik），《貿易打造
　　　的世界——社會文化與世界經濟》，黃中憲譯本，陝西師範大學出版社 2008 年，
　　　第 21 頁。
 7　彭慕蘭（Kenneth Ponmeranz）、史蒂夫·托皮克（Steven Topik），《貿易打造
　　　的世界——社會文化與世界經濟》，黃中憲譯本，陝西師範大學出版社 2008 年，
　　　第 21 頁。

主要從事者。……在其他地區奉行海禁止的同時，明代漳州一帶的海上貿易卻十分活躍。」、「漳州人是明初海上走私的主力軍。」[8] 我的〈嚴啟盛與澳門史事考〉一文，考證明代前期漳州海盜商人嚴啟盛在廣東香山澳一帶的貿易。[9] 總的來說，我認為明代嘉靖年間出現的漳州海盜不是偶然的，它是明初以來漳州人從事海上活動的發展。拙著《早期臺灣海峽史研究》一書，最早提出了明代中葉即有「漳寇」的活動，「倭寇」活動實際上是「漳寇」的發展。[10] 隨著對漳州歷史研究的加深，我覺得，要加深對明代漳州人的理解，其一是要研究漳州在宋元時代的歷史，其二是要研究明代前期漳州人的歷史，這樣才會對晚明漳州人的表現有深入的體會。

　　傳統觀點認為：明代前期的海禁實行以後，中國私人海上貿易基本斷絕，一直到嘉靖年間倭寇活動時期，中國沿海的海上貿易才重新興旺起來。這一觀點的前提是明朝前期海禁的徹底貫徹，從而使海上私人貿易基本斷絕。然而，真實的情況不是這樣。中國沿海的萬里海疆之上，有一些地方歷來是朝廷統治的盲點，比如福建南部的漳州和廣東東部的潮州，自宋元以來，朝廷的政令在這裡就很少得到尊重。事實上，明朝的海禁之令起了反效果。如果說以前的朝代對漳州和潮州是以「不治而治」的方法的話，明初的海禁則將雙方之間的「緩和地帶」完全消除，明朝的軍隊力圖實行海禁，不惜出動軍隊鎮壓，而漳州、潮州的民眾毫不猶豫地舉兵反抗，雙方的生死角鬥時斷時續，一直到明代末期，閩粵邊境都有大規模的反抗運動。這一歷史背景也說明：即使在明代前期，明朝的海禁在這裡也無法執行。就實際效果而言，明朝的海禁僅僅阻止了北方省分沿海區域的海上活動，而在南方，一直有走私性質的私人海上貿易，尤其是漳潮二州的私人海上貿易相當發達。

　　應當說，明朝的海禁之令在許多省分是有效的。例如浙江省「海中山嶨錯列，林木蔭翳，亡命奸徒，易於盤踞。元末方國珍乘之以據浙東。洪武間湯信國經略其地，遷徙其民，勒石厲禁，迄二百餘年，莽無伏戎，島

8　徐曉望，〈明代漳州商人與中琉貿易〉，泉州，《海交史研究》1998 年 2 期，第 52 — 53 頁。

9　徐曉望，〈嚴啟盛與澳門史事考〉，澳門文化司署《文化雜誌》2006 年春季刊總 58 期。

10　徐曉望，《早期臺灣海峽史研究》，海風出版社 2006 年，第 73 頁。

無遺寇，則靖海之效也。」[11] 又如山東「自福建漳泉以至山東登萊，皆有備倭海道等官，沿海衛所星羅棋布，國初之制，非徒設也。今山東海防已廢，海警絕聞，豈真無捕取魚蝦采打柴木者哉？山東無內叛通番之人耳。使有此輩播弄其間，其為雙嶼為石澳等洋者，又不知幾何矣！」[12]、「青登萊沿海也，皆瘠鹵，數十里無人烟。不足中倭欲也。進無支港，退無寬洋，深入則不能，散略則不達，非倭所便地也。我無販海通賊者，賊不得內應，必不來，即來，不過淮揚之敗潰，或為風濤所迫者一二舶眾。」[13] 可見，明朝的海禁曾經讓浙江、山東等省的私人海上貿易無法進行。明朝的禁令在這兩大省分得到貫徹，應是一向以來，朝廷在浙江、山東二省的統治力量較強，所以，朝廷的命令得到執行，就以福建、廣東兩省來說，明朝頒布海禁之令後，福建境內的福寧州、福州府、興化府、泉州府也少有冒犯海禁的事例，廣東除了潮州之外，除了黃蕭養起義前後，惡性違反海禁之令的事例也不多。唯獨福建的漳州和廣東的潮州，在明代前期就成了海上武裝力量的主要來源之地，從這裡出發的閩粵海盜、海商浪跡於南中國海周邊，從而對東方的海洋史產生巨大影響。也就是說，明朝萬里海禁防線在閩粵邊境的漳州和潮州出現了斷點，這使當地的私人海上貿易先於其他地區發展起來。

第二節　漳州民眾反抗海禁的經濟歷史背景

據《新唐書》的記載，唐天寶年間的漳浦郡（即漳州）僅有 5846 戶，17940 人。[14] 這當然不會是漳州實際人口，它只表明朝廷掌握的納稅人口的數量，也說明朝廷在當地的弱勢。進入宋代以後，福建經濟有很大發展，福州、建州、泉州、南劍州、興化軍、邵武軍等地的經濟文化發達，是國內發展水準較高的地區。[15] 但是，漳州與相鄰的汀州仍是人口較少的地區。

11　李衛等，雍正《浙江通志》卷九十五，〈海防一・兩浙海防考〉，第 24 頁。
12　朱紈，〈海洋賊船出沒事〉，《明經世文編》卷二〇五，《朱中丞甓餘集》，北京，中華書局 1987 年，第 2161 頁。
13　王世貞，〈議防倭上傅中丞〉，《明經世文編》卷三三一，《王弇州文集》，第 3544 頁。
14　梁方仲，《中國歷代戶口、田地、田賦統計》，上海人民出版社 1980 年，第 91 頁。
15　徐曉望等，《福建思想文化史綱》第三章，〈宋元福建文化的全面繁榮〉，福建教育出版社，1996 年。徐曉望，《宋代福建史新編》線裝書局 2004 年。

見下表：

表 7-1　北宋漳州的戶口 [16]

	太平寰宇記	元豐九域志	宋史地理志
漳州	24,007 戶	100,469 戶	100,469 戶
福建路總計	467,815 戶	1,043,839 戶	1,061,759 戶

　　以上表格表明：漳州雖為北宋福建八州之一，但其戶數分別只占福建總戶數的 5%、9.6%、9.5%，而且總戶數也不過 10 萬餘，是北宋人口較少的地區之一。

　　我們再看南宋的記載：南宋漳州的人口為：112,014 戶、160,566 人 [17]，這是見載於方志唯一的南宋漳州人口數。而其時福建路總人口見之於劉克莊的記載，宋寧宗嘉定十二年，福建路人口總數為：1,686,615 戶，3,489,618 口，[18] 二者比較，南宋漳州的戶數為福建路總數的 6.6%，人口數為總數的 4.6%，可見，無論是北宋還是南宋，漳州人口密度都遠低於福建其他州軍，究其原因，主要是政府所掌握的定居農數量較少，而廣大山區都在畬人的控制之中。

　　在中國古代，定居農數量是地方開發的主要勞動力，這是因為：定居農為改善自己的生活需要建設，而游農為了適應自己的生活方式，是不需要建設的。漳州定居農太少，便使自己的開發層次遠低於福建其他地區。事實上，唐宋時期涉及漳州的文獻常把漳州當作「蠻荒地帶」，柳宗元〈登柳州城樓寄漳汀封連四州〉一詩寫到：

> 城上高樓接大荒，海天愁思正茫茫，驚風亂颭芙蓉水，密雨斜侵薜荔牆。
>
> 嶺樹重遮千里目，江流曲似九廻腸。共來百越文身地，猶自音書滯一方。[19]

16　梁方仲，《中國歷代戶口、田地、田賦統計》，第 135、147、157 頁。

17　黃仲昭等，《八閩通誌》卷二十，福建人民出版社 1990 年，第 394 頁。

18　劉克莊，《後村先生大全集》卷八三，〈玉牒初草〉，皇宋寧宗皇帝嘉定十二年，四部叢刊影印抄本，第 14 頁。

19　柳宗元，〈登柳州城寄漳汀封連四州〉，《柳宗元集》，中華書局 1979 年，第 1164 — 1165 頁。

　　又有張登的詩：

　　漳州悲遠道，地里極東甌。境曠窮山外，城標漲海頭。

北宋時王安石〈送李宣叔倅漳州〉：

　　閩山到漳窮，地與南越錯。山川鬱霧毒，瘴癘秋冬作。

　　荒茅篁竹間，蔽虧有城郭。居人特鮮少，市井宜蕭索。[20]

　　由此可見，唐宋時的漳州在北方人的眼裡是十分可怕的，這裡到處是未開發的森林，雨季綿長，瘴癘流行，城市中不過一些茅屋。所以，許多官員將到漳州做官當作流放，以生還為幸。在這一背景下，漳州的開發程度當然是十分有限的。但也不全是如此。例如，大致說來，該州的四縣中，龍巖、長泰、龍溪三縣在九龍江以北，是定居農較為密集的地區，其中尤其以龍溪、長泰二縣發展水準較高，這是因為，這二縣原來都屬於泉州管轄，一向是漢族定居區，龍溪於唐開元時劃歸漳州，長泰於宋太平興國年間劃歸漳州，唐宋期間，漳州有三百人中舉，[21]其中多數為龍溪縣人與長泰人，而注明出自漳浦縣的僅五人。這說明九龍江以南的漳浦縣的開發程度遠遠不及北部。其原因不外是南部定居農較少，自由山民較多。

　　宋代末年，北方遊牧民族南下的壓力越來越大，而朝廷對南方的統治力量也越來越薄弱。在漳州九龍江以南一帶山區，山民據險設寨，且耕且戰，官府號令僅能通行個別城市。「惟漳州之東，去海甚邇，大山深阻，雖有采礦之利，而潮、梅、汀、贛四州之姦民聚焉。其魁傑者號大洞主、小洞主，土著與負販者，皆盜賊也。」[22]宋末又有畬軍的勢力再次興起。宋代福建畬人大多生活在汀州與漳州境內，當時「茅葦極目，林菁深阻」，畬人善用弩機毒箭，以獵為生。長期往來於汀漳的鹽盜與他們逐漸建立了關係，「汀贛賊人畬者教以短兵接戰，故南畬之禍尤烈」，「畬田不稅，其來久矣。厥後貴家辟產，稍侵其疆，豪干誅貨，稍籠其利，官吏又徵求

20　祝穆，《方輿勝覽》卷十三，〈福建路·漳州〉，上海古籍社 1991 年影印《宋本方輿勝覽》，第 150 頁。
21　黃仲昭等，《八閩通誌》卷五一，選舉志，第 181 — 188 頁。
22　脫脫等，《宋史》卷一八五，〈食貨志下七〉，北京，中華書局 1977 年點校本，第 4537 頁。

土物，蜜臘、虎革、猿皮之類，畲人不堪，訴于郡弗省，遂估眾據險剽掠省地，壬戌臘也。」[23] 壬戌年即為宋理宗景定三年（1262 年），當時上距汀州山區晏頭陀起義敗亡僅 33 年，下距宋亡僅 10 年，這說明宋末福建地方政府對汀漳二州的控制力量已經很弱了。

　　元代漳州畲人的反元起義。宋元之際，畲人在福建分布很廣，至元十六年，「詔諭漳、泉、汀、邵武等處暨八十四畲官吏軍民，若能舉眾來降，官吏例加遷賞，軍民按堵如故。」[24] 可見，在上述福建四州境內，至少有八十四支畲人武裝。其中，漳州的反元勢力最為強盛，他們的領袖是漳州畲人陳吊眼。在宋元之際，他們是雙方爭取的一股重要力量。

　　元軍略宋下江南，臨安的宋王室降元，《牧庵集》記載「陳宜中、文天祥挾益、衛兩王逃之閩廣，爵人號年，東南大蠢，覬幸之徒相煽以動，大或數萬小或千數，在在為群。」[25] 其時，陳吊眼一度搖擺於雙方勢力之間。宋末，陳吊眼一度出山協同張世傑進攻泉州，但又接受泉州的蒲壽庚的賄賂，在城下不認真作戰，導致張世傑功敗垂成。元將張弘范於至元十五年（1278 年）經過漳州時，陳吊眼部投降，所以，《元史》稱「張弘范攻漳州，得山寨百五十，戶百萬。」[26] 這一數量大大超過宋代漳州政府所掌握的人口數，也說明漳州畲力量之盛，出人意料之外。

　　但是，畲人是一個天生的愛自由的民族，他們根本無法接受元朝的專制統治，所以，他們很快又掀起了反元大起義。至元十七年八月十五中秋，漳州百姓以過中秋節為名，每家每戶都大擺酒宴，灌醉元軍士兵，大開城門，將潛入城下的陳吊眼軍隊放入城中，然後全城百姓大殺元軍，剽悍善戰的元軍猝不及防，官兵「死者十八九」，只有個別人逃回泉州。這就是著名的「八月十五殺韃子」的事件[27]。這一事件很可能是福建歷史上流傳的「八月十五殺韃子」傳說來源。陣吊眼攻克漳州事件，立刻轟動了全國。當時天下無敵的元軍橫掃世界沒有對手，整個亞歐大陸都在蒙古騎兵的鐵

23　劉克莊，《後村先生大全集》卷九三，〈漳州論畲〉，第 801 頁。
24　宋濂等，《元史》卷十，世祖紀，北京，中華書局 1976 年標點本，第 211 頁。
25　姚遂，《牧庵集》卷十九，〈參知政事賈公神道碑〉，文淵閣四庫全書本，第 4 頁。
26　宋濂等，《元史》卷十，〈世祖紀〉，第 206 頁。
27　揭傒斯，《雙節廟記》，載吳宜燮等，乾隆《龍溪縣志》卷二四，藝文志，第 13 頁。

蹄下呻吟，然而，毫不起眼的山民陳吊眼卻敢向大元帝國挑戰，極大地鼓勵了反元力量。當時汀漳各地畬人武裝雲起響應，紛紛糾兵結寨，樹起反元的旗幟。元人記載「漳州盜陳吊眼，聚眾十萬，連五十餘寨。」[28] 這些山寨聲息相通，「據險相維，內可出，外不可入，以一當百，剿戮難算。」[29] 陳吊眼主力所在的高安寨，受到元朝調集的閩、浙、贛、粵四省大軍的圍攻一年，最後失敗。

然而，漳州、汀州境內的畬人起義此伏彼起。汀州的鍾明亮義軍於至二十五年（1288年）三月，率部眾「萬餘人，寇漳浦，泉州賊二千人寇長泰，汀贛畬賊千餘人寇龍溪。」[30] 至元二十七年，鍾明亮再次率眾進攻漳州。當時詩人詠漳汀二州：「荒山無寸木，古道少人行。地勢西連廣，方音北異閩。閭閻參卒伍，城壘半荊榛。萬里瞻天遠，常嗟梗化民。」[31] 漳州在南宋有112014戶、160566人，迄至元代卻只有21695戶、101306人，總人口減少了六萬餘人。從其人口數我們可以看到：元朝對漳州的控制還比不上宋代。

元代後期，又是漳州畬人掀起了第一波反元大起義——即李志甫起義。李志甫是漳州南勝縣畬人武裝的一名首領，後至元三年（1337年），「畬民黃二使逆命，郡兵追破之，餘黨李志甫結聚南勝不能拔。」[32] 次年六月，李志甫率軍北上圍攻漳州，聲勢浩大。[33] 廣東劉虎仔在潮州「「舉兵以討之，歷四載，經百餘戰，兵老民疲。」[34] 由於元朝的大軍被吸引在漳州，中原的反元勢力乘機而起，逐步形成強大的反元浪潮，李志甫對這一高潮的出現是有獨特貢獻的。李志甫失敗後，漳州境內的局勢仍然長期不能平靜，貢師泰說：「南靖在漳南一百二十里，自李志甫、魏梅壽相繼反，其民習戰鬥，

---

28 徐幹學，《資治通鑑後編》卷一五三，至元十八年十月癸丑，文淵閣四庫全書本，第23頁。

29 鄭所南，《心史》卷上，〈元韃攻日本敗北歌并序〉，明崇禎十二年張國維刻本，四庫禁毀書叢刊本，集部，第30冊，第46頁。

30 宋濂等，《元史》卷十五，〈世祖紀〉，第44頁。

31 折臂翁，《漫游集・過汀州》解縉等，《永樂大典》卷七八九五，引元一統志。北京，中華書局1986年，影印永樂大典本，第四冊，第3675頁。

32 沈定均等，光緒《漳州府志》卷四六，〈陳君信墓誌銘〉，清光緒三年刻本，第20頁。

33 宋濂等，《元史》卷三九，〈順帝紀〉，第845頁。

34 沈定均等，光緒《漳州府志》卷四六，〈陳君信墓誌銘〉，第20頁。

操強弓毒矢，出沒山谷無時，尤難治。況比年強暴各以力雄鄉里，少不合意，輒嘯呼殺掠，縣令莫之誰何。」[35] 羅良的墓誌銘記載：「其後南勝畬寇陳角車、李國祥，安溪賊李大，同安賊吳肥，潮賊王猛虎，江西賊林國庸，先後竊發，西林賊陳世民攻陷南詔、長汀、龍巖、漳浦諸邑，公悉削平，降其眾，復其邑。」[36] 明初，林弼敘及他的家鄉：「長泰在漳邑為小，其民則視他民為譁。元政既衰，令非其人，民不堪其虐，輒且挺而起。比寇平，則民以殘矣。既內附，鄧侯廉首來作縣，較其戶，則死而徙者十二三；視其民，則刀痕箭瘢，膚體弗完，不能業其業者又一二也。」[37]

　　總結元代漳州的歷史，我們不難看出：元朝對漳州的統治一直無法鞏固，但這不止是元朝的問題，而是唐宋以來漳州問題的延續。由於元朝無法解決這一問題，給繼後而起的明朝留下一個爛攤子；其次，漳州所謂畬人的姓氏都是與漢族相似的陳姓、李姓、黃姓，其中雖有畬人固有藍、雷、鍾三姓，但後三姓明顯是少數。當代對漳州畬人的調查早在二十世紀五十年代就開始了，調查人員告訴我們，漳浦陳吊眼的家族至今還存在，這是一個畬漢共聚區，但是，陳吊眼的家族自認為是漢族而不是畬人，他們只是與畬人長期通婚而已。由於史料的缺乏，我們現在還無法判斷元末漳州畬人的漢化程度，僅知道到了明朝漳州藍、雷、鍾三姓之外的居民，都認為自己是漢族。我們只能推測：由於漳州畬人改變了他們的生活方式，使之與漢族定居民沒有本質上的差異，所以，他們逐漸同化為一體了。

　　總結唐宋元三代漳州歷史的發展，大約有以下幾個要點：其一，漳州山區生活著數量龐大的畬民，而漢族主要生活在沿海區域，雙方長期衝突。迄至元代，漳州的畬人與當地漢人已經沒有有很大的區別，可以說是融為一體；其二，畬人在歷史上曾是一個強悍的少數民族，由於生活方式的關係，他們與統治政權經常發生衝突，在元代，這種衝突幾度發展為震動全中國的起義。儘管畬人為此付出了巨大的犧牲，但是，他們仍然堅持自己的生活方式，以桀驁不馴的態度聞名於世。總之他們是一批向任何統治者

35　貢師泰，《玩齋集》卷六，〈送朱元賓赴南靖縣尹序〉，文淵閣四庫全書本，第36頁。

36　陳志方，〈元右丞晉國羅公墓誌銘〉；沈定均等，光緒《漳州府志》卷四六，〈藝文〉，第18 — 19頁。

37　林弼，《林登州集》卷十二，〈贈長泰令鄧侯新政序〉，文淵閣四庫全書本，第11頁。

挑戰的山民。[38]

二、明代漳州的民風與反抗

　　明正德八年（1513年），福建按察副使姚鎮在為《漳州府志》寫序時說：「其地多崇岡絕壑，負滇渤而控嶺嶠，其民務耕稼，其俗喜健斗。市而居者，工雕刻組繪以相高，其士君子敦書史而勵操尚，此漳之大略也。」[39]這段精彩的論斷令人回味無窮，它也說明：漳州在明代的歷史肯定是豐富多彩的。

　　和宋元相比，明代前期漳州人口大增。弘治《八閩通誌》記載的漳州人口是：「49254戶」，「317650口」[40]，約為宋代的一倍，或為元代的三倍。人口增多的原因應是山區的畬人大量融入漢族，成為官府統治下的良民，因而增加了人口數量。我們注意到明代漳州舉兵反抗政府的武裝雖多，從來不自稱為畬軍，元代的許多畬姓都與漢族相似，畬人著名的領袖陳吊眼、許夫人、李志甫等人的姓氏，如果不強調自己是畬人，僅從姓名是看不出的。進入明朝之後，如果他們不強調自己是畬人，別人也就將他們當成漢族了。20世紀50年代，廈門大學的教師在社會活動中找到了漳浦的陳吊眼家族，這一家族自稱為漢族，僅是歷史上曾與畬人通婚而已。傅衣凌先生研究元代的畬人，發現他們有陳、黃、李、吳、謝、劉、邱、羅、晏、許、張、余、袁、聶、辜、張、何等17個與漢族類似的姓。[41]但在明代，他們與漢族混同，民眾並不把他們當作畬民。明代福建人承認的畬民僅是少數姓氏，如林希元說：

> 又有畬民，巢居崖處，射獵其業，耕山而食。二三歲一徙。嗜好食飲，與人殊別。男子丫髻，女子無褲。通無鞋履。嫁女以刀斧資送。人死剖木納屍，少年群集而歌，擘木相擊為節，主者一人，盤旋回舞。乃焚木拾骨，浮葬之。將徙，取以去。云：先世狗頭王，嘗有功，

38　徐曉望，〈明代漳州商人與中琉貿易〉泉州，《海交史研究》1998年2期。

39　陳洪謨修、周瑛纂，正德《漳州府志》姚鎮序，廈門大學出版社2012年影印本，第12頁。

40　陳道修、黃仲昭纂，弘治《八閩通誌》卷二十，〈食貨志〉，福建人民出版社1990年，第394頁。

41　傅衣凌，〈福建畬姓考〉，《福建文化》第2卷第1期，1944年。又載，傅衣凌《傅衣凌治史五十年文編》，北京，中華書局2007年。

許自食，無徭役。賜姓三，曰盤、曰藍、曰雷。考之史，其盤瓠、莫徭之裔也歟？[42]

陳全之說：

閩中有流民畬種，潘、藍、呂三姓，舊為一祖，所分不入編戶，凡荒崖棄地居之，耕獵以自食，不供賦役，椎髻跣足，各統於酋長。酋長名為老人，具巾網長服，諸府游處不常。[43]

（漳浦）大枋山，在縣南大溪社，去縣二百四十里。是山巖穴深阻，林木陰翳。上有畬洞，蓋潘、藍、雷三種苗種畬於此。今苗散處他處，而豺鼠輩竊居焉，時為民患。此地通潮陽縣，治南至此極矣。[44]

這些史料表明明代福建畬人有盤、藍、雷、鍾、潘、呂諸姓。這些姓氏比之元代的畬人17姓，已經少了很多。然而，到了晚明之後，畬姓進一步減少。例如盤姓逐漸消失，而潘呂諸姓一般被認為是漢族。明清之際，公認的畬人只有三姓：「藍、雷、鍾」。必須強調的是：畬民中的盤姓消失，一直被當作畬民史上的一個大難題，近人查遍福建臺灣的姓氏，僅在臺灣發現一個盤姓家族，而且人口不多。臺灣盤姓的發現被當作畬人研究的一大發現。閩東個別畬人族譜認為盤氏消失的原因是盤雷藍三姓從潮州鳳凰山港渡海到閩東時，盤氏的船隻被海浪傾覆，因而盤氏沒有留下後人。這個解釋難以自圓其說，讓人疑問重重。陳全之論述畬人史料的發現，使我認識到：明代對畬人姓氏有不同的翻譯法，有些翻譯將盤氏譯作潘氏。由於盤、潘二姓同音，僅是音調有所不同，盤姓消失的原因應是改為潘姓，混同於漢族之中了。[45]

從明代的史料看，畬人的衣食及喪葬習俗與漢人有很大區別，肯定是與漢族不同的民族。其次，我們看到：明代福建畬人是一個遊動為特點的民族，二三年便一易其處，這與農業民族以定居為主的生活方式有很大的區別。畬人成為遊農的關鍵原因在於他們賴以為生的畬稻具有特殊的種植

42　林希元，嘉靖《永春縣志》卷一，〈輿地志‧風氣習尚〉，明刊本膠捲，頁碼不明。

43　陳全之，《蓬窗日錄》卷一，上海書店古籍出版社2009年，第39頁。

44　陳洪謨修、周瑛纂，正德《漳州府志》卷三十四，〈外紀〉。廈門大學出版社2012年影印本，第2034頁。

45　我的這一發現是在2014年12月24日，附誌於此。

方式，林希元說「又有畬稻，畬人種之山，然地有肥瘦，率二三年一易其處，非農家所能以。」[46] 可見，主要是畬人對肥沃土地的要求迫使他們不斷地尋找新的定居點，這就使他們的生活具有很大的流動性。在唐代的史料中，人們提到湖南的山區有莫徭氏之民開山種畬，所以，林希元便認為明代閩中的畬人應為莫徭氏之遺民。這一觀點也為現代的人類學家所繼承，迄今為止，中國人類學家的多數都認為畬民是唐宋時代進入福建的一個南方少數民族。從畬民的生活方式看，他們二三年一易其處，而福建距湖南不過數百公里，畬民進入福建應是遲早的事。不過，我們必須注意的一點是：畬民進入福建後，並不是馬上散布於福建全省，而在很長的一段時間內，畬人主要分布於福建南方的漳州、汀州境內。關於這一點，我們以後還要說到。

漳州畬民的大量漢化，使朝廷對漳州的統治從沿海延展到內地，這是明代漳州人口大增的原因。但是，人多的另一個問題是人際矛盾複雜，因而動亂也多。漳州的貪官較多。黃淮在永樂年間福建參政楊景衡的傳記中說：「公按行郡邑，廉知漳州知府李誠候官知縣佗振等十餘人，汙濫無檢，列奏正其罪而黜之，由是部屬官僚肅然懲勸。」[47]

明代前期漳州設縣較少也是動亂頻發的原因之一。尤其是漳州沿海，明初沿襲舊制，僅設龍溪、漳浦二縣，兩縣轄地遼闊，對許多地方鞭長難及。林希元評曰：

> 龍溪，漳首邑，其地負山而襟海，山居之不逞者，或阻巖谷林箐，時出剽掠，為民患；海居之不逞者，或挾舟楫，犯風濤，交通島夷。甚者為盜賊，流毒四方。故漳州稱難治莫龍溪若也。[48]

> 漳浦懸鐘、徐渡諸澳，綿互數百里，東際大海、南密諸番，倉卒有變，請計臺府，動經旬月。逮至撲滅，流毒已深。[49]

46　林希元，嘉靖《永春縣志》卷二，〈輿地志・物產〉，第6頁。
47　黃淮，《介庵集》卷九，〈參政致仕楊公（南）墓誌銘〉，民國二十九年刻本，第11頁。
48　林希元，《林次崖集》卷十，〈金沙書院記〉，四庫全書存目叢書第75冊，第631頁。
49　林魁，〈安邊館記〉，鄧來祚等，乾隆《海澄縣志》卷二十二，乾隆二十七年刊本，第13頁。

桂萼的《福建圖敘》說：

> 海物互市，妖孽荐興（通番海賊，不時出沒），則漳浦、龍溪之民
> 居多。[50]

明代的漳州在國內是「有名」的地區，張瀚論述福建各地：「福州會
城及建寧（府）、福寧（州），以江浙為藩籬，東南抱海，西北聯山，山
川秀美，土沃人稠……故其民賤嗇而貴侈；汀（州府）、漳（州府）人悍
嗜利，不若邵（武府）、延（平府）淳簡。而興（化府）、泉（州府）地
產尤豐，若文物之盛，則甲於海內矣。」[51] 張瀚評福建各地多有好話，卻給
漳州人加上了「悍嗜利」這樣的評語。但這不只是張瀚一個人這樣說，又
如鄭曉：「汀漳山廣人稀，外寇內連，與南贛聲勢聯絡。海物利市，時起
兵端。人悍嗜利，喜爭，大抵漳州為劣。」[52] 由此看來，明代的漳州人與中
國人一向「溫、良、恭、儉、讓」的風格有所不同，他們從事海外貿易，
好利爭贏，表現出很突出的個性。如果從歷史演變的角度來看漳州人的個
性，我們並不奇怪他們的表現。因為，在歷史上，漳州南部為畬民居住的
區域，他們屢屢掀起反抗鬥爭，反對壓迫。元代，以畬民為核心的反元大
起義，數次震撼了全國。不過，經過元代的民族大融合，漳州南部的畬民
大都與漢族融為一體，多數山地畬民也從游農成為定居農，他們的生活方
式已與漢族沒有大的區別，而明朝也不再稱漳州境內的反叛者為「畬寇」。
但是，他們反抗壓迫的天性仍然延續，因而影響了漳州人的性格。林希遠
說：「漳西北枕山，東南距海，民負風氣勁悍自常性，法如蔑，賦役多不應。
持之，則逸。」[53]《漳州府志》說：「漳為郡介於閩廣之交，山海之會，惡
少出沒，水陸腹背之患，蓋屢有之矣。宋以來分兵屯守。」[54]

在這一背景下，如果明朝的統治者是明智的，應當對民眾採取懷柔為

50　黃訓編，《名臣經濟錄》卷二十，〈戶部圖志·田土賦役〉，文淵閣四庫全書本，
　　第 15 頁。
51　張瀚，《松窗夢語》卷四，〈商賈紀〉，北京，中華書局 1985 年，第 84 頁。
52　張萱，《西園聞見錄》職方典，卷六二，〈福建〉，上海古籍社 2000 年，續修四
　　庫全書影印民國二十八年燕京學社刊本，第 21 頁。
53　林希元，《林次崖集》卷十，〈黃氏公田記〉，四庫全書存目叢書第 75 冊，第 647 頁。
54　陳洪謨修、周瑛纂，正德《漳州府志》卷二八，〈兵紀〉，北京，中華書局，2012
　　年，第 1703 頁。

主的策略。但明朝的官員常常將問題簡單化，導致漳州等地反對官府的抗暴運動經常發生。

三、明代前期漳州等地的農民起義

　　明代前期漳州民眾的反抗鬥爭屢屢發生。宋濂記載洪武初年的漳浦知縣張某履任之後：「海寇林仲明、鄭惟明、鄭君長恃能出入海濤，先後為背叛。漳州衛兵雖嘗剪除，而渠魁逸不可捕。府君悉用謀致之磔裂以徇。民畏威不復敢為亂。」[55] 查福建方志，此人應為張理。

> 張理，字玉文，鄱陽人。洪武初知漳浦。時詔徵屯田軍入京，萬戶吳世策乘機以眾叛。理集民兵攻世策，戮之。具奏，免屯軍徵。又磔海寇林仲明等，徙土豪，建文廟及群祀壇。身沒，橐無一文。[56]

《明實錄》記載明初漳州多次動亂：

> 洪武十四年十月丙辰，漳州府南靖縣民為亂，南雄趙庸遣兵討平之。
> 洪武十四年十二月己卯，漳府龍巖縣民作亂，自立官屬，侵略龍溪縣。
> 洪武十五年二月甲寅，漳州府龍巖縣群盜作亂。
> 洪武二十年九月戊午，漳州府龍巖縣民江志賢作亂，聚眾數千人，據雷公、獅子、天柱等寨。[57]

　　叛亂引起社會動亂。「徐恭，永豐人。洪武中知漳州。時官軍收捕龍巖叛賊，繫其男女三百餘人，請置於獄。恭曰此非先王罪人不孥意也。上其事，詔釋之。」[58]

　　永樂年間，漳州仍然是戰亂頻生。

　　黃淮為永樂年間在福建任官的楊景衡傳記中說：「漳州盜發，逮捕誣服者眾。公辯析奏聞廷議，斬其渠魁，而流其黨與。下臺憲覆讞，眾莫能決。

55　宋濂，《文憲集》卷二十三，〈故承事郎漳州府漳浦縣知縣張府君新墓碣銘並序〉，第 18 頁。

56　郝玉麟等，雍正《福建通志》卷三十，〈名宦‧漳州府〉，第 43 頁。

57　轉引自李國祥、楊昶主編，《明實錄類纂》，〈福建臺灣卷〉，武漢出版社 1993 年，第 414—418 頁。

58　郝玉麟等，雍正《福建通志》卷三十，〈名宦‧漳州府〉，第 43 頁。

公乃閱舊牘，原情辯論，詿誤者咸得釋免。」[59]

> 永樂十五年八月己酉，福建沙縣賊陳添保等……與縣人杜孫、李烏嘴及龍溪余馬郎、龍巖樊承受、永春林九十、德化張五官等，聚眾作亂，撓劫龍溪銀場，殺中官及土民三十餘人。

> 宣德九年三月，漳州府龍溪縣有強賊六十餘人，往來龍溪、南靖兩縣，殺人劫財。

> 正統十二年閏四月辛未，漳州府龍溪縣強賊池田海等數百人，四出抄掠。[60]

正統十四年，爆發於福建延平府沙縣的鄧茂七起義席捲全省多數地區。在福建南部，鄧茂七的部下從沙縣、尤溪直指漳州的龍巖縣。「巖民有為之響導者，遂大求賄於巖，且令協眾，不爾，且屠邑。邑人騷動，時王源、劉口謀薄賄，以緩其鋒，而急求救於郡。茂七怒，遣賊將楊福、姜京五以數萬眾壓巖。時府衛官兵亦至，遂迎戰于鐵石洋，我師敗績。福等乘勝追至巖山之陽，官民死者甚眾。賊遂入城，官民居儲焚掠殆盡。」[61] 這是明朝官府的記載。其後，楊福率暴動隊伍連下漳浦、南靖、長泰，又圍攻漳州府城。當時漳州大部已落入義軍手裡，城內官兵人心惶惶，幾有崩潰之勢。《漳州府志》記載：「正統十四年鄧寇亂，漳寇乘之，作雲車以臨城。時（顧）斌海上備倭，領將士入，盡散家財，招募死士出與賊戰，並用長斧砍其車，城內外大喊，賊奔口口，死者甚眾。」[62] 這一次戰，雙方死亡甚眾。因漳州衛大將顧斌及時率精銳部隊趕到，經過一番苦戰，擊敗了義軍。然而，義軍餘部圍攻南詔鎮（今詔安）八個月，直到外省官軍趕來後才潰敗[63]。

從洪武至正統年間，正是明朝甲兵最盛的時候，然而，漳州地區卻爆發了多次農民起義，這與宋代初年漳州較為穩定是不同的。也反映了明朝

59　黃淮，《介庵集》卷九，〈參政致仕楊公（南）墓誌銘〉，民國二十九年刻本，第10頁。

60　轉引自李國祥、楊昶主編，《明實錄類纂》，〈福建臺灣卷〉，武漢出版社1993年，第414—418頁。

61　湯相等，嘉靖《龍巖縣志》卷下，〈外志〉，第92頁。

62　陳洪謨修、周瑛纂，正德《漳州府志》卷二八，〈兵紀〉，第1738頁。

63　參見，黃仲昭等，弘治《八閩通誌》卷三八，〈顧斌傳〉，第809頁；陳壽祺等，道光《福建通志》卷二六七，〈明外紀〉，第7—8頁。

廷的失策。其後，漳州仍是很難穩定，當地的地方官難免要與山寇海盜打交道。

成化年間，高祐任泉州同知，「嘗道漳州宿山家，有奸民負豪家債而憤其凌迫者，聚千人，將以期旦焚刲。豪家亦號眾繕械為敵。祐變服往諭，片言解散。」[64]

> 張本，餘干人，舉人。成化間知南靖。始至，縣堂、吏舍、幕庫，悉捐俸以次修葺。上杭溪南寇至本團，集民快、招募番客扼險隘，賊不敢犯。

> 汪鳳，字天瑞。弋陽人。舉進士。弘治初知漳州。時境內盜起，鳳捧檄莅任，不過家門。至之日，揭榜諭賊禍福，乃引兵鏖之。賊皆就擒。

> 鍾湘，字用秀，興國人。舉進士。正德間知漳州。時南靖賊詹師富等聚眾劫掠，騷動三省。朝命臺官之長督重兵進剿。湘率死士搗賊巢，縛首惡，諸脅從者，給牛粟遣之。賊皆感激，帖然聽命。海寇聞之，亦皆就降，兵遂罷。因奏設平和縣。歲饑，賑濟有方，活人數萬。

> 周期雍，字汝和，寧州人。正德進士。以僉事飭兵汀漳。時漳寇負隅，期雍用間離其黨，復整眾厚陣以臨之，察其可撫者，單騎扣壘，諭以禍福，賊皆感泣就撫。數年梗孽悉平。因奏立巡檢盤詰，谿洞晏然。

> 曾鵬，瓊州人。正德十一年以進士知龍溪，時賊方平，鵬一鎮以靜，民賴安堵。

> 覃桓，沔陽人。襲漳州衛指揮僉事。諳韜鈐，習弓馬。正德中征捕南靖金山大溪諸賊，計擒賊首楊宗壽，欽賞帛鈔。後把總銅山水寨，設策招撫海寇馬宗實等。十一年流賊詹師富屯結盧溪河頭之大傘山，委桓會剿，擒獲賊首張顯福藍三等四十餘人。又擒張高村賊首羅定亮。餘眾奔象湖山拒守，南靖縣請添兵。調桓出哨，會同粵兵夾攻。未至，猝與賊遇，與戰，射其渠魁。賊佯走，桓乘勝追逐，

賊叢戟刺之，中咽喉死。[65]

　　從大範圍來看，明代初年，漳州附近的幾個府州都是反政府力量出沒的地區，明代人說：「廣東惠潮與福建汀漳、江西南贛接壤，萬山盤錯，為盜賊淵藪。」[66]嘉靖時大學士桂萼曾這樣評價福建：「汀漳之山尤廣，人跡罕到。獨與贛州聲勢相通，提督兵備實交治之……蓋簡僻莫如邵武，囂訟莫如漳州。」[67]正如張萱的《西園聞見錄》引用沈昌世的話：「汀漳山廣人少，與南贛聲勢聯絡。時苦寇盜。」[68]由於長期性的反政府鬥爭，逐步在漳州山區形成了強大的反政府勢力，如漳平的百家畲洞，「在縣南永福里，界龍巖、安溪、龍溪、南靖、漳平五縣之間，而本縣正當其北，為要衝。萬山環抱，四面阻塞，洞口陡隘，僅通人行，其中寬廣，可容百家，畲田播種，足以自給。四方亡命者，逋聚其間，憑以為亂。宣德、正統間，有江志賢、李烏嘴、盧赤髻、羅興進者，烏合跳樑，至動方岳守臣連年剿捕，始得寧息。」[69]

　　洪朝選記載：

> 龍巖為邑，在萬山之中，其外提封百里。山窮崖絕，聚落乃建，易為盜藪。……鄰南（靖）上（杭）、連（連城）、永（安）、漳（平），咸巖邑也。尤產盜魁，勢能號召役屬，則相與交臂為一。其所居層樓碉寨，鸛鶴之所棲也；仄徑陡崖，猿猱之所緣也。其所置甲伍副長，虎豹之猛屬也。利矢焱弩，風雨之飄驟也。介意不慊，建旗鳴鉦，四出攻剽，汀漳延之間騷然；或偃旗臥鉦，休林谷間，則武斷鄉曲，刻鹽紙利以自封。時平俗革，上下相糜，疆以邊索，猶租賦不事，公匿亡命；若巨盜竊發，連合回應，首為亂區。其天性如此。加以保險負阻，雖健吏武將相屬，豈易治哉。[70]

65　郝玉麟等，雍正《福建通志》卷三十，〈名宦·漳州府〉，第 45 — 47 頁。

66　轉引自李國祥、揚昶主編，《明實錄類纂》，〈福建臺灣卷〉，第 452 頁。

67　桂萼，〈福建圖序〉，《明經世文編》卷一八二，北京，中華書局 1962 年，第 1865 頁。

68　張萱，《西園聞見錄》職方典卷六二，福建，上海古籍社 2000 年續修四庫全書影印，民國二十八年燕京學社刊本，第 21 頁。

69　袁業泗，萬曆《漳州府志》卷三，〈輿地志〉，下，明萬曆四十一年刊本，第 3 頁。

70　洪朝選，《芳洲先生文集》，龍邑湯侯平寇碑，香港，華星出版社 2002 年，第 250 — 251 頁。

這些豪強在深山結寨自守，並屢屢出山攻掠，造成使明朝頭痛三百年的山寇問題。從使用武器來看，他們常用畬民擅長的毒箭。《漳州府志》梁統傳記載：梁統在攻擊漳寇溫文進的巢穴時：「賊用勁弩傅藥以射。」[71] 很明顯：山寇問題是唐宋元以來漳州畬瑤及山民反抗鬥爭的延續。這樣看來，雖說明代漳州的畬民與漢族融為一體，但是，畬民強悍的民風也深深地影響了漳州漢族，使漳州人在明代政治中扮演了一個特殊的角色。

四、明代前期漳州反對海禁的經濟背景

明代前期的漳州是一個典型的農業區域，當地農業以稻米種植與麥子種植為主。明人詠漳州：「田稻春秋種」[72]，《漳州府志》記載：「早稻三月種六月熟，晚稻六月種十月熟，大冬稻春種冬熟。」[73] 由於漳州位於福建最南部，已接近北回歸線，所以，漳州府的山區也可以種雙季稻，漳州的南靖縣「其地氣候多燠，田一歲兩熟。」[74] 又如漳平縣，「早稻熟於六月，晚稻熟於九月。」[75] 又如《龍巖縣志》記載：「其米咸有白赤，其穫咸有早晚，歲咸再登。」[76] 可見，漳州府普遍種雙季稻。因此，漳州的畝產量是較高的。林俊的〈江公陂記〉說：當地的江公陂築成後，「可田十萬畝，畝收穀一鐘而餘。」[77] 一鐘相當於六斛四斗，也就是 6.4 石。

漳州沿海旱地較多。除了水稻外，民眾還種植大麥、小麥以及許多來自北方的旱作物。陳洪謨說：「黍、稷、粱、粟皆北產，漳人亦種之，人多未識。故為辨說如此。」[78] 其中麥類作物種於大田，每每和稻構成復種。如龍溪縣：「麥有大麥、小麥，海方多蒔大麥，早者仲春即熟。大抵冬稻不登，春多艱食，故預種早麥以濟之；謂歲種三稔者，冬治田種早麥，仲

71　陳洪謨修、周瑛纂，正德《漳州府志》卷一，〈吏紀〉，第175頁。
72　黃仲昭等，弘治《八閩通誌》卷八三，〈詞翰〉，福建人民出版社1990年，第952頁。
73　陳洪謨修、周瑛纂，正德《漳州府志》卷十，〈諸課雜誌〉，廈門大學出版社2012年影印本，第595頁。
74　黃仲昭等，弘治《八閩通誌》卷三，〈地理〉，第46頁。
75　曾汝檀，嘉靖《漳平縣志》卷四，〈物產〉，漳平圖書館1985年重刊本，第6頁。
76　湯相，嘉靖《龍巖縣志》卷上，〈物產〉，明刊本膠捲，第54頁。
77　林俊，〈江公陂記〉，鄧來祚等，乾隆《海澄縣志》，卷二二，〈藝文志〉，乾隆二十七年刊本，第11頁。
78　陳洪謨修、周瑛纂，正德《漳州府志》卷十，〈諸課雜誌〉，廈門大學出版社2012年影印本，第596頁。

春又種早稻，秋又種冬稻，冀多力勤，亦可無饑。其頗足之家，多種小麥。」[79] 雜糧則種於缺少泉水灌溉的旱地，亦可發揮一定作用。

漳州的農田。如上所述，漳州肥沃的田地糧食產量很高，不過，那只是沿江沖積平原上的糧食產量，漳州的主要地貌是丘陵區域，當地的農田有五種，如龍巖縣，「田之在野，其名有五，其等不一。一曰洋田，平疇沃衍，厥土多白壤，得水最先者其值上上；二曰瀧田，巖人以評田下陷者曰瀧，厥土惟塗泥，下流不壅者其直上次；三曰山田，高原峻壟，鑿山通圳，厥土多赤，埴而憂旱，得活水者中中；四曰坑田，山徑之間，因泉墾地而種，厥土多墳壚，而憂潦，過澇不決者中；五曰塘田，野水所鍾，曰築之以備旱。厥土塗泥，或青黎，旱澇之患兼焉，斯為下。若有源之塘則亞於瀧。在坊多洋田，塘與瀧居十三，在里則多山田、坑田云。」[80] 以上將山區的田地分為五等，所謂洋田即是山谷中的河流沖積平原，這些沖積平原上面覆蓋著河流帶來的腐朽質，若能修好水利，便能成為上好的「洋田」；而灌溉不能保證的，在這裡稱為瀧田。如果擁有較多的洋田與瀧田，這個縣的糧食生產便十分可觀了。因此，明代前期，當地人為了發展農業，興修水利成為一股風氣。例如，明初，陳炯築鹿石陂，使近海潮田一十萬畝化為良田。又有曾氏「開三閘水利，灌三千頃田，惠洽三都，增萬家產業，活萬人軀命，功垂萬世。」[81] 漳州月港著名的姜公陂，由漳州知府姜諒於成化年間主持修造，「開山伐石，日運百船，填而築之……橫互千三百尺，基廣三十丈，上廣五丈，高六丈。陂成，限川回流，溉田五萬畝。」[82] 除了姜公陂之外，姜諒任職時，漳州其他地方也大興水利。「漳屬縣龍溪、漳浦田多傍海，海溢，田多瀉鹵。諒為築長堤，凡一百八十六所，共為丈六萬八千七百有奇。又，龍溪縣南陂橫溪故有石堤，久壞，諒補築之，為丈一百五十有奇。」[83] 在九龍江流域之外，明永樂間，平和縣築「湖潭陂」，

79　劉天授等，嘉靖《龍溪縣志》卷一，〈物產〉，上海古籍出版社影印天一閣藏本，第 29 — 30 頁。

80　湯相修、莫元纂，嘉靖《龍巖縣志》卷上，〈土田〉，第 46 頁。

81　林汀水，〈九龍江下游的圍墾與影響〉，《中國社會經濟史研究》1984 年第 4 期。

82　蘇殷，〈姜公陂碑記〉，引自乾隆《海澄縣志》卷十二，〈藝文志〉，第 8 頁。

83　陳洪謨修、周瑛纂，正德《漳州府志》卷十四，〈紀傳〉，廈門大學出版社 2012 年，第 817 頁。

「灌田千餘畝」，詔安縣在洪武時築溪東陂，「溉田千餘頃」[84]。這些工程標誌著漳州南部的開發。

明代前期漳州的人口不算多，弘治二年漳州府的統計資料是 49254 戶，317650 人[85]。當地的市鎮經濟也不算繁榮，弘治修成的《八閩通誌》記載：其時漳州府有 6 個縣，共 11 個墟市，其中龍溪縣是漳州首縣，擁有南市、北橋市、草市、烏嶼橋市、華峰市、石馬路頭市、月港市、翰林市等 8 個市鎮；其他各縣擁有的市鎮數量就很少了，漳浦縣僅有一個西街市，長泰縣也只有一個南市，漳平縣有一個桃源市，「每月以一六日集」，除此之外，南靖縣與龍巖縣都沒有市鎮[86]。可見，明代前期漳州商品經濟不發達。究其原因，應與明代的海禁有關。漳州是一個三面皆山、一面是海的區域，對它來說，海路實際上是唯一有效的對外通道。明代有人說：「愚聞漳泉人運貨至省城，海行者每百斤腳價銀不過三分，陸行者價增二十倍。覓利甚難。其地所產魚鹽比浙（江）又賤，蓋肩挑度嶺，無從發賣故也。」[87]因此，一旦切斷海運，對漳州的影響實甚於其他地區。徐溥說：「閩為南服，漳州又為閩之南郡，可謂遠矣。其地介乎山海之間，商賈不通，市鮮貨物，民惟務稼穡，以為生業。故天時不常，水利不修，則無以盡力乎田畝，而寇難乃作，郡號難治久矣。」[88]徐溥是明代中葉的人，從其記錄中可知，當時的漳州沒有什麼商業，以農業為主，其主要原因應是商路不通暢。

然而，明初強硬的海禁政策，迫使漳州民眾與官府對抗。明代漳州人走上造反之路與海洋交通被切斷有關。漳州在宋元時期，並不是一個以海上活動聞名的地區，但是，民間仍然存在著海上貿易，如南宋臣僚言：「漳、泉、福、興化，凡濱海之民所造舟船，乃自備財力，興販牟利而已。」[89]元末羅良占據漳州，曾從這裡向北京運糧，可見，當時漳州的海運是相當

84　陳壽祺等，道光《福建通志》卷三六，〈水利〉，臺灣華文書局影印本同治十年刊本，第 808 頁。

85　黃仲昭，弘治《八閩通誌》卷二十，〈食貨〉，第 394 頁。

86　黃仲昭等，弘治《八閩通誌》卷十四，〈地理〉，第 272 — 273 頁。

87　鄭若曾、胡宗憲等，《籌海圖編》卷四，〈福建事宜〉，四庫全書本，第 33 頁。

88　徐溥，《徐文靖公謙齋文錄》卷二，〈漳州府知府姜侯惠政記〉，明人文集叢刊本，臺灣，文海出版社 1970 年，第 262 頁。

89　徐松輯，《宋會要輯稿》刑法二之一三七，第七冊，北京，中華書局 1957 年，第 6564 頁。

發達的。對漳州這樣一個三面皆山、一面是海的區域來說：海路實際上是唯一有效的對外通道。明代有人說：「愚聞漳泉人運貨至省城，海行者每百斤腳價銀不過三分，陸行者價增二十倍。覓利甚難。其地所產魚鹽比浙（江）又賤，蓋肩挑度嶺，無從發賣故也。」[90] 因此，一旦切斷海運，對漳州的影響實甚於其他地區。事實上，進入明代以後，朝廷實行海禁，切斷了海上貿易線，漳州的商品經濟發展規模倒退，徐溥說：「閩為南服，漳州又為閩之南郡，可謂遠矣。其地介乎山海之間，商賈不通，市鮮貨物，民務稼穡，以為生業。故天時不常，水利不修，則無以盡力乎田畝，而寇難乃作，郡號難治久矣。」[91] 徐溥是明代中葉的人，從其記錄中可知，當時的漳州沒有什麼商業，以農業為主，漳州老百姓的生活十分艱難。有的記載表明：一旦遇上災荒，當地老百姓便流離失所，如洪朝選說：「今之漳泉貧民挈家入山趨食，無慮數百家，不待移而自移矣。若聞貧民入山者，自行發舍以居，夜則入宿，晝則易衣行乞，或傭人割禾，或傭人工作，或採蕨根採柯子……病者殆半，及其扶攜歸家，或斃于道路，或抵家一二日即死，甚可憫也。」[92] 這種背景下，老百姓鋌而走險，也是很自然的。龔用卿說：「或曰漳濱海，僻壤也，地瘠民貧，艱於治生，故樂於商販，趨貨財什一之利，蹈不測之淵，回易於蠻夷之境。蓋無以聊生圖所以為生業之計者，實其勢之不得已者也。」[93] 一些明代官員也看到了這一點：「閩中事體與浙直不同，惟在撫之得宜而已。蓋寸板不許下海之禁，若行於浙直，則海濱之民有魚鹽之利，可以聊生，而海洋即為肅清。若福建漳泉等處多山少田，平日仰給全賴廣東惠、潮之米，海禁嚴急，惠潮商舶不通，米價即貴矣，民何以存活乎？」[94] 這是明代中葉的描述。大致說來，明代初年，漳州沿海海運基本斷絕，所以，外地米無法運進漳州，當地民眾的生活特別艱難；明代中葉，廣東惠潮米開始運入漳州，同時這條海運線也成了漳州的生命線。董應舉說：「福建治亂根乎漳泉，漳泉饑則盜賊眾，盜賊眾

90　胡宗憲等，《籌海圖編》卷四，〈福建事宜〉，文淵閣四庫全書本，第 33 頁。
91　徐溥，《徐文靖公謙齋文錄》卷二，〈漳州府知府姜侯惠政記〉，明人文集叢刊本，臺灣，文海出版社 1970 年，第 262 頁。
92　洪朝選，《洪芳洲先生讀禮稿》卷三，〈雜著〉，清光緒重刊本，第 66 頁。
93　龔用卿，《雲崗選稿》卷十四，〈送漳州太守曹侯入覲序〉，萬曆三十五年刊本，第 33 頁。四庫全書存目叢書，集部，第 88 冊，第 101 頁。
94　胡宗憲、鄭若曾，《籌海圖編》卷四，〈福建事宜〉，第 33 頁。

則福建亂，此必然之勢也。」[95] 這都是明代後期官吏們的總結，但也說明了明代前期漳州人民反抗的原因。總之，明代的海禁政策使漳州賴以生存的海上運輸線被切斷，使漳州人的生活日益艱難。由於生活所迫，自明朝開國實行海禁政策以來，無法忍受專制統治的漳州民眾，不斷起事造反，使漳州成為朝廷一直頭痛的「治安之癌」[96]。

第三節　明代前期破壞海禁的漳州人

明代厲行海禁，這是一個學術界探討已久的熱門話題，海禁導致東方第一大港泉州的衰落，這也是前輩學者早已揭示的史實。應當說，明代的海禁在全國多數地區都得到嚴格的貫徹，這也是明代長江以北海洋文化徹底衰落的直接原因。但在長江以南的沿海地區，隨著朝廷統治的力度不同，各地海禁貫徹程度也不同，而漳州人則扮演了破壞海禁的主力軍。

一、明初漳州海上武裝的活動

明代的海上走私貿易與海盜活動是分不開的，明代福建民眾的反抗鬥爭一是上山，二是下海，如《明實錄》記載：「福建地方，西北有山，東南有海，而嘯聚山林、作寇海道者往往有之。」[97] 也有人進行海上武裝走私，例如：「漳州海門居民八十餘戶，計三百九十餘口，舊種田地三百餘畝，邇年為海潮沖塌，且別無產業，惟倚海為勢，或持兵駕船興販私鹽，或四散登岸劫掠為害。」[98] 由於海洋遼闊無邊，朝廷無力對其全面控制，海洋逐漸成為盜賊淵藪，一些上山失敗的造反者，最終也轉移到海洋。例如洪武十二年龍巖縣江志賢之亂，他們失敗後，被殺「幾三千人，餘黨遁入海」。[99] 其時，明朝的軍隊主要是陸軍，水師力量不強，而且，海盜出沒不常，明朝軍隊無從稽查，所以，明代的海盜活動是十分頻繁的。《明實錄》記載：

95　董應舉，《崇相集》〈議・米禁〉，1928 年重刊本，第 45 頁。

96　參見，傅衣凌，〈明代福建的海商〉，《明清時代商人及商業資本》，北京，1956 年 7 月跋，第 107 頁；陳文石，〈明洪武嘉靖間的海禁政策〉，1966 年 8 月，國立臺灣大學文學院文史叢刊之二十。

97　張懋監修，《明孝宗實錄》卷一五八，弘治十三年正月己卯。

98　轉引自李國祥等重編，《明實錄類纂》福建臺灣卷，第 417 頁。

99　轉引自李國祥等重編，《明實錄類纂》福建臺灣卷，第 414 頁。

永樂元年十月丙寅：先是，海寇至福建海洋，福州中衛百戶孫瑛領兵禦之，賊直犯官軍，瑛與賊聯艦接戰，賊勢盛，瑛及所部皆戰沒，賊遂以壞舟易瑛舟，開洋去。而福建巡海指揮李彝，望瑛受敵不援，賊去，乃挽賊空舟為己功，至是彝下人發其事。[100]

永樂元年十一月辛酉：福建都指揮司言，比者海寇至牛嶺海，遣金門所正千戶王斌、巡檢解迪督眾追捕。斌等生擒賊首八人，斬首十一級，賊被傷溺死者十三人。就遣斌等獻俘京師。

永樂二年六月己亥，福建永寧衛千戶張諫及軍民捕獲海賊有功，命兵部給賞捕獲者人鈔四十錠。[101]

宣德五年八月癸巳，漳州府龍溪縣海寇登岸，殺人掠財。巡海指揮楊全領軍不救。[102]

正統十四年三月癸巳，海賊駕船十餘艘迫福建鎮海衛玄鍾千戶所，攻圍城池，官軍射卻之。

正統十四年五月癸酉，福建海賊陳萬寧攻廣東潮陽縣，劫官庫銀鈔，殺主簿鄧選。

正統十四年，正當鄧茂七起義之時，中左所（廈門）也遭到海寇的攻擊。「海賊張秉彝等圍永寧衛中左千戶所，秉乾率兵卻之，賊退再犯高浦所，復率兵與戰，擒賊首鄭尾仔等十餘人。斬首數百級。兩城俱保無患。賊怒其捍己，乃合眾圍之。時兵寡無援，為賊所獲，寘營中，欲脅以從。秉乾詈曰：『死即死，豈從賊奴反邪！』賊愈怒，遂分其屍。」葉秉乾後在成化四年得到表彰。[103]

景泰三年九月癸巳，福建漳州府賊首鄭孔目等，通番為寇，敵殺官軍，擄去署都指揮全事王雄。[104]

景泰七年正月丁亥，福建都指揮僉事桂福率兵入海捕賊。[105]

100　張輔監修，《明太宗實錄》卷二四，永樂元年十月丙寅，第 8 頁。
101　李國祥、楊昶等輯，《明實錄類纂》福建臺灣卷，第 373 — 374 頁。
102　李國祥、楊昶等輯，《明實錄類纂》福建臺灣卷，第 488 頁。
103　張懋監修，《明憲宗實錄》卷六一，成化四年十二月癸丑。
104　轉引自李國祥等重編，《明實錄類纂》福建臺灣卷，第 488—489 頁。
105　李國祥、楊昶等輯，《明實錄類纂》福建臺灣卷，第 380 頁。

成化五年九月乙巳，福建都指揮僉事王雄受所部賂，聽其與島夷奸
闌互市，及領軍出海，遇番舶逗撓，官軍遂為所傷。鎮守巡按等官
各奏其罪，下巡按御史鞫之，俱當絞，例立功五年。都御史林聰等
言：其情罪深重，難以常例處分。上以為然，降指揮僉事，徙廣東
邊海衛帶俸差操。[106]

成化十五年姜諒出知漳州府之時：

海上有陳理通、剪毛五者，皆盜魁也。諒召捕盜者來議相與捕之之
法，既而二魁皆獲。一時海宇為之肅清。[107]

《福建通志》記載：

姜諒，字用貞，嘉興人，舉進士。成化間知漳州。值歲歉，海盜蠭起。
諒發廩賑乏，簡練丁壯授以方略，擒渠賊斬之。[108]

成化十六年林榮任福建按察副使，巡視海道，俘海寇四百餘人。[109]

可見，從洪武到成化期間，漳州的海盜幾乎沒有斷絕過。他們自由行
走在海上，根本不把明朝水師看在眼裡。他們不僅敵殺官軍，而且主動進
攻明軍要塞，甚至攻城掠地，而明朝官軍竟有不敢與其對壘的。在這一背
景下可知，明朝的海禁在漳州境內根本無法貫徹執行。所以，嘉靖初年的
重臣桂蕚在其〈福建圖敘〉一文中論福建形勢：「濱海上下，外遏倭寇之流，
近通琉球之貢，不為要害，而海物互市，妖孽荐興（通番海賊，不時出沒）
則漳浦、龍溪之民居多。」[110]

明代前期這些海盜未能造成大的禍患，應與明朝有一支水師有關。以
福建為例，明朝在福建設立了五個水寨：閩東的烽火寨、福建中部的南日
島水寨以及漳州沿海的浯嶼寨。這些水寨各轄數千人的水師，經常在海上
巡邏，大大限制了海盜的活動。五個水寨中，尤其以浯嶼水寨最為重要。

106　張懋監修，《明憲宗實錄》卷七一，成化五年九月乙巳。

107　陳洪謨修、周瑛纂，正德《漳州府志》卷十四，〈紀傳〉，廈門大學出版社 2012 年，
　　　第 812 頁。

108　轉引自李國祥、楊昶主編，《明實錄類纂》，〈福建臺灣卷〉，武漢出版社 1993 年，
　　　第 414 — 418 頁。

109　郝玉麟等，乾隆《廣東通志》卷四十五，〈人物志二〉，廣州府，第 65 頁。

110　黃訓編，《名臣經濟錄》卷二十，〈戶部圖志‧田土賦役〉，第 15 頁。

浯嶼位於廈門灣出海口漳州一側的海面，恰好堵住漳州海盜出海的路口，使漳州內港的海上走私變得十分困難。然而，因這些水寨設置在邊遠海島上，糧食供應困難，而明代中葉倭寇的襲擊很少發生，所以，明朝官員逐漸將這些水寨遷入內地。例如，烽火寨遷到福寧府海口的松山港；南日寨水師遷到興化府的吉了港，而隸屬於漳州的浯嶼寨水師，也在成化年間被遷入泉州府管轄的廈門島。浯嶼寨被放棄後，漳州內港與漳州沿海的海上道路打通，漳州內海五澳的不逞之徒，多有從事海盜活動的，這就是著名的海滄海盜。

　　明代中葉的海滄人口較多，民俗強悍，著名的「海滄打手」便出產於此地。明朝常從這裡雇傭職業兵，王守仁與寧王交戰時，曾想調漳州海滄之兵，「為此牌仰福建布政司，即行選募海滄打手一萬名，動支官庫，不拘何項銀兩，從厚給與衣裝、行糧，各備鋒利器械，就仰左布政使席書兵備僉事。」[111]在王陽明的招令下，福建官府「起取漳州府海滄打手三千餘名，行委通判李一寧等管領。」[112]他們僅用一個月就抵達江西前線。王陽明大為興奮，下令犒賞福建官軍。此外，嘉靖年間，安南發生的戰亂影響到中國邊境，在欽州做官的閩南同安人林希元，主張調一支由海滄打手組成的水師平定安南。

　　海滄人以當水兵為生。他們的對手是潮漳一帶的海盜。由於語言相通，如果海滄人當不成水師，其中一些人就會去當海盜。明代前期，漳潮一帶的海盜形成很大的危害。成化年間，姜諒任職漳州時，「值歲歉，海盜蜂起。」[113]酈文接任漳州知府後，發現當地：「民多通夷，緣而劫掠，文嚴禁之，鮮敢犯者。」[114]除了五澳之外，漳州南部的詔安及銅山島都有海盜在活動。他們便是與五澳海盜齊名的「漳浦懸鐘、徐渡諸澳」。[115]漳浦的懸鐘，今位於詔安縣懸鐘半島之上。該地原為明朝水軍駐地，此時卻成為海盜產地。為了控制當地的海盜，明朝於嘉靖九年設立了詔安縣。可見，明代前期，

111　王守仁，《王文成全書》卷十七，〈預備水戰牌〉，第9頁。
112　王守仁，《王文成全書》卷十七，〈犒賞福建官軍〉，第22頁。
113　何喬遠，《閩書》卷六十四，〈文蒞志・漳州府〉，第1855頁。
114　何喬遠，《閩書》卷六十四，〈文蒞志・漳州府〉，第1856頁。
115　林魁，〈安邊館記〉，鄧來祚等，乾隆《海澄縣志》卷二十二，乾隆二十七年刊本，第13頁。

不論誰到漳州做官，都要處理當地的通海事件。當地民眾不是出海貿易，就是當海盜，以搶劫為生。

梁紈於弘治三年十一月任漳州通判之時，有「漳寇溫文進」在沿海活動。[116]「弘治四年，漳平盜溫文進寇安溪，陷縣治。副使司馬塱討平之。」[117]以上表明，自明中葉以來，明朝官府多次招撫海盜。這使海滄人先當海盜後當水師成為一條致富捷徑，所以，當海盜的人越來越多。陳洪謨正德時任漳州知府，「郡有巨寇林廣周，負海嘯聚，設策盡平之。」[118]鍾湘接任後，平定山寇詹師富之亂，「海寇聞之，亦皆就降。」[119]當地的漳州通判聶仕亦為正德時任職，「平海上巨寇，所獲金帛悉籍于官。」[120]林希元在〈上巡按弭盜書〉中說：「夫海滄盜所以相尋不已者，招撫啟之也。自官府招撫之策行，海滄寇盜更相仿效，遂不可止。今日之林益成，即前日之李昭卒、李益進、馬宗實輩也。夫李周賢者亦見：吾往時之跋扈，既卒苟免，今日之林益成又得寬宥。吾弟之罪，未至於益成，吾力足以鼓亂，而又過之。吾再觀兵，官府必復憚。而我釋此其所以敢為叛亂，輕興趣而不顧也。今不大加創懲、大肆誅滅，不足以折奸雄之心。」[121]林希元提到的海盜，大都不見於其他史籍記載，時代不明。翻遍多種史籍，我終於在《漳州府志》中找到相關記載。據萬曆《漳州府志》，覃桓於正德三年任銅山水寨時，「設策招撫海寇馬宗實等」。[122]可見，這名「海滄海盜」在正德年間即有海上活動。從林希元為海滄海盜排名來看，在馬宗實之前，海滄海盜中的著名人物還有李昭卒和李益進，但還未找到相關史料。

明弘治年間，為了抑制海盜，朝廷想了很多辦法。弘治十三年正月己卯，巡按福建監察御史胡華言：

> 清海道。福建地方，西北有山，東南有海，而嘯聚山林作寇海道者，

116　陳洪謨修、周瑛纂，正德《漳州府志》卷四，〈吏紀〉，廈門大學出版社 2012 年，第 174 頁。

117　郝玉麟等，雍正《福建通志》卷六五，〈泉州府・祥異志〉，第 33 頁。

118　何喬遠，《閩書》卷六十四，〈文蒞志・漳州府〉，第 1856 — 1857 頁。

119　何喬遠，《閩書》卷六十四，〈文蒞志・漳州府〉，第 1857 頁。

120　何喬遠，《閩書》卷六十四，〈文蒞志・漳州府〉，第 1865 頁。

121　林希元，《林次崖集》卷六，〈上巡按弭盜書〉，乾隆十八年刊本，第 7 頁。

122　袁業泗，萬曆四十一年《漳州府志》卷十五，〈覃桓傳〉，明萬曆四十一刊本膠捲，第 43 頁。

往往有之。正以總督等不得其人故耳。乞令海道總督等官聽巡按監察御史督責，五寨一月一巡，軍士一月一點，其賊寇擄掠人財，把總等官照役占軍伴事例，虜三人以下，降一級，五人以上降二級。捕獲海寇舡一二隻者給賞，三四隻者陞職。則提備嚴密而海道寧矣。[123]

明中葉的正德年間，除了海盜之外，漳潮山盜的活動日益頻繁，他們四處襲擊，搶劫東南沿海城鄉。以《潮州府志》的記載為例：

> 正德二年（1507 年），（福建）上漳溪賊朱秉瑛與林李傳同為竊盜，遂聚黨焚掠燒毀（潮州）神泉市舍，殺傷鄉夫。
>
> 五年，（潮州）程鄉賊首陳玉良等嘯聚義化山中。
>
> 七年，李四仔等出寇汀漳惠潮地方。
>
> 十一年，山賊魯鈀頭聚眾程鄉，流劫惠潮。
>
> 十一年，河頭劇賊曾三秀掠大埕鄉。
>
> 十二年，（潮州）饒平清遠盜黃白眉等流劫漳泉潮揭各郡。[124]

福建境內也有類似記載：

> 正德元年廣東盜寇漳州。始至，不滿九十人，後依附日眾，自南靖流劫長泰、安溪、永春地方。長泰尤被其害。[125]
>
> 正德五年，廣東盜起，掠安溪、南安、晉江諸縣。
>
> 正德八年，蘆溪賊反。南贛汀漳軍門王守仁合二省兵討平之。[126]

以上事例表明：正德年間，潮州、漳州、汀州、南贛的山盜、海寇的活動日益猖獗，他們或是從山區襲擊沿海，或是從沿海襲擊山村，大夥的強盜還襲擊外府與外省，以搶劫為生。陸君美是正德年間第一任福建按察副使。[127]陸君美入閩以後，曾在治理海疆秩序方面大展手腳，他的傳記記載：

123　張懋監修，《明孝宗實錄》卷八三，成化六年九月己亥。

124　吳穎纂修，順治《潮州府志》卷七，順治十八年刊本，北京圖書館古籍珍本叢刊第40冊，書目文獻出版社，第 1564 — 1567 頁。

125　羅青霄等，萬曆元年《漳州府志》卷十二，〈漳州府〉，第 12 — 13 頁。

126　郝玉麟等，雍正《福建通志》卷六五，〈漳州府・祥異志〉，第 45 頁。

127　何喬遠，《閩書》卷四八，第 1219 頁。

「陸偁。偁字君美，鄞人。弘治六年（1493 年）進士，巡按福建，銳於經略，陞本省按察副使，巡視海道。時海寇充斥，編戶焚蕩，偁演水戰火攻法拒擊之。設畫樹防，什伍海艘，程出入，時往來，立賞格，嚴哨探，定保甲，邊徼肅然。」[128] 可見，早在明正德年間，臺灣海峽的海寇問題已經相當嚴重，福建方面被迫加強了海防。

總的來說，明朝對漳州的統治一直浮在面上，而不能深入漳州社會的基層。明代初年，漳州海盜就下海為生，視明朝軍隊如同廢物。實際上，明朝軍隊在與他們的作戰過程中常常失利，因而整個明代，漳州海面上都活躍著一批海盜，他們與朝廷作戰，搶劫中外商人。他們同時也進行對外貿易，在東南亞各港口，常可見到漳州人及潮州人的活動。這種情況使我想到，雖說明朝實行海禁政策，但其效用卻是值得懷疑的。像漳州、潮州水域，海盜橫行，官軍根本無法實現海禁。所以說，雖有明代前期嚴厲的海禁，但官府的壓制並沒有消滅民間的海上力量。

以上事實表明，明代初年漳潮二州很不平靜，境內常有農民起義發生。由於地理形勢的影響，自古以來，漳潮民眾的反抗鬥爭不是上山就是下海。所以，漳潮歷史上不僅多有占山為王的強盜，也有不少海盜。海洋遼闊無邊，島嶼零落星散，朝廷無力對其全面控制，尤其是明朝將邊遠海島的民眾遷至大陸後，這些海島更成為盜賊淵藪，一些上山失敗的造反者，最終也轉移到海洋。

從東南沿海的地理形勢看，朝廷主要統治據點是寧波、福州、泉州、廣州等著名城市，這些城市附近的海岸，是朝廷控制較嚴的地區；但在四大城市之間漫長的海岸線，則是朝廷控制的弱點。如果四大城市之間的海岸以福州為中心分為兩段，北段距離明朝的統治中心南直隸較近，朝廷的控制稍嚴，在歷史上，這些地區的民眾很少與朝廷採取對抗態度，所以，明初雖然有海寇活動，但以後漸漸削弱，其能量明顯不如南段；而南段真正處於「天高皇帝遠」的區域，如前所述，自唐宋元以來，閩粵贛三省邊界一直是反政府力量出沒處，而漳州、潮州正是這一區域的核心。仔細思考當時漳州與潮州的情況，就可知道明朝的海禁在這裡無法執行，事實上，

128　何喬遠，《閩書》卷四五，第 1140 頁。

明代前期的漳州人和潮州人仍然保持一支強大的海上力量,每當他們發動海上暴動,動不動就有數百艘海船參加。明朝所謂海禁,在這裡形同虛設。事實上,明朝的海禁只能迫使遵守法紀的一些地區放棄海洋利益,例如泉州,而漳州、潮州這類不將朝廷放在眼裡的地區,反而擁有海上航行的自由。因此,明代前期、中期,漳州人與潮州人成為南中國海的主人,他們的海洋力量超過了泉州、福州等地區,中國海洋因而進入漳潮人的時代。

第四節　明代前期私人海上貿易的發生

　　以上研究表明,明朝的海禁之令雖嚴,但並沒有完全消滅東南沿海民眾的海上力量。由此可知,在漳州這類民間海上力量強大的地區,官府的海禁之令無法貫徹。明代前期,漳州潮州漸成為走私貿易的中心。朝廷的海禁之令禁得了泉州、福州的海上貿易,但禁不了漳州民眾的海上私人貿易。明代前期,朝廷嚴控私人海上貿易,導致泉州之類傳統海貿發達的城市衰落,市舶司所在地私人貿易減少。此時傳統的邊緣區域卻獲得了私自海上貿易的機會,漳州海商就是在這一背景下發展起來的。應當說,它延續了宋元以來中國人在東南亞的商業網絡,具有重要意義。

一、漳州海上私人貿易的發展

　　明朝初年厲行海禁,但私人海上貿易一直存在。「洪武四年十二月丙戌,仍禁瀕海民不得私出海。」這一禁令也許在明朝管轄力較強的江浙區域執行較好,但是,閩粵沿海一帶民眾經常不將其當回事,常有些官員帶頭走私。該年,朱元璋對大都督府官員說:「朕以海道可通外邦,故嘗禁其往來。近聞福建興化衛指揮李興、李春,私遣人出海行賈,則濱海軍衛豈無知彼所為者乎?」[129]洪武十四年(1381年),朱元璋重申,「禁瀕海民私通海外諸國」[130]。洪武二十三年十月,朱元璋「詔戶部嚴申交通外(番)之禁。上以中國金銀、銅錢、緞匹、兵器等物,自前代以來,不許出番,今兩廣、浙江、福建愚民無知,往往交通外番,私易貨物,故嚴禁之。沿

129　《明太祖實錄》卷七十,洪武四年十二月乙未,第7頁。
130　《明太祖實錄》卷一三九,洪武十四年十月己巳,第7頁。

海軍民官司縱令私相交易者，悉治以罪。」[131] 洪武二十七年春正月甲寅，
朱元璋下詔：「禁民間用番香、番貨。先是，上以海外諸夷多詐，絕其往來，
唯琉球、真臘、暹羅許入貢。而緣海之人往往私下諸番貿易香貨，因誘蠻
夷為盜。命禮部嚴禁絕之，敢有私下諸番互市者，必真之重法。凡番香、
番貨，皆不許販鬻。其見有者，限以三月銷盡。」[132] 一直到洪武三十五年（即
建文四年），朝廷仍然重申：「緣海軍民人等近年以來往往私自下番交通
外國，今後不許。所司一遵洪武事例禁治。」[133] 以上材料表明，早在洪武
時期，明朝便多次頒布禁令，不准民眾私自出海，它從另一個方面反映了
民間私人海上貿易之盛，而且，以閩廣地區最為興盛。

　　如前所述，閩粵邊境一直有非法的海上武裝在活動，海盜武裝經常擊
敗官軍，因此，官軍無法嚴密封鎖福建沿海。閩粵交界處漳潮一帶的民眾，
對朝廷的禁令不太當回事，照舊在海外活動。[134] 他們的活動波及東南亞國
家。爪哇國的杜阪，「其間多廣東、漳州流戶」。[135] 永樂二年，「時福建
瀕海居民私載海船交通外國，因而為寇」。[136] 據《明史・鄭和傳》，舊港
的陳祖義試圖率閩粵海盜三千人，襲擊鄭和的艦隊。可見，當時海外的閩
粵海盜集團人數眾多。總的來說，明朝的海禁政令在明朝管轄力較強的區
域執行較好，例如泉州，原來是私人海上貿易最盛的地方，明初朝廷的嚴
禁導致當地海上貿易衰落，很難找到一例明中葉以前泉州人經營海外貿易
的例子。浙江、山東地區的海禁也執行得不錯，明代中期，浙江人出海貿
易相當少見。當時的對外貿易主要集中於福建與廣東地區。

　　以上史實的回溯使我有一個想法，過去，一般認為明代海上私人貿易
是在鄭和七下西洋後興盛起來的。因為，鄭和下西洋之時，福建民眾可以
搭船貿易，海上私人貿易逐漸減少。但換一種觀念看問題，會覺得明代初
年，閩粵的海上走私貿易就相當興盛，即使在鄭和航海時期，也未必停止。
按，鄭和第六次下西洋是在永樂十九年，他們於永樂二十年（1422 年）回

131　《明太祖實錄》卷二〇五，洪武二十三年十月。
132　《明太祖實錄》卷二三一，第 2 頁。
133　張輔監修，《明太宗實錄》卷十，洪武三十五年秋七月壬午。
134　徐曉望，〈明代漳州商人與中琉貿易〉，《海交史研究》（泉州），1998 年 2 期。
135　黃省曾，《西洋朝貢錄》，北京，中華書局，2000 年，第 22 頁。
136　張輔監修，《明太宗實錄》卷二七，永樂二年正月辛酉。

歸。其後，在楊士奇等人主持下，明仁宗暫停下海。迨至鄭和第七次下海，大約於宣德七年出現在滿剌加等東南亞港口，前後約有十年之久不見明朝正規的使船。其時明朝在海外的威望很高，便有些明朝官吏或是冒險家，冒充明朝使者到海外去。鄭和到海外，肯定知道這些消息。他的使團回南京後，應是將這些消息上報朝廷。宣德八年七月己未，朝廷下旨：「命行在都察院嚴私通番國之禁。上諭右都御史顧佐等曰：私通外夷，已有禁例。近歲官員、軍民不知遵守，往往私造海舟，假朝廷幹辦為名，擅自下番，擾害外夷，或誘引為寇。比者已有擒獲，各真重罪。爾宜申明前禁榜，諭緣海軍民有犯者許諸人首告，得實者給犯人家貲之半。知而不告，及軍衛有司縱之弗禁者，一體治罪。」[137] 然而，此後明朝不再舉行鄭和下西洋之類的大規模行動，人們冒充明朝使者似乎更為方便。《明英宗實錄》有以下記載：正統十年（1445 年）三月，「福建緣海民有偽稱行人正使官，潛通爪哇國者」[138]。

　　私人海上貿易的人也多了起來。正統五年，「福建永寧衛指揮僉事高瑤，嘗役所督海舟賈利，致軍士溺死。又縱焚所忿者宅，延燬兵甲庫。」[139] 正統十年九月，「福建福州府民有私下海通番者」[140]。正統年間任職福建的董應軫說：「舊例瀕海居民貿易番貨，洩漏事情，及引海賊動掠邊地者，正犯極刑，家人戍邊，知情故縱者罪同，比年民往往嗜利忘禁。」下海通番。[141] 李顯於景泰年間接任福建參政提督海道，「捕興化豪強寘於法。」[142] 林榮於天順十六年「擢福建按察副使，巡視海道，俘海寇四百餘人」。[143] 劉喬於成化十八年「擢福建按察副使，發隱摘伏，屬吏畏服。有大俠私番射利，盤結下上，莫能制。亟斷遣之。」[144] 鄭岳說：「閩東南際大海，國初倭寇內侵，環海要害地立衛若所若水寨，棋錯星列，所以備禦之者，其

137　張輔監修，《明宣宗實錄》卷一〇三，宣德八年七月己未，第 8 頁。

138　孫繼宗監修，《明英宗實錄》卷一二七，正統十年三月乙未，第 7 頁。

139　孫繼宗監修，《明英宗實錄》卷七四，正統五年十二月癸酉。

140　孫繼宗監修，《明英宗實錄》卷一三三，正統十年九月戊戌，第 10 頁。

141　陳壽祺等，道光《福建通志》卷二七〇，〈洋市〉，臺北，文海書局 1968 年影印同治本，第 5127 頁。（未校）

142　郝玉麟等，雍正《福建通志》卷二九，〈名宦・福州府〉，第 35 頁。

143　郝玉麟等，乾隆《廣東通志》卷四十五，〈人物志二〉，廣州府，第 65 頁。

144　李東陽，《懷麓堂集》卷八十，〈明故湖廣布政使司左布政使劉公神道碑銘〉，第 12 頁。

制甚嚴。厥後倭寇寢熄，濱海惡少駕大舶出入風濤中，遠通番國，近掠商舟。」[145] 黃衷的《海語》說到泰國一帶的大型海鶴：「島夷乃剝其頂售於舶估，比至閩廣價等金玉。」這說明明代前期閩中與泰國等地一直有貿易，泰國的鶴頂可以銷售到福建、廣東。明成化年間，福建按察副使辛某「奉敕巡視海道，瀕海大姓私造海艦，歲出諸番市易」[146]。何喬新詠福建詩：「危檣巨舶晝縱橫，海上時聞鼓角鳴」[147]，有些通海大案發生。成化七年（1471年），「福建龍溪民邱弘敏，與其黨泛海通番，至滿剌加及各國貿易，復至暹羅國，詐稱朝使，謁見番王，並令其妻馮氏謁見番王夫人，受珍寶等物。還至福建，泊船海汊，官軍往捕，多為殺死。已而被獲。巡按御史洪性擬其罪以奏。命弘敏等二十九人依律斬之。又三人以年幼可矜，發戍廣西邊衛。馮氏給功臣之家為奴。弘敏所買番人愛沒心等四人，解京處治。皆如性所擬。時性又奏弘敏同縣人康啟道等二十六人通番並行劫海上，亦命重審無冤決之。」[148] 以上兩案，下海貿易的龍溪人達 58 人，有些人還帶著妻子出海。這都說明當時福建的海上貿易逐漸興盛。有些官員主張恢復海上貿易。成化年間出身於海南島的大儒邱濬在其名著《大學衍義補》一書中說：

> 臣按互市之法，自漢通南越始。歷代皆行之。然置司而以市，兼舶為名，則始于宋焉。蓋前此互市兼通西北，至此始專於航海也。元因宋制，每歲招集舶商於蕃邦博易珠翠香貨等物，及次年廻帆驗貨抽解，然後聽其貨賣。其抽分之數，細色於二十五分中取一，麤色於三十分中取一。漏稅者斷沒。仍禁金、銀、銅、鐵、男、女，不許溢出。本朝市舶司之名，雖沿其舊，而無抽分之法。惟於浙閩廣三處置司，以待海外諸蕃之進貢者。蓋用以懷柔遠人，實無所利其入也。臣惟國家富有萬國，故無待於海島之利。然中國之物自足，其用固無待於外夷。而外夷所用，則不可無中國物也。私通溢出之患，斷不能絕，雖律有明禁，但利之所在，民不畏死。民犯法而罪

145　鄭岳，《鄭山齋先生文集》卷一二，〈建巡海道碑記〉，文淵閣四庫全書本，第 11 頁。
146　何喬新，《椒邱文集》卷三一，〈明故中順大夫福建按察司副使辛公墓表〉，明人文集叢刊本，臺灣，文海出版社 1970 年，第 6 頁。
147　何喬新，《椒邱文集》卷二五，〈福安書事〉，第 2 頁。
148　張懋監修，《明憲宗實錄》卷九七，成化七年十月乙酉，臺北，中研院刊本，第 7 頁。

之，罪之而又有犯者，乃因之。以罪其應禁之官吏。如此則吾非徒
無其利而又有其害焉。臣考大明律於戶律有舶商匿貨之條，則是本
朝固許人泛海為商，不知何時始禁？竊以為當如前代互市之法，庶
幾置司之名，與事相稱，或者若謂恐其招惹邊患，臣請以前代史冊
考之。海上諸蕃，自古未有為吾邊寇者，且暹羅、爪哇諸番，隔越
漲海，地勢不接，非西北戎狄比也。惟日本一國，號為倭奴，人工
巧而國貧窘，屢為沿海之寇。當遵祖訓，不與之通。儻以臣言為可
采，乞下有司詳議以聞，然後制下濱海去處。有欲經販者，俾其先
期赴舶司告知，行下所司審勘。果無違礙，許其自陳，自造舶舟若
干料數，收販貨物若干種數，經行某處等國，於何年月回還。並不
敢私帶違禁物件，及回之日，不致透漏。待其回帆，差官封檢，抽
分之餘，方許變賣。如此，則歲計常賦之外，未必不得其助。矧今
朝廷，每歲恒以蕃夷所貢椒木折支京官常俸，夫然不擾中國之民，
而得外邦之助，是亦足國用之一端也。其視前代，算間架經總制錢
之類，濫取於民者，豈不猶賢乎哉！[149]

邱濬的主張也得到一些下級官員的支援，章懋任福建僉事時，「招通
番貨以便商」。[150]《明史 • 章懋傳》說其人「建議番貨互通，貿易以裕商民，
政績甚著。」但是，他的上級按察副使何喬新，卻主張嚴行海禁。最後章
懋被調走。

在廣東及朝廷官員中，時常發生兩派的爭議。曾在廣東任職、後在刑
部做官的林俊主張嚴禁，不輕饒走私番貨之人。「查得見行條例，通番下
海、買賣劫掠，有正犯處死全家邊衛充軍之條。收買蘇木胡椒千斤以上，
有邊衛充軍，貨物入官之條。所以嚴中外之辨，謹禍亂之萌。」[151]身為廣
東人的邱濬卻主張寬以待之。

要注意的是，邱濬的主張雖然一時未得實行，但在後世產生很大的影
響。隆慶年間福建月港通商，就是實行只許商人到南海國家貿易，不許他
們到日本貿易。

149　邱濬，《大學衍義補》卷二五，〈市糴之令〉，文淵閣四庫全書本，第 15 ─ 17 頁。
150　項篤壽，《今獻備遺》卷二十五，〈章懋〉，文淵閣四庫全書本，第 1 頁。
151　林俊，《見素集 • 奏議》卷六，〈正違禁番貨夤緣給主疏〉，第 6 頁。

　　弘治、正德年間，私人海上貿易更為興盛。弘治六年，「南京錦衣衛指揮使王銳言……又有貪利之徒，治巨艦出海與夷人交易，以私貨為官物，沿途影射。今後商貨下海者，請即以私通外國之罪罪之。都察院覆奏從之。」[152] 不過，到了正德年間，多數官員都主張市舶司抽稅，市舶抽稅制度就此恢復。大約抽取商人貨物的二至三成。[153]

　　廣州市舶司恢復市舶抽稅制度，引起了民間的轟動。正德九年六月丁酉「廣東布政司參議陳伯獻奏：嶺南諸貨，出於滿剌加、暹羅、爪哇諸夷，計其產不過胡椒、蘇木、象牙、玳瑁之類，非若布帛菽粟，民生一日不可缺者。近許官府抽分，公為貿易。遂使奸民數千駕造巨舶，私置兵器，縱橫海上，勾引諸夷為地方害。宜亟杜絕事。下禮部議，令撫按等官禁約番船，非貢期而至者，即阻回，不得抽分，以啟事端。奸民仍前勾引者治之。報可。」[154] 這條史料反映抽分制實行後，民間海上貿易的發達。而朝廷後來也恢復了抽分制。正德十五年左右，「布政使吳廷舉首倡缺少上供香料及軍門取給之議，不拘年分，至即抽貨。以致番舶不絕於海澳，蠻夷雜沓於州城。法防既疏，道路益熟。」[155] 可見，正德年間，雖說朝廷的政策在寬嚴之間搖擺，但總體上是寬鬆的，因此，海上私人貿易相當興盛。

　　隨著海禁的寬鬆，沿海運輸業開始恢復。在閩人的文集中，我看到過有人從福州乘船到廣州的例子。明代前期大詩人高棅的〈題臺江別意錢顧存信歸番禺〉作於福州閩江碼頭（可能是在南臺酒肆之上），其詩云：「番禺天萬里……滄浪浩蕩杳難期……東去臺江應到海，唯因流水寄相思。」[156]從這首詩看，高棅的好友顧存信是從福州臺江港乘船前赴廣州的。這說明明代前期的海禁並沒有想像的那麼嚴厲，當時在廣東與福建之間存在合法的海上交通。浙江與福建之間的海上貿易也是存在的。成化《寧波郡志》記載：「明得會稽郡之三縣，三面際海……海道通閩廣等地，商舶往來，

152　張懋監修，《明孝宗實錄》卷八二，弘治六年十一月乙卯。

153　晁中辰，《明代海禁與海外貿易》人民出版社 2005 年，第 153 頁。

154　徐光祚監修，《明武宗實錄》卷一一三，正德九年六月丁酉。

155　徐光祚監修，《明武宗實錄》卷一九四，正德十五年十二月己丑。

156　高棅，〈題臺江別意錢顧存信歸番禺〉，袁表、馬熒編，《閩中十子詩》卷十一，〈高棅〉，第 14 頁。

物貨豐溢。」[157] 福建內境內的海上運輸亦常見。泉州安溪鉅賈李森：「復輦木浮海，助建福州芝山寺。前後費不貲，而李長者之名聞於閩中。」[158] 可見，李森這一次運木材施捨福州芝山寺，是從海道走的，他應是將木材先從安溪順河運到晉江下游的泉州港口，再從泉州港將木材運到福州。明代前期漳州也有木材輸出。陳全之寫於嘉靖年間的《蓬窗日錄》說：「汀州及江西諸府產杉出溢口，徽產杉出饒河口，漳州產杉由海達浙東。」[159] 一個地區出產木材出名，恐怕不是幾十年裡造就的，看來漳州商人運木材到浙江東部，是明代前期就有的事。據正德《漳州府志》，漳絹和漳紗都是用湖絲為原料，「五色，極佳」。[160] 可見，約在明代中葉，漳州的木材向浙江出口，然後從浙江運入湖絲。這是跨境的長距離貿易。明中葉何喬新說：「他日乘舟東海之上，百川所委，眾流所匯，杳不知其幾千萬里。飛艎巨舶，往來而上下。」[161] 可見其時海船之多。又如崑山的周無逸做批發生意：「遂張肆於市以居貨，平其量衡，均其價直，生意如湧泉。家日以大。崑為澤國，樂歲粒米狼戾，遠商巨舶至者，咸以君為宗。一歲之間，錢以緡計者及萬緡，銀以兩計者及萬兩，隨其用而品置之。執盤校籌，毫釐不爽，皆曰君允可依也。後之至者，日益眾，家居不能容，雖揮之，亦莫肯去。」[162] 從「遠商巨舶至者，咸以君為宗」這句話來看，這位崑山的商人，至少有來自沿海的商船到其貨棧。所以說，明代前期海上運輸還是存在的。

閩粵出海貿易最多的是漳州地區。「兵部言：浙、福並海接壤，先年漳民私造雙桅大船，擅用軍器火藥，違禁商販，因而寇劫。」[163] 如前所述，明初漳潮一帶的海寇活動造成明朝海禁的漏洞。明朝水師屢受打擊，因而，無法封鎖漳州海岸線，漳州人可從月港到海外經商。漳州的地理形勢和地

157　張瓚、楊定纂修，成化《寧波郡志》卷一，〈土風考〉，成化刻本，第 11 頁。北京圖書館古籍珍本叢刊，第 28 冊，書目文獻出版社，第 9 頁。

158　沈鍾 等，乾隆《安溪縣志》卷五，〈宦績〉，廈門大學出版社 1988 年，第 171 — 172 頁。

159　陳全之，《蓬窗日錄》卷一，上海書店古籍出版社 2009 年，第 39 頁。

160　陳洪謨、周瑛，正德《漳州府志》卷十，〈諸課雜志〉，第 612 頁。

161　何喬新，《椒邱文集》卷十一，〈贈揭君尚文遊南廱序〉，第 2 頁。

162　鄭文康，《平橋薰》卷十一，〈周無逸墓誌銘〉，第 12 頁。

163　張溶監修，《明世宗實錄》卷一五四，嘉靖十二年九月辛亥。

方經濟也很有利於海上商業。其一，漳州有發達的造船業。明初的漳州處於經濟大發展的前夜，境內群山起伏，森林茂密，自然資源豐富。古代造船業的主要原料是木材，明代的漳州是東南三大產木中心。陳全之寫於嘉靖年間的《蓬窗日錄》說：「汀州及江西諸府產杉出溢口，徽產杉出饒河口，漳州產杉由海達浙東。」[164] 其時漳州能向浙東輸出木材，表明當地盛產杉木，而杉木是造船業的基本原料，這表明漳州發展造船業有雄厚的物資基礎。事實上，漳州製造的海滄船和草撇船都被明軍選為基本戰船。其二，漳州沿海多港灣，從九龍江畔的月港到漳浦的鎮海港、東山港、玄鍾港、走馬溪，到處都是吃水較深的良港，沿海村寨都可擁有自己的港口，他們自行造船藏於港灣深處，外人很難尋找。當地民眾有航海貿易的傳統，由他們來帶頭突破毫無理由的海禁，具有多方面的有利條件。景泰三年九月，漳州發生了一個類似《水滸傳》宋孔目與強盜勾結的案件：「福建漳州府賊首鄭孔目等，通番為寇，敵殺官軍，擄去署都指揮僉事王雄。」[165] 下海通商在漳州是常見的現象。成化八年四月，「福建龍溪民二十九人泛海通番，官軍追之，拒捕，為風所破。其舟浮水登陸，被獲下獄，多瘐死，伏誅者十四人。」[166] 漳州的對外貿易逐漸將當地大姓捲入，張燮說：「成弘之際，豪門巨室，間有乘巨艦貿易海外者。奸人陰開其利竇，而官人不得顯收其利權，初亦漸享奇贏，久乃勾引為亂。至嘉靖而弊極矣。」[167] 因漳州常有人下海通番，明代中葉福建省的按察副使常駐漳州，他們也常到月港海滄一帶巡視。成化年間有福建按察副使辛某「奉敕巡視海道，瀕海大姓私造海艦，歲出諸番市易」。[168] 魏元在福建任官時也有類似遭遇。「元屢遷都給事中，出為福建右參政，巡視海道，嚴禁越海私販。巨商以重寶賂，元怒叱出之。」[169] 弘治正德年間漳州下海通番的事件更多。正德《漳州府志》說：「今巨舸危檣橫行海上，非內地之民耶？而水寨舟師削弱不足以制之。」[170] 許多有關海難的民間故事涉及漳州人。黃衷的《海語》：「昔

164　陳全之，《蓬窗日錄》卷一，上海書店古籍出版社 2009 年，第 39 頁。

165　孫繼宗監修，《明英宗實錄》卷二二〇，景泰三年九月癸巳，第 3 頁。

166　張懋監修，《明憲宗實錄》卷一〇三，成化八年四月癸酉，第 2 頁。

167　張燮，《東西洋考》卷七，〈餉稅考〉，北京，中華書局 2000 年點校本，第 131 頁。

168　何喬新，《椒邱文集》卷三一，〈明故中順大夫福建按察司副使辛公墓表〉，第 6 頁。

169　《明史》卷一八〇，〈魏元傳〉，第 4774 頁。

170　陳洪謨、周瑛，正德《漳州府志》卷三十，〈兵紀〉，第 1828 頁。

漳人有販舶者，偕伴數十薪於山中。」他們遇到災難，有人像魯賓遜一樣獨居島上達五年之久，才遇到過路的漳州船回到家鄉。[171]《龍溪縣志》說：「明正德間豪民私造巨舶揚帆外國，交易射利。」[172]事實上，多數官員都承認：「蓋閩以南為海國，而漳最劇。以海為生者，大半皆漳人云。」[173]、「而我民盜海者，漳則為甚。」[174]換一個角度看，這說明明代海上私人貿易最多的是漳州人，否則他們不可能有較好的造船技術和航海技術。應當說，漳州人早在明代前期就形成了這一習俗。拙文〈明代漳州商人與中琉貿易〉提出：「早在明代初年，漳州人已是海上走私的主要從事者。……在其他地區奉行海禁止的同時，明代漳州一帶的海上貿易卻十分活躍。」、「漳州人是明初海上走私的主力軍」。[175]

第五節　明代中葉漳州的港口：海滄、月港

　　那麼，這些漳州籍的海商來自漳州的什麼地方？明人認為他們主要來自漳州南部的詔安及漳州附近九龍江的「五澳」，尤其以「五澳」的海盜為多，這五澳是漳州九龍江下游的五個海口，其中又以海滄、月港最為出名。

一、漳州海上私人貿易的主要地區

　　九龍江是福建南部的一條河流，其主要流域在漳州府境內。流域內最大的城市是漳州。漳州上游，九龍江水道分為二支，即西溪和北溪。西溪上源為船場溪，船場溪發源於平和縣與南靖縣的山區，下游進入漳州平原，溪畔即為漳州府城。平和、南靖的各物產，都可以通過水路運到漳州。九龍江的又一上源北溪直上漳平、龍巖二縣，上此處水流急湍，只能通行小船。月港在漳州下游。漳州的商船從漳州出發，順水五十里路程，即可以到達月港。而北溪上游漳平所在位置，已是延平府、汀州府的分水嶺，在九龍江的上源翻過大山，即可進入閩江流域與汀江流域。因此，在九龍江

171　黃衷子，《海語》卷三，道光二十五年伍氏雕本（原刊本為明嘉靖年間），第45頁。
172　鄧來祚等，乾隆《海澄縣志》卷一，〈建置〉，乾隆刊本，第1頁。
173　張燮，《霏雲居續集》卷三十一，〈贈盧郡丞奏績襃封序〉，明萬曆刻本，第6頁。
174　陳全之，《蓬窗日錄》卷一，上海書店古籍出版社2009年，第40頁。
175　徐曉望，〈明代漳州商人與中琉貿易〉，泉州，《海交史研究》1998年2期，第52—53頁。

的上游，翻越漳平縣的分水嶺，有一條商道可通閩北山區的閩江流域商道，嘉靖《漳平縣志》記載：「以東南溪河由月港溯回而來者，曰有番貨，則歷華口諸隘，以達建延，率皆奸人要射，滋為亂耳。」[176] 可見，這是一條走私月港番貨的商路。當年月港所需物質，多從九龍江上游運來，其中包括造船所需的木材等商品。

九龍江的下游水道複雜，島嶼眾多。此處位於泉州與漳州的交界之處，歷史上被稱為廈門灣或是漳州灣，擁有金門、廈門等島嶼。從廈門海口看九龍江出海口諸島，北部是屬於泉州的金門、烈嶼、大擔、二擔諸島，內側廈門島和鼓浪嶼。鼓浪嶼以西的海滄，明清時期則屬於漳州，現代劃給廈門市。九龍江的南岸全部屬於漳州，江中及海口的島嶼，屬於漳州的是浯嶼、海門島，海門島與北岸的海滄隔海相望，此間迤西的一系列島嶼都屬於漳州管轄。其中最為重要的是海滄和月港。《粵閩巡視紀略》論述這一帶港口時說：「其支海之北，則為橋梁尾、嵩嶼、長嶼、海滄、許林頭諸境，濠門巡檢司在焉。即所割龍溪一二三都之地也。今皆在界外。支海之尾，分南北流，南流循邑治，而東北流歷白石、青礁、石美，自北岸東出，合於南海。」[177] 九龍江上的島嶼，除了最外面的海門島、圭嶼（又名雞嶼）之外，還有「許茂、烏礁、紫泥三洲，星列迤邐而東」。許茂的上游，即為今龍海縣駐地石碼港。

---

176 曾汝檀，嘉靖《漳平縣志》卷九，〈武備志〉，漳平，漳平圖書館，1985 年，第 4 頁。
177 杜臻，《粵閩巡視紀略》卷四，第 30 頁。

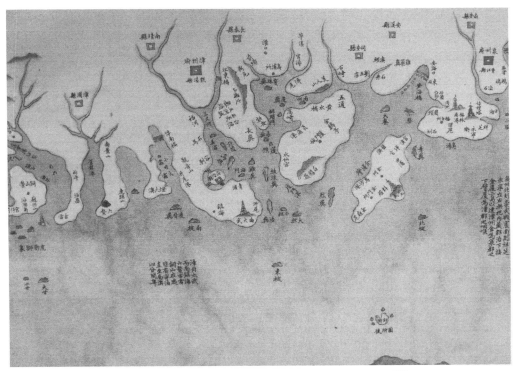

圖 7-1　明清之際九龍江入海口的村莊與港口 [178]

該圖較為詳細地反映了九龍江入海口到廈門、金門兩島的海域。圖上還可看到九龍江口海門島、浯嶼以及明代「漳州五澳」中長嶼的位置。

　　早期的「漳州五澳」是指漳州海滄鎮附近的嵩嶼諸港以及南面的月港。例如嘉靖九年，在漳州的官員曾探討沿海海口：「僉以龍溪月港、海滄、沙阪、崧嶼、長嶼……東際大海、南密諸番，倉卒有變，請計臺府，動經旬月。逮至撲滅，流毒已深。」[179] 這段文字表明，當時的五澳是指龍溪縣所轄的月港、海滄、沙阪、崧（嵩）嶼、長嶼等五個港口。其中月港和海滄隔海相望，而沙阪位於海滄之側，嵩嶼及長嶼在海滄之東。「嵩嶼，與中左所相對，宋帝昺浮舟經此，適聖誕之辰，君臣構行殿，呼『嵩』，故名。」[180]《明世宗實錄》記載：「龍溪嵩嶼等處，地險民獷，素以航海

178　此圖錄自清乾隆三十九年至六十年（1774 — 1835 年）的〈中華沿海形勢全圖〉的局部，見北京大學圖書館編，《皇輿遐覽──北京大學圖書館藏清代彩繪地圖》，北京，中國人民大學出版社 2008 年，第 250 頁。

179　林魁，〈安邊館記〉，鄧來祚等，《（乾隆）海澄縣志》卷二二，第 13 頁。

180　張燮等，《（崇禎）海澄縣志》卷一，〈輿地志〉，第 16 頁。

通番為生，其間豪勢之家，往往藏匿無賴，私造巨舟，接濟器食，相倚為利。」[181] 這些港口的地理中心港實為海滄港。因而明朝人有時以「海滄」一詞統稱諸港。

大致來說，九龍江北岸諸澳有海滄、長嶼、沙阪、許林頭等，南部港口即為月港，震撼明史的「漳州五澳」，最早就是指這幾個港口。不過，在明朝歷史上，「漳州五澳」的概念也在不斷擴展中，最早是指月港及海滄周邊的四個港口，而後將許茂、烏礁這些島嶼也納入進去。事實上，這十幾個九龍江上的漳州港口，後來都成為海盜商人的基地。有時人們將浯嶼也納入漳州五澳中。如前所說，這是一個民風強悍的地方，尤其是海滄，在明代前期以「海滄打手」聞名天下。明朝常從這裡雇傭職業兵，王守仁與寧王交戰時，曾想調漳州海滄之兵，「為此牌仰福建布政司，即行選募海滄打手一萬名，動支官庫，不拘何項銀兩，從厚給與衣裝、行糧，各備鋒利器械，就仰左布政使席書兵備僉事。」[182]

海滄不是當兵，就從事海上走私，甚至當海盜，所謂的「海滄盜」也來自此地。林希元在〈上巡按弭盜書〉中說：「夫海滄盜所以相尋不已者，招撫啟之也。自官府招撫之策行，海滄寇盜更相仿效，遂不可止。今日之林益成，即前日之李昭卒、李益進、馬宗實輩也。夫李周賢者亦見：吾往時之跋扈，既卒苟免，今日之林益成又得寬宥。吾弟之罪，未至於益成，吾力足以鼓亂，而又過之。吾再觀兵，官府必復憚。而我釋此其所以敢為叛亂，輕興趣而不顧也。今不大加創懲、大肆誅滅，不足以折奸雄之心。」[183]以上表明，自明中葉以來，明朝官府多次招撫海盜，使海滄人先當海盜後當水師成為一條致富快捷方式，所以，當海盜的人越來越多。「福地素通番舶，其賊多諳水道，操舟善鬥，皆漳泉福寧人。漳之詔安有梅嶺，龍溪海滄、月港，泉之晉江有安海，福寧有桐山，各海澳僻遠，賊之窩，嚮船主、喇哈、火頭、舵工皆出焉。」[184] 在這些史料中，海滄與月港齊名。文中的海滄，常是漳州五澳的代名詞，還包括沙阪、長嶼、嵩嶼等港口。

181　張溶監修，《明世宗實錄》卷一八九，嘉靖十五年七月壬午條，第 9 頁。

182　王守仁，《王文成全書》卷十七，〈預備水戰牌案〉，第 9 頁。

183　林希元，《林次崖集》卷六，〈上巡按弭盜書〉，乾隆十八年刊本，第 7 頁。

184　鄭若曾，《鄭開陽雜著》卷一，〈福建守禦論〉，文淵閣四庫全書本，第 38 頁。

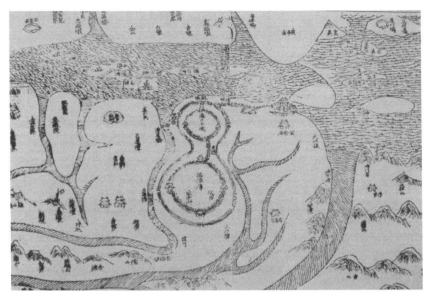

圖 7-2　乾隆四十一年《漳州府志》中海澄縣圖

該縣圖上的海滄之側，有一個深入內地的海澳，它應當就是宋明海滄港所在地。這一海澳現已不見，應是淤塞之後，被後人開墾為田地。此外還可以看到海滄澳上有一座海滄橋。此橋為明以前的古橋。在該圖上，還可看到在九龍江之北的嵩嶼。

圖 7-3　崇禎《海澄縣志》中九龍江下游地圖

海澄縣對岸右上方有澳頭、沙阪等地名，澳頭即為海滄的港口，而沙阪在澳頭的西側。

　　明代海滄的地位相當重要。海滄位於漳州以東，北可通同安縣與泉州，隔江與月港相望。而月港的水道可通鎮海衛及漳浦縣。海滄與月港之間的河段有船擺渡。在漳州近處柳營江的江東橋修成之前，它是泉州通向漳州南部的主要渡口之一。宋末漳州江東橋建成後，泉州人去漳南多從柳營江走江東橋，但是，仍然有一些人貪近，在海滄與月港之間擺渡往來。元末陳友定與羅良交戰於江東橋，陳友定派出一支部隊在海滄偷渡，因而繞到江東橋羅良主力之背後，從而輕易地擊敗了羅良的主力。由於這一渡口重要，明初在海滄一帶設立巡檢司。《漳州府志》記載：「濠門巡檢司，城在郡東一二三都濠門山。洪武二十年，江夏侯周德興創。周圍一百五十丈六尺，城北辟一門建樓其上。」[185]

　　海滄一帶是九龍江的入海處，江面遼闊，水道複雜，江中有許多沙洲。茂密的蘆葦蕩裡到處是可以藏匿船隻的河港，當地民眾很早就形成了下海為生的習俗。海滄的外側，是被稱為嘉禾的廈門島，廈門島之外，又有金門島、大擔、二擔、浯嶼等一組島嶼擋在廈門灣之前，成為一道屏障。明初周德興設置衛所時，將水寨設於浯嶼島，並在金門和廈門兩都駐紮了衛所軍隊。在海滄設立巡檢司可以和廈門島上的衛所軍隊相呼應，形成海上防禦線。如果嚴守這條防線，漳州人是無法私自下海的。然而，突破首先表現在浯嶼水師的內遷。「正統初年，侍郎焦宏，以其孤懸海中，乃徙……浯嶼于嘉禾。」[186]《漳州府志》：「浯嶼，在海中，林木蒼翠，上有天妃廟，國初備倭水寨置於此，後遷嘉禾。」[187] 此處所說的嘉禾即為廈門島。從古地圖看，遷來的浯嶼水寨設於廈門島南端，即今胡里山炮臺與廈門大學白城、上弦場一帶。今廈門大學歷史系所在大樓的背後山坡，尚有水寨遺址。站在水寨的山上，可以清晰地看到南太武山一帶的水路。所以，建寨於此處，仍可遙控月港到浯嶼的海路。但海滄人走私多在夜間，他們沿著南漳州太武山的北麓悄悄地航行，廈門島上的水師無法管制。而且，浯嶼棄守之後，島上的設施被海盜們利用，浯嶼反而成為走私船及海盜船補給的地

185　陳洪謨修、周瑛纂，正德《漳州府志》卷二八，〈兵紀〉，北京，中華書局，2012年，第 1709 頁。

186　卜大同輯，《備倭記》卷上，〈置制〉。

187　陳洪謨修、周瑛纂，正德《漳州府志》卷六，〈戶紀〉，廈門大學出版社 2012 年，第 381 頁。

方。胡宗憲說：「又浯嶼水寨，舊址向在海洋之衝，可以據險，寇不敢近。今乃移近數十里，在于中左所地方，與高浦所止隔一潮。致月港、松嶼無復門關之限，任其交通。其舊浯嶼乃為寇之窠穴。」[188]嘉靖年間有人說：「大抵興泉漳以海為襟，民習獷悍，而月港、海滄、詔安、漳浦、同安、福清等縣，則為溟渤要害。」[189]這是一條很有意思的史料，在這條史料中，月港、海滄和詔安、漳浦、同安、福清四縣並列，被當作縣級單位，實際上，當時的月港及海滄都未設縣。月港於隆慶年間改為海澄縣，海滄日後逐漸淪落，可是，它在明代中葉一度被當作縣級城鎮。

二、從浯嶼、海門港到海滄、月港

在廈門港之外口、九龍江的入海口，有一個面積不大的小島，其名為「浯嶼」，它原是明朝衛所軍隊駐紮之處。「浯嶼水寨，原設於海邊舊浯嶼山，外控大小嶇嶼之險，內絕海門、月港之奸，最為要害。今遷入廈門地方，舊浯嶼棄而不守，遂使番舶南來，據為巢穴。是自失一險也。」[190]以上記載表明，浯嶼水寨內遷廈門後，浯嶼被海盜占據，成為走私貿易發生的地方。如胡宗憲的〈福洋要害論〉所說：「外浯嶼乃五澳地方，番人之巢窟也。」[191]不過，浯嶼是一個小島，附近很少人家，當地的對外貿易主要靠九龍江內河諸港的民眾走私。

九龍江對外貿易港口最早出名的是海門港。海門是九龍江下游漳州所轄各島中最接近海洋的一個港口，它原是一座小島。《明實錄》記載：「漳州海門口居民八十餘戶，計三百九十餘口，舊種田地三百餘畝，遞年為海潮沖塌，且別無產業，惟倚海為勢，或持兵駕船興販私鹽，或四散登岸劫掠為害。」[192]《清一統志》記載：「海門鎮，在海澄縣東二十里。舊有海門社，在縣東北海門山。明正統六年太守甘瑛以其地險民悍，奏設巡司。七年徙其民於內地，因移司於青浦社。」[193]正統七年四月丙午：「巡按福建監察

188　胡宗憲，《籌海圖編》卷四，〈福建事宜〉，第 31 頁。
189　明章潢撰，《圖書編》卷四十，第 35 頁。
190　鄭若曾，《鄭開陽雜著》卷一，〈福建兵防論〉，文淵閣四庫全書本，第 36 頁。
191　胡宗憲，〈福洋要害論〉，《明經世文編》卷二六七，《胡少保海防論》，第 2824 頁。
192　轉引自李國祥等重編，《明實錄類纂》福建臺灣卷，第 417 頁。
193　《大清一統志》卷三二九，〈漳州府〉，文淵閣四庫全書本，第 23 頁。

御史鄭顒奏，臣奉敕會同三司親詣龍溪縣，勘得龍門山六十一戶已移居附郭地方，撥與田地三十餘頃，以海門社巡檢司遷於青浦山，其原報衝塌畝數就令本縣豁除。從之。」[194] 如上所記，在正統七年，漳州太守甘瑛將海門島民眾遷於內陸，海門島因而被放棄。其後，海門島成為走私者往來的地方之一。「據報導，有一漳州漁民在九龍江口撿到過一個陶罐，裡有五枚西班牙金幣。」[195]

從廈門海口看九龍江出海口諸島，最外面的是浯嶼，然後是北側的廈門島和鼓浪嶼。廈門島西南就是海門島，海門島內側九龍江沿江港口，則是海滄和月港。其中，北岸的海滄比月港更接近海口。關於九龍江口的其他村鎮，《粵閩巡視紀略》一書是這樣記載的：「嵩嶼，相傳宋幼主泊舟於此，適遇誕節，群臣呼嵩遂以名。石馬鎮，亦名石碼鎮，在邑之西。其北支海，亦名錦江，龍江之所委也。許茂、烏礁、紫泥三洲，星列迤邐而東。其支海之北，則為橋梁尾、嵩嶼、長嶼、海滄、許林頭諸境，濠門巡檢司在焉。即所割龍溪一二三都之地也。今皆在界外。支海之尾，分南北流，南流循邑治，而東北流歷白石、青礁、石美，自北岸東出，合於南海。」[196] 瞭解以上地形，有利於我們的進一步研究。

海門島的民眾被內遷後，漳州海盜並未斷絕。其後是海門港內側的一些港口成為海盜及海商產地，「月港、海滄諸處居民多貨番，且善盜。」[197] 月港的發展有一個過程，明宣德年間，當地已開始出現走私貿易，[198] 正德《漳州府志・謝騫傳》記載：「謝騫，直隸當塗人，正統乙丑進士。歷監察御史，景泰四年出知漳州府，政尚清明，務鋤奸惡，植良善，漳人畏而愛之。近海諸處，如月港，如海滄，居民多貨番，且善為盜。騫下令隨地編甲，隨甲置總，每總各置牌，以聯屬本地方人戶，約五日齎牌赴府一點校。其近海違式船隻皆令拆卸，以五六尺為度，官為印烙，聽其生理。每船朝出暮歸，每總各照牌面約束本地方人戶朝出暮歸，暮不歸，即便宜赴

---

194 孫繼宗監修，《明英宗實錄》卷九一，正統七年四月丙午。
195 佚名，〈海門島的地理位置〉，網上文章，2007 年 1 月 26 日。
196 杜臻，《粵閩巡視紀略》卷四，第 30 頁。
197 何喬遠，《閩書》卷六十四，〈文蒞志・漳州府・謝騫傳〉；福建人民出版社 1994 年，第三冊，第 1855 頁。
198 林仁川，《明末清初的私人海上貿易》，第 147 頁。

府呈告；有不告者，事發聯坐。謇令出不二，莫之敢違。一時盜息民安，各水寨把總官皆蒙其庇。」[199]《閩書》記載：「月港、海滄諸處居民多貨番，且善盜。謇編甲置總，聯屬人戶，約五日齎牌赴府點驗，近海違式大船，悉令毀之，度可五尺、六尺，烙以官印，許朝出暮歸，不歸者甲總以告，不告連坐之，一時盜息民安。」[200] 研究《漳州府志》、《閩書》的謝謇傳記，可知早在明代前期的景泰年間，月港與海滄就成為海上私人港口，從這裡出發的漳州商人，或是在海外做生意，或是當海盜，他們的風俗與同時代的歐洲人頗為相似。他們的活動屢屢破壞了明朝的海禁。因此，謝謇這位漳州知府才會想盡一切辦法來控制他們。[201] 但謝謇的策略有其問題，他要求海滄和月港的市民每隔五天都要到龍溪縣去報到，這是典型的擾民，後任知府肯定無法堅持下去。所以，他走後，海滄、月港等地的對外貿易依然很發達。成化年間，姜諒任職漳州時，「值歲歉，海盜蜂起。」[202] 酈文接任漳州知府後，發現當地：「民多通夷，緣而劫掠，文嚴禁之，鮮敢犯者。」[203]、「弘治間有舶欲販於占城者，舶中二十人。」[204] 陳洪謨正德時任漳州知府，「郡有巨寇林廣周，負海嘯聚，設策盡平之。」[205] 鍾湘接任後，平定山寇詹師富之亂，「海寇聞之，亦皆就降。」[206] 漳州通判聶仕亦為正德時任職，「平海上巨寇，所獲金帛悉籍于官。」[207] 可見，明代前期，不論誰到漳州做官，都要處理當地的通海事件。當地民眾不是出海貿易，就是當海盜，以搶劫為生。所以，嘉靖初年的重臣桂萼在其〈福建圖敘〉一文中論福建形勢：「濱海上下，外遏倭寇之流，近通琉球之貢，不為要害，而海物互市，妖孽荐興（通番海賊，不時出沒）則漳浦、龍溪之民居多。」[208]

199　陳洪謨、周瑛，正德《漳州府志》卷十四，〈謝謇傳〉，北京，中華書局，2012 年，第 275 頁。

200　何喬遠，《閩書》卷六十四，〈文蒞志・漳州府・謝謇傳〉，第 1855 頁。

201　徐曉望，〈嚴啟盛與澳門史事考〉，《文化雜誌》（澳門）總第 58 期，2006 年。

202　何喬遠，《閩書》卷六十四，〈文蒞志・漳州府〉，第 1855 頁。

203　何喬遠，《閩書》卷六十四，〈文蒞志・漳州府〉，第 1856 頁。

204　黃衷，《海語》卷三，道光二十五年伍氏雕本（原刊本為明嘉靖年間），第 41 頁。

205　何喬遠，《閩書》卷六十四，〈文蒞志・漳州府〉，第 1856 — 1857 頁。

206　何喬遠，《閩書》卷六十四，〈文蒞志・漳州府〉，第 1857 頁。

207　何喬遠，《閩書》卷六十四，〈文蒞志・漳州府〉，第 1865 頁。

208　黃訓編，《名臣經濟錄》卷二十，〈戶部圖志・田土賦役〉，文淵閣四庫全書本，第 15 頁。

　　月港是九龍江入海口處的一個港口：「在郡（漳州）東南五十里，本龍溪八九都地，舊名月港，唐宋以來為海濱一大聚落。」[209] 又如謝彬所說：「漳郡之東，迤四十里，有地一區，是名月港。乃海陸之要衝，實東南之門戶。當其盛，則雲帆烟楫，輻輳于江皋，市肆街廛，顯羅於岸畔。」[210]

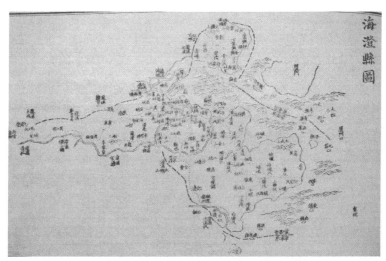

圖 7-4　　光緒三年（1877）《漳州府志》所附海澄縣圖，江水以北是海滄。

　　月港位於九龍江下游、月港的上游。九龍江水道分為二支，其中一支為西溪，西溪上源為船場溪，船場溪發源於平和縣與南靖縣的山區，下游進入漳州平原，溪畔即為漳州府城。平和、南靖的各物產，都可以通過水路運到漳州。月港在漳州下游。漳州的商船從漳州出發，順水五十里路程，即可以到達月港。九龍江的又一上源北溪直上漳平、龍巖二縣，而漳平所在位置，已是延平府、汀州府的分水嶺，在九龍江的上源翻過大山，即可進入閩江流域與汀江流域。因此，在九龍江的上游，翻越漳平縣的分水嶺，有一條商道可通閩北山區的閩江流域商道，《漳平縣志》記載：「以東南溪河由月港溯回而來者，曰有番貨，則歷華口諸隘，以達建延，率皆奸人

209　張燮等，《（崇禎）海澄縣志》卷一，〈輿地志〉，北京，書目文獻出版社，1990年，第 318 頁。

210　謝彬，〈鄧公撫澄德政碑記〉，張燮等，《（崇禎）海澄縣志》卷一二，〈坊里志〉，第 503 頁。

要射，滋為亂耳。」[211] 可見，這是一條走私月港番貨的商路。當年月港所需物質，多從九龍江上游運來，其中包括造船所需的木材等商品。

　　陳洪謨修、周瑛編纂的正德《漳州府志》山川部分提到：「月溪，在縣東南五十里，俗呼月港，相傳謂溪形如月得名。人煙繁盛，商賈輻輳，海艘溪船皆集於此，為漳南一大市鎮。」[212] 因正德《漳州府志》原刊於正德八年，所以，這條史料證明，早在正德八年，月港即為漳州的重要港市。月港的發展有一個過程，明宣德年間，當地已開始出現走私貿易，[213] 明代中葉的「成（化）弘（治）之際（1465—1505）稱『小蘇杭』者，非月港乎？」[214] 可見，當時的月港已是南方一個有名的市鎮。明孝宗弘治年間（1465 — 1505 年），月港已是「貨物通商旅，資財聚富商」[215]。《龍溪縣志》說：「明正德間豪民私造巨舶揚帆外國，交易射利。」[216] 可見，對外貿易使漳州人逐漸富裕起來。嘉靖《龍溪縣志》記載月港「兩涯商賈輻輳，一大鎮也」。[217] 陳全之在嘉靖十九年（1540）至嘉靖三十年（1551）期間撰寫《蓬窗日錄》的時候，「漳之龍溪縣海沙（滄？）、月港者，夷貨畢集，人煙數萬」。[218] 明朝後設海澄縣於月港，是有道理的。

　　在福建做過官的張時徹在嘉靖給福建官員的信中說：「海濱之民，不業他技，生則習遊善泅，貧者操尋之艇，出沒風濤，逐魚鹽什一之利，其富者腰重鏹操奇贏，學弄文身雕題之舌，把臂出肺腑，博市象犀、珠貝、玳瑁、文螺諸珍異可貴之物，以弋厚息，率能奸闌出入，埋挾往來，比其狎也，宮於近島，糾盤日夥，而客主之勢異矣。益又誘之攻剽，日治巨艦利器，乘風駕濤，瞬息而馳千里。烽未及燃而賊已飽噬揚帆矣。哨守督備之官，又甘其薰心之貨，而陰弛譏捕之禁，彭湖、月港之間，其可問乎？」[219]

211　曾汝檀，嘉靖《漳平縣志》卷九，〈武備志〉，漳平，漳平圖書館，1985 年，第 4 頁。
212　周瑛等，正德《漳州府志》卷七，〈山川志〉，張大偉、謝茹芃點校，北京，中華書局，2012 年，第 134 頁。
213　林仁川，《明末清初的私人海上貿易》，第 147 頁。
214　鄧來祚等，乾隆《海澄縣志》卷一五，〈風土〉，乾隆二十七年刊本，第 2 頁。
215　徐燉，〈海澄書事寄曹能始〉，鄧來祚等，乾隆《海澄縣志》卷二十，〈藝文〉，乾隆二十七年刊本，第 6 頁。
216　鄧來祚等，乾隆《海澄縣志》卷一，〈建置〉，乾隆刊本，第 1 頁。
217　劉天授等，嘉靖《龍溪縣志》卷一，〈地理〉，天一閣影印本，第 16 頁。
218　陳全之，《蓬窗日錄》，上海，上海書店出版社，2009 年，第 40 頁。
219　張時徹，《芝園集》卷，〈贈函峰阮公晉副都禦史撫鎮福建序〉，明嘉靖二十三年

　　以上史料表明：漳潮人的對外貿易相當興盛。他們亦商亦盜，往往引起了各地的治安問題，導致各地民眾的不滿。但從海商發展的歷史來看，亦商亦盜幾乎是世界各國海商發展的必經階段，早期歐洲諸國經營對外貿易，也是亦商亦盜，他們不論到世界的任何角落，都給該地帶來海盜問題。不過，隨著商業的發展，有頭腦的海盜會更重視商業機會，從而逐漸轉向以商業活動為主。

小結

　　福建的漳州和廣東的潮州都是「天高皇帝遠」的地區。它位於沿海，陸上交通條件不良，位於府城的官軍要到漳潮邊境地區，有數日的行程。古代的漳潮森林密布，港灣眾多，適於造船下海。宋元時代中國的外貿中心，原來是在福建的泉州和廣東的廣州。明代前期，這兩個城市都遇到不同的問題。泉州在宋元時期是造船中心，對木材需求量很大，產於泉州沿海的森林漸漸採伐殆盡，當地民眾造船遇到很大困難。所以，明代前期的泉州不適於私人海上貿易。廣州的珠江口則在官府的嚴密控制下，要在這裡私自造船也不容易。在這一背景下，私人海上貿易轉到漳州與潮州也就不難理解了，尤其是漳州能夠生長造船不可缺的木材——杉木，明代前期，這裡是南方主要的木材產地，連浙江所需的木材，都從漳州進口。老百姓在某個港灣伐木造船，官府很難偵知。經過一段時間的鬥爭後，明代漳州衛所軍隊遭到很大的削弱，無法、無力也無心阻擋海上私人貿易。於是，海上走私逐漸轉向漳州的核心區——九龍江下游區域，也就是漳州「五澳」。最早的五澳是龍溪月港、海滄、沙阪、崧嶼、長嶼，其中月港與海滄南北相望，而沙阪、崧嶼、長嶼三地，都在海滄的周邊，其中長嶼和沙阪後來都淤成陸地，與海滄連在一起。所以，在明代中期，海滄的重要性更勝於月港。不過，由於海滄的地位突出，嘉靖之後，朝廷在海滄設立了安邊館、海道副使館等不少官府機構，這些機構妨礙了海滄的對外貿易，於是，漳州外貿中心不可阻擋地移到南面的月港。當然，月港也無法永遠占有這一地位，它的對外地位最終在明末被九龍江入海口的廈門取代，而其在九龍江水系的地位，也被其上游的石碼取代。這都是後話了。

鄒守愚刻本。

　　從歷史的高度回溯明代前期的漳州，可知明代的海禁只是阻止了其他省分的私人對外貿易，反而讓敢於冒險的漳州人壟斷了私人海上貿易。不過，從積極一面來說，漳州人的私人海上貿易保存和延續了中國人的海外貿易傳統，一旦條件合適，它就會從漳州向其他地區傳播。嘉靖年間中國沿海所有的變化，都與漳州人的海洋文化有關。

第八章　明代前期漳潮人的海上網絡

　　明代前期，漳潮商人的活動範圍東達琉球，南至東南亞國家。他們的活動編織了一個遍及東南亞和琉球的商業網絡。

第一節　明代前期南海周邊的國際形勢

　　福建史從來不是單獨的地方史，她是中國史的一個組成部分，也是東南亞史的一個組成部分。作為中國的一個省分，她的特點是介於中國與東南亞國家之間，在東南亞發展中國的利益，並在東南亞與大陸的貿易中成長。因此，有必要從東南亞的歷史角度看福建史的演變。

一、學術界關於東南亞研究的趨勢

　　我在研究福建史的過程中，漸漸感到：在經濟上，就像福建是中國經濟圈的一個組成部分一樣，我們還有必要將福建史看作是東南亞歷史的一個組成部分，從唐宋以來，閩商就在東南亞區域活動，參加這一區域的跨國貿易、港市興建，缺少對福建人的研究，許多東南亞國家的歷史是說不清的。同樣，如果不能從整體上看福建與東南亞的關係，也很難寫清楚福建的經濟史，因為，福建人實際上是南海經濟圈，或者說是南海貿易體系不可缺少的一個組成部分，閩商的利益多來自與南海周邊國家的貿易。福建史，不僅是中國史的一個部分，同時還是東南亞歷史的一個部分，缺少

對東南亞經濟史的研究，很難看清閩商在歷史上的地位。

研究福建與南海周邊區域的歷史，我們離不開的理論指導是法國歷史學家布羅代爾在對地中海史研究過程中展現出來的整體性理論，以及日本史學家濱下武志的東亞貿易圈理論。在我看來，東亞存在著一個環南海經濟圈，或說是環南海貿易圈，它由東南亞國家和中國南方省分組成。[1]我之所以產生這一概念，是對布羅代爾地中海世界理論的移植，和對濱下武志的東亞朝貢貿易圈理論的感悟。

布羅代爾和濱下武志共同的特點是：主張超越國家體系研究各區域之間的貿易關係，不要只做國別史的貿易史，而要看到概覽諸國的整體關係，這一關係，主要是經濟關係。濱下武志認為在西方殖民者抵達遠東之前，東亞就存在著以中國為核心的朝貢貿易體系，它實際上是一個經濟貿易圈。東亞貿易圈在歐洲人到來之前就已經存在，歐洲殖民者的到來，只是利用和發展了東亞原有的貿易體系。受到布羅代爾和濱下武志的啟發，我在我的博士論文〈16 — 17 世紀環臺灣海峽區域市場研究〉中，提出了東亞三大經濟圈的理論，即東北亞經濟圈、環南海經濟圈（東南亞經濟圈）和中國經濟圈，而環臺灣海峽區域（福建、臺灣、潮州）是介於三大貿易圈之間，同時又屬於三大經濟圈不可缺少的一個組成部分。就環南海經濟圈而言，我的觀點是：它涵蓋東南亞主要國家，同時，也包括中國南方省分：福建、廣東、臺灣、海南以及晚清以來新出現的香港和澳門。我的新觀點不僅是提出環南海經濟圈，而且將福建、廣東等南方省分看作東南亞經濟圈不可少的一個部分。

近代以來對南海的研究，往往將其分為兩個大類：東南亞國家和中國。其中對東南亞歷史的研究，往往將中國當作東南亞諸國交往的對象，而沒有將中國南方省分看作是東南亞歷史的一個組成部分。實際上，中國南方省分如福建、廣東、海南、臺灣以及近代以來成長起來的城市香港和澳門，從來就是南海經濟圈的一個部分。在南海的遠古時期，閩中、嶺南的民眾與南海周邊區域就有著密切的關係，在南海活動的船民，多是從中國東南部出發，向南海周邊區域擴散。漢唐以來，中國東南部與南海諸國之間一

1　徐曉望，《16 — 17 世紀環臺灣海峽區域市場研究》，廈門大學歷史系 2003 年博士論文。

直有貿易關係。宋元以後，閩商崛起，在南海建立了遍及每一個港口的貿易網絡。明清以後南海周邊港市的建立和發展，都與閩粵移民的活動有關。閩粵移民參加了東南亞近代每一個城市的建設，每一個港市的興起，都有閩粵移民的勞動果實，他們建立起城市核心的貿易點，並隨著城市歷史的延續而發展。近代東南亞城市擁有許多源於福建廣東的移民，是歷史造成的。或者說，他們為東南亞的城市化做出巨大的貢獻，沒有他們的早期的開拓，就不會有這些城市。總之，就東南亞而言，福建人和廣東人從來就是東南亞歷史中不可或缺的組成部分。

　　當我敘及東南亞歷史中福建人與廣東人的作用時，從來沒有忽略東南亞諸國民眾之間的經濟創造。早在跨國遠端貿易興起之前，環南海區域之間就存在著貿易關係，各島民眾之間，交換著香料、珠寶、紡織品。印度教傳到南海區域之後，創造了爪哇島的婆羅悉堵和柬埔寨的吳哥石窟；中世紀的南海港市，到處可以看到伊斯蘭文明傳播的足跡。東南亞是這樣一個區域：印度文化、伊斯蘭文化和中國文化都相繼覆蓋東南亞區域。明代中後期，歐洲殖民者來到東南亞，建立了諸多的貿易據點，發展國際貿易，成為東南亞近代化的一個重要因素。可見，東南亞是世界上文化最複雜的區域，世界諸大宗教都對東南亞區域產生巨大的影響，乃至近代的東南亞呈現出多元共同體的文化組合。將東南亞當作一個具有共同性的整體去研究，是近一百年來史學界的風尚。在這方面早期的耕耘者是王賡武、傅汝康以及現在仍然活躍於史壇的蘇爾夢等人，近年以來，中年的青年的歷史學家更是風起雲湧，不斷推出新的作品。不過，就東南亞的經濟而言，最具有代表性的著作應是澳大利亞學者安東尼・瑞德之《東南亞的貿易時代：1450 — 1680》[2]東南亞諸島及諸國之間，很早時期就存在著貿易，而且在近代的早期獲得巨大的發展。

　　中國因素是東南亞歷史不可或缺的一個組成部分。在南海文化潮起潮落的歷史長河中，元代和明代前期是中國文化影響最大的時期。此前的中國，由於北方的軍事，很少有精力顧及南海政治的變化、文化的變遷。元

2　〔澳大利亞〕安東尼・瑞德，《東南亞的貿易時代，1450 — 1680》第一卷，《季風吹拂下的土地》（原版 1988 年），吳小安、孫來臣譯本，北京，商務出版社2013 年。

明時期，是中國政府少有的關注南海的時期。元明現代為著建立周邊的朝貢體系，都向南海周邊國家派出使者，發展貿易，介入南海的文化傳播。元朝的軍隊更是深入東南亞，曾經在爪哇、占城和安南作戰。明代的鄭和艦隊，也曾在爪哇及印度半島東南的海面使用武力，這是歷史上從未有過的。不過，從總體而言，中國在南海的活動是相當謹慎的，通常不介入戰爭，著重於貿易和政治關係。它給東南亞的歷史打上明顯的中國烙印。

東南亞的中國時代起於宋代後期，經歷元朝的擴張，在明代前期達到高峰。明代中後期，歐洲諸國在東南亞建立殖民地，有人說，從此進入了東南亞的歐洲時期。但歐洲人殖民時期，也是中國人在東南亞大發展的時期。當然，這是後話。我這裡要說的是：明代前期是東南亞的一個重要時代，這個時期末期，葡萄牙人才到達東亞，在這個時期的多數時代，中國人與東南亞國家發展和建設傳統的商業網絡，已經取得重大的成績。在這一商業網絡的建設過程中，福建人發揮了他們的才華，並起了重要作用。

二、明代前期東南亞的國際形勢

永樂年間，鄭和、王景弘、侯顯等使者出使南海周邊諸國，擴大了中國與周邊國家的傳統友好關係。他們在東南亞的影響是多方面的。

第一，鄭和艦隊消滅了舊港（三佛齊）的海盜集團，為中國商船打開了印度洋通道。《明史・鄭和傳》記載舊港的陳祖義海盜有三千人，而談遷《國榷》卷十四記載陳祖義海盜人數更多一些：永樂五年九月壬子，「太監鄭和還自西洋，械獻巴領旁海賊陳祖義，蓋詐降襲我，幸先備，擊殺五千餘人，執祖義至京，伏誅。」可見，這是一個龐大的海盜集團，不是一般商人所能抵抗的。按，三佛齊位於麻六甲海峽的要害位置，中國要去印度洋的船隻，一定要經過三佛齊。因此，這一帶海域的海盜一向興盛。宋元時期，三佛齊海域的海盜經常襲擊往來船隻，迫使他們到三佛齊的某些港口貿易。由於這一帶海道狹窄，過往船隻很難迴避，所以，三佛齊海盜的橫行，大大妨礙了中國商人到印度洋貿易。鄭和艦隊消滅了這支海盜隊伍，為中國商船打通了通向印度洋的海道。此外，鄭和艦隊的巡航，震懾了航線上的其他海盜集團，使中國商船的航行更多一分安全。這也是明代前期東南亞貿易發達的重要原因。

　　第二，加強中國與南海周邊國家的關係。在鄭和以前，中國人通商南海國家，都是少數人的行為，在鄭和及其同儕的大航海時代，中國與南海國家的交通空前頻繁。據鄭鶴聲、鄭一鈞的統計，明朝洪武年間，來自南海各地的使團計 183 次，永樂年間，來自南海的代表團計 318 次，洪熙年間 10 次，宣德年間 79 次，正統年間達 104 次，明初五個朝代共計 694 次之多。[3] 而中國派出的使團規模也很大，最大的鄭和、王景弘代表團成員計 27000 多人。小的使團也有一二百人。例如張謙的使團得到皇帝的表彰。永樂十五年六月，「遣人齎敕往金鄉，勞使西洋諸番內官張謙及指揮千百戶旗軍人等。初謙等奉命使西洋諸番，還至浙江金鄉衛海上，猝遇倭寇。時官軍在船者才百六十餘人，賊可四千。鏖戰二十餘合，大敗賊徒，殺死無算。餘眾遁去。」[4] 可見，張謙使團的成員十分精幹，僅僅 160 人的使團，將 4000 人的倭寇集團擊潰。這些使團成員不僅熟悉了海外世界，也瞭解了下西洋及下東洋的海道。明代福建學者曹學佺評價鄭和遠航：「太監鄭和自福建航海通西南夷……是役也，雖云伸威海表，而華人習知東夷金寶之饒，夷人來貢，亦知我海路險夷之處，於是奸闌出入，華夷相糾。以故盜寇復起。」[5] 此處無意評價曹學佺的觀念是否保守，不過，他將明代海外貿易的發展與鄭和遠航聯繫在一起，卻是一個很有意思的觀念。在他看來，鄭和遠航之後，中國人更多地瞭解了外國，外國人也更多地瞭解了中國，所以會有其後的走私貿易，因而產生衝突，導致倭寇等活動發生。應當說，這是真的。自鄭和遠航後，海外國家瞭解了中國的富強，前來進貢者有之，前來搶劫者亦有之。著名的暹羅海盜及日本倭寇，在鄭和航海之後都有一個高潮。此外，福建民眾瞭解到海外情況後，常有人冒充中國使者到南洋諸國貿易，或是直接從事貿易，這使明初的海禁政策受到更多的挑戰。對福建民眾來說，既然官府可以派出巨大的船隊遠航海外，他們為何不可以進行同樣的遠航？從此，官方的海禁越來越流為形式，而福建民間的私人海上貿易漸漸發達起來。

3　鄭鶴聲、鄭一鈞編，《鄭和下西洋資料彙編》上冊，北京，海洋出版社 2005 年，第 661 頁。

4　張輔監修，《明太宗實錄》卷一九○，永樂十五年六月己亥。

5　曹學佺，《曹能始先生石倉全集》，《湘西紀行》卷下，〈海防〉，明天啟間刊本，第 34 頁。

　　第三，鄭和等中國使團以和平的態度巡航南海及印度洋，發展了中國人與南海國家的友好關係，為閩商在東南亞的發展奠定了基礎。宋元時代，華人已經抵達東南亞許多國家謀生，在長期交往中，雙方建立了良好的關係。東南亞國家使團到中國進貢，總是獲得較好的待遇。中國人在東南亞國家，每每得到尊重。《東西洋考》記載暹羅：「國人禮華人甚摯，倍于他夷，真慕義之國也。」《星槎勝覽》載真臘國的法律對唐人的保護：當地人殺唐人償命，「唐人殺蕃人，則罰金。如無金，以賣身自贖。」[6]《殊域周咨錄》記載真臘國（柬埔寨）：「頗敬唐人，呼之為佛，伏地頂禮，近亦有脫騙唐人者。」正是在這種文化背景下，華人在東南亞的地位大大改善。不止是官吏受到尊重，普通商人也有了較好的經商條件。有了這一點，華人在東南亞才能長期發展。清代的福州地方小說《閩都別記》敘述了一個福州人經商南洋的故事。福州長樂軍正使祝長安去浡泥國經商，「船碰礁鑿破，貨沒人存，向國王借二千置貨回，得利。又裝貨，帶子曉烟至浡泥入澳，船又打破，貨又盡沒。又向王借本，因不借，將子曉烟送進為質。又借五千銀，裝貨來中國發了。復至浡泥，王知獲息無幾，不待開言，又發銀五千與之，置貨往返回，得息數倍，遂加息還本，與王贖子。」[7]祝長安四經波折，才賺到利潤，沒有浡泥國王的支持，他早已破產。

　　在明代前期歷行海禁的背景下，只有閩粵交界處的漳州人和潮州人敢於冒犯海禁，到東南亞貿易。明代的海禁，成為他們壟斷中國與南海貿易的一個條件。他們在南海的活動，使之成為東南亞港市之間的潤滑劑，引導了當時的貿易潮流，從而建立了遍及東南亞港市的貿易體系。他們也掌握了東南亞國家向中國進貢的貿易體系，所謂朝貢體系，不過是他們實現自己貿易目標的一個手段。明代中國與東南亞國家之間的朝貢貿易，真正獲利者是以漳潮商人為主體的閩粵商團。這一歷史趨勢對明清的福建史產生巨大的影響。

第二節　漳潮人與中琉貿易

　　由於琉球在明代前期的地位重要，福建商人很早就滲透琉球的進貢隊

6　費信，《星槎勝覽》卷一，〈真臘國〉，《紀錄彙編》影印明刊本，第8頁。
7　里人何求，《閩都別記》（中），第267頁。

伍。在明代官書中，一直有明朝賜琉球三十六姓的傳說。例如晚明的《禮部志稿》云：「（洪武）二十五年中山王遣子姪入國學，以其國往來朝貢，賜閩人三十六姓善操舟者。」[8]《明史・琉球傳》：「（洪武二十九年）賜閩中舟工三十六戶，以便貢使往來。」關於這三十六戶舟工，歷來有許多研究。由於早期史料的逸失，這三十六姓來自何處一直有爭議。有的說他們來自福州的河口，有的說他們是泉州人，或是漳州人。《福建通志》記載：「洪永間二次賜琉球國閩人三十六姓，皆晉江、南安、龍溪、長樂人及福州河口人。張學禮使錄云：賜三十六姓，以教化三十六島。後多讀書國學及充歷年貢使，今諸姓凋謝，僅存蔡、鄭、梁、金、林五姓。萬曆三十四年續賜毛阮二姓，皆住于久米村。」[9]而琉球方面，確實有一些大臣自認為其祖先來自中國。《明憲宗實錄》記載，成化五年三月壬辰，「琉球國中山王長史蔡璟，以祖本福建南安縣人，洪武初奉命于琉球國進貢，授通事。父襲通事，傳至璟升長史，至是春已照例賜誥封贈其父母，下吏部，以無例而止。」[10]這說明長期在琉球襲任通事的蔡氏為福建南安人氏。蔡氏應為明朝賜琉球的三十六姓之一。據琉球現在家譜研究，位於琉球久米村的漢姓中，只有浙江的金氏、南安的蔡氏、長樂的鄭氏自認其祖先自洪武年間來到琉球，而紅氏、林氏、陳氏則來自洪武、永樂年間。其琉球開基祖分別是：金瑛、蔡崇、鄭義才、紅英、林喜、陳康。其中除了金瑛是流寓福州之外，其他都是福建人。六姓之外，其他十九姓都是以後因各種機緣陸續來到琉球的。為什麼最早去琉球的三十六姓後來在琉球只保存六姓？明清時代許多人都覺得不可思議。我覺得要考慮的一個因素是：他們之中的一些人重返福建老家定居。學者的研究揭示多例：例如，長樂縣十八都的潘仲孫，自洪武二十三年始就在為琉球貢船服務。宣德六年，已經八十一歲的老人要求回到故鄉養老，琉球國王尚巴志為此事專疏上奏明朝，後獲批准。又如的成化八年四月丁亥，「福建三司官奏，琉球國夷人，先因進貢，潛居內地，遂成家業，年久不還本國者，乞盡遣之。事下禮部，集議，如其人曾承戶部勘合，許令入籍者仍舊，餘如所奏。從之。」[11]可見，

8　俞汝楫編，《禮部志稿》卷三十五，文淵閣四庫全書本，第 6 頁。
9　郝玉麟等，《福建通志》卷六十四，〈外島〉，第 4 頁。
10　張懋監修，《明憲宗實錄》卷六五，成化五年三月壬辰，第 2 頁。
11　張懋監修，《明憲宗實錄》卷一〇三，成化八年四月丁亥，第 8 頁。

明朝曾經批准一些琉球人入籍中國，並有「戶部勘合」，也就是說，曾在戶部登記過，他們留在中國應是合法的。這些人裡面，我猜測其中有不少是洪武、永樂之時赴琉球的三十六姓。也就是說，三十六姓到琉球之後，他們的後裔多數還是找機會回到中國，這是琉球三十六姓後來定居較少的原因。這些從琉球回到大陸的人最後定居何處不知，但福州河口有一些專門從事琉球貿易的居民。「福州城外海洲名河口，居十九姓，交往琉球國，諳其語性。」[12]所以，河口十九姓可能是曾經去琉球的三十六姓之一。不過，他們的祖籍，也許閩南人更多。因為，早期福建市舶司一直長駐泉州。[13]

在最早到琉球的三十六姓中，以南安蔡氏和長樂鄭氏最為出名。他們經常出任琉球進貢船的通事，有些人還陞任長史等職務。琉球《蔡氏家譜》記載，蔡氏的祖先蔡崇為福建泉郡人，鼎甲端明六世孫，因洪武二十五年太祖賜姓三十六戶，蔡氏來到琉球，居於首位。又如長樂鄭氏，也是洪武二十五年第一批赴琉球的三十六姓之一。其他琉球族譜有自言閩人的，如周姓家族、陳姓家族、梁氏家族、程姓家族。不過，陳程二姓是在永樂年間才移民琉球。而萬曆年間赴琉球定居的，則有阮氏、毛氏、王氏。[14]其中蔡氏和鄭氏表現最為突出。

例如前述成化五年的琉球中山王長史蔡璟，他的祖先曾為通事，父親也是通事，而其自己從通事升為長史。從《明實錄》的記載來看，蔡氏後人中前來明朝進貢的，還有嘉靖九年的使者蔡瀚，嘉靖二十一年長史兼通事蔡廷美，嘉靖三十九年的正議大夫蔡廷會；鄭氏中，正統四年的通事鄭長，嘉靖六年的長史鄭繩，萬曆二十八年的長使鄭通；其他姓氏有景泰元年的通事程鴻及成化六年的程鵬任琉球使者，正統四年的通事林惠，景泰二年的通事李敬，嘉靖三十九年長史梁炫，萬曆二十三年使者於瀰，萬曆四十年的柏壽、陳華等。[15]由於三十六姓後裔長期壟斷琉球的進貢貿易，他

12　陳全之，《蓬窗日錄》卷一，上海書店古籍出版社 2009 年，第 39 頁。

13　20 世紀 30 年代，東恩納寬成據琉球的《歷代寶案》做出統計，明清從事貢賜貿易的琉球三十六姓有蔡、鄭、梁等 27 姓。其中排前幾位的有，梁姓 160 人，蔡姓 150 人，鄭姓 114 人，林姓 90 人，陳姓 59 人，金姓 56 人，程姓 37 人。謝必震擴大搜索範圍，從明清文獻中輯出 41 姓閩人。

14　那霸市企畫部市史編集室，《那霸市史》家譜資料二（上），資料篇第一卷，第 6 頁。昭和五十五年 3 月 30 日發行。

15　李國祥、楊昶主編、薛國忠、韋洪編，《明實錄類纂‧福建臺灣》，武漢出版社

們的進貢隊伍多為閩人也是可以想見的。事實上，琉球出使中國及到南海貿易的商團，多雇傭福建人。這是因為，明代的航海是十分危險的。琉球的船隻南下麻六甲，西進福建、浙江，往來跋涉萬里海程，海難多次發生。在這一背景下，即使是掌握進貢一事的琉球漢人，也要減低自己冒險的程度。史載琉球多使用逃亡琉球的福建人作使者，也是可以理解的。對這一點，明朝心知肚明。乃至有：「其使臣多係福建逋逃之徒，狡詐百端，殺人放火，亦欲貿中國之貨，以專外夷之利。」之說。[16] 如其所云，刪去一些感情因素的評價，表明不斷有福建成為琉球航海團隊的新血，從而維持了琉球與福建的聯繫。這就使福建商人有時可以利用這一關係發展貿易。

除了官府許可的貿易之外，琉球與閩潮之間也有海上私人貿易。漳潮商人經常前赴琉球貿易。據文獻記載，早在宣德五年八月，即有人上告漳州巡海指揮楊全「受縣人賄賂，縱往琉球販鬻」。[17] 可見，當時的漳州人已經在與琉球貿易。這類事例史不絕書，正統三年十月壬子，「福建按察司副使楊勳鞫龍溪縣民私往琉球國販貨」[18]。由於他們海上私人貿易之多，最終引起了朝廷的不安，景泰三年六月，朝廷「命刑部出榜禁約福建沿海居民，毋得收販中國貨物，置造軍器，駕海（船）交通琉球國，招引為寇」[19]。實際上，來中國進貢的琉球人中，許多人是中國人，他們與明朝官員相通，也做一些走私貿易。成化六年二月辛未：「福建按察司奏琉球國使臣程鵬進貢方物，至福州，與委官指揮劉玉私通貨賄。俱當究治，詔隸玉治之而宥鵬。」[20] 成化十年琉球國使者蔡璿「以方物貿遷於鄰國，漂至廣東香山港。」[21] 這位琉球使者蔡璿即為泉州南安蔡氏的後裔。蔡氏在琉球發展很好，有多人出任琉球赴明朝的使者。其時琉球為了向明朝進貢，要到南洋去購取各類商品，而遠航是非常艱苦的任務，久而久之，琉球人多聘請閩南人擔任此事。所以，琉球的貿易船中多為閩南人。閩南人擅長經商，他們在南洋購得的商品肯定會超過進貢所需要數量，因此，他們需要出售這些商

　　　1993 年，第 236 — 248 頁。

16　張懋監修，《明憲宗實錄》卷一七七，成化十四年四月己酉。

17　張輔監修，《明宣宗實錄》卷六九，宣德五年八月癸巳，第 7 頁。

18　孫繼宗監修，《明英宗實錄》卷四七，正統三年十月壬子，第 1 頁。全書第 905 頁。

19　孫繼宗監修，《明英宗實錄》卷二一七，景泰三年六月辛巳，第 5 頁。

20　張懋監修，《明憲宗實錄》卷七六，成化六年二月辛未。

21　嚴從簡，《殊域周咨錄》，北京，中華書局 1993 年，第 130 頁。

品以獲得利潤。蔡璿到廣東香山港，多半是為了出售從南洋購進的商品。
這是因為，明代前期的廣東香山縣，是珠江口西側的一個島嶼，凡到明朝
進貢的南洋國家的使船，都要路過香山島的港口。自從明初以來，就有些
使者在這裡出售進貢之餘的商品。如前所述，明代前期的海盜商人嚴啟盛
於天順二年進入香山島的「沙尾外洋」貿易，沙尾村即今日珠海市靠海的
一個村落，它的外洋，當然是澳門一帶的十字門了。其後廣東官軍雖然平
定了嚴啟盛的海盜商人隊伍，但香山外島港一直有商人貿易。蔡璿率琉球
的船隻到香山港，應是從南洋購得各種商品，除了部分用以進貢之外，多
數商品還是出售於市場。但這種貿易是官府禁止的，所以，他們會遭到官
軍的攔截。但是，他們在被俘之後，立刻打出為明朝進貢購取商品的牌子，
因而能得到明朝官員章格的原諒。[22] 總體來說，為琉球到南海貿易並到中國
進貢的商人及使者，多為福建人。這表明琉球實際上是福建人商業網絡上
的一個點。

　　和其對應的是：明朝出使琉球的使者也有漳州人。

> 潘榮，字尊用，別號疏庵，龍溪人也。為人長身玉立，器宇不凡。
> 登正統彭時榜進士。景泰元年拜吏科給事中。凡參駁彈劾務存大體。
> 時朝廷以言事者多觸忌諱……天順六年以吏科右給事中受一品服，
> 充琉球國冊封使。琉球在漲海中，帆得風，東棹七晝夜，始至。初
> 其國內附，我太祖高皇帝因命華人為其國長史，以左右王。故其國
> 頗讀華書。至是嗣王立，榮往行冊封禮，因宣布朝廷德威，嗣王以
> 下皆拜手稽首，稱頌天子恩德不已。其國長史程文達即華人也。請
> 記其所圖中山八景者。榮援經證義而成篇章。覽者謂得體。及歸，
> 颶風大作，幾覆舟。榮倉皇拜禱，忽有二火星集桅杆而旋止。既覆
> 命，擢本科都給事中。[23]

　　《明分省人物考》記載潘榮在琉球：「至則奉宣德意，王以下皆竦息
聽命。陪臣請為中山八景記，援筆立就。有用夏變夷語。國人為之刻石。

22　徐曉望，〈關於澳門開港與媽閣廟起源的再認識〉，澳門媽祖文化研究中心編，《媽
　　祖信仰與華人的海洋世界》，澳門基金會 2015 年，第 405 — 407 頁。

23　陳洪謨修、周瑛纂，正德《漳州府志》卷二六，〈禮紀・潘榮〉。廈門大學出版
　　社 2012 年影印本，第 1577 — 1578 頁。

甲申適朝。陞吏科都給事中。」[24]

　　以上有關潘榮出使琉球的記載，透露了許多消息。在琉球執政的長史是明朝派去的華人。史載明初賜琉球 36 戶閩人，而且多為閩南的泉州人和漳州人。身任長史的程文達，應當也是閩籍吧。這樣，他就可以與潘榮對話。琉球出使明朝的使者多由華人後裔擔任，這樣，閩南人逐漸在琉球人的對外貿易中形成了很大的勢力，潘榮這類使者更加強了漳州人的影響。漳州人私下在琉球貿易，只怕還得到這些使臣暗中的支援吧。可見，儘管有朝廷的嚴令，福建民間與琉球的貿易一直很盛。從某種程度而言，琉球的進貢貿易及其與南洋國家的貿易，也是閩南人貿易的一種形式。

　　其時，潮州人與琉球的貿易也不亞於漳州人。嘉靖二十一年，在琉球發生了一個案件：

> 初，漳州人陳貴等私駕大舡下海通番，至琉球，為其國長史通事蔡廷美等招引入港。適遇潮陽海船爭利，互相殺傷。廷美安置貴等於舊王城，盡沒其貨。貴等夜奔，為所掩捕，多見殺。國王尚清知之，下令國中，乃止。至是，械繫貴等七人，誣其為賊，遣廷美等賫表文送至福建，欲赴京陳奏。巡按御史徐宗魯會同三司官重加譯審，列狀以聞，留廷美等待命。上下部議。部臣覆奏，貴等違法通番，自有律例，但琉球國王尚清縱容夷人，屢次交易，又奪取貨物，羈留人眾，橫肆屠戮，復誣以為賊，其欺謾恣肆，宜加切責。仍聽本部移咨戒諭，不得輕與中國商民交通貿易。得旨，貴等為法通番，著遵國典，從重處治。琉球國既屢與交通，今乃敢攘奪貨利，擅自拘殺我民，且誘誣以為賊，詭逆不恭，莫此為甚。夷使蔡廷美本宜拘留重處，念素係朝貢之國，姑從寬放回，後若不悛，即絕其朝貢。令福建守臣備行彼國知之。[25]

　　其時，朝廷中掌權的內閣大學士是嚴嵩，在嚴嵩的《南宮奏稿》一書中對陳貴等人通番的記載頗為詳細。據其所說，當時抵達琉球貿易的陳貴等 7 人所率漳州船隊，由 26 艘船組成，與其發生衝突的潮陽人的船隊也有

24　過庭訓，《明分省人物考》卷七五，〈福建漳州府〉，第 5 頁。周駿富輯，《明代傳記叢刊》第 137 冊。明文書局影印本，第 16 頁。

25　張溶監修，《明世宗實錄》卷二六一，嘉靖二十一年五月庚子。

21 艘大船[26]。這一事件最後怎樣處理姑且不論，但在這一事件中最令人矚目的是漳潮人與琉球的關係及貿易規模，不管怎麼說：一年中有 47 條漳州船與潮州船到琉球貿易，這在古代世界是規模可觀的貿易，事實上也反映了漳潮人在對琉貿易中執其牛耳的位置。琉球人卻殺漳潮人，應是對這兩支船隊有所畏懼。

明代中前期的琉球是東亞貿易的樞紐，日本學者甚至稱明代前期為琉球人的「大航海時代」。當時的漳潮人到了琉球，便可將貨物轉銷其他國家商人，這是他們雲集琉球的原因。其後，漳潮人視琉球為畏途，他們直接航抵日本，打通了閩潮與日本的直接貿易。於是，漳潮人對琉球貿易便沒有那麼興盛了。

第三節　漳潮人與南海島嶼國家

明中葉嚴從簡著《殊域周咨錄》一書，他說：「按，四夷使臣多非本國之人，皆我華無恥之士，易名竄身，竊其祿位者。」[27] 由於明代前期以福建人出國最多，所以，這些使者多由福建人擔任。臺灣學者邱炫煜評論：來自爪哇等國家的華人使者，「尤以福建漳州龍溪人為多。」[28]

一、在爪哇活動的閩粵私商

爪哇是南洋積極向明朝進貢的國家之一。爪哇原名闍婆等，該國於宋元時代就向中國王朝進貢。元末，爪哇使臣來元大都進貢。「還至福建而元亡，因入居京師。」洪武二年，朱元璋「遣使送之還」。其後，爪哇國派人進貢。「洪武三年遣使貢方物，並納元所授宣諭。十四年上金葉表來貢及黑奴三百人。後絕其貢。永樂二年，其國東王遣使朝貢，且請印章。命鑄鍍金銀印，遣使賜之。正統八年定每三年一貢，自後朝貢無常。」[29] 在當地居住的華人較多。鄭和航海期間便發現爪哇國的杜阪，「其間多有中

26　嚴嵩，〈琉球國解送通番人犯疏〉，載《明經世文編》卷二一九，《南宮奏議》，中華書局 1987 年，第 2301 頁。

27　嚴從簡，《殊域周咨錄》卷八，〈暹羅〉，北京，中華書局 1993 年，第 281 頁。

28　邱炫煜，《明帝國與南海諸蕃國關係的演變》，臺北，蘭臺出版社 1995 年，第 268 頁。

29　《明會典》卷九七，〈禮部五十六·朝貢二〉，第 9 頁。

國廣東及漳州人流居此地」。[30] 當地的廝材「財主，廣東人也，約有千餘家。各處番人多到此處買賣。其金子諸般寶石一應番貨多有賣者。民甚殷富。」距廝材二十多里的村莊，也有一千多戶人家，「其間亦有中國人」。[31] 爪哇的國都滿者伯夷，「一等唐人，皆是廣東漳泉等處人竄居此地，食用亦美潔。」又如舊港，「國人多是廣東漳泉州人，逃居此地。人甚富饒，地土甚肥。」、「洪武年間，廣東人陳祖義等全家逃於此處。充為頭目。甚是豪橫。凡有經過客人船隻，輒便劫奪財物。」自陳祖義被鄭和擒獲之後，廣東人施進卿成為當地大頭目，「以主其地」。施進卿死後，又是他的女兒施二姐主持。[32]

　　閩粵民眾在爪哇的影響較大。為了方便與明朝廷溝通，爪哇的使者中常有閩粵人的名字。例如，洪熙元年夏四月，「爪哇國王楊惟西沙遣頭目亞烈黃扶信貢方物」。[33] 其中亞烈是爪哇的官名，而黃扶信，應當是一個華人。宣德年間，亞烈郭信六次出現在爪哇進貢人員的名單中。當時明朝與南海藩國的關係，漸漸淪為一種生意，而寄居南海的閩粵商人擅長經商，所以，他們往往成為爪哇國進貢的使者。郭信與明朝的關係良好，宣德帝賜給許多財物，也曾下令為郭信修船，對其極為信任。[34]

　　黃扶信和郭信的籍貫不明，應當是閩粵人士。後來，有一些漳州人成為爪哇國的使者。明英宗正統元年（1436 年）發生漳州人成為外國使者前來進貢的事件：「爪哇國使臣財富八致滿榮，自陳初姓洪，名茂仔，福建龍溪縣民，取魚為業，被番倭擄去，脫走於爪哇，改今名，遣進方物來京，願乞復業。上命有司給腳力口糧，送還本家。」[35] 洪茂仔的事件很感人，明朝文武官員應是被他感動了，所以讓其返回本籍。然而，爪哇的使者中還

30　馬歡，《瀛涯勝覽》，王雲五主編，宋元明善本書十種，明刊本《紀錄彙編》第七冊，卷六二，第 8 頁。

31　馬歡，《瀛涯勝覽》，王雲五主編，宋元明善本書十種，明刊本《紀錄彙編》第七冊，卷六二，第 9 頁。

32　馬歡，《瀛涯勝覽》，王雲五主編，宋元明善本書十種，明刊本《紀錄彙編》第七冊，卷六二，第 10 頁。

33　張輔監修，《明仁宗實錄》卷十三，洪熙元年夏四月庚子。

34　邱炫煜，《明帝國與南海諸蕃國關係的演變》，臺北，蘭臺出版社 1995 年，第 268 頁。

35　孫繼宗監修，《明英宗實錄》卷十九，正統元年閏六月壬辰，第 9 頁。

有漳州人，例如馬用良。

正統元年閏六月「爪哇國使臣馬用良自陳，先任八諦來朝，蒙賜銀帶，今為亞烈，乞賜金帶。其八諦南巫等，乞賜銀帶。上以爪哇國恪修貢職久而弗怠，悉與之。」[36]

正統三年，來進貢馬用良亮明身分：「爪哇國使者亞烈馬用良，通事良殷、南文旦奏，臣等本皆福建漳州府龍溪縣人，因漁于海，飄墮其國。今殷欲與家屬同來者還其鄉，用良、文旦欲歸祭祖造祠堂，仍回本國。上命殷還鄉，冠帶閑住，用良、文旦但許祭祖，有司給口糧、腳力。」[37]可見，這個爪哇使者團中，多為漳州人。馬用良以後多次來到中國進貢。

正統七年十二月己丑，「爪哇國王楊惟西沙使臣馬用良……捧表慶賀貢方物。賜宴并賜綵幣等物有差。」[38]

正統十一年冬十月乙未：「爪哇國遣使臣馬用良等……各來朝貢方物賜宴并綵幣表裏等物有差。」[39]

正統十二年八月庚申，「爪哇國使臣亞烈馬用良等朝貢至京，奏所駕海舟被風蕩石破，乞行廣東都布二司量給物料，僉撥夫匠造舟，領駕回國。從之。」[40]

馬用良是個比較有心機的人，正統元年進貢時，他便以身任亞烈為藉口，向明朝廷討要金腰帶，正統十二年八月，他在廣東因船隻破損，又向明朝要求撥給物料修理。九月，他遇到了一個案件。

正統十二年九月壬寅：「禮部奏暹羅國使臣坤普論直等告：本國正統九年進貢通事柰藹，負國王財本不肯回國。將家屬附爪哇國使臣馬用良船逃去。今又跟隨爪哇使來在於廣東。上命廣東三司拘馬用良並柰藹審實，以柰藹付坤普論直領回。」[41]這條史料表明，馬用良曾經掩護暹羅國通事柰藹的家屬逃出暹羅國，柰藹虧欠暹羅王的本錢不還，使暹羅王遭受損失。

36　孫繼宗監修，《明英宗實錄》卷十九，正統元年閏六月戊寅。
37　孫繼宗監修，《明英宗實錄》卷四三，正統三年六月戊午，第2頁。
38　孫繼宗監修，《明英宗實錄》卷九十九，正統七年十二月己丑。
39　孫繼宗監修，《明英宗實錄》卷一四六，正統十一年冬十月乙未。
40　孫繼宗監修，《明英宗實錄》卷一五七，正統十二年八月庚申。
41　孫繼宗監修，《明英宗實錄》卷一五八，正統十二年九月壬寅。

然而，公然加入馬用良使團的奈霭，終於被暹羅的使者揭發，因而遭到審訊，並被打發回暹羅。馬用良自然遭到牽連。

因馬用良這次到中國，是代表爪哇前來進貢的，明朝仍然接受他完成使命。不過，明朝回爪哇的信件中，對馬用良提出了異議。

景泰四年冬十月辛卯，「爪哇國貢使馬用良等陞辭，賜宴並綵幣有差。仍命齎敕並金織文綺等物歸賜其國王及妃。敕曰：『王敬天事大，頻歲遣使來庭。然念道里遼遠，人使過多，彼此煩勞，易生嫌隙。今後宜擇諳曉大體一二人為正副使，量帶從人，至廣東聽彼官司存留起送。仍須戒飭使臣當守禮法，毋肆非為。其貢物亦不必珍禽異獸，但以土物致誠足矣。且不許以細軟寶物私與外洋交易。王其欽承朕命毋違。』」[42]

分析明朝的敕書，雖然寫得客氣，但明朝對馬用良的不滿已經很清楚了。以後，馬用良不再擔任爪哇的進貢使。

在這種背景下，爪哇不得不派出老一代的使者郭信來修復關係。

天順四年八月辛亥，「爪哇國王都馬班遣陪臣亞列郭信等奉表來朝貢方物，賜宴并鈔綵幣表裏紵絲襲衣等物，仍命郭信等齎敕并綵幣表裏歸賜其王及妃。」[43]

郭信得到明朝特別的尊重。但郭信之後，成化年間爪哇使者梁文宣半途走私，在驛站欺侮驛臣，讓明朝十分不滿意。明朝與爪哇的關係陷入低谷。

弘治十四年發生華人冒充爪哇使者一案。

> 江西信豐縣民李招貼與邑人李廷方、福建人周程等私往海外諸番貿易。至爪哇誘其國人哽亦宿等齎番物來廣東市之。哽亦宿父八祹烏信者，其國中頭目也。招貼又令其子誘之，得瓜字三號勘合底簿故紙藏之，以備緩急。舟經烏州洋遭風飄至電白縣境，因偽稱爪哇國貢使柰何嗟亞木，而以所得底簿故紙填寫一行番漢人姓名，凡百有九人，及所貨椒木沉香等物，謂為入貢。所司傳送至廣州給官廩食之，守臣以聞。[44]

42　孫繼宗監修，《明英宗實錄》卷二三四，景泰四年冬十月辛卯。

43　孫繼宗監修，《明英宗實錄》卷三一八，天順四年八月辛亥。

44　張懋監修，《明孝宗實錄》卷一七二，弘治十四年三月壬子。

　　從總體而言，爪哇長期聘用閩粵人士為出使明朝的使者，他們的目的也只是借進貢之名做生意，所以會發生一些不理想的事。這也是明代中葉朝廷倦於外事的原因吧。不過，閩粵人士長期擔任爪哇進貢使者一事，也表明閩粵私商在爪哇國很有影響，有利於他們做生意。

二、在舊港與其他島嶼的閩粵商人

　　舊港的古名是三佛齊，它位於麻六甲海峽的南岸，卡住東西往來的咽喉。宋元時期，三佛齊的海上武裝經常在海上攔截往來兩地的商船，迫使它們進入三佛齊貿易。明代初年，這裡又有陳祖義海盜的活動，後被鄭和平定。舊港為什麼會有以陳祖義為道的海盜活動？這是因為，明初海禁時，其他地方的民眾都無出海。但潮州人漳州人仍然不顧禁令出海無忌。在三佛齊，「時爪哇已破三佛齊，據其國，改其名曰舊港。三佛齊遂亡。國中大亂，爪哇亦不能盡有其地。華人流寓者往往起而據之。有梁道明者，廣州南海縣人，久居其國。閩粵軍民泛海從之者數千家，推道明為首，雄視一方。會指揮孫鉉使海外，遇其子，挾與俱來。」[45]

　　據《殊域周咨錄》第八卷的記載，「南海梁道明貿易於爪哇國，久而情熟，挈家住居，積有年歲。」他在當地威望很高，在三佛齊被爪哇國滅亡之際，流亡當地的閩粵軍民都來依附於他。造成他割據舊港的局面。梁道明手段靈活，他一方面承認爪哇的宗主權，另一面向明朝進貢，成為常年進貢的南洋藩主之一。在他的治理下，當地華人發展較好。在當時的舊港，梁道明代表舊港合法商人的利益，而陳祖義更多地依靠海上武裝謀生，梁道明等人深感陳祖義等人的非法行為妨礙了貿易，因此，在陳祖義企圖謀害鄭和之時，梁道明選擇了與鄭和聯合，消滅陳祖義。其後，梁道明家族長期統治舊港，並向明朝進貢。

　　東南亞的島嶼國家還有蘇祿、三島、浡泥、古麻剌國等。這些國家大都積極是向明朝進貢的國家。因此，明朝與這些國家的關係也很好。漳州區域很早就和東洋國家有聯繫，蘇祿國生產的珍珠等商品，一直吸引他們。漳州的商船從漳州的港口出發，經過澎湖、臺灣南部、三島，再抵達蘇祿

45　《明史》卷三二四，〈三佛齊〉，第 8408 頁。

等國。漳州人赴淳泥則較為簡單，從漳州沿海港口出發，順冬季季風，便可直達淳泥的港口。淳泥的主港是汶萊，傳說早年的汶萊國王即為中國人，此地一直是閩人活躍的區域。

第四節　漳潮人與中印半島國家

　　明代前期，位於中印半島的古國有麻六甲、暹羅、柬埔寨、占城等，這些國家與閩粵商人有較為密切的商業往來。

一、閩粵私商與滿刺加國的關係

　　中國商人與滿刺加的關係十分密切。滿刺加，又譯麻六甲。自從明朝皇帝扶植該國國王獨立，雙方就建立了密切關係。「中國下西洋舡以此為外府，立擺柵牆垣，設四門更鼓樓，內又立重城，蓋造庫藏完備。大宗寶舡已往占城、爪哇等國，並先宗暹羅等國回還舡隻，俱于此國海濱駐泊，一應錢糧皆入庫內口貯。又分宗次前後諸番買賣。」[46] 可見，當時的滿刺加就是鄭和艦隊的補充基地。明代前期滿刺加國王加冕，都要從明朝請封。明朝也常派使者到滿刺加。天順年間，「禮部尚書石瑁奏：『先是，遣禮科給事中陳嘉猷、行人司行人彭盛為正副使，往滿刺加國行冊封禮，於廣東布政司造船。浮海行二日，至烏豬等洋，遇颶風，船破。漂蕩六日，至海南衛清瀾守禦千戶所地方，得船來救。』」[47] 滿刺加的使者經常到中國來進貢，然而，這些使者往往由中國僑民當任。江西人蕭明舉兩度擔任通事到中國，正德三年十二月，「滿刺加國貢使火者亞劉等回，以船為颶風所壞，請令廣東布政司代造。禮部言：宜令鎮巡官驗實，俾自修理。果須重造，其材亦宜令自備，所司但量給力役副之。詔可。」[48] 正德五年春正月：「滿刺加國王所遣使有亞劉者，本江西萬安人蕭明舉也。以罪叛入其國，為通事。至是與國人端亞智等來朝，並受厚賞。因賂大通事王永、序班張宇，謀往淳泥國索寶。而禮部吏侯永等亦受賂，偽造符印，擾害驛遞。」[49] 看來，

46　鞏珍，《西洋番國志》，向達校注本，北京，中華書局 1961 年，第 16 頁。
47　孫繼宗監修，《明英宗實錄》卷三二六，天順五年三月戊午。第 4 頁。
48　徐光祚監修，《明武宗實錄》卷四五，正德三年十二月乙亥。
49　徐光祚監修，《明武宗實錄》卷五十九，正德五年春正月己卯。

華人在滿剌加同樣活躍。

　　明朝與滿剌加的關係在明憲宗時遭到挫折。黃衷的《海語》記載了這樣一個事件：

> 鐵板沙。成化二十一年乙巳，憲廟遣給事中林榮、行人黃乾亨備封冊之禮，以如占城。官治大舶一艘。凡大舶之行，用小艒船一，選熟於洋道者數十人，駕而前，謂之頭領。大舶之後，繫二小船，以便樵汲，且以防虞，謂之快馬，亦謂腳艇。是役也軍民之在行者千人，物貨太重，而火長又昧於經路。次交趾之占壁囉，誤觸鐵板沙，舶壞，二使溺焉。軍民死者十九。予里中有麥福者，同七十餘人奪一腳艇，棹至崖側，巨浪簸蕩，眾懼，捨舟而登山。回望大舶覆處，近如席前，洪濤瀾汗，惟敗篋破甑出沒于其間，數百人者，漚滅無跡。眾皆長慟。[50]

　　此文有個錯誤：謂林榮與黃乾亨到占城冊封。其實，林榮與黃乾亨是準備到滿剌加冊封新任國王。《明史 · 滿剌加傳》：

> 成化十年，給事中陳峻冊封占城王，遇安南兵據占城，不得入。以所齎物至滿剌加，諭其王入貢。其使者至，帝喜，賜敕嘉獎。十七年九月，貢使言成化五年，貢使還飄抵安南境，多被殺，餘黥為奴。幼者加宮刑。今已據占城地，又欲吞本國。本國以皆為王臣，未敢與戰，適安南貢使亦至，滿剌加使臣請與廷辯。兵部言，事屬既往，不足深較。帝乃因安南使還，敕責其王。并諭滿剌加，安南復侵陵，即整兵待戰。尋遣給事中林榮、行人黃乾亨冊封王子馬哈木沙為王。二人溺死。贈官賜祭，予蔭恤其家。餘敕有司，海濱招魂。祭亦恤其家，復遣給事中張晟、行人左輔往。晟卒於廣東。命守臣擇一官為輔副，以終封事。

　　可見，林榮與黃乾亨實際上是到滿剌加冊封新任國王，只是在占城海面出事而已。這件事影響很大，此後，明朝的使者都不願意赴滿剌加出使。從《明史 · 滿剌加傳》的記載來看，滿剌加與明朝的關係在明代中期仍然是十分友好的。滿剌加利用這一關係，牽制暹羅國，使其不敢發兵南下滿

50　黃衷《海語》卷下，〈畏途〉，文淵閣四庫全書本，第 3 頁。

剌加。明朝與滿剌加的關係也因此得到加強。明代前期永樂年間，鄭和曾在滿剌加設置兵站，駐兵防守。如果明代中葉雙方關係繼續維持下去，後到的葡萄牙人很難輕易占領麻六甲。而麻六甲實為東亞與印度洋國家交通的咽喉地帶，明朝占領此地，可以抗拒西方殖民者的入侵，從而囊括南海。因此，成化年間，滿剌加使者前來進貢，及明朝使者赴滿剌加冊封國王，對中國來說是一個重要契機。失去這一機會，數十年後，葡萄牙人占領麻六甲，開始封鎖麻六甲海峽，不讓中國船隻到印度洋貿易，並通過麻六甲深入中國南海，從此，中國在東南亞陷入被動地位。

　　滿剌加於明代前期逐漸成長為東南亞的貿易中心，其地位大致相當於今日的新加坡。明中葉葡萄牙人抵達麻六甲之時，說其已經成為印度洋與南海諸國的貿易集市。「麻六甲有四個沙班達爾，他們是市政官員。由他們負責接待船長們，每條船舶都在他們的權限下聽從安排……其中最主要的一個沙班達爾負責從古吉拉特來的船舶，另一個負責管理從柯洛曼德爾海岸、孟加拉、勃固和帕塞來的商人。第三個負責管理從爪哇、馬古魯群島和班達群島、巴領旁和呂宋等地來的商人。第四個負責管理來自中國、占城等地來的商人。每個商人帶著貨物或者商品資訊來到麻六甲，需要向沙班達爾申請進入他的國家。」[51] 可見，中國方向來的船是其接待的重要內容。一位葡萄牙人於 1514 年 1 月（正德九年末）記載，前不久有四條中國帆船到滿剌加貿易，帶頭的崔哪噠願意和葡萄牙人做生意。[52] 葡萄牙人描述他們在滿剌加遇見的華人：「所有的華人食用豬，牛及其他動物肉。嗜酒成性，尤其將我們的葡萄酒視為上品，常酩酊大醉。華人體弱，無縛雞之力。來滿剌加者，為人無信，偷雞摸狗，乃三教九流。他們以兩根棍子進食。左手持碗，將嘴貼近碗邊，用上述棍子將飯菜送入嘴內。此乃中餐方式。」[53] 這些文字對華人頗有貶低之語，但其描寫的確實是華人。明代前期在南洋一帶的華人以閩人為多，他們多是漳州人。

51　轉引自，萬明，〈鄭和與滿剌加——一個世界文明互動中心的和平崛起〉，《明代中外關係史論稿》北京，中國社會科學出版社 2011 年，第 325 頁。

52　金國平編譯，《西方澳門史料選萃（15—16 世紀）》，廣東人民出版社 2005 年，第 34 頁。

53　金國平編譯，《西方澳門史料選萃（15—16 世紀）》，廣東人民出版社 2005 年，第 18 頁。

　　其時有不少船隻穿梭於滿剌加與廣州屯門海面做生意。1514 年（正德九年）1 月 6 日，安德魯葛沙列斯（Andrew Corsalis）致魯倫初美德旗公爵（Duke Lorenzo de Medici）書，謂「中國商人，亦涉大海灣，載運麝香、大黃、珍珠、錫、磁器、生絲及各種紡織品……至滿剌加貿易。……客歲葡萄牙人有航海至中國者，其國官吏禁止上岸，謂許多外國人入居其國，違背其風俗常例。然諸商人皆得售出其貨，獲大利而歸。」[54] 葡萄牙人記載滿剌加：「大宗貨物為胡椒。每年若有 10 條中國式帆船滿載而至，也會一售而空。丁香，肉豆蔻的需求量不大。木香、兒茶稍有需求。香料購買量極大。華人搶購象牙、錫器、沉香，婆羅洲樟腦，紅念珠、白檀香、紅木及大量產於新加坡的烏木、坎貝的光玉髓、羽紗、洋紅絨及染色呢料亦暢銷。胡椒之外，樣樣貨物保證賺錢。」[55] 當時經營這些貿易的中國船隻多由漳州人控制。他們受到廣州沿海民眾的歡迎。嘉靖年間「廣東隔海不五里而近鄉名遊魚洲，其民專駕多櫓船隻接濟番貨，每番船一到，則通同濠畔街外省富商搬磁器、絲綿、私錢、火藥違禁等物，滿載而去，滿載而還，追星趁月，習以為常，官兵無敢誰何，比抽分官到，則番舶中之貨無幾矣。」[56] 這種情況極為混亂。

二、閩粵私商與暹羅的關係

　　在中國史籍上，泰國古名暹羅，早在宋元時期就向中國進貢，福建商人很早就在泰國定居。暹羅使者常到明朝來進貢。章潢的《圖書編》記載：「洪熙宣德間至如常期。正統、景泰間，貢或不常，賜仍舊例。」[57] 明朝方面，鄭和七下西洋時，也常有使者到暹羅封貢。鄭和之後，朝廷使者很少南下。於是，有一些漳州商人冒充明朝的使者去暹羅。成化七年（1471 年），「福建龍溪民邱弘敏，與其黨泛海通番，至滿剌加及各國貿易，復至暹羅國，

54　亨利王爾，《古代中國聞見錄》第一卷，第 180 頁，原出張星烺，《中西交通史料彙編》第一冊，第 356 頁。中國矽酸鹽學會編，《中國陶瓷史》，北京，文物出版社 1982 年，第 409 頁。

55　金國平編譯，《西方澳門史料選萃（15—16 世紀）》，廣東人民出版社 2005 年，第 23 頁。

56　霍與瑕，〈上潘大巡廣州事宜〉，《明經世文編》卷三六八，〈霍勉齋集〉，第 3976 頁。

57　章潢，《圖書編》卷五十一，文淵閣四庫全書本，第 21 頁。

詐稱朝使，謁見番王，並令其妻馮氏謁見番王夫人，受珍寶等物。」[58] 這實際上也是一種貿易。

也有一些閩人充當暹羅的使者到中國進貢。汀州謝文彬是一個典型。最早研究謝文彬是香港學者陳學霖[59]，邱炫煜在其著作中也有提及謝文彬。他是一個令人驚訝的人物。「成化十三年，主遣使群謝提、素英必美亞二人來貢方物。美亞本福建汀州士人謝文彬也。昔年因販鹽下海，為大風飄入暹羅，遂仕其國。官至岳坤，岳坤，猶華言學士之類。至南京，其從子璿相遇識之。為織殊色花樣緞疋貿易蓄貨。事覺下吏，始吐實焉。」[60] 關於謝文彬的故事，《明史‧外國傳》也有記載：「先是汀州人謝文彬以販鹽下海，飄入其國，仕至坤岳，猶天朝學士也。後充使來朝，貿易禁物。事覺下吏。」[61] 此處記載中的暹羅使者謝文彬，於成化年間到明朝進貢，是一個典型的敢於冒險的福建人。汀州人的食鹽多來自潮州沿海，汀州商人每每攜帶山區產品，到潮州貿易，而後帶回食鹽於汀州出售。謝文彬可能是在潮州沿海遇到風暴，漂到暹羅。或者說，謝文彬是有意在潮州參加海上貿易，而後來到潮州。如其所說，謝文彬在暹羅仕至宰相之類的職務，這本身是一個傳奇。按照明朝的制度，進貢之人不得私下交易，「舶商匿貨。凡泛海客商，舶船到岸，即將物貨盡實報官抽分。若停塌沿港土商牙儈之家不報者，杖一百。雖供報而不盡者，罪亦如之。物貨並入官。停藏之人同罪。告獲者，官給賞銀二十兩。」[62] 因謝文彬是外國使者，所以，明朝最終沒有對他制裁，謝文彬安全返回暹羅。不過，從今人的眼光來看，明朝的一些規定是不合理的。

成化年間，在南京受命審理謝文彬案件的王恕，在其著作中留下了有關謝文彬朝貢的故事。「有坤祿群謝提、奈英必羡亞等狀告：係暹羅國差來副使等職，於成化十二年四月內蒙本國王差來進貢。亦因本國為無出產段疋，因中領到國王銀兩前來買辦回國應用。亞等坐駕海船一隻在洋累

58　張懋監修，《明憲宗實錄》卷九七，成化七年十月乙酉，臺北，中研院刊本，第 7 頁。

59　陳學霖，〈暹羅貢使謝文彬事件剖析〉，《明代人物與傳說》，香港中文大學出版社 1997 年，第 275 — 306 頁。

60　嚴從簡，《殊域周咨錄》卷八，〈暹羅〉，北京，中華書局 1993 年，第 281 頁。

61　《明史》卷三二四，〈外國傳‧暹羅〉，第 8400 頁。

62　李東陽等，《明會典》卷一三五，〈刑部十‧倉庫‧舶商匿貨〉，第 14 頁。

遭風水，至本年八月初二日飄到雷州地方，將船打碎。」據王恕的審問，暹羅兩個使者中的「奈英必羨亞」，或稱「素英必美亞」，即為汀州士子謝文彬，當時王恕因聽不懂汀州話的緣故，將其譯為「杜文斌」。他是一個士人，必在汀州府籍上留有名字，最終《明史》將其定名為謝文彬，應是看到底籍的了吧。謝文彬成為暹羅高官後，仍然奉命到明朝來進貢，不幸的是，他在海上遇到風暴，所乘船只在雷州沿海觸礁，船上人員雖然被救起，但船隻所載貨物都被打碎，沉入海底。謝文彬雇人打撈，僅得「破片不堪進用小木三百五十餘担，選退碎象牙俱有破裂痕損刀傷截斷不堪進用碎牙二十餘担。」廣東官員本想燒掉這些破碎之物，在謝文彬等人哀告下，才還給他們。「眾又思議，原領國王銀兩買叚，其銀船碎失水，慮回本國誠恐有累。亞等自雇船隻裝至廣東。」謝文彬等人負有進貢之責，繼續向南京前進，一路思考請人代售商品。恰在路上遇到來自汀州家鄉武平的姪兒。「據杜林即杜瓚，供年二十八歲，係福建汀州衛武平守禦千戶所軍餘。成化十三年四月十六日是瓚告給本衛所文引，將帶本錢置買鐵貨，裝到贛州府河下，遇見親人李德報說，有你房伯杜文彬，先年出外生理，不見回家。今在暹羅國，差來進貢。有廣東三司盤過，揀下虛心不堪進貢蘇木一百五十捆并截斷象牙四包付托與我裝載，前往南京上新河等處發賣。有瓚喜信，將自己鐵貨一同裝載到於南京上新河，投托經紀陳質韓源。」在經紀人手下，這些商品共「賣過象牙、蘇木銀共銀七百三十六兩」。謝文彬又將這些銀兩託南京牙人購買絲綢，訂購「織造各樣大紅黃並八寶閃色抹絨花樣，遍地金花幃幔各樣緞匹，共織一百一十五疋。」準備帶回國，進貢暹羅國王。然而，他們的買賣被人揭發，於是有了王恕的審問。[63]《東西洋考》第二卷也有謝文彬的記載：「成化間汀州士人謝文彬者以販鹽下海飄入暹羅，因仕其國。後充貢使至留都，遇從子瓚于途，為織錦綺貿易。事覺下吏，竟遭歸。」如其所述，謝文彬雖因私自採購商品受到明朝的處分，但其人最後還是安全返回暹羅。表明這是一個具有光明結尾的故事。

63　王恕，《王端毅奏議》卷四，〈參奏南京經紀私與番使織造違禁紵絲奏狀〉，文淵閣四庫全書本，第 12—26 頁。

第五節　嚴啟盛與粵海的漳州人

　　嚴啟盛是明代前期在廣東沿海活動的海盜商人，他曾在香山縣沙尾外洋一帶活動。這一帶海洋港灣，後來就是澳門。事實上，關於嚴啟盛的研究是從澳門早期史展開的，而其爭論的焦點是：最早開發澳門港的是葡萄牙人還是華人？學術界對此爭議很大。

一、研究嚴啟盛相關歷史的緣起

　　在澳門學術界對澳門的開港一直有兩種說法，其一認為澳門的開港者是葡萄牙人，在葡萄牙統治澳門時期，這一說法風靡一時。但澳門民眾對這一說法不以為然，澳門當地人傳說，最早是福建人到澳門進行貿易，在這裡建立了媽閣廟，所以，先有媽閣廟，後有澳門。這是有關澳門開港的第二種說法。1984 年，主管澳門媽祖廟的漳泉潮三州理事會請當地的文史界的前輩人物撰寫廟宇碑記，其承擔者為汪考博與曹思健二位先生，二位先生反復商榷，六易其稿，最後由曹思健先生執筆撰寫了〈澳門媽祖閣五百年紀念碑記〉，在這篇文章中，曹思健先生談到澳門媽閣廟的起源：「澳門初為漁港，泉漳人蒞止戀遷，聚居成落，明成化間創建媽祖閣，與九龍北佛堂門天妃廟、東莞赤灣大廟鼎足，輝映日月。居諸香火滋盛，舶艫密湊，貨殖繁增，澳門遂成中西交通樞要。」[64] 此碑現存於澳門媽祖閣正覺禪寺前。此碑刊出後，「明成化間創建媽祖閣」一句引起了相當廣泛的爭議，許多人肯定這一觀點，也有人認為這一觀點是錯誤的。有的人說，媽閣廟實際上是萬曆年間由廣東人建立的，後來被福建人篡奪，所以編造了一番福建人創建媽閣廟的神話[65]。

　　我接觸澳門史以後，看到了一些福建人開拓澳門的史料，於 1997 年撰寫了〈論福建人與澳門媽祖文化的起源〉一文，發表在 1997 年第 7 期的《學術研究》上，後得澳門《文化雜誌》轉載。本文關鍵之點是從《香山縣鄉土志》中找到一條明代前期福建人到澳門的史料：

　　　　天順二年（1458 年）七月，海賊嚴啟盛來犯。先是，啟盛坐死，囚

64　此碑現存於澳門媽祖閣正覺禪寺前。
65　譚世寶，〈澳門媽祖閣的歷史考古新發現〉，《學術研究》，廣州，1996 年第 9 期。

漳州府。越獄聚徒，下海為盜，敵殺官軍。至廣東招引蕃舶，駕至
邑沙尾外洋。[66]

　　沙尾是珠海的古村落，可能是澳門一帶最古老的村落，今為珠海市的
南屏[67]，離澳門很近了。[68]當明代前期，澳門一帶望廈之類的村莊都未出現，
也沒有澳門，所以，明朝官府提到這一帶的海盜船，只好說其在「沙尾外
洋」。這條史料表明在明代前期的天順二年，即有漳州籍海盜嚴啟盛到過
香山縣的沙尾外洋，毫無疑問，「香山縣的沙尾外洋」即是「濠鏡澳」，
或是「澳門」。嚴啟盛不是一個簡單的海盜，他曾在廣東「招引蕃舶」，
並將其引至濠鏡澳海域，從而成為澳門真正的開港者！可見，他是澳門歷
史上第一個值得紀念的人物，沒有嚴啟盛引來蕃客貿易，不會有濠鏡澳日
後的大發展。

　　本文發表後引起學術界的關注，陳樹榮先生對此評論：

　　《香山縣鄉土志》為清光緒末年無名氏著作，無著撰人，乃由舊志
彙編而成，傳世的手抄孤本，藏於北京中國科學院圖書館，1988 年
才由中山市方志辦影印出版面世，估計曹、汪二老可能未用過甚至
未見過此志書。上述有關嚴啟盛的記述，是罕有的珍貴的澳門史料，
為徐曉望教授開發引用並加深入研究論證，是對媽祖文化和澳門媽
閣廟創立以及澳門海港的開發研究做出貢獻。今後如再發現此類史
料，將更為充實此項澳門媽祖文化研究的深入，貢獻會更大。上述
史料所載的嚴啟盛於明「天順二年（1458）已招引蕃船，駕至邑沙
尾外洋」，確是重要的史料。其中的「邑沙尾外洋」，就是指古代
香山的澳門古地區，外洋是指「沙尾」一帶的古老海域。昔人將古
澳門（香山嶴）一帶稱為「沙尾」。而「天順二年」距今已有 540 多
年，倘若此期間嚴啟盛已開發澳門並創立媽閣廟，媽祖信仰、媽祖文
化在澳門的萌生，將可延伸至 540 多年前，其意義及影響會更大。[69]

66　無名氏，《香山縣鄉土志》卷三，〈兵事錄〉。手抄孤本，北京中國科學院圖書館
　　藏，1988 年中山縣方志委影印本。

67　關於沙尾與南屏，請參見，《南方都市報》2009 年 11 月 3 日。

68　杜臻，《粵閩巡視紀略》卷二，第 22 頁。

69　陳樹榮，〈澳門媽祖文化的形成及發展——從媽閣廟石殿神龕〈萬曆乙巳四街重修〉
　　碑記談起〉，《媽祖文化研究——第一屆媽祖文化研究得獎作品集》，澳門中華媽
　　祖基金會 2005 年，第 46 — 47 頁。

　　我的文章也引起了石奕龍教授的評析，在引用有關澳門媽閣廟的起源的幾種觀點後，他說：「就上述史料而言，筆者以為徐先生的分析有幾點是中肯的，其一是嚴啟盛是澳門這個小地方開埠的第一人，其二是澳門的媽閣廟應該是由嚴啟盛及其部下們創建的。但遺憾的是徐先生沒有看到《粵大記》關於同一事件的記載，因此在年代問題上有些錯誤，並因此沒有能夠把問題闡釋得更清楚。例如徐先生認為嚴啟盛是天順二年來到澳門這個地方的，所以，天順二年就創建了媽閣廟，然而根據《粵大記》的記載，嚴啟盛是在天順二年被官府鎮壓的。於是，這裡就出現一個問題，在同一年分的短短時間中，嚴啟盛來到廣東，然後很快就被明代官軍鎮壓，那他們又怎麼會在岸上建立起媽閣廟？」石教授認為：媽祖閣的建立應是在嚴啟盛來到廣東的景泰三年，這樣，澳門開埠的歷史還可上推到景泰三年，即 1452 年 [70]。

　　學術界同仁的讚彈對我是一鞭策，作為澳門的開港者，嚴啟盛此人也值得進一步研究，他是一個漳州人，為什麼會跑到澳門去做「招引蕃船」這類事？他為什麼被關進監獄？為什麼敵殺官軍？這都有必要進行歷史學的分析。後來，我撰寫了〈嚴啟盛與澳門史事考〉一文 [71]，運用《香山縣鄉土志》、《明實錄》、《廣東通志》、《粵大記》等書的史料，對嚴啟盛的相關史實進行分析，說明嚴啟盛進入廣東沿海是景泰三年，而進入香山沿海是天順二年，在此駐紮八個月之久，因而會有天妃香火的引進。其後，張侃於 2013 年發表了他的論文：〈從月港到十字門：明代漳州海商嚴啟盛史事補論〉[72] 一文。該文特點是發現了于謙《忠肅集》、葉盛的《葉文莊公奏議》二書中有關官軍剿殺嚴啟盛的記載。這使學界對嚴啟盛的研究更為完整了。

　　鄭和下西洋建立了「四方來朝」的朝貢體系，但這些遠方來貢的國家，位於東洋的較少，位於西洋的較多，其時，明朝開放的港口主要有三個，西洋貿易分攤給廣州港，東洋貿易分為兩個部分，一部分由寧波港承擔，

70　石奕龍，〈澳門媽祖信仰形成問題的辨識〉，《文化雜誌》中文版第 49 期，澳門特別行政區政府文化局 2003 年，第 180、182 頁。

71　徐曉望，〈嚴啟盛與澳門史事考〉，澳門文化司署，《文化雜誌》2006 年春季號。

72　張侃，〈從月港到十字門：明代漳州海商嚴啟盛史事補論〉，《廈大史學》第四輯，廈門大學出版社 2013 年。

如日本和泰國的進貢；一部分由泉州港承擔，如琉球、蘇祿等。其時，日本被限制十年一貢，暹羅也是數年一貢，而蘇祿國基本不來進貢，所以，朝貢貿易真正興盛的地區是廣州港。另外要注意的是，早期三個市舶司的分工不是太嚴格。各國來進貢，要看季風的強度和方向，貢船到了哪個市舶司，就在哪裡貿易。高宇泰：《敬止錄》引用了永樂《鄞縣志》，而此書中有明初寧波貢市商品，分為日本、暹羅兩大類。這證明了明初暹羅在寧波進貢。其物品 36 種。[73] 再以琉球來說，後人回憶：宣德七年四月，「行在禮部言，永樂年間琉球船至，或泊福建，或寧波，或瑞安，今其國貢使之舟，允三二泊福建，一泊瑞安，詢之蓋因風勢使然，非有意也。」[74] 如其所言，明朝三個市舶司比較嚴格的分工，應是在宣德以後。因廣州面對西洋的國家，所以，宣德以後，外來的進貢船，多集中於廣州一帶貿易。

二、明代前期廣州口岸的私商貿易

　　明代前期的廣州是東南亞國家進貢明朝的主要口岸。明代前期，朝廷實行厚往薄來的政策，為的是吸引更多的國家前來進貢。所以，每次朝貢，明朝開銷巨大。隨著朝貢貿易的支出越來越大，明朝不堪重負。各地市舶司開始對朝貢來客斤斤計較，限定來貢次數和來船數量，是最為普遍的做法，甚至限制進貢商品數量，以免朝廷回賜太多。制度的變更導致許多貢船無法出售貨物，於是，有些南洋來的貢船便在廣東沿海一帶進行私人貿易，將未能銷售的商品帶到廣州南面的珠江出海口島嶼出售給私商。成化元年，「爪哇國遣使臣梁文宣入貢方物，舶至廣東廣海衛，有段鎮者常泛海為奸利，識文宣，因誘出其附餘貨物，乾沒之，且導其泊潮州港。指揮周岳受委封盤，又私留其玳瑁百餘斤。巡按御史以聞。命追問嶽，以鎮為奸利日久，發充大同威遠衛軍。」[75]《大明會典》：「如今廣東近海的百姓，內有等不畏公法，專一為非，將帶違禁物貨，私自下海，潛往外國買賣。那沿海衛所巡守官軍，不行用心，設法巡拿，以致誘賊，不時出沒，劫掠良民。該府便出榜文，著沿海衛所，今後不問軍民，但私自下海的人，問

73　萬明〈明初貢市新證──以《敬止錄》引《皇明永樂志》佚文外國物品清單為中心〉，氏著《明代中外關係論稿》，第 221 頁。

74　張輔監修，《明宣宗實錄》卷八九，宣德七年四月甲寅。

75　張懋監修，《明憲宗實錄》卷一九，成化元年七月戊申，第 2 頁。

他往何外國買賣，通透消息，若拿有實跡可驗的，就全家解來，賞原拿人大銀兩個，鈔一百錠。若把守官軍不肯用心巡拿，與犯人同罪。有能首告，一體給賞。」[76]、「國初仁聲，極天漸被，脩貢來庭，猶為慕義；邇來番舶，以利煦嫗，在我抽分，固為瑣尾，維廣多事，迎備鼛鼓，狡虜頻來，恐生不軌。濟以奸民，秉心蝮蜫，東家掠男，西家誘女，父母悲號，怨聲悽楚。」[77]如其所說，其時有一些番船在廣州沿海搶劫，引起了民間的怨恨。香山一帶一向有海盜活動。永樂初年的香山「海寇常劫掠民婦女貲貨，出沒倏忽，不可蹤跡。民苦之。公為方略教民掩捕，訖公去，寇無入境者。」[78]景泰年間「廣東地方，內則海寇，有腹心之患。」[79]廣東「南海上群寇，華夷畢集，襲珠池、摘商貨，間則採海為生，甚猛悍。」[80]有時這類商船的貿易規模頗大。成化二十年十二月「有通番巨舟三十七艘泊廣東潮州府界，備倭都指揮僉事姚英、巡視海道按察副使趙弘、分巡僉事翁晏領官軍捕之，生擒三十餘人，斬首八十五級。」[81]弘治六年三月，「廣東沿海地方多私通番舶，絡繹不絕，不待比號，先行貨賣。意者私舶以禁弛而轉多，番舶以禁嚴而不至。今欲榜禁約，無乃益詛向化之心，而反資私舶之利，今後番舶至廣，審無違礙，即以禮館待，速與聞奏。如有違礙即阻回，而治交通者罪。送迎有節，則諸番咸有所勸，而偕來私舶，復有所懲，而不敢至。柔遠之道於是乎在。從之。」[82]正德九年「廣東布政司參議陳伯獻奏：『嶺南諸貨出於滿剌加、暹羅、爪哇諸處，計其產不過胡椒、蘇木、象牙、玳瑁之類，非若布帛、菽粟民生一日不可缺者。近許官府抽分，公為貿易，遂使奸民數千，駕造巨舶，私買兵器，縱橫海上，勾引諸夷為地方害，宜亟杜絕。』事下禮部議，令撫按等官禁約番船，非貢期而至者，即阻回，不得抽分，以啟事端，奸民仍前勾引者，治之。報可。」[83]李龍潛認為：「明初一百多

76　李東陽等，《大明會典》卷一七五，〈刑部・罪名三〉。

77　戴璟、張岳等纂修，嘉靖《廣東通誌初稿》卷三五，〈外夷志〉，嘉靖刊本第 4 頁。北京圖書館古籍珍本叢刊，第 38 冊，第 579 頁。

78　楊士奇，《東里文集》卷十五，〈明撰墓表香山縣丞彭公墓表〉，第 2 頁。

79　于謙，《忠肅集》卷三，〈南征類〉，文淵閣四庫全書本，第 80 頁。

80　陳全之，《蓬窗日錄》卷一，上海書店古籍出版社 2009 年，第 43 頁。

81　張懋監修，《明憲宗實錄》卷二五九，成化二十年十二月辛未，第 5 頁。

82　張懋監修，《明孝宗實錄》卷七三，弘治六年三月丁丑，第 3 頁。

83　徐光祚監修，《明武宗實錄》卷一一三，正德九年六月丁酉，第 2 頁。

年來，廣東沿海的民間對外貿易活動一直沒有停止過。」[84]

　　頻繁的海上貿易活動，使鄭和之後中國與西洋國家之間的貿易仍然持續。夏鼐介紹非洲的考古成果：中國宣德和成化年間的瓷器在東非出土甚多。例如在索馬里、衣索比亞交界處的三座古城遺址中，出土甚多。坦噶尼特的達累聯拉姆博物館也收藏了宣德時期的青花瓷器。[85]廣州與南亞及地中海的聯繫，也可從廣東市舶司長官韋眷墓出土文物看到。該墓出土的三枚銀幣，其中兩枚來自孟加拉，明代譯名為榜葛剌。其時為德里蘇丹國，外貿非常發達。「東南番夷職貢，駢臻榜葛剌國，復航萬里海道來獻麒麟諸方物。」[86]榜葛剌銀幣被稱為「唐加」。[87]韋眷墓還有一枚威尼斯銀幣，義人稱為「格羅梭」，為威尼斯總督所鑄。[88]該幣問世僅20來年，便從威尼斯交易到孟加拉，再從孟加拉交易到廣州，反映了當時亞洲與歐洲之間的互動。

三、福建漳州人在嶺南的海上貿易

　　儘管當代的廣東是大陸經濟最發達的區域，但在清朝以前，廣東長期是中國較落後的省分。宋朝統一嶺南之初，得二廣（含廣東與廣西）戶口為：170263戶，兩廣地域遼闊，而其總戶口不到20萬！可見，宋初的廣東是中國人口最稀少的區域之一；宋朝以後，廣東人口緩慢增長，南宋紹興年間，廣南東路戶口為：513711戶、784774口；元代為443906戶、775638人，其戶口總數尚不足100萬；迄至明洪武二十六年，廣東總人口也只有675599戶、3007932人，其開發程度遠遠落後於相鄰的閩贛等省[89]。

　　由於明代初年的廣東普遍開發水準不高，廣東諸縣的發展水準也有限，香山位於珠江三角洲的西部，四面環水，交通十分不便，人口稀少，嘉靖

84　李龍潛，〈明代廣東對外貿易及其對社會經濟的影響〉（1982年原作），李龍潛，
　　《明清廣東社會經濟研究》上海古籍出版社2006年，第180頁。
85　夏鼐，〈作為古代中非交通關係證據的瓷器〉，《文物》1963年第7期。
86　劉球，《兩溪文集》卷三，〈瑞應麒麟賦序〉，文淵閣四庫全書本，第14頁。
87　夏鼐，〈揚州拉丁文墓碑和廣州威尼斯銀幣〉，《考古》1979年第6期。
88　〔義〕毛・斯卡爾帕里（Maurizo Scarpari），〈中國發現的十五世紀威尼斯銀幣〉，
　　《考古》1979年第6期。
89　阮元修，陳昌齊、劉彬華纂，道光《廣東通志》卷九十，〈輿地略八・戶口〉，
　　上海古籍出版社1990年3月，影印上海商務印書館1934年影印本，第1753頁。

《香山縣志》第一卷〈風俗志〉[90]記載當地民俗：

> 土曠人稀，生理鮮少，家無百金，取給山海田園。

第二卷〈民物志〉又云：

> 邑本孤嶼，土曠民稀。自永樂後，寇亂不時，遷徙歸併。以故戶口
> 日就減損。

這些材料表明：直到明中葉澳門興起前，香山縣仍是地廣人稀[91]，其他各縣情況也差不多。明代前期廣東的沿海的歷史就是在這一背景下展開的。

從方言分布來看，廣東沿海多為閩語區。從潮州到惠州、雷州，都有閩語流行。「廉州人作閩語，福寧人作四明語，海上相距不遠，風氣相關耳。」[92]這種情況的出現，是因為宋元明時期，來自福建泉州府、漳州府、興化府的沿海移民紛紛到廣東尋找生存機會，最後定居廣東。如前所述，明代前期雖有海禁，但漳州人仍然下海航行如故，他們追逐利潤，逐漸來到廣東沿海，出沒於珠江海口的香山島一帶。如前所述，漳州人常常成為東南亞國家進貢的使者，因此，他們經常代表東南亞國家進貢。後來，明朝因財政日益緊張，無力支付太多的報酬，所以，明朝廷開始限制前來進貢船隻的規模，對他們帶來的貨物限量採購，這就使代替東南亞諸國前來進貢的漳州人處於很尷尬的位置上。因為，他們若無法出售貨物，便會破產。當時東南亞到中國進貢的主要港口是廣州，既然在廣州無法出售自己的貨物，這些漳州人便將船隻開到廣州外海，與當地商人進行私下貿易。再後，那些並不參與進貢的東南亞船隻也到廣東沿海，和漳州人進行貿易。這種貿易是非法的，經常受到朝廷軍隊的驅趕，於是，一些大膽的漳州人便與官軍進行捉迷藏的遊戲，你來我走，你走我來。有時不可避免地與官軍相遇，他們便抽刀反抗，所以，明代初年的廣東沿海有不少漳州人的船隊，嚴啟盛就是在這一背景下走上了歷史舞臺。

90　鄧遷修、黃佐纂，嘉靖《香山縣志》卷一，〈風俗志〉，今存孤本原藏於日本，本文所用為廣東中山圖書館藏複印本。

91　徐曉望，〈福建人與澳門媽祖文化淵源〉，廣東《學術研究》1997 年第 7 期。

92　陳全之，《蓬窗日錄》卷一，上海書店古籍出版社 2009 年，第 39 頁。

四、嚴啟盛下海的過程

明代郭棐的《粵大記》記載嚴啟盛的史實：

> 先是，啟盛坐死，囚漳州府，越獄，聚徒下海為患，敵殺官軍。拘留都指揮王雄；至廣東，復殺總督備倭都指揮杜信。[93]

以上史料表明嚴啟盛在襲殺都指揮杜信之前，還曾經俘虜過另一位都指揮王雄，都指揮王雄是福建方面的官員，《明實錄》中有關於王雄被俘的記載：

> 景泰三年九月癸巳，福建漳州府賊首鄭孔目等，通番為寇，敵殺官軍，擄去署都指揮僉事王雄。[94]

首先，以上史料記載的時序有些問題，據廣東方面的史料記載，俘虜王雄的那一夥海盜（也就是嚴啟盛的海盜隊伍），至少在景泰三年四月就已經出現於廣東海面，而《明實錄》記載這夥海盜在漳州破獄卻是在九月，其原因應與明朝的消息傳遞制度有關，福建與廣東距離北京有數千里之路，官吏在發生事件後又往往隱瞞不報，到了不得不報時，往往誤了時間。所以，明朝廷得到消息較遲，他們瞭解情況後做出處分就更遲了。

其次，以上史料使我們知道嚴啟盛為什麼可以從漳州監獄越獄，因為，他們的首腦是「鄭孔目」，孔目是掌管刑獄的官員，這位鄭孔目頂著「通番為寇」的罪名，這足以說明他為什麼捨棄官職去當海盜。明朝對「通番」的罪名處理極嚴，許多通番的人都被處以死刑，所以，鄭孔目不得不破釜沉舟，幹出劫獄的大事。從其劫獄救出嚴啟盛等人來看，他們之間的關係很深。他應是與嚴啟盛共同犯下了通番的「罪行」，所以在嚴啟盛入獄後，他不得不採取極端的手段。否則，嚴啟盛等人被捕，遲早會牽涉到他，所以，他乾脆與囚犯們沆瀣一氣，攻破漳州監獄，下海為盜。從這一點來看嚴啟盛，他也是一個不簡單的人物。明代漳州的通番，也不是人人可以做的，首先，主事者要是當地的豪強，周邊的鄉黨不敢與其對抗，也不敢揭發他；其次，他們要在官府有背景，一旦出了事，可以有人保護。鄭孔目

93　郭棐，《粵大記》卷三，〈事紀類・海島澄波〉，黃國聲、鄧貴忠點校，廣東，中山大學出版社 1998 年重印本，第 56 頁。

94　轉引自李國祥等重編，《明實錄類纂》福建臺灣卷，第 488 — 489 頁。

應當就是扮演保護者的角色，嚴啟盛下海通商，所得利潤分一部分給鄭孔目，鄭孔目在官府想盡辦法給嚴啟盛通消息，並保護他的黨羽。不過，到了事情無法掩蓋之時，鄭孔目就只好以劫獄的方式來救嚴啟盛了。鄭孔目與嚴啟盛的關係，就像是《水滸傳》中宋江與晁蓋的關係。由於鄭孔目的地位，所以，在官府的史冊上，這夥強盜的頭目是鄭孔目，實際上，這支海盜隊伍的真正頭目是嚴啟盛這位「大哥大」。在廣東境內官府的記載中，這支海盜隊伍的首領一直是嚴啟盛而不是鄭孔目。這足以說明鄭孔目的地位不如嚴啟盛。

回顧這段歷史讓人感慨再三，嚴啟盛等人的罪名不過是進行私人海上貿易而已，換一個朝代，進行海上貿易都是合法的，唯獨在明代前期，通番是非法的。若明朝允許百姓海外貿易，嚴啟盛等人應是功臣而不是罪人。嚴啟盛下海為盜後，他的一個夥伴被官軍俘虜。于謙在《忠肅集》中提到：「又為海賊登岸事會問得：蔡佛保係福建漳州府龍溪縣八都人。招稱有本都賊嚴二總即嚴凱晟積年下番劫掠海道事，發送本府司獄司監候脫逃。糾集原下番賊首鄭禮謨與佛保等一百八十餘徒，搶得福州地面大海船二隻，小船四隻，節次劫殺官軍人等，及到廣東海豐鄉村打劫，蒙官軍緝捕，各賊奔走上船，將佛保捉獲等因。」[95]

此處的「嚴凱晟」與「嚴啟盛」之名相近，閩人的方言只有十五個聲母，「啟」的讀音和「凱」相近。所以，嚴凱晟應當就是嚴啟盛。可見，嚴啟盛等人下海之後成為海盜，搶劫海船，與官軍為敵。因此，官軍四處追蹤嚴啟盛。這條史料使我們知道：嚴啟盛往年下海通番經商，經常的合作同伴有180多人。其時漳州人下海通商的情況於此可見。由於他手中有兩條大海船及小船四隻，因此，他可以組成一支頗具規模的船隊。官軍遇到他往往失敗。

> 都察院奏，福建備倭署都指揮僉事王雄，追賊至東海黑水洋中，被賊拘執，求免而歸。[96]

黑水洋在澎湖群島與臺灣之間，這裡有一條巨大的海流從南向北流行，

95　于謙，《忠肅集》卷四，〈南征類〉，景泰三年八月初八日，第48頁。

96　孫繼宗監修，《明英宗實錄》卷二三三，景泰四年九月甲子，第3頁。

水色深黑，所以被稱為黑水洋。可見，當時嚴啟盛一夥下海後，一直向東行駛，已經接近臺灣海面。然而，都指揮王雄竟然也跟蹤而來，雙方決戰不可避免了。由於輕敵與失去地利等有利條件，王雄最終被俘。景泰三年九月的官方文獻記載了王雄被俘過程：

> 敕福建都指揮僉事王雄招撫海洋強賊。初，雄為賊所執，仍復放回，兵部議雄未知何由不被殺害，又得生還，恐懷奸詐，交通賊情，乞移文巡按御史究問。至是鎮守等官言，雄輕率先進，賊眾軍寮，反為所執。賊云，汝是吃菜王都司，姑貰汝死，杖之三十，桎梏三日，而後放回。賊又云：我罪深重，難以復業，今放公回，可言于三司，具奏朝廷，曲賜矜宥，只須分坐一小舟來，我輩皆服。至是以聞，故有是命。[97]

如上所記，嚴啟盛與福建官軍之間，即有交戰，又有招撫一事，這也可以在福建史籍中得到驗證。《八閩通誌》記載福建都指揮使司錢輅：「字廷用，滁之全椒人。初為永寧衛指揮同知，有才略，以薦協輔都指揮王勝總督軍務。時海寇嚴啟盛恃險為亂。輅躬率舟師追七日夜，至黑水洋及之。大小十一戰，賊敗走。」王勝的傳記中也有記載此事：「王勝，字子奇，廬州合肥人。正統間為福建都指揮僉事，奉敕提督海道。景泰初，賊首陳寬讓聚眾千四五百人，寇海上，勝悉招撫復業。未幾，賊首嚴啟盛復聚眾寇海上，殺掠官軍，勝又奉宣朝廷威德諭之，亦皆納欵。事聞，俱有織金文綺之賜。」[98]

如其所記，當時嚴啟盛還答應了官府的招撫。不過，實際上在景泰三年九月，嚴啟盛等人已經進入廣東海域，可知官府對嚴啟盛的招安不會有效果。最後，王雄被處以降職的處分。

由於海盜的活動，當時福建沿海的戒備越來越深嚴，漳州知府謝騫，「當塗人，景泰間知府事。為政以鋤奸惡、翼善良為務。海民通番舶為盜，騫下令隨地編甲置牌，而設長以統之，復印烙其船，以五六尺為度，聽其生理。一時境內盜息民安。」[99]從謝騫的措施來看，當時漳州一帶放鬆了海

97　孫繼宗監修，《明英宗實錄》卷二二〇，景泰三年九月丙辰，第 13 頁。

98　黃仲昭，弘治《八閩通誌》卷三十六，〈秩官〉，第 777 頁。

99　黃仲昭，弘治《八閩通誌》卷三十八，〈秩官〉，第 808 頁。

禁，允許寬五六尺的海船下海捕魚，所以，老百姓化盜為商，而且官府加強了保甲制度，這都對嚴啟盛形成壓力，看來，嚴啟盛是被迫進入廣東活動的。

五、嚴啟盛在廣東的活動

嚴啟盛進入廣東海域後並非馬上就到香山外海駐紮，最初他們是在鄰近福建的海豐水面活動，官方文獻記載：「及到廣東海豐鄉村打劫，蒙官軍緝捕，各賊奔走上船，將佛保捉獲等因。除將蔡佛保問擬斬罪監候招出嚴凱晟鄭禮謨并賊徒一百八十餘名。」[100] 其後，嚴啟盛向珠江口發展，而廣東官府出動大批官軍船隻捕捉。景泰間名臣于謙主持兵部，接到報告：「臣又據廣東都司呈為走報海賊登岸事行准備倭都指揮僉事杜信等會案。咨稱照得本職先往香山新會二處及與副使項忠前在廣海選取守城并備倭官軍民壯人等共一千五百員名，除小樣哨船不算外，操船二十一隻，及右參政謝祐調到南海東莞衛所官軍民壯人等一千八十餘名，除小樣哨船不算外操船二十五隻，會同指揮使歐信等分投各往外洋大溪山、清水灣、漭州等處緝捕，竝無賊船蹤跡。」[101]

但是，這場戰鬥因備倭指揮僉事王俊的逗留，明軍最終失敗。于謙說：「賊船在於廣海衛該管地方清水灣住經一箇月餘，其本衛備倭指揮僉事王俊統領千戶馮意、百戶毛俊、沈禎共一千員名，在彼與賊船對箚，不行剿捕，任其劫掠，若罔聞知。先稱奮勇包圍賊船，後稱竝無賊船，顯是王俊等與賊交通，透漏消息，縱賊開洋，卒難擒捕，以致殺死都指揮杜信。非惟失機誤事，抑且重貽邊患，合將指揮等官王俊、馮意、毛俊、沈禎拏問，明正典刑，以警將來。」[102] 《粵大記》總結：「景泰三年夏四月，海寇寇掠海豐、新會，備倭都指揮僉事王俊有罪伏誅。時海賊寇海豐、新會，甚猖獗。總兵董興使都指揮僉事杜信往剿之，被殺。」[103]

《粵大記》對嚴啟盛的記載要比《香山縣鄉土志》更為詳細，這是由於《香山縣鄉土志》只記載本土的事，對嚴啟盛在外地的活動記載不詳，

100　于謙，《忠肅集》卷四，〈南征類〉，景泰三年，第 48 頁。
101　于謙，《忠肅集》卷四，〈南征類〉，景泰三年，第 50 — 51 頁。
102　于謙，《忠肅集》卷四，〈南征類〉，景泰三年，第 52 頁。
103　郭棐，《粵大記》卷三二，〈政事類・海防〉，第 891 頁。

而《粵大記》一書則記載了嚴啟盛在廣東的全部活動。以上史料表明：嚴啟盛入粵早期是在海豐的海面活動，然而又駛到千里之外的新會海面，可見，嚴啟盛初到廣東，並沒有在某地駐紮的打算，而是在海上打游擊戰，他的船隊倏忽千里，明軍疲於奔命，最後被嚴啟盛抓住機會，一舉擊斃都指揮僉事杜信。

嚴啟盛在廣東仍以海上貿易為主，在杜信被殺之後，廣東官軍大舉出動，「備倭指揮僉事王俊追至清水澳，不及。還至荔枝灣海面，獲白船一隻，俊取其檳榔、蘇木。」[104] 這隻白船顯然是嚴啟盛船隊的，作為官軍指揮，王俊本應將其人船俱獲，但王俊收其財物，卻「縱賊開洋而遁」，於是受到朝廷的處分，最後被殺。[105] 此事《忠肅集》的記載較詳細：「王俊等統領官軍職專備倭，卻乃懷奸不忠，交通賊寇，將獲到船所載檳榔蘇木等物，約有三百餘石，竹籠十箇，盡行般載回家，止留白船一隻，檳榔六簍送官。及至官軍到彼要行追捕，反行透漏消息，縱賊開洋，卒難追捕，以致官軍失利，將都指揮杜信被賊殺死。與賊寇以相通，陷主將於非命，異時海寇得志未必不由於斯。」[106] 從這所獲船隻所載蘇木與檳榔來看，這些都是東南亞向中國出口的傳統物資，這表明嚴啟盛在廣東沿海也是做海外生意，這個人最終成為海盜，實在是時代的悲劇。

應當說，早期的海上活動者大都是亦商亦盜，如葡萄牙人、西班牙人、荷蘭人到東方的貿易也是這樣行事，他們在海外能夠搶劫時，都是以搶劫為生，只有在不能搶劫時，才進行貿易活動。與他們相比，嚴啟盛似乎更重視貿易。當時並無私人商船貿易於海上，只有東南亞前來廣東沿海貿易的船隻，從嚴啟盛的行為中可知，他並不是搶劫這些番商，而是與這些番商進行貿易，只有官軍前來干涉時，他們才敵殺官軍。所以說，他本質上不是海盜，因為當時的海上沒有可劫的船，而載有貨物的商船，都是可與

104　郭棐，《粵大記》卷三二，〈政事類‧海防〉，第 891 頁。

105　關於王俊之事，阮元等人的道光《廣東通志》卷一八七〈前事略七〉記載：「備倭指揮僉事王俊有罪伏誅。鎮守廣東左監丞阮能左副總兵董興使杜信往剿海賊被殺，復遣指揮歐信等分路追之，惟王俊追至清水澳，不獲，還至荔枝灣海面，獲白船一隻，俊取其檳榔、蘇木等物，縱賊開洋而遁。為中監錦衣百戶許升告發，佑、忠等追得俊贓，阮能等奏聞。俊當斬。有旨，就彼處決號令。於是，誅俊。」

106　于謙，《忠肅集》卷四，〈南征類〉，景泰三年八月初八日，第 53 頁。

嚴啟盛做生意的對象，嚴啟盛只有保護他們，不會侵害他們。可惜的是：嚴啟盛與官軍的仇恨卻越結越深，一開始，他們捉到官府的官員還會將其釋放，但到了新會水面一戰後，嚴啟盛部殺死了官軍的重要人物——備倭都指揮僉事杜信，雙方的對立已不可化解。

備倭指揮僉事杜信戰死之後，朝廷震動，嚴啟盛感受到來自朝廷的更大壓力，《廣東通志》記載：「（景泰）三年四月，海賊寇掠海豐、新會，總捕都指揮僉事杜信，與戰死之。參政謝祐、副使項忠，遣指揮張通等往剿。賊遂遁去。」[107]

可見，嚴啟盛此後的對手是新任備倭指揮張通。從景泰三年開始，嚴啟盛在廣東的活動一直持續到天順二年，其間共有六年。在此期間，張通對嚴啟盛一點辦法都沒有，由此可知嚴啟盛此人的厲害。不過，嚴啟盛能在廣東沿海活動多年，與當時廣東的形勢有關。在正統與景泰年間，廣東發生了黃蕭養叛亂，起義的隊伍有數萬人，一度圍困廣州城。後來，黃蕭養戰敗被殺，但廣東境內仍不平安，「景泰時，新會陽江有賊數萬」，[108]他們與海上的嚴啟盛相互呼應，使明軍應付維艱。自景泰三年嚴啟盛襲殺杜信之後，官方簿籍上多年不見他的蹤影，他應是向西航行到陽江一帶，借當地農民軍掩護自己，一邊進行他的海上貿易。不過，迄至天順年間，新會、陽江等地起義農民失敗，官軍開始將海盜作為主要清剿對象，而嚴啟盛與官軍的戰鬥也日益激烈。天順二年二月，「海寇犯寧川守禦千戶所」。「寧川守禦千戶所，在吳川縣東南，隸神電衛，洪武二十七年設。官五員，旗軍四百五十七名。」[109]吳川縣位於廣東西部的高州府，這裡鄰近越南，是海防要地之一。嚴啟盛能攻克有四百多名士兵防守的寧川千戶所，說明他的實力頗為雄厚。他的行動大大震驚了明朝官府，張通受到責備，「巡按廣東監察御史呂益奏：副總兵都督同知翁信總督備倭都指揮張通等不嚴督各衛所守哨，致賊流劫寧川守禦千戶所，殺虜人財，其哨守地方都指揮僉事林清不行策應，俱宜究治。上曰：翁信等姑記其罪，都察院錄狀以示，俾急擒賊。林清，令益執鞫之。」[110]其後，明軍將更大的壓力

107　阮元等，道光《廣東通志》卷一八七，〈前事略七〉，第 3426 頁。
108　阮元等，道光《廣東通志》卷一八七，〈前事略七〉，第 3426 頁。
109　郭棐，《粵大記》卷二七，〈政事類〉，第 777 頁。
110　阮元等，道光《廣東通志》卷一八七，〈前事略七〉，第 3426 — 3427 頁。

施加在嚴啟盛之上。

嚴啟盛的末路。在明朝大軍出動之際，嚴啟盛來到香山沿海活動：

> （天順二年）三月，翁信奏海賊四百餘徒犯香山守禦千戶所，燒毀備邊大船。上命張通殺賊贖罪。……十月，海寇平。[111]

這條史料表明：嚴啟盛來到香山外海是在天順二年三月，他率四百餘眾海盜攻下了香山守禦千戶所，「香山守禦千戶所，在香山縣城，隸廣海衛，洪武二十六年設。官三員，旗軍四百二十八名。」[112] 嚴啟盛能夠攻克設置在縣城中的守禦千戶所，說明他的實力不可小視。其次，嚴啟盛將香山縣守禦千戶所的大船都燒掉，很明顯是為了控制香山縣海域的制海權，剿滅官軍的水師，他就可以香山縣外海順利地進行招商貿易了。香山外海就在這時成為海上私人貿易的重要場所，但是，好景不長，到了十月分，嚴啟盛失敗於香山沿海。

關於嚴啟盛的失敗，《粵大記》的記載：「天順二年（1458 年），海賊嚴啟盛寇香山、東莞等處，巡撫右僉都御史葉盛討平之。先是，啟盛坐死，囚漳州府，越獄，聚徒下海為患，敵殺官軍。拘留都指揮王雄；至廣東，復殺總督備倭都指揮杜信。至是，招引番船，駕至香山沙尾外洋。盛廉其實，會同鎮守廣東左少監阮能、巡按御史呂益，命官軍駕大船衝之，遂生擒啟盛，餘黨悉平。」[113] 葉盛也強調大船的作用：「嚴啟盛寇香山、東莞，我是以有大船之衝。」[114] 此後，廣東水師造大船成風，每遇海戰，多以大船衝之，廣東水師遂為天下勁旅。

> 嚴啟盛被擒後，官軍紛紛彈冠相慶，天順二年十二月，海寇平。論功，陞備倭都指揮張通按察司僉事，謝巘及官軍各賞有差，俱以斬獲海賊故也。[115]

以上可見，在葉盛的督促下，張通部官軍用大船衝擊嚴啟盛的小船，

111　阮元等，道光《廣東通志》卷一八七，〈前事略七〉，第 3427 頁。

112　郭棐，《粵大記》卷二七，〈政事類〉，第 774 頁。

113　郭棐，《粵大記》卷三，〈事紀類・海島澄波〉，第 56 頁。

114　章潢，《圖書編》卷四一，〈制禦山猺〉。第 5 — 6 頁。

115　郭棐，《粵大記》卷三，〈事紀類〉，第 56 頁。

終於擊敗了嚴啟盛。各級官員都獲得朝廷的賞賜。嚴啟盛的活動在此畫上一個句號。[116] 其後，廣東海面的反抗運動漸趨低潮。葉盛〈兩廣軍事疏〉說：「海賊則無如嚴啟盛……自前年殺獲嚴啟盛以來，四遠商民，通蕃小人，皆知鑒戒。海中強寇幾至絕跡。」[117]

六、嚴啟盛活動的意義

從嚴啟盛的主要活動來看，他原來只是一個豪商，帶著下屬進行通番的私人海上貿易，不幸被官府發現被捕，只好採取激烈的破獄行動。他到了廣東沿海，仍然是以對外貿易為主，為了掃清對外貿易的障礙，他發動了對沿海衛所的兩次攻擊，曾經攻破寧州千戶所與香山千戶所。他也曾經大破官軍，俘虜一個明軍的都指揮僉事，殺死一個都指揮僉事。這都表明他的「海盜」隊伍相當能戰鬥。不過，在經過六年的貿易與戰爭之後，他終於被官府擊敗。從嚴啟盛的事蹟來看，他應當是一個值得紀念的英雄人物。

嚴啟盛對澳門的最大貢獻是將對外貿易帶到濠鏡澳一帶，嚴啟盛在廣東沿海招引「番商」，最初並非在香山沿海。從當時形勢來看，新會與陽江二縣境內都有大股農民起義隊伍，他在陽江與新會的時間應當更多些。此時的香山，因為有香山縣中駐紮的守禦千戶所，而且這所千戶所擁有大船，嚴啟盛在這裡的活動很不方便。直到天順二年，陽江、新會等地的農民軍大都失敗，嚴啟盛失去他們的掩護，只好另尋根據地，天順二年二月，他突襲廣東西部的寧川千戶所，將明軍的注意力轉向西部，而後，他突然向東航行，攻擊香山千戶所，燒毀官軍的大船，從而控制香山水域達八個月之久。他在這裡招引「番商」，進行貿易，卻不料張通部官軍在葉盛的督促下，乘大船突襲嚴啟盛，嚴啟盛失利被俘。不過，嚴啟盛在「香山沙尾外洋」的八個月活動，已使該地成為一個初步繁榮的港口。奠定了澳門興起的根源。[118]

從 1997 年的〈論福建人與澳門媽祖文化的起源〉到 2006 年的〈嚴啟盛與澳門史事考〉，我一直堅持一個觀點：天順二年在香山外海活動的嚴

116　徐曉望，〈嚴啟盛與澳門史事考〉，澳門文化司署，《文化雜誌》2006 年春季號。
117　葉盛，〈兩廣軍事疏〉，《御選明臣奏議》卷三，文淵閣四庫全書本，第 23 頁。
118　徐曉望，〈嚴啟盛與澳門史事考〉，澳門文化司署《文化雜誌》2006 年春季刊總58 期。

啟盛才是澳門真正的開港者。這裡也遇到過一些問題。例如，張侃引用黃佐《廣州通志》卷六六〈外志〉的一段文字：「正統十年（1445 年），按察副使章格巡視海道，時流求使臣蔡璿等率數人，以方物貢賣鄰國。風漂至香山港，守備嘗以海寇，欲戮之以為功。格不可，為之辨奏，還其貲而遣之，番夷頌其德。」[119] 按，黃佐是廣州本地人，寫過《廣州志》和《廣東通志》，流傳較廣的是嘉靖《廣東通志》，黃佐的《廣州志》似已失傳，無緣一見。張侃所用黃佐《廣州通志》，似為《廣東通志》？不過，《廣東通志》這條史料似來自嚴從簡《殊域周咨錄》一書。《殊域周咨錄》記載：正統（成化？）十年，「琉球國陪臣蔡璿等數人以方物貿遷於鄰國，漂至廣東香山港被獲。守備軍官當以海寇，欲盡戮之。巡視海道副使章格不可，為之辨奏，還其貲而遣之。國人頌德。」[120] 如果以上兩條史料可靠，則說明早在正統十年已經有了「香山港」的說法。這個年代比嚴啟盛抵達香山的時間要早。然而詳細考察這兩條史料，會知其有年代之誤。明朝設海道副使是在明中葉，正統年間應沒有「海道副使」之職。查章格的原始資料，他是「景泰辛未柯潛榜」進士。[121]《姑蘇志》載有章格的傳記：

> 章格，字韶鳳，章珪之次子也。由進士授南京工部主事，陞南京刑部郎中。用刑不苛，獄囚懷之。陞廣東按察副使，巡視海道。時琉球使臣蔡璿等率數十人以方物買鄰國，風漂至廣之香山港，守臣當以海寇，欲戮之為功。格為之辨奏，還其貲而遣之。再陞雲南按察使。會緬甸諸夷叛服不常，格善於撫綏，莫不畏服。陞福建左布政使。入為南京光祿寺卿。未幾陞南京大理寺卿，自陳致仕，詔許馳驛歸。格歷中外幾五十年，所在以清謹聞，為人尤號長者。[122]

《江南通志》記載：

> 章格，字韶鳳，常熟人。父珪，字孟瑞，正統中官御史，有直聲。格舉景泰辛未進士，歷廣東按察副使巡視海道。時琉球使臣以貨轉

119　張侃、水海剛，《閩商發展史・澳門卷》，廈門大學出版社 2016 年，第 19 頁。

120　嚴從簡，《殊域周咨錄》，北京，中華書局 1993 年，第 130 頁。

121　趙宏恩等，乾隆《江南通志》卷一二一，〈選舉志・進士三〉，文淵閣四庫全書本，第 42 頁。

122　王鏊，《姑蘇志》卷五十二，〈明人物十・名臣〉，文淵閣四庫全書本，第 51 頁。

販他境，遭風漂至香山，守臣欲盡戮之以為功，格為奏辯還其資而遣之。遷雲南按察使，撫綏得宜，邊徼畏服，終大理寺卿。弟律，字鳴鳳，由進士歷廣西布政，平荔浦獞賊，終南副都御史。[123]

以上史料表明：《殊域周咨錄》有關章格救助琉球蔡氏的事件，是作者從《姑蘇志》中摘錄的，並搞錯了年代。因為，章格之父是在正統年間官致御史，其子不可能在同一時代仕至同等級別的高官。事實上，章格是景泰年間的進士。《廣東通志》記載：「按察司副使……章格，江南常熟人，進士，（成化）七年任。」[124]可見，他是在成化七年才擔任廣東按察司副使！

明確有關蔡璿的史料是成化十年的，再來看這條史料就有了新的意義。它表明成化十年（1474 年），已經有了一個名為「香山港」的香山縣港口，它應當就是名為蠔鏡的澳門港。它也說明：若以嚴啟盛到達香山沙尾外洋的明代天順二年（1458 年）起算，僅僅 16 年之後，已經有一個「香山港」出現在珠江口！從嚴啟盛開港到成化年間，澳門一帶已經形成了一定規模的貿易。這表明嚴啟盛開港一事有其延續性，不是偶發的事件。

值得注意的是，嚴啟盛失敗之後，福建海盜商人仍在濠鏡澳一帶活動。崇禎年間葡萄牙人委黎多的〈報效始末疏〉回顧葡萄牙人抵達澳門的歷史：

> 迨至嘉靖三十六年（1554 年），歷歲既久，廣東撫按鄉紳悉知多等心跡，因阿媽等賊竊據香山縣濠鏡嶴，出沒海洋，鄉村震恐，遂宣調多等，搗賊巢穴，始准僑寓濠鏡。比作外藩子民，授廛資糧。雖海際窮嶼，長不過五里，闊僅里餘，祖骸孫喘，咸沐皇恩[125]。

這段文字中，最引人注目的是「阿媽等賊」這句話，以意料之，這應是一夥信奉「阿媽」的福建海盜[126]。文中明確指出：濠鏡澳原被「阿媽賊」盤踞。考慮到天順年間漳州海盜嚴啟盛就到達了香山外海，應當承認：濠鏡澳自天順二年（1458 年）以來一直是福建海盜控制的地方，他們在這裡

---

123 趙宏恩等，乾隆《江南通志》卷一百四十，〈人物志・官績・蘇州府二〉，第 26 頁。

124 郝玉麟等，乾隆《廣東通志》卷二七，〈職官志・明二〉，文淵閣四庫全書本，第 38 頁。

125 〔葡萄牙〕委黎多，〈報效始末疏〉（崇禎元年稿），原載韓霖，《守圉全書》卷三，〈制器篇〉，崇禎八年刊本。轉引自湯開建，《委多黎〈報效始末疏〉箋正》，廣東人民出版社 2004 年，第 2 頁。

126 湯開建，《委多黎〈報效始末疏〉箋正》，第 50 頁。

一面與官軍作戰，一面與東南亞番船貿易，將濠鏡澳發展為一個重要的港口。嘉靖《廣東通志》記載：「布政司案：查得遞年暹羅國並該國管下甘莆石、六坤州，與滿剌加、順搭、占城各國夷船，或灣泊新寧廣海、望峒；或新會奇潭，香山浪白、蠔鏡、十字門；或東莞雞栖、屯門、虎頭門等處海澳，灣泊不一。」[127] 其中蠔鏡、十字門，今都屬於澳門。可見，自嚴啟盛開港後，來自東南亞的海船到澳門一帶停泊貿易是常見的現象。而番船到廣州沿海貿易的情況也更加興盛。正德九年「廣東布政司參議陳伯獻奏：『嶺南諸貨出於滿剌加、暹羅、爪哇諸處，計其產不過胡椒、蘇木、象牙、玳瑁之類，非若布帛、菽粟民生一日不可缺者。近許官府抽分，公為貿易，遂使奸民數千，駕造巨舶，私買兵器，縱橫海上，勾引諸夷為地方害，宜亟杜絕。』事下禮部議，令撫按等官禁約番船，非貢期而至者，即阻回，不得抽分，以啟事端，奸民仍前勾引者，治之。報可。」[128] 這種情況一直到葡萄牙人的進入。

第六節　明代中葉福建海防的廢棄

　　明代中葉海上走私盛行，與福建海防的廢棄有關。明初龐大的衛所制度在明代葉逐步瓦解，福建邊防水寨無所依託，漸漸失去了力量。有海無防的情況給福建社會帶來極為複雜的影響。

一、明代中葉福建衛所制度的崩潰

　　由於明初福建的動亂，使明朝在福建建立了許多的衛所。這些衛所本是為了保護福建各地的安全。可是，在明代中葉，它卻起不到這種作用。讓我們從對衛所制度的解剖，去探討衛所制度最終瓦解的原因。

　　明衛所制度指揮序列。明代的衛設指揮使司，長官是指揮使、指揮同知、指揮僉事，衛下轄幾個千戶所，所以，明代的駐軍制度又叫衛所制。明代的衛相當於府級機構，而千戶所相當於縣級機構。每個所有數百名士兵。由幾名百戶官管轄。下舉鎮東衛為例：該衛下轄二所，共擁有指揮使

127　黃佐，嘉靖《廣東通志》卷六六，〈外志三〉，廣東省地方志辦公室 1997 年影印明嘉靖刊本。

128　《明武宗實錄》卷一一三，正德九年六月丁酉，第 2 頁。

三員，指揮同知五員，指揮僉事三員，衛鎮撫一員，各所正千戶六員，副千戶十員，所鎮撫二員，正百戶二十六員，小旗二名，舍人八名，旗軍共約一千三百五十八名。屯旗不支糧軍共三百二十一名，屯糧頂田軍共一千四百三十二名[129]。可見，鎮東衛共有三千餘名官兵。

　　明代衛所官兵實行世襲制，它的官員大多是在明代前期戰爭中立下功勞的軍官的後代，若能立下新戰功，可以晉升新的職務。因此，明代衛所很大的特點是官多兵少，上述鎮東衛指揮這一級的官員就有 12 員。明代軍官的待遇好於文官，但是，他們在政治上的地位遠不如文官。

　　明代初期，軍隊訓練較好，每個駐紮地都設有演武場，以習武事，「歲二月、三月、四月、九月、十月、十一月，五日一操，哨官旗軍舍餘，莫有不至。」士兵的裝備，「帽一，甲一，刀一」是必備的，其餘各隨所長，有牌、槍、炮、銃[130]。明初軍隊的戰鬥力很強，外禦強敵，內剿山寇，基本沒有對手。明代不合理的海禁制度能在福建實行許久，以及倭寇入侵未造成大害，都與明初軍隊實力強勁有關。

　　明代實行屯田制度，衛所部隊中，一半從事屯田，浦城的屯田規模最大，「浦為八閩喉舌，沃壤數百里，墾田千有餘頃。軍伍且耕且守。」[131]又如邵武府屯田所共有十九個，合田地 18935 畝，其中田 18519 畝，地416 畝，共輸糧 3825 石。其調撥各地軍人耕種，旗軍共 646 人，每人平均領種 29 畝上下，每人交納糧食 6 石，平均每畝交糧 2 斗[132]。這一納稅額似乎不算太重，但高於民田四至五倍。如果這種屯田是暫時性的，那麼士兵還可以忍耐，但是，明代的屯田是長期性的，這樣，屯田士兵實際要比普通百姓承擔更多的負擔，對他們來說，與其當兵，不如在家當百姓。此外，明朝經常將福建的兵丁調至遠方作戰。當時明朝在北方長城一線駐紮大量的軍隊，福建士兵不適應北方氣候，死亡率很高。

　　由於上述原因，明代的百姓多不願當兵，軍隊缺員很多。朝廷的對策

129　林昂等，乾隆《福清縣志》卷六，〈兵制〉，福清縣方志委 1987 年，第 168 — 169 頁。
130　刑址等，嘉靖《邵武府志》卷十，〈兵防〉，上海古籍書店 1963 年影印天一閣藏本，第 29 頁。
131　陳玄藻等，萬曆《浦城縣志》卷十一，〈賦稅〉，明萬曆刊本膠捲，第 32 頁。
132　刑址等，嘉靖《邵武府志》卷十，〈兵防〉，第 30 頁。

是：從士兵的家屬中選人頂替，家屬中無人，便在他的家族中選拔。由於年歲久遠，更由於老百姓千方百計躲避兵役，清軍也是一件十分困難的事。但是，真正的問題在於：明代主持清軍的軍官想方設法刁難地方，收取賄賂，所以，從地方官到百姓，都對清軍一事十分頭痛。《政和縣志》說：「至於軍戶，原額壹百捌拾貳，今既亡其太半，或言邑以朵集適配軍他衛所，近者百里，遠者千里，老、疾、物故、逃亡，率以伍產子補之。無則取于原貫往勾，卒至，常一二歲乃歸，解者常少。且部檄之，所以勾取僅一二，而清軍之擾，一邑不得免焉。立為挨查，帶清名目，而浮空影射之弊隨之以起，則民疲於奔命而困於貿易者，亦已甚矣。及至清得一人，則盤費之征派，又必累及十甲，少者不下數十金，多者即至百金，是以一人常累至數十人，諺曰：『勾一軍，害百口，充一軍，禍三族』，言解之為禍也。」[133]《邵武府志》的鄒武傳記載了當時的清軍：「時當道臨郡清軍，責各縣里長，多捏同姓，詭名以足軍額，及拘丁起解，則皆無勾空名，擾害難堪。」[134] 可見，明代的衛所制度在明代前期已暴露出很大的弊端。

　　明代的軍隊常常成為地方的特殊人物，如「興化有豪家隸戌籍，連姻衛帥，怙勢武斷鄉曲，威奪人田地子女，莫敢誰何。」[135] 衛所的士兵敲榨百姓也是很厲害的，明英宗時就有人說福建，「況有刁潑官軍，朋構凶惡，偷盜倉糧。」[136] 福清縣的縣倉設在海口，「府屬六縣糧俱輸之」，專供衛所士兵糧食，然而，在正統三年二月已丑有人上告：「衛城軍士豪強不律，輸糧者罹其剝削，守倉者苦其侵陵。」[137] 明朝對這些驕兵悍將竟無如其何。正統六年六月，只好下令：「以福建都司各衛所倉，改隸府縣……舊隸武職管屬，恃其豪橫，欺弊多端，實為民病。」[138] 對這種情況，明朝廷不是不想整頓，如「戶部侍郎焦宏言，臣承命巡視直隸蘇松及浙江、福建海道，遍歷各處衛所，見其官吏奸貪，而不恤軍士，旗軍刁詐，而不畏刑威，上下相蒙，兵政廢弛。乞敕廉幹御史二員，一巡兩浙，一巡福建，以葺奸頑，

133　車鳴時，萬曆《政和縣志》卷三，明萬曆二十七年刻本膠捲，第 1 頁。

134　刑址等，嘉靖《邵武府志》卷十二，〈鄒武傳〉，第 14 頁。

135　黃仲昭，弘治《八閩通誌》卷三六，〈李顯傳〉，第 776 頁。

136　孫繼宗監修，《明英宗實錄》卷一〇六，第 6 頁。

137　孫繼宗監修，《明英宗實錄》卷三九，第 3 頁。

138　孫繼宗監修，《明英宗實錄》卷八〇，第 11 頁。

靖海道，從之。」[139] 但是，靠一二個人整頓軍事，實在很難起到作用。事實上，福建衛軍不但不能成為地方治安的力量，往往還成為動亂之源，明代福建的衛軍經常發動鬧餉等事件。正德十三年，「福建福州三衛軍士無糧者三月，適左布政使伍符陞任，且行，遂聚眾為變，挾符給之。」[140] 福州左衛軍的葉元保、進貴等「糾合軍士二千餘人，於開元寺歃血，閉城為亂。求符不得，縛其子，掠其官舍財物以出。執經歷顏玉等於市擊之。……僭稱總兵等號，逼取各鄉官資財及勒鎮守太監羅侖銀三千兩犒賞。」[141] 在福州衛軍的影響下，福建各地衛軍紛紛鬧事，「比者延平、建寧、邵武、福州等處士卒強狠，相繼煽亂。」[142]

　　明中葉衛所軍的瓦解。建立軍隊本是為了保衛國家，但明代的衛所軍卻往往成為破壞社會秩序的力量，可見，明代的軍隊漸漸成為社會的毒瘤。這種衛所軍不能打戰，實不奇怪。在平定鄧茂七的戰鬥中，福建衛所軍的缺點充分暴露。鄧茂七的武裝原來都是老百姓，但他們卻能輕易地打敗衛所的職業軍人。一直到明朝調來北方的勁旅，才將鄧茂七起義鎮壓下去。然而，鄧茂七起義失敗後，福建的衛所軍仍然沒有起色。一方面，由於朝廷為了補充北方的軍隊，經常從各地衛所軍中選拔戰士。福建衛所軍中較出色的戰士，都被補充到北方長城一線的邊防軍。另一方面，福建衛所軍想從老百姓中選拔戰士，卻受到各方面的抵制，很難做到。即使有人進入衛所，他們也得不到充分的訓練。明代士兵在衛所裡常常成為軍官的無償勞動力。錦衣衛僉事王瑛曾說：「沿海衛所官，多將軍士貧弱者守備，富壯者役占，有官一員占至百人者。」[143] 他們的待遇很差，「時各軍俱沿海備倭，月糧止給八斗，行糧住支，不足養贍。」[144] 此外，官員克扣軍餉是很常見的事，朱紈在福建沿海瞭解到：「漳州衛與漳州府同城，官軍月糧少派三個月，至于銅山等所，缺支二十箇月；泉州高浦等所，缺支一十箇月，其餘多寡不等，無一衛一所開稱不缺者。」[145] 軍官的待遇本是較好的，但是，

139　孫繼宗監修，《明英宗實錄》卷一○九，第 2 頁。
140　徐光祚監修，《明武宗實錄》卷一六五，第 8 頁。
141　徐光祚監修，《明武宗實錄》卷一七三，第 4 頁。
142　徐光祚監修，《明武宗實錄》卷一七一，第 8 頁。
143　孫繼宗監修，《明英宗實錄》卷九八，第 10 頁。
144　孫繼宗監修，《明英宗實錄》卷一三六，第 7 頁。
145　朱紈，〈閱視海防事〉，《朱中丞甓餘集》卷一，文淵閣四庫全書存目叢書，第

到了明代中葉，連軍官的軍餉也難以保證，所以，有不少軍官逃跑改行。明末的何喬遠作武軍志，在建寧衛目下，很感慨地說：「以上多有年久不襲，郡志並不敘所以。」[146] 連官員都有缺額，可想而知，士兵的情況就更慘了，因此，明代的士兵都想盡辦法脫離兵役，「福建汀州知府陸徵言：天下衛所軍，往往假稱欲往原籍取討衣鞋、分析家資，置備軍裝，其官旗人等貪圖賄賂，從而給與大引遣之。及至本鄉，私通官吏里鄰，推稱老疾不行，轉將戶丁解補到役。未久，托故又去，以致軍伍連年空缺。」[147] 這種狀況在福建是很普遍的，「福建按察司奏：平海衛指揮同知卜祥指揮僉事朱銘，受軍士賄賂，縱令閒逸，不著伍。」[148] 久而久之，明代衛所軍的嚴重缺員。而且其中多老弱兵殘，有相當一部分人根本不能打仗，如，「福建福州左衛指揮僉事儲政言：福建都司衛所指揮千百戶，有年踰六十，老病羸弱不能任事者，有纔三十四歲而痼疾不能動履者，皆畏避子孫比試之難，不令代職。每遇外召進表則扶策以行，至臨事差遣，則以疾為辭。」[149] 於是，福建衛所軍不得不衰弱下去。

二、明代中葉福建水師的困境

在福建衛所軍中，最為關鍵的是沿海的水軍。福建沿海本有五大水寨——福寧州的烽火寨，福州府的小埕寨，興化府的南日寨，泉州府的浯嶼寨，以及漳州府的銅山寨。每大水寨原來都有數千士兵，戰船數十艘。但是，明正統以後，沿海的倭寇漸漸消失——這一方面有中國戰備越來越嚴的緣故，另一方面與日本的形勢變化有關。其時，日本進入了戰國時期，各個封建主之間，混戰不已，所有的武裝力量都被動員起來參加關係存亡的大戰。所以，約有五十年間，亞洲大陸不見倭寇。倭寇活動的消失，使明朝水師的戒備日益鬆懈下來，王瑛說「備倭戰船官軍，近年以哨瞭為名，停泊海港，竊還其家者有之，販鬻私鹽、捕魚、採薪者亦有之。」[150] 而水寨嚴格的制度與體系，也在逐步瓦解，焦宏奏：「福建行都司衛所官軍於

2157 頁。
146 何喬遠，《閩書》卷七十，〈武軍志〉，第 2042 頁。
147 孫繼宗監修，《明英宗實錄》卷一四一，第 5 頁。
148 張輔監修，《明宣宗實錄》卷二六，第 7 頁。
149 張輔監修，《明宣宗實錄》卷十，第 4 頁。
150 孫繼宗監修，《明英宗實錄》卷九八，第 10 頁。

沿海地方協同備倭，周歲更代，近年代者多不時至，守者遂至逾期。」[151]
久而久之，水師的戰船廢敗後，也不再添造，嘉靖年間的福建，「又如戰
哨等船，銅山寨二十隻，見在止有一隻，玄鍾澳二十隻，見在止有四隻，
浯嶼寨四十隻，見在止有十三隻。見在者俱稱損壞未修，其餘則稱未造。」[152]
水師的數量也大大削減，例如，在烽火寨遷到松山之初，當地水軍相當興
盛，有水兵數千人。以後水寨逐漸走下坡路。明代中葉詩人傅汝舟的〈登
松山〉一詩詠道：「太平多年漸裁革，武備日馳誰講求？海軍四千半死絕，
存者無復貔與貅。終身不識戰船面，何用橫行奪彼舟」。[153] 烽火寨額定兵
員是 4068 人，倭寇入侵前，已減為 1068 人，士兵陸續逃走了 3000 多人。
又如小埕水寨，原有士兵 4700 人，以後缺額有 2557 人，浯嶼寨原額 3424
人，後來缺額 1468 人，銅山寨原額 1810 人，以後缺額 1192 人[154]。可見，
福建各大水寨的兵員，都只剩下原額的二分之一到三分之一。

　　衛所軍如此，那麼，從民間徵取的鄉兵如何呢？朱紈發現：「又
如巡簡司在漳州沿海者九龍鎮等處共一十三司，弓兵九百五十名，見
在止有三百七十六名。在泉州沿海者，苧溪等處，共一十七司，弓兵
一千五百六十名，見在止有六百七十三名。」[155] 由此可知，當時福建的海
防缺兵、缺餉、缺船，等於不設防的海岸，只要倭寇登岸，會發生什麼事，
是可想而知的。

　　明代中葉福建海防方面的一大戰略缺陷是：將一些外海的水寨遷入內
海。由於水寨孤懸海上，糧食供應十分不便。據記載，福建的水寨所需軍
糧大都指派山區的建寧府等地承擔，而建寧府山民運輸糧食，只能用可以
在閩江航行的小船，這些小船一旦進入大海，很容易翻沉，所以，建寧府
要求改變軍糧供應點。而運糧制度改變之後，水寨的軍糧也很難保證，因
此，南日寨、烽火寨、浯嶼寨等水寨都被放棄，遷入內地。如南日寨遷入
興化府的吉了港以後，仍稱南日寨；烽火寨遷到福寧州內海的松山港；泉
州的浯嶼寨，原在金門與廈門之間的一個小島上，後來遷至廈門港附近。

151　孫繼宗監修，《明英宗實錄》卷一〇七，第 2 頁。
152　朱紈〈閱視海防事〉，《朱中丞覽餘集》卷一，第 2157 頁。
153　朱梅等，萬曆《福寧州志》卷一，第 15 頁。
154　轉引自陳懋仁，《明代倭寇考略》，1934 年，第 315 頁。
155　朱紈，〈閱視海防事〉，《朱中丞覽餘集》卷一，第 2157 頁。

　　水寨內遷後，福建沿海的防禦體系被打亂。他們所放棄的沿海島嶼多被海寇占據。其後。海寇與倭寇相互勾結，使沿海島嶼往往成為倭寇登陸的中轉站。如，浯嶼水寨內遷後，浯嶼成為海上走私要地，先是葡萄牙人前來貿易，後來是日本的船隻來此貿易，而倭寇也占據浯嶼多年。其次，水寨的大船一定要在大洋上才能發揮其潛力，遷入內海以後，由於港道曲折，反而發揮不出威力。倭寇西來，多乘中小船隻，潛入福建近海後，水師的大船無法追逐，所以，往往得逞。因此，明代後期的軍事家總結倭寇入侵的教訓，都說明中葉將水寨由島嶼遷入內海，是最大的錯誤。

小結

　　明代的福建人是海洋上最活躍的一分子，不論在廣東還是南海各港，都有福建漳州人在那裡經商。儘管明朝有海禁政策，但漳州人總能想到各種方法到海外貿易。在海外國家，漳州人也十分活躍。他們有時化裝成明朝的使者，賞賜南海國家，換取貿易的利益。也有些人成為南海國家的使者，代替當地人到中國朝貢貿易。還有些人直接與南海國家貿易。他們這些人的活動，編織了一張遍及南洋的商業網絡，換句話說，早在歐洲人遠航東方之前，閩南人就掌握了東方的海上商業網絡，歐洲人抵達東方之後，主要是在閩南人的海上商業網絡中活動。這是掌握東方近代史的關鍵之點。

　　如果說宋代東南亞的網絡主要是泉州人在經營，明代前期就成了漳州人的天下。他們編織的商業網絡遍及東南亞及琉球各港，連廣東對外貿易最發達的香山港等地，也是他們活動的地方。迨至晚明，漳州人的海洋文化引發泉州人、福州人對海洋的興趣，於是，形成了福建人全面捲入海上私人貿易狀況，那是一個新時代的崛起。

　　然而，與私人海上貿易興起相比，這一時期明代官府的基層行政組織基本解體。官府不再管理民間的土地買賣，三老制度毀棄。又如在軍事上的表現是衛所制度的瓦解，多數衛所人員逃亡，空缺嚴重。沒有強大的衛所軍隊為後盾，福建沿海的水寨也受到極大的破壞，這就使當時福建的海上秩序極為混亂。而且，這種混亂一直延伸到明代晚期。

主要參考文獻

一、古籍文獻

明・夏原吉監修，《明太祖實錄》，臺北，中研院歷史語言研究所 1962 年校印本。

明・張輔監修，《明太宗實錄》，臺北，中研院歷史語言研究所 1962 年校印本。

明・張輔監修，《明仁宗實錄》，臺北，中研院歷史語言研究所 1962 年校印本。

明・張輔監修，《明宣宗實錄》，臺北，中研院歷史語言研究所 1962 年校印本。

明・孫繼宗監修，《明英宗實錄》，臺北，中研院歷史語言研究所 1962 年校印本。

明・張懋監修，《明憲宗實錄》，臺北，中研院歷史語言研究所 1962 年校印本。

明・張懋監修，《明孝宗實錄》，臺北，中研院歷史語言研究所 1962 年校印本。

明・徐光祚監修，《明武宗實錄》，臺北，中研院歷史語言研究所 1962 年校印本。

明・張溶監修，《明世宗實錄》，臺北，中研院歷史語言研究所 1962 年校印本。

明・張溶監修，《明穆宗實錄》，臺北，中研院歷史語言研究所 1962 年校印本。

明・張惟賢監修，《明神宗實錄》，臺北，中研院歷史語言研究所 1962 年校印本。

明・李長春監修，《明熹宗實錄》，臺北，中研院歷史語言研究所 1962 年校印本。

佚名，《明實錄・崇禎長編》，臺北，中研院歷史語言研究所 1962 年校印本。

李國祥、楊昶主編，薛國忠、韋洪編，《明實錄類纂・福建臺灣》，武漢出版社 1993 年。

明・宋濂等，《元史》，北京，中華書局 1976 年標點本。

明・陳子龍等選輯，《明經世文編》，北京，中華書局 1987 年。

清・嵇璜、曹仁虎等編，《續文獻通考》，文淵閣四庫全書本。

明・李東陽等，弘治《明會典》，文淵閣四庫全書本。

明・谷應泰等，《明史紀事本末》，北京，中華書局 1977 年。

明・李賢等，《明一統志》，文淵閣四庫全書本。

清・錢謙益，《國初群雄事略》，北京，中華書局 1982 年。

清・和珅等，《清一統志》，文淵閣四庫全書本。

清・張廷玉等，《明史》，北京，中華書局 1974 年標點本。

清・畢沅，《續資治通鑑》，上海古籍社 1987 年。

清・徐乾學等，《資治通鑑後編》文淵閣四庫全書本。

清・陳夢雷等，《古今圖書集成》，北京中華書局、巴蜀書社影印本。

清・杜臻，《粵閩巡視紀略》，文淵閣四庫全書本。

明・夏良勝，《中庸衍義》，文淵閣四庫全書本。

清・朱彝尊，《經義考》，文淵閣四庫全書本。

元・蔣易，《元風雅》，江蘇古籍社宛委別藏本。

元・吳海，《聞過齋集》，文淵閣四庫全書本。

元・王彝，《王常宗集》，文淵閣四庫全書本。

元・劉岳申，《申齋集》，文淵閣四庫全書本。

元・劉塤，《水雲村稿》，文淵閣四庫全書本。

元・貢師泰，《玩齋集》，文淵閣四庫全書本。

明・朱元璋，《明太祖文集》文淵閣四庫全書本。

明・宋濂，《文憲集》，文淵閣四庫全書本。

明・劉基，《誠意伯文集》，文淵閣四庫全書本。

明・林弼，《林登州集》，文淵閣四庫全書本。

明・藍仁，《藍山集》，文淵閣四庫全書本。

明・藍智，《藍澗集》，文淵閣四庫全書本。

明・楊榮，《楊文敏集》，文淵閣四庫全書本。

明・楊士奇，《東里集》，文淵閣四庫全書本。

明・黃淮，《黃文簡公介庵集》，民國二十七年永嘉黃氏排印敬鄉樓叢書本，四庫全書存目叢書集部第 27 冊。

明・李昌祺，《運甓漫稿》，文淵閣四庫全書本。

明・于謙，《忠肅集》，文淵閣四庫全書本。

明・劉球，《兩溪文集》，文淵閣四庫全書本。

明・王直，《抑庵文集》，文淵閣四庫全書本。

明・王守仁，《王文成全書》，文淵閣四庫全書本。

明・林俊，《見素集》，文淵閣四庫全書本。

明・葛昕，《集玉山房稿》，文淵閣四庫全書本。

明・烏斯道，《春草齋集》，文淵閣四庫全書本。

明・顧璘，《息園存稿》，文淵閣四庫全書本。

明・彭韶，《彭惠安集》，文淵閣四庫全書本。

明・吳寬，《家藏集》，文淵閣四庫全書本。

明・邱雲霄，《山中集》，文淵閣四庫全書本。

明・崔銑，《洹詞》，文淵閣四庫全書本。

明・羅玘，《圭峰集》，文淵閣四庫全書本。

明・沈鯉，《亦玉堂稿》，文淵閣四庫全書本。

明・徐溥，《徐文靖公謙齋文錄》，臺灣，明史論著叢刊本。

明・方良永，《方簡肅文集》，文淵閣四庫全書本。

明・何喬新，《椒邱文集》，文淵閣四庫全書本。

明・邱濬，《大學衍義補》，文淵閣四庫全書本。

明・王恕，《王端毅奏議》，文淵閣四庫全書本。

明・李東陽，《懷麓堂集》，文淵閣四庫全書本。

明・虞堪，《希澹園詩集》，文淵閣四庫全書本。

明・周瑛，《翠渠摘稿》，文淵閣四庫全書本。

明・張時徹，《芝園集》明嘉靖二十三年鄒守愚刻本，濟南，齊魯書社 1987 年四庫存目叢書集部，第 81 冊。

明・戴鱉，《戴中丞遺集》，明嘉靖三十九年戴士充刻本。四庫全書存目叢書，集部第 74 冊，齊魯書社 1995 年。

明・朱淛，《天馬山房遺稿》，文淵閣四庫全書本。

明・蔡清，《虛齋集》，文淵閣四庫全書本。

明・蔡清，《四書蒙引》，文淵閣四庫全書本。

明・鄭岳，《鄭山齋先生文集》，文淵閣四庫全書本。

明・黃仲昭，《未軒文集》，文淵閣四庫全書本。

明・葉春及，《羅浮石洞葉絅齋先生全集》，康熙十三年太初堂藏版。

清・鄭方坤，《閩詩錄》，文淵閣四庫全書本。

清・鄭杰輯、陳衍補訂，《閩詩錄》，民國刊本。

北朝・顏之推，《顏氏家訓》，文淵閣四庫全書本。

宋・吳自牧，《夢粱錄》，文淵閣四庫全書本。

宋・陸游，《老學庵筆記》，文淵閣四庫全書本。

宋・樂史，《太平寰宇記》，北京，中華書局 2000 年影印宋本。

宋・祝穆，《方輿勝覽》，上海古籍出版社 1991 年影印宋本。

宋・王象之，《輿地紀勝》，北京，中華書局影印文選樓影宋抄本。

宋・徐兢，《宣和奉使高麗圖經》，文淵閣四庫全書本。

宋・鄭所南，《心史》，明崇禎十二年張國維刻本，四庫禁毀書從刊本集部 30 冊。

元・沙克什，《河防通議》，文淵閣四庫全書本。

元・周達觀，《真臘風土記》，文淵閣四庫全書本。

明・陶宗儀，《南村輟耕錄》，北京，中華書局 1959 年。

明・徐一夔，《始豐稿》，徐永恩校注《始豐稿校注》，浙江古籍出版社 2008 年。

明・歸有光，《三吳水利錄》，文淵閣四庫全書本。

明・解縉等，《永樂大典》，北京，中華書局 1959 年影印本。

明・嚴從簡，《殊域周咨錄》，余思黎點校本，北京，中華書局 1993 年。

明・萬表，《海寇後編》，原出金聲玉振集，四庫全書存目叢書，子部三一，齊魯書社 1995 年。

明・高宇泰，《敬止錄》，北京圖書館古籍珍本叢刊本。

明 · 黃衷，《海語》，文淵閣四庫全書本。

明 · 鄭若曾、胡宗憲，《籌海圖編》，北京，中華書局 2007 年點校本。

明 · 鄭若曾，《鄭開陽雜著》，文淵閣四庫全書本。

明 · 鄭若曾，《江南經略》，文淵閣四庫全書本。

明 · 項篤壽，《今獻備遺》，文淵閣四庫全書本。

明 · 徐紘，《明名臣琬琰續錄》，文淵閣四庫全書本。

明 · 陳侃，《使琉球錄》，《中國邊疆研究資料文庫 · 海疆文獻初編》，沿海形勢及海防，第三輯，智慧財產權出版社 2011 年。

明 · 鞏珍，《西洋番國志》，北京，中華書局 1961 年標點本。

明 · 王士性，《廣志繹》，北京，中華書局 1981 年標點本。

明 · 陸容，《菽園雜記》，文淵閣四庫全書本。

明 · 馬歡，《瀛涯勝覽》王雲五主編，宋元明善本書十種，明刊本《紀錄彙編》第七冊。

明 · 費信，《星槎勝覽》，王雲五主編，宋元明善本書十種，明刊本《紀錄彙編》第七冊。

明 · 陸宋，《覽勝紀談》，明刻本。

明 · 黃省曾，《西洋朝貢典錄》，謝方校注本，北京，中華書局 2000 年。

明 · 吳樸，《渡海方程》，陳佳榮、朱鑑秋編著，《渡海方程輯注》，上海，中西書局 2013 年。

明 · 王在晉，《海防纂要》，四庫禁毀書叢刊史部 17 冊。

元 · 王禎，《農書》，繆啟愉，《東魯王氏農書譯注》，上海古籍出版社 1994 年。

明 · 徐光啟，《農政全書》，嶽麓書社 2002 年。

明 · 王世懋，《閩部疏》，叢書集成初編第 3161 冊。

明 · 卜大同輯，《備倭記》，清道光十一年《學海類編》本，四庫全書存目叢書上，子部，第 31 冊。

明 · 屠本峻，《閩中海錯疏》，《萬有文庫》本。

明 · 姚旅，《露書》，廈門大學圖書館藏抄本。

明 · 北京大學圖書館編，《皇輿遐覽》，中國人民大學出版社 2008 年。

明 · 費元祿，《鼂採館清課》，明萬曆刊本齊魯書社《四庫全書存目叢書》子部，118 冊。

清 · 永瑢等撰，《四庫全書總目》，北京，中華書局 1965 年。

明・陳道修、黃仲昭纂，弘治《八閩通誌》，福建人民出版社 1990 年。

明・王應山纂、王毓德編次，《閩大記》，北京，中國社會科學出版社 2005 年。

明・王應山纂、王毓德編次，《閩大記》，福建社會科學院圖書館藏手抄本。

明・何喬遠纂修，《閩書》，福建人民出版社 1995 年點校本。

清・郝玉麟等，雍正《福建通志》文淵閣四庫全書本。

清・沈廷芳等，乾隆《福建通志》，乾隆三十三年刊本。

清・陳壽祺等，道光《福建通志》，臺灣華文書局 1968 年影印本同治十年刊本。

民國・李厚基修、沈瑜慶、陳衍纂，民國《福建通志》，1938 年福州刊本。

清・佚名，《福建省例》，臺灣文獻叢刊本。

福建省測繪局，《福建省地圖冊》，福建省地圖出版社 1983 年。

明・林燫等，《福建運司志》，臺灣中正書局 1987 年。

明・葉溥等，正德《福州府志》，明刊本膠捲（微縮）。

明・葉溥等，正德《福州府志》，福州，海風出版社 2001 年。

明・喻政修、林燫總纂，萬曆《福州府志》，北京，書目文獻出版社《日本藏中國罕見方志叢刊》，1990 年影印本。

明・喻政修、林燫總纂，萬曆《福州府志》，福州，海風出版社 2001 年。

清・徐景熙等，乾隆《福州府志》，福州，海風出版社 2001 年。

明・王應山，《閩都記》，清道光十一年原刊，北京，方志出版社 2002 年。

清・朱景星、鄭祖庚，《閩縣鄉土志》，清光緒三十二年排印本。

清・胡之禎、鄭祖庚，《侯官縣鄉土志》，清光緒三十二年排印本。

明・白花洲漁，《螺洲志》，清福州董執宜抄校本。

明・潘援等，弘治《長樂縣志》，長樂縣檔案館 1965 年油印本。

明・夏允彝，崇禎《長樂縣志》，崇禎十四年刊本。

清・楊希閔等，同治《長樂縣志》，清同治八年刊本。

民國・李駒等，民國《長樂縣志》，福建人民出版社 1994 年標點本。

民國・李永選，《長樂六里志》，福建省長樂縣地方志編纂委員會校刊，福建地圖出版社 1989 年。

民國・邱景雍等，民國《連江縣志》，連江縣方志委 1988 年標點本。

清・釋如一，《福清縣志續略》，北京，書目文獻出版社《日本藏中國罕

見方志叢刊》，1990 年影印本。

清 ・ 林傳甲修、郭文祥纂，康熙《福清縣志》，康熙十一年刊本。

清 ・ 林以棨，順治《海口特志》，福州，海潮攝影藝術出版社 1994 年。

清 ・ 林昂等，乾隆《福清縣志》，福清縣方志委 1987 年。

明 ・ 隱元、清馥等，《黃檗山寺志》，福建省地圖出版社 1989 年。

明 ・ 唐學仁等，萬曆《永福縣志》，北京圖書館藏清抄本。

清 ・ 俞荔等，乾隆《永福縣志》，清乾隆十三年刊本。

民國 ・ 王紹沂等，民國《永泰縣志》，永泰方志委 1987 年標點本。

民國 ・ 楊宗彩等，民國《閩清縣志》，民國十年排印本。

明 ・ 陳良諫等，萬曆《羅源縣志》，北京，方志出版社 2007 年。

清 ・ 林春溥等，道光《羅源縣志》，羅源縣政協文史委 1983 年點校本。

明 ・ 劉日暘等，萬曆《古田縣志》，明萬曆刊本膠捲。

明 ・ 劉日暘等，萬曆《古田縣志》，北京，方志出版社 2007 年點校明萬
曆刊本。

清 ・ 辛竟可等，乾隆《古田縣志》，古田縣方志委 1987 年標點本。

明 ・ 楊德周，崇禎《玉田志略》，福建省圖書館藏抄本。

民國 ・ 余鍾英等，民國《古田縣志》，民國三十一年排印本。

清 ・ 沈鍾，乾隆《屏南縣志》，屏南縣方志委 1989 年油印本。

民國 ・ 黃履思等，民國《平潭縣志》，平潭縣方志委 1990 年標點本。

明 ・ 謝純等，嘉靖《建寧府志》，上海古籍書店 1963 年影印天一閣藏本。

明 ・ 丁繼嗣等，萬曆《建寧府志》，明萬曆三十四年刊本膠捲。

清 ・ 張琦等，康熙《建寧府志》，南平地區方志委 1994 年標點本。

清 ・ 鄧其文，康熙《甌寧縣志》，康熙三十四年刊本。

清 ・ 王宗猛，《建安鄉土志》，清光緒三十一年修。

民國 ・ 詹宣猷、劉達潛修，蔡振堅、何履祥纂，民國《建甌縣志》，民國
十八年刊本。

明 ・ 袁銛等，弘治《建陽縣誌續集》，濟南，齊魯書社 1987 年四庫存目
叢書本。

明 ・ 朱凌等纂修，嘉靖《建陽縣志》，上海古籍書店 1963 年影印天一閣
藏本。

明 ・ 魏時應等，萬曆《建陽縣志》，書目文獻出版社 1990 年日本藏中國
罕見方志叢刊影印本。

清・柳正芳等，康熙《建陽縣志》，清康熙四十二年刊本。

清・李再灝等，道光《建陽縣志》，1986 年 7 月建陽縣志辦重刊本。

民國・羅應辰等，民國《建陽縣志》，民國十八年刊本。

清・潘拱辰等，康熙《松溪縣志》，松溪縣編纂委 1986 年點校本。

明・黃裳，永樂《政和縣志》，北京圖書館藏清抄本。

明・車鳴時，萬曆《政和縣志》，明萬曆二十七年刻本膠捲。

民國・李熙等，民國《政和縣志》，民國八年刊本。

明・馮夢龍，崇禎《壽寧待志》，福建人民出版社 1983 年。

清・柳上芝等，康熙《壽寧縣志》，壽寧縣方志辦 1988 年標點本。

明・黎民範等，萬曆《浦城縣志》，明萬曆三十七年刊本膠捲。

清・翁昭泰等，光緒《浦城縣志》，清光緒二十三年刊本。

清・管申駿纂修，康熙《崇安縣志》，康熙九年刻本。

清・張彬等，雍正《崇安縣志》，清雍正十一年刊本。

清・章朝栻等，嘉慶《崇安縣志》，清嘉慶十三年刊本。

清・董天工，乾隆《武夷山志》，方志出版社 1997 年。

明・邢址等，嘉靖《邵武府志》，上海古籍書店 1963 年影印天一閣藏本。

明・韓國藩等，萬曆《邵武府志》，明萬曆四十七刊本膠捲。

清・張景祈等，光緒《邵武府志》，清光緒二十三年刊本。

清・李正芳等，咸豐《邵武縣志》，邵武市地方志編纂委員會 1986 年自印本。

明・何孟倫等，嘉靖《建寧縣志》，天一閣藏明代方志選刊續編本，第 38 冊。

清・朱霞等，乾隆《建寧縣志》，清乾隆二十四年刊本。

民國・錢江、范毓桂等，民國《建寧縣志》，民國八年刊本。

清・許燦等纂修，乾隆《泰寧縣志》，泰寧縣志編纂委 1986 年點校本。

清・高澍然等，道光《光澤縣志》，清同治九年補刊本。

清・邱豫鼎編，光緒《光澤鄉土志》，光緒三十二年（1906 年）排印本。

明・鄭慶雲等，嘉靖《延平府志》，上海古籍書店 1961 年影印天一閣藏本。

清・孔自洙等，順治《延平府志》，順治十七年刊本。

清・陶元藻等，乾隆《延平府志》，清乾隆十一年刊本。

清・楊桂森等，嘉慶《南平縣志》，清同治十一年重刊本。

民國・蔡建賢等，民國《南平縣志》，南平市志編纂委 1985 年點校本。

明・李敏纂修，弘治《將樂縣志》，天一閣館藏明代方志選刊續編，第37冊。

明・黃元美等，萬曆《將樂縣志》，明萬曆十三年刊本膠捲。

清・徐觀海等，乾隆《將樂縣志》，福建省圖書館藏抄本。

明・葉聯芳，嘉靖《沙縣志》，嘉靖二十四年刻本。

清・徐逢盛等，道光《沙縣志》，清道光十四年刊本。

清・徐逢盛等，道光《沙縣志》，同治刊本。

民國・羅克涵等，民國《沙縣志》民國十七年排印本。

明・蘇民望、蕭時中纂，萬曆《永安縣志》，書目文獻出版社《日本藏中國罕見方志叢刊》，1990年影印本。

清・裘樹榮，雍正《永安縣志》，永安縣方志委1989年據道光重刊本標點本。

清・陳樹蘭等，道光《永安縣續志》，永安縣方志委1989年據道光重刊本標點本。

明・李文兗等，嘉靖《尤溪縣志》，上海古籍書店1962年影印天一閣藏本。

明・鄧一鼎等纂修，崇禎《尤溪縣志》，明崇禎九年刊本，書目文獻出版社《日本藏中國罕見方志叢刊》，1990年影印本。

民國・洪清芳等，民國《尤溪縣志》，尤溪縣方志辦1985年標點本。

明・馬性魯，正德《順昌邑志》，福建省順昌縣志編纂委員會1985年標點本。

清・吳天芹等，乾隆《順昌縣志》，清乾隆三十年刊本。

明・劉維棟，萬曆《大田縣志》，明萬曆三十九刊本膠捲。

清・葉銘等，乾隆《大田縣志》，清乾隆二十四年刊本。

明・閔文振等，嘉靖《福寧州志》，嘉靖十七年刊本膠捲。

明・林子燮等，萬曆《福寧州志》，北京，書目文獻出版社1990年日本藏中國罕見方志叢刊影印本。

清・李拔，乾隆《福寧府志》，寧德地區方志編纂委員會，1991年自印本。

明・陸以載等纂，萬曆《福安縣志》，北京，書目文獻出版社《日本藏中國罕見方志叢刊》，1990年影印本。

明・陳曉梧等，崇禎《福安縣志》，清康熙十六年刊本膠捲。

清・黃錦燦等，光緒《福安縣志》，福安縣方志委1987年標點本。

明・閔文振等，嘉靖《寧德縣志》，明嘉靖十七年刊本膠捲。

明・舒應元，萬曆《寧德縣志》，明萬曆十九年刊本膠捲。

清・盧建其等，乾隆《寧德縣志》，寧德縣方志辦 1983 年點校本。

清・崔嵸，《寧德支提寺圖志》，李懷先、季左明、顏素開點校本，福州，福建省地圖出版社 1988 年。

民國・徐有吾等，民國《霞浦縣志》霞浦方志委 1986 年點校本。

明・謝肇淛，《長溪瑣語》，清抄本，四庫全書存目叢書，史部第 247 冊。

清・黃鼎翰，光緒《福鼎縣志》，清光緒三十二年刊本。

明・周瑛等，弘治《興化府志》，同治十年重刊本。

明・周瑛等，弘治《興化府志》，民國二十五年重刊本。

明・周瑛、黃仲昭，弘治《興化府志》，福建人民出版社 2007 年點校本。

明・呂一靜等，萬曆《興化府志》，明萬曆三年刊本膠捲。

明・馬夢吉等，萬曆《興化府志》，明萬曆間刊本膠捲。

明・周華，正統《興化縣志》，民國二十五年排印本，又抄本。

清・廖必琦等，乾隆《莆田縣志》，乾隆二十三年刊本。

石有紀、張琴，民國《莆田縣志》，福建省圖書館藏抄本。

莆田縣志編纂委員會編，共和國《莆田縣志五十八種》，莆田縣志編纂委員會 1959 ～ 1965 年鉛印本。

明・陳遷纂修，弘治《仙溪縣志》，福建省圖書館藏抄本。

明・林有年，嘉靖《仙遊縣志》，天一閣抄本。

清・胡啟植、葉和侃，乾隆《仙遊縣志》，乾隆三十五年原刊，民國重刊本。

明・陽思謙等，萬曆《泉州府志》，泉州市編纂委員會 1985 年影印彙刊本。

明・陽思謙等，萬曆《泉州府志》，臺灣學生書局影印本。

清・黃任等，乾隆《泉州府志》，清乾隆二十八年刊本、民國重刊本。

清・方鼎等，乾隆《晉江縣志》，清乾隆三十年刊本。

清・周學曾等，道光《晉江縣志》，福建人民出版社 1990 年標點本。

莊為璣，《晉江新志》，泉州市方志委 1986 年鉛印本。

明・林有年，嘉靖《安溪縣志》，上海古籍書店 1963 年影印天一閣藏本。

清・謝宸荃等，康熙《安溪縣志》，清康熙十二年刊本。

清・沈鍾等，乾隆《安溪縣志》，廈門大學出版社 1988 年。

明・許仁修、蔣孔煬纂，嘉靖《德化縣志》，明嘉靖十年刊本膠捲。

清・王必昌等纂修，乾隆《德化縣志》，德化縣志編纂委 1987 年點校本。

民國・王光張等，民國《德化縣志》，民國二十九排印本。

明・林希元，嘉靖《永春縣志》，北京圖書館藏抄本，明嘉靖五年刊本膠捲。

明・朱安期等，萬曆《永春縣志》，明刊本膠捲。

清・顏鑄等，乾隆《永春州志》，清乾隆五十一年刊本。

明・朱肜等，《崇武所城志》，福建人民出版社 1987 年。

明・張岳，嘉靖《惠安縣志》，上海古籍書店 1963 年影印天一閣藏本。

明・葉春及，《惠安政書》，福建人民出版社 1987 年。

清・吳裕仁，嘉慶《惠安縣志》，民國二十五年重刊本。

清・葉獻綸等，康熙《南安縣志》，康熙十一年刊本。

民國・蘇鏡潭等，民國《南安縣志》，泉州泉山書社排印本。

安海志修編小組，新編《安海志》，1983 年安海自刊本。

清・陶元藻等，乾隆《同安縣志》，民國八年重刊本。

清・劉光鼎等，嘉慶《同安縣志》，清嘉慶三年刊本。

民國・吳錫璜等，民國《同安縣志》，民國十八年排印本。

清・周凱、凌翰等，道光《廈門志》，鷺江出版社 1996 年標點本。

清・林焜熿，道光《金門志》，臺灣，臺灣書店 1956 年鉛印本。

明・陳洪謨修、周瑛纂，正德《漳州府志》，廈門大學出版社 2012 年影印本。

明・羅青霄總輯，萬曆《漳州府志》，萬曆元年刊本。

明・袁業泗等修、劉庭蕙等纂，萬曆《漳州府志》，明萬曆四十一年閔夢得刊本。漳州市政協、廈門大學出版社 2012 年影印本。

明・袁業泗修、劉庭蕙纂，《漳州府志》，萬曆四十一年原刊，廈門大學出版社 2012 年影印本。按此書福建方志目錄常題為，袁業泗修，劉庭蕙纂。

清・蔡世遠等，康熙《漳州府志》，清康熙五十三年刊本。

清・李維鈺、官獻瑤等，乾隆《漳州府志》，清嘉慶補刊本。

清・沈定均、吳聯熏等，光緒《漳州府志》，清光緒三年刻本。

明・劉天授等，嘉靖《龍溪縣志》，上海古籍書店 1963 年影印天一閣藏本。

明・佚名，萬曆《龍溪縣志》，明萬曆元年摘抄本膠捲。

清・吳宜爕等，乾隆《龍溪縣志》，清光緒五年增刊本。

清・葉先登等，康熙《長泰縣志》，康熙二十六年刊本。

清・張懋建等，乾隆《長泰縣志》，民國二十一年排印本。

明 · 梁兆陽修，蔡國楨、張燮等纂，崇禎《海澄縣志》，崇禎五年刊本，北京，書目文獻出版社《日本藏中國罕見方志叢刊》，1990 年影印本。

清 · 李基益等，康熙《海澄縣志》，清康熙三十二年刊本。

清 · 鄧來祚等，乾隆《海澄縣志》，乾隆二十七年刊本。

清 · 陳汝咸修、林登虎纂，康熙《漳浦縣志》，康熙三十九年原修，民國十七年翻刻。

清 · 陳汝咸修、林登虎纂，康熙《漳浦縣志》，民國二十五年排印本。

清 · 王相等，康熙《平和縣志》，清光緒十五年重刊本。

清 · 黃評桂等，道光《平和縣志》，平和縣方志委 1997 年影印稿本。

明 · 蔡克恭等，萬曆《南靖縣志》，明刊本萬曆二十七年刊本膠捲。

民國 · 鄭豐稔等，民國《南靖縣志》，南靖縣方志委 1994 年整理本。

清 · 薛凝度等，嘉慶《雲霄廳志》，民國二十四年排印本。

清 · 秦炯纂修，康熙《詔安縣志》，康熙三十年刊本。

民國 · 陳蔭祖修、吳名世纂，民國《詔安縣志》，民國三十一年排印本。

民國 · 李猷明等，民國《東山縣志》，原纂於民國三十一年，東山縣方志辦 1987 年。

明 · 湯相修、莫元纂，嘉靖《龍巖縣志》，明嘉靖三十七年刊本膠捲。

清 · 徐銑等纂修，乾隆《龍巖州志》，福建省地圖出版社 1987 年。

清 · 陳文衡等，道光《龍巖州志》，清光緒十六年補刊本。

明 · 曾汝檀，嘉靖《漳平縣志》，漳平圖書館 1985 年重刊本。

清 · 林得震等撰，道光《漳平縣志》，民國二十四年排印本。

明 · 蕭亮修、張豐玉纂，金基增修，永曆《寧洋縣志》，永曆二十九年增修本。

清 · 蕭亮等，康熙元年《寧洋縣志》，漳平方志辦 2001 年。

清 · 董鍾驥撰，同治《寧洋縣志》，清光緒三年增刊本。

宋 · 胡太初纂、趙與沐，開慶《臨汀志》，福建人民出版社 1990 年點校本。

明 · 吳文度等，弘治《汀州府志》，明弘治十年刊本膠捲。

明 · 邵有道纂修，嘉靖《汀州府志》，天一閣藏明代方志選刊續編，第 39 — 40 冊，上海書店影印本。

明 · 唐世涵等，崇禎《汀州府志》，明崇禎十年刊本膠捲。

清 · 曾曰瑛等，乾隆《汀州府志》，中國方志叢書影印清乾隆十七年刊本。

清 · 曾曰瑛等，乾隆《汀州府志》，北京，方志出版社 2004 年。

清・潘世嘉等，康熙《長汀縣志》，清康熙二十五年刊本膠捲。

清・許春暉纂，乾隆《長汀縣志》，清乾隆四十七年刊本。

清・楊瀾等，道光《長汀縣志》，咸豐四年刊本。

民國・丘復等，民國《長汀縣志》，民國三十年刊本。

清・趙成等，乾隆《上杭縣志》，乾隆十八年刻本。

清・顧人驥等，乾隆《上杭縣志》，乾隆二十三年刻本。

民國・丘復等，民國《上杭縣志》，民國二十八年上杭啟文書局刊本。

清・杜士晉等，康熙《連城縣志》，方志出版社 1997 年。

清・李龍官、徐尚忠，乾隆《連城縣志》，廈門大學出版社 2008 年。

民國・王集吾修、鄧光瀛纂，民國《連城縣志》，民國二十七年維新書局
　　排印本，《中國地方志集成》，福建府縣志輯，35。

清・趙良生，康熙《武平縣志》，武平縣方志委 1986 年點校本。

明・張士俊等，崇禎《寧化縣志》，明崇禎八年刊本膠捲。

清・李世熊，康熙《寧化縣志》，福建人民出版社 1989 年。

明・楊縉等，正德《歸化縣志》，明正德十一年本，嘉靖年間刊。

明・周憲章，萬曆《歸化縣志》，書目文獻出版社《日本藏中國罕見方志
　　叢刊》，1990 年影印本。

民國・王維梁等，民國《明溪縣志》，廈門大學出版社 2008 年點校本。

明・陳桂芳等，嘉靖《清流縣志》，福建人民出版社 1992 年。

清・王霖等，康熙《清流縣志》，康熙四十一年刊本。

清・喬有豫，道光《清流縣志》，福建人民出版社 1992 年。

清・林善慶，民國《清流縣志》，福建地圖出版社 1988 年。

清・王見川等，乾隆《永定縣志》，乾隆二十二年刊本。

清・巫宜福等，道光《永定縣志》，道光十年刊本影抄本。

卓劍舟等，《太姥山全志》（外四種），福州，福建人民出版社 2008 年。

二、近人著作、論文：

馬克思《資本論》第一卷，《馬克思恩格斯全集》第 23 卷，中國人民出版
　　社 1974 年。

〔英〕約翰・克拉潘（Sir Joln Clapham），《簡明不列顛經濟史：從最早
　　時期到 1750 年（*A concise Economic Histroy of Britain:From the Earliest*

Times to 1750）》，范定九、王祖廉譯，上海譯文出版社 1980 年。

〔美〕湯普遜（James Westfall Thompson），《中世紀經濟社會史》，原版 1928 年，耿淡如譯本，北京，商務印書館 1997 年。

〔法〕伯希和，《交廣印度兩道考》，馮承鈞譯，中華書局 1934 年原刊，2003 年重刊本。

〔法〕伯希和，《鄭和下西洋考》，馮承鈞譯，中華書局 2003 年重刊本。

馮承鈞，《中國南洋交通史》，上海古籍社 2005 年。

馮承鈞譯，《馬可波羅行紀》，上海書店出版社 1999 年。

馬金鵬譯，《伊本・白圖泰遊記》，寧夏人民出版社 1985 年。

劉繼宣、束世徵，《中華民族拓殖南洋史》，商務印書館 1935 年。

〔日〕小葉田淳，《明代漳泉人的海外通商發展》，臺北，野山書房 1942 年。

張維華，《明代海外貿易簡論》，上海人民出版社 1956 年。

張維華，《明史歐洲四國傳注釋》，上海古籍出版社 1982 年。

鄭梁生，《明代中日關係史研究》，臺灣，文史哲出版社 1985 年。

劉芝田，《中菲關係史》，臺北，正中書局 1964 年。

陳台民，《中菲關係與菲律賓華僑》，香港，朝陽出版社 1985 年。

〔美〕保羅・布特爾（by paul Butel），《大西洋史》，劉明周譯，上海，東方出版社中心 2015 年。

朱杰勤，《東南亞華僑史》，中華書局 2008 年。

王賡武，《南海貿易，南中國海華人早期貿易史研究》，香港，中華書局香港分局 1988 年。

林惠祥，《臺灣番族之原始文化》，北京，中研院社會科學研究所專刊第 3 號，1930 年。

陳懋仁，《明代倭寇考略》，1934 年。

莊為璣、鄭山玉主編，李天錫、林少川、白曉東副主編，《泉州譜牒華僑史料與研究》，北京，中國華僑出版社 1998 年。

〔法〕布林努瓦（luce Boulnois），《絲綢之路》，耿昇譯，山東畫報出版社 2001 年。

薩士武、傅衣凌等，《福建對外貿易史研究》，福建省研究院社會科學研究所 1948 年。

傅衣凌，《明清時代商人及商業資本》，中華書局 1956 年。

傅衣凌，《明清農村社會經濟》，三聯書店 1961 年。

傅衣凌，《明代江南市民經濟試探》，上海人民出版社 1963 年。

傅衣凌，《明清社會經濟史論集》，北京，中國人民出版社 1982 年。

傅衣凌、楊國楨合編，《明清福建社會與鄉村經濟》論文集，廈門大學出版杜 1987 年。

石原道博，《倭寇》，吉川弘文館平成八年，該書原版於昭和三十九年。

田中健夫，《倭寇》，東京，教育社 1982 年。

嚴中平，《中國棉紡織史稿》，北京，科學出版社 1955 年。

陳詩啟，《明代官手工業研究》，湖北人民出版社 1958 年。

劉石吉，《明清時代江南市鎮研究》，北京，中國社會科學出版社 1987 年。

趙岡、陳鍾毅，《中國棉紡織史》，北京，中國農業出版社 1997 年。

徐新吾主編，《江南土布史》，上海社會科學院出版社 1992 年。

梁嘉彬，《琉球及東南諸海島與中國》，臺中市，東海大學 1965 年。

梁嘉彬，《廣東十三行考》，廣東人民出版社 1999 年。

臺灣文獻委員會編，《臺灣省通志》，1970 年自刊本。

鄭學稼，《日本史（三）》臺北，黎明文化公司 1977 年。

鄭昌淦，《明清農村商品經濟》，中國人民大學出版社 1989 年。

陳碧笙，《世界華人華僑簡史》，廈門大學出版社 1991 年。

梁淼泰，《明清景德鎮城市經濟研究》，南昌，江西人民出版社 1991 年。

福建省地方志編纂委員會，《福建華僑志》，福建人民出版社 1992 年。

陳碧笙，《鄭成功歷史研究》，北京，九州出版社 2000 年。

林金枝，《近代華僑投資國內企業概論》，廈門大學出版社 1988 年。

梁方仲，《梁方仲經濟史論文集》，北京，中華書局 1989 年。

梁方仲，《梁方仲經濟史論文集補編》，中州古籍出版社 1984 年。

梁嘉彬，《廣東十三行考》，廣東人民出版社 1999 年。

全漢昇，《中國經濟史論叢》，香港，新亞研究所 1972 年。

全漢昇，《明清經濟史研究》，臺北，聯經出版公司 1987 年。

全漢昇，《中國經濟史研究》，北京，中華書局 2011 年。

方豪，《六十至六十四自選待定稿》，臺北，作者自刊本 1974 年。

方豪，《臺灣早期史綱》，臺灣學生書局 1994 年。

曹永和，《臺灣早期歷史研究》，臺灣聯經公司 1981 年。

曹永和，《臺灣早期歷史研究續集》，臺灣聯經公司 2000 年。

曹永和，《中國海洋史論集》，臺北，聯經出版公司 2000 年。

王家範，《明清江南史研究三十年 1978 ― 2008 年》，上海古籍出版社
　　2010 年。

〔日〕山脇悌二郎，《長崎の唐人貿易》，東京，吉川弘文館 1964 年。

〔日〕黑田明伸，《貨幣制度的世界史》，中譯本，中國人民大學出版社
　　2011 年。

陳在正，《臺灣海疆史》，臺灣，揚智文化事業公司 2003 年。

顧誠等，《永寧衛城文化研究》，福建人民出版社 2001 年。

中國海洋發展史論文集編輯委員會編，《中國海洋發展史論文集》第一輯，
　　臺北，中研院三民所 1984 年。

中國海洋發展史論文集編輯委員會編，《中國海洋發展史論文集》第二輯，
　　臺北，中研院中山人文社會科學研究所 1986 年。

張炎憲主編，《中國海洋發展史論文集》第三輯，臺北，中研院中山人文
　　社會科學研究所 1988 年。

吳劍雄主編，《中國海洋發展史論文集》第四輯，臺北，中研院中山人文
　　社會科學研究所 1988 年。

張彬村、劉石吉主編，《中國海洋發展史論文集》第五輯，臺北，中研院
　　中山人文社會科學研究所 1988 年。

張炎憲主編，《中國海洋發展史論文集》第六輯，臺北，中山人文社會科
　　學研究所 1997 年。

湯熙勇主編，《中國海洋發展史論文集》第七輯，臺北，中山人文社會科
　　學研究中心 1999 年。

朱德蘭主編，《中國海洋發展史論文集》第八輯，臺北，中研院人文社會
　　科學研究中心 2002 年。

劉序楓主編，《中國海洋發展史論文集》第九輯，臺北，中研院人文社會
　　科學研究中心 2005 年。

湯熙勇主編，《中國海洋發展史論文集》第十輯，臺北，中山人文社會科
　　學研究中心 2008 年。

廈門大學歷史系編，《鄭成功研究論文選》，福建人民出版社 1982 年。

福建省歷史學會廈門分會編輯，《月港研究論文集》，1983 年自刊本。

李文治、魏金玉、經君健等編，《明清時代的農業資本主義萌芽問題》，
　　中國社會科學出版社 1983 年。

鄭永常，《來自海洋的挑戰——明代海貿政策演變研究》，臺北縣，稻鄉
　　出版社 2008 年刊本。

朱維乾，《福建史稿》上冊，福建教育出版社 1984 年。

朱維乾，《福建史稿》下冊，福建教育出版社 1986 年。

陳遵統，《福建編年史》，福建省圖書館藏 1959 年手稿本。

彭信威，《中國貨幣史》，上海人民出版社 1988 年。

丘光明編著，《中國歷代度量衡考》，科學出版社 1992 年。

戴裔煊，《明代嘉隆年間的倭寇海盜與中國資本主義的萌芽》，北京，中國社會科學出版社 1982 年。

戴裔煊，《明史・佛郎機傳箋證》，中國社會科學出版社 1984 年。

新予，《浙江絲綢史》，浙江人民出版社 1985 年。

段本洛、張圻福，《蘇州手工業史》，江蘇古籍出版社 1986 年。

徐新吾主編，《江南土布史》，上海社會科學院出版社 1992 年。

南京市人民政府研究室編，《南京經濟史》，陳勝利、茅家琦主編，中國農業科技出版社 1996 年。

陳高華、陳尚勝，《中國海外交通史》，臺灣，文津出版社 1997 年。

《安海港史》研究編輯組編，《安海港史研究》，福州，福建教育出版社 1989 年。

廈門大學歷史研究所主編，《福建經濟發展簡史》，廈門大學出版社 1989 年。

鄭學檬，《中國古代經濟重心南移和唐宋江南經濟研究》，嶽麓書社 2003 年。

鄭學檬、徐東升，《唐宋科學技術與經濟發展的關係研究》廈門大學出版社 2013 年。

鄭學檬，《點濤齋史論集：以唐五代經濟史為中心》，廈門大學出版社 2016 年。

楊國禎，《閩在海中——追尋福建海洋發展史》，江西高校出版社 1998 年。

楊國禎，《東溟水土——東南中國海洋環境與經濟開發》，江西高校出版社 2003 年。

林仁川，《明末清初私人海上貿易》，上海華東師範大學出版社 1987 年。

林仁川，《福建對外貿易與海關史》，鷺江出版社 1991 年。

黃福才，《臺灣商業史》，江西人民出版社 1990 年。

李伯重，《理論、方法、發展、趨勢，中國經濟史研究新探》，浙江大學出版社 2013 年。

李伯重，《江南的早期工業化，1500 — 1850 年》，中國社會科學文獻出版社 2000 年。

李伯重，《火槍與帳簿——早期經濟全球化時代的中國與東亞世界》，生活、讀書、新知三聯書店 2017 年。

陳支平，《民間文書與臺灣社會經濟史》，長沙，嶽麓書社 2004 年。

戴一峰，《區域性經濟發展與社會變遷》，長沙，嶽麓書社 2004 年。

孔遠志，《中國印尼文化交流》，北京大學出版社 1999 年。

莊國土，《華僑華人與中國的關係》，廣東高等教育出版社 2001 年。

黃仁宇，《十六世紀明代中國之財政與稅收》，阿風、許文繼、倪玉平、徐衛東譯，北京，生活、讀書、新知三聯書店 2001 年。

張崇根，《臺灣四百年前史》，北京，九州出版社 2005 年。

《饒宗頤潮汕地方史論集》，汕頭大學出版社 1996 年。

陳佳榮，《南溟集》香港，麒麟書業有限公司 2005 年。

張增信，《明季東南中國的海上活動》上編，臺北，中國學術著作獎著委員會，1988 年。

李國祁，《中國現代化的區域研究：閩浙臺地區 1860 — 1916》，臺北，中研院近代史研究所 1985 年刊本。

韓振華，《中外關係歷史研究》，香港大學亞洲研究中心編，《韓振華選集》。

李東華，《泉州與我國中古的海上交通》，臺灣學生書局 1986 年。

黃啟臣、鄭煒明，《澳門經濟四百年》，澳門基金會 1994 年。

邱炫煜，《明帝國與南海諸蕃國關係的演變》，臺北，蘭臺出版社 1995 年。

李金明，《明代海外貿易史》，中國社會科學出版社 1990 年。

李金明，《海外交通與文化交流》，雲南美術出版社 2006 年。

李金明、廖大珂，《中國古代海外貿易史》，廣西人民出版社 1995 年。

陳衍德，《現代中的傳統——菲律賓華人社會研究》，廈門大學出版社 1998 年。

陳孔立編，《臺灣歷史綱要》，北京，九州圖書出版社 1997 年。

張侃，《互補聯動》，福州，海風出版社，2004 年。

李隆生，《晚明海外貿易數量研究——兼論江南絲綢產業與白銀流入的影響》，臺北，秀威資訊科技股分有限公司 2005 年。

唐次妹，《清代臺灣城鎮研究》，北京，九州出版社 2008 年。

張海鵬、陶文釗，《臺灣簡史》，香港，鳳凰出版傳媒集團、鳳凰出版社 2010 年。

高賢治等，《縱覽台江——大員四百年地輿圖》，臺南市台江公園管理處 2012 年。

蘇基朗，《刺桐夢華錄——近世前期閩南的市場經濟》，浙江大學出版社 2012 年。

田培棟，《明史披揀集》，三秦出版社 2012 年。

萬明，《明代中外關係史論稿》，中國社會科學出版社 2011 年。

張金奎，《明代山東海防研究》，中國社會出版社 2014 年。

許賢瑤譯，《荷蘭時代臺灣史論文集》，臺灣，佛光人文學院 2001 年。

王川，《市舶太監與南海貿易——廣州口岸史研究》，北京，人民出版社 2010 年。

鄭一鈞，《論鄭和下西洋》，北京，海洋出版社 2005 年。

〔日〕上杉千年，《鄭和下西洋—— 1421 中國發現世界》，上海社會科學院出版社 2003 年。

時平、朱鑒秋，《上海與鄭和研究》，北京，海洋出版社 2016 年。

陳景盛，《福建歷代人口論考》，福建人民出版社 1991 年。

陳高華著，《元史研究論稿》，北京，中華書局 1991 年。

陳埭回族史研究編寫組，《陳埭回族史研究》，中國社會科學出版社 1991 年。

陳景盛，《福建歷代人口論考》，福建人民出版社 1991 年。

陳信雄，《宋元海外發展史研究》，臺南，甲乙出版社 1992 年。

吳鳳斌，《東南亞華僑通史》，福建人民出版社 1994 年。

謝必震，《中國與琉球》，廈門大學出版社 1996 年。

謝必震，《明清中琉航海貿易研究》，北京，海洋出版社 2004 年。

米慶餘，《琉球歷史研究》，天津人民出版社 1998 年。

鄭廣南，《中國海盜史》，上海，華東理工大學出版社 1998 年。

賴正維，《東海海域移民與漢文化的傳播——以琉球閩人三十六姓為中心》，社會科學文獻出版社 2016 年。

徐曉望、陳衍德，《澳門媽祖文化研究》，澳門基金會 1998 年。

廖大珂，《福建海外交通史》，福建人民出版社 2002 年。

陳自強，《漳州古代海外交通與海洋文化》，福建人民出版社 2014 年。

林南中，《漳州外來貨幣概述》，福建人民出版社 2014 年。

〔日〕高良倉吉，《琉球の時代》，那霸 1989 年重印本。

〔日〕外山幹夫，《松浦氏と平戶貿易》，日本，東京，國書刊行會 1987 年。

〔日〕松浦章，《中國的海賊》，東京，東方書店 1995 年。

〔日〕松浦章，《清代臺灣海運發展史》，卞鳳奎譯本，臺北，博揚文化
　　　事業有限公司 2002 年。

〔日〕松浦章，《明清時代東亞海域的文化交流》，鄭潔西等譯，江蘇人
　　　民出版社 2009 年。

〔日〕松浦章，《清代帆船東亞航運與中國海商海盜研究》，上海辭書出
　　　版社 2009 年。

〔日〕松浦章，《清代帆船與中日文化交流》，上海科技文獻出版社 2012
　　　年。

〔日〕三木聰，《明清福建農村社會の研究》，北海道大學圖書刊印會
　　　2002 年。

〔日〕坂本太郎，《日本史》，北京，中國社會科學出版社 2008 年。

晁中辰，《明代海禁與海外貿易》，北京，人民出版社 2005 年。

晁中辰，《明代海外貿易研究》，故宮出版社 2012 年。

辛元歐，《上海沙船》，上海書店出版社 2004 年。

辛元歐，《中外船史圖說》上海書店出版社 2009 年。

向達注釋本，《兩種海道針經》，北京，中華書局 2000 年。

〔葡萄牙〕曾德昭（Alvaro Semedo），《大中國志》，何高濟譯，李申校，
　　　上海古籍出版社 1998 年。

〔西班牙〕門多薩（J. G. de Mendoza），《中華大帝國史》，何高濟譯，北京，
　　　中華書局 1998 年。

〔西班牙〕胡安‧岡薩雷斯‧德‧門多薩（J. G. de Mendoza），《中華
　　　大帝國史》，孫家堃譯，北京，中華書局 2009 年。

張天澤，《中葡早期通商史》，姚楠、錢江譯，中華書局香港分局 1988 年。

金國平、吳志良，《過十字門》，澳門成人教育協會 2004 年。

金國平、吳志良，《早期澳門史論》，廣州，廣東人民出版社 2007 年。

吳志良主編，《澳門史新論》，澳門基金會 2008 年。

吳志良、金國平、湯開建主編，《澳門史新編》，澳門基金會 2008 年。

金國平編譯，《西方澳門史料選萃（15 — 16 世紀）》，廣東人民出版社

2005 年。

翁佳音，《荷蘭時代臺灣史的連續性問題》，臺北，稻香出版社 2008 年。

鮑曉鷗著、那瓜（NaKao Eki）譯，《西班牙人的臺灣體驗 1626 －
　　1642》，臺北南天書局有限公司 2008 年。

李毓中編注，《臺灣與西班牙關係史料彙編 I》，李毓中譯、陳柏蓉協譯，
　　臺灣南投市，臺灣文獻館 2008 年。

方真真，《華人與呂宋貿易（1657）史料分析與譯著》，第一冊，臺北，
　　清華大學出版社 2012 年。

珠海市委宣傳部、澳門基金會、中山大學近代中國研究中心主編，《珠海、
　　澳門與近代中西文化交流》，北京，社會科學文獻出版社 2010 年。

薛化元等，《臺灣貿易史》，臺北，對外貿發展協會 2008 年。

郭萬平、張捷主編，《舟山普陀與東亞海域文化交流》，浙江大學出版社
　　2009 年。

栗建安主編，《考古學視野中的閩商》，北京，中華書局 2010 年。

廣東省社會科學院、廣東海洋史研究中心編，《海洋史研究》第二輯，北京，
　　社會科學文獻出版社 2011 年。

陳小沖主編，《臺灣歷史上的移民與社會研究》，北京，九州出版社 2011
　　年。

段立生，《泰國通史》，上海社會科學院出版社 2014 年。

劉小珊、陳曦子、陳訪澤著，《明中後期中日葡外交使者陸若漢研究》，
　　北京，商務印書館陶 2015 年。

黃滋生、何思兵，《菲律賓華僑史》，廣東高等教育出版社 2016 年。

亨利・卡門（Henry camen），《黃金時代的西班牙》，呂浩峻譯，北京
　　大學出版社 2016 年。

向大有，《越南封建時期華僑華人研究》，中國社會科學出版社 2016 年。

佚名，《中國古陶瓷論文集》，文物出版社 1982 年。

葉文程，《中國古外銷瓷研究論文集》，北京，紫禁城出版社 1988 年。

福建省博物館，《德化窯》，文物出版社 1990 年。

福建省博物館，《漳州窯》，福建人民出版社 1997 年。

福建省博物館、日本茶道資料館等，《特別展：交趾香合——福建出土的
　　遺物和日本的傳世品》，日本寫真株式會社 1998 年。

廣東文物考古研究所、廣東省博物館、國家文物水下文化遺產保護中心編

著，《孤帆遺珍——南灣Ⅰ號出水精品文物圖錄》，北京，科學出版社 2014 年。

孟原召，《閩南地區宋至清代製瓷手工業遺存研究》，北京，文物出版社 2017 年。

〔日〕岩生成一，《朱印船貿易史の研究》，東京，吉川弘文堂 1958 年原版，1985 年修訂版。

李獻璋，〈關於嘉靖年間浙海之私商和舶主王直行跡考（上）〉，日本，《史學》34 卷，第 1 號（1962 年）。

〔日〕木宮泰彥，《日中文化交流史》，胡錫年譯，商務印書館 1980 年。

〔法〕費琅，《崑崙及南海古代航行考》，馮承鈞譯本，北京，中華書局 2002 年重刊本。

徐曉望，《16—17 世紀環臺灣海峽區域市場研究》，廈門大學歷史系博士論文 2003 年。

〔美〕穆黛安（Murray, D. H.），《華南海盜：1790—1810》，劉平譯，北京，中國社會科學出版社 1997 年。書名原文：Pirates of the South China Coast: 1790-1810，美國斯坦福大學出版社 1987 年。

〔日〕中村孝志，《荷蘭時代的臺灣史研究・上卷・概說・產業》，臺北，稻鄉出版社 1997 年。

〔法〕費爾南・布羅代爾（Fernald Braudel），《菲力浦二世時代的地中海和地中海世界》，唐家龍、曾培狄等譯，北京，商務印書館 1996 年。

〔法〕費爾南・布羅代爾（Fernald Braudel），《15 至 18 世紀的物質文明、經濟和資本主義》，顧良、施康強等譯，北京，生活、新知三聯書店 1993 年。

〔美〕柯文，《在中國發現歷史——中國中心觀在美國的興起》，北京，中華書局 1989 年。

〔美〕施堅雅，《中國封建社會晚期城市研究》，王旭等譯，吉林教育出版社 1991 年。

〔美〕王國斌，《轉變的中國——歷史變遷與歐洲經濟的局限》，李伯重、連玲玲譯，江蘇人民出版社 1998 年。

〔日〕速水融、宮本又郎編，《日本經濟史》，北京，三聯書店 1997 年。

〔日〕川北稔，《一粒砂糖裡的世界史》，趙可譯本，海口市，南海出版社 2018 年。

〔美〕施堅雅主編，《中華帝國晚期的城市》，中華書局出版社 2000 版。

〔日〕濱下武志，《近代中國的國際契機——朝貢貿易體系與近代亞洲經濟圈》，朱蔭貴、歐陽菲譯本，中國社會科學出版社 1999 年。

〔日〕濱下武志，《中國近代經濟史研究——清末海關財政與通商口岸市場圈》，高淑娟、孫彬譯，江蘇人民出版社 2006 年。

〔日〕濱下武志，《海域亞洲與港口網絡的歷史變遷：十五—十九世紀》，海洋史叢書編輯委員會，《港口城市貿易網絡》，朱德蘭、劉序楓序 iv，臺北，中研院人文社會科學研究中心 2012 年。

徐泓，《二十世紀的明史研究》，臺灣大學出版社中心 2011 年。

〔日〕森正夫、野口鐵郎、濱島敦俊、岸本美緒、佐竹靖彥編，《明清時代史的基本問題》，周紹泉、欒成顯等譯，北京，商務印書館 2013 年。

〔日〕檀上寬，《明代海禁和朝貢》，京都大學學術出版會 2013 年。

〔英〕羅傑 • 克勞利，《征服者：葡萄牙帝國的崛起》，北京，社會科學文獻出版社 2016 年。

〔美〕尤金 • 賴斯、安東尼 • 格拉夫頓，《現代歐洲史 • 早期現代歐洲的建立 1460 — 1559》，北京，中信出版社 2016 年。

〔日〕淺田實，《東印度公司——巨額商業資本之興衰》，顧姍譯本，北京，社會科學出版社 2016 年。

〔美〕薩利 • 杜根、大衛 • 杜根，《劇變：英國工業革命》，孟新譯，中國科學技術出版社 2018 年。

董建中主編，《清史譯叢》第十一輯，《中國與十七世紀危機》，商務印書館 2013 年。

〔義大利〕喬吉奧 • 列略（Giorgio Riello），《棉的全球史》劉媺譯，上海人民出版社 1981 年。

張德昌，〈明代廣州之海舶貿易〉，《清華學報》第七卷二期（1932 年）。

薩士武，〈明成化間福建市舶司移置福州考〉，《禹貢半月刊》第七卷一、二、三合期（1937 年）。

田汝康，〈十七世紀至十八世紀中葉中國帆船在東南亞洲運輸和商業上的地位〉，《歷史研究》1956 年第 8 期。

田汝康，《17 — 19 世紀中葉中國帆船在東南亞洲》，上海人民出版社 1957 年。

張秀民，〈明代印書最多的建寧書坊〉，《文物》1979 年第 6 期。

吳振強，〈廈門的沿海貿易網〉，李金明譯，《廈門方志通訊》1986 年第 2 期。

莊國土，〈略論早期中國與葡萄牙關係的特點 1513 — 1613 年〉，澳門《文化雜誌》1994 年第 18 期。

徐曉望，〈福建人與澳門媽祖文化淵源〉，澳門，《文化雜誌》1997 年冬季，總 33 期。

唐文基，〈論明朝的寶鈔政策〉，《福建論壇》文史哲版 2000 年第 1 期。

金國平、吳志良，《1541 年別琭佛哩時代定製瓷之圖飾、產地及定製途徑考》，澳門基金會 2011 年。

徐曉望，〈梁嘉彬「流求論」的成功與失誤〉，2010 年福建省五緣文化研究會參會論文。收入《臺灣早期史考證》，福州，海風出版社 2014 年。

〔法〕蘇爾夢，《從梵鐘銘文看中國與東南亞的貿易往來》，廣東省社會科學院、廣東海洋史研究中心編，《海洋史研究》第三輯，社會科學文獻出版社 2012 年。

徐曉望，〈唐宋流求與臺灣北部的十三行文化〉，《福州大學學報》2012 年第 1 期。收入《臺灣早期史考證》，福州，海風出版社 2014 年。

劉振群，〈窯爐的改進和我國古陶瓷發展的關係〉，《中國古陶瓷論文集》，文物出版社 1982 年。

席龍飛、何國衛，〈試論鄭和寶船〉，《武漢水運工程學院學報》1983 年第 3 期。

〔日〕森村健一，〈菲律賓聖達戈號沉船中的瓷器〉，曹建南譯，《福建文博》1997 年第 2 期。

〔日〕金澤陽，〈埃及出土的漳州窯瓷器——兼論漳州窯瓷器在西亞的傳播〉，《福建文博》1999 年增刊，總第 35 期。

金秋鵬，〈迄今發現最早的鄭和下西洋船隊圖像資料——《天妃經》卷首插圖〉，《中國科技史料》第 21 卷，2000 年第一期。

陳信雄、陳玉女，《鄭和下西洋國際學術研討會論文集》，臺北縣，稻鄉出版社 2003 年。

〔德〕普塔克（Roderich ptak），〈十五世紀香山地區的海外貿易〉，蔡捷華譯，珠海市委宣傳部、澳門基金會、中山大學近代中國研究中心主編，《珠海、澳門與近代中西文化交流》，北京，社會科學文獻出版社 2010 年，第 23 — 37 頁。

〔德〕普塔克，〈亞洲海峽歷史導言〉、〈亞洲海峽的地理、功能和類型〉，廣東省社會科學院、廣東海洋史研究中心主辦，李慶新主編，《海洋史研究》第二輯，北京，社會科學文獻出版社 2011 年。

施存龍，〈鄭和第二次和第六次下西洋是從廣東還是福建去的？〉，澳門文化局，《文化雜誌》2006 年春季刊。

三、資料彙編：

吳晗輯，《朝鮮李朝實錄中的中國史料》，北京，中華書局 1980 年。

陳祖槼、朱自振編，《中國茶葉歷史資料選輯》，北京農業出版社 1981 年。

福建省測繪局、福建省民政廳，《福建省地圖冊》，福建省地圖出版社 1983 年。

林鴻怡等編，《福建航道志》，北京，人民交通出版社 1997 年。

莊為璣、王連茂，《閩臺關係族譜資料選編》，福建人民出版社 1984 年。

〔義〕利瑪竇、金尼閣著，《利瑪竇中國札記》，何高濟、王遵仲、李申譯，北京，中華書局 1983 年。

沖繩縣立圖書館史料編集室，《歷代寶案》，沖繩縣教育委員會 1992 年。

〔葡〕曾德昭（Alvaro Semedo），《大中國志》，何高濟譯，上海古籍出版社 1998 年。

徐珂，《清稗類鈔》，北京，中華書局 1983 年。

中國人民大學清史研究所編，《清代的礦業》，北京，中華書局 1983 年。

葉羽編，《茶書集成》，黑龍江人民出版社 2001 年。

〔美〕威廉・烏克斯，《茶葉全書》，吳覺農譯本，上海，開明書店 1949 年。

余定邦、黃重言編，《中國古籍中有關新加坡馬來西亞資料彙編》，北京，中華書局 2002 年。

黃重言、余定邦編，《中國古籍中有關泰國資料彙編》，北京大學出版社 2016 年。

粘良圖選注，《晉江碑刻選》，廈門大學出版社 2002 年。

陳國仕輯錄，《豐州集稿》，南安縣志編纂委員會 1992 年自刊本。

王文徑編，《漳浦歷代碑刻》，漳浦縣博物館 1994 年。

〔澳大利亞〕安東尼・瑞德（Anthony Reid），《東南亞的貿易時代：1450 — 1680 年》第一卷，《季風吹拂下的土地》（原版，耶魯大學出版社 1988 年），吳小安、孫來臣、李塔娜譯，北京，商務印書館 2013 年。

〔澳大利亞〕安東尼・瑞德（Anthony Reid），《東南亞的貿易時代：1450 — 1680 年》第二卷，《擴張與危機》（原版，耶魯大學出版社

1993 年），孫來臣、李塔娜、吳小安譯，北京，商務印書館 2013 年。

周鑫，《東南亞的貿易時代：1450 — 1680 年》評價，廣東省社會科學院、廣東海洋史研究中心編，《海洋史研究》第二輯，2011 年 8 月版。

鄭振滿、丁荷生編，《福建宗教碑銘彙編 • 興化府分冊》，福建人民出版社 1995 年。

鄭振滿、丁荷生編，《福建宗教碑銘彙編 • 泉州府分冊》，福建人民社 2003 年。

梁方仲，《中國歷代戶口、田地、田賦統計》，上海人民出版社 1980 年。

謝國楨，《明代社會經濟史料選編》上、下，福建人民出版社 2008 年。

中國航海史研究會編，《鄭和研究資料選編》，北京，人民交通出版社 1985 年。

鄭一鈞編，《鄭和下西洋資料彙編》，上冊，齊魯書社 1980 年。

鄭鶴聲、鄭一鈞編，《鄭和下西洋資料彙編》增編本，上、中、下，北京，海洋出版社 2005 年。

竺可楨，〈中國近五千年來氣候變遷的初步研究〉（1973 年 2 月），《竺可楨全集》第 4 卷，上海科技教育出版社 2004 年，第 444 — 473 頁。

馬蓉，《永樂大典方志輯佚》，中華書局 2004 年。

徐曉望，《福建民間信仰源流》，福建教育出版社 1993 年。

徐曉望，《福建思想文化史綱》，福建教育出版社 1996 年。

徐曉望、陳衍德，《澳門媽祖文化研究》，澳門基金會 1998 年。

徐曉望，《媽祖的子民——閩臺海洋文化研究》，上海學林出版社 1999 年。

徐曉望，《閩南史研究》，福州，海風出版社 2004 年。

徐曉望，《福建通史 • 明清卷》，福州，福建人民出版社 2006 年。

徐曉望主編，《福建通史》，福州，福建人民出版社 2006 年。

徐曉望，《早期臺灣海峽史研究》福州，海風出版社 2006 年。

徐曉望，《媽祖信仰史研究》福州，海風出版社 2007 年。

徐曉望，《福建經濟史考證》，澳門出版社 2009 年。

徐曉望，《閩北文化述論》，北京，中國社會科學出版社 2009 年。

徐曉望，《福建民間信仰論集》，北京，光明出版社 2011 年。

徐曉望，《福州臺江與東南海陸商業網絡研究》緒論、第一章、第五章、第九章、第十章，福州，海峽書局 2011 年。

徐曉望，《福建平潭概況》第一章、第二章第一節，福建人民出版社 2011

年。

徐曉望，《閩臺文化新論》，北京，中國書籍出版社 2012 年。

徐曉望，《唐宋東南區域史論》，北京，中國書籍出版社 2012 年。

徐曉望，《宋代福建史新編》，北京，線裝書局 2013 年。

徐曉望，《閩商發展史 · 古代部分》，蘇文菁主編，《閩商發展史》，廈門大學出版社 2013 年。

徐曉望等，《中國地域文化通覽 · 福建卷》，上編，北京，中華書局 2013 年。

徐曉望，《閩商研究》，北京，中國文史出版社 2014 年。

徐曉望，《福建文明史》上、中、下三冊，中國書籍出版社 2016 年。

徐曉望，《明代前期福建史》，北京，線裝書局 2016 年。

徐曉望，《中國福建海上絲綢之路發展史》，北京，九州出版社 2017 年。

徐曉望，《大航海時代的臺灣海峽與周邊世界》第一卷，《海隅的波瀾——明代前期的華商與南海貿易》，北京，九州出版社 2018 年。

徐曉望，《大航海時代的臺灣海峽與周邊世界》第二卷，《東亞的樞紐——晚明環臺灣海峽區域與周邊世界》，北京，九州出版社 2019 年。

徐曉望，《中國東南古代社會考察》，光明日報出版社 2019 年。

徐曉望福建臺灣經濟史論文目錄

徐曉望，〈河口考察記〉，《中國社會經濟史研究》1986 年第 2 期。

徐曉望，〈明清閩浙贛山區經濟發展的新趨勢〉，《明清福建社會與鄉村經濟》，廈門大學出版社 1987 年。

徐曉望，〈福建歷史上幾個人口數字考證〉，《福建論壇》1987 年第 4 期。

徐曉望，〈明代福建糧食市場試探〉，《福建史志》1988 年 4 期。

徐曉望，〈從閩都別記看福建古代商人的活動〉，《福建論壇》1989 年第 4 期。

徐曉望，〈福建古代製糖術與製糖業〉，泉州，《海交史研究》1992 年第 1 期。

徐曉望，〈明清經濟史研究〉，林道周編，《福建社會科學研究概覽》，團結出版社 1993 年。

徐曉望，〈福建地方史研究〉，林道周編，《福建社會科學研究概覽》，團結出版社 1993 年。

徐曉望，〈八次下西洋的王景弘〉，泉州《海交史研究》，1995 年第 2 期。

徐曉望，〈建陽書坊與明代小說出版業〉，葉再生主編《出版史研究》第
　　　四輯，北京，中國書籍出版社 1996 年。

徐曉望，〈論宋元明福建的糧食復種問題〉，《中國農史》1999 年，第 1 期。

徐曉望，〈明洪武年間福建的人口統計〉，《福建史志》1999 年第 5 期。

徐曉望，〈明代福建市鎮述略〉，《史林》1999 年，第 1 期。

徐曉望，〈明代福建的冶鐵業〉，《福建史志》2000 年第 5 期。

徐曉望，〈商品經濟與明清以來福建自然環境的變更〉，西安，《中國歷
　　　史地理論叢》2000 年第三輯。

徐曉望，〈從明清《使琉球錄》看閩江出海航道的變更〉，參加第八屆中
　　　琉歷史關係國際學術會議。

徐曉望，〈明代福建的人口統計的一些問題──從人口統計看明朝官民關
　　　係的相互調整〉，《中國社會歷史評論》第二卷，天津古籍出版社
　　　2000 年。

徐曉望，〈明代福建的銀礦業〉，《福建史志》2001 年，第 5 期。

徐曉望，〈福清葉向高家譜列傳研究──從高利貸家族到官宦人家〉，《福
　　　建師範大學學報》2010 年第 3 期。

徐曉望，〈梁嘉彬「流求論」的成功與失誤〉，2010 年福建省五緣文化參
　　　會論文。徐曉望，《早期臺灣史考證》，福州，海風出版社 2014 年。

徐曉望，〈元代瑠求及臺灣、彭湖相關史實考〉，《福建師範大學學報》
　　　2011 年，第 4 期。收入《臺灣早期史考證》，福州，海風出版社 2014
　　　年。

徐曉望，〈論明清時期福建瓷器生產大勢〉，《澳門研究》2013 年第五期。

徐曉望，〈林希元、喻時及金沙書院〈古今形勝之圖〉的刊刻〉，《福建
　　　論壇》2014 年第 4 期。

徐曉望，〈海滄和月港，葡萄牙人地圖上的「Chincheo」〉，姚京明、郝
　　　雨凡主編，《羅明堅中國地圖集學術研討會論文集》，澳門特別行政
　　　區政府文化局 2014 年。

徐曉望，〈論鄭和下西洋與明朝構建大同世界的夢想〉，《中國福建省委
　　　黨校學報》2017 年第 12 期。

徐曉望，〈破譯「料」與鄭和寶船的尺度〉，福州，《學術評論》2018 年
　　　第 1 期。

徐曉望，〈明代的東海漁業〉，《福建論壇》2018 年第 5 期。

徐曉望，〈一路向北——元代福州港的海運〉，福州，《閩都文化》2019
　　年第二期。

徐曉望，〈鄭和遠航與香料之路〉，澳門，《文化雜誌》2019 年，總第 104 期。

國家圖書館出版品預行編目資料

明清福建臺灣史第一卷：明代前期福建史 / 徐曉望著. -- 初版. -- 臺北市：蘭臺
出版社, 2024.03
　　冊；　公分. --（臺灣史研究叢書；21）
ISBN 978-626-97527-4-4(全套：精裝)

1.CST: 歷史 2.CST: 臺灣史 3.CST: 明代 4.CST: 清代 5.CST: 福建省

673.12　　　　　　　　　　　　　　　　　　　　112020852

臺灣史研究叢書21

明清福建臺灣史第一卷：明代前期福建史

作　　者：徐曉望
總　　編：張加君
主　　編：沈彥伶
編　　輯：沈彥伶　凌玉琳
美　　編：凌玉琳
校　　對：張建民　楊容容　古佳雯
封面設計：陳勁宏
出　　版：蘭臺出版社
地　　址：臺北市中正區重慶南路1段121號8樓之14
電　　話：(02)2331-1675或(02)2331-1691
傳　　真：(02)2382-6225
E－MAIL：books5w@gmail.com或books5w@yahoo.com.tw
網路書店：http://5w.com.tw/
　　　　　　https://www.pcstore.com.tw/yesbooks/
　　　　　　https://shopee.tw/books5w
　　　　　　博客來網路書店、博客思網路書店
　　　　　　三民書局、金石堂書店
經　　銷：聯合發行股份有限公司
電　　話：(02) 2917-8022　　傳真：(02) 2915-7212
劃撥戶名：蘭臺出版社　　　　帳號：18995335
香港代理：香港聯合零售有限公司
電　　話：(852) 2150-2100　　傳真：(852) 2356-0735
出版日期：2024年03月 初版
定　　價：全套新臺幣12000元整（精裝，套書不零售）
ISBN：978-626-97527-4-4